Die USA

Der Nordosten

interconnections

USA

Der Nordosten

interconnections

Georg Beckmann

Impressum

interconnections
USA – Nordosten

Philippe Gloaguen, Le Guide du Routard
copyright Hachette, Paris
Umschlaggestaltung Anja Semling, Oberrotweil
interconnections, 79102 Freiburg, 1994, 1995
übersetzt von Georg Beckmann

ISBN 3-86040-050-9, Nordosten
ISBN 3-86040-051-7, Südosten u. New York
ISBN 3-86040-012-6, Westküste und Rocky Mountains

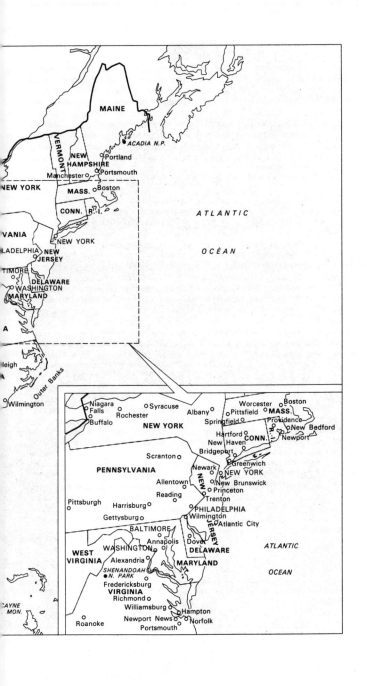

DIE USA

Das Bild, das man sich im stillen Kämmerlein von den Vereinigten Staaten gewöhnlich so zurechtzimmert, ist spätestens im Land Schritt für Schritt zu revidieren. Zwar ist der Drang der westlichen Supermacht, überall in der Welt nach dem Rechten sehen zu wollen, immer noch höchst ausgeprägt, doch wurde das Selbstbewußtsein der Nation durch Nixons unrühmlichen Rückzug aus dem Weißen Haus, durch Watergate und Vietnam nachhaltig angeschlagen. Vielleicht rührt nicht zuletzt daher die überschäumende Begeisterung der Amerikaner während der Konfettiparaden, mit denen der vermeintliche Sieg im Golfkrieg gefeiert wurde: endlich einmal wieder nicht auf der Seite der Verlierer gestanden zu haben. Bürgerrechtsbewegungen und Gegner der amerikanischen Interventionspolitik erreichen indes immer stärkeres politisches Gewicht. Nahezu alle Neuheiten der letzten zehn Jahre, seit geraumem auch bei uns etabliert, haben ihren Ursprung in den Staaten: Frauen- und Schwulenbewegung, Umweltschützer, Atomkraftgegner usw. Aber auch im Bereich der Kunst geben US-Künstler häufig den Ton an. Wenn auch gegenwärtig der Konservatismus wieder an Boden gewonnen hat, so sei doch dezent daran erinnert, daß Amerika die Geburtsstätte der *beat generation* und der *hippie power* ist, jener weltweiten Strömungen, die alle Länder Europas nachhaltig beeinflußten.

Das Wort Amerika geht bekanntlich auf den Florentiner *Amerigo Vespucchi* zurück, dem der Karthograph und Universitätsmagister *Martin Waldseemüller* aus unserem Heimatstädtchen Freiburg irrtümlich die Entdeckung des Erdteils zuschrieb. Diese berühmte Weltkarte, erstmalig auch die Neue Welt darstellend, wurde am 24. April 1507 in tausend Exemplaren veröffentlicht. Spätere Versuche, seinen Irrtum zu korrigieren, schlugen fehl. »Papageienland« setzte sich nicht durch, und mit »Brasilia« bezeichnete man schließlich nur einen Landstrich dieses Erdteils. Daß heute leider häufig mit Amerika bzw. Amerikaner die Vereinigten Staaten bzw. deren Einwohner bezeichnet werden, die Mehrzahl der Einwohner dieses Erdteils damit ausgeschlossen sind, wird leider auch nicht korrigierbar sein.

Wer erstmalig den Fuß auf amerikanischen Boden setzt, erwartet unwillkürlich, all jene Klischees bestätigt zu finden, die sich durch die Hollywood-Schinken eingeprägt haben. Aber schon längst haben die Cowboys ihre Pferde gegen Jeeps eingetauscht, leben – oder vegetieren – die Indianer friedlich in ihren Reservaten. Aber keine Sorge: jeder wird auf seine Kosten kommen, auch ohne gerade Gelegenheit zu haben, mit Jackie Onassis Tee zu trinken oder seine Dollar in den Spielhöllen von Las Vegas zu verpulvern.

Sicher haben unsere Leserinnen und Leser schon mal von »Uncle Sam« gehört. Häufig benutzt man den Spitznamen »Uncle Sam«, wenn man von den USA spricht. Im Jahre 1813 begann ein gewisser Zollbeamter namens *Sam Wilson* im Staate New York, auf alle Kisten, die er bereits überprüft hatte, die Initialen U.S. zu schreiben. Seine Kollegen, die ihn liebevoll Uncle Sam nannten, zogen ihn damit auf, daß er mit der Abkürzung nicht die United States, sondern die Anfangsbuchstaben seines Spitznamen meine.

Reiseplanung

Broschüren und sonstiges Informationsmaterial sind erhältlich beim
– *Fremdenverkehrsamt der USA (United States Travel and Tourism Administration):* Bethmannstr. 56, D-60311 Frankfurt/M., T. 069/92 00 36 19-20, Fax: 069/29 41 73 (auch zuständig für Österreich und die Schweiz)
Daneben unterhalten einige Staaten eigene Verkehrsämter (Repräsentanten in Klammern):

– *Fremdenverkehrsamt South Carolina (c/o Hans Regh Assoc.):*
Ginnheimer Landstr. 1, D-60487 Frankfurt, T. 069/70 40 13, Fax 70 40 43
– *Fremdenverkehrsamt Lee County (c/o Herzog HC GmbH):*
Borsigallee 17, D-60388 Frankfurt, T. 069/42089089, Fax 41 25 25

Der *United States Information Service* (USIS – Anschrift wie Botschaft der USA) unterhält Außenstellen bei Amerikahäusern, Deutsch-Amerikanischen Instituten und den Generalkonsulaten.

● *Amerika-Häuser* (mit Bibliotheken):
- W-10623 Berlin, Hardenbergstr. 22-24, T. 030-31000124/3/2, Fax 31 79 45
- D-60323 Frankfurt, Staufenstr. 1, T. 069-723337, Fax 72 02 05
- D-20148 Hamburg, Tesdorpfstr. 1, T. 040-45 01 04 22, Fax 040-44 47 05
- D-30159 Hannover, Prinzenstr. 4, T. 0511-327286, Fax 32 16 34
- D-50672 Köln, Apostelnkloster 13-15, T. 0221-2090147, Fax 25 55 43
- D-80333 München, Karolinenplatz 3, T. 089-595367, Fax 55 35 78
- D-70174 Stuttgart, Friedrichstr. 23a, T. 0711-2298317, Fax 229 83 39
- Amerikahaus Leipzig,
Wilhelm-Seyfferth-Str. 4, D-04107 Leipzig, T. 0341-2117870, Fax 211 79 26

● *Deutsch-Amerikanische Institute:*
- D-79098 Freiburg i.Br.,
Carl-Schurz-Haus, Kaiser-Joseph-Str. 266, T. 0761-31645, Fax 39 82 7
- D-69115 Heidelberg, Sophienstr. 12, T. 06221-24771, Fax 18 49 25
- D-90402 Nürnberg, Amerika-Haus Nürnberg,
Gleißbühlstr. 13, T. 0911 - 203327, Fax 20 87 67
- D-66111 Saarbrücken, Berliner Promenade 15, T. 0681-31160, Fax 37 26 24
- D-72072 Tübingen, Karlstr. 3, T. 07071-34071, Fax 318 73
- D-64293 Darmstadt, Deutsch-Amerikanische Gesellschaft,
J.F. Kennedy-Haus, Kasinostr. 3, T. 06151-25924
- D-24103 Kiel, Kennedy-House, Holtenauerstr. 9, T. 0431-554866
- D-93047 Regensburg, Haidplatz 8, T. 0941-52476, Fax 52198

Eine Reihe kleinerer Deutsch-Amerikanischen Institute, z.B. in Marburg, halten ebenfalls nützliches Material über die USA bereit.

● *Überfahrten mit dem Frachter:* ein Leckerbissen für Nostalgiker, unsere Schweizer oder alle anderen betuchten Leser. Vermittelt werden solche Reisen durch:
- *Frachtschiff-Touristik,* Kapitän Peter Zylmann, Exhöfter Damm 12, 24404 Maasholm, T. 04642-6202, Fax 67 67. Ein Leser berichtet:
»Bei meiner Reise erhielt ich ziemlich schnell Kontakt zur Mannschaft, da sie überwiegend aus jungen Leuten bis dreißig Jahren bestand. Nach einiger Zeit hatte ich mit einigen schon ein richtig freundschaftliches Verhältnis. Die Mahlzeiten werden mit Käptn, Chief usw. in der Offiziersmesse eingenommen. Sie sind großzügig bemessen, und es schmeckt fast wie bei Muttern.
Auf einem Frachter hat man natürlich die Möglichkeit den Maschinisten genau wie den Offizieren über die Schulter zu schauen. Ich habe ganze Nächte mit dem zweiten Offizier auf der Brücke zugebracht, durchs Fernglas geschaut, den Radarschirm beobachtet oder Seekarten studiert. Man muß auf einem solchen Schiff selbst etwas unternehmen und den Kontakt zu den machmal etwas verschlossenen Seeleuten suchen, sonst wird's langweilig. Man sollte dabei allerdings nicht vergessen, daß man als Passagier ein »Fremdkörper« an Bord ist. »Hoppla, jetzt komm ich«, kann man vergessen«.

● *Flüge:* billigste Anbieter sind in der Regel die in jeder größeren Stadt angesiedelten Flugbörsen. Zu beachten ist, daß einige Fluggesellschaften, z.B. United Airlines, besondere Vielfliegerprogramme anbieten, bei uns noch wenig bekannt. Beim sogenannten »Mileage Plus« von UA werden alle zurückgelegten Flugmeilen auf einem Konto gesammelt und bei bestimmten Meilenzahlen winken Freiflüge. So erwirbt man bereits nach 40.000 Meilen, was etwa einem Flug nach Australien, und einem weiteren an die US-Westküste entspricht, einen Freiflug in die Vereinigten Staaten. Ferner wird mit bestimmten Hotels zusammengearbeitet, wo weitere »Meilen« zu holen sind, obwohl man gar nicht fliegt.

Visabestimmungen & Einreise

Ein gültiger Reisepaß ist für die Einreise nötig, bis auf weiteres aber kein Visum mehr. Die Visumfreiheit gilt für Deutsche und Schweizer – seit dem 1. Oktober

1991 auch für Österreicher – allerdings nur unter bestimmten Voraussetzungen, über die man bei Botschaften und Konsulaten Näheres erfährt. Hier nur soviel:
– Der Reisepaß – zugelassen sind jene der BRD (grün), der Europäischen Gemeinschaft (rot) muß eine Gültigkeit für die Dauer des Aufenthalts aufweisen.
– Möglich sind Urlaubs-, Geschäfts- und Transitreisen. Wer in den USA studieren oder vorübergehend arbeiten möchte, benötigt nach wie vor ein Visum. Darüber hinaus müssen Personen mit einer unbefristeten Aufenthaltsberechtigung weiterhin ihre »Grüne Karte« *(Alien Registration Card)* vorlegen. Die Visumsfreiheit gilt *nicht* für Austauschbesucher und Au-Pairs!

● *Was beim Flugschein zu beachten ist*

Folgende Einreisebedingungen sind einzuhalten:
– Man muß mit einem Reiseunternehmen in die USA einreisen, das dem Pilotprogramm zur Visumbefreiung angeschlossen ist (eine Auflistung dieser sog.»signatory carriers« ist bei jedem Konsulat erhältlich). Nur die Einreise in die USA muß mit dem Vertragsunternehmen erfolgen.
– Reisende müssen im Besitz eines gültigen Rückflug- oder weiterführenden Scheins sein. Eine Rückflugkarte kann eine einfache oder kombinierte sein, die den Reisenden in die Staaten befördert und von dort weiterführt; und zwar an einen Ort außerhalb der USA, ausgenommen die angrenzenden Territorien von Kanada, Mexiko sowie die benachbarten Inseln Saint Pierre, Miquelon, Kuba, Dominikanische Republik, Haiti, Bermudas, die Bahamas, Jamaica, die Inseln über und unter dem Winde (Wind-- und Leeward), Trinidad, Martinique und andere britische, französische und niederländische Territorien oder deren Besitzungen, die innerhalb der Karibik liegen bzw. an diese angrenzen.
– Wer ohne Visum eingereist ist, darf sich nicht länger als neunzig Tage in den Vereinigten Staaten aufhalten. Stand-by und offene Rückflugscheine können zwar für die visumfreie Einreise benutzt werden, es liegt dann allerdings in der Verantwortung des Reisenden sicherzustellen, daß die Ausreise auch wirklich innerhalb neunzig Tagen erfolgt.
Auch ein Visum für die Einreise auf dem Landweg, also über Kanada oder Mexiko ist nicht mehr erforderlich. Wer auf direktem Wege in die USA fliegt, bekommt ein Formular zum Ausfüllen in die Hand gedrückt, das zu einer visafreien Einreise nach Kanada oder Mexiko bzw. für die Wiedereinreise in die USA berechtigt.
Sollte jemand nach der ersten Einreise Ausflüge nach Kanada, Mexiko oder in die Karibik unternehmen, so darf der Gesamtaufenthalt neunzig Tage nicht überschreiten.

● *Das Formblatt I-791*

Das »Informationsblatt für das Pilotprogramm zur Aufhebung der Visumspflicht« (man schlage uns nicht für dieses Bürokratenkauderwelsch) muß zur Einreise ohne Visum ausgefüllt und unterschrieben werden. Ausgehändigt wird es entweder bei Kauf des Flugscheins oder bevor man sich an Bord von Flugzeug (oder Schiff) begibt. Es kann aber auch bereits durch Reisebüros ausgehändigt werden, so daß man das ausgefüllte und unterschriebene Formblatt nur noch zur Kontrolle am Flughafen mitzubringen braucht.

● *Wer benötigt weiterhin ein Visum?*

Von der Visafreiheit ausgeschlossen sind beispielsweise Diplomaten oder Regierungsbeamte auf Dienstreise (eine sozioprofessionelle Kategorie, die sich unter unserer Leserschaft ständig weiter ausdehnt), Studenten, die in den USA ein Studienprogramm absolvieren, Journalisten in offizieller Mission, Au-Pairs, Teilnehmer an Austauschprogrammen aber auch Verlobte amerikanischer Staatsbürger, die in den USA heiraten möchten – man kann ja nie wissen.
Wer sich über neunzig Tage in den USA aufhalten muß, weil er beim besten Willen nicht ausreisen kann, sollte sich umgehend an das nächstgelegene Büro der amerikanischen Einwanderungsbehörde (Immigration and Naturalization Service) wenden.

● **Warum die Einreise verweigert werden könnte**

Manchen Leuten wird vom Gesetz her die Einreise in die USA untersagt, es sei denn, ein Visum und eine Sondergenehmigung werden im voraus eingeholt. Sehen wir uns den Personenkreis einmal näher an: da ist die Rede von ehemaligen oder Immer-noch-Mitgliedern einer »kommunistischen Vereinigung oder Ähnlichem«. Oder von solchen Zeitgenossen, die sich in den Jahren 1933-1945 die Finger schmutzig gemacht hatten, natürlich mit Ausnahme derer, die der CIA nach Kriegsende gerade gut gebrauchen konnte. Ungern gesehen werden ferner Personen, die an einer »schwerwiegenden ansteckenden Krankheit oder einer psychischen Erkrankung leiden«, die »geistig unterentwickelt sind«, die »wegen einer Straftat oder eines Verbrechens festgenommen oder verurteilt wurden«, die »rauschgiftsüchtig sind oder mit Drogen handeln« – sowas tut man aber auch wirklich nicht! – und die »innerhalb der letzten fünf Jahre aus den USA ausgewiesen worden sind (erbärmliches Deutsch; wie wär's mit: des Landes verwiesen wurden?) oder denen innerhalb des letzten Jahres die Einreise verweigert wurde« (Zitat Ende). Aus dem gleichen Grund niemals etwaige Arbeitslosigkeit ausplaudern. Ebenso hat der Antragsteller ausreichende finanzielle Mittel für die beabsichtigte Reise nachzuweisen, ohne bezahlte Arbeit annehmen zu müssen. Man begegnet dem Antragsteller ansonsten sofort mit Skepsis.

Keinerlei *Schutzimpfung* ist vorgeschrieben. Nützlich ist der *Internationale Studentenausweis*, der auch in den USA häufig zu Preisermäßigungen berechtigt. Auskünfte beim örtlichen Studentenwerk oder beim

– *Deutschen Studentenwerk (DSW):*
Weberstr. 55, D-53113 Bonn, T. 0228-269060, Fax 26 90 630

Diplomatische Vertretungen der USA

● *Botschaften:*
– D-53179 Bonn, Deichmanns Aue 29, T. 0228-339 20 53 (14-17h)
– A-1090 Wien, Boltzmanngasse 16, T. 01-31339, Fax Visaabteilung 513 43 51
– CH-3005 Bern, Jubiläumstr. 93, T. 031-43 70 11, Fax 43 73 44
● *Generalkonsulate und Konsulate:*
– D-60323 Frankfurt/M. 1, Siesmayerstr. 21,
T. 069-75352204 oder 2206 (9-11 und 13-15.30)
– W-14195 Berlin (Zweigstelle), Clayallee 170, T. 030-8197454, Fax 831 49 26
– D-20354 Hamburg 36, Alsterufer 27-28, T. 040-41171-364 (13.30-14.30h)
– D-80539 München 22, Königinstr. 5, T. 089-2888725 (13.30-15.30h)

– A-5020 Salzburg, Giselakai 51, T. 0662-848776 Mo., Di., Fr. von 9-11h
– CH-8008 Zürich, Zollikerstr. 141, T. 01- 422 25 66, Fax 383 98 14

Reiseversicherung

Eine günstige Reiseversicherung bietet zum Beispiel der ADAC an; auch Nichtmitgliedern, ferner natürlich alle Reisebüros.

Reisekasse

Schwer vorherzusehen, wieviel Geld man wohl in diesem weitläufigen Land lassen wird. Aber eins ist sicher: wenn man nicht gerade in die dicksten Konsumfallen fällt, sollte man eigentlich ganz gut über die Runden kommen. Ob nun bei Unterkunft, Essen oder Transportmöglichkeiten: es gibt immer eine preiswerte Lösung. Man muß sie nur finden, aber dafür ist ja unser unglaublich kostbares Buch dabei.
– Erste Unbekannte: der Dollarkurs. Natürlich kommt man mit einem Dollarkurs von 1,50 DM erheblich weiter, als wenn 2 DM für so ein grünes Scheinchen hinzulegen wären. Aber leider läßt sich die Entwicklung nicht vorhersehen, wenn man im Frühjahr seine Sommerreise zu planen beginnt. Ist der Dollarkurs halbwegs »normal«, das heißt liegt er so um die 1,70 DM, dann sind die Lebenshaltungskosten geringfügig höher als bei uns. Verglichen mit dem Vorjahr sind heute rund 20% höhere Kosten vom Normaltouristen zu veranschlagen. So stiegen die Benzinpreise, kaum ein Autovermieter läßt sich eine »Rückführgebühr« von 500 $ entgehen, wenn der Wagen nicht zum Ausgangsort oder zumindest zum selben

Staat zurückgebracht wird. Eine Übernachtung in der Jugendherberge beläuft sich beispielsweise auf 14 $, ein Hamburger mit Pommes 7 $ und eine Busfahrkarte 1,80 $. Das Benzin ist dafür nur halb so teuer wie bei uns. Mit dem Taschenrechner im Gepäck läßt sich ein Besuch bei der Heilsarmee sicherlich vermeiden.

– Bei der Wahl des Verkehrsmittels gut überlegen. Sie hängt vor allem von zwei Dingen ab: zu wievielen wird man unterwegs sein, und wohin soll die Reise gehen? Plant man zu viert oder fünft eine Tour durch die Nationalparks an der Westküste, so wäre unsinnig, kein Auto zu mieten, denn man spart nicht nur eine Stange Geld sondern auch eine Menge Zeit. Reist man dagegen nur zu zweit und gedenkt seine Reise eh auf die Städte New York, Chicago und Boston beschränken, so ist ein Auto überflüssig, denn man bleibt damit höchstens im Stau stecken. Die Städte, am besten mit Flugzeug oder Bus zu erreichen, verfügen über ein gut ausgebautetes innerstädtisches Verkehrsnetz. Soviel nur, um jedem klarzumachen, daß die Wahl des geeigneten Verkehrsmittels ungeheuer wichtig ist und sich entscheidend auf den Zustand der Reisekasse auswirken könnte.

– Bei der Übernachtung läßt sich schwerlich ein Durchschnittspreis angeben. Wer mit dem Campingbus oder im Auto unterwegs ist, den werden die niedrigen Preise auf den Zeltplätzen der Nationalparks erstaunen. Ein Stellplatz ist für 10-14 $ zu haben. Für eine Nacht im Motel oder Hotel ohne Frühstück legt man zu zweit 45-70 $ auf den Tisch. Unter der Rubrik »Übernachtung« findet sich jeweils eine breitgestreute Palette von Übernachtungsmöglichkeiten aller Art und jeder Preisklasse.

– Eine kleine Warnung für all jene mit knapp bemessenem Budget: viele meinen nach Überschlagen der einzelnen Posten gerade so hinzukommen. Ausgezeichnet. Aber eines nicht vergessen: die Lockrufe der Konsumgesellschaft können manchmal fast unwiderstehlich sein. Wird's gelingen, nach einem verdammt heißen Augustnachmittag der Versuchung des »Big Splash«, einer Ansammlung gigantischer Wasserspiele, zu widerstehen? So 13-19 $ sind einzukalkulieren. Wird es in Las Vegas gelingen – trotz aller intellektuellen Verachtung für die hier zur Schau gestellte »Dekadenz eines bankrotten Systems« – einfach an den Spielautomaten vorüberzumarschieren und nicht doch ein paar Münzen in den »einarmigen Banditen« zu stecken? Wiederum 13 $ veranschlagen. Will jemand in Florida oder Kalifornien wirklich einen Bogen um die »Marinelands« schlagen, wo einen die Butzköpfe lächelnd naßspritzen? Sich hierfür noch 27 $ ins Portemonnaie stecken. In New York die Museen nicht zu besuchen, wäre ein kulturelles Verbrechen! Pro Museum sind 4-8 $ fällig. Niemandes Ohren werden es verzeihen, wenn ihnen in New Orleans keine Tour durch die Jazzkneipen spendiert wird. Je nachdem welche Clubs man ansteuert, wird man um 30-100 $ am Abend erleichtert. Kurz und gut, bei der finanziellen Planung der Traumreise sollte niemand sich allzu große Askese abverlangen. Amerika, das heißt nun mal auch Konsum, und um das Lebensgefühl der Eingeborenen ein wenig kennenzulernen, sollte man da für ein paar Wochen auch ruhig mal mitmischen.

Das nötige Kleingeld

Vorweg ein wichtiger Hinweis: man ist gut beraten, sein gesamtes Reisegeld fast ausschließlich in Form von Reiseschecks mit sich zu führen, denn wie überall wird auch in den USA massiv geklaut. Verlorengegangene oder gestohlene Schecks ersetzen die Banken verhältnismäßig problemlos. Das gilt besonders dann, wenn es sich um solche einer amerikanischen Bank handelt. *First National, Manhattan Chase, American Express* und *Bank of America* sind die vier namhaftesten. Man ist nicht wie in Europa gezwungen, zum Einlösen eine Bank aufzusuchen. Auch größere Geschäfte, Restaurants und Motels akzeptieren diese bargeldlose Zahlungsmethode. Dabei werden Schecks über einen höheren Betrag als 20 $ häufig nur angenommen, wenn Verzehr oder Einkauf wenigstens 10 $ ausmachen. Für Reiseschecks gelten übrigens günstigere Umtauschkurse als für Bargeld, und auch die Gebühren liegen tiefer (Am. Express 1% z.B.).

Wer also mal in die peinliche Verlegenheit gerät, daß sämtliche Banken geschlossen sind und daher ohne einen Cent dasteht, scheue sich nicht, per Scheck einen Hamburger oder ein Sandwich zu erstehen. Auf diese Weise gelangt man am schnellsten zu Bargeld. Bares sollte man in Banknoten unter 50$ mitführen. Fünfziger werden häufig ungern gewechselt und Hunderter sind kaum loszuwerden.

Am besten führt man überwiegend Schecks mit kleinen Beträgen mit, beispielsweise zu 20 $. Damit ist man auch in kleineren Läden zahlungsfähig.

Vorteilhaft kann die Mitgliedschaft im amerikanischen Automobilklub AAA sein: kraft des jährlich zu entrichtenden Mitgliedbeitrags von rund 35 $ (Aufnahme plus Mitgliedschaft 62 $) kommt man nämlich gelegentlich in den Genuß von Preisnachlässen, insbesondere 10 % bei den einigen Mietwagenfirmen. Nicht zu vergessen das in allen Büros erhältliche mehr oder weniger großmaßstäbliche Kartenmaterial, die Touristenführer, Campingplatzverzeichnisse und das Mitgliedermagazin SEE. Von den Zeltplätzen sind zahlreiche kostenlos, besonders im Westen. Häufig liegen sie vor teuren Nationalparks. Mitglieder des ADACs dürften bei Vorweisen ihrer Mitgliedskarte das Material kostenlos erhalten. Oft reicht schon das ADAC-Zeichen auf der Visakarte, wenn man diese über den Club bezogen hat. Ähnlich wie beim ADAC ist auch ein Pannenschutz enthalten, aber nur die ersten fünf Meilen sind frei.

Vorsicht!

– Dollar unbedingt *vor* Reiseantritt besorgen, denn nur wenige US-Banken tauschen ausländisches Geld. Eine Ausnahme bildet die *Bank of America*. Selbst mit kanadischen Dollars tut man sich beim Tauschen schwer.
Wir raten daneben zur *Pinestreet Chase Manhattan Bank* in unmittelbarer Nähe der Wall Street. Keine Provision.

– Die Banknoten unterscheiden sich weder in Größe noch Farbe sondern nur durch die aufgedruckten Zahlen (wir wußten doch, daß irgendein kleiner Unterschied bestehen mußte). Also aufpassen, nicht einen 1000 $-Schein zu erwischen, wenn eigentlich nur 1 $ rausgerückt werden soll.
– Wie man prüfen kann, ob man auch echte Dollars auf die Hand kriegt? Nun, einfach bei alten Scheinen die grüne Seite ein wenig anfeuchten und sie kurz auf weißes Papier reiben. Das Grün müßte dann leicht abfärben. Aber lieber mit dem Test bis nach Verlassen der Bank warten ...
Seit der siebenundsiebzigjährige, halbblinde (!) Rentner *Mario Williams*, der in seinem Keller jährlich über 20.000 $ herstellte und sie regelmäßig unbehelligt bei seiner Bank einzahlte, schließlich aufflog, war offensichtlich, daß die Notenbank handeln mußte. Wasserzeichen und die hauchdünnen weißen und roten Fäden daneben reichten nicht. Neuere Hundertdollarscheine haben einen links neben dem Federal-Reserve-Siegel einen dünnen senkrecht verlaufenden Polyesterfaden. Beim Durchleuchten wird »USA 100« sichtbar. Auch die Fünfzigdollarnoten sollen so gekennzeichnet werden, leider nicht die beliebten Zwanzigdollarscheine, die ein Viertel der umlaufenden Noten ausmachen.

– Geöffnet sind Banken im allgemeinen montags bis freitags von 9-15h.

– Kreditkarten: selbst amerikanische Kreditkarten wie z.B. Diners Club werden in den Geschäften nicht ohne Weiteres angenommen. Bares ist nach wie vor beliebt, wenn auch nicht in großen Beträgen. Bei Zahlung per Karte beläuft sich die Gallone Benzin bei modernen Tankstellen im Selbstbedienungsbereich auf einige Cents über dem Normalpreis. Unter 10-15$ wird meist keine Kreditkarte akzeptiert. Eine der gängigsten Karten in den USA ist übrigens die Visa-Karte, ebenso verbreitet ist die Mastercard (Eurocard). Mit Kauf einer Karte, normalerweise so um die 60 DM, bleibt man von allen weiteren Gebühren verschont, abgesehen von Bargeldbezug bei Banken. Ob jemand eine Kreditkarte erhält oder nicht, darüber befindet die Bank zu Hause. Zählt jemand nicht zu unseren Yuppielesern, die

---

*Für Hinweise, die wir in späteren Auflagen verwerten,
bedanken wir uns mit einem Buch aus unserem Programm*

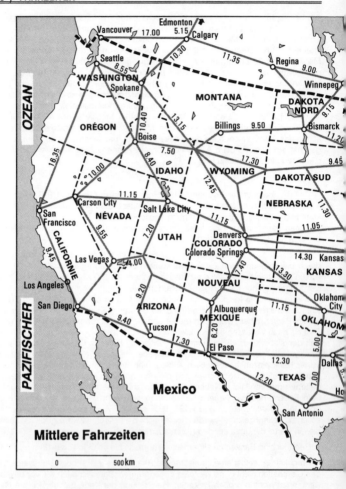

Mittlere Fahrzeiten

```
0        500 km
```

unsere Bücher erstehen, weil dies immer schicker wird, unsere Bücher erstehen, weil dies immer schicker wird, verfügt man also als Student beispielsweise über kein festes Einkommen, oder weil man als großer Faulpelz eher unregelmäßig jobbt, so hilft vielleicht ein Gespräch unter vier Augen mit dem Leiter der Bank weiter, in dessen Verlauf man sich als vertrauens- und daher auch kreditwürdig erweist ... In den USA ein Auto, zu mieten bereitet ohne Kreditkarte mitunter Schwierigkeiten. Ohne Karte ist eine Kaution in Form von mehreren hundert Dollar Bargeld oder Reiseschecks zu hinterlegen. Das einzig bekannte Mietwagenunternehmen, das keine Kreditkarte, aber rund 300 $ verlangt, scheint Alamo zu sein. Hilfreich ist die Kreditkarte auch bei der Einreise. Wer mit 1000 DM anrückt und angibt, gleich drei Monate bleiben zu wollen, macht sich verdächtig. Da muß man dann schon eine einleuchtende Erklärung auf Lager haben, wie man seinen Lebensunterhalt zu bestreiten gedenkt.

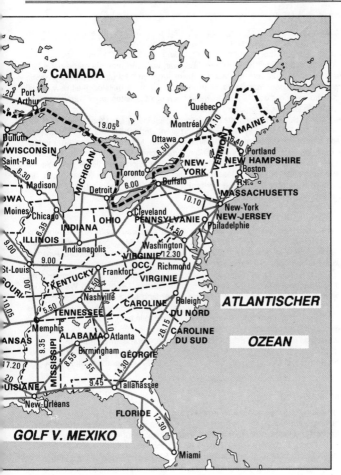

Mit Hilfe der Kreditkarte kommt man in den Banken auch zu Bargeld. Zugrunde-gelegt wird der jeweilige Tageskurs. Unter Umständen sind bis zu 10 % des Betra-ges als Gebühr fällig. Ausweis oder Führerschein sind vorzulegen. Visa-Karten werden von Geldautomaten nicht akzeptiert.

Wer mit Kreditkarte zahlt, sollte niemals versäumen, die Spalte *Tips* (Trinkgeld) auszufüllen und die Gesamtsumme einzutragen. Sonst kann es bei der Heimkehr zu unangenehmen Überraschungen kommen, falls der Geschäftsinhaber selbst die Spalte ausgefüllt und das Trinkgeld nach eigenem Ermessen festgesetzt hat.

– Auf US-Dollars ausgestellte Reiseschecks tauscht man zu Hause günstiger zurück als amerikanische Banknoten.

– In Gesprächen zwischen Amerikanern über Geld wird man zuweilen das Wort *buck* hören. Diese Bezeichnung für Dollar bürgerte sich in der Zeit der Trapper ein, als diese ihre »Böcke«, bzw. Hirschhäute gegen Dollars eintauschten.

Jobs in den USA

Wer als normaler Tourist eingereist ist, darf offiziell nicht arbeiten. Soweit die Theorie! In der Praxis gibt es jedoch durchaus Möglichkeiten.

– Für die legale Arbeit braucht man unbedingt die *Social Security Card*, die bis 1973 auch verhältnismäßig leicht erhältlich war, während man sie heute ohne längere Aufenthaltserlaubnis nur noch schwer ergattert. Schuld ist die allgemeine wirtschaftliche Misere, mit Geldentwertung, Rezession, Arbeitslosigkeit usw. Legal würde man zwar mit der begehrten Karte auch nicht arbeiten, aber zumindest fiele es erheblich leichter, einen Job zu finden.

Die Lösung: Schwarzarbeit. Kleinkinderbeaufsichtigung ist dabei hoch im Kurs; dafür gibt's 6-7 $ die Stunde plus Mahlzeiten. Jedoch ist mit der Konkurrenz eigens darauf spezialisierter Agenturen zu rechnen. Mit musikalischer Ader versuche man sich als Tellerwäscher, »original deutsche« Bedienung, Tabakpflücker oder Kneipenmusiker. Sich bei allen Stellen zur Sicherheit lieber pro Woche anstatt monatlich auszahlen lassen. Vielleicht findet sich auch jemand, der die Sprache der Dichter und Denker erlernen möchte. Man kann ruhig 15 oder 20 Dollar pro Stunde verlangen.

● *Work and Travel USA*

Studenten können bis zu drei Monaten gegen eine pauschale Arbeitsgenehmigung in den USA jobben. Darüber und über weitere Möglichkeiten der legalen Arbeitsaufnahme in den USA findet man Material im Buch *Ferienjobs & Praktika – USA* aus dem Verlag *interconnections*.

Hier nur eine Kostprobe: Betreuer/-in oder Freizeitleiter/-in einem Feriencamp oder Obsternte (von Juni bis Oktober in den Staaten Oregon und Washington; Zitronen und Orangen von Ende Januar bis Anfang März in Kalifornien; Apfelsinen von Dezember bis März in Florida, allerdings gegen die erbitterte kubanische Konkurrenz; Tabakernte im Juli unweit der Niagarafälle usf.).

Eine nützliche Anlaufstelle sei genannt:

– *Council on International Educational Exchange:* Thomas-Mann-Str. 33, D-53111 Bonn 1, T. 0228/659746 (Arbeitsprogramme »Praktikum USA« und »Work and Travel USA«; ferner »Sommerstudium USA«, »Sprachstudium USA« u.a.)

Homestay-Programme

Familienaufenthalte in den USA vermitteln u.a.:

– *Das Experiment e.V.,* Vereinigung für praktisches Zusammenleben der Völker, Deutsche Abteilung des »Experiment in International Living«: Ubierstr. 30, D-53173 Bonn, T. 0228/957220, Fax 35 82 82; (Individual Homestay Programm, Gruppenprogramme für Jugendliche, Au-Pair, Schüleraustauschprogramme, Sprachprogramme mit Familienanschluß, Begegnungsreisen für Erwachsene und Senioren)

– *Gesellschaft für internationale Jugendkontakte (GIJK):* Ubierstr. 94, D-53173 Bonn, T. 0228/957300, Fax 9573010; (Au-Pair Amerika, Familienaufenthalte für Einzelreisende, Sprachunterricht mit Kulturprogramm, High School-Besuch, Jobprogramme, z.B. »Farm-und-Ranch«-Programm, Touristische Angebote wie »Trek America« (mit Zelt und Kleinbus durch die USA), usw.)

– *Youth for Understanding (Deutsches Komitee):* Averhoffstr. 10, D-22085 Hamburg, T. 040/22 70 020, Fax 22 70 02 27, (Jugendaustausch, Schulbesuch und Unterbringung in Gastfamilien im Rahmen des USA-Projektes)

– *Partnership International,* Frankstr. 26, D-50676 Köln, T. 0221/210411 (Schüleraustauschprogramme, USA-Reisen für Erwachsene)

– *Gesellschaft für Internationale Begegnungen (GIB):* Robert-Perthel-Str. 3, D-50739 Köln, T. 0221/17 20 31-32, Fax 17 69 47 (Jugendbegegnungen und Austauschprogramme mit den USA)

Summercamps

- *Camp America:* 37A Queens Gate, GB-London SW7 5HR,
T. 0044/71/5893223-4, 581 2378, Fax 581-7377.

Reisen innerhalb der Vereinigten Staaten

Da Geographie in der Schule nicht gerade zu unseren Stärken zählte, erinnern wir uns, daß die USA eine recht beachtliche Landfläche einnehmen und daß die Entfernungen, die es zurückzulegen gilt, recht lang sind, verdammt lang sogar. Richtig erschwinglich wird eine Entdeckungsfahrt quer durch die Staaten eigentlich erst dann, wenn man zu mehreren unterwegs ist und sich die Kosten teilt. Zu viert reist es sich ideal.

Das gilt zunächst einmal fürs Automieten oder -kaufen. Mit dem »eigenen« Wagen unterwegs kann man sich prima selbst – und damit ganz preiswert – verpflegen, wenn Campingkocher und -geschirr dabei sind. Wer allerdings partout nicht auf seinen täglichen Hamburger verzichten will, kommt natürlich weniger billig weg.

Zum Übernachten sucht man sich am günstigsten ein kleines Motel in irgendeinem verlassenen Nest, das aber auch recht schauerlich ausfallen kann. Abgebrannte und Geizige nehmen zu viert ein Doppelzimmer, wobei zwei auf den Matratzen und zwei auf den Lattenrosten nächtigen. Die mit den Querstreifen morgens, die so sauer dreinschauen, sind die von den Rosten, während die, welche so feixen, die anderen sind. Aber wartet nur ....

● *Per Anhalter* (Hitch-hiking)

Nicht leicht vielerorts überhaupt nicht mehr praktiziert. Am beschwerlichsten wird es wohl in den Südstaaten (the »Deep South«), da die Leute dort eine eingefleischte Abneigung gegen alles hegen, was nach lockerem Lotterleben aussieht. Ist es doch tatsächlich vorgekommen – ob unserer Lockenschöpfe oder weiß der Teufel was – daß man uns an einer Tankstelle wortlos das Trinkwasser abdrehte. Hah!

Der Herr und unser Vorrat an Proviant und Wasser haben uns gerettet.

Schade, denn Trampen ist eigentlich die beste Methode zum Kennenlernen der Eingeborenen ... Dabei stößt man vielleicht auf irgendwelche spleenigen Typen, etwa Künstler oder missionierende Prediger, ganz sicher aber auf Leute, die einfach nett sind und mit denen man reden kann.

In den meisten Staaten ist das Anhalten erlaubt, aber nicht in allen. In Washington (D.C.), in Carolina und in Virginia riskiert man allen Ernstes, in den Knast zu wandern, was Freunden von uns tatsächlich schon passiert ist.

Übrigens raten wir auch alleinreisenden Frauen dringend vom Trampen ab, es sei denn wir kommen grad des Weges!

Leichter hat's möglicherweise, wer sich ein Schild mit der Aufschrift »German«, »Austrian« oder »Swiss« vor den Bauch hält, wobei im Falle einer Polizeikontrolle auf jeden Fall mit milderndem Umständen zu rechnen ist. Auch das gewünschte Fahrtziel sollte man dazuschreiben. Das erweckt einen seriöseren Eindruck. Abgesehen davon könnte das Schild ja auch einen Autofahrer, der sonst nie Anhalter mitnimmt, dazu bewegen, zu bremsen, weil er vielleicht selbst vor kurzem in München oder in Wien war und gern Erinnerungen austauschen will. Wer weiß? Auf die Frage, warum man per Anhalter fährt, vorgeben dies zu tun, weil es Spaß mache, und um Amerikaner kennenzulernen. Keinesfalls finanzielle Gründe erwähnen, da das ungern gehört wird.

Will man eine längere Strecke zurücklegen, gebe man doch eine Anzeige in einem der Szeneblätter vom Typ *Village Voice* in New York oder *Berkeley Barb* in San Francisco auf. Es macht sich gut, auch die Nationalität anzugeben.

Beim Überqueren der Grenze nach Kanada behalte man lieber für sich, als Anhalter unterwegs zu sein. Sonst kann es vorkommen, daß man zurückgeschickt wird.

In den Studentenheimen, YMCAs u.ä. hängt fast immer ein Schwarzes Brett, das Mitfahrgesuchen, »Rides with sharing expenses« (MFG mit Benzinkostenbeteiligung), vorbehalten ist. Manchmal wird auch verlangt, daß man sich beim Fahren ablöst, und manchmal will jemand einfach Gesellschaft haben, ohne Kostenbeteiligung ... sehr suspekt, hütet Euch, Mädels! Selten bietet sich eine Mitfahrgelegenheit in einen anderen Staat, es sei denn, man versucht es an den großen Universitäten (Harvard, Columbia). Um weniger bekannte Unis ausfindig zu machen, sollte man sich eine Landkarte aus der Reihe »Buckle-up USA« besorgen, in denen sie rot eingezeichnet sind. Amerikanische Studenten dürfen übrigens nur vier Nächte hintereinander Gäste in ihren Wohnheimzimmern beherbergen. Auch die Goethe-Institute erweisen sich mit ihrem Schwarzen Brettern als nützliche Anlaufstellen.

Es ist äußerst ratsam, etwas Verpflegung und vor allem Wasser mit sich zu führen, denn man kurvt schon mal längere Zeit durch bannig verlassene Gegenden. Bekanntlich bestehen die USA streckenweise aus Wüste, in erster Linie in New Mexico, Arizona und Nevada.
LKW-Fahrer nehmen aus Versicherungsgründen nur selten einen Anhalter mit. Besser einen Bogen um die »Truckstops« (Raststätten für Lastkraftwagen) schlagen, denn dort wimmelt es von Schildern: Trampen verboten. Dies gilt auch für die Ausfahrten.
In einigen größeren Städten, vor allem an der Westküste, weniger in New York, hat sich mittlerweile die Anhalterei innerhalb der Stadt eingebürgert. Ist das Ziel einigermaßen klar, so scheue man sich nicht, auch an der Bushaltestelle den Daumen rauszuhalten. Per Auto geht's natürlich um einiges fixer. Zu Hause erwähnen wir das natürlich nicht ...

Wirklich schwierig wird die Anhalterei übrigens nur in den Nationalparks, denn die sind beliebte Ausflugsziele für die ganze Familie. Anhalter haben da keinen Platz. Trampen auf der Autobahn ist verboten, auf dem Zubringer aber durchaus möglich. Wer unangenehmerweise von einer Polizeistreife überrascht werden sollte, versteht klugerweise keinen Brocken Englisch. Als Ausländer genießt man immer noch etwas Narrenfreiheit. Vielleicht hat man sogar das Glück, vom Cop bis zum nächsten Ort kutschiert zu werden. So ein Polizeiwagen ist verdammt komfortabel; wissen wir aus eigener Erfahrung. Allerdings kann es auch mal vorkommen, daß man an ziemlich fiese Gesellen gerät. Fordert ein einzelner Cop uns auf, nicht mehr zu trampen, dann ist es ratsam, dem Folge zu leisten. Andernfalls wird er Verstärkung holen, und dann sitzt man ganz schön in der Tinte.

Aber was hindert uns eigentlich, einen Polizisten, der einem das Trampen an einer bestimmten Stelle untersagt, dreist zu fragen, wo man denn sonst ... Man kann auch nebenbei einfließen lassen, wo man genau hinwill, alles in jämmerlichem Englisch, versteht sich, so wie wir's halt auf der Schule gelernt haben. In der Regel wird der Mann dann ziemlich schnell genervt sein und den Quälgeist an der Grenze seines Patrouillenbereichs absetzen, nur um einen vom Hals zu haben. Anhaltern bietet das den Vorteil, sich sozusagen im Niemandsland zwischen zwei Patrouillengebieten zu befinden, wo das Wagnis, einem anderen Cop zu begegnen, erheblich geringer ist.

● **Per Zug**

Zwar ist das Eisenbahnnetz eher dürftig, doch reist es sich im Zug äußerst angenehm und bequem. Man durchquert dabei wunderschöne Landschaften und trifft einen Haufen unternehmungslustiger Leute. In Zügen läßt es sich bequem schlafen, und auch das Essen »an Bord« ist in Ordnung und gar nicht mal teuer. Manche Züge verfügen sogar über ein Kino oder eine Diskothek! Will man möglichst rasch von einem Ort zum anderen gelangen, so eignet sich die Bahn weniger, dafür um so mehr für eine traumhafte und geruhsame Fahrt quer durchs Land.
In den USA existieren grundsätzlich zwei Arten von Zügen: der »coach«, meist mit verstellbaren Einzelsitzen ausgestattet, für den keine Buchung nötig ist, und die »club cars«, bei denen man reservieren *muß*. Hier wird wiederum unterschieden zwischen der Kategorie »Metroclub« mit drehbaren Reisesesseln zum Tarif 1. Klasse, den »lounge cars« mit Bar, den »footrest rooms«, deren Sitze sogar mit Schemel zum Füßehochlegen versehen sind, den »roomettes«, Wagons mit kleinen Schlafabteilen, in denen das Bettzeug gestellt wird, den »slumbercoaches«, unseren Liegewagen vergleichbar, »bedrooms«, luxuriösen Schlafwagen sowie »drawing rooms«, Liegewagen mit drei Betten, WC und Waschbecken. Nicht zu vergessen natürlich die »Panoramawaggons« mit erhöht gelegener Bar und die

modernen zweistöckigen Waggons mit Restaurant und Aussichtsplätzen, die sogenannten »Superliners«.
Alles in allem gelten die amerikanischen Züge als äußerst luxuriös. Zwar kommen sie die Reisekasse teurer zu stehen als Überlandbusse, sind dafür aber auch deutlich bequemer zum Schlafen. Amtrak bietet z.Zt. einen Fahrschein für 45 Tage zur rund 350 $ oder einen »East Coast Region Rail Pass« mir dreißig Tagen Gültigkeit zu rund 210 $, der aber zu Hause über das örtliche Reisebüro erstanden werden muß oder über das *Deutsche Reisebüro*, E.-v.-Behring-Str. 6, 60439 Frankfurt. T. 069-9588-1758/9, Fax -1768. Mit den Paß lassen sich dann immer die einzelnen Karten vor Ort verbilligt kaufen. Da viele Bahnkunden in den USA zwar eine Platzreservierung vornehmen, ohne die Fahrt tatsächlich anzutreten, sind für viele Züge trotz genügend freier Plätze keine Karten mehr erhältlich. Daher raten wir zu rechtzeitiger Buchung unter 1-800-USA-Rail.
Die Sitze finden wir ohnehin richtig behaglich, und in vielen Waggons lassen sie sich obendrein vollständig ausziehen. Bei Kurzstreckenverbindungen bis zu einer Fahrzeit von viereinhalb Stunden gilt bei Amtrak Rauchverbot.
Nachteil der Zugreisen ist, daß meist nur große Städte den Fahrplan schmücken und die Bahnhöfe außerhalb liegen, so daß unsere Reisenden ihr YMCA nur per Bus oder Taxi erreichen.

Vertretungen von Amtrak
– *Deutsches Reisebüro:*
Emil-von-Behring-Str. 6, Frankfurt, T. 069-9588-1758-9, Fax -9588-1768
– *Austria Reiseservice:*
Hessgasse 7, A-1010 Wien, T. 0222-310 74 41, Fax 34 35 98
– *SR-Reisen:* Bäckerstr. 52, CH-8004 Zürich, T. 01-29 71 111, Fax -29 71 112

● *Busse*

Das Omnibusnetz erstreckt sich nahezu über das ganze Land, und wenn die bedeutenden Buslinien nicht die hinterletzte Ecke bedienen, dann tun es die Regionalbusse.
Die beiden größten Busunternehmen sind:
– *Greyhound* und
– *Continental Trailways*, kürzlich von Greyhound aufgekauft.

● *Pauschalangebote*

Greyhound hat z.Zt. Angebote (DM-Preise nur wenn hier gekauft, Dollarpreise für in den USA erstandene Karten): für vier (ca. 170 DM, ca. 120 $), sieben (ca. 210 DM, 190 $) oder fünfzehn (ca. 390 DM, ca. 270 $) Tage sowie für einen Monat (ca. 530 DM, ca. 345 $), wobei die Frist mit der erstmaligen Benutzung der Fahrkarte beginnt. Die Kilometerzahl spielt keine Rolle; Gepäck ist im Preis inbegriffen. Übrigens existieren derartige Pauschalangebote auch für Kanada, wobei allerdings dann zuweilen ein Zuschlag gefordert wird. Aufgepaßt: diese Angebote sind ohne Internationalen Studentenausweis nicht in den USA erhältlich. Inhaber des IS wenden sich an die internationalen Auskunftsschalter an den Greyhoundbahnhöfen in New York (Port Authority, im Untergeschoß), Miami, LA und San Francisco. Es ist ratsam, sich den *Ameripass* in Europa zu besorgen. Preise rund DM 300,- für sieben Tage; DM 470,- für fünfzehn Tage; DM 610,- für dreißig Tage. Wer glaubt, sich mit Bussen notwendigerweise günstiger zu stehen als mit dem Flieger, irrt. Gerade zwischen den Großstädten sind Flüge häufig billiger.
Der *Ameripass* besteht aus einem Scheckheft. Vor Aubrauchen des ersten *booklets*, ist im Greyhoundbahnhof einer größeren Stadt ein neues zu verlangen. Man erhält es gratis, ohne daß sich dadurch jedoch die Gültigkeit verlängern würde. Der Gültigkeitszeitraum beginnt mit der allerersten Fahrt und kann nicht unterbrochen werden. Es ist daher möglich, die Fahrkarte lang im voraus zu bestellen, ohne genaues Feststehen des Reisedatums.
Weiterhin werden Pauschalscheine für Strecken zwischen zwei beliebigen Orten angeboten, wobei die Entfernung unmaßgeblich ist. Recht zivile Preise und am günstigsten für lange Strecken: so beträgt der Höchstpreis für die einfache Fahrkarte derzeit 68 $. Mit den Greyhoundkarten darf man auch die Busse von hundertzwanzig kleineren Busgesellschaften benutzen. Leider verkehren die Greyhounds nicht an so attraktiven Stellen wie den Nationalparks.

Rucksackreisende sollten nicht grundsätzlich alle organisierten Ausflüge mit Verachtung strafen, besonders nicht die der Firma *Grayline Tours*. Sie veranstaltet etliche Rundfahrten durch Städte und touristisch bedeutsame Gegenden, bei denen für einige Dollar und in kurzer Zeit ein guter Überblick zu gewinnen ist, wobei es jedem freisteht, hinterher auf eigene Faust die Ecken nochmals aufzusuchen, die es ihm besonders angetan haben.

Alles über aktuelle Preise und Bedingungen bei:
- *Greyhound World Travel:* beim *Deutschen Reisebüro*,
  E.-v.-Behring-Str. 6, 60439 Frankfurt. T. 069-9588-1758/9, Fax -1768,
  Zuständig für Österreich:
- *WTC Reisebüro*, Rennweg 45/8, A-1030 Wien, T. 0222-7129451, Fax -712 94 52
- *SSR-Reisen*, Bäckerstr. 52, CH-8004 Zürich, T. 01-29 71 111, Fax -29 71 112

● *Das Gepäck*

Unbedingt auf das Gepäck achten, denn sonst geht's leicht verloren. Weise, was? Daß Passagiere und Koffer getrennte Wege gehen, ist durchaus keine Seltenheit. Bei der Vorstellung, in San Francisco zu stehen und sein Hab und Gut auf dem Weg nach New Orleans zu wissen, werden jedem die Haare zu Berge stehen. Am besten nimmt man daher sein Gepäck so oft wie möglich mit in den Bus und verstaut es in den Netzen.

In größeren Städten braucht man seine Habseligkeiten nicht erst mühsam zusammenzuklauben, wenn man aus dem Bus steigt. Sie werden umsonst am Gepäckschalter bewacht. Aufgeben kann man es drei Tage im Voraus. Wichtig: die Schließfächer für Greyhound-Reisende werden nach vierundzwanzig Stunden geleert.

Der *Package Express Service*, mit unserem IC-Kurierdienst vergleichbar, befördert Gegenstände von einem Ort zum anderen, ohne daß der Absender sein Gepäck im Bus zu begleiten hätte. Ein ideales Angebot für all jene, die beim Shopping immer kräftig zuschlagen und sich nicht damit abschleppen wollen. Wertgegenstände sollte man allerdings lieber davon ausnehmen. Am Zielort angekommen, erwarten die Gepäckstücke ihre Besitzer. Vom dritten Tag an kostet ihre Aufbewahrung 70 Cents.

Ein Tip noch für Rucksackreisende: über 82 cm Höhe darf der Rucksack nicht messen, wenn er noch in ein Schließfach gehen soll. Bei dieser Größe läßt er sich gerade noch schräg hineinquetschen.

● *Komfort*

Die Busse sind nicht nur schnell, sondern auch ausnehmend komfortabel, angefangen von den »Bord«-Toiletten bis zur unvermeidlichen Klimaanlage. Sie verwandelt den Bus allerdings zuweilen in ein Eisloch. Also immer einen Pulli griffbereit halten, erst recht, falls man während der Fahrt zu schlummern gedenkt. Nachtfahrten sind wieder für alle Geizhälse und Abgebrannten natürlich schon aus dem Grund reizvoll, weil sie damit Übernachtungskosten sparen. In den Greyhoundbahnhöfen werden aufblasbare Kopfkissen verkauft. Läßt man die Luft heraus, geben sie vorzügliche Strandtaschen ab und obendrein sind sie mit Greyhound-Emblemen geschmückt ...

Ist der erste Bus voll, wird normalerweise ein zweiter eingesetzt, um die restlichen Reisenden aufzugabeln. In den größeren Orten ist das selbstverständlich, in den kleineren allerdings weniger. Nicht zu früh triumphieren, wer glücklich einen Platz im zweiten – halbleeren – Bus ergattert hat und sich genüßlich ausstrecken will. Sobald nämlich im ersten Bus wieder genug Platz ist, werden die Passagiere des zweiten erbarmungslos hinüberverfrachtet, und wenn es mitten in der Nacht ist. Verdammt unangenehm!

Am besten sitzt man irgendwo in der Mitte. Über den Achsen schaukelt ein Bus bekanntermaßen am heftigsten, und ganz vorn wird man womöglich durch die Tür, ganz hinten durch Toilettendüfte gestört. Außerdem sind die Rückenlehnen der hintersten Bank nicht verstellbar. Am spannendsten geht's in den drei vorletzten Reihen zu, wo in der Regel am meisten Stimmung herrscht. Dort hocken nämlich in der Regel die Freaks auf Reisen. Die Qualmerei ist übrigens verboten. Wie werden wir's überleben?

Unsere Leserinnen beschweren sich darüber, immer mit Angequatschtwerden rechnen zu müssen, dies vor allem nachts.

● *Noch ein paar Tips am Rande*

– *Service Helping Hand of Greyhound:* Begleiter von Behinderten dürfen umsonst mitreisen, vorausgesetzt, daß der Behinderte sich durch eine Bescheinigung in englischer Sprache als tatsächlich hilfsbedürftig ausweisen kann. Der Begleiter darf sich natürlich nicht irgendwann selbständig machen und muß dem Behinderten wirklich beim Ein- und Aussteigen helfen können.
– Nicht vergessen, daß nicht alle Verbindungen gleich schnell zum Ziel führen. *Express*, *Non-stop* oder *Local* unterscheiden sich da zum Teil erheblich. Vergleicht man einfach die Abfahrts- mit der Ankunftszeit, dann weiß man, wie man am schnellsten vorankommt. Übrigens sind die Busbahnhöfe auch vorzügliche Treffpunkte, falls man sich in den Orten nicht so auskennt. Dort finden sich sogar Waschgelegenheiten.
Sollte jemand seinen *Ameripass* in den USA kaufen, auf die Preise achten, denn diese schwanken von Ort zu Ort. So berappt man zum Beispiel in Washington weniger als in New York.

● *Die Straßen*

Bei uns reicht es meist, wenn man seinen Zielort kennt. Nicht so in den USA. Dort muß man nämlich den Namen oder die Nummer der Straße wissen und sich die Richtung vergegenwärtigen, also Nord, Süd, Ost oder West. Fährt man beispielsweise von New York nach Buffalo bei den Niagarafällen, dann nimmt man den »New York State Freeway North«. Von New York nach San Francisco führt dagegen die Interstate 80 West. Ausgeschildert ist sie als I 80 W.

Folgende Straßenkategorien sind zu unterscheiden:
– *Parkways* oder *Expressways* nennen sich die – meist gebührenpflichtigen – vierspurigen Straßen.
– Ein *Turnpike*, eigentlich eine Mautstelle, führt zu einer gebührenpflichtigen Autobahn, was nicht unbedingt ein reines Fahrvergnügen bedeutet. Der »Pennsylvania Turnpike« von Philadelphia nach Chicago beispielsweise befindet sich in erbärmlichem Zustand. Von den hunderttausend Lastern, die dort täglich langbrummen, gar nicht zu reden.
– Auch die *Interstates* sind Autobahnen und bis auf wenige Teilstrecken in der Regel gebührenfrei. Jeder Staat ist für den Abschnitt auf seinem Gebiet zuständig; finanziert werden sie jedoch durch die Bundessteuer. Die Interstates sind mit Abstand die besten Straßen in den USA. Obendrein verfügen sie über ausgezeichnete Rast- und Übernachtungsmöglichkeiten.
– Die amerikanische Landschaft läßt sich natürlich besonders genießen, wenn man *nicht* die großen Straßen benutzt. Die Nebenstraßen sind mit der Bezeichnung »US«, gefolgt von einer Nummer, gekennzeichnet, aber auch hier muß man sich stets über die generelle Richtung im Klaren sein. Die Schilder am Straßenrand geben lediglich die Straßennummer und die Richtung an, nicht die Orte. Sie sind stets auf der rechten Seite und rund 100 m vor der nächsten Kreuzung aufgestellt.
– Ein höchst nützlicher Begleiter ist der Straßenatlas von Rand MacNally; dort findet man jeden Staat übersichtlich auf einer Seite mit Kennzeichnung der Nationalparks sowie der Zeltplätze. Die Ordnung erfolgt leider alphabetisch, so daß Connecticut nach California steht was bei der Suche nach Anschlußstellen viel Geblättere erfordert.
– Auf den Interstate Highways an allen innerstaatlichen Grenzen passiert man ein Visitor Center, das kostenlose Straßenkarten des betreffenden Staates vorrätig hält. ADAC-Mitglieder erhalten diese übrigens auch kostenlos von ihrem Verein zu Hause. Auf der Rückseite verzeichnen sie die Hauptsehenswürdigkeiten des Gebietes, das sie abdecken.

● *Verkehrsregeln*

Vorfahrt von rechts gilt nur dann, wenn zwei Fahrzeuge zur gleichen Zeit eine Kreuzung erreichen. Sonst lautet die Devise: wer zuerst kommt, mahlt zuerst. Wer zuerst an eine Kreuzung kommt, darf als erster weiterfahren. Man stelle sich das mal bei uns vor ...

– Natürlich biegt man in Amerika auch amerikanisch ab. Das bedeutet, daß man beim Linksabbiegen den kürzesten Weg nimmt. Zwei Fahrzeuge, die links abbiegen wollen, fahren also voreinander vorbei und nicht umeinander herum. Dies ist unseres Wissens mittlerweile überall üblich bis auf Frankreich, wo die sich deshalb gegenseitig im Wege stehenden Schlangen von Linksabbiegern wundervolle Verkehrstaus hervorrufen. Ach ja, die Kinder Decartes ...

– In manchen Staaten, so etwa in Kalifornien, dürfen Rechtsabbieger an einer Kreuzung auch dann fahren, wenn die Ampel auf Rot steht. Finden wir gut und machen wir bei uns schon seit Jahren. Voraussetzung ist jedoch, daß man sich auf der rechten Spur befindet und wirklich gründlich schaut, ob der Weg frei ist. Prangt an der Ampel das Schild »No Red Turn«, müssen auch die Abbieger warten.

– Auf die Autobahn sollte man so zügig wie möglich auffahren und vor allem niemals auf der Einfädelungsspur anhalten (Merge, verbinden, zusammenführen, also einmündender Verkehr). Bei einer Panne fährt man rechts ran, öffnet die Kühlerhaube und wartet ab. Schon bald wird sich die Autobahnpolizei des Havaristen annehmen. An einigen Highways stehen auch Notrufsäulen, mittels derer man Hilfe herbeiholen kann. Zahllose Parkplätze laden zum Pausieren ein.

– Auf Interstates und Autobahnen haben Zufahrten von rechts entweder ein Halte- oder ein Vorfahrt-achten-Schild (Yield = nachgeben).

– Kreisverkehr gibt es selten in den USA. Eine Ausnahme bilden die Neuenglandstaaten, zum Beispiel New York. Wer als erster in den Kreisverkehr einbiegt, genießt Vorfahrt.

– Allgemein gilt in den Staaten eine Geschwindigkeitsbegrenzung. Auf den meisten Straßen liegt die Obergrenze bei 55 mph bzw. 88 km/h, auf den Interstates immerhin bei 65 mph. An diese Beschränkungen sollte man sich auch durchaus halten. Die Polizei ist nämlich ganz versessen darauf, ihre Sirenen aufheulen zu lassen, um einen armen Verkehrssünder zur Schnecke zu machen. In den Südstaaten machen sie sich ein besonderes Vergnügen daraus, solche Wagen anzuhalten, die in anderen Staaten registriert sind. Daran denken, daß die Polizeiwagen die Geschwindigkeit jederzeit ermitteln können, auch wenn sie einen selbst überholen.

Da Lkws sich meist über Funk warnen oder Radarwarngeräte besitzen, hängen sich Schlaue einfach an einen schnellen Laster dran.

Angehalten wird man übrigens immer von hinten. Ist schon ein mulmiges Gefühl, nachts von hinten von einem eigens dafür vorgesehenen Scheinwerfer angestrahlt aus dem Wagen steigen zu müssen, der Cop die Hand locker am Colt. Dazu dann auch noch die Schrotflinte zwischen Fahrer- und Beifahrersitz und die beiden roten Blinkleuchten: alles wie im Kino.

Beobachtet haben wir mal folgendes: vier vermeintliche Spitzbuben wurden nachts angehalten. Zwei Streifenwagen hielten hinter dem Wagen in gehöriger Entfernung und strahlten ihn an. Obendrüber leuchtete ein Hubschrauber die ganze Szene aus. Dann mußte der erste aussteigen, langsam rückwärts, mit hinter dem Kopf verschränkten Armen, darauf niederknien und die Beine übereinander verschränken. Erst dann schloß einer der Beamten von hinten die Handschellen, während er mit den Füßen die verschränkten Beine einklemmte. Das Ganze unter dauernden Warnrufen, ja keine falsche Bewegung zu machen und alle beteiligten Polizisten mit der Waffe im Anschlag.

– Stets darauf achten, wo man das Gefährt abstellt. »No Parking« bedeutet Parkverbot, also niemals vor einer Bushaltestelle und vor Feuerwehrhydranten *(fire hydrant)* parken. Und gut die Straße merken, vor allem in größeren Städten, sonst wird man später ordentlich suchen müssen. Beim Parken parallel zum nichtabschüssigen Straßenrand weder Gang einlegen noch Bremsen anziehen. In den Großstädten stellt das Parken ein Problem dar. Da man ziemlich zur Kasse gebeten wird, ist es ratsam, das *Park and Ride* System zu benutzen. Große Parkplätze befinden sich an den Endhaltestellen von Bus und U-Bahn. Normalerweise sind sie auf den Stadtplänen eingezeichnet. Es empfiehlt sich jedoch, früh zu erscheinen, da sie flugs belegt sind.

– Sollte ein Schulbus anhalten und Blinklicht einschalten, so haben der nachfolgende Verkehr und auch der in Gegenrichtung unbedingt anzuhalten. In diesem Fall einfach weiterzufahren, gilt als eine der schwersten Verkehrssünden.
– Einfache Mittelstreifen dürfen überfahren werden, doppelte nie. Alkohol am Steuer wird teuer, trotz unseres wieder mal gelungenen Reims keine lustige Angelegenheit! Die Grenzen liegen zwischen 0,5 und 1 Promille.
Zwei Rotblinkampeln in kleineren Ortschaften bedeuten: Anhalten, dann vorsichtiges Weiterfahren; Gelbblinkampeln: vorsichtiges Durchfahren.
»BYP oder Bypass« ist die Umgehungsstraße, »JCT« (junction) die Kreuzung, Abzweigung bzw. Einmündung, »No U Turns« heißt Wenden Verboten, »Ped Xing« (pedestrian crossing) Fußgängerüberweg, »Soft Shoulders« sind leider keine weichen Schultern zum Anlehnen sondern nur olle unbefestigte Seitenstreifen, in denen man versinken kann. »Toll« deutet auf eine Mautstelle hin und nicht auf hemingwaysche Glocken.

● *Tanken*

Es empfiehlt sich, auf jeden Fall bei Durchfahren weniger dicht besiedelter Gebiete voll zu tanken, da viele Tankstellen *(gas stations)* nachts und sonntags geschlossen bleiben. Außerdem kann es vorkommen, daß man stundenlang auf der Autobahn rollt, ohne eine einzige Zapfsäule zu passieren. Fast immer ist die Pumpe mit einem Hebel oder einem Schalter erst in Gang zu setzen; die Pistole nur in den Stutzen zu stecken, reicht also nicht. In bitterbösen Gegenden ist erst vorauszuzahlen. Ein Guthaben erstattet der freundliche Tankwart natürlich. Im Westen, z.B. um Los Angeles, nehmen die Tankstellen häufig keine Kreditkarten an sondern nur Bargeld. Oft ist auch schon vor dem Zapfen zu bezahlen oder, wenn die Karte akzeptiert wird, ist sie an der Kasse zu hinterlegen. Der Benzinpreis ist abhängig von der Gegend – in New York City liegt er beispielsweise 30-40 % über dem am Hudson-River-Ufer in New Jersey – von der Marke und natürlich von der Qualität. Einer Gallone entsprechen 3,75 Liter. Man unterscheidet wie bei uns zwischen Super und Normal. Das Superbenzin nennt sich *super, high test* oder *ethyl* und ist das teuerste. Das Normalbenzin heißt *normal* oder *regular*. Beide sind noch bleifrei (unleaded; ausgesprochen mit kurzem »e«, nicht »i«) oder verbleit *(leaded)* zu haben, wobei letzteres immer seltener ausgegeben wird. Den meisten Fahrzeugen genügt Normalbenzin, eine Ausnahme bilden die großen amerikanischen Schlitten, die Super schlucken. An allen Tankstellen werden Kaffee und Zigaretten sowie diverse Informationsmaterialien, Straßenkarten etc. feilgehalten. Toiletten stehen auch zur Verfügung. Außerdem kann man sehr genaue Ortspläne erwerben, die im allgemeinen auch noch einen Teil der Umgebung mit abdecken und sich so, auf der Suche nach einer ganz bestimmten Adresse als äußerst nützlich erweisen können.
Übrigens: Selbsttanken kommt 10% billiger; man spart also eine Stange Geld. Trinkgeld ist an Tankstellen unüblich.

● *Papiere*

Der nationale Führerschein ist auch in den USA gültig. Besser und sicherer natürlich, man besorgt sich einen Internationalen Führerschein. Den bekommt man unter Vorlage der Fahrerlaubnis, eines Personalausweises und zweier Paßfotos beim zuständigen Meldeamt zu Hause. Den internationalen Ausweis können die amerikanischen Cops einfach leichter lesen, folglich gibt's weniger Komplikationen. Seinen nationalen Führerschein sollte man trotzdem in petto haben: einige Autovermieter verlangen nämlich dessen Vorlage. Hört das denn niemals auf ...

● **Regeln beim Kauf eines Gebrauchtwagens**

Zwar ist das eigene Auto nicht unbedingt das billigste Fortbewegungsmittel, aber doch allemal das praktischste. Immerhin gewährt es ein Höchstmaß an Unabhängigkeit. Zu mehreren unterwegs, lohnt sich eventuell der Kauf eines Autos, das man nach der Reise wieder losschlägt. Um die nötigen Papiere kümmert sich normalerweise der jeweilige Händler. Am besten wirft man einen Blick ins *Blue Book*, das bei allen Gebrauchtwagenhändlern ausliegt, oder in die Zeitschrift *Auto Trailer*. Sicherer fährt, wer den Wagen von einer vertrauenerweckenden Privatperson kauft *(person-to-person)*, möglichst älteren Leuten, nicht von Händlern und »niemals von Studies, die einen wegen chronischer Ebbe in der Kasse leicht übers Ohr hauen. Ist ja wie bei uns. Fahrzeug möglichst genau auf ihre technische Tauglichkeit überprüfen und unbedingt einen Kompressionstest machen lassen. Kostet fast nichts, ist aber sehr aussagekräftig. Ergeben sich erhebliche Abweichungen von einem zum anderen Zylinder oder/und entläßt der Auspuff blaue Ölwolken, besonders augenfällig beim Anlassen, dann besser die Finger davon lassen, weil Zylinder, Kolbenringe oder Stößelführungen ausgeleiert sind und der Wagen Öl und Benzin fressen wird. In den meisten Zeitungen finden sich Angebote für »classified« Fahrzeuge. Der Verkäufer stellt den Kaufvertrag (bill of sale), aus. Bei Zulassung des Wagens im *Department of Motorvehicles*, auch *Vehicles Department* u.ä., behält die State Police diese und erteilt dafür die Zulassung (registration). Man erhält sie gegen eine Gebühr (rund 1,5 % des Kaufpreises) in den Zulassungsstellen. Ferner ist eine u.U. eine Umsatzsteuer (sales tax), in Kalifornien rund 8,25 % des Kaufpreises fällig. Dort zugelassene Wagen aus anderen Staaten werden übrigens mit einer Gebühr von 200-300 $ belegt, so daß der Kauf eines altes Wagens sich kaum auszahlt. Man benötigt die Zulassung, um den Wagen wiederverkaufen und sich im Falle einer Polizeikontrolle ausweisen zu können. Möglicherweise ist der Verkäufer des Wagens bereit, ihn nach Ende der Reise durch die Staaten gegen einen Abschlag wieder zurückzukaufen. In diesem Fall empfiehlt es sich, ihn ein entsprechendes Papier unterzeichnen zu lassen und sich schon mal über einen ungefähren Rücknahmepreis zu verständigen.

Erwirbt jemand einen Gebrauchtwagen, so muß ihm der Verkäufer einen unterschriebenen Kaufvertrag (bill of sale), einen unterschriebenen Fahrzeugschein (pink slip) und eine Bescheinigung über eine Abgasprüfung (certificate of smog check) möglichst neueren Datums aushändigen. Letzteres benötigt man für die Zulassung (registration) und die Pflichtversicherung beim *AAA*, dem amerikanischen Automobilclub.

Zum Zulassen eines Autos ist eine Anschrift im Lande vorzuweisen. Am schnellsten erhält man Papiere und Autokennzeichen in den Hauptstädten der Bundesstaaten, also z.B. in Talahassee im Bundesstaat Florida. Sonst ist bis zu vier Wochen Wartezeit zu rechnen. Auch von New York ist gegenüber Florida abzuraten, denn dort zahlt man neun, hier nur vier Prozent Steuern. In manchen Staaten reichen Kaufvertrag und Zulassung nicht aus, um den Wagen wiederverkaufen zu können. Man benötigt obendrein den sogenannten *title*, den Fahrzeugbrief, in Kalifornien auch *Pink Slip* genannt; in Florida ist er weiß. Diesen *title* schickt die Behörde einem aber erst ein paar Wochen nach der Zulassung zu. Um in seinen Besitz zu gelangen, muß man also jemanden angeben können, der das Papier auch zuverlässig nachschickt.

Wer seinen fahrbaren Untersatz wieder loswerden möchte, bietet ihn einem Händler an, wobei man allerdings dort keinen günstigen Preis herausschlagen kann, nicht zuletzt, weil dem Händler schwant, daß man unter Zeitdruck wegen des Fluges steht. Oder man hängt ein Schild mit der Aufschrift »For Sale« in die Heckscheibe. Ein Anbieter für Autokauf, Leasing und Miete in den USA und Kanda ist:
– *Swiss Am Drive:* Höhnfuhr 24, 44309 Dortmund, T. 0213-2554 80, Fax 7225 141
Sollte New York der letzte Halt der Rundreise durch die Staaten sein, versuche man tunlichst, den Wagen schon kurz vor New York, in irgendeiner kleineren Stadt im Staate New York oder New Jersey, zu verhökern. In der Metropole selbst wird man sich damit recht schwer tun.

Noch ein letzter Rat: wer ein Auto kaufen will, tue dies gleich, und nicht erst, nachdem er einen Monat lang Geld in einen Mietwagen gesteckt hat. In zwei oder drei Tagen läßt sich locker etwas Geeignetes finden. Ganz ohne fahrbaren Untersatz ist man in den USA jedenfalls verraten und verkauft. Motorräder sind übrigens ganz günstig zu haben.

● *Kfz-Versicherung*

Die *American Automobile Association* (AAA) – spricht sich »Triple A« aus – versichert solche von Ausländern gekauften Wagen. Dies anscheinend nicht immer anstandslos, denn Leser wurden auch abgelehnt, da Ausländer. Anscheinend ist es wichtig zu erwähnen, daß der Wagen über »American Underwriters International« versichert werden soll. Andere Versicherungen bereiten Schwierigkeiten, z.B. durch Verlangen von Aufschlägen, wenn der Vericherungsnehmer unter 25 Lenze zählt. Es ist ratsam, sich schon vor dem Kauf eines Autos nach einer Versicherung umzuschauen, da es für Leute, die nicht in Amerika ansässig sind, immer schwieriger wird, eine solche zu finden. Am günstigsten ist es, wenn man sich unmittelbar an die Zentralen in den größeren Städten wendet, zumal auch nicht alle AAA-Filialen Versicherungsverträge abschließen. Da hilft ein Blick in die *Yellow Pages* der örtlichen Fernsprechbücher.

Achtung: in New York ist die Versicherung um einiges kostspieliger als in Florida.

Wer unter 24 Jahre alt ist, sollte seinen Vertrag sorgfältig durchlesen. Häufig sind dann nämlich Schäden im Wert von unter 250 Dollar nicht versichert. Dazu kommt, daß die Versicherung für junge Leute erheblich teurer zu Buche schlägt. Keines der Unternehmen, auch AAA nicht, schließt Verträge unter einem Jahr ab. Um den Service des AAA gratis in Anspruch nehmen zu können, muß man Mitglied im Automobilclub seines Heimatlandes sein und eine Mitgliedskarte vorweisen. Der Trick: man wende sich an einen kleinen, unabhängigen Versicherungsvertreter und bitte ihn, monatlich zahlen zu dürfen. Sobald man nicht mehr versichert sein möchte, stellt man die Beitragszahlung einfach ein, und der Vertrag wird selbsttätig aufgelöst.

Die Firma *Tour-Insure*, Carl-Petersen-Str. 4, D-20535 Hamburg, T. 040/25 17 21 50, Fax 25 17 21 21, stellt in den USA anerkannte Blankopolicen aus, in die man nur noch die Daten seines Gefährts einzusetzen und nach Hamburg zu senden braucht.

Ein weiterer Anbieter ist *K.H. Nowag Versicherungen* in 60431 Frankfurt, Raimundstr. 29, T. 069-51 48 54, Fax 53 42 86, der aber anscheinend nur mit Versicherungsnehmern über 25 Jahren abschließt. New Jersey, Massachusetts und Nordkarolina erkennen die Policen nicht an.

Übrigens: Haftpflichtversicherungen sind zwar in den meisten Staaten Pflicht, aber die Einhaltung wird nicht überprüft. Zudem betragen die Deckungssummen meist nur 5.000-10.000 $. Es kann also durchaus vorkommen, daß man es irgendwann mal mit einem unversicherten Unfallgegner zu tun bekommt. Schätzungen zufolge kutschieren je nach Staat 30-60% aller Fahrzeuge ohne Versicherung herum. Bei einem Unfall hätten Unversicherte also mit erheblichen Schwierigkeiten zu rechnen.

● *Mietwagen*

Die Fahrzeuge werden pro Tag oder pro Woche vermietet. Manche Unternehmen verlangen auch nur eine Stunde als Minimum, was aber die Ausnahme ist.

● *Mietwagenfirmen in Europa*

Wer bereits vor seinem Abflug entschlossen ist, einen Mietwagen zu nehmen, hat die Möglichkeit, sich mit ein wenig Vorarbeit daheim eine Menge Mühe in den USA zu ersparen. Man wende sich sein Reisebüro.

Wichtig ist es, sich zu vergewissern, daß die Vorauszahlung zu Hause auch wirklich den Endpreis bedeutet, also keine weiteren Zuschläge verlangt werden. Aufpassen bei unnötigen Versicherungen, welche einem gerne beim Empfang des Wagens aufgeschwatzt werden. Ferner überprüfen, ob eine Bedienungsanleitung im Wagen vorhanden ist.

– *Alamo-Rent-a-Car:*
- c/o Herzog HC Carrera, Borsigallee 17, D-60388 Frankfurt/M.,
T. 069-42 08 90 89, Fax: 41 25 25; auch für die Schweiz.
– *WTC Reisebüro,* Rennweg 45/8, A-1030 Wien, T. 0222-7129451, Fax -712 94 52
– *Avis:*
- 01 30 77 33, Sondernummer für Preisanfragen und Buchungen.
- Opernring 3-5, A-1010 Wien, T. 0660 87 57,
Sondernummer innerhalb Österreichs, 0222-5876241, Fax 58 74 900
- Flughofstraße 61, CH-8152 Glattbrugg, T. 01-8091818
– *Budget Rent-a-Car:*
- c/o Sixt Autovermietung, Mehlbeerenstr. 4, 82024 Taufkirchen,
T. 0130-3366, Fax 089-614 14 490.
- Schubertstr. 16, A-4600 Wels, T. 07242-4990, 60 850

- Baseler Straße 71-73, 8048 Zürich,
T. 01-813 61 62; int. Reservierungen: T. 813 57 97
- 37, rue de Lausanne, CH-1201 Genf, T. 022-7325252, Fax 73 81 780

– *Carey Limousine Service:*
- c/o Sixt Limousine Service, Seitzstr. 9-11, D-80538 München, T. 089-22 28 29.
- c/o RCV-Carey-Limousine, Pf. 78, A-1033 Wien, T. 716 666, Fax 716 66 45

– *Dollar Rent-a-car:*
Auto-Hansa Autovermietung,
Frankfurter Str. 127, 63303 Dreieich, T. 0130-82 44 22, Fax 06103-37 89 99.
ARAC, Fillgradergasse 7, A-1060 Wien, T. 56 55 76 33, Fax 56 37 73

– *Hertz:*
- Schwalbacher Straße 47-49, D-60326 Frankfurt/Main,
T. 069-730404 oder gebührenfrei 0130-2121, Fax 75 85 116
Ansprechpartner ist jede Filiale, Buchungen erfolgen jedoch über Hamburg.
- Ungargasse 37, A-1030 Wien, T. 0043-1-71 31 596

– *National Car Rental:*
- c/o Europcar interRent: Georg Ruhstorfer, Tangstedter Landstraße 81,
D-22415 Hamburg, T. 040-520180 oder 0130-2211, Fax: 520 18 613-614
Ansprechpartner ist jede Filiale, Buchungen erfolgen jedoch über Hamburg.
- c/o Europcar interRent Autovermietung:
Kärntnerring 14, A-1010 Wien, T. 505 42 00 oder 505 44 81, 505 41 29
- c/o Europcar, Baadenerstraße 812, CH-8048 Zürich,
T. 01-155 05 05, 432 2424, Fax 01-432 68 01

– *Rent-a-Car:*
– *USA Rent-a-Car System:* c/o F. & G. Reise GmbH, Landwehrstr. 31,
D-80336 München, T. 089-597643, Fax: 557198
– *Value Rent-a-Car USA:* c/o Fun Tours, Vilbeler Landstr. 203,
D-60388 Frankfurt/M., T. 06109-2761, Fax: 22828

Leser raten übrigens zu Budget, die auch an jüngere Reisende vermieten.

● *Mietwagenfirmen in den USA*

Genau überlegen, welches unter den Angeboten das günstigste ist. Will man nur
ein wenig umherkutschieren, empfiehlt sich die Wahl des billigsten Tagestarifs,
auch wenn dann mehr Kilometergeld fällig ist. Wer jedoch weite Strecken zurück-
legt, wählt den höchsten Tagestarif, da dann im Verhältnis für die Kilometer am
wenigsten zu berappen ist. Die Angebote ohne Kilometergeld sind in der Regel
die rentabelsten, erst recht, wenn über 150 km pro Tag zurückgelegt werden.
Die preiswertesten Wagen laufen unter der Bezeichnung »economy« und »sub-
compact«. Hat man beispielsweise einen »compact« gebucht und sollte bei der
Ankunft keiner mehr zur Verfügung stehen, so vergibt die Firma ohne Aufpreis
einen größeren Wagen.
Oftmals gewähren die Mietwagenfirmen an Wochenenden noch Sondervergün-
stigungen, »week-end fares«, gültig von freitagmittags bis montagmittags. Man
zahlt für zwei Tage, hat den Wagen aber tatsächlich drei Tage. Zu bedenken gilt's
jedoch, daß in den von den Mietwagenfirmen angegebenen Preisen weder Steuer
(in Kalifornien 6,2%), noch Vollkaskoversicherung, noch Benzin enthalten sind.
Bei etlichen Firmen ist es möglich, den Wagen an einem anderen Ort wieder
abzugeben (one-way rental), was jedoch erheblich teurer kommt.

● *Noch ein paar Hinweise am Rande*

– Alle Faulen können sich gleich bei der Ankunft kostenlos in einem der entsprechend gekennzeichneten Busse zu den Büros der großen Mietwagenfirmen kutschieren lassen.
– Für alle unter 21 Jahren ist es praktisch unmöglich, ein Auto zu mieten.
Höchstens *Avis* drückt vielleicht mal ein Auge zu. Selbst für alle unter 25 Jahren
sind mitunter kräftige Aufschläge fällig. Richtig so, sind wir doch schon 'n bischen
älter.

– Noch keine drei Jahren im.Besitz eines Führerscheins wird einem pro Tag ein Zuschlag abgeknöpft. Oftmals genügt der Internationale Führerschein nicht, und manche Firmen weigern sich, ohne Vorliegen eines einheimischen Führerscheins einen Wagen rauszurücken. Diesen erhält man übrigens, wenn man eine Sozialversicherungsnummer, die Social Security Number, beantragt (2-3 Wochen), einen Sehtest besteht und schon den Internationalen Führerscheins vorweisen kann.

– In den Flughafenfilialen ein und derselben Kette liegen die Tarife um einiges höher.

– Möglichst mit Kreditkarte zahlen. Mit Visa oder Eurocard kommt man überall zupotte. Bei manchen Firmen sind sie sogar Pflicht. Ansonsten ist eine Kaution in bar zu hinterlegen.

– Den Wagen vollgetankt zurückgeben, sonst ist unnötig mehr zu zahlen.

– Wer den Wagen einige Tage im voraus bucht, kommt billiger weg, als bei unangemeldetem Aufkreuzen.

– Grundsätzlich nach einer Ermäßigung fragen. Manchmal klappt's.

– Wer seinen Wagen für die Erkundung einer Stadt und der Umgebung mietet, erhält einen günstigeren Tarif, muß dafür jedoch jeden Kilometer, der eine bestimmte Grenze überschreitet, gesondert zahlen. Wer dagegen ohne Kilometerbegrenzung in den Städten herumzukurven beabsichtigt, hat den Mietpreis etwas höher zu veranschlagen (z.B. *Alamo)*.

– Die Versicherungskosten schwanken von Firma zu Firma.

– Häufig ersetzen Mietwagenfirmen die Taxikosten, die bei der Fahrt zu der Firma entstanden sind. Sich daher vom Taxifahrer einen Beleg, »bill«, aushändigen lassen.

– Gut zu wissen: Haftpflichtversicherung (Pflicht) heißt *P.D.W. (Physical Damage Waiver)*, Vollkaskoversicherung (wahlweise) heißt *FCW (Full Collision Waiver)*.

– Nicht ungewöhnlich sind geplatzte Reifen. Wegen der Geschwindigkeitsbeschränkungen scheinen diese grad mal aus einer bloßen Gummiwandung zu bestehen.

● *Kleinere Mietwagenfirmen*

Dazu zählen wir *Thrifty, Rent-a-Car, Greyhound Rent-a-Car, Compacts Only* und alle jene Unternehmen, die lediglich über fünf bis zehn Autos verfügen. Für einen sogenannten »U-drive«, eine Rundfahrt, nach der man wieder an den Ausgangsort zurückkehrt, ist so eine kleine Firma optimal, denn erstens ist sie preiswerter als die großen, und zweitens akzeptiert sie Bargeldzahlung ohne Kaution.

Hier einige Firmennamen mit Telefonnummern. Alle Anrufe mit 800 davor sind gebührenfrei *(toll free)*, sind aber nicht von Europa aus erreichbar. Warum wohl?

– *Holiday Payless Rent-a-Car:* T. 800-237-2804,

– *Alamo Rent-a-Car:* T. 800-327-9633, 305-527 00 00. Eine der wenigen Gesellschaften, die auch Reiseschecks annimmt. Achtung, einige Leser haben böse Überraschungen erlebt, was den Zustand der Autos betraf.

– *Al Rent-a-Car:* T. 800-5270202

Interessieren würden uns mal Erfahrungen von Lesern zu Verwarnungsgeldern, bzw. Ordnungsstrafen bei Überschreiten der Parkzeit usw. Wir können uns wegen des hohen Aufwandes nicht vorstellen, daß diese über Behörden zu Hause eingetrieben werden. Denkbar wäre es, daß versucht würde, unbezahlte Ordnungsgelder über die Mietwagenfirmen oder Drive-Away zu kassieren, aber es ist unwahrscheinlich. Man wird folglich also nur aufpassen müssen, nicht verkehrsbehindernd zu parken usw., weil dann Klammern angebracht oder der Wagen gar abgeschleppt wird, und darf alle Knöllchen ignorieren. Nur ganz schlichte Gemüter würden aber zwecks Verhandlung auf einen Polizisten zudackeln, der im Begriff ist, einen aufzuschreiben.

– *Rent-a-Wreck:* T. 800-4217253. Zweigstellen in Los Angeles: T. 213-4780676 und in New York: 202 W 77th Street. Zwischen Broadway und Amsterdam (Plan: Uptown Süd B1). T. 212-7210080. Diese letzten beiden Nummern sind gebühren-pflichtig! Ja, ja schon richtig gelesen: hier werden Wracks vermietet. Der Name ist aber eher ironisch gemeint. Kunden haben die Wahl zwischen älteren und nagel-neuen – auf Neudeutsch seit den Beatles »brandneu«, auf Englisch »brandnew«, aber ohne »d« gesprochen (von einem englischen »nailnew« ist uns nichts bekannt) Modellen. Zunehmend handelt es sich jedoch um neue Wagen. Eine der wenigen Firmen, die in New York auch an Interessenten von 23 bzw 25 Jahren vermietet. Die meisten anderen verlangen ein Mindestalter von 25 Jahren.

● *Große Mietwagenfirmen*

Wer die Dienste renommierter Unternehmen wie *Hertz, Avis, National, Budget* usw. in Anspruch nimmt, blecht halt auch ein wenig für den guten Namen mit.
– Der Nachteil: als Zahlungsmittel ist die Kreditkarte nahezu unumgänglich. Siehe auch Kap. »Das nötige Kleingeld«.
– Die Vorteile: man nimmt es mit dem Alter weniger genau. Häufig liegt das Min-destalter bei 21 statt bei 25 Jahren, bei Avis und Hertz manchmal sogar bei 18 Jahren.
– Tut's der Wagen mal nicht mehr, so kann die örtliche Niederlassung einer großen Firma ohne Schwierigkeiten gleich Ersatz zur Verfügung stellen.
– Man kann das Fahrzeug in einem anderen Ort abliefern, braucht also nicht an den Ausgangspunkt zurückzukehren.
– *National Car Rental:* hier liegt das Mindestalter bei 18 Jahren, und man ist auch ohne Kreditkarte willkommen. Leider existieren nicht in allen Regionen Filialen.
Hier ein paar Namen mit Telefonnummern. Die 800-Nummer bedeutet, wie gesagt, daß der Anruf innerhalb des Landes gebührenfrei ist.

– *Thrifty Rent-a-Car:* T. 800-3672277.
– *Dollar-a-Day:* T. 800-4216868
– *National Rent-a-Car:* T. 800-61 28 30 23 45
– *Avis:* T. 800-3311212
– *Dollar-Rent-a-Car:* 310-535 75 00
– *Budget Rent-a-Car:* 817-329 22 77
– *Hertz:* T. 800-6543131, 405-755 44 00

● **Wichtig beim Mieten eines »Motorhomes« oder »Campers«**

Ein solches Gefährt ist der Liaison zwischen einem Wohnwagen und einem Liefer-wagen entsprungen – romantisch, was? – und erfreut sich in den USA höchster Beliebtheit.
Der *Camper* ist eine Art Wohnmobil, allerdings mit abgetrenntem Führerhaus. Den Wohnraum betritt man durch einen zweiten Eingang. Diese Wohnwagen sind durchschnittlich 3,50-5 m lang und bieten bequem Platz für vier Personen.
Die *Motorhomes* stellen dagegen rollende Luxusappartments dar, mit Einbaudu-sche usf. Die stattlichsten erreichen eine Länge von 7-9 m und beherbergen loc-ker sechs Personen. Das Vergnügen ist natürlich alles andere als billig, aber wenn man die Kosten durch sechs teilt, ist's machbar.
Die preiswerteste Lösung stellen immer noch die echten Wohnmobile mit Kochni-sche, Minikühlschrank, Tisch und Klappbetten dar. Für höchstens fünf Personen.

Weniger günstig sind Wohnwagen ohne eigene Fahrerkabine, denn dann ist neben dem Anhänger noch ein Pkw zu mieten.
Bevor man sich irgendwo auf einem *Campground* niederläßt, hält man lieber erst mal ein wenig Ausschau. Man muß sich ja nicht gleich auf den nächstbesten Zelt-platz festlegen. Andererseits ist es ratsam, nicht erst in der Dämmerung mit dem Suchen anzufangen. Außerhalb eines Campingplatzes den Wohnwagen abzu-stellen, ist nämlich verboten. Eine prima Übernachtungsmöglichkeit sind hinge-gen die Nationalparks: kostengünstig und herrlich gelegen.
Die Minikühlschränke werden in der Regel mit Gas betrieben. Die Flaschen dazu lassen sich an Tankstellen nachfüllen.
Übrigens sind diese Appartments auf Rädern mit allen denkbaren Utensilien aus-gestattet: mit Axt, Eimer, Campingspaten, Geschirr, Klappstühlen, Bettwäsche

und Besen! Die *Motorhomes* besitzen sogar eine Klimaanlage, die bei laufendem Motor funktioniert.
Ehrlich gesagt sind wir selbst wenig von dieser Art zu reisen überzeugt. Zwar ist es mittlerweile sehr in Mode gekommen, mit solch einem *Trailer* durch die USA zu kurven, aber man muß dafür einiges in Kauf nehmen:
– Nur gemächliches Vorankommen und häufig Rückkehr an den Ausgangsort, das sonst ein Zuschlag in Höhe von rund 100 $ fällig werden kann. *Canusa* verzichtet auf Rückbringung.
– Der Spritverbrauch liegt hoch, 20-45 Liter auf 100 km, abhängig von Wagengröße und Streckenzustand. Der gute alte Bulli ist auch zu kriegen und will nur 13 Liter. Kein üble Lösung, passen doch vier Leute, hinein und kann man doch überall parken.
– Im Sommer findet man nur mühsam einen Stellplatz, vor allem in den Nationalparks wird's dann eng. Sich einfach in die freie Natur oder gar an den Straßenrand zu stellen, kann üble Folgen nach sich ziehen. Man hat auf den dafür vorgesehenen Plätzen zu kampieren. In der Regel legt der Vermieter den Unterlagen ein Verzeichnis bei. Die Stellplatzgebühr beträgt zwischen 5 und 12 $; Wasser, Strom, Gas usw. kommen noch dazu. Ja, richtig: auf den gut ausgestatteten Plätzen werden alle Leistungen gesondert berechnet. Man kann sich aus Sparsamkeitsgründen auch auf den Parkplätzen großer Geschäfte niederlassen, wobei natürlich darauf zu achten ist, allen Abfall zu beseitigen und die Stätte sauber zu hinterlassen.
Für Nationalparks ist keine Buchung erforderlich. Man darf sich dort allerdings nur für eine begrenzte Dauer einnisten. Unbedingt möglichst früh morgens ankommen, um einen guten Platz zu ergattern. Eine große Annehmlichkeit ist es, daß die Caravans nicht so dicht an dicht stehen.
– Alles in allem ist es ein teures Vergnügen, einen Wohnmobil zu mieten. Häufig kommt man billiger weg, wenn man einen normalen Pkw nimmt und im Motel absteigt.
– Im übrigen sind diese Wohnmobile innerhalb der Stadt New York sowie in manchen anderen Gegenden, zum Beispiel während des Sommer im Death Valley, verboten.

● *Das Motorrad*

Wer sein eigenes Motorrad in die USA oder Kanada mitzunehmen gedenkt, wird es kaum über die eigene Versicherung zu Hause versichern können. Aus der Patsche hilft die bei den Pkws erwähnte Firma Tour-Insure. Die Bearbeitungszeit beläuft sich auf 25 Tage. In New York bieten die großen Geschäfte Versicherungen für Ausländer an, zum Beispiel *Camrod Motors:* 610 W 57th Street, Manhattan. Sich nach Möglichkeit einen Laden auf Long Island oder in New Jersey suchen, was billiger kommt. In der Zeitschrift *Buy Lines* finden sich jede Menge Annoncen für gebrauchte Motorräder oder Pkws. Man sollte unbedingt die amtliche Zulassung beantragen, selbst wenn man nur wenige Wochen zu bleiben gedenkt. Falls man mit dem nicht registrierten Gefährt in irgendeinem verlassenen Nest in Texas liegenbleibt, wird's reichlich Zoff mit dem örtlichen Sheriff geben. Anlaufadresse: 155 Worth Street in New York. Außerdem sollte man seine Maschine einmal gründlich überprüfen lassen. Wegen der Unmenge an Insekten, vor allem im Süden, ist man mit einer Windschutzscheibe gut beraten.
Schlägt man das Motorrad hinterher dann zu einem guten Preis los, so beträgt die Bilanz nicht viel mehr als plus-minus Null.

● *Der eigene Wagen*

Die Überführung eines Mittelklassewagens per Frachter beläuft sich laut Spedition Schenker (DB-Tochter) bei einer Strecke auf rund DM 320, zzgl. etwa 450 DM Be- und Entladen und eventuellem Transport vom Heimatort nach Bremerhaven zum Beispiel, wofür z.b. ab Freiburg nochmals 400 DM fällig wären. Lohnen würde sich das nur, wenn man also z.b. in den USA gefragte Modelle verschiffen würde und den Rücktransport spart. Bei manchen Modellen lassen sich derart tolle Gewinne erzielen. Aus der Vergangenheit kennen wir blühende Geschäfte mit Porsche- und Mercedeswagen. Besonders Gewiefte suchen sich erst per Anzeige einen Käufer und legen sich dann erst den Wagen zu. Wegen wechselnder Vorschriften und Marktlage handelt es sich dabei aber um eine verzwickte, spekulative Geschichte, die für die meisten Leser kaum infrage kommen dürfte. Auf jeden Fall wäre gründliche Vorbereitung nötig. Sie müßten ihren Wagen ohne vorher gefundenen Käufer wohl auf Biegen und Brechen bei Nahen des Abflugtermins losschlagen. Auskünfte erteilen vielleicht der ADAC, die Zollämter, die amerikanischen Konsulate usw. Andererseits: investiert man in sein 2000-DM-Möhrchen noch einmal einen Tausender für die Überführung und nimmt notfalls die Verschrottung in Kauf oder erzielt noch einmal 1000 $, so sieht die Rechnung wieder anders aus. Auf Berichte dazu wären wir gespannt. Wir selbst haben einmal unseren Wagen zum Einkaufspreis in Mexiko verkauft und die Rückreise nach New York dann ab Dallas per Drive-Away hinter uns gebracht.

● **Das »Drive-Away«-System**

Drive-Aways suchen junge Leute über 21 Jahre zur Überführung von Autos von Privatpersonen, die selber nicht die Zeit zum Fahren haben. Auf diese Weise kutschiert man also mit ein bißchen Glück im Cadillac durchs Land.
Daß der Andrang der Bewerber groß ist, versteht sich wohl. Dies gerade im Sommer. Um einen Auftrag zu ergattern, erkundigt man sich am besten täglich bei den entsprechenden Gesellschaften. Persönliches Erscheinen bringt nicht mehr Erfolg. Sobald eine passende Tour geboten wird, sollte man sich die Fahrt vormerken lassen, um sich dann zwecks Vertragsabschlusses stracks auf die Socken zu machen, damit einem nichts durch die Lappen geht.

Ein paar Tips:
– Sauber und frisch gekämmt kommt man immer gut an. Ja, ja, wer hätt's gedacht?
– Eine Kaution ist zu hinterlegen, die bei Abgabe des Wagens erstattet wird. Auf Neudeutsch: »zurück«-erstattet!
– Benzinkosten und eventuell anfallende Autobahngebühren gehen zu Lasten der Überführer. Oft bekommt man aber zumindest eine Tankfüllung umsonst.
– Der Vertrag untersagt das Mitnehmen von Anhaltern.
– Meist sind Strecke und Überführungszeitraum vorgegeben, lassen aber in der Regel Spielraum für ein paar individuelle Schlenker. Wer aber einen Wagen von New York nach Los Angeles bringen soll, kann also gewiß nicht noch einen Abstecher nach New Orleans unternehmen.
– Bei jeder Stadt, die wir im folgenden vorstellen, geben wir Anschrift und Telefonnummer des jeweils führenden »Drive-Away«-Unternehmens an *(Aacon)*. Weitere Anschriften in den »Gelben Seiten« unter der Rubrik »Automobile Transporters« oder »American Transporters«.

● **Der Luftverkehr**

Zahlreiche Luftverkehrsgesellschaften sind nur für Flüge innerhalb der USA zuständig, meist sogar für eine bestimmte Region. Da die Tarife nicht einheitlich festgelegt sind, herrscht zum Vorteil der Fluggäste heftige Konkurrenz. Verspätungen sind an der Tagesordnung.
Sich im Tarifsystem der Fluggesellschaften zurechtzufinden, ist nicht leicht, zumal jeden Tag neue Angebote angepriesen werden. Hier ein paar hilfreiche Hinweise:

● *Nachttarif* (night fare): einige Fluggesellschaften bieten Preisermäßigungen von 20% für Nachtflüge, d.h. für Flüge zwischen 21 und 6 Uhr früh an. Leider werden solche Angebote immer seltener.

● *Stand-by-Flüge:* die meisten Angebote bestehen für kurze und stark frequentierte Strecken, zum Beispiel New York-Boston oder San Francisco-Los Angeles. Man kommt nur mit, wenn noch Platz im Flugzeug ist, aber dafür gibt's 30-35% Preisermäßigung. In der Regel kein Problem, da alle halbe Stunde eine Maschine startet. Diese Lösung erweist sich bei Buchung von ein oder zwei Wochen im voraus als besonders vorteilhaft, denn auch dann sind die Preise niedrig.

● *Visit USA«-Tarif:*
– ist zwei Monate gültig, in seltenen Fällen auch ein Jahr. Ganz unterschiedliche Bedingungen, je nach Fluggesellschaft.
– folgende Gesellschaften bieten ihn an: *American, Delta, Northwest, TWA, United, US Air.*

– Je nach Fluggesellschaft gilt der Tarif für einen einfachen Flug, einen Hin-und Rückflug oder einen *open jaw* (Flug mit Unterbrechungen) mit unbegrenzter Anzahl an Zwischenlandungen, jedoch nicht zweimal in derselben Stadt – es sei denn auf der Durchreise.

● *Einige Sonderfälle* (Anschriften zu Ende des Kapitels)

– *Continental Airlines* verkauft besonders günstige *Air passes.* Minimum sind drei Coupons. Allerdings nur in Verbindung mit einem Transatlantikflugschein von Continental, UTA oder Air France gültig. Für bestimmte Flüge von Continental nicht verwendbar. Der Preis nicht benutzter Coupons wird erstattet. Verlängerungen möglich nach Hawai, in die Karibik und nach Mexiko.

– *Delta Airlines:* fliegt praktisch alle amerikanischen Großstädte an und führt vorteilhafte *passes* im Angebot (mit oder ohne Reservierung). Besonders günstig sind die »Stand-By«-Tarife. Während der Gültigkeitsdauer des Flugscheins (normalerweise 60 Tage) darf der Inhaber nach Belieben häufig fliegen. Allerdings muß die Reise innerhalb von sechzig Tagen nach dem Transatlantikflug angetreten und die Reiseroute im voraus festgelegt werden.

– *US Air* bietet eine Pauschale für drei Flüge an. Besonders vorteilhaft für Kalifornienreisende.

– *America West Airlines* verkauft Pauschalflugkarten mit mindestens zwei oder vier Coupons sowie *open*-Scheine ohne Begrenzung sowie *stand-by*-Tickets. Nachkauf einzelner Coupons möglich.

Wichtig: alle, die ihre Flüge innerhalb der USA schon zu Hause vormerken ließen, sollten sich vor Ort jeden einzelnen mindestens 72 Stunden vor dem Start bestätigen lassen.

Unbedingt beachten: laut einem Gesetz aus dem Jahre 1987 herrscht auf Flügen unter zwei Stunden innerhalb der USA Rauchverbot sowie auf allen Flügen der *Northwest Airlines.*

Ein Verstoß gegen diese Regelung zieht ein Bußgeld von 1000 Dollar nach sich (2000 für diejenigen, die's stiekum auf dem WC probieren).

Amerikas Wilder Westen

Ein Aufenthalt im Westen der USA, wo Flüsse und Wälder, weite Ebenen und Berge noch völlig unberührt von der Zivilisation sind, bleibt ein unvergeßliches Erlebnis. Es gibt grundsätzlich zwei Möglichkeiten:

● *Ferien auf einer Ranch:* ganz stilecht erforscht man von hier aus die Umgebung im Pferdesattel. Auf der Ranch leben sogar noch echte Cowboys ... Ehrenwort! Die gibt es wirklich noch! Wir hatten versucht, dort einen Job zu ergattern, aber die wollten uns aus unerfindlichen Gründen nicht anheuern.

Auskunft: *Colorado Dude and Guest Ranch Association,* Box 300, Tabernash, Co. 80478, USA, T. 887-3128, außerhalb Colorados 800-441-6060 oder *RCH-Touristik,* Düdelsheimer Weg 28, D-63695 Glauburg, T. 06041-4902, Fax -8994.

● *Kreuz und quer durch den Wilden Westen:* per Minibus und Zelt. Hier wird das Angebot unüberschaubar. Erwähnenswert erscheint uns das vom *SHR,* Universitätsstr. 15, D-79098 Freiburg i.Br., T. 0761-31078.

Literatur dazu: »Eugene Kilgores Ranch Vacations«, John Muir Publications, PO Box 613, Santa Fe, NM 87504.

Für Hinweise, die wir in späteren Auflagen verwerten,
bedanken wir uns mit einem Buch aus unserem Programm

Englischlernen in den USA und zu Hause

Bekannte Unternehmen auf diesem Gebiet sind

- *fee-Sprachreisen:*
Leibnitzstr. 3, D-70193 Stuttgart, T. 0711-638048, Fax 636 53 78
- *GLS-Sprachenzentrum:*
Kolonnenstr. 26, 10829 Berlin 15, T. 030-78 74 152, Fax 787 41 92
- *Dr. Steinfels Sprachreisen:*
Fliedersteig 11-13, D-90607 Nürnberg-Rückersdorf, T. 0911-570197, Fax 57 63 08
- *Reisezirkel Jeuneurope/Haverkamp-Sprachreisen:*
Oststr. 162, D-40210 Düsseldorf
- *Alfa-Sprachreisen:*
Theodor-Heuss-Str. 28, D-70174 Stuttgart, T. 0711-2 26 10 18, Fax 2 26 48 99
- *SSF-Sprachreisen:*
Kaiser-Joseph-Str. 263, D-79098 Freiburg i.Br., T. 0761-210079
- *ESI:* Hauptststr. 118, D-53474 Bad Neuenahr, oder auch der
- *CIEE* (Council on International Educational Exchange):
Th. Mann Str. 33, D-53111 Bonn, T. 0228-659746/7, der Sprachkurse
an amerikanischen Unis durchführt.

Im Verlag *interconnections* ist hierzu das Buch »Sprachenlernen, Europa & USA« erschienen. Es gibt eine Übersicht über Sprachkurse, Sprachferienkurse und Sprachreiseveranstalter.

Unterkunft

Das Experiment, Vereinigung für praktisches Zusammenleben der Völker, Ubierstr. 30, D-53173 Bonn 2, T. 0228-358242 bietet mit seinen Gastfamilien und Aufenthalte bis zu vier Wochen.

Andere Möglichkeiten über *Traveller's Directory*, Tom Lynn, 6224 Baynton Street, Philadelphia, Pa. 19144, USA

Ansonsten erweist sich Übernachten in den Staaten als reichlich kostspielig, so daß man diese unnötige und hinderliche Geschichte am besten bis auf die Zeit nach der Heimreise verschieben möge. Wir haben bei der Beschreibung der einzelnen US-Städte jeweils ein paar empfehlenswerte Anschriften angegeben, hier jedoch noch einige weitere allgemeine Hinweise:

- Vorbestellungen für Hotels oder YMCAs z.B. werden meist nur gegen Angabe einer Kreditkartennummer oder bei Hinterlegung eines Geldbetrages im Gegenwert einer Übernachtung entgegengenommen. Die Reservierung erfolgt erst bei *Eintreffen* der Zahlung! Also rechtzeitig disponieren!

Ein großer Vorteil für jeden USA-Reisenden ist zunächst einmal die Gastfreundschaft. Wer die Bekanntschaft eines Amerikaners macht, zum Beispiel beim Trampen, kann fast damit rechnen, spontan nach Hause eingeladen zu werden. Erfährt er, daß man auf der Suche nach einem Quartier ist, so stellt er möglicherweise ohne Umschweife seine Wohnung zur Verfügung.

Als Angehöriger einer bestimmten Bevölkerungsgruppe oder Religionsgemeinschaft wird man von den amerikanischen »Verwandten« mit offenen Armen empfangen. Die amerikanischen Nachfahren deutscher Auswanderer etwa werden jedem aus Good Old Germany hohe Aufmerksamkeit zollen und liebenswürdig aufnehmen, ebenso wie die zahllosen Amis, die sich als GI in der BRD aufgehalten hatten. Aber stets dran denken, daß zahlreiche Leute mit deutschem Namen – gerade viele -stein, -baum, -feld, -blum (Bloom), Weiß, Schwarz, etc. oder Cohen (Kohn), aber auch zahllose anderen – ursprünglich »unfreiwillig« in die USA gekommen sind und viele ihrer Verwandten nicht am deutschen Wesen genesen, sondern erbärmlich daran krepiert sind ... Das also im Hinterkopf behalten und das nötige Fingerspitzengefühl walten lassen.

Befindet man sich gar in den Flitterwochen, so binde man das möglichst jedem Amerikaner auf die Nase. *Honeymooners* genießen nämlich überall im Lande besonderes Entgegenkommen.

● **YMCA** (für Männer) und **YWCA** (für Frauen): die Übernachtungstarife fallen höchst unterschiedlich aus, wirklich günstig kommt man allerdings fast nirgends weg. Dafür liegen sie aber in der Regel sehr zentral. 35 $ pro Nacht und pro Nase in Chicago oder New York sind nichts Ungewöhnliches. Übrigens lassen die YMCAs in der Regel auch Frauen zu, die YWCAs dulden hingegen keine Herren. Im allgemeinen liegen die »Ys« sehr zentral. Da man hier haufenweise junge Leute, zum Teil auch aus der Umgebung, trifft, erfährt man natürlich prompt alles Wissenswerte über die Stadt und ihre Bewohner. Gravierender Nachteil der YMCAs: sie sind oft ausgebucht, vor allem am Wochenende. Es ist also ratsam, stets ein Bett zu reservieren. Eine andere Möglichkeit besteht darin, in New York im Sloane House sogenannte *vouchers* zu erstehen, kleine Gutscheinheftchen für beliebig viele Übernachtungen, womit sich die Aussichten auf ein Bett beträchtlich erhöhen. Ansonsten empfiehlt es sich, gegen 11h morgens, zur *Check Out*-Zeit, zur Stelle zu sein. Dann kann man sogar zwischen mehreren freigewordenen Zimmern oder Betten wählen. Hat man in den kleineren Städten der »Provinz« im YMCA kein Glück gehabt, so ist das kein Beinbruch: die Hotels in der Innenstadt sind dort oft sogar billiger als die YMCAs, allerdings auch weniger komfortabel.

– *CVJM/YMCA:* Pf. 41 01 54, 34114 Kassel, T. 0561-30 87 313, Fax 37 437. Übernehmen die Buchung vieler YMCAs gegen eine Gebühr von rund 40 DM pauschal und versenden ein nützliche Reiseunterlagen zu DM 10,-, was bei Buchung verrechnet wird.

● **American Youth Hostels:** eine weitere Übernachtungsmöglichkeit bieten die rund hundert Jugendherbergen. Zwar sind sie in der Regel billiger als YMCAs, liegen dafür aber auch weiter außerhalb, oft mitten in der Wallachei. Erfreuliche Ausnahmen bilden die Städte San Francisco, Boston, Washington, Denver, Phoenix und San Diego. Häufig bieten sich hier auch Jobmöglichkeiten. Keine Altersbegrenzung.
Verlockend für Reisende sind die vielen in den Herbergen angebotenen Nachlässe (discounts), so z.b. zehn Prozent Ermäßigung für die Walbeobachtung in Boston.
Jugendherbergen aller Art und YMCAs sind wahre Fundgruben für alle, die Informationen und Reiseerfahrungen aller Art austauschen wollen. Sie bieten immer ein gewisses soziales Leben mit tausend Anknüpfungspunkten und Gelegenheiten Bekanntschaften zu machen usw.
Man ist zwar auch ohne Internationalen Jugendherbergsausweis willkommen, hat dann aber tiefer in die Tasche zu langen. Den Ausweis besorgt man sinnvollerweise aber unbedingt vor dem Reiseantritt zu Hause, da er in den Staaten doppelt so teuer kommt. Anlaufstellen:

– *Deutscher Jugendherbergsverband:*
Bismarckstr. 8, D-32756 Detmold, T. 05231-7401-0, Fax -49, -66 oder 67
– *Österreichischer Jugendherbergsverband:*
Schottenring 28, A-1010 Wien, T. 5335353
– *Österreichisches Jugendherbergswerk:*
Helferstorferstr. 4, A-1010 Wien, T. 5331833
– *Schweizer Bund für Jugendherbergen:*
Mutschällenstr. 116, CH-8038 Zürich, T. 01-482 45 61, Fax -78

Eine Konkurrenz für die *American Youth Hostels* stellen seit einiger Zeit die *American Independent Hostels* dar. Sie bieten den Vorteil ganztägiger Öffnungszeiten, so daß der Gast also nicht wie in der Jugendherberge zwischen 10 und 16 Uhr an die Luft gesetzt wird.
Ein Schlafplatz findet sich auch gewiß auf jedem Uni-Campus. Einfach in die *Residence Hall* marschieren, einer Art Wohnheim, und den Nächstbesten auf Deutsch anreden. Ein Europäer wird drüben immer gern gesehen. Jeder wird merken: die Amerikaner werden das Unmögliche wahrmachen und ein Bett auftreiben. Es gibt übrigens auch offizielle Unternehmen, die Wohnheimzimmer in der vorlesungsfreien Zeit vermieten, aber die wollen erstmal Zaster sehen.
● *Campingplätze:* liegen meist in der Nähe touristischer Sehenswürdigkeiten und sind preiswert und komfortabel ausgestattet. Eine wertvolle Hilfe ist der zweibändige *Rand MacNally's Campground and Park Guide.* Ein Verzeichnis mit sämtlichen Campingtarifen liefert auch der AAA, für Mitglieder sogar kostenlos.

Zelte sind oft zum halben Preis wie daheim zu haben. Je nach bereistem Gebiet wird man zwischen einem einfachen und einem mit Überdach und besserem Regenschutz wählen. Wer nach Kanada weiterzieht, wird sich z.b. tunlichst zweiteres zulegen.

Unserer Meinung nach ist Zelten die beste Lösung für Reisen durch die USA. Die Campingplätze befinden sich inmitten unberührter Natur, ganz anders als ihre europäischen Entsprechungen. Das Campen erlaubt eine Stange Geld bei der Übernachtung einzusparen, das man anderweitig, vielleicht für einen Mietwagen, anlegen kann. Umgekehrt ist man mehr oder weniger auf einen fahrbaren Untersatz angewiesen, um die Plätze zu erreichen. Von öffentlichen Verkehrsmitteln werden sie meist nicht angesteuert. Aufpassen: in sogenannten *Trailer-Parks* ist das Zelten nicht gestattet. Gäste suchen tunlichst immer erst mal das »Welcome Center« auf, wo neben Massen unnützen Papiers kostenlose Stadtpläne, Straßenkarten sowie Coupons in den ausliegenden Prospekten u.a. zu ergattern sind.

Gerade im Westen sind viele Plätze kostenlos und bieten nicht immer weniger Komfort als die anderen. Im den Unterlagen des *AAA* sind sie verzeichnet. Siehe auch »Das nötige Kleingeld«. Zudem wird man hier kaum abgewiesen, sondern findet immer noch ein Plätzchen, wenn man auf Tische und Bänke verzichtet.

Abgesehen von diesen sind grundsätzlich zwei Kategorien von Plätzen, *campsites* und *campgrounds*, zu unterscheiden:

- *Die staatlichen Campingplätze* (campsites): sie sind am billigsten und vornehmlich im Westen verbreitet, in National Parks, National Monuments, National Recreation Areas, National Forests und State Parks. Normalerweise ist auf den staatlichen Plätzen ein Pfand von 6 $ zu hinterlassen sowie Name, Anschrift und das Autokennzeichen anzugeben. Vielleicht wird der ein oder andere sich wundern, daß niemand überwacht, ob bezahlt wurde oder nicht. Das liegt an der amerikanischen Verfassung, die sich auf die Anständigkeit ihrer Bürger verläßt. Durchaus angenehm, was?

Ein Großteil der Plätze ist herrlich gelegen, teilweise in kleinen Wäldchen. Zwischen den Zelten bestehen großzügige Abstände, so daß man nicht jede Bewegung und jeden Lustschrei im Nachbarzelt mitkriegt. Mist, langweilig! Zu jedem Stellplatz gehören ein Tisch und ein Grillrost. Waschbecken sind überall selbstverständlich, Duschen allerdings nicht. In den Nationalparks sollte man möglichst zwischen 10 und 12h vormittags ankommen, um einen guten Platz zu ergattern. Mit Verpflegung versorgt man sich lieber in den Supermärkten außerhalb der Nationalparks. Die zum Campingplatz gehörenden Läden sind teuer, außerdem existieren nicht überall welche. Auch daran denken, warme Jacken und Pullover einzupacken. In vielen höher gelegenen Parks wird es nachts erbärmlich kalt und ein Pullover reicht kaum; Frost bereits im September ist keine Seltenheit. Da im Sommer die Zeltplätze in den Nationalparks häufig überfüllt zu sein scheinen, raten wir zu folgendem Vorgehen:

a. trotzdem hinfahren, denn oft findet sich doch ein freies Plätzchen.

b. auf dem Areal, für das man die Gebühr entrichtet, dürfen gewöhnlich bis zu drei Zelte aufgestellt werden. Also Leute ausfindig machen, die nur eins haben, ein liebenswürdiges, aber verzweifeltes Gesicht aufsetzen und die Notlage schildern. In den meisten Fällen wird man sein Zelt dann daneben aufbauen dürfen. Der Preis wird natürlich geteilt. Auf diese Weise schlägt man drei Fliegen mit einer Klappe: man lernt Leute kennen, spart Geld und kommt um stundenlanges Warten oder Suchen herum. Im Gegensatz zu den privaten Zeltplätzen, geht bei ihnen oft um 22.30 oder schon um 21h der Schlagbaum runter. Wir kamen beispielsweise einmal am Yosemite um 7h bei unbesetzter Kasse an. Es hieß, wir sollten beim Hinausfahren zahlen. Um 22h war der Weg wiederum frei ... Ähnliches Ungemach widerfuhr uns bei Bryce Canyon und Arches Nationalpark. So ein Pech aber auch!

- *Die privaten Zeltplätze* (campgrounds): fast immer rund um die Uhr geöffnet, mit höherem Komfort wie fließend Wasser und Strom sowie ebenfalls Picknicktischen und Grillrosten für zünftige Barbecues. Die Gelände der Campingplatzkette *KOA* (Campgrounds of America) bieten ein hohes Niveau zu verhältnismäßig günstigen Tarifen: Waschmaschinen, Selbstbedienungsrestaurants, Lebensmittelgeschäfte, Duschen, Kinderspielplätze, Picknick-Tische, ja sogar Swimmingpools. KOA gibt ein Verzeichnis heraus mit genauen Auskünften über Ausstattung und Lage der zur Kette gehörigen Plätze in den fünfzig Bundesstaaten sowie die entsprechenden Straßenkarten. Erhältlich an jeder Niederlassung oder bei:

Kampgrounds of America,
Executive Offices, Bilings, MT, 59114-0558, T. 406-2487444.
Abonnenten von KOA-Plätzen werden 10 % Preisnachlaß gewährt.

Private Campingplätze verfügen also über eine ausgezeichnete Ausstattung, was man von den staatlichen nicht immer behaupten kann. Der Luxus schlägt sich allerdings auch im Preis nieder: 15-25 $ sind auf einem KOA-Gelände für zwei Personen zu veranschlagen. Bei der staatlichen Konkurrenz verlangt man bedeutend weniger. Auf privaten Plätzen wird übrigens häufig nachts die Bezahlung überprüft.

Noch was: langt man bei Campingplätzen erst nach 23h an, so wird der Ranger häufig nur darauf hinweisen, das Frühstück etwas schneller als gewöhnlich zu vertilgen, da nämlich die angesagten Platzmieter gern früh ihr Zelt aufstellen möchten. Nicht so im Grand Canyon, wo der Ranger alle Schlupfwinkel kennt und alle Sünder auch in tiefster Nacht hochjagt.

– **Wichtig:** Brennspiritus heißt »sterno«.

● *Busbahnhöfe:* dort kann sich notfalls betten, wer mitten in der Nacht mit dem Bus an seinem Ziel anlangt. Versteht sich, daß es sich hier nicht um die ruhigste und idyllischste Schlafstätte handelt. Für Geizige und alle, die knapp bei Kasse sind, gibt der Busbahnhof jedoch ein ideales Nachtlager ab. Obendrein wird man hier massenhaft Rucksackreisende antreffen. Die Busbahnhöfe werden nachts bewacht, oft geht sogar jemand mit Snacks und Getränken herum. Dort sind auch die abenteuerlichsten Gestalten amzutreffen. Überhaupt weisen wir darauf hin, daß die Busbahnhöfe größtenteils in ziemlich düsteren Vierteln liegen. Aber besser mal sein Quartier im Wartesaal aufschlagen, als in einer schäbigen Spelunke abzusteigen. Für die Nacht im Bahnhof wappne man sich mit 75 Cent, um das Gepäck im Schließfach verstauen zu können. So manch einer sah sich nämlich am nächsten Morgen schon seiner gesamten Habe beraubt. Sich unbedingt vor zweifelhaften Übernachtungsangeboten hüten, die einem verstärkt in sehr touristischen Gegenden angetragen werden. Auf jeden Fall ist Vorsicht geboten.

● *In Kleinstädten* fragt man am besten die Polizei nach den günstigsten *Accomodations* (Quartieren). Es handelt sich in der Regel um gutmütige Kerle, die bereitwillig Auskunft geben. Sofern vorhanden, wende man sich an das örtliche Fremdenverkehrsamt. Abgesehen von Hotel- oder Pensionsanschriften wird man hier noch mit Broschüren über Sehenswürdigkeiten des Ortes eingedeckt.

In manchen Städten existieren auch Unterkunftsmöglichkeiten in Privathaushalten, erkennbar an den Schildern mit der Aufschrift »Tourist House« oder »Rooms«. Oder man erkundige sich im Fremdenverkehrsamt nach der kostenlosen Broschüre *Americans At Home.*

Wir raten jedem entschieden davon ab, sein Nachtlager unter freiem Himmel aufzuschlagen, schon gar nicht in den Großstädten, wenn einem das Leben lieb ist. Wer gar keine andere Möglichkeit hat und keine Handgranaten mitführt, verstecke sich wenigstens gut.

● *Crash-pads:* hier kann man kostenlos übernachten. Diese Herbergen, meist von Geistlichen geführt, sind geeignete Orte, um interessante Typen zu treffen. Wir geben bei den Stadtbeschreibungen einige Anschriften an, aber unsere Leser seien gewarnt, daß nichts kurzlebiger ist als ein *Crash-pad.* Man erfährt aktuelle Adressen am ehesten durch Mundpropaganda. Eine weitere Übernachtungsmöglichkeit stellt die *Salvation Army* (Heilsarmee) dar. Die meisten dieser Häuser befinden sich in äußerst gepflegtem Zustand.

● *Hotels und Motels:* in diesen typisch amerikanischen Etablissements logieren alle Geizigen besonders preisgünstig bei Buchung eines Einzelzimmers, das sie dann mit mehreren Ko-Geizigen unauffällig vollstopfen. Verrecken sollen sie in ihrem Mief! Die zwei größten Hotel- und Motelketten in den Staaten sind *Holiday Inn* und *Howard Johnson.* Howard Johnson besitzt 470 Häuser, die meisten davon an der Ostküste. Einige dieser Hotels gewähren eine Ermäßigung, genannt »Freedom USA«, wenn man mehrere Monate im voraus bucht.

Die billigsten Motels sind die *Motels 6* (vornehmlich an der Westküste) und die *Econo-Lodges* (vor allem an der Ostküste). Die meisten verfügen über sogenannte Schwimmpfühle, meist kostenlos zugänglich per Zimmerschlüssel, in denen vorerwähnte Geizhälse es sich auch noch gut sein lassen dürfen – eine Schande! – Farbfernseher, Klimaanlage und Zimmer mit eigenem Bad. Ortsgespräche sowie Parkplatz sind gratis, und Kinder unter 18 Jahren übernachten umsonst.

Motels 6 findet man überall an der Westküste, vor allem in Kalifornien. Kostenpunkt für die Übernachtung: etwa 29 $ für zwei, 33 $ für vier, für jede weitere Person 6 $. Sich im ersten *Motel 6*, in dem man absteigt, das Verzeichnis aller Motels dieser Kategorie in den USA beschaffen. Da jedermann das faire Preis-/Leistungs-Verhältnis zu schätzen weiß, sind diese Unterkünfte oft ausgebucht. Sich zumindest rechtzeitig ans Telefon hängen. Man kann sich jedoch schon von zu Hause aus schriftlich vormerken lassen. Es existieren über vierhundert Häuser dieser Kette.

Weitere bekannte Ketten sind *Masters Inn, Red Roof* und *Days Inn*. Letztere machten im vergangenen Jahr Furore mit Sonderangeboten ab 29 $ fürs Doppelzimmer. Grund für den überall zu beobachtenden Preiskrieg ist ein Überangebot an Betten, zumal die Rezession vielen Amis die Reiselust vergällt. Nachteil ist, daß diese Kampfpreise bei uns im Reisebüro noch unbekannt sind und daher auch nicht gebucht werden können.

Andererseits: Hotels der gehobeneren Klasse lassen sich häufig günstiger von zu Hause aus buchen. Manche sind hier schon ab DM 65 erhältlich. In den USA sahen wir ein solches im Westen zu 270 $, nicht DM, ausgeschildert!

● *Vertretungen ausgewählter Hotelketten:*

– *Best Western International:*
Mergenthaler Allee 35-37, 65760 Eschborn, T. 06196-47 24 10, Fax -47 24 24
– *Days Inn of America,* c/o Herzog HC, Borsigallee 17, 60388 Frankfurt,
T. 069-420 890 89, Prospektversand -41 12 37, Fax -41 25 25
– *Travelodge Inns Hotels Suites,* c/o Forte Hotels,
Neue Mainzer Str. 22, 60311 Frankfurt, T. 0130-29 44, Fax 069-23 33 88
– *Westin Hotels & Resorts,* 7-8 Conduit Street, GB-London W1R 9TG,
T. 0130-85 26 62, Fax 0044-71-408 02 68
– *Howard Johnson Hotels & Lodges USA:* c/o Stinnes Touristik, Graf-Folke-Bernadotte-Str. 23, 63263 Neu-Isenburg, T. 0130/86 55 86, Fax 06102-25 46 96
– *Motel 6, Super 8 und B & B,* c/o AAR Anglo-American-Reisebüro,
Vidumstr. 2, 49492 Westerkappeln, T. 05404-96080, Fax -960811.

– Motels der billigen Kategorien erweisen sich häufig als komfortabler als die entsprechenden Hotels. Von Nachteil ist, daß sie in der Regel ziemlich weit außerhalb liegen. Wenigstens einmal während der USA-Reise sollte man sich einen Relax-Abend in einem Motel gönnen und allen Komfort mal richtig ausnutzen: ein Sprudelbad *(jaccuzzi)* nehmen, die Sauna besuchen, die Wäsche durch die Waschmaschine und den Trockner schicken usw.

– *Hinweis:* bei den Verkehrsämtern sind oft Traveler Discount Guides erhältlich mit befristeten Lockangeboten von Hotels.

Vor privaten No-Name-Hotels sei gewarnt, da der Geiz einem dort teuer zu stehen kommen kann.

Frühstück ist außer im Süden ganz selten im Übernachtungspreis inbegriffen. Hier ein paar wichtige Übersetzungshilfen:

Single:	Einzelzimmer
Twin:	Doppelzimmer mit getrennten Betten
Double:	Doppelzimmer mit Ehebett
Queen:	Französisches Bett
King	Riesendoppelbett
European Plan:	Übernachtung ohne Mahlzeiten
American Plan:	Vollpension
Modified American Plan:	Halbpension
Room Service:	Mahlzeiten
Maid Service:	Zimmerservice
Valet Service:	Waschservice

Sich nicht scheuen, bei der Rechnung einen Nachlaß, *discount*, zu verlangen, vor allem bei halbbelegtem Motel. Bei den Amerikanern ist das so üblich, und der Inhaber reißt keinem den Kopf ab, denn irgendwo wird's ja wieder reingeholt. Das Schlimmste, was passieren kann, ist eine Ablehnung.

Nach Möglichkeit die *Check-Out* Zeit einhalten. Normalerweise muß man bis 12h sein Zimmer geräumt haben, sonst heißt's für die nächste Nacht zu zahlen.

Regelmäßiges Kampieren auf Autobahnraststätten *(rest areas)* ist nicht zu empfehlen, da Tummelplatz allerlei zwielichtigen Gesindels. Wenn's einmal unvermeidlich ist, alle Türknöpfe im Wagen herunterdrücken. Alle Autobahnraststätten sind mit Waschbecken und Toiletten ausgestattet.

Ein überaus nützlicher Reisebegleiter ist der Hotelführer »Übernachten Preiswert – USA« aus dem Verlag *interconnections.* Hier findet man weitere Jugendherbergen, »Crash-pads«, Motels usw. verzeichnet. Motels sind übrigens die geeignetste Herberge für Anhalter, da immer unmittelbar an der Straße gelegen.

● *Wohnungstausch:* professionelle Wohnungstauschzentralen übernehmen die Feriendomizilsuche für Reisende. Wer ein Haus, eine Wohnung oder ein Studio besitzt, tauscht einfach mit Interessenten aus einem anderen Land. Auf diese Weise läßt sich der Urlaub recht kostengünstig gestalten. Die ideale Lösung für Familien mit Kindern. Hier einige Anschriften:

– *Intervac:*
Verdiweg 2, D-70771 Leinfelden-Echterdingen, T. 0711-7546069, Fax 754 28 32
– *Holiday Service:* Ringstr. 26, D-96117 Memmelsdorf, T. 0951-43055

● *Wohnungsvermietung:* eine Anbieter, der sich aber auf New York und Florida beschränkt, ist:

– *Interhome:*
Friedberger Anlage 14, 60316 Frankfurt, T. 069-49 06 58, Fax 494 08 99.

● *Zimmer im Studentenwohnheim:* zahlreiche Studenten, über die Semesterferien abwesend, vermieten ihre Bude für diese Zeit. Die Zeiträume fallen ganz unterschiedlich aus: von drei Wochen bis zu drei Monaten oder länger. Anzeigen findet man auf dem Unicampus unter der Überschrift »sublet«. Sich keinen Illusionen über die Preise hingeben! Man muß für so ein Zimmerchen einiges hinblättern, aber zu mehreren ist's tragbar. Auch hier eine Anschrift:

Stile (Students International Lodgings): 210 Fifth Ave, New York, N.Y. 10010.

– Von fast jedem Hotel wird man einen Flughafenshuttle benutzen können.

– *Eine Warnung:* in letzter Zeit kam es in Billigherbergen, so z.B. in solchen der Motel 6-Kette zu Einbrüchen, Überfällen und Vergewaltigungen. Gefährdet sind vor allem alleinreisende Frauen. Beliebt sind Billigbleiben bei Kriminellen deshalb, weil beim Buchen nicht mal nach dem Ausweis gefragt wird. Die Sleep-Inns besitzen immerhin ein System, das per Kreditkarte zunächst den Flur und dann das eigene Zimmer öffnet.
Aber woher stammt die Kreditkarte?

Verköstigung

Jeder kennt die USA als Land des Fast-Food, sprich der Hamburger und Heißen Hunde. Verglichen mit unseren Restaurants sind diese Imbisse preiswert, dafür aber auch reine Dickmacher – »junk food« oder »platic food« eben – ohne Nährstoffe. Wie schön war doch die Szene in »Falling Down«, in der *Michael Douglas* mit der MP im Anschlag die zitternden Gäste im Hamburgerladen befragt, ob sie statt des Pappfraßes in ihren Händen nicht auch lieber die von den Plakaten niederstrahlenden, saftig-prallen Mahlzeiten hätten. Hält man sich längere Zeit in einer Stadt auf, dankt es der Magen, wenn man ihm mal wieder Lebensmittel aus dem Supermarkt zugeführt werden. Damit lebt man gesünder und billiger. Denn dank künstlicher Appetitanreger kriegt man erst mal richtig Hunger, so daß jeder rasch noch einen zweiten nachschiebt. Dasselbe Zeugs wird übrigens auch in Schokoladenriegeln u.ä. – auch bei uns – verwandt. Die bekanntesten Supermärkte heißen *Safeway, Ralf, K Mart* und *Ralley's*.

Wir wollen nicht zuviel über die Fast-Foods meckern, denn wer bei dem einen bekannten mit seinen Hamburgern hängenbleibt, ist selbst dran schuld. Nein, es gibt eine ganze Reihe Ketten mit durchaus appetitlichen Salatbars, von denen man nach Belieben nehmen kann. Außerdem bietet jede Kette eine eigene Spezialität, ob Huhn, Roast Beef, Tacos, Steaks, Scampi oder Pizza. Preiswert und gut sind auch die zahlreichen chinesischen Lokale, die immer irgendwelche »specials« anbieten, wie etwa ein »all you can eat« Buffet, beim dem für wenig Geld kein Wunsch offen bleibt. Auch Pizza Hut u.a. bieten solche Buffets, so daß es sich gut auf Howard Johnson und Holiday Inn verzichten läßt.

Seit einiger Zeit grassiert übrigens eine Phobie vor »schlechtem« Fett. McDingsda hat daher den Liteburger mit 9% Fett kreiert. Dieses wird weitgehend durch Wasser ersetzt, mit Seetang gebunden und mit Aromen versetzt. Das ergibt weltweit den höchsten Wasserpreis!

Amüsieren tun uns Zeitgenossen, die auf alles »light« oder »lite« reinfallen und hier im Supermarkt Litedamer als »Light«-damer ordern. Laßt euch sagen, ihr Fetten und Angsthasen: das ist ein Ort in den Niederlanden, der sich ausspricht wie geschrieben, »lie-te!«

Fast genauso stark wie die Freßsucht ist die Angst der Amis: das schlechte Gewissen nach einem Hamburger beruhigt ein Fläschchen mit Pillen aus Zink, Magnesium oder Vitaminen. »Low fat«-Erzeugnisse nehmen beachtlichen Raum in Regalen ein und die »diet« ist ein Standardthema.

Uns scheinen die Amerikaner häufig irgendwelche frühkindlichen oralen Fixierungen zu kultivieren: stopfen sie sich doch laut Statistik über den Tag so rund 25 Mal etwas in den Mund, ganz zu schweigen von dem ewigen Kaugummi. Wie soll man da nicht fett werden? Was sollen Diät und »gesunde« Nahrungsmittel? Dies paßt zu dem, was der später erwähnte Schriftsteller *Daniel Smith-Rowsey* sagt: alles wie ein Kind, jetzt und sofort, hier durch Einverleibung, kein Aufschub der Bedürfnisse also, oft kein Verzichtenkönnen, um längerfristige Ziele und letztlich höheren Lustgewinn zu erzielen.

An den Fernstraßen liegen die Filialen der großen Ketten *Howard Johnson's* und *Holiday Inn*. Dort ist die Kost teurer, aber auch abwechslungsreicher und bekömmlicher als in den Hamburgerlokalen.

Frühstücken läßt es sich auf hunderterlei Arten. Gewöhnlich wird es aber rund ums Ei zusammengestellt und heißt oft »One-« bzw. »Two Egg Breakfast«.

Wenn man Eier ordert, wird die Bedienung fragen, ob *scrambled* (als Rührei) oder *fried eggs* (als Spiegelei) gewünscht werden. Bei letzterem darf man noch wählen zwischen *sunny side up*, was dem europäischen Spiegelei entspricht, und *over*, wobei das Ei von beiden Seiten wie ein Omelette gebraten wird. Mag man das Eigelb nicht ganz durchgebraten, so bestellt man das Ei *over easy*, fester ist es mit Abwandlungen sind *over medium* und ganz durch mit *over hard*. Besonders gut schmeckt's mit Schinken, Würstchen und dieser schrecklichen roten Matsche da – behauptet man.

Bringing up the Rear

Dazu ißt man *buttered toasts* oder *(French) fries*, also Pommes. Unsere Kartoffelflocken heißen auf Englisch »crisps«, nicht »chips«. Hinter *hash browns* verbirgt sich alles Mögliche von gebratenem Kartoffelbrei bis zu verkohlten Kartoffelfäden. Bei uns unbekannt. Aus gutem Grund.
Man bekommt Eier aber auch gekocht *(boiled)* oder hartgekocht *(hard-boiled)*. Übrigens, falls man mal drauf stößt: *poached eggs* (poach: wildern, Beutel) sind im Wasserbad zubereitete Eier; bei uns sehr selten.
Bei Würstchen unterscheidet man »patties«, Scheiben mit Hamburgeraussehen und Würstchengeschmack, und kleinen bratwürstchenähnlichen »links«, die nur nach Fett schmecken.
Toast erhält man natürlich auch wieder in allen erdenklichen Fassungen, die sich wohl eher vom Namen als von Inhalt her unterscheiden. »White, wheat, whole wheat, rye, Dutch, plain« lautet das Angebot. Zauderern werden noch »English muffins« oder Pfannkuchen mit Sirup angeboten.

Wer derart z.B. zum Frühstück gesündigt hat, wird sein Gewissen mit vermeintlich gesundem Saft beruhigen wollen. Also: Pampelmuse, Apfelsine, Tomate oder Pfirsich? Wenn er nicht wirklich frisch gepreßt wird, dürfte es sich um den gleichen Dreck wie bei uns handeln, aus Konzentrat nämlich, also um durch Kochen verdickten Fruchtsaft, der mit Wasser wieder aufgepäppelt und vielleicht mit Vitaminen versehen wird, das Ganze zum Einsparen von Transport- und Lagerkosten, denn offensichtlich benötigte der Saft ein Vielfaches an Raum in Frachter oder Lkw als die zusammengekochte Fruchtpampe. Die Deutschen stehen übrigens an der Weltspitze im »Saft«-Verbrauch. Illusionen nehmen nie ein Ende. Kürzlich kam uns ein Karton unter die Augen, in dem alles, aber auch alles Gesunde versammelt war: Diät-12-Frucht-Multi-Vitamin-Nectar (mit vornehmem »c«!), war darauf vermeldet, ebenso »mit Maracuja« und nur »ein Drittel der normal vorhandenen Kalorien«. So gerüstet kann im Leben ja nun nichts mehr schieflaufen. Ähnlich, wie bei uns jedes dämliche Eis mit der obligatorischen, lausigen Kiwischeibe daherkommen muß, zählt ja auch kein ordentlicher Saft, hier »Nectar«, der 50 % Wasseranteil hat, etwas ohne Maracuja oder Papayasoße.

Die Amis haben übrigens schon mal versucht das platzsparende, »viereckige« Ei zu vermarkten, also ohne Schale in Plastikbechern im Sechserpack. Noch war dem kein Erfolg beschieden. Ebensowenig der »grünen« Tomate. Dafür flattern in US-Hühnerfabriken aber nackige, federlose Vögel herum, die ihre Energie nicht in nutzlosem Flaum verpulvern. Eigens federlos gezüchtet! Gewärmt werden diese Schreckgespenster – eher Vogelscheuchen sind sie – durch Infrarotstrahler, und unterhalten und beruhigt durch dezente Hintergrundmusik.

Amerikanisches Rindfleisch gilt als erstklassig. Die Wachstumshormone, die den Tieren gespritzt werden – großer Streitpunkt in den Handelsbeziehungen 1990; die überschußgeplagten EG-Staaten wollten kein Hormonfleisch zulassen – müssen von allererster Güte sein. Ein Traum für Karnivoren sind die saftigen »T-Bone-Steaks«, so benannt nach der Form des Knochens im Fleischstück. Wer sein Steak gut durchgebraten mag, verlange es »well done«. Halb durch heißt dagegen »medium« und ganz kurz angebraten »rare«. Die Amerikaner schmoren das Fleisch in der Regel viel länger als etwa die Franzosen. Verlangt man sein Fleisch »rare«, so kommt es gewöhnlich auch fast durchgebraten daher. Steakkenner, die es schön blutig mögen, müssen ausdrücklich verlangen, daß der Koch das Steak nur gerade durch die heiße Pfanne ziehe. Wir für unseren Teil haben die Konsequenzen gezogen und ordern lieber stets das lebende Rindvieh.
Aus dem Wilden Westen, Heimat von Cowboys und »Cattlemen« (Viehzüchter), stammt das »Barbecue« (BBQ), ein weltweit beliebter Grillspaß. Das Typische an der Barbecue sind die vielen Soßen. Amerikanischer Herkunft ist auch das berühmte »Kentucky Fried Chicken«. Eine weitere Spezialität sind »Seafood«, Meeresfrüchte aller Art.

Aufpassen beim Bestellen eines »sandwich«. Ein solches, wie wir es kennen, will sagen: ein zusammengeklapptes Brot, ist drüben ein »cold sandwich«. Es gibt nämlich auch »hot sandwiches«, aber das sind keine Brote sondern üppige Mahlzeiten mit Hamburgern, Pommes und Salat.
Frisches Brot hat in den Staaten üblicherweise Marshmellow-Konsistenz. Gesundheitsapostel kaufen lieber abgepacktes Roggenbrot. Wer ein Sandwich bestellt,

kann häufig die Brotsorte wählen. »Submarines« sind üppigere, dicker belegte Brote. Letzten Nachrichten zufolge sollen fertige Brotmischungen aus der BRD sich zu einem wahren Exportschlager in den USA entwickeln. San Francisco Sour Bread ist als Spezialität überall bekannt und entspricht unserem Graubrot aus Sauerteig.

Allen, die auf ihre Linie oder Bauch, je nachdem, achten, empfehlen wir die »Saladbars« in den Restaurants im »Bonanza«-Stil. Zu vernünftigen Preisen kann man sich nach Herzenslust am Salatbuffet bedienen. Man zahlt einen Einheitspreis und darf beliebig oft nachfassen. Zum Appetitanregen hier ein kleiner Auszug aus dem reichhaltigen Angebot: Melonen, Tomaten, Sellerie, Radieschen, Karotten, Krautsalat, grüner Salat, Obstsalat, Bohnen, Spaghettisalat (!), manchmal auch Obstkuchen. Oben drauf gibt's Salatsoßen nach Wahl.

Eine besondere Lokalspezies, vornehmlich in New York zu finden, sind die sogenannten »delikatessen« oder »delis«. In diesen Restaurants bekommt man jüdische Spezialitäten. Die Rezepte haben jüdische Einwanderer vor langer Zeit aus Europa mit herübergebracht und von Generation zu Generation weitergereicht. Ein amerikanischer Jude wird jedem allerdings weismachen wollen, daß die »delikatessen« eine amerikanische Erfindung seien. Hier kriegt man die besten Sandwiches in den USA, wahlweise mit Cornedbeef, Truthahn oder anderem köstlichen Belag auf Kümmelbrot mit Gewürzgurken und Krautsalat.

Nun ein paar unentbehrliche Hinweise für Naschkatzen, besonders Eisfans. Es gibt unzählige Eiscafes, darunter die der bekanntesten Kette »Dairy Queen«. In den USA ist es weniger üblich, sich zum Eisessen ins Lokal zu setzen, als sich eine Eistüte oder einen Eisbecher zu holen und sich damit ins Auto zu hocken. Das Auto ist überhaupt des Amerikaners zweites Zuhause. Das Eis selbst ist weiß und schön kremig und schmeckt nach Vanille. Der Clou sind die verschiedenen Früchte oder Fruchtsaucen obendrauf: Erdbeer, Kokusnuß, Ananas, Karamel, sogar »hot fudge«: heiße Schokolade mit Nuß- oder Erdnußsplittern. Ein solches Eis nennt sich »Sundae«. »Banana Splits« und »Malts« sind ebenfalls nicht zu verachten. Bei »Baskin Robbins«, europäischen Eiskennern längst vertraut, kann man zwischen einunddreißig Eissorten wählen.

Popcornliebhaber geben deutlich an, daß sie es gezuckert wünschen, sonst serviert man's regelmäßig gesalzen. Wer es fettig mag, versuche Popcorn mit zerlassener Butter.

Unter den amerikanischen Spezialitäten darf natürlich auch die *peanut butter*, Erdnußbutter, nicht fehlen. Sie ist den Amerikanern das, was uns Nutella ist. Und die besteht laut Aufkleber zu 74 % aus Zucker (Kohlehydraten) und zu 20 % aus Fett, nach Adam Riese 94 %. Alles klar?

Noch ein paar Tips:

– Die preiswertesten Lokale sind gewöhnlich die ausländischen, von den Nachfahren europäischer, afrikanischer oder asiatischer Einwanderer geführt. In NY wimmelt es von Indern und Chinesen, im Südwesten an Mexikanern, und an der Westküste findet sich ebenfalls eine Fülle asiatischer Restaurants. In kaum einem Restaurant wird man günstiger tafeln als in einem asiatischen.
Noch was zu den allgegenwärtigen Mexikanern: Lieblingszutat sind ja nu mal die Böhnchen, und da ein jedes dieser bekanntlich ein Tönchen läßt, mag zur Abhilfe ein Mittel auf dem Tisch stehen, »Beano« nämlich. Amerika wäre nicht Amerika, wenn es nicht mit solchen Lappalien fertig würde. Es soll Leute geben, die dieses Zaubermittel stets mit sich herumschleppen wie andere Taschentücher.
– Eine feine Sache samstag- oder sonntagmorgens ist das *Brunch*, auch bei uns inzwischen äußerst beliebt. Der Begriff, verschmolzen aus »breakfast« und »lunch«, bezeichnet eine Mahlzeit, die man einnimmt, wenn es für das Frühstück eigentlich zu spät, für das Mittagessen wiederum noch zu früh ist. Viele Restaurants bieten ein solches Brunch am Wochenende ab 11h vormittags an.

– *Doggy-bags:* waren die Augen bei der Bestellung in einem Lokal mal wieder größer als der Hunger, so braucht man die Reste nicht mit bedauernden Blicken in die Küche zurückwandern zu lassen. Amerikaner sind es gewöhnt, sich die

Reste einpacken zu lassen. Früher orderte man verschämt einen *doggy-bag* für den Hund. Also einfach die Bedienung bitten:»Would you wrap this up for me?«. Wir haben von Deutschen im Elsaß gehört, die sich dort ebenfalls die Essensreste diskret »für den Hund« einpacken lassen wollten. Das Elsaß liegt ja seit rund fünfzig Jahren wieder in Frankreich, und die Einpackerei ist dort unbekannt. Was tut der Kellner? Er stopft auch noch die Reste von anderen Tellern in den Beutel und überreicht ihn mit einem freundlichen Lächeln, daß es dem Hund schmecke. So, da haben sie's ...

– In zahlreichen Restaurants, vornehmlich in den Großstädten, kosten dieselben Gerichte am Abend erheblich mehr als über Mittag, weshalb Arme und Geizhälse mittags ordentlich warm essen und sich abends mit ein paar Toasts begnügen.
– In der Mittwochsausgabe etlicher Zeitungen befinden sich Werbeangebote für Supermärkte und Restaurants. Wer drauf achtet, wird einiges sparen.
– Zahlreiche Restaurants bieten ein Kindermenü an, zum Teil sogar schon beim Frühstück.
– Diverse Lokale haben sogenannte »Happy Hours« eingeführt, meist zwischen 16 und 18 Uhr. Während dieser Tageszeit ist das Essen billiger als zu den regulären Zeiten. In Kalifornien nennt man diese Mahlzeit oft *early birds special*.
– In einem schicken Restaurant gehört es zum guten Ton, die Gabel in der rechten Hand zu halten und die linke Hand auf dem Knie zu plazieren, grad wie in England, will man nicht als völliger Barbar gelten. Wir haben gewarnt!
– Beim Betreten eines Restaurants sich nicht einfach an irgendeinen Tisch setzten, es sei denn, ein Schild »Please seat yourself« fordert dazu auf. Dies gilt allerdings nicht für *truck stops* und Cafeterien.
– Bei den *Cafeterias* handelt es sich um Selbstbedienungsrestaurants ohne Alkoholausschank.

Die amerikanischen Durstlöscher

Vorab gleich die Warnung, daß es streng verboten ist, Alkohol auf offener Straße zu konsumieren. Dazu zählt auch Bier! Mal in New York darauf achten, wieviele Leute ihre Bierdose sorgsam in der Manteltasche oder in Papiertüten verstauen. Eventuelle Schluckspechte unter unseren Lesern sollten wegen der Gefahr einer Polizeikontrolle lieber keine geöffneten Pullen im Auto mitführen. In Bars und Kneipen wird kein Alkohol an Minderjährige ausgeschenkt. In den meisten Staaten liegt die Mindestgrenze bei 21 Jahren, in anderen bei 20, 19 oder 18 Jahren. In Arizona muß man sich sogar bis zu 25 Jahren mit Softdrinks begnügen. Eine wahre Schande! Aber keine Sorge: notfalls kapiert man einfach nichts auf die Frage nach dem Alter. Schließlich wird man die Achseln zucken und das Verlangte bringen. Kneipen allerdings, die schon häufiger Ärger mit der Polizei hatten, werden darauf bestehen, einen Blick in den Ausweis zu werfen.
Amerikaner trinken ständig irgendwas: Coca-Cola, Seven-Up, Dr. Pepper, Fresca u.a. Auch Eistee *(iced tea),* Gemüse- und Fruchtsäfte werden reichlich konsumiert. Das leichte Bier, das vielerorts ausgeschenkt wird, schmeckt ebenfalls nicht übel. »Leicht« klingt ja gut und gesund, was? Früher hieß das Dünnbier und galt als minderwertig.
Amerikanische Biere werden häufig auch unter Verwendung von Mais, Bruchreis u.a. unpassenden aber billigen Gewächsen gebraut, enthalten alle möglichen Zusätze und schmecken dementsprechend. Kobalt soll als Schaumbremser eingesetzt sein, und in der Tat haben viele Biere einen metallernen Geschmack.
Aber auch deutsches Exportbier darf Konservierungsstoffe, das Helle in Bayern Zucker und das »alkoholarme« oder »alkoholfreie« Süßstoff enthalten. Warum der Saft ohne Alkohol überhaupt »Bier« heißen darf, ist uns schleierhaft, schließlich darf Traubensaft auch nicht als alkoholfreier Wein in Verkehr gebracht werden, und die Bezeichnung »Malzbier« ist schon seit Jahren »Malztrunk« u.ä. gewichen. Es muß halt eine starke Lobby zu Werke sein, die ihr aus Biertreber (ausgelaugte Gerstenschalen, Abfall also) und Glattwasser (in der Werbelyrik ein »letzter Absud von den Resten der Maische«) gewonnenes Zeugs auch noch mit Gewinn »entsorgt«. Übrigens: bei uns wird Hopfen mit Methylenchlorid extrahiert, Malz mit Sulfit konserviert und die Haltbarkeit mit PVPP erhöht.
Mit dem Alkoholverbot erzielten die Amerikaner genau das Gegenteil des Erwünschten. Ein Großteil der Bevölkerung wird dadurch erst zum Trinken ani-

miert. Auch wir finden uns ständig und überall provoziert. Sehr zu empfehlen sind z.b. die Weine aus Kalifornien, übrigens ein vorzügliches Mitbringsel.

Jeder weiß, daß Cocktails eine amerikanische Erfindung sind; jedoch kann fast niemand die Herkunft dieser Bezeichnung erklären. Wörtlich übersetzt heißt es »Hahnenschwanz«. Zu alten Zeiten hat man nämlich die Gläser mit verschieden-farbigen Hahnenfedern gekennzeichnet, damit die lieben Gäste auch zu fortge-schrittenerer Stunde ihren Drink noch erkennen konnten. Wenn's nicht stimmt, ist es wenigstens eine nette Geschichte. Eine andere Geschichte lautet folgenderma-ßen: wir befinden uns im Jahre 1779 während des Unabhängigkeitskrieges in Yorktown im Staate Virginia. Allabendlich treffen sich amerikanische und französi-sche Offiziere der Unabhängigkeitsarmee in der Kneipe von Betsy Flanagan. Eines Abends schwört sie, daß sie den »Hahnenschwanz« eines Engländers ergattern wird, den sie zutiefst verachtet. Gesagt, getan. Einige Stunden später kehrt sie mit dem »Hahnenschwanz«, dem Cocktail, zurück. Das Ereignis wird mit einem großen Bankett gebührend gefeiert, in dessen Verlauf die Gläser mit gol-denen Kopffedern geschmückt werden. Kenner Frankreichs weisen allerdings darauf hin, daß man sich dort im 17. Jh. an einem Getränk labte, das aus einer Mischung aus Weinen und Gewürzen bestand und »coquetel« genannt wurde. Eh ben, voilà die berühmtesten Cocktails:

- *Manhattan:* roter Wermut mit Bourbon.
- *Screwdriver:* Wodka Orange.
- *Dry Martini:* Wermut und Wacholder (Gin).
- *Bloody Mary:* Wodka mit Tomatensaft. 1921 von *Pete Petiot*, Barmann in *Harris Bar*, erfunden. Benannt nach der blutigen Maria, Königin der Schotten, die ihre Widersacherin Elisabeth 1587 um einen Kopf kürzen ließ.
- *Black Velvet:* Sekt und Stout.

In Restaurants ist es üblich, jedem Gast ein Glas eisgekühlten Wassers zu rei-chen. Aber man kann auch im Vorübergehen hineingehen und ein Glas Wasser verlangen; man wird es jedem gerne geben. Überall in größeren Gebäuden retten uns kleine Wasserspender mit eisgekühltem Trinkwasser vor dem Verdursten. Morgens zum Frühstück sollte man lieber Kaffee statt Tee bestellen, denn Kaffee kann man sich normalerweise beliebig oft nachschenken lassen. Man wird aller-dings kaum mehr als zwei Tassen wollen, da die Brühe ziemlich ungenießbar ist. Am besten ist dran, wer sich vorher mit Nescafe versorgt und seinen Kaffee dann nach eigenem Gutdünken dosieren kann.

Mut zu Experimenten? Dann mal *Root-Beer* probieren. Man wird überrascht sein, wofür sich Kaugummiaroma alles verwenden läßt! Zugegeben, die meisten wer-den es bei einer einmaligen Kostprobe belassen wollen, aber schließlich gehört das Zeugs zur Kultur des Landes, und die will doch ein jeder kennenlernen ... Die amerikanischen Kids sind ganz wild auf das Gebräu.

Wir wollen natürlich auch den guten alten Bourbon nicht unterschlagen, jenen amerikanischen Whiskey, wie der irische übrigens mit »e«, überwiegend in Ken-tucky hergestellt. Diese Gegend hieß früher *Bourbon Country*, zu Ehren der fran-zösischen, bourbonischen Königsfamilie, deren Ableger ja heute noch Spanien regieren. Kein Wunder also, daß die Hauptstadt der Bourbon-Gegend Paris heißt (7820 Einwohner). Na ja, kann ja noch werden. Hergestellt wird das Gebräu übri-gens aus Viehfutter, Mais nämlich. Schotten und Iren halten's für indiskutabel.

● *Die Coca-Cola-Story*

Es war einmal ein gewisser *Pemberton*, seines Zeichens Apotheker in Atlanta. Um das Jahr 1880 kreierte er eine Substanz aus Zucker, Koffein und Pflanzenextrak-ten. Die Koka-Blätter als Zutat sollten daraus ein Wundermittel gegen Husten machen ... Doch bald schon verbot das *Pure food and drug law* die Essenz mit der aufputschenden Wirkung.

The Restaurant 1976

Der überwältigende Erfolg des Getränks beruhte zunächst weniger auf dem seltsamen Geschmack als vielmehr auf der angeblichen Heilwirkung. Der Kardinalfehler jenes Apothekers bestand darin, sein Wissen zu verkaufen. Der Käufer, ein gewisser *Candler*, stellte es klüger an, indem er das Rezept hübsch für sich behielt. Noch heute stellt die Fabrik in Atlanta lediglich die Grundsubstanz her. Diese wird dann an Konzessionäre in aller Welt verkauft, die nach einem ausgefeilten Rezept Wasser, Kohlensäure und Zucker (massenweise!) hinzufügen. Auf diese Weise werden Transport- und Personalkosten gespart. Dem Mutterhaus bleibt nur die Aufgabe, die Tochterfirmen auszusuchen, für erfolgbringende Produktwerbung zu sorgen und die Kohle einzustreichen. Die beste PR erfuhr Coca-Cola während des Zweiten Weltkriegs. Der damalige Unternehmenschef war verrückt genug – oder einfach genial – sämtliche US-Truppen mit dem Sirup zu versorgen. Auf diese Weise gelangte das Getränk überall hin, bis nach Japan und Europa. Der Sieg der USA trug nicht nur den amerikanischen Truppen Ruhm und Ehre ein, sondern natürlich auch ihren hilfreichen Begleitern: Kaugummi und Coca-Cola. Die Soldaten gerieten in Vergessenheit, Kaugummi und Coca-Cola erlangten Weltruhm.

Die Coke, vor Urzeiten bei uns auch mal als *Cola* bekannt, am besten ohne Eis kommen lassen. Sie ist normalerweise auch so kühl genug, und so enthält das Glas einfach auch mehr.

Ansonsten: sähe man jemanden in ein Mineralwasser oder ein Glas Milch 36 (in Worten: sechsunddreißig) Zuckerwürfel stecken, würde man da nicht klammheimlich die Männer mit den weißen Kitteln rufen, um den armen Wicht abzuführen? So viel Zucker steckt nämlich in jedem Liter des braunen Suds.

Nationalparks

Der Ozean gehört zur amerikanischen Landschaft ebenso wie Berge, Wüsten und Wälder. In manchen Landstrichen herrscht ständig Hitze, in anderen wiederum stetige Kälte. Die großen Unterschiede hinsichtlich Klima und Bodenbeschaffenheit ermöglichen es jedem Reisenden, seine Lieblingslandschaft aufzusuchen. Die Amerikaner haben den Wert ihrer Landschaft erkannt und Dutzende von Nationalparks und Naturschutzgebieten eingerichtet. Diese Gebiete stehen unter staatlichem Schutz. Strenge Reglememts verhindern, daß sie der menschlichen Zerstörungswut zum Opfer fallen. Die Ergebnisse solcher Bemühungen sind fantastisch: der *Yosemite-Park* beispielsweise zählt sicherlich zu den schönsten Parks der Erde (siehe unten). Es ist den Amerikanern hervorragend gelungen, in diese Naturidyllen komfortable Übernachtungsgelegenheiten zu integrieren, ohne etwas von ihrem Zauber zu zerstören. Wir sind uns der Illusion selbstverständlich bewußt, fühlen uns aber trotzdem als *frontiers-men*, solange das Rudel nicht allzugroß wird ... Man logiert dort entweder in einer kleinen Hütte, ausgestattet mit Bad, Dusche, Kochnische und Fernseher (!), oder man schläft im Zelt oder im Wohnwagen. Im Sommer sollte man lieber einen Platz vormerken lassen oder morgens schon zeitig vor Ort sein.

In allen Parks werden Gruppenausflüge durchgeführt – die kapitalistische Gewinnmaximierung schreckt halt auch vor Idyllen nicht zurück! Mit einem Pkw ist man natürlich unabhängiger. Dann kann man sich mit dem nötigen Proviant und detaillierten Karten bewaffnen und auf eigene Faust die herrlichen Wälder und imposanten Felsen erforschen. Auch die tollste Postkarte kann nämlich immer nur ein blasser Abklatsch sein und den umwerfenden Eindruck niemals vermitteln. Hätte uns wohl kaum jemand zugetraut, diese Erkenntnis?

Mit dem *Golden Eagle Pass* lassen sich sämtliche Nationalparks beliebig oft besuchen und außerdem noch ein paar weitere Sehenswürdigkeiten, für welche die Verwaltung der Nationalparks zuständig ist. Der Paß beläuft sich auf ungefähr 15 $ pro Jahr und pro Wagen, gleichgültig, wieviele Insassen mitfahren. Achtung: die Geltungsdauer endet mit dem Kalenderjahr, nicht mit der Jahresfrist ab Kaufdatum. Der Ausweis ist in allen Nationalparks an der Kasse erhältlich. Da der Eintritt jedesmal 5 $ beträgt, lohnt sich seine Anschaffung schon, wenn man mindestens fünf Parks besichtigen will. Sobald sich der Winter nähert, braucht man den Paß nicht mehr, denn dann hat man zu allen Parks kostenlos Zutritt.

Klima

Infolge der Riesenausdehnung des Territoriums der USA finden sich verschiedene Klimazonen. Während es in San Francisco im Sommer oft kühl ist, brennt die Sonne in Florida erbarmungslos. Auch in New York ist es sehr stickig und schwül. Wie erwähnt liegt die Stadt immerhin auf der gleichen geographischen Breite wie Madrid. Im Kopf die Fahrenheit-Temperatur in Grad Celsius umzurechnen, ist nicht ganz einfach. Also: von der Temperaturangabe in Fahrenheit 30 abziehen, das Ergebnis durch zwei teilen und 10% addieren – oder 32 abziehen und das Ergebnis durch 1,8 teilen. Zu verzwickt? Dann folgende Tabelle zu Hilfe nehmen:

Für Hinweise, die wir in späteren Auflagen verwerten, bedanken wir uns mit einem Buch aus unserem Programm

Celsius	Fahrenheit	Celsius	Fahrenheit
100	12	16	60,8
40	104	14	57,2
38	100,4	12	53,6
37	98,6	10	50
36	96,2	8	46,4
34	93,2	6	42,8
32	89,6	4	39,2
30	86	2	35,6
28	82,4	0	32
26	78,8	-2	28,4
24	75,2	-4	24,8
22	71,6	-6	21,2
20	68	-8	17,6
18	64,4		

Längenmaße:

1 yard	0,914 m.
1 foot	30,48 cm.
1 inch	2,54 cm.
0,62 miles	1 km.
1 mile	1,6 km.
1,09 yards	1 m.
3,28 feet	1m.
0,39 inch	1 cm.

Gewichte:

1 pound	0,4536 kg.
1 ounce	28,35 g.

Raummaße:

1 gallon	3,785 Liter.
1 quart	0,946 Liter.
1 pint	0,473 Liter.

Gesundheitswesen

In den Staaten existiert nur ein rudimentäres soziales Netz. Jeder muß Arzt- und Krankenhauskosten selbst aufbringen, und zwar meist sofort. Dies gilt auch für Medikamente. Da eine Krankheit oder eine Verletzung im Falle eines Falles ein Vermögen kosten kann, raten wir, noch zu Hause eine besondere Auslands-Krankenversicherung für die Dauer des Aufenthalts abzuschließen, denn seit einiger Zeit übernehmen die Krankenversicherungsträger in der BRD z.B. keine Behandlungskosten in den USA mehr. Unbedingt daran denken, sich Rechnungen und

Quittungen über in Anspruch genommene Leistungen aushändigen zu lassen, damit nach Rückkehr die Kostenerstattung auch reibungslos funktioniert.
Besondere Vorsichtsmaßnahmen sind bei Reisen in den warmen Süden der USA angebracht. Gegen den häufig auftretenden Reisedurchfall (diarrhoea, gesprochen »deie'ria«) hilft nur unbedingte Hygiene und strenge Ernährungsdisziplin. Besonders Camper und Wanderer sollten darauf achten.
In den Vereinigten Staaten gilt die landesweit einheitliche

NOTRUFNUMMER 911

für Polizei, Feuerwehr und Rettungsdienst. Darüber hinaus unterhalten manche Krankenhäuser einen rund um die Uhr besetzten Notfalldienst.
Notrufnummern für Autofahrer aus Deutschland, Österreich und der Schweiz von den Vereinigten Staaten aus:

– *VCD-Mitglieder* mit Schutzbrief wenden sich an die rund um die Uhr besetzte

Europa-Notrufzentrale in Köln, T. 01149-221-8277366.

– *ADAC*-Notruf: 01149-89-222222
– *AVD*-Notruf: 01149-69-6606300
– Euro-Notruf *(ÖAMTC):* 01143-1-222245

Traveler's Aid

Es ist ein gängiges Klischee, daß man in den Staaten, der Verkörperung des Kapitalismus, nichts umsonst kriegt. Doch auch in den USA gibt es kostenlose Hilfeleistungen. Das beste Beispiel ist die *Traveler's Aid.* In allen Großstädten, häufig am Hauptbahnhof oder am Flughafen, steht dieser Hilfsdienst Reisenden in Not zur Verfügung. Ob jemandem Geld gestohlen wurde, ob jemand krank oder einfach nur auf der Suche nach einem billigen Hotel ist, *Traveler's Aid* ist stets zu Diensten. Oh ja, da muß manch einer mit seinen Vorurteilen aufräumen. Auch in den USA blüht die Nächstenliebe. Im Winter sind die Dienststellen allerdings oft nicht besetzt.

Feiertage

Jeder Einzelstaat hat seine eigenen Feiertage. Wir nennen nur die allgemeingültigen Nationalfeiertage. Die Geschäfte bleiben dann in der Regel geschlossen.

– *Memorial Day:*	der letzte Montag im Mai.
– *Independance Day:*	4. Juli.
– *Labor Day:*	der erste Montag im September.
– *Colombus Day:*	der zweite Montag im Oktober.
– *Thanksgiving Day:*	der vierte Donnerstag im November.
– *Christmas Day:*	25. Dezember.
– *New Year Day:*	1. Januar.

Post

Briefe von zu Hause läßt man am besten postlagernd an die Hauptpostämter der Großstädte auf der Reiseroute schicken. Also etwa: Fritz Lang, General Delivery, Main Postoffice, der Name der Stadt und der Name des Bundesstaats. In den meisten Staaten wird eine Sendung zehn Tage lang aufbewahrt, in manchen sogar fünfzehn Tage lang.
Briefmarken kann man am Postschalter oder – mit Preisaufschlag – am Automaten erstehen.
Die Schalter der Postämter sind montags bis samstags von 8-12h besetzt. Der Telegrammdienst obliegt hingegen privaten Unternehmen.

Telegramme

In den USA ist die *Western Union* für Telegramme zuständig, im Telefonbuch nachzuschlagen. Ein Telegramm nach Europa braucht etwa acht Stunden. Übrigens kann in finanziellen Nöten auch Geld telegrafisch überwiesen werden.

Für rund 50 $ kann man den Empfänger seiner Botschaft mit einem *singing telegram* erfreuen oder gar mit einem *bellygram*, das dann von einer Bauchtänzerin übermittelt wird. Es soll auch *stripgrams* geben. Im Land der unbegrenzten Möglichkeit gibt es eben nichts, was es nicht gibt.

Die Amerikaner nutzen den Telegrammdienst eher selten, da die Tarife für Ferngespräche recht günstig sind, vor allem nachts und am Wochenende.

Telefon

Jeder Anruf bei der Auskunft (die Null wählen) ist gebührenfrei. Wer ein R-Gespräch anmelden will, verlange einen *collect call*.

● *Einige Vorwahlnummern*

Atlanta	404	New Haven	203
Baltimore	301	New Orleans	504
Birmingham	205	New York	
Boston	617	- Manhattan	212
Charlotte	704	- Brooklyn, Queens, JFK	718
Chicago	312	- Long Island	516
Cincinnati	513	Oklahoma City	405
Cleveland (Ohio)	216	Orlando	407
Columbia (SC)	803	Philadelphia	215
Columbus (Ms)	601	Pittsburgh	412
Dallas	214	Portland	503
Denver	303	Providence	401
Detroit	313	Sacramento	916
Honolulu (Haw)	808	Saint Louis	314
Houston	713	Salt Lake City	801
Indianapolis	317	San Francisco	415
Kansas City (Mo)	816	Seattle	206
Los Angeles	310	Washington	202
Miami	305	Youngstown	216
Milwaukee	414		

● *Gebrauchsanweisung*

Ferngespräche sind von sonntag bis freitags zwischen 17 und 23h 35 % günstiger als zum Tagestarif und nachts zwischen 23 und 8 Uhr früh 60 % billiger. Die Ermäßigung gilt ebenfalls für den ganzen Samstag und den Sonntag bis 18 Uhr.
Die Tarife für Gespräche nach Europa sind von Land zu Land verschieden. Ein allgemeines Richtmaß ist etwa 7 $ für drei Minuten.
Die Auskunft über Teilnehmer außerhalb der Ortsnetzkennzahl lautet 555-1212 und nicht »0«.
Ein Gespräch von einem öffentlichen Fernsprecher ist je nach Staat entweder gar nicht möglich oder ganz einfach. Für die BRD wähle man 01149, nach Österreich 01143 und in die Schweiz 01141. Die Null der folgenden Ortsnetzzahl ist dann wegzulassen. Für ein Dreiminutengespräch sind 24 25-Cent-Stücke paratzuhalten.

Die Überseeauskunft erreicht man unter »00« ebenfalls gebührenfrei. Leser behaupten, daß Auslandsgespräche immer über den Operator gehen müßten außer vom Hotel. Stimmt's? Wenn der Operator fragt: »Which company?« und man sagt nichts, so schaltet er auf AT&T, die rund 15% teurer ist als Sprint z.B. R-Gespräche mit der BRD funktionieren ausschließlich über die 1-800-292-0049. Nach Wahl dieser Ziffernfolge hat man sofort die Vermittlung der DBP in Frankfurt an der Strippe, die das Gespräch weiterschaltet. Der Anruf in Frankfurt ist kostenlos. Für Österreich lautet sie 1-800-624-0043. Wir haben nicht rausgekriegt, ob eime ähnliche Nummern auch für die Schweiz geschaltet wurde. Wenn ja, so lauten die letzten zwei Ziffern vermutlich 41. Aber was kommt davor? Für eine Nachricht wären wir dankbar.

Das Telefonnetz der USA ist in ziemlich kleine Untereinheiten zergliedert. Will man ein Gespräch mit einer anderen Region führen, wählt man die »1« und dann die Ortskennzahl, den *area code* (für New York beispielsweise »212«). Jede Region hat ihren eigenen Operator. Wählt man also in einem Staat die »0«, erhält man keine Auskunft über die Fernsprechteilnehmer in anderen Staaten.

Wenn man den Operator in einem anderen Staat erreichen will, muß man zunächst die »1« wählen, dann die Nummer der Region und dann die »0«. Bei einem Anruf innerhalb desselben *area* wählt man die »1«, darauf die Nummer des Teilnehmers, die stets siebenstellig ist. Die Ortsnetzkennzahl wird also nicht gewählt.

Bei einem Anruf außerhalb des eigenen *area code* hat man die Ortsnetzkennzahl des Teilnehmers nach der »1« zu wählen.

AT&T verkauft z.B. über die Verkehrsbüros und manche Geschäfte Telefonkarten, die von der lästigen Pflicht befreien, hohe Dollarbeträge in Quarters umherschleppen zu müssen. Ein Leser berichtet, die Codenummern auf einer solchen Karte könne ganz normal an jedem beliebigen Münzautomaten eingetippt werden und man könne dann die vorher bezahlten Einheiten abtelefonieren. Scheint uns umständlicher zu sein, als die fortlaufende, selbsttätige Entwertung unserer Karten. Kostenpunkt: 6, 15 und 30 $. Für 6 $ habe er dreieinhalb Minuten reden können. Ferner geben MCI und AT&T Telefonkreditkarten aus, die über Kreditkarten abgerechnet werden. Die Tarife sind von den USA nach Hause erheblich niedriger, auch längere Gespräche von dort in die USA − neuerdings auch weitere Länder − sind billiger als per klassischer Anwahl mit der 001. Insbesondere sind die 1-800-er Nummern erreichbar, was für gewisse Reservierungen wichtig ist.

Auskünfte:

AT&T: 0130-0010, danach collect call 1-816-654-6000
MCI: 01300-0012, darauf collect call MCI Customer Service

Preise ändern sich laufend: als Richtlinie für MCI-Kunden kann gelten: 90 Cent USD Kartenbenutzung pro Gespräch nach Hause und 50 Cents pro Minute (je nach Gesprächsaufkommen), 20% Nachlaß innerhalb des Friend-and-Familiy-Programms, wenn der Angerufene auch MCI-Kunde ist und seine Nummer vorher hat registrieren lassen.

Allgemein wegen der Gebühren bei R-Gesprächen aufpassen. So nennt der ADAC für drei Minuten knapp 20 $, für jede weitere etwa 2,20, also rund doppelt soviel wie die Selbstwahlgebühren. Leider wissen wir nicht, auf welche Gesellschaft(en) sich diese Angaben beziehen.

Telefonzellen finden sich überall, und das beste ist: sie funktionieren auch. Für ein normales Gespräch sind 25 Cent fällig. Kostet es mehr, wird die freundliche Operator-Stimme fehlende Münzen anmahnen. Sind genug nachgeworfen, ertönt ein höfliches *Thank you*. Telefoniert man länger als die übliche Zeitspanne, so braucht niemand zu fürchten, daß ihm der Hahn abdreht, aber sobald man aufgelegt hat, erklingt wieder die freundliche Stimme und gibt an, wieviel man noch schuldig ist. Wer glaubt, er kommt auch so davon, wird fix eines Besseren belehrt. Dann schlägt die betrogene Zelle Alarm und bringt das ganze Viertel in Aufruhr.

Man kann sich in den öffentlichen Fernsprechern auch anrufen lassen, selbst von Europa aus. Jede Zelle hat eine eigene Telefonnummer.

Benutzen wir das Telefon, wann immer wir Rat brauchen. Damit spart man eine Menge Zeit. Hat sich zum Beispiel jemand verirrt, genügt es, die 0 zu wählen, und der Operator erklärt hilfsbereit, wo genau sich der Anrufer befindet. Alle mit »800« beginnenden Anschlüsse sind gebührenfrei. Kostenlos sind zum Beispiel Anrufe bei Fluggesellschaften, Hotelketten, Mietwagenfirmen usw.

Gibt man der Vermittlung die Ziffer »0« durch, so wird dies nicht nur wie in Großbritannien wie der Buchstabe »O« ausgesprochen, sondern auch »zero«, was in England nur für Angaben beim Thermometer usw. gebraucht wird.

Die 900- oder 976er Nummern sind irgendwelche Sex- oder Auskunftsdienste. So kann man sich Witze erzählen lassen, Hilfe bei der Lösung von Kreuzworträtseln anfordern u.a.

Telefonzelle

Nützliche Dienste, die sich immer mehr verbreiten, sind die Anruferidentifizierung, die Anrufweiterschaltung, das »Anklopfen«, also ein Pipsen während eines Gesprächs, das einen weiteren Anruf ankündigt, ferner im digitalen Netz die Möglichkeit, den letzten Anruf zu erwidern, wenn man z.B. mal gerade unter der Dusche stand. Man wählt den Computer der Telefongesellschaft an, der den letzten Anrufer ermittelt. Eine geplagte Familie mit drei Teenietöchtern kann sich z.b. auch kostenlos drei Nebenstellen legen lassen, die alle unterschiedlich klingeln. Eine jede weiß also, welche verlangt wird.

Zigaretten

In den USA kommen Raucher erheblich billiger weg, wenn sie ihren Nikotinproviant nicht packungs- sondern gleich stangenweise kaufen. Im Automaten kosten Zigaretten mehr als in Geschäften. Die Preise schwanken überhaupt stark von Staat zu Staat und von Laden zu Laden. Ballenweise soll die Sache übrigens noch billiger werden ...
In rund dreißig Staaten ist das Rauchen an bestimmten Örtlichkeiten verboten, so in Geschäften, Bussen, im Kino und im Theater, in Museen usw. Da wird auch kein Auge zugedrückt. Die Skala der Bußgelder reicht von 10-100 $.

Auskunftsstellen für Touristen

Die bereits erwähnten Büros der *Traveler's Aid* eignen sich als erste Anlaufstellen in Bahnhöfen und größeren Busbahnhöfen. Die Adressen der Fremdenverkehrsämter haben wir jeweils bei der Stadtbeschreibung aufgeführt. Fast alle Städte besitzen *Verkehrsämter,* Visitor's (and Convention Centers, Tourist Offices, und wie sie alle heißen mögen, oder *Industrie und Handelskammern,* Chambers of Commerce, wo man einen übersichtlichen Stadtplan mit Hinweisen auf die wichtigsten Sehenswürdigkeiten erhält.
Motorisierte Reisende erhalten an jeder Staatsgrenze eine detaillierte Straßenkarte des Staates, auf dessen Gebiet sie sich gerade begeben.

Waschsalons

Die Waschsalons *(laundries)* sind weit verbreitet. Hier kann man die Wäsche auch gleich trocknen lassen.

Straßenkarten

Es ist sinnlos, sich schon zu Hause mit Karten auszurüsten. An jeder Tankstelle bekommt man welche, und bestimmt günstiger als in Europa. In New York kann man sich Karten von sämtlichen Regionen der USA beschaffen, ohne einen Pfennig auszugeben. Wir weisen noch darauf hin.
Stadtpläne ergattert man auch in den Geschäftsstellen der Mietwagenfirmen, wo sie meist zum Mitnehmen ausliegen. Es wird kaum einer etwas einzuwenden haben, selbst wenn man keinen Wagen gemietet hat. Im übrigen findet sich kurz hinter der Grenze eines Staates an den Interstates fast immer ein *Verkehrsamt,* wo es zuvorkommenden Damen und Herren ein Vergnügen ist, Ratsuchende mit umfangreichem Prospektmaterial über den jeweiligen Staat auszurüsten. Manchmal ergattert man sogar eine Touristenkarte.

Toiletten

Die Benutzung öffentlicher Toiletten ist zumindest im Westen meist kostenlos. Leider sind die für Männer oft in beklagenswertem Zustand. Reinliche Örtlichkeiten findet das holde Geschlecht bei Tankstellen, Fast-Foods, und *Welcome* bzw. *Visitor's Centers.* Anlaufstellen für Leute mit dringenden Bedürfnissen finden sich auch in Busbahnhöfen, Cafeterias oder Bürogebäuden. Wer sich der amerikanischen Prüderie anpassen will, fragt schamhaft nach dem »restroom«, etwas vornehmer nach dem »powder room« oder neckisch nach dem »little girls' room«. Andere – nicht gesellschaftsfähige – Bezeichnungen sind »the John«, »the can«, während die englische Entsprechung »the bogs« unbekannt ist. Übrigens: in Schwimmbädern beispielsweise kann es vorkommen, daß die Toiletten überhaupt keine Türen besitzen. Lustig, was?

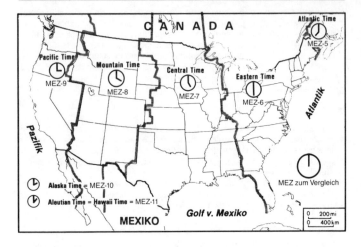

Unmöglich scheint es zu sein, wie in weiten Teilen Europas zumindest geduldet, an etwas ruhigeren Ecken mal den Schlitz zu öffnen. Ein armer Leser, der sein Geschäft an einem Gebüsch bei einer Verkehrsinsel erledigte, fand sich bald von allen möglichen Wagen immmer und immer wieder umkreist, deren Insassen ihn mit unflätigsten Ausdrücken belegten. Mistkerle!

In New York wurden versuchsweise die ersten sechs (!) selbstreinigenden und vandalismussicheren Toiletten des Franzosen *Jean-François Decaux* aufgestellt, wie man sie z.B. aus Paris kennt. Welche Probleme ein derartiges Unterfangen im reichsten Lande der Welt darstellt, ist hierzulande unvorstellbar. Anwälte von Anrainern, die höhere Kriminalität befürchten, weisen darauf hin, daß die Aborte laut Gesetz kostenlos zugänglich sein müssen, was die Decaux-Modelle nicht sind, um Zerstörungen vorzubeugen. Behinderte klagen dagegen, da alle öffentlichen Neubauten auch für Rollstuhlfahrer erreichbar sein müssen. Dies ist aber nur mit besonderen Magnetkarten möglich, um Obdachlose vom Nächtigen bzw. Nutten von der Arbeit dort abzuhalten. Ferner seien Behinderte doppelt benachteiligt, da aus Platzgründen nur wenige der geräumigen Behindertenklos aufgestellt werden können und die Benutzung von Magnetkarten sie zu Menschen zweiter Klasse degradiere.

Straßen

Die Hausnummern der Straßen erreichen oft ungewöhnliche Höhen. Nr. 3730 liegt beispielsweise zwischen der 37. und der 38. Straße. Meist wird von Block zu Block mit einer neuen runden Hunderternummer weitergezählt.

Überquert man eine Straße abseits eines Fußgängerüberweges oder gar bei roter Ampel, so droht eine Strafe von ca. 30 Dollar. Wir haben gewarnt!

Strom

Die Stromspannung beträgt 110 Volt. Man benötigt einen Adapter, den man am besten schon von zu Hause mitbringt, da in den Staaten nur schwer erhältlich.

»Thrift Shops« und »Flea Markets«

Diese Geschäfte werden von gemeinnützigen und wohltätigen Verbänden geführt, die dort haufenweise Zeugs sagenhaft billig verramschen. Äußerst günstig sind Secondhand-Klamotten: Jeans, Hemden usw. Die bekanntesten *Thrift shops* sind die der *Salvation Army* (Heilsarmee). Anschriften in den *yellow pages*. Es handelt sich bei den Waren nicht um eigentliche Spenden. Wer seine aussortierte Kleidung einem *Thrift Shop* zur Verfügung stellt, erhält eine Gutschrift über den Wert, den er dann bei der Einkommenssteuererklärung absetzen kann. Auch die *Flea Markets* der Großstädte sind häufig eine Fundgrube für brauchbare Secondhand-Klamotten, Autoersatzteile um. In Kleinstädten und auf dem Land wird man möglicherweise Schilder mit der Aufschrift *yard sale* sehen. Darunter ist ein privater »Hausflohmarkt« zu verstehen. Nach dem Großreinemachen verscherbeln die Leute Kleidung, Küchenutensilien, Spielzeug, Fernsehzubehör usw. zu Spottpreisen. Zuweilen läßt sich dabei ein gutes Schnäppchen machen.

Shopping

Einkaufen in den USA ist eine höchst vergnügliche Angelegenheit. Viele Dinge sind weitaus billiger als bei uns. Allerdings ist dieselbe Ware in verschiedenen Geschäften auch ganz unterschiedlich teuer.
Verlockende Preise für bekannte Markenartikel bieten die »Factory Outlets«, also Verkauf ab Fabrik oder Lager.
Hüten möge man sich vor den »Duty Free Shops«, die nicht günstiger sind als der Supermarkt an der Ecke. Dort kaufen nur Ahnungslose.

Hier ein paar Einkaufstips:
– *Sheaffer* und *Cross* Kugelschreiber.
– *Herrenhemden* kosten oft halb soviel wie in Europa. Stets auf die Ärmellänge achten. Manchmal gibt es fünf verschiedene Größen.
– *Lacoste-Hemden* made in USA sind in witzigen Farben zu haben, die bei uns gar nicht existieren.
– *Kameras* und *Fotozubehör*.
– *Computer*, besonders Laptops. Wer sich auskennt, kann locker seinen Flug wieder reinholen. Zu bedenken gilt natürlich, daß man in Europa seine Garantieansprüche ruhig vergessen kann, damit also auch der Wiederverkaufswert nicht so hoch angesetzt werden darf.
– Kalifornische *Weine*.
– *Newman's Own:* schon gewußt, daß der Hollywoodstar mit »den strahlendsten Augen der Welt« auch ein erfolgreicher Soßenfabrikant ist? Nur im Supermarkt nach den Dressings mit seinem Bild Ausschau halten. Ein originelles und dabei preiswertes Mitbringsel.
– *Ray-Ban*-Brillen.
– *Korrekturbrillen:* falls neue Gläser oder ein neues Gestell fällig sind, marschiert man vor Antritt der Reise zu seinem Optiker und läßt sich einen Kostenvoranschlag unterbreiten. In den USA wird man feststellen, daß für dieselbe Leistung nur die Hälfte des europäischen Preises zu entrichten ist.
– Die *quilts:* diese Tagesdecken fürs Bett wurden früher von amerikanischen Pionieren in mühseliger Fleißarbeit aus Stoffresten fabriziert; längst hat sich die Bezeichnung »patchwork« dafür etabliert. Hatten sie zunächst nur die obengenannte Aufgabe, haben sich die »quilts« im Laufe der Zeit zu wahren Meisterwerken amerikanischer Volkskunst entwickelt.
Wer solch einen originellen Bettbezug heimschleppen möchte, achte auf die Maße. Für ein einzelnes Bett braucht man ein *Twin*, ein *fitted* (Bettbezug) und ein *flat* (Tagesdecke). Für ein Bett mit 1,40 m Breite benötigt man ein *full fitted* und ein *queen flat*, ein *queen fitted* und ein *king flat*.
– *Jeans* in allen Variationen. Wer »in« sein möchte, hält natürlich nach einer Levi 501 Ausschau.
– *Bomberjacken* von Schott oder Avirex. Berühmter Vorgänger der jetzigen Modelle A2 und und B3 war die A1 (Gary Grant in Howard Hawks »SOS – Feuer and Bord« (Only Angels have Wings), auch von *Charles Lindbergh* während der Atlantiküberquerung 1927 in seiner Spirit of St. Louis getragen) und die B1 mit

AMERIKANISCHE UND EUROPÄISCHE GRÖSSEN IM VERGLEICH

● MÄNNER								
Anzüge	USA	36	38	40	42	44	46	48
	metrisch	46	48	50	52	54	56	58
Hemden	USA	14	14 1/2	15	15 1/2	16	16 1/2	17
	metrisch	36	37	38	39	41	42	43
Schuhe	USA	6 1/2	7	8	9	10	10 1/2	11
	metrisch	39	40	41	42	43	44	45
● DAMEN								
Blusen und Strickwesten	USA	32	34	36	38	40	42	44
	metrisch	40	42	44	46	48	50	52
Kostüme und Kleider	USA		10	12	14	16	18	20
	metrisch		38	40	42	44	46	48
Schuhe	USA		5 1/2	6	7	7 1/2	8 1/2	9
	metrisch		36	37	38	39	40	41

ihrem Schaffellkragen, die General Patton vorzugsweise trug. Die heutigen Modelle sind alle pelzgefüttert und haben auch Reißverschlüsse.

– Spielzeug: oft Sachen, die in Europa nicht zu bekommen sind und dazu noch zu äußerst günstigen Preisen. Suchen wir die Geschäfte Toys R US oder Child World auf (die Adressen findet man in den gelben Seiten im Telefonbuch).

– Die berühmten Latzhosen Osh K'osh für die lieben Kleinen. Man findet sie auf alle Fälle in den großen, oft aber auch in kleineren Kaufhäusern.

– Lederwaren und Schuhe. Grade Stiefel der Marke Frye stehen hoch im Kurs.

– Tastentelefone und drahtlose Telefone.

– Taschenrechner.

– Anrufbeantworter: daran denken, auch einen Trafo für seinen Anschluß zu besorgen.

– Zigarren: keine kubanischen, versteht sich. Aber schließlich liegt Florida nur rund hundert Kilometer entfernt von Havanna, und man muß schon ein echter Kenner sein, um den Unterschied zwischen einer amerikanischen Zigarre und einer aus Havanna herauszuschmecken.

– CDs (Compact Discs).

– Bade- und Handtücher von guter Qualität und zu Spottpreisen findet man in den Discountläden.

– Transistor- und Radiogeräte zu kaufen, ist wegen nichtidentischer Frequenzen in Europa nicht empfehlenswert. Ein Trafo verändert lediglich die Spannung. Stereoanlagen, Kassettenrecorder usw. hingegen lassen sich mittels eines Adapters problemlos anschließen.

– Aufpassen beim Kauf von Videokassetten. Amerikanische Fernseher arbeiten mit dem NTSC-System, welches von unserem PAL-System abweicht. Überspielungen bewirken daher in Europa andere Farben.

Allgemein raten wir beim Kauf elektronischer Geräte ausschließlich über einen Komplettpreis zu verhandeln. Sonst kommt's vor, daß der »billige« Taschenrechner auf einmal nicht ohne die völlig überteuerten Batterien zu kriegen ist, oder daß nicht gewünschtes Zubehör zu astronomischen Preisen mitgekauft werden soll. Gute Preise hat die Circuit-City-Kette. In San Francisco z.B. war kein Geschäft billiger. HP-Tascherechner kosten nur 70% des Ladenpreises zuhause. Am günstigsten scheinen elektronische Geräte in den Innenstädten zu sein.

Auf alle Einkäufe, auch auf die Hotelkosten, wird eine Steuer aufgeschlagen. Sie beträgt je nach Bundesstaat zwischen 0 und 8 %. Die auf den Preisschildern verzeichneten Summen sind also meist nicht die endgültigen, in manchen Läden aber wieder doch (Dillards, jcpenny). In den Restaurants niemals vergessen, die Steuer auf die Rechnung aufzuschlagen, sonst wird der Kellner pikiert fragen, ob man nicht etwas vergessen habe.

Campingzubehör

Armee-Schlafsäcke, Zelte, amerikanische Rücksäcke usw. besorgt man sich am günstigsten in den fast an jeder Straßenecke zu findenden *Navy Stores*.

Foto

Adepten von Kodachrome sollten beachten, daß sich Preise für Filme in den USA *ohne* Entwicklung verstehen. Wenn, dann sind sie nur in Supermärkten einigermaßen erschwinglich, und allgemein, besonders Kodak und Fuji, zu Hause wesentlich günstiger zu bekommen. Besonders Diafilme sind in den USA teuer, wenn überhaupt erhältlich. Die Entwicklung ist dagegen günstiger als zu Hause, dafür sollen aber die Farben oft weniger gut herauskommen als hierzulande.

American Football

Soccer entspricht dem europäischen Fußball. »Football« in den Staaten gleicht dagegen eher einer Schlacht zwischen Gladiatoren in der Arena. Die *football*-Helden scheffeln bis zu 700.000 $ im Jahr. Sie selbst haben fast keinen Einfluß auf die Gestaltung des Matches. Für die großen Nationalmannschaften werden die Spielstrategien gegenüber dem jeweiligen Gegner per Computer erstellt.

Bei jedem Spielzug stehen sich die gegnerischen Teams gegenüber, jeder Mann hat einen bestimmten Gegenspieler. Bei jedem neuen Einwurf des Balls ruft der *quarterback*, der Spielstratege, einen Geheimcode, der jedem Spieler seiner Mannschaft eine besondere Aufgabe zuweist.

Ziel des rauffreudigen Spiels ist es, gegenüber seinem »Gegner« soviel Boden wie möglich zu gewinnen. Das Angreiferteam hat vier Versuche, um mindestens 10 yards (über 9 m) zu schaffen. Gelingt ihm das, bleibt der Ball bei ihm, und es versucht, zur gegnerischen *end line* vorzudringen. Im Unterschied zum Rugby ist es verboten, den Ball mit dem Fuß zu schießen.

Die amerikanischen Städte

Da sie sich in den Innenstädten zunehmend von »Problemgruppen« umzingelt sahen, sind die Wohlhabenden allmählich in die Randbezirke ausgewichen. Nobelviertel und Luxusvillen liegen alle außerhalb der Innenstädte. Dort hingegen, im Stadtkern, verschärfen sich die Gegensätze. Hier wohnen nur noch ganz Arme oder ganz Reiche, aber natürlich nicht unmittelbar nebeneinander.

Von einem Schritt auf den anderen bieten sich völlig unterschiedliche Anblicke. So gibt es nicht nur heruntergekommene, schäbige Viertel, sondern auch völlig verlassene, unbewohnte. In New York, Philadelphia, Washington, oder auch in weniger prominenten Städten wie Newark/New Jersey oder Rochester/New York wird man überall leerstehende Wohnhäuser, Geschäfte, Büros u.ä. entdecken. Den trostlosesten Anblick bietet derzeit East St. Louis am Mississippi, fast schon eine Ruinenstadt. Viele Gebäude sind mit Gewalt zerstört worden oder einem Brandanschlag zum Opfer gefallen, weil die Besitzer die Zahlung von Schutzgeldern verweigerten.

Für Hinweise, die wir in späteren Auflagen verwerten, bedanken wir uns mit einem Buch aus unserem Programm

Geschichtlicher Überblick

● **1763-1800: Unabhängigkeit und Konsolidierung**

Die dreizehn britischen Kolonien an der nordamerikanischen Ostküste lösen sich vom Mutterland.

1766:	Annullierung der Stempelakte
1770:	Aufhebung der Importabgaben (außer für Tee)
1773:	Boston Tea Party. Als Indianer verkleidete Siedler werfen aus Protest gegen Zollabgaben eine Teeladung ins Hafenbecken
1774:	Erster Kontinentalkongreß; Aufruf zum Boykott britischer Waren
1775:	Zweiter Kontinentalkongreß; Proklamation einer Armee aus Milizen aller Kolonien unter dem Oberbefehl G. Washingtons.
1776:	der Kontinentalkongreß stellt die Unabhängigkeit der dreizehn Staaten fest und verabschiedet die *Declaration of Independence*.
1781:	Ende des Unabhängigkeitskrieges; Kapitulation Englands
1783:	Pariser Friede; Großbritannien erkennt die Unabhängigkeit seiner ehemaligen Kolonie an und verzichtet auch auf die westlichen Gebiete bis zum Mississippi.
1787-88:	Umwandlung des amerikanischen Staatenbundes in einen Bundesstaat; Ratifikation der Verfassung

● **1800-1877: Ausdehnung nach Westen und Sezessionskrieg**

1803:	Kauf des westlichen Louisianas von Frankreich
1810-19:	Erwerb von Florida
1823:	*Monroe Doctrine* gegen alle europäischen Ansprüche auf dem amerikanischen Kontinent:»Amerika den Amerikanern.« Die USA behalten sich die Einmischung in amerikanischen Staaten vor.
1825-32:	Vertreibung der indianischen Bevölkerung
1845:	Annexion von Texas
1846:	Teilung Oregons
1846-48:	Mexikanischer Krieg; Einverleibung mexikanischer Territorien von New Mexico bis Kalifornien
1860:	die Republikanische Partei stellt A. Lincoln als Präsidentschaftskandidaten auf
1861-65:	Sezessionskrieg zwischen elf Südstaaten, den Konföderierten Staaten von Amerika unter Präsident *J. Davis*, und den Nordstaaten; 600.000 Tote; wirtschaftlicher Aufschwung des Nordens und Nordwestens, Ruin des Südens durch Wirtschaftsblockade und Zusammenbruch des Plantagensystems
1861-90:	Ausrottungskriege gegen die Indianer; Deportation in unwirtliche Gebiete (Reservate)
1865-77:	Periode der *Reconstruction*; Scheinlösung der Sklavenfrage; Verringerung wirtschaftlicher Ungleichgewichte

● **1877-1914: Landeserschließung, Industrialisierung und Imperialismus**

1854:	gewaltsame Öffnung Japans für den amerikanischen Handel
'65-1900:	Masseneinwanderung (ca. 15 Millionen Menschen); industrielle Expansion und Verschärfung der sozialen Gegensätze
1869:	Vollendung der ersten transkontinentalen Eisenbahnlinie
1895:	kubanischer Aufstand
1898:	Kriegserklärung an Spanien und Annexion der Reste des spanischen Weltreiches (Puerto Rico, Philippinen, Guam, Kuba, Hawai)
1903:	Abspaltung Panamas von Kolumbien; die USA gewinnen die Herrschaft über den Panama-Kanal

● **1914-1945: Zeit zwischen den Weltkriegen**

1917:	Eintritt der USA in den Ersten Weltkrieg
'19-20:	Ablehnung der Ratifizierung des Versailler Vertrages durch den amerikanischen Senat; Isolationismus, die USA bleiben außerhalb des Völkerbundes
1919-20:	von Korruptionsskandalen erschütterte Phase des »Big Business«

1924:	den überlebenden Indianern werden die Bürgerrechte zuerkannt
1929:	Weltwirtschaftskrise mit Massenarbeitslosigkeit; Reformen schaffen keinen endgültigen sozialen Ausgleich.
1937-41:	Abkehr der USA von ihrer isolationistischen Außenpolitik; Aufrüstungsprogramme, Lieferung von Kriegsmaterial an die westlichen Alliierten.
1941:	Kriegserklärung Deutschlands und Japans; Eintritt der USA in den Zweiten Weltkrieg; (7.12.) Vernichtung eines Teils der amerikanischen Flotte durch Japan in Pearl Harbor/Hawaii
1945:	(6./9.8.) Abwurf der beiden ersten Atombomben auf Japan

● *seit 1945: Weltmacht USA und innere Krisen*

1946-75:	Vietnamkrieg; verstärktes Engagement der USA ab 1962/63
1949:	Gründung der NATO; Beginn des Kalten Krieges
1950-53:	Koreakrieg
1954:	Kommunistengesetze und »rote Psychose« unter McCarthy
ab 1960:	die Rassenfrage. ist das brisanteste innenpolitische Problem; Rezession mit starker Arbeitslosigkeit und hoher Inflationsrate
1964:	das Bürgerrechtsgesetz gewährt Schwarzen Schutz bei der Ausübung des Wahlrechts, fördert Schulintegration, verbietet Rassendiskriminierung, ändert jedoch wenig am Elend in den Großstadtghettos.
'66-67:	blutige Ghettoaufstände; Radikalisierung der militanten Schwarzen
1972:	Watergate-Affäre
1974:	Rücktritt Nixons
1978:	Vereinbarung einer schrittweisen Übergabe des Panamakanals
1979:	Unterzeichnung des SALT-II-Abkommens mit den UdSSR; Carter setzt sich für das Zustandekommen des ägyptisch-israelischen Separatfriedens ein.
1980:	amerikanischer Boykott der Olympischen Spiele in Moskau
1980:	Wahl Reagans zum neuen Präsidenten der USA; Streben nach militärischer Überlegenheit durch beträchtliche Erhöhung der Militärausgaben
1981:	Freilassung der seit November 1979 im Iran festgehaltenen amerikanischen Botschaftsangehörigen; Aufnahme amerikanisch-sowjetischer Abrüstungsverhandlungen über Mittelstreckenwaffen.
1982:	Beginn der START-Verhandlungen, die bald scheiterten
'83-84:	Reagan trägt seine Pläne für ein im Weltraum stationiertes Raketenabwehrsystem (SDI, »Krieg der Sterne«) vor.
1984:	Wiederwahl Reagans trotz erheblicher Kritik an dessen Steuer- und Haushaltspolitik
1986:	Treffen Reagans und Gorbatschows in Reykjavik; die »Iran-Waffen-Affäre« schwächt die Position Reagans
1987:	Einmischung der USA am Persischen Golf; Abschuß einer iranischen Zivilmaschine durch die US-Flotte auf Grund einer »Verwechslung«
1987-88:	Serie von Begegnungen und Gipfeltreffen zu Abrüstungsgesprächen zwischen den USA und der Sowjetunion
1988:	Ratifikation des INF-Vertrages über landgestützte Mittelstreckenraketen durch den amerikanischen Senat; Bush setzt sich bei den Präsidentschaftswahlen gegen den Demokraten Dukakis durch.
'90-91:	die USA intervenieren massiv am Persischen Golf; die »Operation Wüstensturm« *(Desert Storm)* gegen den Irak endet mit der Wiedereinsetzung der korrupten Herrscherfamilie in Kuweit.
1992:	der Demokrat *Bill Clinton* gewinnt die Präsidentenwahlen. Die Nachtclubsängerin *Jennifer Flowers* hatte davor ein Werk über ihre zwölfjährige Beziehung zu Clinton präsentiert. »Wild Bill« war zwar »defloriert«, wie die Washington Post befand, aber nicht zuletzt aufgrund des klugen Verhaltens seiner Frau Hillary schadet ihm die Veröffentlichung nicht, ähnlich wie sein Eingeständnis, es mit Maria-Juana getrieben, aber die wohligen Düfte nicht inhaliert zu haben. Anders verhält es sich mit seinem Ruf als Drückeberger vor dem

Vietnamkrieg. Dies, die Öffnung der Armee für Homosexuelle und Mittelkürzungen schaffen ein gespanntes Verhältnis zum Militär. Bei Clintons erstem Truppenbesuch auf dem Flugzeugträger Roosevelt kam es fast zum Eklat, als Mannschaften und Vorgesetzte unverhohlen über ihren ungedienten Oberbefehlshaber herzogen.

1993: Die glücklosen Engagements der Vereinigten Staaten in *Somalia* mit zahlreichen Todesopfern und auf dem *Balkan* zeigen, daß sie nach dem Zusammenbruch der Ostblockstaaten keine Rolle als »Weltpolizei« mehr spielen wollen oder können – zumindest sollen erst einmal die innenpolitischen Versprechen Clintons erfüllt werden – sondern eher Lösungen über Konsultationen und Konsens mit ihren Partnern suchen.

Frühjahr: *Hair Force One* und *Travelgate: Clinton* gerät in die Schlagzeilen, da wegen eines Haarschnitts in einem Flugzeug der Luftwaffe, der Air Force One, die Landebahn blockiert war und 74 Beamte die Aktion überwachen mußten. Kostenpunkt rund 1800 $ zzgl. der 200 $ für den Hollywooder Starfigaro, 5000 $ Kosten für die Betriebsstunde des Fliegers und weitere 76000 $ für die sich aus der Sperrung zweier Landebahnen ergebenden (Sicherheitsgründe) Verspätungen.

Ein weiterer Skandal um die fristlose Entlassung von sieben Mitarbeitern des *Reisebüros* im Weißen Haus kostet Clinton erhebliche Sympathien. Anstelle der wegen angeblicher Unregelmäßigkeiten Gefeuerten organisiert eine Verwandte Clintons zusammen mit einem Reisebüro aus dessen Heimatstadt Arkansas nun Flugscheine und Übernachtungen für den Präsidenten samt Troß. Es kommt heraus, daß: 1. besagte Verwandte schon vor Monaten vorgeschlagen hatte, das Reisebüro umzuorganisieren und ihr die Verantwortung zu übertragen, 2. ein Freund Clintons, der sich über angebliche Kungelei mit bestimmten Charterunternehmen beschwerte, selbst an einem beteiligt ist, 3. daß die völlig ungewöhnliche Erklärung des FBI, die Ermittlungen gegen die sieben Mitarbeiter seien gerechtfertigt, vom Weißen Haus bestellt worden war, und zwar an der zuständigen Justizministerin vorbei, womit also versucht wurde, eine Bundesbehörde für kleinliche private Motive einzuspannen.

Sommer: Clinton setzt mit knapper Mehrheit ein arg verwässertes *Sparpaket* durch, das 500 Milliarden $ in fünf Jahren einsparen soll. Wer über 200.000 $ per annum verdient, zahlt künftig 36 statt 31% Einkommensteuer. Von der angekündigten Energiesteuer bleibt eine lächerliche Anhebung des Benzinpreises um rund 2 Pfennig pro Liter. Steuererhöhungen sind in einem Land, dessen Abgeordnete direkt gewählt werden, kaum durchsetzbar. Gespart wird vor allem im sozialen Bereich, so z.B. bei der medizinischen Versorgung der Alten, während steuerliche Vergünstigungen für Ferienhäuser unangetastet blieben.

Hillary Clinton, tief verwurzelt in einem konservativ-protestantischen Elternhaus – auch Billy ist Baptist – rauscht als Tugend- und Moralapostel durch den Blätterwald und erstaunt die Amerikaner durch Umsichwerfen mit A.-Schweitzer-Zitaten und Namen aus der ersten Garde protestantischer Ideologie, was viele Landsleute erst mal im Lexikon nachschlagen läßt, wer denn nun die hochgerühmten Tillichs, Niebuhrs und Bonhoeffers eigentlich waren, ferner durch die Diagnose, daß die Amerikaner an einer »Schlafkrankheit der Seele« litten, in einer »Sinnkrise« steckten, von »Entfremdung, Verzweiflung und Hoffnungslosigkeit« gefangen seien, und eine Rückbesinnung darauf vonnöten sei, daß alle als Teil einer »geistigen, auf ethischen Grundsätzen« beruhenden Gemeinschaft« mit einem »höheren Ziel« verbunden seien. Sie erhebt die Forderung nach »sinnstiftender Politik«, weg von der raffgierigen reaganschen »me decade«, von der sie nicht schlecht profitierte, zur »Wir-Dekade« der Neunziger, voller sozialem Engagement und Verantwortungsgefühl für die Gemeinschaft. Angeredet werden will sie mit Hillary Rodham Clinton. Diese Doppelnamen, ja auch bei uns insbesondere in Politik und Medien anzutreffen, was zu Ungetümen wie Leutheusser-Schnarrenberger führt, sollen nach Bekunden ihrer Trägerinnen Freiheit und Emanzipation ausdrücken. Verstehen wir nicht. Rodham war doch der Name ihres Vaters. Schmückt sich die flotte Dame derart denn nicht mit einem doppelten patriachalischen Namen? Die Verwandlung des väterlichen Namens in einen »Mädchennamen« dünkt uns Banausen doch eher religiöser Hokuspokus zu sein, grad wie die Verwandlung von Wasser in Wein. Warum heiratete sie Billy überhaupt?

Sommer: Eine *Riesenüberschwemmung* des Missisippi und seiner Nebenflüsse verwüstet den Mittleren Westen. Mississippi und Missouri vereinen sich statt bei St. Louis bereits 50 km weiter flußaufwärts. Kommt vom fleißigen Dämmebauen. Glücklicherweise beschreiben wir den Mittleren Westen ja eh nicht.

Heidi Fleiss, 27, Tochter eines bekanntes Kinderarztes und Leiterin eines Call Girl Ringes, läßt Hollywood- und Popgrößen zittern. Nach ihren Lehrjahren bei der berüchtigten Puffmutter »Madame Alex« in Hollywood plünderte sie die Kundendatei zwecks Aufbaus ihres eigenen Geschäfts. Angeklagt wegen Zuhälterei und des Besitzes von Kokain drohte die fleißige Heidi für eine Million Dollar alle Namen nennen zu wollen, was ihre Klienten wohl nur zu reger Sammeltätigkeit, also höherem Gebot, anregen soll.

Die »Operation Rescue«, ein Zusammenschluß von *Abtreibungsgegnern*, zieht mit Bibel, Gebeten und Morddrohungen gegen einschlägige Kliniken und Ärzte zu Felde. Ein Arzt in Florida wird erschossen.

Der Häuptling eines weiteren, für geschlechtliche Fragen zuständigen Vereins, *Johannes Paul II.*, besucht seine sechzig Millionen Schäfchen und greift in die Abtreibungsdiskussion ein. Man sieht im Fernsehen, wie der fromme Mann sich im Walde ergeht, ganz in Weiß, gestützt auf einen Stecken, und in einem, von primitiven nomadisierenden Hirtenvölkern vor rund zweitausend Jahren verfaßten, Werk blätternd, heute noch Quell aller Erleuchtung und ein Handlungsfaden für alle Probleme unserer Zeit. Ach, wenn der gute Hirte doch nicht bloß immer einen Rock trüge! Wir für unseren Teil trauen keinem derartig gewandten Kerl, abgesehen von Schotten, denn die besitzen, wie ein Schnappschuß im Stern bei einer Wachablösung bewies, eindeutig männliche Attribute unter den Röcken. Große Pein bereiteten unserem Fachmann für Geschlechtsfragen auch einige irregeleitete Seelenhirten, wie er Fachleute für Geschlechtsfragen und Ethik, denn zur Zeit seines Besuches stehen ihrer vierhundert, die u.a. mit Knaben fehlten, vor Gericht. Uns deucht, seine Vorgänger hätten diese Teufelsbrut noch vor zweihundert Jahren per Schnelloxidation in den Himmel befördert – sofern die eigenen Pornographen nicht betroffen waren, versteht sich. Dies funktioniert seit der Aufklärung nicht mehr, weshalb auch alle Aufklärer und Wissenschaftler diesem Verein ein Greuel sind.

Herbst: Die USA gestatten die Steigerung der Milchproduktion mit Hilfe genmanipulierter Wachstumshormone. Abschluß des Nordamerikanische Freihandelsabkommen (NAFTA) mit Mexiko und Kanada.

Bei Wahlen gewinnen republikanische Kandidaten wichtige Gouverneursposten, so auch in New Jersey. In Virginia schlug ein christlicher Fundamentalist eine liberale Kandidatin. Der erste schwarze Bürgermeister New Yorks, *David Dinkins*, verliert zugunsten des Republikaners *Rudy Giuliani*, der für Gesetz und Sicherheit steht und sich als Staatsanwalt bei der Verfolgung der Mafia, der Millionärin *Leona Helmsley* und korrupter Politiker einen Namen gemacht hat.

Geschichte

● *Die Neue Welt*

Irgendwo tief in unserem Innersten träumen wir alle seit unserer Kindheit von einem märchenhaften Fleckchen Erde, einem legendären Land. Die mit diesem Land verknüpften Vorstellungen und Bilder sind bei allen Menschen ähnlich, gleichgültig ob es sich nun um Bewohner asiatischer Elendsviertel, westliche Intellektuelle, japanische Geschäftsleute oder chinesische Parteifunktionäre handelt. Wir alle tragen ein Stückchen »American Dream« in uns. Viele wehren sich gegen den von den USA ausgehenden kulturellen und politischen Imperialismus und weisen auf die Gefahren hin. Andere lassen sich vom amerikanischen Lebensgefühl beflügeln und setzen ihre Erfahrung in künstlerische Werke wie zum Beispiel »Paris, Texas« um. Ein Film, der nirgendwo anders hätte entstehen können.

Die außergewöhnliche Faszination, die von diesem Land ausgeht, läßt sich nicht allein durch Amerikas wirtschaftliche Stärke erklären. Vielleicht tragen wir alle irgendwo in unserem Unbewußten den Wunsch nach einer neuen Welt mit uns herum ... Zumindest sind ja Mickey-Mouse und der amerikanische Western schon fester Bestandteil unserer Kultur geworden.

● *Die Beringstraße*

Die ersten Pioniere nannten die Indianer »Rothäute«. Nicht weil ihre Haut von Natur aus diese Farbe aufweisen würde – sie ist eher gelblich – sondern weil sie sich bei bestimmten Anlässen mit roter Farbe zu bemalen pflegten. Die Indianer kamen vor etwa fünfzigtausend Jahren aus Asien nach Amerika, wobei diese erste Einwanderungswelle bis ins 11. oder 10. Jahrtausend vor unserer Zeitrechnung andauerte. Die ersten Bewohner Amerikas durchquerten die Beringstraße trockenen Fußes, da zu jener Zeit das Eis im Norden riesige Wassermassen band, und so die Meerenge eine Ebene war. Allmählich wanderten jene Menschen der Urzeit die Westküste entlang, den Rocky Mountains folgend, immer weiter von Norden nach Süden und besiedelten schließlich den gesamten Kontinent. Diese Völkerwanderung erstreckte sich über 25.000 Jahre. Dann änderte sich jedoch das Klima und ließ die Beringstraße überfluten. Die unermeßliche Größe des Erdteils und die Tatsache, daß er durch Riesenmeere vom Rest der Welt abgetrennt war, führte dazu, daß die Ureinwohner Nord- und Südamerikas niemals vermuteten, es könne außer ihnen noch andere Menschen auf dieser Erde geben. Untersuchungen *Thor Heyerdahls* deuten darauf hin, daß die Indianer von den Osterinseln stammen könnten.

Während sich in Mexiko und Südamerika neue Kulturen entwickelten, blieben die Indianer Nordamerikas – bis auf wenige Ausnahmen – Nomaden. Vielleicht lag das daran, daß dieser Teil des Kontinents schon von sich aus reichlich Nahrung bot. Die nomadische Lebensweise ist immer auch gleichbedeutend mit einer langsameren Weiterentwicklung, da schwierigere Lebensumstände Menschen zu mehr Erfindungsreichtum zwingen und eine schnellere Fortentwicklung gewährleisten. Zudem führen Seßhaftigkeit und Vorratshaltung zur Mehrung des Besitzstandes, Tausch, Handel und weiterführenden Strukturen. Die ersten Pioniere stempelten die Indianer sogleich als »Wilde« ab, wobei anzumerken ist, daß die Indianer der Ostküste gerade erst das Stadium der jüngeren Steinzeit hinter sich gelassen hatten. Auch heute noch ist unsere Kenntnis, was die Kultur der Indianer anbelangt, erschreckend gering.

Unrichtig ist die volkstümliche Vorstellung, daß es so etwas wie eine »Indianernation« gegeben habe. Es handelte sich stets um zahlreiche einzelne Stämme, verstreut über ganz Nordamerika. Das Gebiet war so ausgedehnt, daß hier vor Ankunft des weißen Mannes schätzungsweise rund tausend verschiedene Indianersprachen gesprochen wurden, wobei sich die Gruppen, die verschiedenen Sprachgemeinschaften angehörten, untereinander nicht verstanden. Da sie aus diesem Grunde isoliert voneinander lebten, waren sich die Stämme auch nie über ihre Ausbreitung im Klaren. Seit Ankunft des weißen Mannes sind etwa dreihundert Sprachen verschwunden. So wird das Tagish heute zum Beispiel nur noch von einer einzigen, fast neunzigjährigen, Frau gesprochen.

Die Lebensweise unterschied sich je nach Stammeszugehörigkeit. Einige, wie zum Beispiel die Puebloindianer, waren seßhaft. Sie wurden von den Spaniern so getauft, weil sie in Dörfern siedelten. Die meisten jedoch waren Jäger und Sammler oder ernährten sich vom Fischfang. Sie folgten dem Wild und wechselten je nach Jahreszeit ihren Aufenthaltsort. Ihre Zahl vor Auftauchen des weißen Mannes wird von manchen Ethnologen auf zehn bis zwölf Millionen geschätzt.

● *Die Entdeckung*

Ein Wikinger – der Sohn *Erichs des Roten* – machte sich auf, die Neue Welt zu entdecken. Im Jahre 1003 stach er von Südgrönland aus mit fünfunddreißig Gefolgsleuten in See, erkundete die gesamte Küste Neufundlands bis Neu-England und überwinterte schließlich auf einer Insel namens Vinland, bei der man annimmt, daß es sich um Martha's Vineyard handelte. Weitere Expeditionen folgten, und es gab einige Versuche Kolonien zu gründen, aber am Ende kehrten die Wikinger doch brav nach Hause zurück. All dies geschah über hunderte von Jahren bevor Kolumbus Amerika »entdeckte«. *Kolumbus* suchte eigentlich eine Abkürzung nach Indien. Da zu jener Zeit bereits fortschrittliche, und daher auch immer von Einäscherung durch die Inquisition bedrohte, Geister allgemein der Überzeugung von der Kugelgestalt der Erde waren, mußte es noch einen anderen Weg zu den Schätzen des Orients geben als den des Vasco da Gamas, auch wenn man dafür paradoxerweise Richtung Westen fahren müßte. Kolumbus lebte, obwohl italienischer Abstammung, in Portugal, und wandte sich daher zwecks Finanzierung seiner Expedition an den portugiesischen König *Johann II.* Der bekundete jedoch kein besonders hohes Interesse an dem Vorhaben, und es ist einem spanischen Mönch – *Perez*, seines Zeichens Beichtvater Königin Isabellas von Spanien – zu verdanken, daß Kolumbus doch noch auf große Fahrt ging. Er konnte die Königin vom Nutzen dieser Unternehmung überzeugen und wird dafür vielleicht demnächst heilig gesprochen, denn leider ermöglichte er auf diese Weise die Christianisierung eines ganzen Kontinents. Was das für die dortige Bevölkerung bedeutete, schildert in eindrucksvoller Weise Eduardo Galeano in »Die Offenen Adern Lateinamerikas«, P. Hammer Verlag. Am 3. August 1492 machte er sich mit seinem Schiff, der Santa Maria, sowie zwei weiteren kleinen Karavellen auf den Weg. Die Santa Maria, schwerfällig und langsam, war nicht gerade das geeignetste Schiff für eine derartige Fahrten, aber trotzdem erreichte Kolumbus zwei Monate später, am 12. Oktober 1492, San Salvador, eine der Inseln der Bahamas, mit einem Empfehlungsschreiben in der Tasche, welches allerdings an den Großen Khan von China gerichtet war. Bekanntlich heißen die Ureinwohner Amerikas »Indianer« (Red Indians auf Englisch), weil Kolumbus nicht unseren Reiseführer im Gepäck hatte, sondern den billigen des Marco Polo. Ganz unter uns gesagt: er hätte seinen Irrtum eigentlich rasch bemerken müssen. Schließlich ähnelt das Empire State Building keineswegs einem Hindutempel.

Locken tat Kolumbus insbesondere die Stadt Cagalu, das heutige Peking, damals Mittelpunkt des Mongolenreiches. Diese waren bei ihrer Expansion nach Westen 1260 in Ägypten von den Malukken, ehemaligen Sklaven der Kalifen, die später rebelliert und sich zur herrschenden Kaste aufgeschwungen hatten, geschlagen worden. Die Mongolen änderten ihre Politik, nicht zuletzt da ihr Riesenreich wegen widerstreitender Interessen an allen Ecken auseinanderzudriften drohte, und verlegten sich auf den Handel. Die Handelsstraßen wurden ausgebaut, Schutzgarantien gegeben, Herbergen eingerichtet. Aber sowohl über Land als auch über den Wasserweg, den die Mongolen ähnlich gut absicherten, blieb der Weg beschwerlich. Beste Beziehungen unterhielten sie zu Venedig. Allmählich drang die Kunde von ungeheurem Reichtum nach Europa und weckte Neugier, wenn nicht Begehrlichkeiten. Dieser Reichtümer galt es möglichst teilhaftig zu werden, und zwar auf dem vermutlich bequemeren, kürzeren Seeweg nach Westen.

Die Reisebeschreibung des venezianischen Kaufmannes *Marco Polo*, bekannt für seine erwähnten vielen kleinen Reiseführerchen über alle Teile der Welt, gehörte zum Reisegepäck des Kolumbus.

Die Nachricht von der Entdeckung Amerikas machte bald die Runde in ganz Europa, und der Ansturm auf die Neue Welt begann. Wichtiger als die Entdeckung des neuen Kontinents schien den Europäern aber immer noch der Weg nach China zu sein, und alle Geographen waren sich einig, daß er existieren mußte. Der französische König *Franz I.* – das ist der Kerl, der Lothringen für

Frankreich an sich riß – schickte seinen Seefahrer *Jacques Cartier* auf den Weg, der zwischen 1534 und 1541 gleich drei Fahrten unternahm. Er segelte den Sankt-Lorenz-Strom bis zum Mont-Royal hinauf, wo ihm die Stromschnellen die Weiterfahrt verwehrten. Diese erhielten den Namen Lachine, da man annahm, daß sich oberhalb von ihnen China befinden müßte. Dann entdeckte *Fernando de Magellan* 1520 eine Passage – die zur damaligen Zeit einzig mögliche – nämlich um das Kap herum. Das Unglück der Indianer und die Kolonisierung Amerikas waren also ungeplante Folgen der Suche nach einem neuen Seeweg nach Asien.

● **Die ersten Kolonisierungsversuche**

Im Jahre 1513 erreicht *Juans Pons* Florida, das er für eine Insel hält; am 7. März 1524 landet *Giovanni da Verrazano* – auch er ausgesandt von *Franz I.* – in der Neuen Welt, die damals in Erinnerung an den Florentiner Forschungsreisenden und Geographen *Amerigo Vespucci* »Amerika« hieß, und tauft sie sogleich zu Ehren seiner Wahlheimat und seines Schutzherrn in »Francesca« um.

Die Verbreitung des Namens »Amerika« geht übrigens, wie eingangs geschildert, auf die Weltkarte des Freiburgers *Martin Waldseemüllers* zurück, der den neuen Erdteil »Amerika« taufte, in der Meinung, der Florentiner habe sie entdeckt. Zwischen 1539 und 1543 entdeckt und erforscht *Hernando de Soto* etliche Flüsse, wie den Savannah, den Alabama und den großartigen Mississippi, bevor ihn der Dschungel besiegt. Zur selben Zeit macht sich *Francisco Vasquez de Coronado* von Mexiko aus auf den Weg, überquert den Rio Grande und sieht sich in Arizona um. In jenen Jahren fordert die Christianisierung ihre ersten Märtyrer. Die Mönche von Santa Fe werden von den Puebloindianern massakriert, und der Missionseifer läßt merklich nach. Gold oder die Reichtümer einer Hochkultur werden nicht entdeckt, und die zahllosen Freiwilligen, die man für eine umfassende Kolonisierung des Landes bräuchte, sind nicht aufzutreiben, so daß sich die spanische Krone fragt, warum sie ihr ohnehin schon riesiges Reich unbedingt noch weiter ausdehnen soll.

● **Ankunft der Engländer**

Der erste Engländer, *John Cabot*, ist gar kein echter. Er stammt aus Genua, heißt eigentlich Giovanni Cabotto, lebt aber in Bristol. Auch er befindet sich auf der Suche nach einem Seeweg nach Asien und fährt die Küste ab. Zwar findet er die ersehnte Passage nicht, dafür bleibt er der Nachwelt als Fachmann für die Küstenschiffahrt in Erinnerung. Sein Sohn Sebastian dringt sogar noch bis nach Florida und Brasilien vor. Nach diesen Expeditionen wird Amerika, wie nach der Entdeckung durch die Wikinger, erst einmal wieder sich selbst überlassen.

Jedoch nicht für lange: fünfundsiebzig Jahre verstreichen. England erlebt einen wirtschaftlichen Aufschwung, die Religionsstreitigkeiten sind beigelegt und *Elisabeth I.* herrscht seit 1558. Die Stunde Amerikas hat geschlagen. *Martin Frobisher* versucht im Auftrag der Cathay Gesellschaft Kanada nördlich zu umfahren – immer noch auf der Suche nach einem Seeweg nach China – und bringt ein paar arme Indianer mit zurück nach London. *Sir Humphrey Gilbert* schlägt vor, eine Kolonie in Amerika zu gründen, die dann, wenn es soweit sei, die Schiffe auf dem Weg nach China mit allem Nötigen versorgen könne. Elisabeth versieht ihn mit einem königlichen Freibrief, aber aus dem Plan wird nichts.

Ein neuer Freibrief wird seinem Halbbruder, *Sir Walter Raleigh*, ausgestellt. Zweimal versucht er, eine Kolonie zu gründen. Beim erstenmal geht er nahe der Insel Roanoke vor Anker und gibt dem Land in Anlehnung an den Beinamen der Königin, »Virgin Queen«, den Namen »Virginia«. Doch schon nach dem ersten Winter ziehen die Siedler es vor, nach England zurückzukehren. Ein Jahr später erfolgt ein erneuter Versuch, und am 8. Mai 1587 landen hundertzwanzig Einwanderer in Virginia. Ein besonderes Ereignis zeichnet diese zweite Expedition aus. Das Bordbuch vermerkt die Geburt der ersten »Amerikanerin« auf dem Boden der Neuen Welt. Das Mädchen erhält den Namen *Virginia Dare*, wobei Dare im Englischen »wagen« bedeutet. Doch auch diesem Versuch ist kein Erfolg beschieden, er nimmt ein tragisches Ende. Als das Schiff ein Jahr später zurückkehrt, sind die Kolonisten spurlos verschwunden.

Trotz dieser Rückschläge wird England vom Amerikafieber gepackt. Doch erst unter Elisabeths Nachfolger, *Jakob I.*, beginnt die umfassende Eroberung der Neuen Welt.

Am 26. April 1607 schippern 144 Männer und Frauen nach viermonatiger Überfahrt auf drei Schiffen den Jamesriver flußaufwärts und gehen an einer Stelle vor Anker, der sie den Namen Jamestown geben. Angeführt wird die Gruppe von dem siebenundzwanzigjährigen Abenteurer und Kaufmann *John Smith*, der in Europa Soldat war und es versteht, eiserne Disziplin zu halten. Dies ist wichtig, damit die Siedler nicht den Mut verlieren. Er dringt ins Landesinnere vor und erkundet die Gegend. Wie entscheidend die Rolle eines Anführers in solch einer Lage sein kann, veranschaulicht folgende Anekdote. John Smith wurde von den Indianern gefangengenommen, doch dank *Pocahontas*, der Tochter des Häuptlings *Powhatan*, kam er mit dem Leben davon. Nachdem er einige Zeit unter den Indianern verbracht hatte, wurde ihm klar, daß die Kolonien nur überleben könnten, wenn sie den »Indianerweizen«, den Mais, anbauen würden, ferner nur, wenn sich die Siedler zunächst mal der Hilfe der Indianer versichern könnten. Nach der Rückkehr zu seinen Landsleuten begannen diese auf seine Anweisung hin mit dem Anbau von Mais, den sie von den Indianern geschenkt bekommen hatten. Um einiges lieber hätten sie ihren Lebensunterhalt allerdings durch Jagd, Goldsuche und Handel mit den Indianern bestritten. Landwirtschaft gehörte nicht gerade zu ihren Traumberufen. Der Mais entpuppte sich dann zu allen Zeiten als einer der wichtigsten Faktoren der amerikanischen Kultur. Smith hatte früh erkannt, daß das Überleben seiner Freunde von dieser Nahrungsquelle abhängen würde. Übrigens zählen heute von Indianern angebaute Feldfrüchte wie der Mais, Kartoffeln, Bohnen und Tomaten zu unseren Hauptnahrungsmitteln.

● *Der Tabak*

Die Engländer hätten es gerne den Spaniern gleichgetan, welche die Eingeborenen für sich arbeiten ließen und sich darauf beschränkten, die Gewinne einzustreichen. Aber Virginia war nicht Peru, und die Indianer waren den Eindringlingen nicht wohlgesonnen. Also mußten sie selbst zum Spaten greifen und das Land beackern. Nun wurde man vom Mais zwar satt, aber eine goldene Nase ließ sich damit nicht verdienen. Wiederum waren es die Indianer, die dem weißen Mann zu seinem Glück verhalfen, indem sie ihm Tabak schenkten. Die erste Tabaklieferung erreichte England 1617, und die Aktionäre der Gesellschaft durften sich freuen. Da es keinen Besitzer gab, und alle sich an der Arbeit zugunsten der Expedition beteiligten, konnte der wirtschaftliche Aufschwung beginnen. Von April bis Dezember 1618 stieg die Zahl der Siedler von vierhundert auf tausend, und allein in den folgenden sechs Jahren zählte man viertausend Neuankömmlinge. Virginia wurde damit zu einer vollwertigen britischen Kolonie, die auch noch Gewinn erwirtschaftete.

● *Neu-England*

Im Jahre 1620 gründeten die Pioniere, die auf der Mayflower von Holland aus den Atlantik überquert hatten, eine weitere Kolonie. Es handelte sich um protestantische Einwanderer, die England aufgrund ihrer religiösen Überzeugung fliehen mußten. Ihrer Meinung nach hatte die anglikanische Kirche in ihrer Struktur und ihren Riten noch zuviel Ähnlichkeit mit dem verhaßten Papsttum, und sie hofften in dem neuen Land das wahre Christentum leben zu können. Als Kalvinisten waren sie Anhänger der Prädestinationslehre, glaubten also an die Vorbestimmtheit des Schicksals eines jeden Menschen. Die Überzeugung, von Gott geführt zu werden, ließ sie alle Schwierigkeiten überwinden. Sie lebten streng nach den Geboten, arbeiteten fleißig und glaubten an den – auch wirtschaftlichen – Segen Gottes schon auf Erden. Ihrer Meinung nach konnten Arme nicht zu den Auserwählten gehören, weil es ihnen entweder an Tüchtigkeit mangelte oder sie etwaigen Gewinn unter Mißachtung der Gebote vergeudeten. Armen zu helfen hieß für manchen Glaubenseiferer, sich in Gottes Ordnung einzumischen. Da die puritanische Lehre weite Verbreitung fand, ist diese Haltung noch heute vielfach anzutreffen. Andererseits existiert eine Tradition der spontanen privaten Hilfe, wie sie für die aufeinander angewiesenen Siedler nötig war und wie sie jedem bei

Katastrophen, beispielsweise bei der Überschwemmung des Mississippigebietes, ins Auge fallen.

Ein weiter Wesenszug der Kalvinisten war ihr Streben nach Selbstverwaltung und Demokratie, ein wesentlicher Beitrag zum »Geist Amerikas«. So lehnten sie die hierarchische Ordnung der anglikanischen Episcopalkirche (Bischofskirche) ab und wählten Gremien von Preysbytern (Kirchenälteste) als Vorsteher ihrer Gemeinden.

Insgesamt landeten in Cape Cod (Kabeljaukap) hundert Männer und Frauen mit einunddreißig Kindern, die überhaupt nicht auf das amerikanische Abenteuer vorbereitet waren. Sie mußten auf Fischfang gehen, ohne daß einer von ihnen je Fischer gewesen wäre. Auch um ihre Jagdkünste war es schlecht bestellt, und die Verteidigung gegen die Indianer, die sie für wild und gefährlich erachteten, schuf ihnen Probleme. Und noch schlimmer: sie waren ausgezogen, um im milden Virginia eine neue Heimstatt zu finden, und da saßen sie nun stattdessen im abgelegenen Neu-England, wo sich das Klima als rauh und das Land als karg erwies. Im ersten Winter ging die Hälfte der Einwanderer zugrunde, doch feierten die übrigen im nächsten Jahr das erstemal das Erntedankfest mit dem inzwischen traditionellen Truthahnmahl. Diese streng puritanischen Einwanderer genießen auch im heutigen Amerika noch ein besonders hohes Ansehen, und zahlreich sind jene, die sich darauf berufen, von einem der Pilgrims der Mayflower abzustammen. Zähigkeit, ein starker Wille und ein fanatischer Glaube, an Hysterie grenzend – man braucht da nur an die Hexenjagd von Salem im Jahre 1692 zu erinnern – sichern das erfolgreiche Überleben dieser Kolonie, die 1660 schon zwanzigtausend Seelen zählt.

Die ersten beiden amerikanischen Kolonien unterscheiden sich also ganz wesentlich voneinander. Virginia steht in engem Kontakt zum englischen Mutterland, während sich Neu-England als religiöser Fluchtort versteht.

● **Die Franzosen und die Neue Welt**

Es ist *René-Robert Cavalier de La Salle*, einem französischen Forschungsreisenden aus Rouen, zu verdanken, daß auch Frankreich eine Zeitlang in Nordamerika mitmischte. Nachdem er eine Konzession für das Land oberhalb des kanadischen Mont Réal, dem »Königlichen Berg« – wieder ein gutes Beispiel für angloamerikanische Kolonisierung unseres Bewußtseins: warum sprechen wir den französischen Namen einer französischsprachigen Provinz englisch aus? – erhalten und mehrere Indianersprachen erlernt hatte, erforschte er nach und nach die Großen Seen, um dann den Mississippi flußabwärts bis zum Golf von Mexiko zu segeln. Er nahm diese Gegenden für die französische Krone in Besitz und versuchte 1684 dort eine Kolonie zu gründen. Zu Ehren des Königs *Ludwig XIV.* wurde dieses Land Louisiana genannt. 1687 wurde de la Salle in Texas von einem seiner Gefährten umgebracht. Sowas aber auch!

Louisiana entpuppte sich als finanzielles Fiasko, wobei das ungesunde Klima die Gegend auch nicht gerade attraktiver machte. Die französische Krone verlieh *Antoine Crozat* die Konzession für das Land, der es jedoch selbst auch bald wieder wegen Unrentabilität abstieß. Er verkaufte seine Anteile an den Schotten *John Law*, der für die französische Geschichte nicht unbedeutend blieb, denn nicht nur wurde er unter Ludwig XV. zum Generalkontrolleur der Finanzen, sondern gilt zudem als Erfinder des Kredits, des Papiergelds und des Bankrotts.

Daß die Schotten ein besonderes Verhältnis zum Geld haben ist hinlänglich bekannt, und auch John Law bildete hier keine Ausnahme. Mit Hilfe der Banque Générale gründete er 1717 die Louisiana-Gesellschaft, deren kometenhafter Erfolg allerdings von kurzer Dauer war. Angesichts des rasanten Anstiegs der Aktienkurse bekamen es etliche Aktionäre mit der Angst zu tun, und es kam zum wahrscheinlich ersten Börsenkrach der Finanzgeschichte. John Law verließ Frankreich heimlich und starb einige Jahre später, am 21. März 1729, in Venedig.

Law war mit Sicherheit ein Finanzgenie und für das Gedeihen Louisianas von großer Bedeutung, aber es läßt sich nicht leugnen, daß sein »Chef«, der unbeliebte *Ludwig XV.*, alles tat, um ihm Knüppel zwischen die Beine zu werfen.

1717 gründete *Jean-Baptiste Le Moyne de Bienville*, Bruder des Gouverneurs *Pierre Le Moyne d'Iberville*, die Stadt Neuf-Orléans. 1718 kamen die ersten fünfhundert schwarzen Sklaven, und 1740 wurde mit dem Anbau von Baumwolle

**Apachen bei Ankunft in Florida am 4.11.1886
und 4 Monate später**

begonnen. Durch ein Geheimabkommen erhielt 1762 Spanien einen Teil Louisianas, England den übrigen Teil. Die 5552 französischen Siedler waren von diesem Taschenspielerstück zwar nicht gerade hingerissen, aber alles in allem verlief die »spanische« Herrschaft ruhig und das Land blühte. Zu dieser Zeit kamen die Flüchtlinge aus dem kanadischen Akadien, die dort von den Engländern vertrieben worden waren, nach Louisiana. Veränderungen der politischen Landschaft führten dazu, daß Lousiana 1800 wieder französisch wurde. Doch eh man sich versah, hatte *Napoleon* am 30. April 1803 das Land wieder an die Vereinigten Staaten verscherbelt, um sich mit dem nötigen Kleingeld für Kriege gegen seinen Erbfeind zu versehen.

Louisiana ist äußerst stolz auf seine französischen Ursprünge, und gerade durch sein »europäisches« Flair unterscheidet sich der Süden vom Rest der Vereinigten Staaten. Nicht zuletzt war es auch diese unterschiedliche Mentalität, die zum Sezessionskrieg führte. Die Konföderation auf der einen Seite wollte weiterhin ihr Scherflein ins Trockene bringen, ohne sich vom Norden hineinreden zu lassen, die Union ihrerseits träumte davon, eine große Macht zu werden, wobei die Reichtümer des Südens und ein gemeinsames Vorgehen nützlich gewesen wären.

● *William Penn und die Quäker*

Die sympathischsten weißen Einwanderer in Amerika waren mit Sicherheit die Quäker. Sie lehnen Gewalt grundsätzlich ab, halten nichts von Liturgie und klerikaler Macht und vertreten eine radikale Freiheit, die umso unumstößlicher gilt, als sie göttlichen Ursprungs ist. *George Fox*, Begründer dieser revolutionären und subversiven Religionsgemeinschaft, wurde 1624 geboren. »Denkt daran, daß in jedem ein Stück Gottes ist, aufgrund dessen er das Anrecht auf allergrößte Achtung hat, sei er nun gläubig oder nicht.« Um das Unerhörte einer solchen Äußerung ermessen zu können, muß man sich vergegenwärtigen, daß zu dieser Zeit die spanische Inquisition gerade ihr Unwesen trieb. »Quäker« bedeutet soviel wie »Zitterer« (vor Gott), ein Spitzname, den ihnen ihre Spötter verliehen hatten. Ihre eigentliche Bezeichnung lautete »Society of Friends«.

Außer der gleichnamigen Haferflockenpackung (Quaker Oats) fällt vielen als erstes der Name *William Penn* ein, wenn sie an die Quäker denken. Wobei das eine nicht völlig unabhängig vom anderen ist, denn schließlich ist auf der Müslizutat das Portrait dieses ehrenwerten Menschen abgebildet. Die Firma wählte bei ihrer Gründung 1901 dieses Sinnbild, um die Reinheit ihrer Erzeugnisse zu unterstreichen. Ansonsten hatte sie aber überhaupt nichts mit den Quäkern zu tun. Diese strengten 1915 einen folgenlosen Prozeß gegen die Firma an.

William Penn wurde 1644 geboren und entstammt einer einflußreichen Familie, die sowohl in Irland als auch in England über weite Ländereien verfügte. Mit dreizehn Jahren trifft er zum erstenmal den Menschen, der für sein Leben bestimmend werden sollte. Es handelt sich um *Thomas Loe*, einen Quäker und brillanten Prediger. Dieser Einfluß gefiel seiner Familie überhaupt nicht, und sie erkannten ihren aus der Art geschlagenen Sprößling einige Zeit nicht mehr als zu ihnen gehörig an. William Penn verzichtete auf Schleifchen, Federn und Spitzen und trug allein noch den Degen als Zeichen seiner adligen Herkunft. Später legte er auch diesen noch ab, um zu unterstreichen, daß er jegliche Gewalt verurteilte und für die Gleichheit der Menschen eintrat. Ab 1668, inzwischen vierundzwanzig Jahre alt, geriet er zunehmend in Schwierigkeiten. Trotz Gefängnisstrafen – u.a. saß er auch im Tower in London – und Verfolgungen veröffentlichte Penn nicht weniger als hundertvierzig Bücher und Broschüren sowie über zweitausend Briefe und Dokumente. Sein Buch »No Cross, no Crown« (Ohne Kreuz, keine Krone), 1669 veröffentlicht, gilt als ein Klassiker der englischen Literatur. Nach Ableben seines Vater erbte Penn den Titel Lord Shanagarry sowie ein beträchtliches Vermögen. Er stellte dieses sogleich seinen Brüdern zur Verfügung. Die Quäker hatten ihren Blick schon länger in Richtung Amerika gewandt, in der Hoffnung, religiöser Verfolgung zu entgehen, aber die Puritaner in Neu-England zeigten sich wenig gastfreundlich, betrachteten eine Ansiedlung von Quäkern auf ihrem Gebiet als unerträgliche Zumutung und verabschiedeten die entsprechenden Gesetze. Im Jahre 1680, nach der Rückkehr Penns von einer Reise in die Neue Welt, stellt König *Karl II.* ihm ein ausgedehntes Stück Land zur Gründung einer Kolonie zur

Verfügung. Es handelt sich um Penn's Sylvania (Penns Waid) von fast einer Fläche, die der Englands entspricht. Natürlich tat der König dies nicht aus schierer Menschenfreundlichkeit, sondern nur weil Penn ihm dafür erhebliche Schulden erließ, die die Krone bei seinem Vater gemacht hatte.

Die Indianer, die in dieser neuen Kolonie siedelten, gehörten zum Stamm der Lenni Lenape oder Delaware. Sie sprachen Algonkin und waren Halbnomaden. Penn und die Quaker lebten in brüderlicher Liebe mit ihnen zusammen, worauf auch der Name der Hauptstadt hinweist. Philadelphia bedeutet auf Griechisch »Stadt der Brüderlichkeit«. Penn erlernte die Sprache dieser Indianer und noch weitere Dialekte. In seinem Haus im Pennsbury Park drängte sich oft eine ungewöhnliche Menschenmenge: die Indianer strömten zu Dutzenden, ja zu Hunderten herbei. Die Türen des Hauses standen ihnen weit offen. Die Tatsache, daß sie bunt bemalt und bewaffnet waren, erschreckte niemanden. Sie regelten ihre Interessenskonflikte mit Onas, das heißt mit Penn. Onas ist das Algonquinwort für »Feder«, denn das Homophon »pen« bedeutet im Englischen auch Schreibstift oder »Feder«. Da Gewaltlosigkeit einer der Grundsätze der Quäker war, hätten die Indianer die gesamte Kolonie im Handumdrehen niedermetzeln können. Aber solange die Prinzipien der Quäker das Leben bestimmten, herrschte völlige Eintracht zwischen beiden Gemeinschaften.

Zahlreich sind die Anekdoten über die Beziehung zwischen Quäkern und Indianern, die sicherlich nicht zuletzt aufgrund spiritueller Nähe soviel Verständnis füreinander zeigten. Denn waren die Indianer auch materiell arm, so zeugte ihre Lebensweise doch von spirituellem Reichtum. Eine Geschichte aus jener Zeit unterstreicht dieses besonders gut. Eines Tages wurde eine religiöse Versammlung, die bei den Quäkern naürlich ohne Priester stattfand, von Indianern unterbrochen. Sie waren bewaffnet und außer sich, bereit den ersten, der mit der Wimper zuckte, umzubringen. Doch beeindruckten sie die Andacht und die Gewaltlosigkeit der Quäker so sehr, daß sie sich schließlich selbst dazusetzten und am Gottesdienst teilnahmen. Am Ende der Versammlung zog der Häuptling eine weiße Feder von einem seiner Pfeile und befestigte sie über der Tür, um alle Indianer wissen zu lassen, daß sich an diesem Ort Freunde befänden.

● **Die »Boston Tea Party«**

Ab 1763 zeichnet sich eine Krise zwischen England und den neuen Kolonien ab, denen es wirtschaftlich immer besser geht. Sie wird schließlich die Unabhängigkeit herbeiführen. Am 16. Dezember 1773, nach Verabschiedung einer Reihe unbeliebter Steuergesetze und anderer Maßnahmen durch die englische Krone und Anfachung nationalistischer Gefühle kam es zu der sogenannten Boston »Tea Party«. Als Indianer verkleidete Kolonisten enterten drei englische Schiffe, die im Hafen von Boston lagen, und warfen die Teeladungen über Bord.

Dieses Ereignis stellte einen entscheidenden Wendepunkt im Kampf um die Unabhängigkeit dar. Die Unterdrückung durch die Engländer und der Griff zu den Waffen beschleunigten 1775 den Prozeß und am 4. Juli 1776 verabschiedeten die zwölf Kolonien die von *Thomas Jefferson* verfaßte Unabhängigkeitserklärung. Die Grundlage der Erklärung bildet die Naturrechtsphilosophie, die besagt, daß Gott eine Ordnung geschaffen habe, deren Grundsätze der Mensch dank seiner Vernunftbegabung zu entdecken in der Lage sei. Darüberhinaus seien alle Menschen frei und gleich vor diesen Gesetzen. 1778 unterzeichneten die Franzosen zwei Bündnisverträge mit den »Rebellen«, und 1779 trat Spanien in den Krieg gegen England ein. Aber dennoch wurde erst am 3. September 1783 der Friedensvertrag zwischen England und den Vereinigten Staaten in Paris unterzeichnet.

Die Vereinigten Staaten betreiben in der Folge eine territoriale Expansionspolitik, die Indianer werden immer mehr in die verlassenen Gegenden des Westens verdrängt, Frankreich verkauft Louisiana, und ein neues Problem beginnt sich abzuzeichnen: der Bürgerkrieg.

● *Der Sezessionskrieg*

In den letzten dreihundert Jahren fristete der amerikanische Schwarze sein Dasein nacheinander als Sklave, Halbpächter, Hausangestellter, Sänger und öffentlicher Unterhalter. Er, Einwanderer wider Willen, gab dieser jungen Nation sehr viel und erhielt selbst im Gegenzug ausgesprochen wenig.

Vordergründig entzündete sich der Bürgerkrieg an der Frage, wie man es mit der Sklaverei halten wolle. Diese ist uralt, sogar die humanen Griechen zweifelten während der Blütezeit ihrer Kultur nie an der natürlichen Einteilung der Menschen in zwei Klassen, von der die eine die schwere Arbeit verrichten mußte, damit die Elite Muße habe, sich den schönen Künsten, der Literatur und der Philosophie zu widmen.

Ursache des Sezessionskriegs nicht die Einsicht, daß es vielleicht unmoralisch sein könne, Menschen wie Waren zu verkaufen. Das ist nur eine schöne Legende. Für die Nordstaatler war es auch überhaupt nicht schwer, sich gegen die Sklaverei auszusprechen, da dort nur achtzehn Sklaven gegenüber vier Millionen in den Südstaaten lebten.

Die Südstaatler trugen blaue, die Nordstaatler graue Uniformen. Obwohl sie sich für die Schwarzen einsetzten, bereitete es den Nordstaatlern offenbar wenig Gewissensbisse gleichzeitig die Indianer niederzumetzeln. Nur soviel, um zu zeigen, daß die Grauen doch nicht so eine weiße Weste hatten, und die blauen vielleicht auch keine schwärzeren Seelen.

Im Grunde genommen handelte es sich bei diesem Bürgerkrieg um einen Kampf zwischen zwei unterschiedlichen Wirtschaftssystemen, zwei Kulturen und Gesellschaftsformen. Die Lebensform des feudalen Südens gründete sich auf das leicht verdiente Geld und konnte seine spanischen und französischen Wurzeln nicht verleugnen. Die Bewohner identifizierten sich ausgesprochen stark mit ihrem Grundbesitz. Im Norden dagegen wurde ein arbeitsames, schlichtes und puritanisches Leben geführt, das sich zudem durch die große Mobilität der Nordstaatler auszeichnete, die immer dorthin zogen, wo es Arbeit gab. Sie träumten von nationaler Größe, und ihnen fehlte das Gefühl der starken Verbundenheit mit »ihrem« Grund und Boden, welches im Süden eine so große Rolle spielte. Kein Wunder also auch, daß Angehörige der Freikirchen bevorzugt in die nördlichen, die der anglikanischen oder katholischen in die südlichen Kolonien eingewandert waren.

Dieser Bürgerkrieg war der schlimmste Unfall der amerikanischen Geschichte und ist auch heute noch ein nationales Trauma. Seine Ursachen lassen sich zwar rational analysieren, doch hat sein Ausbruch auch ein starkes irrationales Moment.

Die Wahl *Lincolns* löste den Krieg aus, der von 1861-1865 andauerte, und insgesamt 630.000 Todesopfer sowie 400.000 Verletzte forderte. Es handelt sich hierbei um den ersten »modernen« Krieg, bei dem Panzerkreuzer, Mehrladegewehre, Maschinenpistolen und erste U-Boote eingesetzt wurden.

Zwei tiefgreifende Veränderungen waren Ergebnis dieses Bürgerkrieges: zum einen die Abschaffung der Sklaverei am 18. Dezember 1865, zum anderen der Wille der Union eine demokratische Regierungsform zu gewährleisten. Lincoln geht als nationaler Held aus dem Kampf hervor. Am 14. April 1865 wird er Opfer eines Attentats – der Täter, ein gewisser *John Wilkes*, Schauspieler seines Zeichens, will durch diese Tat die Niederlage des Südens rächen – und damit ist Lincolns Ruhm als »Vater der amerikanischen Nation« für alle Zeiten gesichert.

Heute, hundertfünfzig Jahre später, sind Schwarze und Indianer immer noch Außenseiter und haben kaum am »großen amerikanischen Traum« teil. Drogen, Ghettos, mangelnde Schulbildung und Armut sind ihr alltägliches Schicksal. Und es gibt nur wenige Ausnahmen zu dieser Regel, die dem »anderen Amerika« immer wieder die Schuld seiner Vorfahren vorhält. Siehe auch unser Kapitel unter »Sklaverei«.

● *Masseneinwanderung*

Der Ruf der Neuen Welt ist das ganze 19. Jh. hindurch bis zu Beginn des 20. Jh. zu vernehmen und zieht Einwanderer aus aller Welt, aber vor allem aus Europa, an. Jeder vierte ist übrigens deutschen Ursprungs. Im Jahre 1790 leben vier Millionen Menschen in Amerika, 1860 sind es schon über dreißig Millionen und zwischen 1865 und 1914 verdreifacht sich die Bevölkerung auf fünfundneunzig Millionen Menschen. Für diese Einwanderungsbewegung gibt es soviele geschichtliche Gründe wie es betroffene Länder und Völker gibt. Aber immer wieder sind es Verfolgung – religiöser und politischer Art – und Armut, die als treibende Kräfte wirken. Im Jahre 1973, als sich die Anzahl der Mischehen verringert hat, setzt sich das ethnische Mosaik folgendermaßen zusammen: 88% Weiße, 10,5% Farbige sowie 1,5% Indianer und Asiaten. Davon sind nun zweiundzwanzig Millionen afrikanischer, fünfzehn Millionen britischer, sieben Millionen deutscher, 5,5 Millionen italienischer, 4,4 Millionen österreichisch-ungarischer, 3,4 Millionen russischer, 2,5 Millionen skandinavischer, etwa eine Million polnischer, dreihunderttausend japanischer und 250.000 chinesischer Abstammung.

Auch heute noch finden sich in bestimmten Gegenden »Bastionen« einzelner ethnischer Gruppen. So werden die Vereinigten Staaten vom sogenannten »Bibelgürtel« (Bible Belt) durchzogen, in dem hauptsächlich Protestanten deutscher oder englischer Abstammung ansässig sind. Die Vertreter der tonangebenden weißen Ober- und Mittelschicht, vornehmlich den Neuenglandstaaten entstammend, wird auch als WASP bezeichnet (White-Anglo-Saxon-Protestant). Auch einzelne Viertel in den Großstädten werden von kleinen, dem Lebensstil ihres Ursprungslandes treu verbundenen, Gruppen bewohnt. Immer mehr aber entwickelt sich der amerikanische Stammbaum zu einem komplexen ethnischen Kaleidoskop. Viele glauben, daß aus diesem »melting pot« in fernerer Zukunft eine neue, in der Menschheitsgeschichte noch nicht dagewesene »Rasse« hervorgehen wird.

● *Die USA werden Weltmacht*

Nach dem ersten Weltkrieg geht es mit der Vormachtstellung Großbritanniens bergab, während die Bedeutung der Vereinigten Staaten wächst. Dies läßt sich am besten anhand einiger Erfindungen veranschaulichen. 1831 wird die McCormick-Mähmaschine fertiggestellt, 1835 wird der Trommelrevolver von *Samuel Colt* erfunden und 1843 die Schreibmaschine, Im Jahr darauf entwickelt *Morse* die Möglichkeit der Telegraphie; 1874 wird die Menschheit um den Stacheldraht bereichert, was die Cowboys aussterben läßt und die Viehzucht revolutioniert, und 1876, dank *Graham Bell*, um das Telefon. *Thomas Edison* erfindet 1878 die Glühlampe und den Phonographen, einen altmodischen Vorgänger des CD-Gerätes, etc. Das Ende des ersten Weltkrieges löste einen fast hysterischen Taumel aus, der sicherlich nicht zuletzt dazu diente, mit den Schrecken, die man erlebt hatte, fertig zu werden.

Die Zwanziger Jahre waren deshalb verrückte Jahre. Während die amerikanischen Intellektuellen in Pariser Bars im Delirium schwebten, wurde an der Börse wie wild spekuliert, und ganz Amerika tanzte zu den Klängen eines neuen Musikstils, der Vorläufer anderer beliebter Musikrichtungen werden sollte, des Jazz. Die Frauen erhielten endlich dank der Suffragetten das Stimmrecht. Doch nahm diese Euphorie 1929 mit dem Börsenkrach an der Wall Street ein abruptes und tragisches Ende. Die Welt war schockiert über Bilder von ruinierten Geschäftsleuten, die in ihrer Verzweiflung aus den Fenstern von Wolkenkratzern sprangen, und über Tanzmarathons, bei denen die Teilnehmer für eine Handvoll Dollar tanzten bis sie vor Erschöpfung zusammenbrachen.

Zur selben Zeit erlebten die Kleinbauern die tragische Zeit der Dust Bowl. Tausende von ihnen wurden durch die Trockenheit und die wirtschaftliche Lage gezwungen, ihr Land zu verlassen. Der Autor, Komponist und Sänger *Woody Guthrie* hinterließ ergreifende Zeugnisse dieses Ereignisses. Durch die Umstände zum Landstreicher geworden, fuhr er während der Weltwirtschaftskrise als blinder Passagier mit seiner Gitarre in den langen Güterzügen mit, die gemächlich die USA durchquerten, und sang vom Alltag der Menschen seiner Zeit. Er brachte es dank des günstigen sozialen Klimas und seines Talents zu Ruhm und wurde zum Sprecher des ländlichen Amerika. Die amerikanische Regierung mochte ihn gar nicht, da er politisch äußerst links stand, und sich schon damals in den USA der Antikommunismus regte. In die kommunistische Partei durfte er aber auch nicht eintreten, da er nicht nur Kommunist sondern zugleich auch noch überzeugter Christ war. Guthrie wurde zum Vater des Folksongs und inspirierte in den Sechziger Jahren die Protestbewegung und die Wiederbelebung des Folk. Er gilt unter anderem als Idol von Dylan.

● McCarthy und die schwarzen Listen

Während des Zweiten Weltkrieges gelang *Franklin D. Roosevelt* die Sanierung der amerikanischen Wirtschaft mit Hilfe des New Deal, so daß zusammen mit dem Frieden eine Zeit des Wohlstandes anbrach. Die Fünfziger Jahre wurden durch *Joe Mc Carthy* und seine schwarzen Listen geprägt. Der Kommunismus war unvereinbar mit der freien Marktwirtschaft und den grundlegenden Werten der amerikanischen Gesellschaft. Amerika hatte Angst vor dem Kommunismus, auch wenn er etliche Intellektuelle faszinierte, die ihn als human und großzügig betrachteten. Die schwarzen Listen betrafen vor allem das Milieu der Filmemacher und Schauspieler und schafften dort ein Klima der Angst und Mißgunst. Neben anderen waren auch der berühmte Regisseur *Cecil B. De Mille*, ferner *Walt Disney* und *Ronald Reagan* aktive Denunzianten. Disney stand fünfundzwanzig Jahre lang auf der Gehaltsliste des FBI, und Reagan wurde in seiner Eigenschaft als Vorsitzender der Schauspielergewerkschaft als Quelle »Super T-10« geführt. Macht nichts, auch bei uns können ja bei der Stasi als IM Geführte Mitglied einer Partei werden, die unter dem heiligen Brand jeden DKP-Briefträger oder -Pauker aus dem Staatsdienst schmeißen ließ, und Ministerpräsident sein und bleiben – was uns am Verstand der Einwohner jenes Landstrichs zweifeln läßt. Daß diese zudem noch fast einen IM und Lügner zum Oberbürgermeister von Potsdam koren, läßt uns fordern, dieses Bundesland mit allen seinen Stasiratten Rußland zu schenken.

Übrigens: auch *Erika Mann*, Publizistin, Autorin, Schauspielerin und vertraute Mitarbeiterin ihres Vaters, hat in den vierziger Jahren dem FBI immer wieder ihr Wissen über ihren im USA-Exil lebenden Vater angedient und ferner alle mit Thomas Mann verbundenen Exilautoren wie Brecht, die beiden Feuchtwanger, A. Seghers, C. Zuckmayer u.a. ausgeforscht.

● Die Protestbewegungen

Die Beat Generation Ende der fünfziger, Anfang der sechziger Jahre mit Schriftstellern wie *Jack Kerouac* (On the Road) und *Allan Ginsberg* an der Spitze suchte nach einer alternativen Lebensweise. Die Jugend lehnte die Überflußgesellschaft der Erwachsenen mit ihren ungerechten Begleiterscheinungen ab. Während die ersten Beatniks von einer gerechteren Welt träumten und den Liedern von Joan Baez und Bob Dylan, den Nachfolgern Woody Guthries, lauschten, hatte der Rock'n Roll schon seine ersten Spuren hinterlassen. Ab 1956 trat er dann mit Elvis Presley seinen Siegeszug an. Auch er war ein Symbol der Revolte, aber einer ganz anderen Revolte, als jene der Beatniks. Auch der Rock'n Roll lehnte die herkömmlichen Wertvorstellungen ab, aber er bot keine Alternativen an, sondern beschränkte sich darauf, die Erwachsenenwelt zu schockieren.

Der ohne großen Aufwand gedrehte Schwarz-Weiß Film »Denn sie wissen nicht, was sie tun« (Rebel without a Cause) mit *James Dean* bringt diese Unzufriedenheit der Jugend wohl am besten zum Ausdruck. Jimmy Dean verkörperte später aufgrund seines frühen, gewaltsamen Todes das Ideal vieler Jugendlicher, die es für erstrebenswerter halten, eine schöne Leiche abzugeben als alt und korrupt zu werden und sich den unmoralischen Kompromissen der Gesellschaft zu fügen. Er starb übrigens bei einem Autounfall an einer Kreuzung genau da, wo sich die San Andreas Spalte und eine Querspalte kreuzen. Finstere magnetische Kräfte?

In den Sechzigern wird dann endlich auch in den »weißen« Hitparaden die Musik der Schwarzen von den Schwarzen selbst gesungen. Vorher hatte es eine strikte Trennung zwischen »weißen« und »schwarzen« Radiosendern gegeben und die schwarzen Hits konnten diese kulturelle Grenze nur überwinden, wenn sie von weißen Sängern interpretiert wurden. Eine Anekdote veranschaulicht sehr treffend, zu welchen widersinnigen Situationen es dadurch kam. *Chuck Berry* wurde der Zutritt zu einem Saal verweigert, in dem er ein Konzert geben sollte. Der Veranstalter war keinen Augenblick auf den Gedanken gekommen, daß der Autor und Interpret dieser Lieder, welche die Jugend Amerikas so authentisch beschrieben, ein Schwarzer sein könne. Das Konzert fand ohne ihn statt, eine unbekannte, aber dafür weiße Gruppe spielte seine Lieder an seiner Stelle. Es ist bezeichnend, daß Presley einen Teil seines Erfolges der Tatsache verdankt, daß er als Weißer mit einer »schwarzen« Stimme sang, und daß es Chuck Berry wohl nur deshalb gelang, die Barriere zwischen schwarzer und weißer Musikszene zu durchbrechen, weil er Anleihen bei der »weißen« Country & Western Tradition machte.

Jack Kerouac

Wir sollten auch erwähnen, daß die Country & Western Musik – auch heute noch mit Abstand die populärste Musikrichtung – ihre Wurzeln in der traditionellen Musik Europas, insbesondere Irlands, hat. Die Lieder, mit Gitarrenbegleitung gesungen, handeln nostalgisch von der Pionierzeit, und eine gewisse Lagerfeuerromantik ist ihnen eigen. Übrigens waren die irischen Cowboys im Wilden Westen besonders begehrt, weil sie nachts beim Wacheschieben sangen und auf diese Weise die Viehherden beruhigten.

● **Die Rassentrennung**

Die Rassentrennung wurde von offizieller Seite aus ab 1953 abgebaut, als der Oberste Gerichtshof entschied, daß die Rassentrennung in den Schulen aufgehoben werden müsse. Dies führte zur Gründung von »White Citizens' Councils«, die rasch mit jedem aufmüpfigen Schwarzen Tacheles redeten, falls er sein Recht einforderte. Als in einer Stadt dreiundfünfzig Neger eine Eingabe für eine integrierte Schule machten, setzte der örtliche Council eine ganzseitige Anzeige mit vollem Namen und Anschrift der Schwarzen ins Lokalblatt, so daß sie entlassen wurden, niemand sie mehr in den Läden bediente und viele von ihnen wegziehen mußten. Um jedoch diese Problematik ins allgemeine Bewußtsein zu rücken, bedurfte es der Bürgerrechtsbewegung des 1968 ermordeten *Martin Luther King*. Der weiße Sänger *Pete Seeger* – ein Verehrer Guthries – unterstützte die Sache der Schwarzen, indem er humorvolle Liedchen sang, in denen er die Rassentrennung aufs Korn nahm. Unvergessen bleibt die Rolle von *Rosa Parks*, einer Schwarzen aus Montgomery in Alabama, die 1955 durch ihre Weigerung, ihren Sitzplatz für einen Weißen im Bus zu räumen und ihre dadurch bedingte Verhaftung, den Boykott und Ruin der Busgesellschaft auslöste. Ihr Handeln gilt als wichtiger Meilenstein auf dem Weg zur Gleichstellung der Schwarzen.

In den Sechzigern kam es fast überall auf der Welt zu Protestbewegungen. Die Ermordung Kennedys 1963 in Dallas bedeutete das Ende einer von der Vernunft geprägten, jungen und dynamischen politischen Vision, an deren Stelle eine sehr viel pragmatischere Machtpolitik trat. Auch der zu Spekulationen Anlaß bietende Tod *Marilyn Monroes* verstärkt nur diesen Eindruck. Dieses zerbrechliche Wesen, Opfer ihres eigenen Images, beging den Fehler, in einem puritanischen Land die heimliche Geliebte eines Präsidenten mit einer Schwäche für das weibliche Geschlecht zu werden. Daneben allerdings auch die des Mafiabosses *Sam Giancana*. »Who killed Norma Jean?« – Norma Jean war der richtige Vorname Marilyn Monroes – fragte Pete Seeger in einem seiner Lieder. Er hatte nichts mehr zu verlieren, da er eh schon auf McCarthys schwarzer Liste prangte.

Die Beatniks überließen den Hippies das Terrain, und die Ablehnung der Politik drückte sich dadurch aus, daß sich viele aufs Land zurückzogen. Man wollte einer Gesellschaft entfliehen, deren Grundsätze allzu fragwürdig geworden waren. Alle träumten davon, mit Blumen in den Haaren nach San Francisco zu gehen und verbrannten unterdessen ihre Einberufungsbescheide zum Vietnamkrieg.

Die amerikanische Niederlage im Vietnamkrieg war auch eine der Folgen dieses neuen politischen Bewußtseins der Jugend. Der Wunsch nach Moralität, Integrität und großen Gefühlen beschleunigten den Fall *Nixons*, der eigentlich nichts anderes verbrochen hatte, als seine Untergebenen in einer Abhöraffäre zu decken. Da haben doch manche Politiker noch ganz andere Dinge auf dem Kerbholz, ohne daß jemals ein Hahn danach krähen würde. Präsident *Carter* gab sich naiv und lax, besonders während der Geiselaffäre im Iran. Amerika war inmitten einer Wirtschaftskrise Opfer seiner eigenen Widersprüche geworden und wurde zudem noch durch die öffentliche Meinung im eigenen Land geschwächt.

In den Achtzigern änderte sich die amerikanische Stimmungslage von Grund auf. Die Wahl des Schauspielers *Ronald Reagan* anstelle des Clowns *Jimmy Carter* – so wurde sie zumindest in den Wahlslogans angepriesen – brachte das Land wieder in Berührung mit seiner großen Vergangenheit, der Zeit der »Cowboys«. Die neue Steuergesetzgebung verschärfte die Kluft zwischen Arm und Reich. Zwar schien der wirtschaftliche Niedergang aufgehalten und die Industrieproduktion wieder angekurbelt, doch stehen immer mehr Menschen in Amerika auf der Verliererseite. Die Zahl der unter der Armutsgrenze vegetierenden Obdachlosen ist erschreckend hoch in einem Land ohne soziale Absicherung. Das »Andere Amerika«, ganz im Einklang mit Ronald Reagan, gibt sich dem Gesundheits- und

Aerobikrausch hin. Das Auftreten von Aids läutete das Ende einer Ära sexueller Freiheit ein, und die Krankheit wird als Strafe Gottes an einer Gesellschaft betrachtet, die ihre überlieferten Werte vergessen hat. Die Krankheit war 1990 in 64 Städten, darunter besonders San Francisco und Fort Lauderdale, Todesursache Nummer Eins bei Männern zwischen 25-44 Jahren, noch vor Krebs und Verkehrsunfällen. Landesweit ist sie es nach Verkehrsunfällen. Bei jungen Frauen ist sie landesweit sechshäufigste Todesursache nach Krebs, Unfällen, Herzkrankheiten, Selbstmord und Mord!
Häufigste Todesursache in der Altersgruppe von 15 bis 24 Jahren sind Schußwunden!
Die Tage des Kalten Krieges gehören durch den Zusammenbruch des kommunistischen Systems der Vergangenheit an. Während Bush sich als angriffslustiger Falke im Golfkrieg hervorgetan hat, fährt Clinton eher einen zögernden, kraftlosen außenpolitischen Kurs.

Die Indianer

Verstehen heißt nicht notwendig auch vergeben. Die Mehrzahl der Einwanderer, die in der Neuen Welt landeten, waren arm oder Kinder armer Leute, auf fast fanatische Weise fromm und ungebildet. Zufall? Oftmals hatte man sie in ihrem Heimatland verfolgt und sie brachten als einziges Gepäck ihre Hoffnung mit. Verfolgte sind häufig potentielle Verfolger, siehe auch unsere freche Bemerkung unter Bodie. Diese Eigenart der menschlichen Natur läßt sich wohl kaum mehr leugnen. Das Leben in der Neuen Welt entpuppte sich als so hart, daß nur die Stärksten überleben konnten. Die Vorstellung von Landbesitz war den Indianern völlig fremd. Sie betrachteten die Erde als ihre »Mutter«, was auch wir tun, ohne aber einen müden Quadratmeter ergattert zu haben. Auch wußten sie nichts über Mentalität, Gesetze oder Sitten der ins Land strömenden Europäer. Zu Beginn war es kinderleicht, ihnen für ein paar Glasperlen ihr Land abzuluchsen. Die Indianer lachten nur darüber, ein bißchen so wie der Schlawiner, der den Berliner Funkturm verkauft. Sie bekamen unbekannte, daher faszinierende Dinge für etwas, das man ihrer Ansicht nach gar nicht verkaufen kann. Gierig nach Land und Reichtümern bemühte sich der Weiße erst gar nicht, mit den Indianern in gutem Einvernehmen zusammenzuleben.
Da Gewehre stärker sind als Pfeil und Bogen, bemächtigte er sich ohne irgendwelche Gewissensbisse des Landes. Man vernichtete zuerst die Lebensgrundlage der Indianer durch Abschlachten der Büffel, 75 Millionen allein zwischen 1830/83. Das wurde mit *Buffalo Bill*, einer der widerlichsten Figuren der amerikanischen Geschichte, geradezu zu einem Sport. Später tötete man auch die Indianer selbst oder zerstörte zumindest ihre Kultur. Skalpprämien waren ausgesetzt.
Die Indianer hätten ganz am Anfang die Neuankömmlinge ohne große Schwierigkeiten davonjagen können. Aber das Gegenteil war der Fall. Obwohl sich die Lebensweise der Neuankömmlinge so ungeheuer von der ihren unterschied und ihnen völlig fremd war, retteten die Indianer die Siedler zunächst vor dem Tod. Darin sind sich alle Zeugen einig. Der »gute Wilde« fungierte als Vermittler zwischen den Einwandern und der fremden, feindlichen Umwelt. Der »gute Wilde« war demnach von Gott gesandt worden, um die Niederlassung der Weißen in Amerika zu erleichtern! Wenn der »gute Wilde« aber von dem Land verjagt wird, das seiner Meinung nach allen gehört, wird er zornig, und sehr fix wird aus einem »guten Wilden« ein toter Wilder. Nur schwer läßt sich vorstellen, daß die Dinge auch anders hätten ablaufen können, es sei denn, nur Quäker hätten sich auf den Weg nach Amerika gemacht. Und selbst diese wurden mit der Zeit ihren Grundsätzen untreu und bekämpften die Indianer.

● *Die Indianerkriege: 1675-1915*

Fast drei Jahrhunderte lang wird erbittert gekämpft. Aber die Indianer haben zum einen zu wenig Waffen, zum anderen sind sie auch untereinander zerstritten. Kaum fünfzig Jahre nach Ankunft der Mayflower tut sich der Häuptling *Massasoit*, auch König Philipp genannt, mit den übrigen Stämmen seiner Gegend zusammen und zieht in den Krieg gegen die Puritaner. Grund dafür ist das vermehrte Eintreffen von Schiffen aus Europa und die damit verbundenen Gewalttaten, wie z.B. Menschenraub, Landnahme und Ermordungen. Dieser erste

Krieg kostet zwanzigtausend Indianern und fünfzigtausend Siedlern das Leben. Ein furchtbares Massaker! Die überlebenden Indianer werden als Sklaven in die Karibik verkauft. Dieser Krieg sowie alle weiteren endeten mit der Niederlage der Indianer. Allein die Schlacht am Little Big Horn, am 25. Juni 1876, bei der der berüchtigte *General Custer* sowie zweihundertsechzig Blauröcke der Kavallerie den Tod fanden, ging als Sieg in die Geschichte der Indianer ein. Ein Sieg, der teuer bezahlt werden würde. Am 29. Dezember 1890 kommt es am *Wounded Knee* zu einer unverzeihlichen Metzelei, bei der die 7. Kavallerie, trotz gehißter weißer Flagge, hunderte von Siouxindianern, darunter Frauen und Kinder, niedermachen. Obwohl miteinander rivalisierend und untereinander zerstritten, reiten die Indianer doch wie ein Mann in den Kampf.

Aber auch in Friedenszeiten findet der weiße Mann niederträchtige Mittel zur Ausrottung der Indianer. Die Liste der Schandtaten ist lang. So verteilten die Offiziere des Port Pitt an die Indianer Taschentücher und Bettdecken, die aus einem Krankenhaus stammten, in dem Pockenkranke gepflegt wurden. Der »große und gute« *Benjamin Franklin* erklärte: »Der Rum muß als ein Geschenk Gottes betrachtet werden, das der Ausrottung dieser Wilden dient, und so Platz schafft für jene, die das Land beackern wollen.«

Bei der Ankunft der Siedler waren es schätzungsweise zwischen fünf bis dreizehn Millionen, 1900 hatte man sie auf 200.000 kleingekriegt. Allein während der sogenannten Indianerkriege, Mitte des 19. Jh., wurden 400.000 Indianer hingemetzelt, während man 2300 tote Soldaten zählte. Von 371 Verträgen mit den Indianern wurden ausnahmslos alle gebrochen.

● Ein angepaßter Indianer ist ein toter Indianer

Zu Beginn des 20. Jhs ist die Zahl der Indianer auf eine Viertelmillion geschrumpft, und keiner kümmert sich um sie. Erst 1920 beschäftigt sich der amerikanische Staat erneut mit dieser Bevölkerungsgruppe und beschließt, sie dem amerikanischen »melting pot« einzuverleiben, also zwangszuassimilieren. Wie immer bei den Kolonisierungen des Weißen Mannes erweisen sich die Vertreter christlicher Ideologie als beflissene Helfer. Christliche »Missionsanstrengungen« werden unterstützt und subventioniert, während man zugleich versucht, die Indianersprachen zu unterdrücken und das Englische zu verbreiten. Mit allen Mitteln möchte man die Indianer aus ihren Reservaten holen und in den »American way of Life« integrieren. Der amerikanische Adler ist das einzige Symbol der Indianer, das die amerikanische Nation übernommen hat. Er stammt aus der Kultur der Irokesen, und die sechs Federn, die er in seinen Krallen hält, stehen für die sechs großen Indianervölker.

1924 bekommen die Indianer – welch Ironie – sogar die amerikanische Staatsbürgerschaft zugesprochen. Um die Reservate allmählich abzuschaffen, die Anpassung zu erleichtern und die hierarchischen Strukturen zu zerstören, teilt der Weiße Mann den gemeinsamen Stammesbesitz unter den Familien auf. Ein weiterer Fehler des Weißen in seiner Geschichte mit den Indianern. Ein soziologischer Irrtum, denn der Indianer kann, abgeschnitten von seinen Wurzeln und seiner Kultur, zumeist nicht leben. Genauso wie er leicht den Krankheiten zum Opfer fällt, die der Weiße Mann ins Land gebracht hat, ist er auch wirtschaftlich und sozial verloren, wenn er vereinzelt in der weißen Gesellschaft leben soll.

Einer der bedeutendsten Wohltäter der Indianer ist der durch die Watergate-Affäre in Verruf geratene *Richard Nixon*. Ganz nebenbei: man sollte nicht vergessen, daß die Amerikaner diesem Präsidenten unter anderem auch das Ende der Kriegshandlungen in Vietnam und die Öffnung gegenüber China verdanken. Er hat setzte mit einem Federstrich der verheerenden Assimilierungspolitik ein Ende.

Ein Indianerreservat mag uns wie ein Ghetto erscheinen und ist sicherlich in mancherlei Hinsicht auch eines, aber es ist zugleich auch ein abgegrenztes Territorium, Privatbesitz der Indianer, auf dem sie ihr Leben entsprechend ihrer eigenen Kultur und ihren eigenen Überlieferungen gestalten können. Manchmal nutzen sie diese Gelegenheit, indem sie in Staaten, wo dieser Sport ansonsten verboten ist, Kasinos eröffnen, in letzter Zeit vermehrt und mit viel Erfolg.

Der Indianer des 20. Jhs lehnt nicht in erster Linie den Fortschritt ab, sondern die Strukturen einer Gesellschaft, an die er sich nicht anpassen kann. Gegenwärtig existieren vierhundert Reservate für die dreihundertzwanzig überlebenden

Stämme. Allerdings landen nur ein Zehntel des Budgets des Amts für Indianerangelegenheiten in den Reservaten. Das FBI ermittelt. Heute gibt es erstaunlicherweise wieder fast zwei Millionen Indianer. Es existieren sogar vierzehn indianische Radiosender, problemlos mit dem Autoradio zu empfangen: in Arizona senden die Navajos, in Neu-Mexiko die Zunis.

● **Gemischte Rassen, ungemischte Kultur**

Die Indianerbevölkerung war zu ihrem großen Leidwesen zwischen dem 17. und dem 20. Jh. ausgesprochen mobil, da sie von den Weißen immer wieder woandershin verfrachtet wurden, wenn es diesen einfiel mal wieder ein Abkommen zu brechen. Dadurch kam es nicht nur zu einer Vermengung der einzelnen Stämme untereinander, sondern auch zu vielen Mischehen. So ist zum Beispiel der Stamm der Shinnecock-Indianer, der sein Reservat mitten in Southhampton, dem schicksten und versnobtesten Badeort auf Long Island, hat aufgrund von Mischehen inzwischen ein schwarzer Indianerstamm! Die Cherokee-Indianer scheuen sich nicht, in Fragen der Rasse von der Hilfe eines Computers Gebrauch zu machen: die Beratung vor der Ehe ist kostenlos und wird wärmstens empfohlen, denn wenn das Kind weniger als 2/16 Indianerblut aufzuweisen hat, verliert es seine Indianer-»Nationalität« und damit seine Reservatsrechte. Diese Rechte können nicht unerheblich sein. So entdeckten die Osages-Indianer in Oklahoma Ölquellen auf ihrem Gebiet, was ihnen zwischen 1906 und 1972 immerhin achthundert Millionen Dollar einbrachte. Da die Anteile unteilbar sind und an die Erben weitergegeben werden, ist ein »Erbe« bestrebt, eine »Erbin« zu heiraten, um so seinem Nachwuchs den Indianerstatus zu erhalten. Andere Stämme, wie zum Beispiel die Mohawk im Staate New York, haben auch so ihre Einnahmequellen. Die Tatsache, daß sie schwindelfrei sind, macht sie zu begehrten Arbeitern beim Bau von Wolkenkratzern.
Aber trotz dieser einzelnen Erfolge, bleiben die Indianer auch heute noch die Bevölkerungsgruppe mit dem niedrigsten Pro-Kopf-Einkommen. In manchen Stämmen sind bis zu vierzig Prozent der Stammesmitglieder alkoholabhängig, und die siebenhundert Rechtsanwälte für Indianerfragen sind ununterbrochen in irgendwelche Rechtsstreitigkeiten mit der Regierung verwickelt, bei denen es um so schockierende Vorfälle, wie z.B. die Schändung von Indianerfriedhöfen geht.

Gesellschaft

● **Nationalismus - Rassismus**

Jedem wird in den USA ein verhältnismäßig penetranter Nationalismus auffallen, vom Fahnenhissen in der Schule, Flaggenparaden, mit immer denselben Versatzstücken gespickten politischen Reden – häufig auch mit religiösen Bezügen, die in Europa höchstens Schmunzeln wenn nicht Kopfschütteln hervorrufen würden (With the help of God, we shall ... usw.; *Bush* vor seinen heimgekehrten Golfkriegern: »Thank God for the Patriot missile! Thank God for the Patriot missile!«) – bis hin zur rechtskonservativen John-Birch-Society. Was wir hier und im folgenden Abschnitt ausführen, soll in keine aktuellen Diskussionen eingreifen – mit wem und warum man mit jemandem zusammenleben möchte oder nicht, ist eine Frage, die sich unterschiedlich und auch völlig unabhängig von der Zugehörigkeit zu einer Rasse beantworten läßt, sondern soll einzig und allein dazu dienen, einige grundsätzliche Mechanismen zu verdeutlichen. Nur soviel: wir halten es für durchaus *verständlich,* wenn Habenichtse am Wohlstand anderer teilhaben wollen, finden es allerdings auch *legitim,* wenn jeder seinen Lebensstandard verteidigen will – voilà. Daß Angehörige anderer Völker, die wir aufnehmen, ein etwas anderes Verhältnis zu Eigentum, Bettelei oder Gewalt haben können, wird man dann akzeptieren oder nicht. Auf jedenfall werden wir diesbezüglich noch einiges erleben – und nicht nur von der PKK – was andere Völker wie Franzosen oder Engländer sich aufgrund ihres kolonialen Erbes (Irland!) schon lange zugezogen haben.

Nationalismus hatte im Europa des 18. Jhs durchweg eine positive Aufgabe, richtete er sich doch gegen feudale Kleinstaaterei und Adelsvorrechte, war »Ausdruck des Strebens der aufsteigenden Mittelklasse nach wirtschaftlicher Einheit und kultureller Freiheit gegen Separatismus und Obskurantismus der feudalen Gesellschaft« (Sweezy). Mit der Festigung der Macht des Bürgertums wandelte sich der Nationalismus bald zu einer reaktionären Ideologie, wurde Mittel der Unterdrückung, Kitt zum Verkleistern innerer Widersprüche, dies zumindest wenn die einzelnen Völker ihre Unabhängigkeit bzw. weitgehende Autonomie innerhalb der Nationalstaaten erreicht hatten, z.B. wie in Belgien, der Schweiz, Spanien usw. Der Nationalismus erweckt den Schein, als sei die Nation oder das Volk eine wirkliche Lebens- und Schicksalsgemeinschaft freier und gleicher Mitglieder mit gleichen Zielen, grad so als gebe es keine Interessenunterschiede, als wolle nie jemand den anderen übervorteilen usw. Daher z.B. die Attraktivität von Begriffen wie »Volksgemeinschaft«, das Verfangen von Parolen wie: »alle müssen den Gürtel enger schnallen« usw. Zugrunde liegen hier ganz verständliche, frühkindliche Erfahrungen und Wünsche, das »Aufgehobensein« in der Familie, Ur-Sehnsüchte quasi, die ja auch völlig verständlich und berechtigt sind. Den *emotionalen* Kern der Geschichte belegen Begriffe wie Patriotismus (pater, Vater), Vater-/Mutterland usw. Nationalismus wird folglich in jedem Staat eine politische erwünschte Wirkung entfalten. Je härter der Wind, desto mehr werden die Mächtigen ihn fördern, verhindert er doch die Forderung nach Umgestaltung der Lebensverhältnisse oder biegt er diese Energien in ungefährlicher Richtung wie Fußball usw. ab. Ängste nehmen bzw. Sehnsüchte stillen kann die Gesellschaft auf Dauer aber nur durch *tatsächliche* Behebung ihrer Mängel, also durch Beseitigung der Ursachen von Angst bzw. Erfüllung dieser Sehnsüchte. Damit sind Arbeitslosigkeit, allgemeine soziale Unsicherheit, beliebige Auswüchse unserer Ellbogengesellschaft grundsätzlich aber unvereinbar.

Der Nationalismus konnte bei fortbestehender Kluft zwischen Werten wie Freiheit, Menschlichkeit, Glück, Wärme usw. und gegenteiliger Alltagserfahrung im Daseinskampf die sich aufstauenden Aggressionen nicht überdecken und erhielt durch den Rassismus eine elitäre und aggressive Stoßrichtung. Durch Darstellung der eigenen Nation als besonders wertvoll, durfte sich jeder Esel zu den Auserwählten rechnen, jeder schottische, von seinen Offizieren getriezte, Analphabet seinen indischen Hausdiener traktieren und somit auf alle anderen – zwangsläufig minderwertigen – Menschen, herabblicken. Das Auserwähltsein zeitigt natürlich eine außerordentliche Steigerung des Zusammengehörigkeitsgefühls, welches die Unzufriedenheit der Massen ideologisch auszubalancieren vermag, aber welches auch – für die Herrschenden ungefährlich, denn nichts würde sie mehr ärgern, als der Verlust ihrer Vorrechte – gegen den äußeren Feind einsetzbar ist. Kein Krieg ist ohne ausreichende nationalistische, patriotische, ja rassistische Propaganda denkbar. Was in Jugoslawien und manchen anderen Teilen Osteuropas vor sich geht, bedarf deshalb keiner großartigen propagandistischen Vorbereitung, weil Konflikte und Haß nur zwangsweise überdeckt waren. Daß die serbischen Greuel *auch* etwas mit denen der faschistischen kroatischen Ustascha im Zweiten Weltkrieg zu tun haben, muß den Christkindle, die im Herbst 1992 für die armen, notleidenden Kroaten mit der Büchse vor den Unis klapperten, und die im Verein mit den Serben nun die Moslems bekriegen, entgangen sein. Im Wirken des kroatischen Faschistenführers *Ante Pavelic*, wegen Doppelmordes an König *Alexander von Jugoslawien* und den französischen Außenminister *Barthou* in Marseille verurteilt, aber von *Pius XII.* feierlich empfangen und gesegnet, erkannte Erzbischof *Stepinac* »die Hand Gottes«. Allein im Juli 1941 brachten die katholischen Kroaten 100.000 serbische Frauen und Kinder um, weitere 120.000 Serben starben in dem wegen Massenenthauptungen berüchtigten Konzentrationslager Jasenovac. Die orthodoxe Gemeinden Kroatiens wurde um 600.000 Menschen dezimiert (Quelle: Karlheinz Deschner, Und abermals krähte der Hahn, p. 565 ff.).

Bei allen kolonisierenden Völkern, Engländern, Franzosen und auch den »neuen« Amerikanern, die ja erst die alten, vorhandenen Amerikaner, die »unzivilisierten Rothäute« nämlich, ausmerzten, spielten Nationalismus und Rassismus eine bedeutende Rolle und sind auch heute noch durchaus gegenwärtig und erfahrbar. Auf die spätere deutsche Sonderrolle können wir hier nicht eingehen.

Eingedenk der Tatsache, daß die gesellschaftlichen Widersprüche des reichsten und mächtigsten Landes der Welt sich in seinen Städten tagtäglich durch Bürgerkrieg äußern, »security« einen viele Lebensbereiche durchziehenden Faden darstellt, daß niemand zu bestimmten Zeiten oder in bestimmten Vierteln wie auf mittelalterlichen Landstraßen seines Lebens sicher sein kann, während ganze Siedlungen der Wohlhabenderen von Zäunen und Wächtern geschützt werden,

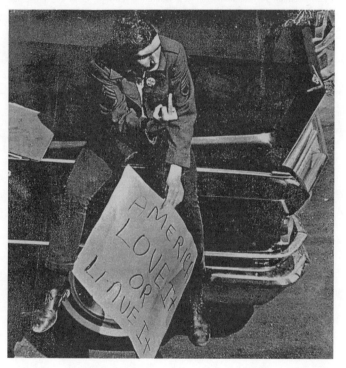

Amerika – Love it or leave it

oder wo doch immerhin zur sofortiger Identifizierung etwaiger Spitzbuben das Halten auf den Straßen verboten ist, eingedenk dessen, daß Millionen von Amerikanern am Rande des Existenzminimums daherkrebsen, während andere ungeheure Reichtümer besitzen, ferner die allgemeine Gesundheitsfürsorge weit unter europäischem Niveau liegt, wundern wir uns auch nicht über fortbestehenden Nationalismus und Rassismus in den USA.

Die Gegensätze sind zu kraß. Immerhin kandidierte 1991 *David Duke*, einst Grand Wizard des rassistischen Ku-Klux-Klan, für den Gouverneursposten in Louisiana. Ein Verkehrsunfall, bei dem ein orthodoxer Jude im Begleitwagen des Lubawitscher Großrabbiners, einen schwarzen Siebenjährigen überfahren hatte, genügte, um im Sommer 1991 in New York zwischen Juden und Schwarzen – von denen eh viele glauben, die Weißen, darunter gerade die Juden, wollten sie per Drogen und Aids ausrotten – pathologische Stammesfehden ausbrechen zu lassen. Diese entluden sich als schwere, Tage während Krawalle. Ganz zu schweigen von den Krawallen 1992 in Los Angeles, wo es vor allem Asiaten an den Kragen ging. So wünschen militante Schwarze den Juden mit wüsten Beschimpfungen ein neues Auschwitz an den Hals, während diese sich mit Ausdrücken wie »Nigger« oder »Dschungelhasen« revangieren.

Politisch ist Nationalismus also erwünscht, da er durch seine Klammerwirkung Konflikte niederhält und so Herrschaft erleichtert – Konfettiparade für heimkehrende Golfkrieger – als Verlängerung in Form des Rassismus nach innen (Schwarze) oder außen (Japaner usw.) unerwünscht, wird aber fortwährend von der Gesellschaft neu erzeugt. Eine schwankende Gratwanderung. Nach dem Gesagten dürfte auch verständlich sein, daß Nationalismus und Rassismus kaum mit Vernunftargumenten beizukommen ist. Sie sind vornehmlich irrationale, stark gefühlsbegleitete, Phänomene, die genau wie magisches Denken (Religion) immer wieder aufs neue in den Familien erzeugt werden. Gefühle, Angst besiegt man nur wieder über Gefühle, die sich dann einstellen können, wenn die Verhältnisse in Ordnung sind. Welche Gewalt diese *Gefühle* haben – und darum geht's – war bzw. ist deutlich auf dem Balkan oder in Osteuropa einschließlich der ehemaligen UdSSR zu sehen. Während in Westeuropa nur noch wenig Intellektuelle für Volk und Vaterland mobilisierbar sind, so daß Elsässer, Basken, Korsen, Südtiroler, Iren, Schotten oder in der Türkei auch die Kurden u.a. kaum Fürsprecher für ihre Anliegen finden – wir werden doch nicht unser Wochenende in Bozen, das Häuschen auf Korsika aufs Spiel setzen – werden im Osten erstmal die Grenzen neu gezogen, und zwar möglichst nach Ethnien bzw. Religion (Serben, Kroaten, Slowenen, Slowaken und Bosnier sind allesamt Süd-Slawen, Jugo-Slawen, also blutsverwandt, die einen aber Christen, die letzten Muslime. Ähnlich in Irland, wo der protestantische Norden überwiegend von Nachfahren schottischer Einwanderer und damit also Kelten, wie die Iren, besiedelt ist).

Wer übrigens wissen möchte, wer auf keinen Fall nationalistisch denkt und warum, lese unsere Ausführungen unter Boston, Bunker Hill. Wer den entsprechenden Band nicht hat, spute sich, unser herrliches Werk zu ergattern, bevor es wieder vergriffen ist.

Das Gesagte läßt uns nun einen Blick auf die wirtschaftlichen und sozialen Verhältnisse werfen.

● *Wirtschaft und Soziales*

Henry Luce, Patriot und Herausgeber des Nachrichtenmagazins »Time«, verkündete 1941, daß die USA »der gute Samariter für die ganze Welt seien, die einzigen, die in der Lage und berufen seien, die Menschheit von der Stufe des Tieres bis auf weniges unter die Engel emporzuheben.«

Der Traum vom Selfmademan, vom Tellerwäscher zum Millionär, der grenzenlosen Freiheit – »be yourself« oder »you can do what you want« – zerbricht allzu oft an der bitteren Wirklichkeit. »Don't worry, be happy« war gewiß einer der hirnlosesten Songs 1990.

Die Wirklichkeit im Land der guten Samariter sieht gar nicht so rosig aus. Die größten Banken mußten sich zusammenschließen, um zu überleben, die Bauindustrie liegt darnieder, der Dollar verfiel, Handelsdefizit und Staatsschulden sind enorm, der Immobilienmarkt brach unter Busch zusammen, so daß jedes fünfte Büro leerstand. Besonders betroffen war der Mittelstand vom Einbruch der Immo-

bilienpreise. Er fühlt sich schwer bedroht, da die realen Einkommen seit geraumer Zeit sinken. Immer häufiger wurden Häuser einst gutverdienender, nun arbeitsloser Bürger, die ihre Hypothekenzinsen nicht mehr aufzubringen vermochten, unter Wert verschleudert. Erst mit der Wahl Clintons sanken die Zinsen wieder auf normales Niveau und führten zu einer bescheidenen Wiederbelebung.
Belastet ist der Mittelstand auch durch die Finanzierung der Studien für seine Kinder und durch die Krankenversicherung. Während Großunternehmen Betriebskrankenkassen unterhalten und die Ärmsten durch Medicare und Medicaid aufgefangen werden, kann eine Mittelstandsfamilie durch eine Operation z.B. finanziell ruiniert werden. Rein materiell hat ein Amerikaner immer einen Vorsprung weltweit, aber bei Ferien, Mutterschutz, Krankenversicherung oder Altersvorsorge, also schlicht der sozialen Sicherheit, sind sie bedeutend schlechter gestellt als Europäer. Amerikaner haben z.B. meist nur zwei Wochen Ferien. Wir wissen von Automobilarbeitern in Detroit, daß sie häufig nur eine davon freinehmen und die andere gegen erhöhte Bezahlung arbeiten, sei es, weil sie nicht wissen, wie sie einen derartig »langen« Urlaub rumkriegen sollen, sei es weil die Firma das so lieber sieht.

Dritte-Welt-Syptome zeigen sich allenthalben, z.B. mit zwei Millionen Schulabgängern, die weder richtig schreiben noch lesen können, und 37 Millionen Menschen, die bisher ohne Krankenversicherung existieren. Die Krankenversicherungsreform durch *Hillary Clinton* muß erst noch ihre Bewährungprobe überstehen.
Laut einer neuen Untersuchung zeigt die Hälfte (!) aller Amerikaner eine erhebliche Schreib- und Leseschwäche. Nach Erziehungsminister *Riley* ist nur ein Fünftel der 190 Millionen Erwachsenen fähig, ein Bankformular richtig auszufüllen oder einen Ort auf der Landkarte zu finden. Fast die Hälfte der Bevölkerung ist immer weniger imstande, sich in dem komplexen Wirtschaftsgefüge zurechtzufinden. Vierzig Millionen verfügen nur über rudimentäre Kenntnisse im Schreiben, Lesen und Rechnen.

Der Schriftsteller *Daniel Smith-Rowsey* schildert seine Sicht in einem Offenen Brief an Amerikas Eltern so: »Wir sind die dümmste Generation in der amerikanischen Geschichte. Das Durchschnittswissen unserer Schulkinder ist in der Tat niedriger als das zur Zeit unserer Elterngeneration. Unsere Unkenntnis in Geographie ist himmelschreiend. (Können wie bestätigen, fragte uns doch ein Siebzehnjähriger, wie wir rübergefahren seien – How did you drive over?, die Redaktion.) Mit unseren fremdsprachlichen Fähigkeiten ist es ähnlich bestellt, ebenso wenn es um einfache Mathematik geht. Ihr habt noch Bücher gelesen, wir nicht. Wir sind nur um ein Image bemüht. Wir laufen jedem Trend hinterher, haben nur noch Stroh im Kopf. Die Botschaft in TV-Shows, Bierwerbespots und Videoclips mit den prallen Bikinischönheiten und durchtrainierten Jungs war eindeutig: Warum sollen wir uns noch anstrengen, etwas zu lernen? Wir können mehr Biermarken aufzählen, als wir Namen ehemaliger Präsidenten kennen. Popkultur ist für uns einfach anziehender als Bildung. Kein Industrieland existiert, das nach 1945 nicht seine Identität in Frage gestellt und neu bewertet hätte, außer dem unseren. Ihr seid dem Ethos vom schnellen Geld nachgejagt, und alles, was ihr uns übriggelassen habt, war eine bankrotte Wirtschaft. Kabel-TV, BMWs, Autotelefone, die ganze Kultur der Super-Einkaufszentren hat uns zu Zwölfjährigen degradiert, die alles sofort wollen. Was den meisten von uns geblieben ist, sind nur erotische Fantasien, aufgestaute Aggressionen und ein flüchtiger Vorrat an Jugend.«

Ein Viertel aller Kinder unter sechs Jahren, darunter etwa die Hälfte aller schwarzen Kinder, lebt unterhalb der offiziellen Armutsgrenze. Beinahe jeder zehnte Amerikaner bezieht Lebensmittelmarken. In den Städten nähert sich die Kindersterblichkeit der Rate herkömmlicher Agrargesellschaften. Die Gegensätze zwischen Arm und Reich verschärfen sich. Überall sind Obdachlose zu sehen, ein gutes Drittel davon debil oder verrückt. In New York grassiert die Tuberkulose mit resistenten Erregern, die also nicht mehr mit Antibiotika behandelbar sind. Dies rührt daher, daß viele Obdachlose es nicht fertigbringen, die nötigen Medikamente zumindest sechs Monate lang einzunehmen und derart resistente Bakterien- und Virenstämme »züchten«. Der Leiter des Columbia Presbyterian Krankenhauses, mit einer Fachabteilung für derartige Fälle, sagte uns in einer Arte-Sendung im Oktober 1993 ebenfalls ähnliche Verhältnisse aufgrund des Einwande

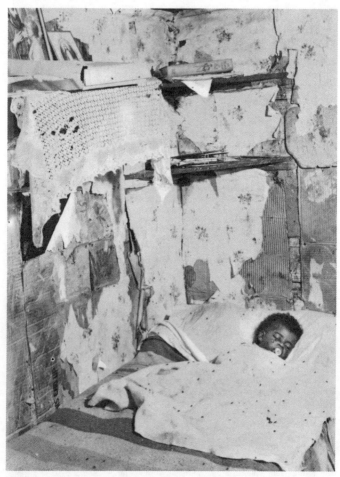

Falsch gebettet

rungsdrucks aus Osteuropa voraus, wo diese Krankheit z.B. in Rußland grassiert. Einer seiner Patienten, ein in Manhattan tätiger Geschäftsmann, muß sich den Erreger in der U-Bahn geholt haben!

Das Versandhaus *Sears Roebuck*, eine amerikanische Legende, mußte Anfang 1993 kurz vor dem hundertsten Geburtstag aufgeben. Hundertdreizehn angeschlossene Kaufhäuser wurden geschlossen, fünfzigtausend Leute entlassen. *R.H. Macy*, eine traditionsreiche Kaufhauskette, stellte Anfang 1992 einen Vergleichsantrag, ein weiterer Schock fürs Bewußtsein der Amerikaner. Grund dafür war ein sogenannter Mangagement-Buyout 1986, ein Jahr vor dem Börsenkrach, der die Geschäftsleitung enger an die Firma binden sollte und über Schrottanleihen (junk bonds) finanziert wurde. Manager und zahlreiche renommierte Firmen, die Vorzugsaktien gekauft hatten, erhielten nur acht Prozent ihres Einsatzes zurück.

Die Qualität vieler Waren läßt oft zu wünschen übrig. Zwar stapeln sich im Supermarkt reihenweise verschiedene Marken von Bohnendosen neben Videos, aber wem nützt der Schund? Man suche mal ein Paar guter Schuhe oder ein vernünftiges Hemd, die keine Importware sind. Viele am Rande des Existenzminimums schlagen sich mit den offiziellen Abfallsammlern zweck Wiederverwertung um die Beute. Nachts scheppern die Sammelbehälter, und morgens finden die Leute Scherben und zerstreutes Papier vor ihrem Haus. Das Wettrennen um Büchsen und Flaschen hat besonders im Westen ein derartiges Ausmaß angenommen, daß manche Sammelfirmen um ihren Bestand fürchten.

Fast die Hälfte aller Forschungsgelder floß in den letzen Jahren in unproduktive Rüstung, allein 32 Milliarden Dollar in SDI, für das der greise *Edward Teller* sich besonders stark machte. Erst 1993 kam heraus, daß Tests, die zu dazu dienten, die UdSSR zu beeindrucken und gleichzeitig den Kongreß zu höherer Mittelbewilligung zu veranlassen, getürkt waren. Eine Zielrakete wurde nach vergeblichen korrekten Versuchen abgeschossen, die einen kleinen, eigens eingebauten, Sender enthielt mit dem Signal »Hasch mich!« für die Verfolgerrakete. Das funktionierte einwandfrei.

1965 hielt General Motors einen Marktanteil vom 50%, heute von unter 35%; 1991 schloß Ford mit 3,5 Milliarden DM Verlust ab, während im Vorjahr noch 1,5 Milliarden DM Gewinn ausgewiesen wurden. Im Jahre 1990 verkaufte Lookheed kein einziges Flugzeug, so daß die Wüsten im Südwesten die größten Friedhöfe fabrikneuer Flieger sind, und auch gebrauchte stapeln sich zuhauf, so z.B. am Flughafen von Miami. Heute produzieren die Japaner rund die Hälfte aller Halbleiter. Abenteurer und Spekulanten wie *Donald Trump, Michael Milken, Carl Icahn* oder *Henry Davis* ruinierten gesunde Firmen mit »junk bonds«, hochverzinslichen Schrottanleihen. Sozialstruktur und Außenhandel gleichen denen ökonomischer Schwellenländern, wenn man mal von Hightechausfuhren absieht. Immer wieder lesen wir in unserer Presse von Verhandlungen mit den USA, in denen diese Schutzzölle gegen EG-Industriewaren androhen, wenn ihnen der EG-Agrarmarkt nicht offenstehe. Warum? Nun, weil ein erheblicher Teil der US-Ausfuhren nicht aus Industriewaren besteht sondern aus Holz und landwirtschaftlichen Erzeugnissen, u.a. Reis für Japan! Obwohl die USA fortwährend gegen offene oder verdeckte Subventionen in der EG wettern, beschreiten sie denselben Weg nach den Massenentlassungen bei IBM. Die wichtigsten Firmen der Branche erhalten, in einer Forschungsgemeinschaft zusammengeschlossen, Unterstützung.

Letzte Trends, gerade im Gefolge von Trump und Konsorten: die Ethikdebatte, an den Unis, in den Unternehmen, in den Medien. Der Kulturkritiker *Robert Hughes* schreibt den ethischen Verfall der achtziger Jahre *Reagan* als Leitfigur zu: »Er hat das Land mit traumwandlerischer Sicherheit auf sein Niveau heruntergebildet und es 1988 ein wenig dümmer hinterlassen als es 1980 gewesen war – und wesentlich toleranter Lügen gegenüber.« Während viele Erstwähler Reagan aus Überdruß an der moralischen Strenge der Sechziger und Siebziger wählten und nicht länger die Gesellschaft verändern, sondern sich behaglich mit ihr einrichten wollten, verkam ihre Lebenskunst häufig zu bloßer Gerissenheit. Sie erkannten allmählich, daß das Arrangement mit dem »rat race« selbst für die Gewinner immer noch bedeutet, Ratte zu sein. Auch Karriere, Designerdrogen und die Reize einer sich überschlagenden Unterhaltungsindustrie mit ihrer hohlen Protagonistin *Madonna* konnten dem nicht abhelfen.

Daß übrigens auch etwas mit dem Retortengeschöpf *Michael Jackson* nicht stimmte, war eigentlich für jedermann augenfällig. Irgendwoher müssen ja dieses psychopathische, abgehackte Herumgespringe dieses Retortengeschöpfes und das Gefummel an der Hose kommen. Ob er nun kleine Jungen nach durch Gesetz gesetzten Schranken zu sehr mochte, oder nicht, ist wurscht. Die Grenzen sind fließend. Zwar ist er einerseits ein großer Künstler, andererseits aber auch ein armer Teufel, der bis heute verweigerte, erwachsen zu werden, und in dem unsere Teenies natürlich immer eine gute Portion ihrer selbst erkennen. Aufgewachsen ist er bekanntlich in einer Familie mit einer bigotten Zeugin Jehovas als Mutter und einem prügelnden Vater, der seine Kinder unter Zwang täglich stundenlang proben ließ, um sie gut vermarkten zu können.

In den Achtzigern hatte die Foucaultsche Individualethik mit der Grundfrage: »Wie gestalte ich mein Leben als Kunstwerk?« den Marxismus, der nach einer gerechteren gesellschaftlichen Ordnung fragte, abgelöst. Die Neunziger scheinen das Jahrzehnt einer pragmatischen Sozialethik zu werden. Siehe auch Hillary Clinton im geschichtlichen Abriß. Das soll uns weiterführen zu

● *Zauberei und Weltall*

Wirtschaftliche Unsicherheit bringt außer Nationalismus und Rassismus alle erdenklichen weiteren irrationalen Phänomene hervor, in Kultur, Medien, Philosophie (Religion) usw. Je komplexer und undurchsichtiger die Welt, desto mehr »Krücken« werden gesucht. Statt sich zu bemühen, die Verhältnisse zu erklären und sie zu verändern, wird Abhilfe von Kosmos, Obskurantismus und religiösen oder anderen nebulösen Wahngebilden erhofft. Nicht umsonst tauchten nach der sogenannten Ölkrise die Katastrophen- und die »Märchen«- und Schnulzenfilme auf (Poseidon Adventure, Towering Inferno, Angriff der Riesenspinne, Love Story, ET, Gremlins, Pretty Woman – wie man sieht, scheint Deutsch für Filme kaum noch zu taugen) – blühen Esoterikschund, Astrologie, Sternzeichen, Horoskop, Tarot, Talisman und Amulett, Kaffeesatzlesen, Pendel, Ufos, Außerirdische, Satanskult, Wiedergeburt (13% aller Deutschen glauben daran!), Teufelsaustreibung, Horror (Der Weiße Hai, Der Exorzist, Das Schweigen der Lämmer), Jesus Christ Superstar, Drogen, Aerobicrausch, seltsame Formen des Therapiewesens mit Urschrei und anderer Scharlatanerie, Gesundheitswelle (acht Millionen Frauen leiden an Freß-, ähnlich viele an Magersucht), Fitness, Dirty Dancing, Saturday Night Fever und anderer narzißtischer Körperkult (s. diese seltsamen topfdeckelbewehrten, kanarienbunten Bastarde von Astronaut und mittelalterlichen Rittern auf ihren Fahrrädern – Verzeihung: Mountain Bikes) – welcher Schock, als Basketballheld *Magic Johnson* bekannte, Aids zu haben.

Meistbesuchte Sehenswürdigkeit in Chicago ist Niketown mit bis zu 15.000 Besuchern täglich, Laden des gleichnamigen Sportschuhherstellers und Kulttempel der Fitneßgeneration. Der Durchschnittsbürger, immer ein wenig zu dick, ein bißchen zu untrainiert, darf sein schlechtes Gewissen hier gleich durch den Einkauf in den bunten Kosmos besänftigen, so z.B. durch ein Paar Air Force Max zu DM 350,-. Galten einst Wettkampf und Kameradschaft als Grundwerte jeder Leibesübung, so ist der Freizeitsport heute nach dem Tübinger Sport-Professor *Ommo Grupe* »eine narzistische Selbstbespiegelung im schönen Outfit«. Der Anschein von Sportlichkeit bestimmt als ästhetisches Dogma die gängige Mode. Bunte, paradisvogelartige Klamotten sind das soziale Signal des Fitneßfetischisten. Zwar gibt sich die Firma ein ökologisches Image – ihre bunten Broschüren werden mit Sojatinte auf »Umweltschutzpapier« gedruckt (ein Widersinn: seit wann schützt Papier die Umwelt?), aber daß die Plastiktreter üble Gase mit Furanen (u.a. Dioxin) bei der Verbrennung abgeben und die Herstellung in Indonesien und China erfolgt, wo beharrlich gegen die Menschenrechte verstoßen wird, stört die Ökogeneration nicht.

Gymnastikstunde 1965

»Saturday Night Fever« beruht übrigens auf einer Reportage von *Nik Cohn*, dessen Geschichte »Arfur« Vorlage für die Rockoper »Tommy« von den Who war. Auf Deutsch erschienen ist sein lesenswertes Buch »Das Herz der Welt« bei Hanser.

Horror, Angst? Was tun, wie sich schützen gegen die unerklärlichen Übel der Welt? Na, mit Blutanalysegeäten, Virenfiltern, UV-Strahlenschutz, kugelsicherer Freizeitkleidung, Wohnungssicherungsystemen, elektronischen Spürgeräten, die nach verborgenen Mikrophonen und Übertragungsgeräten fahnden, selbsttätig alle Bandaufnahmen verhindern und jeden heimlichen Sender in der Nähe stören. Oder wie wär's mit dem Video Probe, der alle geheimen Videoaufnahmen verhindert. Auch die Schock-Brieftasche ist ein Renner. Der Bestohlene kann sie per Fernalarm heulen und dem Räuber einen netten Stromstoß von 50.000 Volt verpassen lassen, der ihn nicht um die Ecke, aber zum Hopsen bringt. Auch der Hundegebellalarm gefällt uns, bewirken Sensoren doch innerhalb eines Umkreises von 20 m ein erschröckliches Dobermanngebell. Der »Lead Check Swab«, eine Art Stift, verrät giftiges Blei in Möbeln, Spielzeug und Geschirr. Der Gasalarm plärrt bei Witterung von Propan oder Methan los. Das »Gauss Meter« mißt elektromagnetische Felder, die »laut wissenschaftlicher Erkenntnis gesundheitsgefährdend sein können.« Der Microwave Leak Detector schützt vor »möglicherweise schädlichen radioaktiven Elementen eines Mikrowellenherdes«. Der »überwältigende Weihnachtsschmuck« mit Hitzesensor und Sirene bewahrt vor dem fürchterlichen Tannenbaumbrand.

Letzte Kinohits: »Batman« und der Zombie-Saurierfilm »Jurassic Park«. Zu ersterem schrieb der Spiegel:
»Über 90% aller Amerikaner glauben, daß Gott sie liebe. Es gibt, vom Iran abgesehen, kein religiöseres, kein gottesfürchtigeres Volk auf Erden und keines, das derart an die eigene Sendung glaubt. Amerikanische Kinder wachsen auf mit Schulgebet und Gottesdienst und dem Wissen, daß die Welt zweigeteilt ist: Hell und Dunkel, Licht und Schatten, Gut und Böse.
Natürlich möchten alle Kinder zu den guten gehören. Aber natürlich ahnen sie auch, daß es jenseits der Mauer eine Menge Spaß gibt. Natürlich möchten alle in den Himmel. Aber die Hölle hat auch ihre Reize. Barbecue im Vorgarten ist ganz nett. Aber ein psychotischer Amoklauf durch die Schattenwelt, das hat auch etwas. So sammeln amerikanische Kinder nicht nur Karten von Lichtgestalten, sondern auch von Teufeln: von Baseballhelden *und* Serienmördern.«
Seit seiner Geburt 1939 sind alle Kinder mit ihm groß geworden. Der Fledermaustyp, tagsüber schüchtern und einsam, mit tragischer Kindheit, mausert sich zu einem sendungsbesessenen Helden, sobald er seine Maske überstülpt. Mit seinem Technoschnickschnack durchpflügt er den Sündenpfuhl Gotham City, ein expressionistisch verfratztes Nacht-New-York, und erlöst die Bürger von ihren Alpträumen. Tagsüber braver Bürger, ist er nachts Lotse durch die Schattenwelt, analytisch gesprochen ein Grenzfall, der den Nerv des amerikanischen manichäischen Weltgefühls trifft.

So, das führt uns jetzt erstmal weiter zum Thema

● *Religion*

Während die überkommenen protestantischen Großkirchen (Lutheraner (2 Mill.), Methodisten (8,8 Mill.), Episkopale (2,4 Mill.), Presbyterianer (2,8 Mill.), die Vereinigte Kirche Christi (2 Mill.), Jünger Christi (900.00), Baptisten (1,3 Mill.)) anhaltenden Mitgliederschwund verzeichnen, wachsen charismatische, pfingstkirchliche und evangelikale wie z.B. die vor allem unter Schwarzen verbreitete »Kirche von Gott in Christus«, die seit 1982 alljährlich 200.000 neue Mitglieder gewinnt und z.Zt. mit fünfeinhalb Millionen Gläubigen die viertgrößte Kirche ist. Gegenüber erstgenannten zeichnen sie sich durch Selbstbestimmung der Gemeinden, Evangelisation sowie Initiative von Pastoren und Predigern aus. Die drei lutherischen Kirchen sind in der »Evangelischen Lutherischen Kirche in Amerika« mit ihren 5,2 Millionen Mitgliedern zusammengeschlossen. Größte protestantische Kirche ist der konservative »Südliche Baptistenverband« mit 15,2 Millionen Gläubigen. Größte Kirche überhaupt ist allerdings die römisch-katholische mit 58 Millionen Schäflein. Konservative Kritiker in den herkömmlichen Kirchen machen die »liberalen« Positionen der Kirchenführung, die sich von den »normalen« Mitgliedern

Jeffrey Dahmer

Koresh

Swaggart

entfernt habe, oder die ökumenische Bewegung verantwortlich. Durch zunehmende Zusammenarbeit und Verwischung der Grenzen verlören sie ihre Identität und seien nicht mehr in der Lage, Jugendliche »bei der Stange« zu halten.

Esoterik, Jesuskult und Aberglaube grassieren in allen Formen, von den etablierten Kirchen bis zu obskuren Sekten, TV-Spektakeln mit Priestern wie *Billy Graham Jim Swaggart* und anderer Tinnef. Für viele sind die etablierten Kirchen, also die katholische und die diversen protestantischen, unattraktiv, während die Winkelreligionen sie anziehen.

Swaggart war übrigens vor wenigen Jahren von seinen Sektenoberen mit Auftrittsverbot belegt worden, weil er sich mit einer Nutte eingelassen hatte, wie er heulend vor laufender Kamera seiner Kongregation gestand. Etwa zweihundert Fern-

sehsender kippten daher seinen wöchentlichen Erweckungsauftritt aus dem Programm. Kürzlich wieder mit einer Hure erwischt, wollte er endgültig vom einträglichen Predigen lassen, nur um anderntags zu verkünden, Gott habe ihn geheißen, auf die lukrative Kanzel zurückzukehren. Kein Wunder: schuldet der fromme Mann doch einem predigenden Mitbewerber zehn Millionen Dollar Schadenersatz aufgrund einer Verleumdungsklage. Swaggart hatte ihm Ehebruch vorgeworfen ...
Daneben machen immer wieder alle möglichen religiösen Verrückten von sich reden, wobei *Jim Koresh* in Waco in guter Tradition mit *Charles Manson* steht, der während seines Treibens mit seiner Kommune im Death Valley bekanntlich *Sharon Tate*, Ehefrau R. *Polanskis* und sechs andere Leute umbrachte, und neuerdings für den Titel »Look at your time, girl« von Guns and Roses Tantiemen bezieht, oder *Jim Jones*, der sich Ende der Siebziger mit 932 (!) seiner Sektenjünger im guatemaltekischen Urwald per gemeinsamen Selbstmords in den Himmel beförderte. Wer erinnert sich denn noch? Kein Wunder auch, daß gerade Rolls-Liebhaber *Bhagwan* seine Kolonie in Amerika aufbauen konnte, wo seine Sannyassins – treibende Kraft war wahrscheinlich Bhagwans rechte Hand *Sheila*, der Meister war zu abgehoben – in Oregon einen ganzen Landstrich terrorisierten, den Rat ihrer Gemeinde per vergiftetem Salat umbringen, Wahlen mit per Bussen herangekarrtem Gesindel aus San Francisco manipulieren wollten, »Wehrübungen« abhielten usw. Nebenbei: von allen uns bekannten religiösen Wahnformen ist uns die bhagwansche mit ihrem narzißtischen Rückzug (Meditation, Versenkung, Folge: man meditiert sich alle bösen Gelüste weg und erreicht einen Zustand, in dem man sie *tatsächlich* nicht mehr verspürt) statt der autoaggressiven, anti-ödipalen, wie Christentum oder Islam (man ist sündig, seinen Trieben »verfallen«, darf das aber nicht, lädt dadurch Schuld auf sich und leidet fortwährend unter einem schlechten Gewissen) noch die liebste, da potentiell am menschlichsten. Allen Genannten ist übrigens gemeinsam, daß eine Hierarchie bezüglich der Verfügbarkeit der Frauen existierte. Der Oberguru durfte natürlich immer mit allen und zu jeder Zeit. Koresh soll über sechzig Kinder mit seinem Harem gezeugt haben. Angstmachen vor bzw. Freigabe von Sexualität unter bestimmten Bedingungen zählt zum festen Bestandteil aller heutigen Religionen.
Und selbst *Nancy Reagan* soll doch ihren Ronnie, Herrn über ein beachtliches Atomwaffenpotential, den sie seinerzeit per klassischer Schwangerschaftsfalle an die Kette gelegt hatte, per Hausastrologin *Joan Quigley* gesteuert haben. 63% Prozent aller Amis würden für keinen Präsidentschaftskandidaten stimmen, der nicht an Gott glaubt, 65% befürchten einen Rückgang des religiösen Einflusses. Obwohl Staat und Kirchen verfassungsrechtlich getrennt sind, wird in den Schulen um das Schulgebet und religiöse Symbole sowie um die Bezuschussung religiöser Privatschulen gekämpft. Die letzten Präsidenten waren außerordentlich um eine religiöse Selbstdarstellung bemüht. Der Erdnußbauer und Baptistenprediger *Jimmy Carter* erteilte Sonntagsschulunterricht, *Reagan* sprach häufig über religiöse Werte und *Bush* besuchte zumindest in seinem Ferienort sonntags demonstrativ den Gottesdienst und rief zu Beginn des Golfkrieges den vorerwähnten TV-Prediger *Billy Graham*, auch als »Gottes Maschinengewehr« bekannt, ins Weiße Haus, um Ministern und hohen Militärs zu predigen. Im letzten Jahr erst kam eine religiös geprägte Bewegung gegen Abtreibung auf, in deren Verlauf ein Arzt, der Aborte vorgenommen hatte, in Florida erschossen wurde. Ärzten gingen Briefe zu, in denen es hieß, daß sie als Abtreibungsärzte erkannt worden seien und sie von ihrem Tun Abstand nehmen sollten, andernfalls Nachbarn und Freunde von ihrer Mitwirkung erfahren würden. »Wenn Sie allerdings dem Töten bereits ein Ende gemacht haben, dann möchten wir die ersten sein, die sie in der Liebe Gottes umarmen wollen«, lautete es weiter.

Der liberale Verband »People for the American Way« führte in seinem Jahresbericht 92/93 350 Angriffe auf die Lehrfreiheit auf. Betroffen waren Autoren von John Steinbeck bis Rudyard Kipling, J.D. Salinger und E.M. Remarque. Selbst ein Konterfei des Nikolaus an der Wand einer texanischen Schule schien zu gefährlich, da der Name »Santa Claus« sich leicht in »Satan« verdrehen ließ. In Eagle Point, Oregon, mußte ein Buch über Streßbewältigung aus der Highschoolbibliothek weichen, da es zu viele östliche Meditations- und Yogapraktiken enthielt. »Politisch korrekte« Linke (s. unter »PC«) wittern Rassismus bei »Sounder« von William Armstrong oder in »Tom Sawyer« von Mark Twain während religiöse und

Rechte allzu drastische Sexualitätsdarstellungen aufs Korn nehmen oder gegen antichristlichen Wertezerfall zu Felde ziehen. Religiöse Motive spielen dabei eine wachsende Rolle.

Die Vielzahl protestantischer Kirchen in den USA, diverser »Sekten« usw., Quäker, Amish, Mormonen etc. sowie überhaupt das Vorrücken obskurer Religionen und Wahnformen (»Weißen Brüder« in der Ukraine usw.) oder »fundamentalistischer« Strömungen, die Gesellschaften wie in Nordafrika, dem Nahen Osten oder Indien ein rigides Korsett aufpressen, ja ganze Staatsgefüge in Gefahr bringen, sind uns Anlaß für einige grundsätzliche Anmerkungen. Geizhälse seien wieder beruhigt: die folgenden Seiten sind geschenkt. Anhand von Katholizismus und Protestantismus soll exemplarisch dargestellt werden, wie Religionen entstehen, denn es ist doch seltsam, daß die meisten Gläubigen auf die Frage, warum sie eine bestimmte Religion haben, höchstens antworten können, daß sie eben so getauft seien, die meisten Leute in der Region oder im Ort dieser anhängen usw.

Die Lektüre der entprechenden Abschnitte über Quäker, Amish, Mormonen sowie des geschichtlichen Kapitels, auch mit dem über Nationalismus und Sklaverei setzen wir hier voraus. Wer den betreffenden Band über Amish oder Mormonen nicht besitzt, eile in die nächste Buchhandlung!

Wir müssen dazu in die europäische Geschichte tauchen. Ausgangspunkt für die protestantische Lehre war das städtische Bürgertum in Nordwesteuropa. Wie in den USA sind in Großbritannien, dem Ursprungsland der Quäker, neben den allgegenwärtigen Anglikanern, Methodisten, Presbyterianern, Baptisten u.a. im Kern protestantische Gemeinden zu bemerken, ferner natürlich die Katholische Kirche, deren Mitglieder seit *Heinrich VIII.* und dem Krieg gegen das (katholische) Spanien, der mit dem Untergang seiner Armada endete, immer als Papstspione mit scheelem Blick beäugt werden. Die Anglikanische Kirche entstand 1534 anläßlich der Weigerung des Papstes, *Heinrich VIII.* von seiner Frau Katharina zu scheiden. Dies war der Anlaß, aber die Briten wären als handeltreibende Seefahrernation eh in Bälde für den Protestantismus fällig gewesen. Und in der Tat beherrschten ja Bürgerkriege zwischen Katholiken und Protestanten die erste Hälfte des 17. Jhs in Großbritannien, wie ja auch in Deutschland während des Dreißigjährigen Krieges z.B. Stichworte wären Cromwell und die Jakobiterkriege, in Frankreich die Bartholomäusnacht und als letzte Nachwirkungen in Europa der Krieg in Irland, einer Nahtstelle nicht nur zwischen zwei Religionen sondern auch eine zwischen zwei Wirtschaftssystemen und zwei Charaktertypen.

Benannt sind die Jakobiterkriege nach dem Stuartkönig *Jakob II.*, der eifrig die Gegenreformation betrieb. Meist erscheinen diese Auseinandersetzungen, die zur gleichen Zeit fast überall in Europa tobten, vordergründig als Religionskriege. In Wirklichkeit handelt es sich aber um soziale Kämpfe, hier den des untergehenden Feudalismus und seiner mit ihm verbundenen Kräfte gegen das erstarkende Bürgertum und den Kapitalismus. Dieser Kampf äußerte sich auf der ideologischen Seite durch den Kampf des Protestantismus gegen den Katholizismus. Letzterer erlangte seine überragende Stellung in unserem Kulturkreis, weil er als monotheistische Religion, die also nur einen einzigen Gott kannte, politisch brauchbar war. Obwohl anfangs bekämpft, verlief sein Erfolg parallel zur Einführung des römischen Kaisertums – die Kaiser fanden es bald nützlich, nur noch einen Gott zu haben, statt vieler, die auch noch in Konkurrenz standen und nur für Unruhe in den verschiedenen Völkerschaften sorgten, alle möglichen Rücksichten erforderten usw. – um sich schließlich mit dem Aufbau des Feudalismus in Nord-, Mittel- und Osteuropa fest zu etablieren. Salbten die Stellvertreter Christi einen Monarchen, so waren diese auch noch von Gott legitimiert und göttlicher Glanz fiel – ungeschmälert durch zig andere Götter – auf sie. Der Katholizismus bildete den Überbau einer festen, starren Ständegesellschaft mit König und Papst als weltlichem bzw. geistlichem Oberhaupt an der Spitze, dem spätestens seit Einführung von Schießpulver und Landsknechtheeren funktionslosen, aber durch Geburt bevorrechtigten Adel sowie dem Klerus in der Mitte und der großen Masse der Bauern, die alle ernährten. Während einst der Mittelmeerraum kulturell und wirtschaftlich am hochstehendsten war, verliefen die Handelsströme im Mittelalter immer mehr in Nordsüdrichtung, z.B. den Rhein oder die Salzstraße hinauf, als in Ost-Westrichtung, was zur

Ausbildung eines selbstbewußten städtischen Bürgertums in Nord- und Westeuropa führte. Schon ab dem 11. Jh. berichten die Chroniken in Flandern von Kämpfen der Bürger in den Städten gegen den Adel.

Warum der Richtungswechsel?

Nun, auf der östlichen Seite rückten während langer Zeit die Türken unaufhaltsam vor und hielten das Mittelmeer unter ihrer Knute – 1453 fiel Byzanz/Istanbul in ihre Hand, 1529 erste Belagerung von Wien, 1683 die zweite mit der Schlacht von Kahlenberg, 1571 Vernichtung der türkischen Flotte bei Lepanto und erst 1830 Befreiung Griechenlands. Auf der westlichen Seite saßen die Araber von 711 n.Chr. bis 1492 n.Chr., Jahr der (Wieder-)Entdeckung Amerikas und damit Ende des Mittelalters und Beginn der Neuzeit, in Spanien. Im Jahre 732 n.Chr. hatte *Karl Martell* ihrem Vordringen bei Poitiers ein Ende gesetzt. Sie machten derart weite Teile des Mittelmeeres für christliche Seefahrer unpassierbar und hielten das Mittelmeer bei Gibraltar bis zum Fall Granadas, der mit der Entdeckung Amerikas 1492 zusammenfiel und das Ende des Mittelalters markiert, versperrt. Der christliche Mittelmeerraum stagnierte, ja verfiel.

Diese Verhältnisse erklären z.b. den Niedergang der oberitalienischen Stadtstaaten wie Venedig.

Auf der anderen Seite entwickelte sich nun der dynamische, rationalistische und zumindest argumentationswillige Protestantismus, der als typische Ideologie des Bürgertums verkündete, daß Arbeit und Fleiß ebenso adeln wie Geburt und dessen Ansprüche auf Machtbeteiligung stützte. Das war politischer Sprengstoff.

Daß gerade ein Luther seine Thesen an die Kirchtüre schlug, ist völlig nebensächlich. Er nahm nur auf, was ohnehin schon in der Luft lag.

Nach protestantischer Lehre waren die Reichtümer, welche die Bürger und Kaufleute anhäufen konnten, Beweis für gottgefälliges Verhalten. Dies stellte natürlich einen Angriff auf alle dar, die ohnehin nichts besaßen, die Masse der Bauern, Handwerker und Arbeiter in den sich entwickelnden Manufakturen also, und auch auf den Adel, der zunehmend verarmte, da er weder arbeiten durfte und deshalb über keine eigenen Geldeinnahmen verfügte, noch die Bauern mangels Fortschritts in der Landwirtschaft härter ausquetschen konnte. Ferner stellte das einen Angriff auf den unproduktiven Klerus dar, insbesondere auf die vielen Klöster, der den Zehnten aus den Bauern preßte und dem die Bauern fortwährend Frondienste zu leisten gezwungen waren. Zwar konnten Adel und Klerus dem Bauern von drei Stück Vieh zwei wegnehmen, aber bei Strafe der Zerstörung ihrer eigenen wirtschaftlichen Grundlage nicht das letzte. Der Adel wurde mit der Zeit immer abhängiger von Pfründen, Ämtern oder unmittelbaren Geldzuwendungen der Monarchen und konnte seinen aufwendigen Lebenswandel, zu dem er aus Gründen der Repräsentation *gezwungen* war, großenteils nur noch so finanzieren, wollte er standesgemäß leben. Das bedeutete Wohlverhalten gegenüber dem geldspendenden König. Die Aufnahme irgendwelcher kaufmännischen Tätigkeiten z.B. hätte den sofortigen Verlust seiner Adelsprivilegien bedeutet. Der Sonnenkönig *Ludwig XIV.* war beispielsweise entgegen landläufiger Meinung kein starker Monarch. Hätte er nicht mit größtem Geschick die Interessen von Bürgertum und Adel / Klerus immer wieder ausgleichen können, so wären seine Tage gezählt gewesen. Der Absolutismus markiert die größte Schwäche des Feudalismus.

Die Geschichte verhalf Rationalität, Vernunft, Planung etc. zu ihrem gebührenden Platz und verwies Wundergläubigkeit und Aberglauben in ihre Schranken, ohne allerdings die Religion abschaffen zu können. Während das Bürgertum sie in seiner revolutionären Phase stets heftig bekämpfte, erkannte es nach Erreichen der politischen Gewalt ihre Nützlichkeit zur Festigung seiner Macht. Es leuchtet ein, daß Menschen, denen von der Kirche unter Strafe von Hölle, Fegefeuer oder Exkommunion gepredigt wird, daß sie ihrer weltlichen Obrigkeit zu gehorchen hätten, und denen weiterhin Entschädigung durch himmlische Freuden für ihre irdischen Leiden versprochen wird, während ihre Peiniger hienieden dafür in der Hölle braten, gehorsame Arbeiter sein werden. Die Entwicklung brachte aber auch eine Überbewertung jener Werte hervor, die wir in übersteigerter Form als so typisch »deutsch« empfinden, die Ausländer so bewundern und gleichzeitig bespötteln, obwohl die Schweizer mit ihrem Kalvinismus davon vielleicht noch mehr abbekommen haben, sowie eine ganz bestimmte Verbiegung des Charakters: Arbeit, Ordnung, Disziplin, berechnendes Kalkül, Pünktlichkeit, Pedanterie,

Strenge und Autorität, Nüchternheit, Asexualität, Sauberkeit, verbunden mit Steifheit, Grübelsucht, Unfähigkeit zur Spontanität, usw. Ferner ließ der Protestantismus eine Menge Freuden verbieten, da diese ja nicht nützlich waren, also kein Geld brachten, wie Kartenspielen, Tanzen, Trinken und das Schönste natürlich ... .

Die Entdeckung Amerikas verlagerte das wirtschaftliche Gewicht noch weiter von Süd- nach Nordeuropa und da besonders nach Westen, also den Amerika nächstgelegenen Häfen. Irland allerdings, wie ein mittelalterliches Lehen von England unter der Knute gehalten, nahm daran keinen Anteil, entwickelte kein starkes Bürgertum, sondern blieb reines Bauern- bzw. Fischerland.

Es verwundert also nicht, daß der Protestantismus zunächst alle wirtschaftlich entwickelten Gebiete Europas erfaßte. Träger der neuen Lehre ist das Bürgertum. Ferner sind alle entwickelten ehemaligen Kolonien wie Nordamerika, Australien, Neuseeland usw. immer protestantisch. Beispiel: weite Gebiete Mitteldeutschlands und Flanderns mit frühem Bergbau bzw. Woll- und Tuchindustrie, Manufakturen und Häfen, die Hansestädte, Lyon mit der Seidenweberei sowie andere Handelsstädte Frankreichs, La Rochelle und Liverpool als wichtige Häfen für den Verkehr mit Nordamerika und schließlich ganz Großbritannien als Land, das vom Handel und der Schiffahrt sowie der Ausfuhr seiner Tuche lebte. Alle nicht durch Merkantilismus oder Kapitalismus entwickelteren Kolonialmächte wie Spanien oder Portugal verhielten sich wie mittelalterliche Raubritter oder Feudalherren, die entweder ihre Schatztruhen füllten – ein gängiges mittelalterliches Motiv – ihr Vermögen mittels Feuerwerken in die Luft bliesen oder durch Samt und Seide, Pferde und Karossen, Geschmeide, Mätressen und unnützen Prunk verpraßten. Diese »katholischen« Regionen zählen trotz ihrer Reichtümer an Bodenschätzen und anderen Rohstoffen heute noch zu den Armenhäusern der Welt, und auch Portugal und Spanien selbst gelingt erst heute mittels kräftiger EG-Hilfen der Anschluß an entwickeltere EG-Länder.

In Deutschland verlief die Entwicklung so kraß, weil die Industrialisierung seit 1820 etwa explosionsartig einsetzte und fast alle Teile der jeweiligen Generation mehr oder weniger unmittelbar erfaßte. Wer das preußische Militär und den Drill in den Fabriken durchlaufen hatte, der war nicht mehr derselbe wie vorher und der erzog auch seine Kinder nicht wie ehedem. Zum Vergleich: in Deutschland überwog die städtische Bevölkerung die ländliche schon in den achtziger Jahren des 19. Jahrhunderts, in Frankreich z.B. erst 1936.

In Großbritannien, dem kapitalistischen Land par exellence, verlief die Entwicklung etwas anders, so daß sich auch der »Nationalcharakter« anders äußert. Ganz wichtig ist hierbei, daß seit der Bauernrevolte 1381, zurückgehend auf den Reformator *John Wyclif*, zwar noch soziales Unrecht und Elend herrschten, aber keine unmittelbare Abhängigkeit mehr. Man verdingte sich und arbeitete in Arbeitsgruppen. Die Leibeigenschaft war aufgehoben, und nach und nach eroberte man sich die bürgerlichen Freiheiten, in Deutschland erst 1918 durchgesetzt. Großbritannien kannte keinen Absolutismus, sondern brachte die erste bürgerliche Revolution hervor und köpfte sogar seinen König, *Karl I*. Obrigkeitsstaatliches Denken und Kadavergehorsam sind dem Engländer daher fremd. In diesem Zusammenhang ist von Bedeutung, daß Großbritannien stets eine Berufsarmee unterhielt und keine Wehrpflicht kannte, so daß junge Männer eben von »preußischen« Tugenden unbehelligt blieben.

Bis heute ist in großen Teilen Skandinaviens oder Schottland z.B. nichts trauriger und öder als ein Sonntag. In abgelegenen Ecken mag es vorkommen, daß man zwar möglicherweise noch ein Zimmer erhält, dafür aber kein Geld genommen wird, da Arbeit sonntags verboten sei. Auch bei uns wurden vor nicht allzulanger Zeit noch Leute bestraft, die sonntags ihren Garten bestellten. Übrigens waren in England bis vor kurzem noch Fußballspiele am Sonntag untersagt.

Die Anglikanische Kirche wirkt ihrem Kult nach wie eine katholische Messe, ist aber ihrer Lehre nach erzprotestantisch. Die Zulassung von Frauen zum Priesteramt Anfang 1993 zeigt ihre Schwäche, da die etablierten Religionen allgemein auf dem Rückzug ist. So sind nur noch drei Millionen Anglikaner regelmäßige Kirchgänger. Der zumindest diskussionsbereite und sich den Anschein von Rationalität gebende Protestantismus kann sich gewisser Forderungen der Basis nach Beteiligung sowie auch solchen nach Abschaffung oder Relativierung bestimmter

Glaubensinhalte – immer weniger glauben *wirklich* an Jungfrauengeburt, Auferstehung, Heiligen Geist, Hölle und ewiges Leben, kurz den Inhalt des ganzen Glaubensbekenntnisses – immer weniger verschließen, will er nicht die Gläubigen verlieren, während der primitive, doktrinärere, in sich geschlossene und daher stärkere Katholizismus über jeden logischen Abgrund hüpft, per Dogmen Denkverbote erteilt und Unbotmäßige per Lehrzuchtverfahren entfernt – in Anbetracht von zweitausend Jahren Kirchengeschichte eine neuere Entwicklung, da sich Häretiker heute nicht mehr per Oxidation in den Himmel senden lassen, wie bis vor rund zweihundert Jahren frommer Brauch. Ohne Dogmen unterschiede sich der Katholizismus nur unwesentlich vom Protestantismus und verlöre seine Daseinsberechtigung. Der Katholizismus muß bei Strafe des Untergangs also seine Dogmen aufrechterhalten.

Zurück zu den USA. Wir vermuten, daß die nüchternen Predigerkirchen eher den Typ des geldorientierten, zwangsneurotischen Erzprotestanten anziehen, wofür auch geschäftsmäßiges Auftreten und äußeres Erscheinungsbild ihrer Mitglieder (Mormonen usw.) sprechen, während der eher hysterische Katholikentypus zu Gospelsong und anderen kruden Sitten in evangelikalen Kirchen umherhüpft. Man muß mal im Süden der USA, geprägt von katholischen französischen und spanischen Einwanderern sowie den Sklaven, eine Kirche besuchen, um das zu verstehen. Das sind großenteils hysterische Massenveranstaltungen mit Trubel, Gesang und Hallelujah, ein Fest für die Augen und alle Sinne, eine Sache, die auch viele Protestanten bei ihrer Kirche missen. Es muß sich dabei nicht immer um katholische Gemeinden handeln, aber sie müssen die entsprechende Choreographie bieten, um diesen Menschentypus anzuziehen.

Wenn Gerichte die Scientologen nicht als Kirche anerkennen wollen, sondern als auf wirtschaftliche Ziele ausgerichtetes Unternehmen bezeichnen, so gilt das natürlich auch für die etablierten Kirchen, fällt dort aber weniger ins Auge. Angesichts der aus unseren Kirchen stammenden, sogenannten Sektenbeauftragten, fragen wir, ob es sich nicht um pure Heuchelei handelt. Seit wann halten die Kirchen keine Gläubigen in psychischer Abhängigkeit, und zwar millionenfach? Heißt »Sekte« (secare = abschneiden; sezieren, Sektor) nicht nur »Teil eines Ganzen«? Wovon sind sie Teil? Und die kirchlichen Hexenverbrennungen und Kriege zählen nichts mehr? Wird der Krebs dadurch daß er massenweise auftritt, zur Nichtkrankheit? Ist nicht klar, daß der »Markt« enger wird und jeder unerwünschte Konkurrenz ausschalten möchte? Geht's nicht um den Zaster, statt ums Seelenheil?

Batman, Koresh, Gottes Maschinengewehr und der Tod eines Arztes lassen uns weitermachen bei Thema

● *Gewalt*

... allenthalben, selbst Waffen in den Schulen, dabei auch immer wieder Amokläufe und Massenmordserien: *Ted Bundy*, hochintelligent, 23 Morde zugegeben, aber wohl über hundert Frauen sadistisch ermordet und verstümmelt, mit den Leichen geschlafen, geküßt, zerbissen, zerstückelt, Körperteile in den Wald geschleppt, damit gespielt; *Jeffrey Dahmer*, das Monster von Milwaukee, mindestens siebzehn Morde an Homosexuellen, Verkehr mit den Leichen, Zerlegung der Kadaver, Auskochen der Schädel, Kannibalismus, bei Verhaftung vier Köpfe im Kühlschrank, sieben Schädel, ein Salzsäurebottich mit drei Rümpfen, Fotos von Verstümmelten. Der New Yorker Gärtner *Joel Rifkin* beschäftigte sich nicht nur mit Blümchen, sondern tat sich nebenher auch noch als Nuttenjäger hervor. Mindestens siebzehn gehen auf sein Konto. Gestellt wurde er zufällig – wegen eines Verkehrsdelikts und fehlender Nummernschilder – mit einer Leiche im Lieferwagen. Siehe auch den Skandal um den Schriftsteller *Ellis* unter »Los Angeles«, der ja eigentlich nur gesellschaftlich Vorhandenes aufgriff.

Wer die Regeln nicht kennt, zahlt's leicht mit dem Leben, wie der harmlose sechzehnjährige japanische Austauschschüler, der auf der Suche nach einer Party ein Grundstück betreten hatte, um nach dem Weg zu fragen. Die Frau des Hauses sah sich ihm plötzlich gegenüber, als sie um eine Ecke bog und lief schreiend vor dem vermeintlichen Bösewicht ins Haus zurück. Der tapfere Ehemann nun stellte sich dem Tunichtgut mit dem Gewehr im Anschlag und dem Ruf »Freeze!« (nicht rühren) entgegen, aber der arme Unverständige lief einfach freundlich lächelnd

R. de Niro, Taxidriver

weiter auf ihn zu – bis er mausetot umfiel. Der Hausbesitzer wurde freigespro-
chen. Privatgrundstücke sind dem Amerikaner heilig. Man versuche doch mal im
freiesten Land der Welt außerhalb eines Nationalparks eine schöne Wanderung,
ein wenig querfeldein, wie man sie bei uns unternehmen kann, und dazu möglichst auch noch irgendwo ein Zelt aufzustellen ...
Gewalt auch in allen Medien, täglich, für alle. Junge Amerikaner sehen 20.000
Morde in 18 Jahren. Aber dann: eine Szene der Urfassung von »Cliffhanger« mit
S. Stallone, in dem Menschen in die Tiefe stürzen, auf Säulen in Tropfsteinhöhlen
aufgespießt und generell überall umgenietet werden, mußte wegen heftiger Prote-
ste neu gedreht werden. Warum? Nun, ein Karnickel kam im Laufe einer Ballerei
zu Tode. Die Szene wurde getilgt, und Meister Lampe hoppelt nun in einer nach-
gedrehten Szene ins Happyend. Im Jahre 1925 war man bei der Urfassung von
»Ben Hur« weniger pingelig: 150 Pferde blieben auf der Strecke – ohne Protest.

Ah, ja – und dann die Waffen, viele Waffen ... für jeden, aber dafür strenge Alko-
holgesetze en masse. Im Jahre 1993 bekämpfte die National Rifle Association mit
einem Werbeeinsatz von 80 Millionen Dollar ein Regierungsvorhaben, das nicht
etwa auf eine Beschränkung des Zugangs zu Schießeisen abzielte, nein, sondern
nur eine einwöchige Wartefrist vorsah, um eine Überprüfung des Kunden zu
ermöglichen. Aber was hätte das schon bei 200 Millionen Flinten in Privatbesitz
genutzt? Nun soll die Ausgabe von Gewerbescheinen für Waffenhändler stärker
reglementiert werden, die bisher nur einen simplen Antrag und 10 $ Jahresgebühr
zu entrichten hatten. Von den rund 280.000 Händlern gilt nach amtlichen Schätzungen nur ein Drittel als seriös. Ferner soll die Einfuhr von Schnellfeuerhandwaf-
fen, wie Gangs und Drogenhändler sie lieben, verboten werden. Letzter Vorstoß
des Senats: Verbot von Führerschein und Faustfeuerwaffen für alle unter 18 Jahren. Einen weitergehenden, das Verbot von Pistolen und Revolvern für Privatleute,
lehnte Clinton ab, aber schließlich erfolgte ein Verbot bestimmter Sturmgewehre
und Munition, was Ende 1993 vor Inkrafttreten des Brady-Gesetzes einen wahren
Kaufrausch bewirkte. Schießeisen für zarte Frauenhände sind z.Zt. Renner: Bonnie oder Ladysmith, Smith und Wessons neuaufgelegter klassischer Revolver
vom Kaliber 22 von 1919, mit dem Halbweltdamen des beginnenden Jahrhunderts die Reste ihrer Tugend zu schützen trachteten, kleine süße 38er Revolver
und 32er Magnums sind der Handtasche gut angepaßt. Rund 15 Millionen Frauen
sind bewaffnet. Das holde Geschlecht stellt augenblicklich 60% der Teilnehmer an
Schießkursen der National Rifle Association. Diverse Firmen bieten Wäschekollek-
tionen, Spezialhalfter u.a. für bewaffnete Frauen, so daß die Wummen unauffällig
in Bluse, Rock und Jacke passen. Bush hatte bereits die Einfuhr von Schnellfeuer-
gewehren untersagt. Keine Beschränkung gilt für die heimische Waffenindustrie.
Ein kleines Trostpflaster: 100.000 neue Polizeistellen sind vorgesehen.

Nun erlauben wir uns einen Schlenker zum amerikanisch-deutschen Kulturaustausch, der eigentlich, was das Kino betrifft, nur in einer Richtung funktioniert:

● Kulturexport

Auf unseren Bildschirmen sind mittlerweile 350 Morde pro Woche zu sehen, und
wenn wir das Kinoprogramm aufschlagen, meint man, in einer Welt aus Kriminalität, Mord und Totschlag sowie Niederträchtigkeit zu leben, was dann auch wieder Sehnsucht nach Märchen- bzw. Schnulzenfilmen erzeugt, wie z.B. »Jurassic
Park« bzw. in erbärmlichem Deutsch, daß es einem grad den Magen umdreht –
»Aus der Mitte entspringt ein Fluß« (seit wann entnimmt man etwas aus der Zeitung und nicht der Zeitung, seit wann entspringt etwas aus der Mitte und nicht der
Mitte, »ent-« bedeutet u.a. doch schon »aus ... heraus«? Wenn schon eine Präpo-
sition, dann doch höchstens »in«. Daß die renommierten Verlage S. Fischer und
Krüger solchen Unfug drucken, beweist, daß ihre Lektoren oder Übersetzer auch
nichts mehr taugen und daß kleinere Verlage häufig die besseren haben).
Die Amerikaner exportieren jährlich Filme im Wert von dreieinhalb Milliarden Dollar nach Europa. Umgekehrt wird gerade mal ein Zehntel davon in den USA
umgesetzt. Zwei Drittel der Serien und Filme der Fernsehprogramme sind amerikanisch. Wer kann diese flachen Gesichter, diese sterilen Typen, die toupierten
oder gesprayten Haare eigentlich noch sehen? Drei Sekunden nach Einschalten
des Programms ist bereits klar, ob es sich um einen amerikanischen Film handelt.
In den Kinos liegt er zwischen 70 (Frankreich) und 90 Prozent (Deutschland).

Minigang 1955

Sollte die europäische Filmförderung aufgrund des Gatt-Abkommens gestrichen werden, so werden heimische Filme nur noch in Retrospektiven zu sehen sein, denn von Wenders bis Almódovar, von Chabrol bis Angelopoulos dreht niemand in Europa ohne Fördergelder.

Und dann gibt's da so seltsame neue, unerhörte Geschichten: ein Autofahrer will zwei, eine Autopanne vortäuschenden, Männern helfen, wird mit Benzin überschüttet und in Brand gesteckt, eine ähnliche Geschichte zur selben Zeit in Bremen, wo eine junge Frau vor ihrer Haustür von einem Maskierten mit Benzin übergossen wird und verbrennt. Ähnliches widerfährt einem schlafenden Obdachlosen in Frankenthal. Zur gleichen Zeit versuchen drei Berliner Schüler, einen Mitschüler und Außenseiter, in der Turnhalle unter dem Gejohle zahlreicher Beistehender zu hängen. War doch alles irgendwo schon mal zu sehen, oder? Wir warten nur noch auf den verrückten Max (Mad Max), in Frankreich z.B. seinerzeit ein Kinohit während Monaten. Unbekannt? Auf in den Videoladen! Das ist der Kerl mit der Kettensäge ...

Auch großartig fanden wir immer die Western, wenn einer ans Pferd gebunden und zu Tode geschleift wurde. Zur Zeit droht zwei Kriminellen in den USA, welche die Geschichte in moderneren Zeiten transponiert und ein Auto benutzt hatten (Tatsache ist, daß sie beim Autoklau die Fahrerin hinausstießen, und diese, da mit der Kleidung in der Tür verfangen, über Meilen zu Tode schleiften). Kein Wunder, daß viele Amerikaner die Todesstrafe befürworten: erhalten die Spitzbuben sie, so machen *die das* nie wieder, was viele Amis beruhigt. Gesellschaftlich erzeugte, und sofern sich nichts ändert, auch immer wiederkehrende Folgen der Verhältnisse sollen durch kurzen Prozeß kuriert werden.

Als kleine Variante genial ist der Einfall zweier zarter Ossiknaben von 15 und 16 Jahren, die Reste von jemandem, den sie zusammengeschlagen hatten, auf einer viel befahrenen Straße auszubreiten, so daß dieser erwartungsgemäß mehrere Male überfahren wurde und endlich mausetot war. Hatten die Buben vielleicht von dem Ende der Berlinerin Barbara *Jensen-Meller* gehört, die, im sonnigen Florida im Mietwagen unterwegs, von zwei schwarzen Gangstern angefahren, niedergeschlagen und auf der Straße liegend vor den Augen ihrer Kinder und ihrer Mutter zu Tode gefahren wurde?

Zwei weitere Bengel gleichen Alters hängten in Halle nach stundenlanger Mißhandlung einen fünfundsechzigjährigen Obdachlosen, auf den sie auch noch einschlugen, als er bereits allmählich in der Schlinge erstickte. Beute: sechzig Pfennig und ein halbes Dutzend Zigaretten.

Aber was soll man in einem Land, in dem IBM englisch buchstabiert wird – man stelle sich mal vor BMW würde in den USA deutsch buchstabiert werden – anderes erwarten als gelehrige Schüler?

Nicht, daß es bei uns keine Massenmörder, Verrückte u.a. gegeben hätte, aber uns dünkt doch schwer, daß Gewalt in letzter Zeit eine ganz andere Qualität annimmt. Wir können nur vermuten, daß dies *auch* etwas mit besagtem »Kulturaustausch« zu tun hat, aber alle Kino- und Videoliebhaber bestimmten Alters werden protestieren.

Ach ja, und wilde Autorennen in Lichterfelde: das gab's schon in den Fünfzigern in den Weststaaten (J. Dean »Denn sie wissen nicht, was sie tun«), beschrieben von *Tom Wolfe* beispielsweise, bei uns vor allem durch »Fegefeuer der Eitelkeiten« bekannt, in »The kandy-kolored tangerine-flake Streamline Baby« (»Das Bonbonfarbene tangerinrot gespritzte Stromlinienbaby«, Rowohlt), auch lesenswert: »The Electric Kool-Aid Acid Test« (»Unter Strom«, Knaur).

Sklaverei

In diesem ganzen Zusammenhang nun auch ein paar Worte über die Sklaverei.

In typisch idealistischer Manier – Ideen, Große Männer machen Geschichte – wurde auf unseren Schulen in Westdeutschland gelehrt, daß *Abraham Lincoln*, ein guter Mann, irgendwie von dem Gedanken der Sklavenbefreiung ergriffen wurde, diesen vorantrieb, was dann zum amerikanischen Bürgerkrieg führte. Gewiß verkürzt, aber so ähnlich haben wir's in Erinnerung. Was im Osten gelehrt wurde, wissen wir nicht, aber nach einigen erstaunlichen Erfahrungen nehmen wir mal an, daß die Mehrzahl der einstigen Schüler zu diesem Thema ähnlich wenig weiß. Lincoln, als Sprachrohr der hinter ihm stehenden kapitalistischen Interessen, sagte aber in einer Rede in Charleston, 1858, ganz deutlich: »Ich bin nicht dafür, in irgendeiner Weise die soziale und politische Gleichheit der weißen und schwarzen Rasse herbeizuführen noch dafür, Neger in Wähler oder Geschworene zu verwandeln, noch sie in die Lage zu versetzen, irgendein Amt zu bekleiden oder sich mit Weißen zu verheiraten ... es muß Oben und Unten geben, und ich bin so sehr wie jeder andere dafür, die höhere Stellung der weißen Rasse zuzuerkennen.«

Lincoln hatte also in Wirklichkeit wenig für die »Sache der Schwarzen« übrig, abgesehen von einer Neigung zu seiner schwarzen Sklavin *Sally Hemings*, mit der er sich vergnügte, und betrachtete ihre Befreiung eher als Nebenergebnis des Kampfes gegen die Südstaaten. Er äußerte sich auch folgendermaßen: »Mein vorrangiges Ziel in diesem Kampf ist die Rettung der Union ... Wenn ich die Union retten könnte, ohne auch nur einen einzigen Sklaven zu befreien, so täte ich es.« Wie glaubhaft wäre auch humanitäres Geschwätz über die Sklaven angesichts der fortgesetzten Ausrottung der Indianer durch alle Parteien, Norden und Süden. Der populären Geschichtsschreibung ist dieser Satz offenbar entfallen.

Thomas Jefferson, dritter Präsident der USA (1801-1809), aus der Pflanzeraristokratie des Südens, und als einer der »Väter der amerikanischen Demokratie« geltend, berief sich ebenfalls auf Gott: »Wir müssen geduldig das Werk einer höheren Vorsehung abwarten und hoffen, daß sie die Befreiung unserer Brüder vorbereitet. Wenn das Maß ihrer Tränen voll sein wird, wird zweifellos ein Gott der Gerechtigkeit ihre Not wahrnehmen«, und: »... ebenso sicher ist, daß sie und wir niemals in einem Zustand gleicher Freiheit unter der gleichen Regierung leben werden – so unüberbrückbar sind die Mauern, welche Natur, Gewohnheit und Meinung zwischen ihnen und uns errichtet haben.«

Aus dem ursprünglichen Entwurf der Unabhängigkeitserklärung, die verkündete, daß alle Menschen gleich geschaffen seien, unveräußerliche Rechte besäßen, wozu das auf Leben, Freiheit und das Streben nach Glück gehöre, ließ Jefferson interessanterweise einen Abschnitt aus, der eigentlich in die Liste der Beschwerden an den englischen König hatte aufgenommen werden sollen. Dies deswegen, weil er sich auch gegen die »Gründungsväter« selbst gerichtet hätte. Er lautete: »Er (d. König) hat einen grausamen Krieg gegen die menschliche Natur selbst geführt, indem er die heiligsten Rechte auf Leben und Freiheit Angehöriger eines entfernten Volkes (Afrikaner), die ihn niemals beleidigten, verletzte, sie gefangennahm und sie in die Sklaverei auf einer anderen Halbkugel verschleppte oder sie einen elenden Tod bei ihrer Überführung dorthin erleiden ließ.«

Als die »edlen«, »gerechten« und »freiheitsliebenden« Männer, die um ihre Freiheit einen langen, blutigen Krieg gegen *König Georg* von England geführt hatten, ihre »herrliche« und »heilige« Verfassung von 1787 abfaßten, enthielt diese weiterhin Gesetze, welche diese »merkwürdige Einrichtung« (Sklaverei) heiligten, rechtfertigten und schützten (n. The New York 21 answer Judge Murtagh, Prozeß gegen Bobbie Seale).

Während die ersten 1619 in Jamestown, Virginia, von Holländern eingeführten Schwarzen, als »indentured servants«, arbeitsverpflichtetes Hauspersonal, galten mußten, da sie getauft und damit nach britischem Recht nicht verklavt werden durften, wich das christliche Bewußtsein der Pilgerväter, die 1620 am Plymouth Rock anlandeten, in den sechziger Jahren der Sehnsucht nach höheren Profiten. Die Carolinas, New York, Maryland, Delaware und Pennsylvania führten die Sklaverei ein, indem sie auf den ewigen Status »viehgleicher Sklaverei« verwiesen. Diese Heldentat wurde legal durch die Justiz abgesichert mit dem Gewehren im Hintergrund (Quelle wie oben).

Ideen fallen nun aber nicht vom Himmel, sondern haben ihre Gründe in wirtschaftlichen Gegebenheiten. Die Sätze von *Marx*, nach denen die ökonomische Basis den Überbau, also die Gedanken, bestimmt, und die herrschenden Gedanken die der Herrschenden sind, werden eigentlich von niemandem ernsthaft angezweifelt. Dies selbst von konservativen Wissenschaftlern nicht, mit Ausnahme religiöser und verwandter Propheten.

Solange in unserem Kulturkreis verhältnismäßig stagnierende, mittelalterliche Gesellschaften bestanden, war Sklavenarbeit selbstverständlich, und nie hätten die Mächtigen an Abschaffung gedacht. Im Gegenteil: die Kirche als größter Sklavenhalter des Mittelalters – sie braucht bereits seit dem 4. Jh. billige Arbeitskräfte zur Bewirtschaftung ihrer Güter – verteidigte dieses als »Gottesgeschenk« (Kirchenlehrer *Ambrosius*), als »Kirchengut«, als »Christliches Institut« (*Ägidius* von Rom), das man Gott ja nicht wegnehmen könne. *Paulus* lehrt: »wie jeder in seinem Stande, so bleibe auch der Sklave in der Sklaverei«. Vom Mittelalter bis in die Neuzeit läßt sich eine Linie verfolgen, die wir hier nur andeuten können. Das 17. Konzil zu Toledo erklärte 694 alle Juden zu Sklaven. In Sevilla wurden 1391 unter Führung des stellvertretenden *Erzbischofs Martinez* viertausend Juden umgebracht und etwa 25000 versklavt. *Thomas von Aquin* rechtfertigte die Sklaverei ausdrücklich, und Kirchenlehrer *Augustinus* tröstet die Sklaven mit der Gottgewolltheit ihres Schicksals.

Nebenbei: höchster Titel in der Römischen Kirche, der »heiligen«, der »einzigen« und »wahren«, ist übrigens der des Kirchenlehrers, nicht der des Papstes, wie manche fälschlich glauben. So waren nur zwei Päpste Kirchenlehrer. Einer davon war *Gregor I.* mit dem Beinamen der Große, ein halbes Jahrtausend Quelle christlicher Erbauung und »Wissenschaft«, und uns bekannt dafür, daß er vier Bücher mit unglaublichstem, haarsträubendstem Blödsinn füllte, u.a. dem todernst gemeinten Bericht von der Nonne, die versehentlich den auf einem Salatblatt sitzenden Belzebub verputzt.

Die moderne Negersklaverei, Fortsetzung der mittelalterlichen, wurde mit denselben theologischen Argumenten gestützt, der religiösen Gleichstellung und Gottgewolltheit. Auf Deutsch: gehorchte der Sklave einst aus Ohnmacht und blanker Angst, so machte ihm die Kirche Kadavergehorsam zur sittlichen Pflicht. So hielt das päpstliche Rom unter allen europäischen Metropolen am längsten an ihr fest. Noch nach der Aufhebung der Sklaverei in den europäischen Ländern und ihren Kolonien leisteten die Jesuiten in Brasilien bis zuletzt Widerstand. Erst 1888 waren die »Gottesgeschenke« befreit. Ja, christliche Apologeten der Sklaverei wiesen darauf hin, daß Noahs verstoßener Sohn Ham Stammvater aller Negroiden sei. Laut Schöpfungsgeschichte stammen alle Völker der Erde von Noahs Söhnen Sem, Jafet und Ham ab. Dieser hatte eines Tages die »Blöße« seines Vaters erblickt, der im Rausch auf der Erde lag, und mußte dafür büßen, indem er fortan Knecht seiner Brüder war. Was daran so schlimm war, daß der arme Hund und so zu leiden mußte, wissen wir nicht, sähen, wenn überhaupt, eher etwas Tadelnswertes in Noahs Trunkenheit. Ähnlich wie aus der Genesis leiten übrigens auch die Mormonen Farbe und Knechtschaft der Schwarzen her. Man frage sie doch mal danach bei ihrer Bauernfängerei auf der Straße.

Auch der englische Philosoph *John Locke*, auch heute noch als Kronzeuge liberalen Geistes geltend, war nicht nur selbst am Sklavenhandel beteiligt, sondern segnete ihn auch rechtlich in seinem Verfassungsentwurf ab, den er für Nordkarolina fertigte. Wir schweifen ab: zurück zum Thema.

Die Sklaverei wurde immer aufgrund innerer wirtschaftlicher Widersprüche aufgehoben oder bewirkte den Verfall der Sklavenhaltergesellschaften. Bestes Beispiel ist der Zerfall des Römischen Reiches – ein weiteres Mysterium für unsere Schüler. Wie konnte es sein, daß ein derart mächtiges Reich unter dem Ansturm einiger Germanenhorden zerbrach? Tatsache ist, daß die Römer einfach immer neue Sklaven, sprich Territorien, erobern mußten, um Nachschub für die, welche sie durch allgemeine Bautätigkeit, Straßenbau, Bewirtschaftung ihrer Ländereien »verschlissen« hatten, heranzuschaffen, also durch Krieg, durch Gewalt, welche der ganzen Gesellschaft einen kriegerischen Stempel aufdrückte. Demnach herrschte also ein innerer Zwang zur Ausdehnung. Daß ein derartiges Riesengebilde, vom Hadrianswall an der südschottischen Grenze bis in die Sahara, von Portugal bis nach Kleinasien hinein, bestehend aus zig Völkerschaften, verschiedenen Klimazonen, widerstreitenden Interessen, allen möglichen auseinanderdriftenden Kräften, wo jeder Provinzfürst fern von Rom in Versuchung geriet, sein eigenes Süppchen kochen zu wollen usw., ohne moderne Nachrichtenmittel, ohne Möglichkeiten des raschen Eingreifens, eines Tages nicht mehr zu beherrschen war, wird jedem einleuchten. Der Aufwand, alle eroberten Völker unter der Knute zu halten, war daneben gewaltig. Fazit: genau das, was Roms Größe erst ermöglichte, die Sklaverei nämlich, barg auch schon gleich den Keim für seinen Untergang. Der Historiker *Paul Kennedy* würde diesen Zustand wohl sinngemäß zur ebenfalls

Ku-Klux-Klan, Fünfziger Jahre

untergegangenen UdSSR »imperiale Überdehnung« nennen (»Aufstieg und Fall der großen Mächte«, ferner lesenswert: »In Vorbereitung auf das 21. Jahrhundert«, beide bei S. Fischer).

Drei weitere schädliche Folgen der Sklaverei sind zu nennen: der Verfall handwerklicher, landwirtschaftlicher oder anderer nützlicher Fähigkeiten und Kenntnisse zu Tätigkeiten, welche die Römer nunmehr als unter ihrer Würde erachteten. Daraus ergibt sich der zweite Punkt: die Verachtung manueller Arbeit, ein Stachel, den die römische Gesellschaft tief in unserer westlichen Gesellschaft hinterließ. Zum dritten nun die Herausbildung eines Lumpenproletariats aus entwurzelten, durch Konzentration oder Sklavenarbeit von ihren Parzellen vertriebenen Bauern, Handwerkern usw., die nur durch Brot und Spiele ruhig zu halten waren. Ein waschechter Römer war demzufolge möglichst in Militär, Verwaltung, den Wissenschaften oder den Künsten tätig.

Durch die allmähliche Aufteilung Afrikas etwa ab dem 17. Jh. unter die europäischen Völker stand ein schier unerschöpfliches und billiges Reservoir an Sklaven bereit.

Der Historiker *W.E.B. Dubois* beschreibt das System, das vor allem Großbritanniens Vorherrschaft festigte, folgendermaßen:

»Es war zunächst vor allem durch Zucker und Tabak, später durch Baumwolle bedingt. Die Verarbeitung dieser Güter verwandelte England in ein Industrieland ... Die Neger wurden mit britischen Waren gekauft und auf die Pflanzungen verschleppt, wo sie Zucker, Baumwolle, Indigo, Tabak und andere Güter erzeugten. Deren Verarbeitung ließ neue Industrien in England entstehen, während die Bedürfnisse der Neger und ihrer Besitzer einen erweiterten Markt für die britische Industrie, die Landwirtschaft Neuenglands und die Fischereien Neufundlands darstellten.«

Dies ist die Zeit der ursprünglichen Kapitalakkumulation, von *Marx* wie folgt beschrieben:

»Die Entdeckung der Gold- und Silberländer in Amerika, die Ausrottung, Versklavung und Vergrabung der eingebornen Bevölkerung in die Bergwerke, die beginnende Eroberung und Ausplünderung von Ostindien, die Verwandlung von Afrika in ein Gehege zur Handelsjagd auf Schwarzhäute, bezeichnen die Morgenröte der kapitalistischen Produktionsära. Diese idyllischen Prozesse sind Hauptmomente der ursprünglichen Akkumulation.«

Das berühmte Handelsdreieck: Spiegel, Glasperlen und anderer Tand von Europa nach Afrika gegen Neger, diese gegen Baumwolle in den USA oder Gewürze in Indonesien, um die Gewinne daraus in allen möglichen Industrien und Geschäften in Europa anzulegen, bildete also die Grundlage ungeheurer Reichtümer in Europa, aber auch in den USA, wo die Latifundienbesitzer pseudoaristokratische Hofhaltung betrieben, während sich, wie im Römischen Reich, ein weißer Mob herauszubilden begann. Der Ku Klux Klan wurde erst spät 1866 in Tennessee gegründet. Tennessee ist der Staat, der *Darwins* »Über den Ursprung der Arten« vom 1925-1967 auf den Index setzte, da seine Erkenntnisse der Bibel zuwiderliefen, und in dem heute an einigen Schulen weder Rotkäppchen noch die »Hundert Jahre Einsamkeit« von *Garcia Marquez* gelesen werden dürfen. Augenfälliges Merkmal ihrer »Überlegenheit« war ihre Hautfarbe, ähnlich wie der Status als Römer diesen über alle Nichtrömer erhob, gleichgültig wie dämlich dieser einzelne Römer auch immer war. Im Gegensatz zu dem, was viele glauben, befand sich der Süden nicht in kolonialer Abhängigkeit vom Norden, sondern der Konflikt stellte eher einen Wettlauf zweier Wirtschaftssysteme dar. Im Jahre 1854 erreichten die Südstaaten mit der »Kansas-Nebraska-Bill« die Aufhebung jeder geographischen Grenze der Sklaverei, und 1857 gestattete das Oberste Bundesgericht Sklavenhaltern im »Dred-Scott-Fall«, ihre Sklaven auch als Privateigentum in sklavenfreie Staaten, also den Norden und den Westen mitzunehmen. Nur durch Ausdehnung, »Erfüllung des Lebensgesetzes der Sklavenstaaten der Union«, vornehmlich in den Westen, konnte die Pflanzeroligarchie von rund dreihunderttausend Mitgliedern hoffen, die Millionen von »poor whites« von Aufständen abzuhalten und sie mit der Aussicht ködern, sich eines Tages selbst zu Sklavenhaltern aufzuschwingen.

Ferguson Zuchthaus, Texas 1967

Sklaven lassen sich nur bei gleichförmigen Arbeiten in einem überschaubaren Rahmen, wie den Plantagen des amerikanischen Südens, optimal einsetzen. Jedem wird einleuchten, daß sich mit einem Wachturm, einigen Hunden und Gewehren eine Vielzahl von Sklaven auf einem Feld in Schach halten lassen, in einer verschachtelten Fabrik dagegen wäre jedem Skaven gleichsam ein Aufseher zur Seite zu stellen. Warum? Die Antwort liegt in der Motivation begründet. Sklaven arbeiten zwangsweise, unter Angst, unter Strafandrohung, versuchen möglichst, sich zu drücken und den Arbeitsprozeß zu verlangsamen oder durch Sabotage zu unterbrechen. Vom kapitalistischen Standpunkt her war es also sinnvoller, den Sklaven in einen Industriearbeiter zu verwandelt, der durch Stücklohn u.a. Anreiz zu Eigentätigkeit erhielt. Durch Eigen-Motivation ließ sich quasi eine Person »einsparen«. Statt Sklave *und* Aufseher benötigte man so nur eine Arbeitskraft. Und hier kommt ein weiterer Gesichtspunkt: Sklaven haben die unangenehme Eigenschaft, als »Betriebskapital« auch bei schlechten konjunkturellen Zeiten durchgefüttert werden zu müssen. Sklavenhalter, die sie nicht ernährten, würden ihre eigene wirtschaftliche Grundlage zerstören. Arbeiter fliegen einfach raus, können sehen, wo sie bleiben, und stellen somit keinen Kostenfaktor mehr dar. Eine eindrucksvolle Schilderung der Verhältnisse ist mit »The Jungle« von *Upton Sinclair* überliefert. Da der Manchesterkapitalismus bis ins 20. Jh. hinein schwerste periodische Störungen mit aufeinanderfolgenden wirtschaftlichen Höhenflügen und Depressionen bewirkte, war das für die Industriellen die geeignete Lösung, zumal das *hire and fire* wegen unbekannter sozialer Fürsorge auch nichts kostete. Ein weiterer wirtschaftlicher Zwang zur Verwandlung von Sklaven in Arbeiter ergab sich aus der Notwendigkeit, größere Märkte zu schaffen, hier des Binnenmarktes. Sklaven konsumieren nicht, bekommen nur das Nötigste gestellt, während Arbeiter an der Zirkulation teilhaben, als Nachfrager am Markt der Gütererzeugung ungeheuren Auftrieb verleihen und auch als konjunktureller Puffer wirken können. Was auf der einen Seite als Lohn anfällt, kommt auf der anderen durch Verkauf von Waren und Dienstleistungen als Gewinn ja eh wieder herein.

Der dynamische Kapitalismus in Form der nordamerikanischen Industrie, der frei verfügbare – und damit auch frei zu entlassende – Arbeiter benötigte, im Süden eine Quelle für Rohstoffe, einen Markt für seine Fertigprodukte und ein Investitionsgebiet für sein Kapital erblickte, mußte also dem feudalen, mittelalterlichen Sklavensystem ein Ende bereiten. Ideen haben offensichtlich nur dann Erfolg, wenn sie gesellschaftlich brauchbar sind, mit anderen Worten: den Herrschenden in den Kram passen, fliegen also keineswegs freischwebend durch die Luft, sondern entspringen gesellschaftlichen und wirtschaftlichen Grundlagen. Sätze wie: »Der Geist geistet, wo er will« (Paracelsus) oder »Das Nichts nichtet« (Heidegger) bereiten uns Banausen daher immer wieder heitere Momente. Nicht Einstein hat die Relativitätstheorie »entdeckt«, sondern sie wäre eh formuliert worden, da sie »in der Zeit angelegt war«, durch zig Vorarbeiten anderer Wissenschaftler z.B., gesellschaftlich notwendig war, genauso wie Glühbirne, Verbrennungsmotor oder Telefon. Der Schuß des Schauspielers *John Wilkes Booth* auf Lincoln am 14. April 1865 in der Loge des Washingtoner Fordtheaters vermochte die Abschaffung der Sklaverei folglich nicht umzukehren. Booth starb übrigens zwölf Tage später unter Polizeikugeln mit den Seuzern »Nutzlos, nutzlos«.

Andersherum ausgedrückt gilt: wäre die Sklaverei heute noch ökonomisch sinnvoll, so dürften wir getrost davon ausgehen, daß sie auch fortbestünde und durch Weihwedel und allerlei »Philosophien« im Überbau ideologisch begleitend verteidigt würde.

Ideen, Forderungen nach Freiheit, Gleichheit – auch die der Sklaven – oder Brüderlichkeit usw. drücken Interessen aus und werden ja auch je nach Lage unterschiedlich gehandhabt. Ohne wirtschaftliche Zwänge gelten selbst so hehre, unantastbar scheinende, Werte wie das »Leben« doch im Kriegsfall nichts. Orden erhält der, der möglichst viel tötet, und selbst über die Abtreibung gehen bekanntlich die Meinungen auseinander. Auch Serum wurde ja in Frankreich und der BRD in Kenntnis (!) der um die darin enthaltenen todbringenden Aidsviren an Bluter weitergespritzt. Warum, wenn nicht aus wirtschaftlichen Erwägungen? Kommentar von Versicherungsvertretern laut Spiegel: ein lebendiger Bluter koste die Kassen alljährlich eine Million DM, während für einen erkrankten, bzw. toten aber nur einmalig sechzig- bis achtzigtausend Mark fällig waren ...

Diese Zeilen hatten wir schon in der letzten Auflage 1992 geschrieben, folgende im Sommer 1993:

»In Frankreich war die Blutergeschichte mit ein Grund für das katastrophale Abschneiden der Sozialisten im März 1993, da Ex-Premier Fabius die Verantwortung trug und amnestiert werden sollte. Und bei uns? Da verkündet Anfang Juli 1993 in der Südwest-3-Landesschau – über acht Jahre nach Bekanntsein der Problematik – der Leiter der Blutzentrale an Stuttgarter Katharinenhospital, Prof. U. Suck, es sei gebräuchliche Praxis beim Aidstest an Frischblutkonserven nur den Antikörpertest nicht aber den auf HVI-Erreger vorzunehmen, so daß Blutkonserven also mit Aids behaftet sein könnten. Ein Test, der auch bei Frischblutspenden sofort den Erreger nachweise, sei möglich, aber zu wenig effizient und teuer. Was haben sie geschworen, die Ärzte? Einen Eid? Ach ja.«

Ende 1993 kam dann die ganze Geschichte erstmal richtig auf ... Wie man sieht, haben wir oft die Nase vorn.

PC - to be or not to be

Nicht unterschlagen seien hier einige Blüten, die sich leider wie die Pest ausbreiten und ihre ideologischen Wurzeln im Dekonstruktivismus, einer durch den Franzosen *Jacques Derrida* beeinflußten literaturwissenschaftlichen Strömung haben. So ist bekannt, daß der Historiker Stephen Thernstrom seine Vorlesung in Havard über die Besiedlung Amerikas abbrechen mußte , da er u.a. Indianer als solche und nicht als »native Americans« bezeichnet hatte, ferner da sein Kollege Bailyn aus dem Tagebuch eines Südstaaten-Pflanzers, nicht aber aus denen eines Sklaven zitiert hatte, unbeschadet der Tatsache, daß letzteres gar nicht aufzutreiben war. Norman Holland, Professor für lateinamerikanische Literatur am Hampshire College und kein Weißer, verlor seine Stelle, da seine Kurse zu »eurozentrisch« seien. Beim Besprechen von »Hundert Jahre Einsamkeit« habe er zwar auf das koloniale Erbe hingewiesen, aber Marquez frevelhafterweise in die Überlieferung von Proust und Joyce gestellt und sich geweigert, das Werk als bloßes soziologisches Dokument zu behandeln. Reynolds Farley, führender Forscher auf dem Gebiet der Rassenbeziehungen an der Universität Michigan, mußte ebenfalls einen Kurs streichen, da ihm »rassische Unsensibilität« vorgehalten wurde. Sein Vergehen: er hatte aus der Autobiographie von *Malcolm X* vorlesen lassen, worin der Autor sich als Dieb und Zuhälter bezeichnete und ferner die Argumente der Südstaaten für die Beibehaltung der Sklaverei erörtern lassen.

»PC«, »politically correct«, ein eigentlich aus dem Stalinismus stammender Ausdruck, lautet die Denkschere an den Universitäten. PC, also unverdächtig ist, wer gegen Rassismus, Sexismus, Homophobie kämpft, sich für Schwule, Frauenstudien, die PLO, den ANC, den Tierschutz, die Selbstabschottung der Schwarzen auf dem Campus, multikulturelle Vielfalt und *affirmative action*, also Quoten für Minderheiten, einsetzt. Zensur und Boykott zugunsten dieser Ziele geschieht im Namen höherer Toleranz, für Gruppen-, Frauen- und Stammesrechte. »Non-PC« dagegen sind alle, die Bedenken gegen Abtreibung oder Zweifel am Sinn der Quotenregelung äußern, nichts gegen Pelzträger haben, Leistung befürworten und allgemein Rasse und Geschlecht als Dreh- und Angelpunkt der Politik verneinen. Als Feinde schlechthin machen die PC-Anhänger die gesamte westliche Kulturtradition und den »Eurozentrismus« aus. Dieser beinhaltet das ganze Elend der Welt, von Kolumbus bis Reagan, vom Völkermord an Indianern bis zur Abholzung des Regenwaldes, von Frauenfeindlichkeit bis zum Faschismus. Seine Vertreter sind die »dead white males«, darunter so ausgemachte Halunken wie Shakespeare, Dante, Joyce und Freud.

Dieser Aberwitz führte beispielsweise zu folgenden Verrenkungen: ein Biologe in Santa Cruz beginnt seine Vorlesung mit der Entschuldigung, daß er über einen »dead white man« rede, daß es ihm leid tue, selbst ein »living white male« und somit kein Angehöriger einer unterdrückten Minderheit zu sein. Nicht mehr das Sein bestimmt das Bewußtsein, wie eingangs erwähnt, sondern die Sprache, die damit zum Schlachtfeld avanciert. Alte sind nicht mehr alt, Behinderte nicht mehr behindert (nach PC korrekt: differently abled, früher: handicapped), Kleine nicht klein usw. Das Wort »Mafia« ist in offiziellen Dokumenten verboten, da es eine Diskriminierung der italienischstämmigen Bevölkerung darstelle. Da Leder verpönt ist, trägt man *vegetarian leather*, also Kunstleder, selbst Haustiere, *pets*, haben

Malcolm X

heute mit *domestic compagnions* bezeichnet zu werden. Professor Roderick Nash an der Santa Barbara Universität trug die ironische Bemerkung, daß die aufklappbaren Nackten eines einschlägigen Bilderblattes immer noch »Penthouse Pets« und nicht »Penthouse Animal Compagnions« hießen, eine Anzeige mehrerer Studentinnen wegen »sexueller Belästigung« ein. Treffende Bezeichnungen werden also durch Euphemismen ersetzt, ähnlich bei uns »Kern-« statt »Atomkraft« (Assoziation: eher gesunde Apfelkerne denn Hiroshima usw.), »entsorgen« (eher eine Sorge los sein, denn durch Müllabladen neue Sorgen zu schaffen usw.). Auf der ganzen Welt wurden nach 1918 allmählich alle Kriegs- in Verteidigungsministerien umbenannt. Der Solidaritätszuschlag ist das genaue Gegenteil, nämlich ein Abzug. Aber auch schon ein englischer König vor rund zweihundert Jahren beschäftigte ja keinen Rattenfänger mehr sondern einen »rodent operator«, einen »Nagetierspezialisten«, der wohl unserem »Kammerjäger« entspricht. Ferner ist einer ganze Reihe neuer »-ism« entstanden: »lookism« bezeichnet das verpönte Anlegen von Schönheitsmaßstäben, da ja immer »willkürlich«, »ageism« steht für die Unterdrückung von Kindern und Alten durch Erwachsene diesseits des Greisenalters. Nur: durch sprachliche Umetikettierung ändert sich inhaltlich gar nichts: der »Unterprivilegierte« bleibt weiterhin »arm« und ein »Umweltminister« wird weiterhin zunächst die Industrie schützen, ansonsten ist schleierhaft, warum Matthiesen in NRW die durch die Westfalenhütte ausgespienen hohen Dioxinmengen verheimlichte. Der Inhalt bleibt gleich, aber über die Sprache soll eine positive oder neutrale Besetzung erzielt werden.

Kurz, Absicht der akademischen Kreuzfahrer ist es, sich über an Hautfarbe, Herkunft und Geschlecht orientierender Quotenverwaltung Vorteile zu verschaffen, statt sich an Leistung messen zu lassen. Politische Korrektheit, in Wirklichkeit Inkorrektheit, wurde so zur Neusprechfloskel, zum Konformitätsdruck, zur Zensur. Sie liebt das Kampfgeschrei, richtet sich gegen Konsens und scheint die Antwort einiger Intellektueller auf die atavistische Aufsplitterung der östlichen Gesellschaften zu sein.

Letzte Blüte 1993: wegen jahrelanger finanzieller Krise gaben die amerikanischen Sinfonieorchester, die fast ausschließlich europäische Klassiker spielen, eine Studie in Auftrag, mit dem Ziel, Überlebensstrategien zu ergründen. Es kriselt deshalb, weil die Geldspenden des weißen Bildungsbürgertums in der Rezession ausbleiben und andererseits nicht genügend Musikernachwuchs vorhanden ist, denn aufgrund von Mittelkürzungen ist es heute beinahe unmöglich, ein Instrument an einer Schule zu erlernen. Ergebnis der 156 Gremiumsmitglieder: die Orchester seien zu europäisch, zu elitär und vielleicht zu rassistisch. Man möge sie »amerikanisieren«, also vom selbstgesetzten hohen Niveau Abstand nehmen und jazzige und poppige Elemente aufnehmen. Die ethnische Vielfalt des Landes soll sich auch auf dem Podium widerspiegeln. Die Praxis, Musiker bei der Einstellung hinter einem Vorhang vorspielen zu lassen, damit einzig das musikalische Können entscheide, soll abgeschafft werden. Die fachliche Kompetenz sei nicht mehr genug. Pädagogische Fähigkeiten sollten ebenso berücksichtigt werden wie Hautfarbe und Geschlecht. »Amerikanische Orchester sollen die kulturelle Vielfalt, die Bedürfnisse und Interessen ihrer Umgebung widerspiegeln. Sie sollen Verhaltens- und Denkweisen ablegen, die ihre Exklusivität herausstreichen. Beim Repertoire soll einheimischen Komponisten Vorrang vor europäischen eingeräumt werden«. Bloß: wenn die Sinfonieorchester ihre herkömmliche Führungsrolle im Musikleben aufgäben, sich dem Massengeschmack näherten und Werke schwarzamerikanischer Komponisten aufnähmen, hieße das noch nicht, daß sich mehr Schwarze für klassische Musik begeistern könnten. Eher ist zu befürchten, daß kommerzieller Erfolg als Maßstab dieser »Amerikanischen Orchester« zu ihrem Aussterben führen würde.

Wettkampf auf amerikanisch

Jenseits des Atlantiks finden seltsame Spiele und Rennen statt, die bei uns wohl keinerlei Anhängerschaft haben und wohl auch aus Gründen des Umweltschutzes usw. kaum Aussicht auf Durchsetzung hätten. Meistens handelt es sich dabei um lokale Meisterschaften, an denen die ganze örtliche Bevölkerung Anteil nimmt. Sich nur bei den jeweiligen Tankstellen, Motels oder Fremdenverkehrsbüros erkundigen, und mal in die Lokalpresse schauen. Mit ein wenig Glück erlebt man solch einen Wettkampf mit, der stets als Riesenspektakel aufgezogen wird.

– *Tractor Pull:* dieses »Trecker-Tauziehen« begeistert sämtliche Bauern Amerikas. Die 3-6 t (!) schweren und bis zu 3000 PS starken Maschinen messen ihre Kräfte, indem jede ein wahres Monstrum von Anhänger (8-10 m Länge) ziehen muß, das sich mittels einer Pflugschar in den Boden buddelt. Es gibt sogar regelrechte Spezialzeitschriften dazu: *Pull* und *The Puller*. Am größten ist die Chance, solch ein Schauspiel mitzuerleben, in den Staaten des Middle West, zwischen Colorado und Florida, wo intensiv Landwirtschaft betrieben wird.

– *Dragsters:* dieser Name wird Bewohnern des Alten Kontinents schon mehr sagen. Die hub- und PS-starken Motoren der Rennwagen mit den überdimensionalen Reifen beschleunigen die Kisten auf eine Geschwindigkeit von 400 km/h, und zwar auf einer Piste von nur 400 m Länge! Die klugen Köpfe unter unseren Lesern werden geschwind errechnet haben, daß ein solches Rennen nicht einmal zehn Sekunden dauert. Es vollzieht sich Runde für Runde, in der sich immer zwei Fahrer ein Duell liefern, bis zum Finale. Die einschlägige Zeitschrift dazu heißt *Hot Rod*. Mit einer Auflage von 1,5 Millionen hat sie übrigens die höchste der internationalen Auto- und Motorsportpresse.

– *Midgets Modified* oder *Spring Cars:* dieses Rennen erinnert kaum noch an Sport. Die Wagen sehen aus wie große Bagger mit riesigen Schutzpanzern. Sie treten auf Aschenbahnen *(dirt track)* gegeneinander an. Man muß dabei unwillkürlich an die martialischen Wagenrennen der Römer denken, wo auch alles erlaubt war, was dem Gegner Schaden zufügt. Da versteht sich von selbst, daß Unfälle an der Tagesordnung sind.

– *Truck Racing:* es ist nur gerecht, daß nicht nur Pkws, Motorräder, Traktoren, ja, sogar Rasenmäher Wettkämpfe austragen, sondern auch Lkws. Die Fernfahrer sehen es nach einer stressigen Woche offenbar als Entspannung an, mit ihren Maschinen nach Herzenslust auf dampfendem Asphalt herumzuheizen. Allerdings finden solche Rennen infolge des hohen Spritverbrauchs eher selten statt. Aber immerhin erreichen diese brüllenden Monster kraft ihrer 1000 PS bis zu 180 km/h.

– *NASCAR* (National Association for Stock Car Automobile Racing): hier liefern sich *stock cars*, Serienwagen, ein heißes Rennen. Von außen sehen sie wie Familienkutschen aus, aber drinnen steckt ein frisierter Motor. Die Piste hat die Form eines Ovals, in dem man die ganze Zeit Spitzentempo fahren kann. 300 km/h Durchschnittsgeschwindigkeit während eines solchen Rennens ist nichts Ungewöhnliches. Die Rennen finden auf ovalen Bahnen statt, um die sich nicht selten über 100.000 Zuschauer drängen. Und obgleich es ja ständig im Kreis geht, gelingt es den geschickteren Fahrern, ihre Runden zu drehen ohne das Lenkrad zu benutzen, indem sie den Wagen allein mit Hilfe der Bremsen steuern. Das berühmteste NASCAR-Race ist das »500 miles of Daytona« in Florida, das Mitte Februar stattfindet. Ein NASCAR-Rennen artet im allgemeinen in ein wahres Volksfest aus mit Blasmusik und allen Schikanen. Die 31 Rennen werden über das Jahr verteilt, und die Termine vorab von der *National Speed Sport News* genau festgelegt. Bemerkenswert ist ferner, daß vierzigjährige Rennfahrer, die in Europa schon zum alten Eisen zählen würden, sich in Amerika in diesem Alter oft gerade erst auf dem Höhepunkt ihrer Karriere befinden. Das erklärt auch, warum die Söhne häufig in die Fußstapfen ihrer Väter treten. Die Älteren, auf der Höhe ihres Ruhmes angekommen, können den Jüngeren beim Start einer Rennfahrerkarriere hilfreich zur Seite stehen.

– *CART (Championship Auto Racing Teams):* ebenfalls ausgesprochen beliebte Autorennen, wobei das *500 Miles of Indianapolis*-Rennen den Höhepunkt der Saison darstellt. Die Wagen sind mit unseren Formel 1-Kisten vergleichbar und drehen zweihundert Runden auf der vier Kilometer langen ovalen Rennbahn. Bei diesem spektakulären Schauspiel kommt es häufig zu Unfällen, wodurch das Rennen unterbrochen werden muß. Kluge Taktiker nutzen diese unfreiwilligen Pausen zum Auftanken. 1989 trat der äußerst seltene Fall ein, daß ein Nicht-Amerikaner, nämlich der Brasilianer *Emerson Fittipaldi*, (früher ruhmreicher Formel-1-Fahrer) das Rennen gewann und bei der Gelegenheit auch noch einen kleinen Scheck über 1.200.000 $ einsackte. Das Rennen findet in der Regel am Sonntag vor dem *Memorial Day*, also Ende Mai, statt.

– *Schrottkistenrennen:* von der Optik her nur verbeultes Blech, aber im Innern ein hochgezüchteter Motor. Schauplatz des Rennens ist eine 400 m lange Aschenbahn. Viele Ortschaften besitzen ihre eigene Bahn, wo einmal im Monat Rennen ausgetragen werden.

Sprachliches

Einer der häufigsten und unausrottbarsten Fehler ist seltsamerweise die falsche Betonung von »hotel«, die nämlich genauso wie im Deutschen ist, und das immer wieder auf der ersten Silbe betont wird. Dies vielleicht deshalb, weil es mit Hostel verwechselt wird. »Pullover« dagegen hat die Betonung im Englischen auf der ersten Silbe«. »Iron« wird ohne »r« gesprochen, also »eien«. »Bitte« als Erwiderung auf »danke« heißt »pleasure«, »that's all right«, »that's okay«, »welcome« oder auch »you're welcome« oder auch steifer »don't mention it«. Bei Zeitangaben wird das »past« gern weggelassen; »half nine« bedeutet also halb zehn!

Das Deutsche und (amerikanische) Englisch sind als germanische Sprachen näher verwandt als es den Anschein hat. Zwar wird jeder in »room« Raum, in »cow« Kuh und vielleicht noch in »little« und »bottle« das Norddeutsche lütt und Buddel erkennen, aber nicht mehr in »clean« klein, in »grain« Grannen, in »window« Windauge, in »ask« heischen (um Antwort heischen), in »answer« (entgegen-)schwören, in »went« (to go) wenden, in »read« raten, in »write« ritzen, »walk« walken – die Verwandtschaft liegt in der Bewegung – in »stud« Stute oder in »town« Zaun (Niederländisch »tuin«, was dort Garten bedeutet), was aber wieder keltischen Ursprungs ist, oder in »silly« selig, obwohl ja vielleicht auch inhaltlich verdammt verwandt. Gut gereimt?

Das deutsche doof ist das englische »deaf« und bedeutet taub, dumm ist »dumb« und bedeutet stumm (deaf and dumb, niederl. doofdomm = taubstumm) usw. Der »marshall« ist zwar nicht unserem Marschall ebenbürtig, aber beide entstammen ursprünglich dem Pferdestall (mare-scalk, Mähren-Schalk = Pferdeknecht. Dieser, der Knecht, hat sich im Englischen zum Ritter aufgeschwungen (knight), im Mittelenglischen auch noch »knicht« gesprochen. Im militärischen Sprachgebrauch ist bei uns das Vergattern übriggeblieben, im Englischen »to gather«.

Es verhält sich nicht so, daß eine Sprache von der anderen abstammt, sondern daß beide gemeinsamen germanischen Wurzeln entspringen und ihr Wortschatz im Laufe der Zeit Bedeutungswandlungen unterlag.

Noch heute besteht das Alltagsenglisch zum allergrößten Teil aus Wörtern germanischen Ursprungs. Wer Texte ins Englische zu übertragen hat, ist immer wieder verwundert, wie »einfach« Sachverhalte ausgedrückt werden müssen, um wirklich Englisch zu klingen. Uns erscheint das häufig richtig kindhaft. Übersetzer können ein Lied davon singen. Das lateinisch-französische Vokabular ist Erbe des Normanneneinfalls und beruht auf schlechten Nachhilfestunden.

Weiche Endkonsonanten müssen auch stimmhaft ausgesprochen werden, was im Deutschen nicht der Fall ist (die Wand = »Want«), oder es kommt häufig zu Bedeutungsänderungen. Wer »bad« mit »t« ausspricht, sagt nun mal »Fledermaus« und nicht »schlecht«, und wer jemanden vor einem »live wire« mit »f« warnt, verkürzt vielleicht mächtig dessen »Lebensfaden«, wenn dieser nicht kapiert, daß ein unter Strom stehendes Kabel gemeint ist. Ähnlich verhält es sich mit »sch« und »tsch«. »Chips« können so leicht zu Schiffen werden und »chops« zu Geschäften usw. Der Gesprächspartner versteht's allerdings meist aus dem Zusammenhang, aber vielfach ist das Quelle von Mißverständnissen. Wie überflüssig ist »live« im Deutschen ist, zeigt sich, wenn der Moderator nun das »Potsdamer Schloß live« vorstellt oder eine Sendung mal wieder »live« (beide Male mit schönen »f« obendrein) aus dieser oder jener Halle übertragen wird. Im ersten Falle wäre gar nichts besser, im zweiten, wenn schon nicht »unmittelbar«, täte es das ja nun eingeführte »direkt« auch. Selbst eine grausige Reiseführerreihe mit Ländernamen und diesem gräßlichen Wort dahinter soll existieren.

Manchmal klappt die Verständigung zwischen Briten und Amis nur ungenügend: Das britische »fag« (faggot) ist eine Kippe oder Zigarette, im Amerikanischen ein Schwuler. Der amerikanische Vorname »Randy« erregt in England Heiterkeit, denn dort bezeichnet er einen Zustand, den die Amis »horny« (geil) nennen. Auch die Bedeutung von »suspenders« und »braces« ist genau umgekehrt (braces = im Amerikanischen Strumpfhalter, suspenders = Hosenträger). Bei uns kommt man völlig durcheinander und nennt die Dinger am Bein Strapse, was im Englischen aber Riemen heißt.

Irgendwann mal im letzten Jahrhundert stimmte der Kongreß darüber ab, ob Deutsch (!) oder Englisch Landessprache werden sollte. Mit einer Stimme Mehrheit fiel die Entscheidung zugunsten des Englischen. Warum trotzdem keiner Englisch spricht, wissen wir nicht.

Ein englischer »bloke« oder »chap«, also »Typ« in etwa, ist im Amerikanischen immer »guy« oder »cat«. Das englische »great«, »gorgeous« etc. ist »far out«. Auf die Nerven gehen die ewigen Füllwörter wie »you know«, »kind of« (»kinda«) oder »sort of« (»sorta«), die ungefähr im Sinne von »gewissermaßen« gebraucht und bei jeder sich bietenden Gelegenheit in die Sätze gestopft werden.

Hilfreich mag folgendes sein: wenn jemand im Deutschen etwas erzählt und stockt, um nach Worten zu suchen oder seine Gedanken zu ordnen, so werden lange »ähs« zu hören sein, was im Englischen nicht geht. So sind dort immer langgezogene bestimmte Artikel (the) zu vernehmen, wobei sie wie vor Vokalen mit »i« gesprochen werden, oder unbestimmte Artikel (a), ebenfalls mit langem Diphtong wie in »came« beispielsweise.

Das deutsche »aha« als Zeichen des Erstaunens lautet »I see«.

Ein häufig verbreiteter Fehler besteht darin, das deutsche »sagen« im Sinne von »verlangen, auftragen, bitten« mit »to tell« wiederzugeben, anstatt mit »to ask«. Also nicht: »But I told you before to shut the door!«

Um Peinlichkeiten zu vermeiden: »hair« sind die Haare auf dem Kopf, »hairs« dagegen alle anderen.

Noch was: bei den Fragen mal ganz genau auf die Satzmelodie achten. Man unterscheidet zwei völlig unterschiedliche Satzmuster. Bei Fragen, auf die ein »yes / no« erwartet wird, bleibt die Satzmelodie am Ende hoch: »Is that the station?« Bei allen anderen fällt sie gegen Ende ab: »Where is the station?« Touristen aus deutschsprachigen Ländern machen das regelmäßig falsch und würden in letzterem Falle oft ein »yes« oder »no« hören, weil der Amerikaner meint, sich verhört zu haben.

Allgemein unterscheidet sich das Amerikanische vom Britischen durch die Aussprache des »r« nach Vokalen und auch am Wortende (church, car), der Verwandlung von langem »a« nach f, n, s, th (die dadurch bezeichneten Laute, nicht unbedingt die Buchstaben) in kurzes, offenes »ä« (after, bath, half), der Verwandlung des »t« wie in »water« in ein »d« und eine allgemeine geringere Diphtongisierung. Das »ou« im britischen »boat« klingt also eher wie »o«. Das britische kurze »o« wie in »hot« z.B. wird im Amerikanischen zu langem »a«. Daher also vom Klang her Bildungen wie »lox« (Lachs), »dollar« (Taler) oder »boss« aus dem niederländischen »baas« (Meister). Ferner schwand im Amerikanischen das »j« wie in »new« oder »duty«. Zahlreiche Wörter erhalten eine Nebenbetonung, wie z.B. secondary (brit. »sekndri«, Betonung vorn; am. »sekendäri«, Nebenbetonung auf d).

Daneben wird ein Reihe Wörter anders ausgesprochen oder betont als im Britischen, z.B »adult« auf der zweiten Silbe oder »address« auf der ersten. »Either«, im Südenglischen wie »ei« gesprochen, erhält im Amerikanischen stattdessen ein »i«. Dies rührt sicher von den zahlreichen nordenglischen Auswanderern, die dialektische Färbung mitexportierten. Ferner unterscheidet sich auch die Schreibungsweise häufig. So wird »re« am Wortende stets zu »er«, »en...« zu »in...« (to enquire z.B.), »...our« zu »...or« (labour), »...ence« zu »...ense« (defence) und stumme Buchstaben können wegfallen: night, nite, through, thru, plough, plow, jewellery, jewelry usf.

Abweichungen gelten auch für die fernere Zukunft, die im Amerikanischen ausschließlich mit »will« gebildet wird. »Like« als Konjunktion (I did it like he said) statt »as« verrät im Britischen eher die gesellschaftliche Stellung; im Amerikanischen ist das fast überall geläufig. Auf die soziale Herkunft weisen aber Formen wie »I says«, »them« für »those« oder das »aitch«-dropping am Wortbeginn hin. Wir werden wissenschaftlich und halten ein.

In den USA ist die Sache mit der »korrekten« Aussprache nicht so eng zu sehen. Setzt sich die Bevölkerung nicht bunt zusammen aus »Hispanics« (z.B. New York 1,5 Millionen, LA 900.000, Chicago 500.000), Chinesen – die hinterließen Wörter z.B. wie »to have a yen for« oder »to yearn« – und Einwanderern aus aller Herren Länder? Schätzungen zufolge sprechen etwa zwanzig Millionen US-Bürger ihre eigene Staatssprache überhaupt nicht. Wieder versöhnt?

Ach, dann gibt's da noch so verrückte Dinge wie:
Stix nix hix pix. Ist auch Englisch und heißt: the sticks (Landbewohner) nix (ablehnen, aus dem Jiddischen) hicks (Dorftölpel) pix (pictures, Filme) oder:
Das Provinzpublikum möchte keine Filme über ländliche Themen sehen.
Oder: 4 U 2 P (for you to pee, beim Austreten)
In England lasen wir mal: r U OK 4 A DD? (Are you ok for a Double Diamond?)

Übrigens wurden auch eine ganze Reihe Wörter in letzter Zeit vom Deutschen übernommen:
»kaputt« und »verboten« kommen im ironischem Zusammenhang gut an, »dachshound« (Dackel), »realpolitik«, »spiel« (langatmige Rede, um jemanden zu bequatschen, aus d. Jiddischen), »smearcase«, noodles, wird jeder erkennen. Ebenso: »strafing the audience with muscical napalm« oder »let's have a blitz on the washing-up«. Ferner englandfremde Ausrufe wie »and how!« oder »what gives«?

Da nun jeder mal unter dem sächsischen Genitiv gelitten hat – nein, verdammt, das ist nicht die Ex-Band von dieser entsetzlichen Heulboje da, Phil Wieheißternoch?, sondern der zweite Fall: im Deutschen steht kein Apostroph vor dem »s« des Genitivs, so daß wir wünschen, daß Beck's Bier sauer werde, Ole's Tenne abbrenne und Kaiser's Kaffee genau wie »Wüba – Freiburg's größtes Möbelhaus« pleite gehe. Aber was soll man davon halten, wenn selbst Verlage (Schirmers Visuelle Bibliothek, Cottas Hörbibliothek) diesen Unfug verbreiten? Die Amerikaner, als große Vereinfacher, sind da längst in anderer Richtung unterwegs und lassen den Apostroph häufig weg, so daß alle Esel diesem »modischen Trend« in zehn Jahren wieder nacheifern werden.
Ganz schlaue Zeitgenossen treiben diesen Mist nicht nur mit dem Genitiv, sondern sie gehen sogar in's Kino oder auf's Klo. Daß sie drin stecken bleiben, daß der Blitz sie spalte, daß man sie teere und federe! Auch Pizza's haben wir bereits gesichtet und harren eines Frühstück'sei's. Ab vor die Dudenkommission und härteste Bestrafung wegen fortgesetzten Mißbrauchs eines wehrlosen Zeichens!
Schlimmste Dilettanten bezüglich des Englischen sind unsere Computerfreaks und die Hirnis von Radiomoderatoren. So wird J. Lee Hooker von ihnen stets mit einem langen »u« malträtiert, so geistern ewig Computer, die portable (por-table, zweiter Teil wie der »Tisch« gesprochen) durch die Szene. Nein, das Ding hat die Betonung auf der ersten Silbe und klingt wie »portibl«, und wir zögen einfach »tragbar« vor. Das tut's besser. Auch »skätchel« haben wir schon vernommen, was sich als »skedjuhl«, also »schedule« entpuppte. Das Tätigkeitswort »excel« erhält bei Windowswandern fälschlicherweise die Betonung auf der ersten Silbe. Bei CDs und Platten soll's angeblich sogenannte »sämpler«, mit stimmlosem »s« vorne, geben. Gibt's nicht! Im Englischen hat »sample«, das aus der Weberei stammt und Muster bedeutet, ein stimmhaftes »s« und ein langes »a«, und selbst wenn man es amerikanisch mit »ä« ausspräche – warum eigentlich? – stünde in jedem Fall noch das stimmhafte »s«. Nun merkt aber jeder, daß die richtige Aussprache vermutlich als affektiert ankäme, da die falsche nun mal als »richtig« gilt. Wäre ja fast so, also ob man für den VW-Derby das richtige – britischen – »dabi« durchsetzen wolle. Seltsamerweise will sich aber auch niemand mit der »richtigen« amerikanischen Aussprache, nämlich mit drei rollenden »r« lächerlich machen. Selbst SWF3s Elmi, Ex-Englischlehrer und der einzige Radiohampel, den wir wegen seiner frechen Klappe halbwegs leiden können, weiß es nicht. Wird seinen Grund haben, daß er den Job gewechselt hat. Entsetzlich ist nur, daß eine handvoll solcher Dilettanten millionenfachen Einfluß ausübt. Was tun, wenn die Welt auf dem Kopf steht? Sollten wir uns nicht besser ein wenig auf unsere eigene Sprache besinnen? Wir sehen die Moderatoren japsen, sprachlos ... und so manchen Zwanzigjährigen auch.

Wir für unseren Teil haben weitgehend Tickets, Information, Center und andere schreckliche Schöpfungen rausgeschmissen.

In diesem ganzen Zusammenhang hier noch ein Neudeutschkurs für unsere Ossileser, die, da bekanntlich von einigem abgeschnitten, nun häufiger »besser« als die Wessies wollen: die Woolworth bleibt bei uns »wohlwort«; die englische Aussprache klänge affektiert, ähnlich wie Sunlicht immer »Suhnlicht« und der Club immer der »klup« bleiben wird. Chance als »schankse« oder schangse« hört man nur noch von West-Uraltopas, Nischen-Heitmann, der uns noch viel Heiterkeit hätte bescheren können – wöchentlich, da sind wir sicher – und dem Heiligen Ingo M. Stolpe, sonst klingt's eher französisch. Aber wir kennen was Besseres: »Möglichkeit« oder z.B. »Aussicht«!

Hat da bisher einer noch nicht sein Fett weggekriegt?

● *Vokabelhilfen*

Hier einige Unterschiede zwischen amerikanischem und britischem Englisch:

Deutsch	Am. Englisch	Brit. Englisch
Gepäck	baggage	luggage
Konservendose	can	tin
Rechnung	check	bill
Garderobe	checkroom	cloakroom
Apotheke	drugstore	chemist's
Fahrstuhl	elevator	lift
Erdgeschoß	first floor	ground floor
Vorname	first name	christian name
reparieren	to fix	to repair
Benzin	gas	petrol
Typ, Mann	guy	fellow, chap
Toiletten	rest room	lavatory
Nachname	last name	surname
Ferngespräch	long distance call	trunk call
Post	mail	post
Kino	movie (theater)	cinema
Einf. Fahrkarte	one way ticket	single ticket
Hin- u. Rückfahrkarte	round trip ticket	return ticket
erster Stock	second floor	first floor
Gehweg	sidewalk	pavement
Geschäft	store, shop	shop
U-Bahn	subway	underground
Lkw	truck	lorry
Ferien	vacation	holidays
Banknote	bill	banknote
Taschenlampe	flashlight	electric torch
Paket	package	parcel
s. anstellen	to line up	to queue up

Typisch amerikanisch

Alle kennen sie, diese legeren Bürotypen, Hände in den Hosentaschen, Füße auf dem Schreibtisch. Auf unsere Eltern und Großeltern mußte der amerikanische Lebensstil schockierend wirken, wir dagegen hocken schon längst ohne Krawatte und Jackett im Büro. Was keinesfalls bedeutet, daß wir den amerikanischen Lebensstil schon so weit verinnerlicht hätten, daß uns im Land selbst nicht gewisse Besonderheiten im Umgang auffielen, die über reine Äußerlichkeiten hinausgingen.

Da wäre beispielsweise die zur Schau getragene Herzlichkeit: hat man einen Amerikaner zu fassen bekommen, freut man sich schon auf ein Wiedersehen, wenn dieser sich zu guter Letzt nach der Telefonnummer erkundigt. Aber Achtung! Fällt beim Abschied der Satz »I call you«, so bedeutet dies in meist: »es war nett, aber ich werde dich wohl nie mehr wiedersehen«.

Geradezu schockierend für Europäer: der kräftige Schlag auf den Rücken. Auch wenn's wehtut: bei den US-Amerikanern ist dies ein Zeichen besonderer Wertschätzung! Angeblich mögen sie diese plumpe Geste genausowenig, können's aber nicht lassen.

Der ewige Mann

Eher ungewöhnlich für unsereins auch die direkten Fragen von Zufallsbekannten (»What do you do?«), denen auf der anderen Seite aber eine ebenso große Offenheit in persönlichen Dingen gegenübersteht. Es ist wohl kein Zufall, daß um amerikanische Einfamilienhäuser die hohen Zäune fehlen ...

Noch ein Wort zum Thema Autoverkehr: in Anbetracht der breiten Highways mag es verwundern, daß sich die amerikanischen Autofahrer so brav an die verhältnismäßig niedrigen Höchstgeschwindigkeiten halten (55 bzw. 60 mph). Diese gleichmäßige Fahrweise hat sehr viel mit Selbstdisziplin zu tun, und positiv fällt auf, daß ihm erzieherische Maßnahmen eiligeren Verkehrsteilnehmern gegenüber fremd sind.

Schaut man sich dagegen unser Verkehrsgeschehen an! Der Raser von eben ruft da wenige Augenblicke später den nicht ganz vorschriftsmäßig parkenden Fahrer mit Hupe oder Lichthupe und unzweideutigen Gesten »zur Ordnung«. Jeder ein kleiner Bulle. Dieser Kleinkrieg auf den Straßen scheint umgekehrt nicht wenige US-Fahrer an uns zu faszinieren: fast in jedem Gespräch kommt irgendwann das Thema »Autobahn« und »no speed limit« auf. Und mancher amerikanische Tourist gibt, zu den Motiven seiner Deutschlandreise befragt, auch unumwunden zu, neben Highdelbörg und Oktoberfest sei es die Möglichkeit, einmal ungestraft »auf die Tube drücken« zu können. Von anderen ging mal durch die Presse, daß sie den Schlüssel ihres Mietwagens entnervt nach einigen Stunden zurückbrachten und sich wieder ins Flugzeug nach Hause setzten. Waren halt ältere Leut'.

Fesselnde Beobachtungen lassen sich am Wochenende machen. Der französische Philosoph und Soziologe *Jean Baudrillard* beschrieb den rituellen Zug der Provinzjugend im Auto an einem typischen Samstag, dieses raubtierhafte Dahingleiten, in »Amerika« wie folgt:

»Die Nacht senkt sich allmählich über Porterville, und das Saturday-Night-Fieber beginnt. American Graffiti. Die Leute fahren die zwei Meilen der Hauptverkehrsstraße in langsamer und bunter Autoprozession, einer Art kollektiver Parade, trinkend und eisschleckend rauf und runter und unterhalten sich mit Zurufen über die Autos hinweg (während sie untertags rumfahren, ohne einander anzublicken): alles ist Musik, Sono, Eis und Bier. Sie gleicht in ihren Ausmaßen dem langsamen nächtlichen Rollen über den Strip von Las Vegas oder der Autoprozession au den Straßen von Los Angeles, nur in einen Samstagabendprovinzzauber verwandelt. Einziges Kulturelement, einziges bewegliches Element ist das Auto. Ansonsten kein Kulturzentrum, kein Vergnügungszentrum. Eine primitive Gesellschaft: *eine* motorische Identifikation, *ein* kollektives Phantasma des Abspulens – Breakfast, Movie, Gottesdienst, Liebe und Tod, alles im Auto – das ganze Leben im Drive-In. Grandios. Alles findet sich zu diesem Défilé leuchtender und geräuschloser Unterseeboote zusammen, denn alles geschieht in relativer Stille, keine Geschwindigkeitsänderung, kein Überholmanöver; nur immer die gleichen flüssigen Automatikmonster, die im Rudel geschmeidig hintereinander hergleiten. Es wird sich während der Nacht nichts anderes ereignen.«

Die Wagen sind so perfekt ausgestattet und leicht zu bedienen, mit Servolenkung, Scheibenhebern, Bremskraftverstärkern, Automatikgetriebe u.a., daß sie sich mit der Fingerspitze fahren lassen, zumal auf langen Strecken die Autobahn eh schnurgrade verläuft. Gebettet in dieses gemeinsame, gleichförmige Dahinfließen im Fahrzeugstrom werden Arme und Beine überflüssig. Der freie Arm verwandelt sich in einen toten Wurmfortsatz, baumelt lässig aus dem Fenster oder angelt nach der Erdnußtüte. Der rechte Fuß wird als bloßes Glied zur Bedienung des Gaspedals betrachtet. Die Augen gleichen einem Zoom zum Anpeilen visuelltechnischer Zeichen und Wunder, Straßenschilder, Ampeln und Bauten, die sich dem motorisierten Geist in Sekundenschnelle einprägen müssen. Fahren ist weder Arbeit noch sportliche Anstrengung sondern spielerische Selbstverständlichkeit. Einmal die Stadt verlassen, filtert die Klimaanlage die Wahrnehmung der Außenwelt. Wie in Watte gepackt gleitet man dahin. Die Landschaft wird zur Filmkulisse, man selbst zum Betrachter. Sie scheint zu nichts anderem zu taugen, als derart durchquert zu werden. Andere Arten der Fortbewegung, Wandern oder Radfahren, passen irgendwie nicht mehr in den Zusammenhang und gleichen eher gefährlichen Expeditionen. In heißen, wüstenhaften Landstrichen verwandelt sich der kühle Wagen in einen scheinbar natürlichen Schutzraum, mit dem sich die unbequeme, vielleicht auch bedrohliche, Natur auf Abstand halten läßt. Nur

Straße nach Santa Fé, 1973

allmählich verschieben sich die Bildausschnitte, tauchen Berge auf, Wolkentürme, ein Regenbogen, ein glitzernder See. Nur die Augen berühren die Landschaft, während alle anderen Sinne leerlaufen. Selbst bei stundenlanger Fahrt stellt sich kaum Langeweile ein. Man träumt, meditiert, er»-fährt« euphorische Zustände. Alles wird abstrakt ...

Schluß mit der Poesie: spart so manchen Joint, behaupten manche. Wir wußten doch schon immer, warum wir so viel unterwegs sind.

Was uns sonst zum Thema einfällt von A-Z:

– *Anreden:* es bedarf sicher einer gewissen Gewöhnung, dies sofort mit dem Vornamen zu tun. »You can say you to me«, sagte Kohl zu Reagan, oder?

– *Arbeiten:* sollte jeder tüchtig zum Behufe redlichen Lebensunterhalts; jedenfalls wenn's nach der amerikanischen »work ethic« geht.

– *Begrüßen:* geschieht per Händedruck; zusätzlich darf man noch mit der linken Hand den rechten Unterarm des Gegenübers drücken.

– *Beten:* darf laut Verfassung jeder, zu wem er auch immer möchte. Hängt meist allerdings eng mit dem allgegenwärtigen Patriotismus zusammen.

– *Bummeln:* gibt's nicht wie bei uns, gemächlicher Schaufensterbummel mit rechts und links schauen u.a.. Alle scheinen ein festen Ziel zu haben und geradewegs darauf loszusteuern, ja zu rennen.

– *Essen:* die linke Hand ruht wie in Großbritannien auf dem Schoß, sobald die rechte die Gabel nach dem Schneiden hält.

– *Geschenke:* sind bei Besuchen weniger üblich, werden im allgemeinen nicht erwartet.

– *Gesetzeshörigkeit:* erstaunlich, wie oft »that's the law« u.ä vorkommt. Gesetze scheinen vom Himmel zu fallen und etwas Heiliges an sich zu haben, und werden nicht als Ergebnis von Interessenkonflikten betrachtet, die abgeändert, umgestoßen oder abgeschafft werden können, und die häufig auch einfach schlecht sind.

– *Jobben:* sollte jeder einmal, auch wenn er aus reichem Hause stammt.

– *Nein sagen:* gar nicht beliebt, weshalb man sich um abschlägige Antworten kunstvoll herumwindet. Ähnlich wie die Briten.

– *Platznehmen:* tut man im Restaurant häufig erst dann, nachdem man vom Personal an seinen Platz geführt wurde. Daher das Schild »Please wait here to be seated«.

– *Probleme:* soll bloß keiner haben. Fortwährendes Erkundigen danach.

– *Rauchen:* wird in jüngster Zeit empfindlich eingeschränkt. Die öffentliche Diskussion darüber hat Raucher in eine Außenseiterlage gebracht. Die Qualmerei wird so allmählich zum sozialen Stigma und gilt als Laster von Arbeitern und »underdogs«.

– *Selbst machen:* darf sich jedermann. Selfmademen entsprechen der Idealfigur des Tellerwäschers, der zum selbständigen Unternehmer aufsteigt.

– *Schlangestehen:* tut man recht geduldig, ausgenommen in den Metropolen, wo der Einsatz der Ellbogen zunimmt.

– *Träumen:* darf jeder Einwanderer vom wirtschaftlichen Erfolg in Amerika, unter Wahrung der persönlichen Freiheit (»american dream«).

– *Verschweigen:* braucht man seine schlichte Herkunft bestimmt nicht. Es bringt sogar Anerkennung ein, sich von ganz unten nach oben gewurstelt zu haben (s. »Träumen«).

– *Waffentragen:* gilt vielen als Grundrecht.

– *Wegwerfen:* nach wie vor eine Lieblingsbeschäftigung der Amerikaner, wenn auch ansatzweise ein Umdenken zu beobachten ist.

– *»You can say you to me«:* ist natürlich völliger Unsinn. Sprachgeschichtlich entspricht das »you« nämlich unserem »Ihr«, was zu feudalen Zeiten ja auch mal Anrede für einzelne Personen war, da das alte »thou«, abgesehen von nordenglischen Dialekten – dort ausgesprochen mit »au« oder »u« – unterging.

– *Zu zahlen:* braucht man in Amerika nur für die erste Tasse Kaffee. Eistees und Kaffee werden kostenlos nachgeschenkt.

Was unseren Lesern so auffällt

- *Alkoholkonsum:* auf der Straße verboten. Alle Getränke in braunen Papiertüten.
- *Angeben:* überall ist das Größte, Teuerste, Höchste, Älteste usw. Bei einer Rundreise stößt man mehrere Male auf das älteste Haus in den USA usw. Eine wahre Besessenheit.
- *Autos:* mehrere Wagen in jeder Familie und ein Hund, der gerne Auto fährt. Ferner alle mit Automatik, Tempomat und Klimaanlage.
- *Campingbusse:* mit Mikrowelle und Fernseher.
- *Deutschland:* mögen die meisten Amis wegen seiner Burgen und des Rheins.
- *Eisportionen:* entsprechen drei bis vier unserer Kugeln. Alles von einer Sorte. Eis, großenteils aus Zucker bestehend, ist ein ideales Mittel zur Losschlagung dieses Schadstoffes mit Profit. Alle unsere bekannten Firmen, wie z.b. Schöller und Langnese, sind folglich auch in der Hand von Zuckerfabriken (Südzucker z.B.) Folge des Zuckers: s. »Schönheit« u.a.
- *Entrümpelung:* Familien misten ihre Bude oft über »Yard Sales« aus, bei dem aller Schund, für unsere Begriffe jedenfalls, losgeschlagen wird.
- *Fette Familienclans* im Macdingsbums und andernorts. Sehr augenfällig.
- *Fotografieren:* ewige Knipserei mit Schnellschußkameras. Kompliziert darf eh nichts sein. Jemand, der sich mal unseren Falkstraßenplan ansah, behauptete, daß Derartiges nie Erfolg in den USA haben könne: »too complicated«. Andererseits meinen wir vor kurzem gelesen zu haben, daß eben diese Pläne in den USA vertrieben würden.
- *Häuser:* viele mit Basketballkorb, Vorterrasse mit Schaukelbank, kein Zaun. Häufig ist das mobile Fertighaus, sonst Fertighäuser ohne Unterkellerung.
- *Kitsch:* herrliche Ansammlungen in den Gärten in ländlichen Gegenden. Viecher aus Plastik oder Holz, die alle unsere Gartenzwerge bei weitem schlagen.
- *Kleintransporter* (pickups): scheinen die meistgefahrenen Autos zu sein.
- *Kneipen:* von außen unscheinbar, aber urgemütlich innen. Riesensteaks.
- *Lebensmittelabteilungen:* nicht enden wollende Regale voller Mist (junk food), wie Chips (Pommes) oder Crisps (Kartoffelflocken) in allen Abwandlungen, Bohnen usw. Große Läden halten ununterbrochen offen. Häufig liegen mehrere nebeneinander.
- *Lkws* werden gewogen und haben darauf eine Straßengebühr zu entrichten.
- *Miniröcke:* wenig. Immer BHs, die in Schulen Pflicht sind. Wir hätten's gern andersrum.
- *Mittagessen:* Sandwiches, fette Wurst, mit Mayonnaise angemachte Salate, Pommes und Cola.
- *Nationalstolz:* ungebrochen, s. Einleitung
- *Neubauten:* abgesehen von Wolkenkratzern keine in den Städten.
- *Polizei:* auf Fahr-, Motor- und Dreirädern, Pferden, Mopeds, im Auto, zu Fuß.
- *Portionen:* immer großzügig bemessen mit Salat, Butterkeksen usw.
- *Presse:* kaum etwas über das Weltgeschehen oder Europa in Provinzzeitungen.
- *Radarkontrollen:* vom fahrenden Polizeiwagen aus. Ja, ja ...
- *Schönheit:* unästhetische, dicke Frauen ab 35 Jahren in Shorts. FeministInnen mögen uns verzeihen: wir sind auch FeministEn – nach den Kerlen gucken wir nicht. Wenig hübsche, junge Leute mit schönen Figuren. Daher wahrscheinlich auch ein gut Teil von Fitneß- und Aerobicwahn etc.
- *Soziales:* massenhaft Bettler, unmittelbar aufeinanderprallende Gegensätze, Slums und Nobelviertel, Arm und Reich. Macht nichts solange man reich ist.
- *Telefonnetz:* bestens ausgebaut. Stets freundliche Vermittler. An jeder Ecke Münzfernsprecher.
- *Werbeschilder:* 20 Meter hoch. Gräßliche optische Umweltverschmutzung.

- *Weitere Anmerkungen oder Kommentare willkommen!*

Entfernungen in Kilometern	Albuquerque	Atlanta	Boston	Chicago	Cleveland	Dallas	Denver	Detroit	Los Angeles	Miami	Minneapolis	New Orleans	New York City	Saint Louis	San Francisco
Atlanta	2 248														
Boston	3 608	1 718													
Chicago	2 080	1 125	1 589												
Cleveland	2 584	1 120	1 037	552											
Dallas	1 046	1 301	2 907	1 501	1 912										
Denver	672	2 267	3 182	1 629	2 134	1 258									
Detroit	2 518	1 192	1 150	474	270	1 859	1 253								
Los Angeles	1 286	3 534	4 691	3 366	3 870	2 250	1 786	3 800							
Miami	3 170	1 059	2 474	1 184	2 106	2 123	3 326	2 251	4 373						
Minneapolis	1 998	1 781	2 245	656	1 208	1 518	1 355	1 130	3 140	2 840					
New Orleans	1 850	789	2 507	1 538	1 723	801	2 059	1 766	3 029	1 418	2 034				
New York City	3 253	1 390	342	1 352	811	2 566	2 933	1 064	4 539	2 133	2 008	2 166			
Saint Louis	1 691	896	1 902	469	893	1 032	1 371	827	2 978	1 955	904	1 130	1 562		
San Francisco	1 821	4 069	5 067	3 493	4 026	2 867	2 022	3 947	667	4 990	3 211	3 669	4 826	3 384	
Seattle	2 344	4 419	4 877	3 290	3 842	3 390	2 152	3 763	1 842	5 478	2 634	4 192	4 586	3 478	1 330
Washington DC	3 006	1 010	708	1 118	578	2 198	2 707	830	4 293	1 765	1 774	1 798	368	1 336	4 592

Seattle: 4 408 (Washington DC)

DER NORDOSTEN

NEW YORK (Vorwahl Manhattan: 212)

Aufgepaßt: Queens, Brooklyn, Staten Island, JFK haben Vorwahl 718!

Auf einer Insel gelegen, wurde es New York bald zu eng, so daß es aus allen Nähten platzte. Nach der Vereinnahmung des ganzen Umlandes blieb nur noch ein Ausweichen in die Höhe. Große Bewegungen, Moden und Erfindungen werden in dieser Stadt geboren und sterben hier auch wieder. Der Schock bei der Ankunft wirkt so nachhaltig, daß man New York nur schwer genießen kann. Es steht dermaßen unter Dampf, alles scheint so aus den Fugen geraten, daß die Metropole an der Ostküste aufdringlich, ja agressiv wirkt. Im Sommer muß man sich außerdem darauf einstellen, daß einem das Klima ordentlich zu schaffen macht. Bis Ende September herrscht ein dermaßen subtropisches, heißfeuchtes Wetter, daß zwei Duschen täglich beinahe unumgänglich scheinen. Keine Seltenheit wiederum sind dann innerhalb eines Tages Temperaturstürze um 40-45 Grad Fahrenheit. Temperaturen um 33°C und eine hohe Luftfeuchtigkeit erdrücken Manhattan förmlich. Man muß sich vergegenwärtigen, daß die Stadt auf der geographischen Breite von Madrid liegt. Nach einigen Tagen stellt sich dann doch eine gewisse Faszination ein, denn New York ist stets in Aktion. Im eigentlichen Sinn handelt es sich um mehr als eine bloße Stadt: New York ist eine Erfahrung.

In unserem New-York-Führer möchten wir unsere Leser natürlich auch über den Ursprung des Spitznamens *Big Apple* aufklären: als zum ersten Mal schwarze Musiker nach New York kamen, um hier zu spielen, hatten sie vor lauter Lampenfieber einen dicken Kloß im Hals: eben den »großen Apfel«. Auch wenn's nicht stimmt, ist dies immerhin ein nettes Anekdötchen.

Bei aller Faszination wird man rasch erkennen, daß New York City eine maßlos teure Stadt ist, da auf die landesüblichen Preise nicht nur der gleichnamige Staat, sondern auch die Stadtverwaltung selbst satte Steuern draufschlägt. Daher ist in Kneipen, Restaurants, oft selbst in Supermärkten Vorsicht geboten. Selten sind Endpreise angegeben, eher kommen dann am Ende auch noch eine Tischgebühr o.ä. hinzu.

Ankunft

Unserer Ansicht nach sollte man New York möglichst rasch wieder verlassen und erst am Ende einer Reise durch die USA einige Tage hier verweilen, weil man dann diese in alle Richtungen ausufernde Stadt viel eher schätzen wird und die »schallende Ohrfeige«, die New York jedem Neuankömmling verpaßt, in der Wirkung viel schwächer ausfällt.

Wer über New York anreist, wird sicher auf dem *Kennedy International Airport* landen. In der Schalterhalle für internationale Flüge findet man einen Auskunftsschalter *(Information Desk)*, dessen Personal sich zuweilen sogar in der Sprache Goethes ausdrückt.

Muß man am Kennedy Flughafen umsteigen, und befindet sich die Gesellschaft, mit der man den Flug fortsetzt, in einem anderen Gebäude als dem der Internationalen Ankunft, so kann man kostenlos einen der gelben Pendelbusse benutzen. Wichtig: die großen amerikanischen Fluggesellschaften verfügen jeweils über eigene Terminals. Da alle Schalterhallen im Kreis angeordnet sind, wird man problemlos die gewünschte finden.

Zwischengelandete, deren Flug von einem der anderen Flughäfen New Yorks *(La Guardia oder Newark)* abgeht, bringen die »Carey«-Busse dorthin. Für den Transit nach La Guardia sollte man dreißig Minuten, nach Newark dreieinhalb Stunden einplanen. Seit neuestem verkehrt auch der Bus M 60 zwischen Manhattan und La Guardia.

Verbindungen zur Stadtmitte

Alle drei Flughäfen New Yorks verfügen über problemlose Verkehrsverbindungen zur Stadtmitte.

● *Vom Kennedy Airport*

– Ein Bus fährt alle großen, teuren Hotels der Stadt an. Kostenpunkt rund 13 $.

– **Carey Bus:** alle zwanzig Minuten, von 6-24h. T. 718-632-0500 oder -0509. Dieser Bus steuert den *Grand Central Terminal* (East 42nd Street) oder den *Port Authority Bus Terminal* (42nd Street/8th Avenue) an. Letzterer ist wegen der Kriminalität drumherum besser zu meiden. Bedingt durch das hohe Verkehrsaufkommen dauert die Fahrt etwas länger als mit der Bahn. Die Endhalte liegt außerdem recht fern günstiger Unterkünfte.

– **Gray Line Shuttle Bus:** Kleinbus, der alle drei Flughäfen zwischen 7 und 23h abklappert, T. 1-800-451-0455 oder 757-6840.

– Für alle Geizigen, Sparsamen und Abgebrannten: ab Flughafen mit dem *Shuttle Bus* (gratis), der die verschiedenen Terminals anfährt und schließlich am U-Bahnhof Howard Beach JFK Airport (Linie A) endet. Dann mit der U-Bahn (A, C) Richtung Manhattan. Um Manhattan wieder zu verlassen, einfach dasselbe in umgekehrter Reihenfolge. Wer hätt's gedacht? Aber: auf das Ziel Far Rockaway und Rockaway Park achten, denn Züge nach Lefferts Blvd fahren Howard Beach nicht an. Beläuft sich zusammen auf nur rund 1,50 $ (Preis des *token*). Wer bietet darunter?

– Unseren schweizerischen – das trug uns prompt eine Bescherde ein – und anderen betuchten Lesern stehen *Hubschrauber* (am Kennedy-Flughafen, Abflug vom Terminal Drei) bereit. Man landet am Heliport, Ende der 34th Street. Seit neuestem keine Studentenermäßigung mehr. Flugdauer: achtzehn Minuten. T. 1-800-645-3494.

– **Taxi:** unwesentlich teurer als Bus oder Bahn, wenn man zu dritt unterwegs ist. Vorteil: man wird unmittelbar bis zum Hotel chauffiert. Darauf achten, daß das Taxi gelb ist und auch der Zähler funktioniert. Es gibt nämlich sogenannte »Zigeunertaxis« (gipsy taxis), die das Taxameter nicht anschalten und die am Ende der Fahrt schwindelerregende Preise verlangen. Falls jemandem solches widerfährt, nicht lange fackeln und die Polizei rufen.

● *Vom Flughafen Newark*

Verbindung per:
- **Bus New Jersey Transit** bis zum *West Side Air Terminal*
(8th Avenue / 42nd Street), im Herzen Manhattans, T. 202-460-8444.
Ununterbrochen alle viertel- bis halbe Stunde.
- **Bus Air Link:** auf demselben Steig wie der Pendelbus.
Kosten bis Bahnhof Newark Downtown etwa 4 $. Ab dort U-Bahn »Path«
Nr. 1, die für etwa 1,20 $ ganz Manhattan durchquert. Rund um die Uhr.
Halt am World Trade Center, 9., 18., 27. und 33. Straße.
- **Olympia Trails Airport Express:**
bis Grand Central Station an der Park Ave und 41. Straße,
T. 964-6233. Zwischen 5 und 23h alle halbe Stunde.
- **Gray Line Air Shuttle.**

● *Vom Flughafen La Guardia*

Verbindung per:
- **Privatbus (Carey)**
nach Manhattan oder Bus Q 33 bis zur Endhalte der U-Bahn,
dann Linie 7 bis Grand Central. Der Bus verkehrt rund um die Uhr.

● *Von La Guardia zum Flughafen Newark*

- **Salem Limousine**, T. 762-6700. Für die etwas besser Situierten,
die dem Gerangel im Bus entgehen möchten. Fahrtdauer: eine bis
anderthalb Stunden. Es handelt sich um Kleinbusse mit zehn Plätzen.
- **Carey Bus:** wie die anderen Flughäfen zw. 6 bis 1h.
- **Pan Am Water Shuttle:** ab Downtown Pier 11 nahe Wall Street und
Midtown, 34. Straße. Auskunft T. 687-6233 oder 1-800-54-Ferry.

Wie finde ich mich zurecht?

Es ist erstaunlich einfach, sich in Manhattan zu orientieren. Avenues
verlaufen grundsätzlich in N-S Richtung, Straßen (Streets) in O-W Richtung. Da Avenues und Straßen rechtwinklig zueinander stehen, ist klar,
daß sich Adressen häufig aus einer Avenue- und einer Straßennummer
zusammensetzen (Beispiel: 2nd Avenue und 24th Street).
Avenues sind von O nach W, Straßen von S nach N durchnumeriert.
Einer Straße geht die Bezeichnung West (W) oder Ost (E = East) voraus, je nachdem auf welcher Seite der 5th Avenue sie liegt. Beispiel: 52
E 32nd Street.

Auskünfte

- **Verkehrsbüro** (Convention and Visitors Bureau): 2 Columbus Circle,
in der südwestlichen Ecke des Central Park (Plan A1); T. 397-8222.
Montags bis freitags von 9-18h, samstags bis sonntags von 10-18h.
Bis zum Anschlag 1993 gab es alle möglichen Auskünfte über die Stadt
im Word Trade Center (Prospekte, Fahrpläne für Bus und U-Bahn usw.)
Wir danken für eine Nachricht, ob dem heute noch so ist.
- **Verkehrsbüro:** 59 Street, Columbusplatz.
Hier sind Gutscheinhefte für diverse Sehenswürdigkeiten erhältlich. Wer
sendet Telefon und Öffnungszeiten?

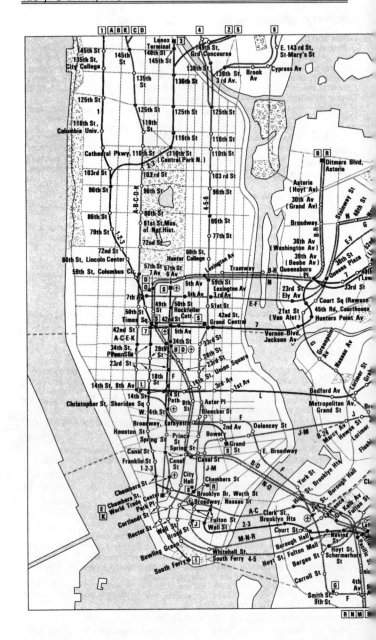

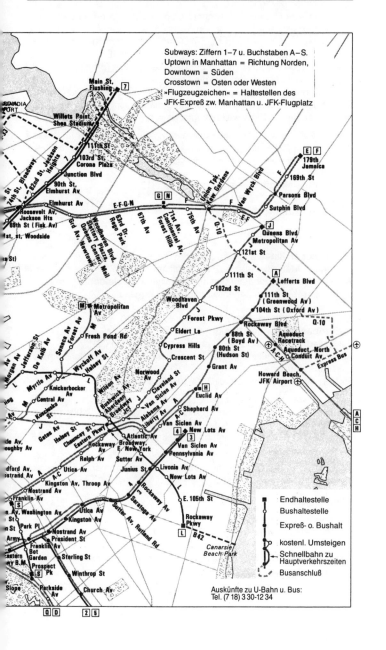

Subways: Ziffern 1–7 u. Buchstaben A–S.
Uptown in Manhattan = Richtung Norden,
Downtown = Süden
Crosstown = Osten oder Westen
»Flugzeugzeichen« = Haltestellen des
JFK-Expreß zw. Manhattan u. JFK-Flugplatz

■ Endhaltestelle
○ Bushaltestelle
● Expreß- o. Bushalt
◆ kostenl. Umsteigen
Schnellbahn zu
Hauptverkehrszeiten
Busanschluß

Auskünfte zu U-Bahn u. Bus:
Tel. (7 18) 3 30-12 34

– **Village Voice:** erscheint wöchentlich mittwochs. In diesem Blatt werden Kulturbeflissene über alle Veranstaltungen, seien es Popkonzerte, Kino oder Jazzkneipen, auf dem laufenden gehalten. Nicht zu vergessen die nützlichen Kleinanzeigen. Falls das Budget es erlaubt, leiste man sich noch die *So Ho News* und *The New Yorker* (monatlich); beide liefern wertvolle Auskünfte über die Stadt.

– Da wir gerade dabei sind, sollten wir die vierzehntägig erscheinende *Rolling Stone* nicht vergessen: sehr informativ, nicht nur für Musik. Zu guter Letzt, für alle Eingeweihten: *Interview*, das Journal Andy Warhols.

– Zwei äußerst wichtige Telefonnummern, zunächst einmal für niedergeschlagene Reisefiebrige: *Dial a joke*, T. 976-3838; und für jene, die unter Heimweh leiden und nicht einschlafen können: *Children Story*, T. 976-3636.

– **Telefonauskunft:** 1 (+ *area code*) + 555-12-12.

Nützliche Anschriften

● *Postämter & Banken*

– **Hauptpost:** 8th Avenue, an der Ecke der 33th Street, gegenüber Madison Square (Plan B1 Midtown).
Weitere Postämter sind auf den ersten Seiten des Telefonbuches neben verschiedenen Sehenswürdigkeiten vermerkt.

– **American Express:**
150 East 42nd Street, 10017 New York, T. 687-3700.

– **European American Bank:**
Ecke Madison Ave und 54th Street (Plan Uptown Süd C2).
Akzeptiert Visa-Kreditkarten bei Vorlage von Reisepaß und Scheckheft.

– **Wechselbüro:**
550 5th Ave, Ecke 42nd Street, T. 391-5270. Von 8-20h.

Selbst in New York bereitet der Geldwechsel, allergrößte Schwierigkeiten. Die meisten großen Banken haben keinen blassen Schimmer, wo dieses eventuell möglich wäre. Am sichersten immer noch: Deak International, 630 5th/W 51, montags bis freitags 10-17h, samstags 10-15; stramme Provision.

Reiseschecks werden beinahe überall angenommen, sogar auf Flohmärkten oder beim Friseur.

● *Konsulate*

– **Generalkonsulat der BRD:**
460 Park Ave, New York, N.Y. 10022/USA, T. 308-8700

– **Konsulat der BRD:**
1330 Post Oak Bd., Suite 1850, Houston, Texas, T. (713)627-7770/1

– **Österreichisches Generalkonsulat:**
31 East 69th Street, New York, N.Y. 10021, T. 737-6400/01/02/03/04.

– **Schweizer Konsulat:** Rolex Building (ha!, natürlich),
665 Fifth Ave, 8th Floor, T. NY 10022, T. (212) 758-2560, Fax 207-8024.

Für Hinweise, die wir in späteren Auflagen verwerten,
bedanken wir uns mit einem Buch aus unserem Programm

Badespaß Rockaway Beach 1953

– **Visaverlängerung:**
Immigration & Naturalization Service: 26th Federal Plaza, New York.
Reichlich Zeit (3-4 Stunden) und Geld (15 $) mitbringen. Die Verlänge-
rung wird nicht sofort erteilt, sondern per Post zugestellt. Die Angabe
einer Postanschrift ist daher notwendig.

● *Fluggesellschaften & Reisen*

– **Lufthansa:** Buchungen: 680, Fifth Ave, NY 10019, T. 718-895-1277
– **Swissair:** Area Code 212: 1-718-995-8400; Area Code 718: 1-995-
8400, Flugscheine: Swiss Center, 608 Fifth Ave, T. 718-4500.
– **Austrian Airlines:** 15 W 50th Street, NY 10020, T. (212) 307-6226.
– **Studentisches Reisebüro: Columbia Student Enterprises,**
206 Lewisohn Hall, Columbia University, T. 280-4535
und 101 Ferris Booth Mall.

● *Deutschsprachige Ärzte & Apotheken*

Allgemeinmedizin
– Dr. med. Kurt P. Cronheim: 133 E 73 Street, T. 98848003
– Dr. med. Samuel Drix: 4700 Broadway, T. 56752283
– Dr. med William Pace: 853 Fifth Ave, T. 87728685

HNO
– Dr. med Friedrich S. Brodnitz: 157 W 57 Street, T. 83891304

Augen
– Dr. med. Boguslav H. Fischer:
New Aork University Medical Center 400 E, 34th St., T. 34056194

Gynäkologie
– Dr. med Karl-Heinz Moehlen:
Moehlen Medical Group, 134 E 73 Street, T. 73762221

Apotheke
– **Kaufman Pharmacy:** Lexington Ave und 50th Street (Plan Uptown
Süd C3). Rund um die Uhr geöffnet. Liefert auch ins Haus. T. 755-2266.

● *Sonstiges*

– **Goethe Institut** (Goethe House):
1014 Fifth Ave, New York, N.Y. 10028, T. 439 87 00, Fax 439 87 05
– **Österreichisches Kulturinstitut:**
11 East 52nd Street, T. 759-5165, Fax 319-9636
– **Schweizer Kulturinstitut:** 35 West 67 Street, T. 497-1759, Fax -1874

– **Fotomat:** Penn Plaza in der 34th Street, über der Penn Station.
Rund um die Uhr-Service, wenn man seine Bilder noch vor dem Heim-
flug entwickeln lassen will.
– **47 Street Photo:**
67 N 47th Street und 115 W 45th Street, T. 260-4410. Spottbillig.

– **American Youth Hostels:** 75 Spring Street, T. 431-7100.
Hier sitzt die Verwaltung, nicht die Jugendherberge selbst. Man
bekommt hier den Mitgliedsausweis, zu Hause aber billiger erhältlich.
Weitgefächertes Angebot an Aktivitäten: Wanderwochenenden, Radtou-
ren, etc.

– **Studentenreisebüro:** Columbia Student Enterprises, 206 Lewisohn
Hall, Columbia University, T. 280-4535 und 101 Ferris Booth Mall.

- **National Council for International Visitors:** 119 W 40th Street, T. 921-8205. Auch Vermittlung günstiger Privatzimmer.
- **Passfey & Associates:**
230 East 44th Street, Suite 9k (Plan Uptown Süd D3). T. 697-4070. Ganz besonderes Besuchsprogramm Manhattans. Wer das wahre New York erleben möchte, dem empfehlen wir die Rundfahrt »Halunken, Bullen und Gerichte« in der heißen Zeit. Zwischen 22h abends und 2h früh bekommt man auf dem Polizeikommissariat die aktuellen Fälle und die Behandlung der Gefangenen vorgeführt. Dann geht's zum Bundesgericht, wo man sich mit einem Richter unterhält und bei einigen Verurteilungen zugegen ist. Solch ein Programm läßt sich für verschiedene Berufsgruppen in New York oder auch anderswo in den USA durchführen.
- **Park Events:** T. 755-4100.
- **Weather Forecast:** T. 976-1212.

Verkehrsmittel

● *U-Bahn*

Darauf ist die Stadtverwaltung besonders stolz: die mit grellbunten Graffiti gepflasterten U-Bahnen gehören endgültig der Vergangenheit an, können inzwischen in punkto Sauberkeit im Gegenteil mit der weltweiten Konkurrenz standhalten. Man besorge sich Marken *(tokens)*, die in die automatischen Drehkreuze gesteckt werden. Erhältlich an den Schaltern in den U-Bahn. Übrigens: Schwarzfahren, das beliebte Freizeitvergnügen in allen Metropolen, ist hier völlig unmöglich. Wie weit man auch immer fährt: der Fahrpreis bleibt gleich: ca. $1,30. Es gibt zwei unterschiedliche Arten von Zügen: der *local* hält an jeder, der *express* nur an den Hauptstationen. Keine ermäßigten Monatskarten, u.ä. Unser Tip: mit den Linien 1 oder 9 einmal vom Anfang (Trade Center) bis zum Ende (Brooklyn) durchfahren, eine unvergeßliche Reise durch die ganze Welt in einer knappen Stunde ...

Die meisten Verbrechen finden in der U-Bahn statt (vor allen in jenen Linien, die die Bronx, Queens und Brooklyn durchqueren). Aber es besteht kein Grund zur Hysterie. Die New Yorker ziehen bei diesem Thema ein saures Gesicht; ihre Stadt befindet sich nur noch unter den ersten zehn der Kriminalitäts-Hitparade. Normale Vorsicht genügt. Man braucht nicht gleich dem Verfolgungswahn zu verfallen. Vor allem sollte man einige Grundregeln beachten und seinen gesunden Menschenverstand gebrauchen. Vermeiden sollte man auf jeden Fall, einen leeren Waggon zu besteigen. Nachts findet man auf den Bahnsteigen durch gelbe Streifen markierte Sammelstellen für die Passagiere. Dorthin sollte man sich begeben. Dasselbe gilt für die unterirdischen Gänge: immer hübsch an Gruppen halten. Die Fixer sind unberechenbar und daher gefährlich und für eine Handvoll Dollar stets zu allen Schandtaten bereit, nur um sich ihren Stoff zu besorgen. Mal dran denken, welch übler Typ Sie sind, wenn die Glimmstengel ausgeganen sind. Handgreiflichkeiten sind an der Tagesordnung. Meist werden nur Brief- und Handtaschen anvisiert.

Im Unterschied zu anderen uns bekannten U-Bahnen fahren vom selben Bahnsteig Züge in unterschiedliche Richtungen. Also auf die Fahrtrichtungsanzeige an der Spitze der Bahn achten.

Wichtig: der »D train« verbindet fast alle sehenswerten Punkte miteinander: Central Park, Times Square, Greenwich Village, Chinatown, Brooklyn u.a.
Ein U-Bahnplan hängt in der Penn Station (34th Street). Hat man erst einmal den Dreh raus, findet man ihn in jedem Bahnhof.
Die Sprachen der ethnischen Minderheiten, Spanisch, Französisch – wegen der Haitianer – und Chinesisch, genießen Gastrecht. So überrascht es nicht, daß der Name der Station Canal Street in Mandarin angeschrieben ist.

● Bus

Einheitspreis wie bei der Untergrundbahn (rund $ 1,40). Es gelten auch dieselben Marken *(tokens)*. Vor Fahrtantritt besorgen, da im Bus nur gegen passendes Kleingeld erhältlich, und keine Banknoten angenommen werden. Nachfragen, ob der Wagen auch wirklich bis zur Endhalte, und nicht nur eine Teilstrecke, fährt. Busfahren ist übrigens angenehmer und praktischer als die U-Bahn.
Umsteigen von Bus zu Bus ist mit ein und derselben Fahrkarte möglich; man muß den Fahrer nur um ein *transfer ticket* bitten. Das Umsteigen vom Bus auf die U-Bahn oder umgekehrt ist unzulässig.
Telefon des Greyhoundunternehmens: 1-800-237-8211.

● Taxi

Taxifahren ist erheblich preisgünstiger als bei uns: für die erste Achtelmeile, also knapp 200 m, werden $1,15 berechnet, für jeden weiteren gleichlangen Abschnitt 15 Cents. Empfehlenswert, wenn mehrere zusammen fahren. Vor allem auch, um in den ersten Tagen einen groben Überblick zu bekommen. Die Leuchtanzeige auf dem Dach signalisiert, daß das Taxi frei ist. Angehalten werden kann es überall. Mindestens 15 % Trinkgeld sind üblich. Es stimmt, daß die New Yorker Taxis teilweise noch alt und schmuddelig sind, aber sie kurven unermüdlich zwischen den Schlaglöchern hindurch. Aber auch für sie ist die Zeit nicht stehengeblieben: das gute alte, oft verbeulte, gelbe Gefährt ist ausgestorben. In Manhattan sind nurmehr ein gutes Dutzend Taxiveteranen unterwegs. Einheimische und Touristen trauern bereits den fünf komfortablen Plätzen im Fond nach. In die neuen Modelle paßt man gerade so zu dritt auf die Rückbank. Die Fahrer sind im allgemeinen nett und gesprächig, mehrheitlich des Englischen aber nicht mächtiger als ihre ausländische Kundschaft. Sie sind auch gerne bereit, Fahrgäste mitzunehmen, die nur ein paar Blocks weit fahren wollen! Aber immer im voraus nach dem Preis fragen!
Der Zustand der New Yorker Straßen ist einfach erbärmlich, wirklich unvorstellbar: selbst auf dem Broadway oder der Fifth Avenue können tiefe Schlaglöcher auf Achsenfang lauern, und häufig trifft man auch mitten in der Nacht auf spärlich gesicherte Baustellen. Wer dennoch wagen sollte, eigenhändig mit einem Pkw rumzukurven, der muß unbedingt das undurchschaubare Parksystem berücksichtigen, denn häufig ist »double parking«, das Parken in zwei Reihen also, gestattet. Um den heißerkämpften Platz wirklich zum selbstgewählten Zeitpunkt verlassen zu können, läßt man sich das System am besten von Einheimischen erklären.

Lkws der Vierziger, Laxative Bromo Quinine

● *Zu Fuß*

Natürlich die beste Methode, die Stadt eingehend zu erkunden. Unterwegs stößt man immer wieder rechts und links vom Weg auf Kurioses und Unbekanntes. Als Fußgänger sollte man sich nicht wie zu Hause bewegen, sondern brav die Straße am Zebrastreifen und an der Ampel überqueren: bei einem Zusammenprall zöge man unweigerlich den Kürzeren.

● *Rollschuhe*

– **Vollman Rink:** im Central Park, in der Nähe des Zoos. Vermietung von Schlittschuhen im Winter, von Rollschuhen im Sommer. Erteilt auch Unterricht. Probieren wir es auch an der westlichen Seite, auf Höhe der 80th Street, etwas im Innern des Parks. Sehenswert sind auch die Rollschuhläufer neben Sheep Meadows, die sich den Platz mit Volleyballspielern teilen.
Übrigens: eine Leserin fragte, warum wir denn immer von Auto- bzw. Fahrradvermietung usw. sprechen würden. Man sage doch eher »Verleiher«. Nun, ein Verleihen ist immer kostenlos, was beim Vermieten nicht der Fall ist, oder?

● *Drahtseilbahn*

Jawohl, richtig gelesen: es gibt eine Drahtseilbahn in New York. Abfahrt von der 2nd Avenue, Höhe der E 60th Street. Blick über Manhattan und Roosevelt Island, leider beeinträchtigt durch die Queensboro Bridge. Man schwebt in 80 m Höhe über den East River und hat den Eindruck, im Hubschrauber zu sitzen. Das alles zum Preis von läppischen zwei U-Bahnmarken. Los – mitmachen!

● *Boot*

– Mal von Battery Park, Downtown, mit der Fähre nach Staten Island schippern und einen der schönsten Blicke auf Manhattan genießen. Als besonderes Bonbon: *Miss Liberty* ganz aus der Nähe. Nicht in Staten Island aussteigen – lohnt sich nicht – sondern mit dem Boot für rund einen Dollar nach Manhattan zurücktuckern. Wir empfehlen die Bootstour bei schönem Wetter am späten Nachmittag, aber dann sollte reserviert sein, da fast immer ausgebucht. Auf der Hinfahrt erlebt man den Sonnenuntergang, auf der Rückfahrt den Blick auf die erleuchteten Wolkenkratzer. Die *Miss Liberty Fähre* soll übrigens nun 7 $ kosten. Um 15.30h soll die letzte Fähre nach Labor Day ablegen, sonst um 16.30h.

Ursprünglich war die Statue für die Aufstellung am Nordeingang des Suezkanals bestellt worden. Frankreich machte sie dann allerdings den Vereinigten Staaten, anläßlich der Hundertjahrfeier, zum Geschenk. In der linken Hand hält sie die Unabhängigkeitserklärung. Das Stahlgerüst im Inneren, das die Figur aufrechterhält, geht auf *G. Eiffel* zurück. Ein Dilemma für penible Hobbyhistoriker: welches von den beiden Monumenten ist das Original, welches die Kopie? Das New Yorker oder das Pariser, das die Seine hinabschaut? Die Lösung scheint gefunden, wenn man sich darauf einigt, daß die Statue im Pariser *Jardin de Luxembourg*, in der Nähe der Rue Guynemer, das Original ist. Beide schauen sich, über den Ozean hinweg, in die Augen. *Bartholdi*, der Bildhauer, nahm das Gesicht seiner Mutter zum Vorbild. Die amüsante und erbauliche Überlieferung, daß eine Prostituierte für den Körper

Modell gestanden habe, hören die Historiker weniger gern und wollen es nicht wahrhaben. Bartholdi hätte es wohl kaum gewagt, seine Mama auszuziehen. Im Sockel der Freiheitsstatue ein Museum für Einwanderung. Der Sockel besteht übrigens aus Heidelberger Zement, den die Segelschiffe häufig als Ballast mitnahmen.

– **Circle Line:** Abfahrt von der Anlegestelle N°83 am Anfang der W 43rd Street; Dauer: drei Stunden. Komplette Tour rund um Manhattan. Mit rund 15 $ reichlich teuer, aber lohnend. Im Sommer alle Dreiviertelstunde Abfahrt. Im Boot am besten backbord – das ist links, Mann! – Platz nehmen.

● *Mit dem Hubschrauber*

Fantastische Möglichkeit, sofern man über die nötigen Finanzen verfügt. Buchung per Telefon: 683-4575. Der Hubschrauberflughafen befindet sich am Beginn der E 34th Street, am Rande des East River. Unter den verschiedenen Flügen, die im Angebot stehen, lohnt sich der zu rund 43 $ am ehesten. Die besten Plätze liegen linker Hand in Flugrichtung.

● *Per Luxus-Strech-Limousine*

Bietet Platz für eine kinderreiche Familie oder sechs normale Leute (ha!) und verwöhnt mit Bar, Videorecorder, TV, Klimaanlage und anderem Klamauk. Vor allem der Fernseher hat's uns bei einer Stadtrundfahrt angetan. Unentbehrlich. Kostet so 44 $ pro Stunde mit Fahrer.

Unterkunft

Völlig problemlos, ein Hotel in New York aufzutreiben. Schwieriger wird es, wenn die Unterkunft möglichst preiswert sein soll. Im folgenden eine Liste aller uns brauchbar scheinenden Quartiere. Ein Tip: sich vor etwaigem Losmarschieren telefonisch vergewissern, ob ein Bett frei ist.

– **New World Bed & Breakfast**:
Unternehmen mit vielen Niederlassungen. Telefonische Auskunftsstelle über komfortable B&B ausfindig machen lassen: 19-05-90-1148.

– **A Reasonable Alternative,** 117 Spring Street,
Port Jefferson, NY 11777, T. 516-928-4034 (Long Island & Westchester).

– **Urban Ventures,**
P.O. Box 426, New York, NY 10024, T. 212-594-5650 (New York City).

– **The American Country Collection of B&B:**
984 Gloucester Place, Schenectady, NY 1309, T. 518-370-49498 (nordöst. NY, Vermont, Massach.).

– **New Yorker Trailer Park:** 4901 Tonnele Avenue, New Bergen. T. (201) 866-0999. Gut zu wissen, daß nur fünf Minuten von Manhattan entfernt, in New Jersey, ein Campingplatz liegt. Man braucht nur den Hudson zu überqueren. Es besteht eine Busverbindung zwischen Campingplatz und Manhattan. Stellplätze auf Gras und unter Bäumen. Großzügige und saubere sanitäre Anlagen. Am Wochenende ganz heimelig, aber während der Woche scheinen Güterzüge mit Boshaftigkeit immer wieder unbeirrbar durchs Zelt rollen zu wollen. Gut gereimt? Normale legen sich »Earwax« zu, während Taube billig davonkommen. Geizhälse unter unseren Lesern brüsten sich des Schwarzzeltens. Ach, hätten die Züge sie ob ihres fiesen Charakters doch geplättet ...

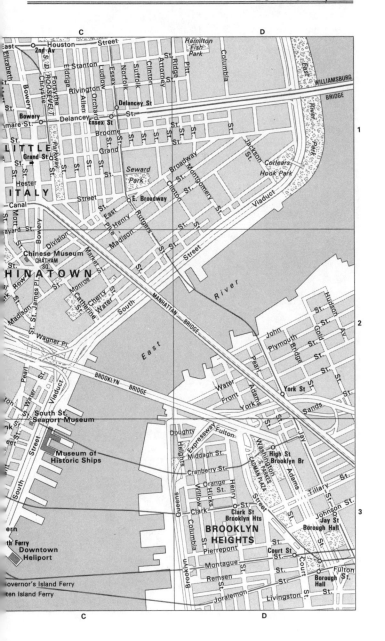

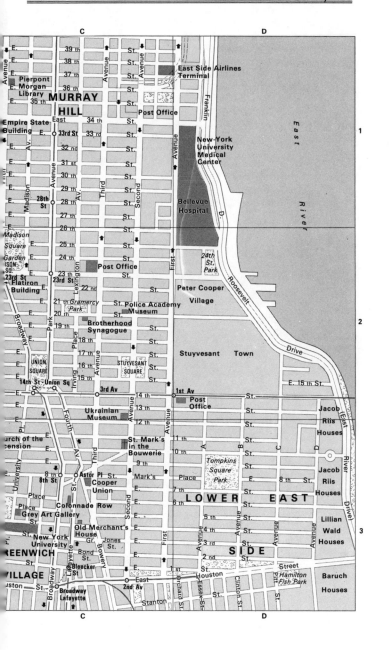

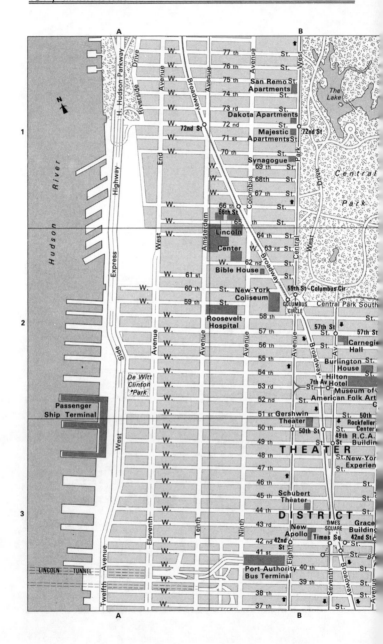

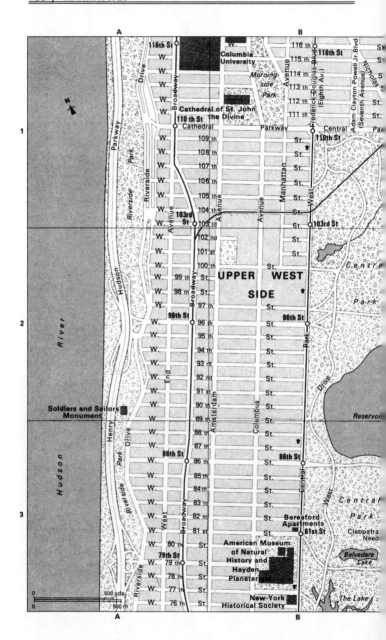

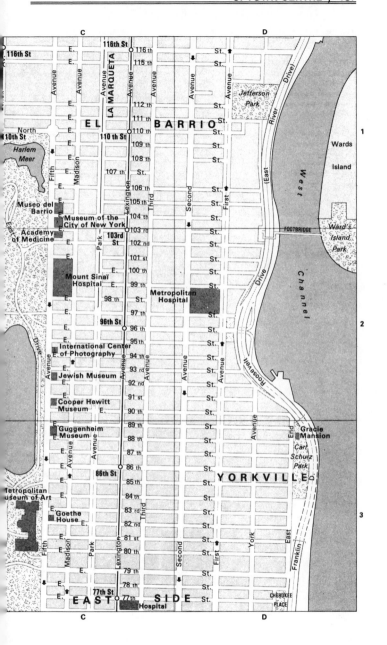

Fort Tryon Park, The Cloisters BRONX A
Morris-Jumel Mansion B

George Washington Bridge

500 yds

500 m

Trinity Church

155th St 155 th 155th St
154 th
153 rd
152 nd
151 st
150 th
149 th
148 th
147 th
146 th
145 th 145th St
144 th
143 rd
142 nd

145th St

Aunt Len's Doll and Toy Museum

Hamilton Grange 141 st

140 th Striver's Row
139 th
C.U.N.Y. (North) 138 th
137th St 137 th
136 th
135 th 135th St
134 th
C.U.N.Y. (South) 133 rd
132 nd
131 st
130 th
129 th
125th St 128 th
127 th
126 th
Studio Museum
125th St
124 th
123 rd
122 nd
121 st
120 th
119 th
118 th
117 th
116 th
115 th

Martin Luther King Jr.

General Grant National Memorial

Riverside Church

MORNINGSIDE HEIGHTS

Columbia University

116th St

116th St

Hudson Riverside Broadway Avenue

Claremont Broadway

Henry Hudson Parkway

Riverside Drive

Parkway

Hudson River

Hamilton Place

Convent Av.

St. Nicholas Av.

Nicholas

Amsterdam Avenue

Morningside Drive

Morningside Park

Manhattan Av.

Frederick Douglas Blvd

Adam Clayton Powell Jr. Blvd

Seventh Avenue

Eighth Avenue

Macombs Pl.

Colonial Park

Bradhurst Av.

St. Nicholas Terrace

A B

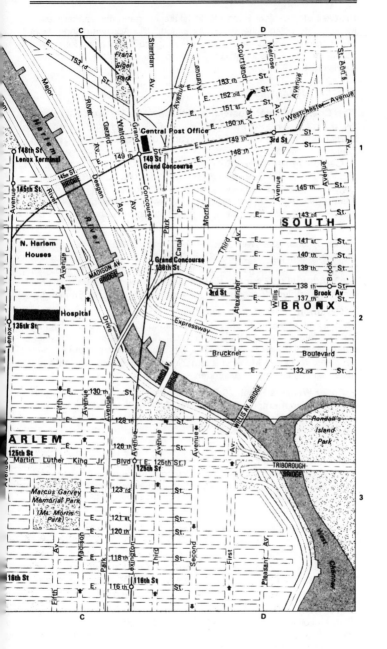

Unsere Liste ist nicht nach Qualitätskriterien geordnet sondern einer Marschroute entsprechend, die es erlaubt, alle Adressen ohne weite Umwege in Augenschein zu nehmen. Aufgepaßt: einzelne Hotels sind Studenten oder ausschließlich Männlein oder Weiblein vorbehalten. Gemeinheit!

MITTEN IN MANHATTAN

The Chelsea Center Hostel (Plan Midtown A2): 313 West 29th Street zw. 8. und 9. Ave. Plan Midtown B1, T. 643-0214. Netter Laden und lange Erfahrung, da das Hotel schon an anderer Stelle mit nur zwanzig Zimmern bestand.

– **Carlton Arms Hotel:** 160 East 25th Street (Plan Midtown C2). T. (212) 679-0680, für Gäste 684-8337. U: 23rd Street (Linie 6). Günstige Lage. Auf halbem Wege zwischen East Village und der 42nd Street (Grand Central). Recht originelle Bleibe. Verschiedene Künstler verschönerten die Zimmer. Kundschaft jung und »trendy«. Zu zweit so um die 60 $.

– **Leo House:** 332 West 23rd Street, zwischen 8th und 9th Avenue (Plan Midtown B2). T. 929-1010, F. 366-6801. U: rote Linie 1 bis 23. Straße. Von Nonnen geführt und in einem belebten Viertel gelegen. Große Auswahl an Zimmern. Im Sommer sollte man ein Zimmer mit Klimaanlage wählen. Küchenbenutzung möglich. Freundlicher Empfang.

– **Gershwin Hotel:** 7 East 27th Street, T. 545-8000, Nähe Madison Square Park und Empire State. Übernachtung so knapp 20 $. U-Bahn 6 bis 28th Street, dann zwei Blocks in Richtung Westen zu Fuß. Anscheinend etwas heruntergekommen, so wie fast alles in Manhattan. Leser berichten von einer Maus in ihrem Zimmer. Ach ja, gegen 'ne nette hätten wir auch nichts einzuwenden.

– **Roger Williams Hotel:** 28 East 31st Street, Ecke Madison Ave und drei Blocks vom Empire State Building, T. 684-7500, F. 576-4343. Ein- bis Vierbettzimmer mit Kochecke, Badezimmer, TV. Studentenermäßigung 15%. Rund 65 $ zu zweit.

– **International Student Hostel:** 154 East 33rd Street (Plan Midtown C1). T. 228-7470 und 228-4689. Grüne U-Bahn Nr. 6. Ganz zentral. Großes Backsteingebäude und annehmbar sauber. Angenehmes Viertel. Unterbringung in Zwei-, Drei- und Vierbettzimmern. Etwas teurer als vergleichbare Adressen, aber Möglichkeit zum Runterhandeln außerhalb der Saison.

– **The Parkside Evangeline:** 18 Gramercy Park South, Plan Midtown C2. Wird von der Heilsarmee geführt. Nur Frauen zwischen 18 und 35 Jahren finden Aufnahme. Ruhige Zimmer mit Dusche und Bad. Preis/Woche inklusive zwei Mahlzeiten pro Tag, für New Yorker Verhältnisse ausgesprochen günstig. Eine der angenehmsten Übernachtungsmöglichkeiten. Keine telefonische Buchung möglich.

– **Mac Burney YMCA:** 215 W 23rd Street, in der Höhe der 7th Avenue (Plan Midtown B2); T. 741-9226. Eingang 24th Straße. Gerade frisch überholt hatten wir als Meldung bekommen, während Leser behaupten, es handle sich immer noch um einen heruntergekommenen Schuppen. Nachts Krach. Schwimmbad vorhanden. Preise so 33 $ fürs Einzel-, 53 $ fürs Doppelzimmer. TV-Aufschlag rund 6 $.

Hudson River

– **Vanderbilt YMCA:** 224 E 47th Street und 2nd Ave (Plan Uptown C3), T. 755-2410. Neben der UNO. Für Frauen und Männer; jedoch nur schmale Etagenbetten in winzigen Kemenaten, obendrein reichlich teuer. So rund 37 $ fürs Einzel- und 48 $ fürs Doppelzimmer. Im Sommer Aufschlag für die Klimaanlage. Die Cafeteria wird von Indianern geführt; sehr teuer. Eigenes Schwimmbad.

– **Grand Union Hotel:** 34 E 32nd Street (Plan Midtown C1), T. 683-5890. In der Nähe des Empire State Building. Kürzlich renoviert. Die Zimmer verfügen über Farb-TV und Kühlschrank. Cafeteria mit Coke-, Chips- und Zigarettenautomat.

– **Hotel Remington:** 129 West 46th Street (Plan Uptown Süd B3). T. 221-2600, F. 764- 7481. Zwischen 6th Avenue und Broadway. Etwas teurer, aber ganz nah am Times Square. Komfortable Zimmer in ausgezeichnetem Zustand.

– **GMC New Yorker:** 8th Ave zw. 34th und 35th Street. Lesertip. Es soll sich um eine Anschrift handeln, die etwas mit der Kirche zu tun hat. Kontrollen am Eingang fast wie auf dem Flughafen. Doppelzimmer, Bad, TV und Klimaanlage für rund 60 $ und damit weniger als die Jugendherberge. Wer sendet genaue Anschrift und Telefonnummer?

– **Carter Hostel:** 250 West 43rd Street, nähe 8th Ave. (Plan Uptown Süd B3). Wer sendet die Telefonnummer. Kein übler Platz für Knauser, da so rund 45 $ fürs Doppelzimmer verlangt werden. Die Knauser dürfen sich dafür kostenlos des Puffbetrieb in den unteren Stockwerken erfreuen und sollten auch alle Hehlerware oder Drogen, die ihnen freundlicherweise in der Lobby angeboten werden, höflich ablehnen –

kostet ja eh wieder Geld – es sei denn, Sore und Stoff sind wirklich tadellos! Wie hier zu sehen, kann jeder mit unseren kostbaren Ratschlägen wundervoll durchs Leben marschieren. Augenscheinlich in der Hand der Chinesenmafia.

Übrigens: wir werden immer wieder von Reisebuchrezensenten nur so vorsichtig empfohlen. Irgendwie spüren die ja den außergewöhnlichen, unerreichten Reiseführer, rügen uns aber häufig ob unserer rüden Rede. Dabei kann uns sie doch so melodisch, ja poetisch sein. Aber vielleicht sind die Rezensenten ein wenig zu fromm? Wer uns liebgewinnt, moniere doch zumindest mal bei seiner Stadtbibliothek, wenn unsere Titel nicht vertreten sind ...

– **Washington Jefferson Hotel:** 318-328 W 51st Street/8th Avenue (Plan Uptown B2), T. 246-7550. U: 50th Street. Eine der billigsten Absteigen, dafür aber auch recht verlottert und schlecht geführt. Trotzdem verlockend für schmale Geldbeutel, zumal denkbar zentral. Zahlreiche japanische Weltenbummler.

– **New York Habitat:** 104 West 14th Street (Plan Midtown B2). T. 255-8081. Im fünften Stock. Zwei Badezimmer, eine Küche, Telefon. In zehn Minuten Fußweg vom Village. Zimmer werden tage-, wochen- oder monatsweise vermietet. Teilt man sich ein Zimmer, freut sich die Reisekasse. Am ersten Abend muß man vor 18h eintreffen.

– **The Big Apple Hotel:** 109 West 45 Street, T. 302-2603 einen Steinwurf vom Times Square mit garantiert heißem Nachtleben (Plan Uptown South). Übernachtung ab 18 $, Einzelzimmer ab 44 $. Kein Zapfenstreich. Erreichbar zu Fuß vom Greyhound. Angenehmer von der Sauberkeit und dem ganzen Drum und Dran als beispielsweise das Gershwin.

UPPER WEST SIDE

Hier befindet man sich nicht weit vom Times Square, und passionierte Jogger haben's nicht weit zum Central Park.

– **New York International Hostel:** 891 Amsterdam Ave, Höhe 103rd Street (Plan Uptown Center B1). T. 932-2300. Rote U-Bahn Nr. 1 oder AA-B und CC zur 103rd STreet. Per Bus die M7 oder M11, Haltestelle 102nd Street auf Amsterdam oder M104, Haltestelle Broadway an der 103. Straße. Riesige Jugendherberge unter der Fuchtel der AYH in einem denkmalgeschützten Backsteingebäude des vorigen Jahrhunderts im viktorianischen Stil. Kürzlich renoviert, daher auch Klima- und Heizungsanlage auf dem letzten technischen Stand. 480 Betten in Schlafsälen, Männlein und Weiblein brav getrennt. Macht auch mal nichts; hat man wenigstens mal seine Ruhe. Große Cafeteria. Auch eine Küche steht zum Selberbrutzeln zur Verfügung. Die Jugendherberge besitzt einen der wenigen privaten Gärten Manhattans. Lieber im voraus buchen. Wahrscheinlich eine der günstigsten Unterkünfte in New York. Wer hier wohnt, halte sich zum Essen an die Restauranttips, z.B. dem chinesischen *Broadway Cottage*, Broadway, Ecke 103rd Street, mit kostenlosem Wein abends. Täglich wechselndes Freizeit- und Besichtigungsprogramm.

– **Sugar Hill International Hostel:** 722 Nicholas Ave, Plan Uptown Nord B1, T. 926-7030. Gerade oberhalb der U-Bahn in der 145. Straße. Linie A-AA-B-CC und D (große Station). Ganz unscheinbar in einem bürgerlichen Viertel Harlems gelegen. Etwas abgelegen, aber quasi sichere Umgebung und per A-Expreß gelangt man in einer Viertelstunde ins Herz von Manhattan. Geöffnet übers ganze Jahr und sicherlich eine der preiswertesten Adressen in der ganzen Stadt. Schöner »Brownstone«-Bau. Kleine Schlafsäle und netter Empfang. Bettwäsche eingeschlossen, Küche, kein Zapfenstreich. Übernachtung etwa 14 $, wohl das preiswerteste der Stadt. Die beiden netten Inhaber haben wirklich eine Menge zur Renovierung hineingesteckt. Gute Atmosphäre, viele Tips. Warum haben nur die Toiletten Duschvorhänge davor, so daß man beim Treppenraufsteigen die Füße der Leute sieht? So zwei Häuser weiter muß ein ähnliches Hostel liegen. Viel Polizei ist in der Ecke unterwegs.

- **International Student Center:** 38 West 88 Street, Plan Uptown Center B3, T. 787-7706. U-Bahn 86. Straße, Linie AA, B und CC. Wohnstraße und ruhig, zwei Schritte vom Central Park. In einem einzelstehenden Privathaus. Die Möblierung ist ein buntes Gemisch, ein wenig Staub hier und da, aber allgemein gibt's nichts zu meckern. Atmospäre in der Art »fellow-travellers«. Die Adresse besteht schon seit dreißig Jahren und ist damit die älteste private JH. Rezeption von 8-23h. Nachtvögel erhalten einen Schlüssel. Schlafsäle zu unschlagbaren Preisen und gut für alle mit schmalem Portemonnaie. Der letzte Stock ist dem holden Geschlecht vorbehalten. Mist! Kleine Küche im Keller.
- **New York Bed & Breakfast:** 134 119th Street (Plan Uptown Nord B3). T. 666-0559. Einige Straßen vom Central Park entfernt. Verkehrsverbindung: U-Bahn rote Linie 2 oder 3 oder grüne Nr. 6 bis 116th Street; oder Bus M7 oder M102. Von einer Kanadierin geführt, die seit fünfzehn Jahren in den USA lebt. Sieben große Zimmer mit schöner Ausstattung. Peinlich sauber. Nur ein Bad für alle, dafür aber korrekte Preise. Die Besitzerin tut nichts lieber, als sich von ihren Gästen über New York ausquetschen zu lassen und scheint selbst eine große Bewunderin dieser Stadt zu sein.
- **Malibu Studios Hotel:** 2688 Broadway, T. 222-2954, 663-0275, F. 678-6842. U-Bahn 103. Straße. Bestens gelegen. Ganz neu, viel Farbe. Übernachtung ab ungefähr 26 $. Unschlagbar, wenn man zu dritt oder viert nächtigt. Dann sind aber wenigstens drei Übernachtungen Pflicht.
- **Herald Square Hotel:** 19 West 31st Street. Zwischen Fifth Ave und Broadway (Plan Midtown B1). T. 279-4017 oder 800-727-1888, F. 643-9208. In den ehemaligen Räumlichkeiten des *Life Magazine* untergebracht, neben dem Empire State Building. Saubere Zimmer mit Bad. Die Wände zieren alte Fotos und Zeitschriftenentwürfe.
- **West Side YMCA:** 5 W 63rd Street (Plan Uptown Süd C2) T. 787-4400. Gemischte Unterkunft, ganz in der Nähe vom Central Park. Swimmingpool für Badelustige, winzige Zimmer zu gepfefferten Preisen so um die 38 $ fürs Einzel- oder 44 $ fürs Doppelzimmer. Eine ganze Reihe Einzelzimmer wurden renoviert, sind dafür aber natürlich auch teurer. Aufschlag für Klimaanlage.
- **Columbia University:** 125 Livingston Hall, T. 854-1754 (generelle Nummer; die geeignetere scheint die 280-2775 zu sein) U: 116th Street und Broadway. Um sich ein Zimmer zu beschaffen, zur »Jill Jay Hall« gehen. Einzelzimmer und wenige Doppelzimmer für verheiratete Paare. Ganz erschwinglich, aber Studenten vorbehalten und ziemlich weit vom Schuß. Ab April/Mai Reservierung möglich. Aufpassen: nur von Juni bis Anfang August geöffnet.
- **International House:** 500 Riverside Drive, an der 123 rd Street, T. 316-8400, -8434, Fax -1827. Buchungen zwischen 8-22 h. Am Riverside Park, nähe Columbia Universität (Plan Uptown Nord A3). U-Bahn 1 oder

9 bis 116th oder 125 St.; Bus 5 oder 104. Wohnheim für rund 700 Studenten aus über achtzig Ländern. Ausgestattet mit allen erdenklichen Annehmlichkeiten, ferner Sportmöglichkeiten, kulturelle Veranstaltungen, Stadtrundgänge usw. Preise? So rund 27 $ für Einzelpersonen in »dorms« (Schlafsälen), etwa 20 $ ab einem Aufenthalt von zwei Wochen. Sanitäranlagen auf dem Flur außer bei den Gästezimmern, die eigene Badezimmer haben. Unterkunftsmöglichkeiten zwischen Mitte Mai und Ende August. Möglichst frühzeitig buchen.
  – **Amandla House Hotel:** 146th Street und 722 St. Nicholas Ave, T. 926-7030. U: 145th (Linie A oder D halten an der Kreuzung 145th Street und Saint Nicholas Avenue. In einem gutbürgerlichen Wohnviertel von Harlem. Abgelegen, aber völlig harmlos. Günstigste Unterkunft in New York, folgerichtig häufig überfüllt. In einem wunderschönen *brownstone* (Sandsteingebäude) untergebracht. Bettlaken gegen Zuschlag erhältlich. Viertel und Gebäude werden gerade erneuert. Unbedingt vorher anrufen. Unterbringung in Achtbettzimmern.

● *Möblierte Zimmer* (furnished apartments)

Für alle, die länger in New York zu bleiben gedenken, mit Abstand die beste Lösung.
Sucht man eine Unterkunft für mehrere Wochen, sollte man die Kleinanzeigen im *Village Voice* durchforsten oder es bei der Wohnraumvermittlung der Universität von New York, 54 Washington Square, T. 598-2083, versuchen. Während der Semesterferien werden leerstehende Zimmer angeboten.
  – **AAA! Bed & Breakfast n°1, Ltd:** P.O. Box 200, New York, NY 10108. T. 246-4000. Gratisnummer: 1 (800) 776-4001. William verwaltet einige Dutzend Zimmer in Manhattan. Bei Anruf zwei Wochen im voraus oder auch in letzter Minute wird er immer sein Möglichstes tun, ein nettes Appartement mitten in der Stadt mit allem Komfort aufzutreiben. Wenn man zu dritt oder viert kommt, sind die Preise sogar erschwinglich.

● *Etwas nobler*

  – **Washington Square Hotel** (Plan Midtown B3): 103 Waverly Place, T. 777-9515, Fax 979-8373. U-Bahn West 4th Street. Günstig am Ende der 5th Avenue gelegen, unweit Chinatown und Greenwich Village. Neu renoviert, sauber, Telefon und Bad im Zimmer sind selbstverständlich. Doppelzimmer so 110 $, Einzelzimmer fast dasselbe. Zur Sicherheit werden keine Schlüssel sondern nur Codekarten ausgehändigt.
  – **Carter Hotel:** 250 W 43rd Street (Plan Uptown Süd B3). T. 944-6000. U: Times Square-42nd Street. Zentraler geht's kaum. Ein gewaltiger Klotz mit siebenhundert Zimmern. Ziemlich luxuriöse Eingangshalle, Zimmer dafür etwas zweifelhaft, aber mit Bad, Klimaanlage und TV. Oberste Etage Rucksackreisenden vorbehalten. Vier- und Sechsbettzimmer zu erträglichen Tarifen.

● *Wirklich noch besser*

  – **Paramount Hotel:** 235 West 46th Street (Plan Uptown Süd B3). T. 764-5500. Gratisnummer: 800-225-7474, F. 354-5237. U-Bahn 42. Straße. Macht viel von sich Reden, da gerade vom Spitzendesigner *Philippe Starck* mit einem Aufwand von 70 Millionen Dollar neu gestaltet. Von innen wie ein Dampfer gestaltet, stellt die Eingangshalle die Brücke mit großer Treppe dar. Zimmer, Möbel, Waschbecken u.a. entspringen der Schöpferkraft des großen Meisters. Der Eigentümer hat mehr auf die Karte von Sensibilität, künstlerischem Geschmack und ästhetischem Empfinden seiner Gäste gesetzt als auf den Umfang ihrer Portemonnaies. Doppelzimmer ab rund 145 $, diesem Haus angemessen. Die Cafeteria hält die ganze Nacht geöffnet.

– **West Park Hotel:** St. Columbus Place, 308 W 58th Street (Plan Uptown Süd B2), T. 246-6440 oder 800-228-1122, F. 246-3131. Ganz in Ordnung. Ventilatoren, TV und Badewannen dienen dem Komfort. Korrekt, aber mehr auch nicht. Bietet jeden Tag den reduzierten »Park Special« Tarif an.

– **Chelsea Hotel:** 222 W 23rd Street (Plan Midtown B2), T. 243-3700. Anno 1884 erbautes Hotel mit fantastischer Fassade in viktorianischer Gotik und Balkonen mit gußeisernen Gittern. In der Eingangshalle moderne Malereien; gewaltiger, offener Kamin. Einige großzügigst dimensionierte Zimmer. Betten, Komfort und Sauberkeit enttäuschen jedoch häufig, gemessen am Ruf des Etablissements: schmuddelig, einfallslose, schäbig eingerichtete Zimmer und teuer (Zweibettzimmer mit Bad 90 $ ...), lautet das Urteil eines Lesers. Beeindruckend, die Liste der hier abgestiegenen Berühmtheiten: *Dylan Thomas, Lenny Bruce, Brendan Behan, William Burroughs, Sarah Bernhardt, Thomas Wolfe, Arthur Miller*, und ... der des Mordes angeklagte *Sid Vicious*. Hauptsächlich schöngeistiges Publikum wie Künstler, Dichter sowie Außenseitertypen. Liegt darüberhinaus in einem wirklich angenehmem Wohnviertel. Im Winter so um die 20 $. Um die Ecke liegt Penn Station und in der Nähe der Greyhoundbahnhof (ca. 5 $).

● *Ausgesprochen schick*

– **Morgans:** 237 Madison Ave, T. 686-0300, F. 779-8352. Auf der Höhe der 38. Straße. Ein Hotel für die »Happy Few«, wie *Andrée Putman* sie darstellt, die berühmte Päpstin der Innenarchitektur. Alles ist mit Bedacht gewählt und raffiniert, überall die berühmten schwarzweißen Damebrettmustern. Man ist schick und unter sich.

– **Gramercy Park Hotel:** 2 Lexington Ave und 21st Street (Plan Midtown C2), T. 475-4320. Gratisnummer: 800-221-4083, F. 505-0535. Teuer, aber einsame Spitze. Bietet »weekend rate«, Preisnachlaß für ein oder zwei Nächte, an. Das bevorzugte Hotel etlicher Rockstars, und damit fast schon eine lebende Legende! Charmante altjüngferliche Atmosphäre. Bietet zudem Ausblick auf einen privaten Park, umgeben von ansehnlichen Häusern vom Ende des 19. Jhs.

– **Hotel Algonquin:** 59 W 44th Street (Plan Uptown Süd C3). T. 840-6800 oder 800-548-0345, F. 944-1419. Literaten-Flair zeichnet dieses von Verlegern frequentierte Hotel aus. Zimmer mit Antiquitäten ausgestattet. Stilvolle Hotelhalle mit Canapés, denen man die Jährchen ansieht. Aller erdenklicher Komfort, aber nicht geschenkt.

Essen & Trinken

New York ist, wie sollte es anders sein, ein gastronomisches Schlaraffenland. Die Köche New Yorks stammen aus aller Herren Länder. Man denke nur daran, daß hier Zeitungen in vierundzwanzig Sprachen erscheinen.

Drei Gegenden sind besonders gut geeignet, sich genußvoll ein paar Kilo Übergewicht zuzulegen. Zunächst natürlich Chinatown, Little Italy, Soho, Greenwich Village und nördlich davon Chelsea, das sich immer mehr zu einem lohnenden Ziel entwickelt. Dann das East Village (Avenue A, 1st und 2nd Avenues, zwischen East Houston und East 14th), wo das Leben pulsiert und die Restaurantpreise einen nicht unbedingt in den Bankrott treiben. Schließlich die Upper West Side (Columbus, Amsterdam und Broadway, zwischen 65th und 80th). In Midtown existieren einige interessante Etablissements, aber das Nachtleben dort ist nicht besonders umwerfend. Die Gegend um den Times Square und die 42nd Street trägt den Spitznamen »Kitchen's Hell«, was ja wohl schon alles sagt. An der Upper East Side befindet sich die Hochburg der Yuppies und anderer »golden boys«. Schicke und teure Restaurants, aber ansonsten ist nicht viel los. Einzige Attraktion: eine Tour durch die berühmtesten Single-Bars.

Am billigsten haben wir uns immer an diversen Straßenverkaufsständen in der Canal Street verköstigt.

Besucher der Stadt werden sich mit Sicherheit unsterblich in eine New Yorker Institution, die sogenannten »delicatessen«, verlieben. Hier labt man sich an der traditionellen Küche der Juden aus Zentraleuropa, mit zahllosen geographischen Abwandlungen (polnisch, ukrainisch, rumänisch etc.). Bei einigen »deli« handelt es sich schon mehr um ausgewachsene Restaurants, wo man zu anständigen Preisen leckere Speisen und herzliche Gastfreundschaft vorfindet.

In New York wimmelt es nur so von Snack-Bars wie *Chock Full O'Nuts, Howard Johnson* u.a., Pizzerien und Billigrestaurants, vornehmlich chinesische und koschere Ketten. Hamburger oder Pizza und Coke bekommt man schon für ein paar Dollar. Ohne das berühmte *Sirloin-Steak* genossen zu haben – bei *Tad's* besonders zu empfehlen – sollte man New York nicht verlassen. Das gilt auch für das *Pastrami-Sandwich* in den jüdischen Lokalen und die Delikatessen. Mal was anderes als die ewigen Hamburger. Die meisten Lokale, unter der Rubrik »Auf ein Glas« aufgeführt, bringen auch einige einfache Speisen auf den Tisch.

Ansonsten finden sich günstige Cafeterias in Museen, Bahnhöfen etc.

Am Wochenende sollte man mal einen amerikanischen *Brunch* (Breakfast und Lunch in einem) ausprobieren. Zu einem akzeptablen Preis kann man nach Herzenslust spachteln. Brunch-Lokale sind häufig in Manhattan anzutreffen.

Kurz und gut, solange man noch über eine halbwegs gebügelte Jeans und ein sauberes Hemd verfügt, ist die Gefahr, in New York dem Hungertod zu erliegen, gering. Zumal einige Kneipen und Restaurants mit der *Happy Hour* locken. Da sinken dann die Preise zwischen 16.30 und 19h erheblich, und man bekommt zwei Getränke zum Preis von einem oder sogar eine Mahlzeit zum Preis eines Getränks. Ein taktisch kluger Schachzug, um erstens das Lokal während der flauen Zeit etwas anzufüllen, aber vor allem um potentielle Stammgäste anzuwerben. Weiter unten im Kapitel »Essen in Midtown« bringen wir einige berühmte »Happy Hour«-Adressen.

Für Hinweise, die wir in späteren Auflagen verwerten,
bedanken wir uns mit einem Buch aus unserem Programm

IN SOHO UND GREENWICH VILLAGE

● **Preiswert**

- **John's Pizzeria:** 278 Bleecker Street, Höhe 7th Avenue. T. 234-1680. Nicht nur für Besitzer wohlgefüllter Brieftaschen. Hier herrscht ein ständiges Kommen und Gehen. Woody Allen zeigt sich hier häufiger; er scheint sich in Sachen Pizza gut auszukennen, die hier wirklich eine Gaumenfreude ist, für die uns kein Weg zu weit wäre. Auch unsere Leser werden der Versuchung bestimmt nicht widerstehen können. Eine *large* oder sogar eine *regular* reicht locker für zwei Personen.
- **Corner Bistro:** 331 West 4th Street. T. 242-9502. U: Christopher Street. Von 12h mittags bis 4h morgens geöffnet. Ehemaliges Café, das noch seine ganze frühere Ausstattung beibehalten hat (man beachte die verzierte Decke). Gedämpfte, herzliche Atmosphäre. Einer der besten, wenn nicht sogar der beste Burger in ganz Manhattan: ein riesiges Stück Hack, schmackhaft und »juicy« mit allerlei leckeren Dingen dazu. Obendrein noch eine hervorragende Auswahl an Jazz und Gospels in der Jukebox (in voller Lautstärke).
- **Heartbreak:** 179 Varrick Street und Carlton Street. T. 691-2388. Riesiger Saal, in dem die wenigen Tische etwas verloren wirken. Montags Musik aus den Sechzigern. Also wie geschaffen für Rock'n Roll-Begeisterte. Wir können's nicht mehr ertragen, seitdem uns SWF3 berieselt. Verrücktes Dekor. Die Kundschaft besteht aus abgebrannten Jugendlichen, Bewohnern des Viertels, kleinen Angestellten etc. Reichhaltige und preiswerte Speisen, zumeist italienisch, wie Hühnerfrikassee, Pastrami Vegetable, Beef stew, Spaghetti, Safranreis mit Fleisch, Sandwiches etc. Obacht: kein Schild oder sonstiger Hinweis, nur rosa-blauer Neonschriftzug »Bar-Restaurant«. Ein ganz originelles Lokal, finden wir.
- **Caliente Cab Co:** 21 Waverly Place. T. 529-1500. Mexikanisches Café-Restaurant, wo die Bedienung genauso hübsch wie freundlich ist. Hier läßt's sich mexikanisch speisen zu Preisen, die trotz allem »caliente« sind. Da werden wir hinterher erstmal unseren Gürtel drei Löcher weiter schnallen müssen. Das Ganze wird noch mit etwas Folklore untermalt. Kurz und gut, uns hat's gefallen ...
- **Abyssinia:** 35 Grand Street (Ecke Thompson). T. 226-5959. U: Spring oder Canal Street. Geöffnet dienstags und mittwochs von 18-23h, freitags und samstags bis Mitternacht, montags bis 22h; sonntags geschlossen. Dieses Restaurant mit seiner schmackhaften vietnamesischen Küche verleiht unserer Reise einen Hauch Exotik. Man ißt an aus Weiden geflochtenen Tischen in einem ansonsten schlicht gehaltenen Rahmen. Traditionelle Speisen: *azefa wot* (Linsen, Zwiebeln, Knoblauch), *doro wot* (mariniertes Huhn mit einer würzigen Soße), *minchet abesh* (Rindfleisch mit Zwiebeln) etc.
- **Moondance:** Grand Street und 6th Ave. (ein Block nördlich der Canal Street). T. 226-1191. Geöffnet 8.30h bis Mitternacht (Freitag und Samstag die ganze Nacht). Das berühmteste »Diner« in dieser Ecke, klein und gemütlich. Zu beißen gibt's Sandwiches, *garlic challah*, gute Omletts, *pancakes, chili burgers*, Salate, BBQ, *chicken* etc.
- **Lupe's:** Ecke Watt's Street und 6th Avenue. T. 966-1326. Ein Block nördlich vom *Moondance*. Küche aus East Los Angeles, d.h. ursprünglich mexikanische Küche aus dem hispanischen Ghetto in East Los Angeles. Hervorragende Gerichte und üppige Portionen. Reservierung entbehrlich.

● *Mittlere bis gehobene Preisklasse*

- **Broom Street Bar:** Broom Street und West Broadway (Plan Downtown B1). U: Spring Street. T. 925-2086. Eines unserer Lieblingsrestaurants, im Stil eines alten Pariser Bistros: erfrischend informell und entspannt. Salate, Quiche und Omelettes auf der Speisekarte. Nachts prima Atmosphäre. Tägl. bis 4h.
- **Prince Street:** 125 Prince Street (Plan Downtown B1). Riesiges, ganz in Rot gehaltenes, Lokal mit alten Ventilatoren, samtbezogenen Stühlen, großzügiger Theke und guter Musik. Stets mächtig Betrieb, besonders am Abend. Schlichte und auch preislich angemessene Küche: *pasta*, Salate, *burgers*, Auberginenparmigiana, gegrilltes Hühnchen, *carrot* und *chocolate cheese cake* etc. Wird den einen vermutlich zu versnobt vorkommen, während andere das gemischte Publikum genießen.
- **Lion's Head:** 59 Christopher Street (Sheridan Square; Plan Midtown B3). T. 929-0670. U: Christopher Street. Geöffnet von 12h mittags bis 4h früh. Einer der berühmtesten Treffpunkte Schreiberlinge aller Art – Journalisten und Schriftsteller – aus dem Village. Hier löschen sie nach Produktion der neuesten Gazetten ihren Durst. Außerdem begann *Jessica Lange* hier ihre Karriere, zunächst allerdings als Bedienung. Es ist jedoch nicht bekannt, ob King Kong sie gerade an diesem Ort entdeckte. Nun gut, wollen wir die drei Stufen hinabsteigen, um am Mittag leckere Salate und kleinere warme Speisen zu moderaten Preisen zu verkosten. Abends werden die Gerichte erheblich aufwendiger, aber natürlich auch teurer: *agnoletti bolognese sauce,* Provenzalisches Schellfischragout, fein tranchiertes Entenfleisch etc. Auf keinen Fall sollte man versuchen, von hier aus ein dringendes Telefongespräch zu führen. Das Telefon wird mit Sicherheit gerade von einem Schriftsteller okkupiert, den sein Verleger wegen irgendwelcher überfälligen Kapitel bis hierhin verfolgt hat.
- **Fanelli Cafe:** 94 Prince Street (Plan Downtown B1). T. 226-9412. Traditionelle Küche zu mittleren Preisen. Der Rahmen wird Nostalgikern gefallen, die für düstere Bars schwärmen. Einheimische Yuppies sowie unsere Leser betuchteren Leser haben sich natürlich längst dieses Lokals bemächtigt.
- **Spring Street Natural Restaurant:** 62 Spring Street (Ecke La Fayette; Plan Downtown B1). T. 966-0290. Tägl. von 11.30-2h geöffnet. Große, angenehme Räumlichkeit. Geräuschvoll-belebte Atmosphäre. Klimaanlage und Grünzeugs. Die Kundschaft besteht vor allem aus »Downtown-Yuppies«, die in der Werbung oder bei den Medien tätig sind. Die Küche ist bekannt dafür, daß sie nur frische Lebensmitttel vom Markt verwendet. Mal die mit drei Sorten Käse gefüllten *jumbo shells* probieren, das gegrillte Hühnchen mit Knoblauch und Erdbeeressig, die *semolina bowties broccolis,* die *cold sobia noodles,* die *tostones* etc. Hervorragende und reichhaltige vegetarische Gerichte.
- **Bayamo:** 704 Broadway (und 4th Street; Plan Midtown C3). T. 475-5151. Täglich geöffnet. Genau die Sorte Restaurant, die momentan gefragt ist »in« ist in New York. Riesig – nicht umsonst handelt es sich um eine ehemalige Lagerhalle – mit Mezzaninen (Zwischengeschossen), griechischen Säulen, farbigen Fresken über einem Meer von Weiß, Pflanzen etc. Anständige Küche, deren Speiseplan sich aus chinesischen und lateinamerikanischen Speisen zusammensetzt. Die *ensaladas Miami*, die *cubano torpedos*, die *hamburgesas* etc. probie-

ren. Besonderer Leckerbissen: *Bayamo's pollo chino*, ein halbes Huhn in Marinade mit Ingwer, Knoblauch, Sauce, Sesam und Soja.

- **Cafe Rafaella**: 134 9th Avenue, Ecke 10th Street (Plan Midtown B3). Italienisches Restaurant, das von französisch sprechenden Tunesiern geführt wird. Nett, nicht? Ausgesprochen guter Kaffee. Verlangt für dieses Viertel relativ vernünftige Preise. Originelles Dekor.

● *Etwas vornehmer*

- **Cent'Anni**: 50 Carmine Street und Bleecker. T. 989-9494. U: Christopher Street oder West 4th Street. Täglich mittags und abends bis 23h geöffnet. Abends ist es fast Pflicht, einen Tisch vorzubestellen. Ausstattung von entwaffnender Schlichtheit, also weder neapolitanische Gondeln noch Fresken. Weiße Wände, an denen manchmal Bilder begabter Graphiker oder Maler ausgestellt werden. Eigentlich ganz verständlich, denn hier spielt das Essen die Hauptrolle. Wir befinden uns nämlich in einem der besten italienischen Restaurants New Yorks. Tadelloser Service; nichts verstößt gegen den guten Ton. Die Kundschaft ist zwar vornehm, aber mittags nicht übertrieben aufgemotzt. Abends dagegen geht es äußerst elegant zu. Preise erstaunlicherweise nicht übertrieben hoch, wenn man den Ruf in Betracht zieht, den dieses Etablissement genießt. Testen wir die köstlichen *antipasti*, die hausgemachten Teigwaren, die einem im Munde zergehen (ah! die *fettucine al salmone*). Zartes Fleisch, reichhaltige Speisen: *tortellini alla salvia, rognone triffolato, scampi and scallops al timo* etc. Erlesene Weinkarte, davon manche sogar bezahlbar. Kurz und gut, eine wirklich verführerische Adresse.

● *In Little Italy, Chinatown und Tribeca*

- **Luna**: 112 Mulberry Street, Nähe Canal Street (Plan Downtown C1). T. 226-8657. Immer überfüllt – unmöglich hineinzukommen, ohne Schlange zu stehen – da eines der beliebtesten New Yorker Restaurants. Allen, die besser bei Kasse sind, raten wir zu den hervorragenden Meeresfrüchten. Arme Schlucker begnügen sich mit den Wandmalereien fürs Auge. Wem die Warterei mit knurrendem Magen zu lästig ist, schlendert zum nächstaufgeführten Lokal ganz in der Nähe.
- **Puglia**: auf der Hester Street, unweit der Mulberry Street (Plan Downtown C1). T. 226-8912. Das italienische Lokal, bestehend aus zwei Sälen, von denen der linke der nettere ist, floriert seit 1919 im Herzen von *Little Italy*. Man probiere den Hauswein. Der fachmännisch gebraute Espresso ist Ehrensache. Die Wände zieren naive Großgemälde. Mit etwas Glück kommt man in den Genuß des Auftrittes einer Sängerin mit *molto* Lokalkolorit und Akkordeonbegleitung. Montags geschlossen.
- **Hwa Yuan Szechuan Inn**: 40 E Broadway (Plan Downtown B1). T. 966-5534. U: Canal Street (Linie 4,5 und 6). Tägl. mittags und abends bis 22h geöffnet (am Wochenende bis 23h). Chinesisches Restaurant der mittleren Preislage, reichhaltig und alle Düfte Asiens. Leider häufig überfüllt.
- **HSF**: 43 Bowery (Plan Downtown C3). An einem Samstag und Sonntag gegen 12h sollte man hier mal *dim sum* bestellen. Bezahlt wird pro Gericht; die Bedienung bringt dann verschiedenste Speisen auf einem Wagen, unter denen man wählen darf.

- **Phoenix Garden:** 46 Bowery. Befindet sich in der Passage, die den ersten Block der Bowery mit der Elizabeth Street verbindet (Plan Downtown C3). T. 962-8934. Geöffnet von 12-22h, montags geschlossen. Kleines chinesisches Restaurant. Die Ausstattung ist zwar ziemlich 08/15, aber dafür gebührt der Küche um so mehr Lob, zumal bei den günstigen Preisen. Lassen wir uns zum Beispiel das Hühnchen mit Zitrone oder den gedünsteten Wolfsbarsch schmecken.
- **King Sing Co:** 69 Mott Street, mitten in Chinatown (Plan Downtown C2). Feinkostgeschäft mit Delikatessen zum Mitnehmen. Glasierte Ente ist in Portionen bestellbar: mit Sicherheit die günstigsten im ganzen Viertel.
- **Bobo's:** 20 Pell Street. Ausgang zur Mott Street. Empfehlenswert für Heißhungrige. Vernünftige Preise.
- In der Mott Street und in der Bayard Street bleiben ein gutes halbes Dutzend Restaurants bis 5h früh geöffnet.

● **Mittlere bis gehobene Preisklasse**

- **Peking Duck House:** 22 Mott Street (Plan Down Street C2). T. 227-1810. Geöffnet mittags und abends bis 22.30h (am Wochenende bis 23.30h). Es heißt, hier gebe es eine der besten Peking-Enten in ganz Chinatown. In der ersten Etage ist es etwas gemütlicher als im Erdgeschoß. Auch das *20 Mott Street Restaurant* nebenan genießt einen guten Ruf und bleibt länger geöffnet (bis 1h, am Wochenende bis 2h).
- **Il Fornaio:** 132 A Mulburry Street (Plan Downtown C1). T. 226-8306. Mittags und abends bis 22.30h geöffnet; sonntags geschlossen. Aufgrund der weißen Fliesen hat man das Gefühl, in der Küche zu hocken. Serviert wird ordentliches und reichhaltiges Essen in familiärer Atmosphäre. Teurer als der äußere Anschein vermuten läßt.
- **Riverrun:** 176 Franklin Street (Plan Downtown B2). T. 966-1894. U: Franklin (Linie 1) oder Canal Street. Tägl. bis 1h, freitags und samstags bis 2h geöffnet. Liegt etwas ab vom Schuß in Tribeca und stellt deshalb für die »neuen« Bewohner den einzigen Lichtblick in diesem Lagerhallenviertel dar. Großer Raum mit nicht besonders einfallsreicher Ausstattung, aber dafür entspannte Atmosphäre. Erprobte Küche zu moderaten Preisen: verschiedenste Sandwiches, Salate, *chicken parmigiana*, geräucherte Forelle, Muscheln, Hamburger etc.

● **Etwas schicker**

- **Odeon:** 145 W Boadway (Plan Downtown B2). T. 233-0507. Bis zwei Uhr in der Früh geöffnet. Vor einigen Jahren war dieses Lokal völlig überrannt , inzwischen ist es eher etabliert und bietet eine gleichbleibend gute Küche für ein *middle class*-Publikum. Elegante Inneneinrichtung im Art deco-Stil. Gehobenes Preisniveau, zur Not bekommt man aber auch Sandwiches oder einen *country salad*. Genau das Richtige nach dem Theater oder Kino.

EAST SIDE UND LOWER EAST SIDE

Eine ganze Reihe von Adressen bietet ein Vorwand, um dieses äußerst interessante Viertel Manhattans gründlich kennenzulernen. Wenn wir an die East Side denken, so werden wir ganz nostalgisch ...

● *Preiswert*

– **Veselka:** 144 2nd Avenue und 9th Street (Plan Midtown C3). T. 228-9682. U: Astor Place (Linie 6). Bis 0.30h geöffnet. Schon das Gemälde an der Außenwand ist bemerkenswert, und dieses Zwischending zwischen Restaurant und *coffee shop* entpuppt sich dann als eine eigenwillige Mischung aus Kunst und Gastronomie. Genauso eigenwillig die Zusammensetzung der Kundschaft: alte Stammgäste drängen sich genauso um die U-förmige Theke aus Resopal wie das neue Kleinbürgertum, Künstler und ausgeflippte Typen. Sie alle haben sich unter den stolzen Blicken der Indianer auf den Wandbildern versammelt, um sich dem Genuß der Leckereien hinzugeben, die das *Veselka* zu bieten hat. Vor allem Kuchen und kleinere polnische und ukrainische Speisen: *blintzes* mit *soucream*, die einem auf der Zunge zergehen, *poppy seed strudel* (Mohnkuchen), *home-made brownies, bigos (Polish hunter stew), goulash* und das preisgünstige Menü (mit Suppe und Salat). Speisesaal im hinteren Raum. Gesundes Essen, familiäre Atmosphäre. Eine unserer Vorzugsadressen.

– **Leshko's:** East 7th Street, Ecke Avenue A (Plan Midtown D3). Lower East Side. Innendekor herzlich nichtssagend; dafür sind die Besucher um so fesselnder. Die Alten schlurfen sonntags in Pantoffeln zum Brunch hierher, Seite an Seite mit jenen, die die Nacht im *Pyramid Club* durchgemacht haben. Amerikanisch-polnische Küche, köstliche Pierogi, Pasteten aus Hefeteig mit Fleisch-, Fisch- oder Krautfüllung. Der Andrang spricht für sich. Ganz in der Nähe, Richtung 10th Street, befindet sich das *Odessa*. Ähnlicher Stil und äußerst preiswert.

– **Kiev:** 117 2nd Avenue und E 7th Street (Plan Midtown D3). T. 674-4040. Die ganze Woche über rund um die Uhr geöffnet. Mindestens einmal sollte man hier getafelt haben. Die Mischung von Bewohnern aus dem – ukrainischen – Viertel, wie schon der Name des Restaurants andeutet, wirkt fantastisch: Punks, Randfiguren aller Schattierungen und junge Angestellte, die sich hier ein Bad in gemäßigter Dekadenz leisten. Wirklich moderate Preise. Ein Festessen: Kohlrouladen und schmackhafte Suppen. Kaffee nach Belieben.

– **Around the Clock Cafe:** East 9th Street und 3rd Avenue (Plan Midtown C3). T. 598-0402. Dieses kleine Nachtcafe ist nach 1h immer gerammelt voll. Das klassisch amerikanische Essen ist nicht teuer, und vor allem lassen sich auch hier amüsante soziologische Studien betreiben.

– **Bamboo House:** 104 2nd Avenue und 6th Street (Plan Midtown C3). T. 254-3502. Täglich mittags und am Abend bis Mitternacht geöffnet. Eins der wenigen chinesischen Restaurants in dieser Gegend. Gewöhnliches Dekor; nette, gedämpfte Atmosphäre. Die East Villagers eilen herbei, um die gute und reichhaltige Küche Sechuans zu genießen. Ellenlange Speisekarte. *Seafood* zwischen 6 und 8 $ das Gericht. Hervorragende *house specials*, wie zum Beispiel der *Dragon and Phoenix mixed*, die *House Special Duck* oder der *Ma-la Delight*. »Take-away« möglich.

– **Hudson Bay Inn:** 1454 2nd Avenue (Plan Midtown C1). T. 861-5683. An der langen Bar läßt sich besonders gut der Chefsalat verspeisen. Wände aus Backstein und gedämpftes Licht sorgen für eine gemütliche Atmosphäre. Gespeist wird entweder im Innenraum oder auf der überdachten Terrasse. Flinker Service und ausgesprochen freundliche Bedienung. Steht ganz im Zeichen einer einfachen Küche und üppiger

Portionen. Salate, Fisch, Steak; auch mal die Fischküchlein versuchen. Preiswertes Buffet.

– **Teresa:** 103 1st Avenue (Plan Midtown C3). T. 228-0604. Weder originelle Einrichtung noch besonderer Charme. Sauber und banal, aber wir bekommen hier die besten Blintzes der Lower East Side.

– **Yonah Schimmel:** 137 East Houston Street (zwischen 1st und 2nd Avenue; Plan Midtown C3). U: 2nd Ave. (Linie F). T. 477-2858. Hier bekommt man einen Einblick in die Geschichte New Yorks. Dieses jüdische Restaurant existiert schon seit fast neunzig Jahren an dieser Stelle, und weder an der Einrichtung noch an der Speisekarte hat sich Wesentliches geändert. Das Essen mag etwas schwer im Magen liegen, aber es geht ja auch hauptsächlich darum, die Atmosphäre dieses historischen Ortes auf sich wirken zu lassen. Mal die *knishes* bestellen, die in der jüdischen Küche denselben Stellenwert einnehmen wie die Pizza in der neapolitanischen (Pfannkuchen mit Kartoffelfüllung und süßen Kartoffeln oder Spinat), die *cheese bagels*, den Strudel etc. Lecker auch der hausgemachte Joghurt. *Knishes* zum Mitnehmen.

– **Katz's:** 205 E Houston Street, Ecke Ludlow Street (Plan Midtown C3). Eines der traditionsreichsten Feinschmeckerlokale (seit 1888) und Zeuge der jüdischen Einwanderung. Typisch amerikanischer Rahmen, Saal von der Größe eines Fußballplatzes. Man sollte also *Katz's* nicht ansteuern, wenn man Intimität sucht. Sich nicht die Spezialität *corned beef on rye* entgehen lassen: das Fleisch ist köstlich scharf gewürzt. Davon werden täglich fünftausend verkauft, und das seit einem halben Jahrhundert. Das macht ziemlich genau 91.250.000 Stück insgesamt! In Vitrinen bezeugen Briefe von Carter und Reagan, daß man auch auf höchster Ebene des Lobes voll ist für dieses Lokal. Lust auf einen *bagel?* Nebenan werden köstliche Exemplare feilgehalten. Besonders jene mit Kräuterquark oder Paprika sind zu empfehlen.

– **Great Jones Street Cafe:** 54 Great Jones Street und Bowery (Plan Midtown C3). Wegen der ausgezeichneten Cajun-Küche (vor allem wegen der Fischgerichte) stürmen die Leute diese kleine, lärmige Kaschemme, der es an jeglichem Charme fehlt. Oft bildet sich sogar eine Schlange. Die spinnen, die New Yorker!

– In der East 6th Street zwischen 1st und 2nd Avenue entsteht ein gastronomisches Little India. Zahlreiche billige, einige weniger günstige Restaurants. Wir empfehlen das *Mitali.*

● *Mittlere bis gehobene Preisklasse*

– **Second Avenue Deli:** 156 2nd Ave. und 10th Street (Plan Midtown C3). T. 677-0606. Bis 23h geöffnet. Einer der besten Delis New Yorks. Überraschenderweise zeichnen sich Einrichtung und Dekor durch ihre ausgesprochene Banalität aus. Resopal und trübe Farben im Übermaß. Vielleicht dient das nur dazu, die überragenden koscheren Speisen voll zur Geltung kommen zu lassen? Jedenfalls lassen sich wahre Leckermäuler vom Resopal nicht abschrecken, so daß das Etablissememt seit dreißig Jahren überfüllt ist. Unbedingt mit der Suppe beginnen (z.B. *mushroom and Barley).* Breite Auswahl an Fleisch, Fisch *(chicken cacciatore, broiled filet of sole, Roumanian tenderloin steak* etc.), *deli platters,* Sandwiches, Hamburgern etc. Leckere *cheese cakes* und *applestrudels.* Auch gefüllte Karpfen werden angeboten. Vor Verlssen des Lokals nach einer Erinnerungsspeisekarte fragen.

– **Ratner's:** 138 Delancey Street und Norfolk Street. T. 677-5588. Ein weiteres Muß für all jene, die eine Dissertation über die Gastronomie der Lower East Side schreiben. Einer der ältesten und berühmtesten »Dairy Kosher«. Tägl. von 6h bis Mitternacht (samstags bis 2h) geöffnet. Die Kellner stehen dem Lokal, was das Alter anbelangt, um nichts nach und lächeln äußerst selten. Vielleicht liegt's am großen Saal mit seinem miesem Dekor. Auf der Speisekarte die klassischen Gerichte: *bortsch, broiled halibut (scallop style), Ratner Special Combo* (gefüllter Karpfen, Lachs aus Neu-Schottland, geräucherter Weißfisch, Quark etc.), verschiedene Sandwiches. Die Küche ist weniger raffiniert als im *Second Avenue Deli,* aber trotz allem sollte einen Blick auf diese bemerkenswerte Stätte werfen, wer durch die Delancey oder die Orchard Street bummelt. Die leckeren Kuchen bekommt man auch an der Theke.

● *Etwas vornehmer*

– **Cave Canem:** 24 1st Avenue und East 2nd Street (Plan Midtown C3). T. 529-9665. U: 2nd Avenue (Linie F) oder Bleeker Street (Linie 6). Ein neues »up-to-date« Restaurant in einem alten Gebäude ganz im typischen Lower East Side-Stil. Sonntagabends geschlossen. Reservierung empfohlen. Der erste Stock ist klassisch und mit raffiniertem Dekor gestaltet. An der Bar am Eingang drängen sich die zukünftigen Yuppies, die sogenannten »preppies«. Gute Musik und ganz angenehme Atmosphäre, da noch nicht zu schnieke. Attraktive Speisekarte, von der man vor allem die römischen Würstchen mit Caesarensauce, den »Emolpus Salad«, das mit Datteln und Pinien gefüllte Huhn, den gegrillten Thunfisch mit Haselnüssen, und den in Butter gebratenen Hasen mit Muscheln und Weinsauce hervorheben sollte. Natürlich nicht ganz billig.

● *Fulton Market-Viertel* (Plan Downtown C2) *und Brooklyn*

Im unteren Bereich Manhattans stoßen wir auf eine Gegend mit dem Zauber vergilbter Seiten aus vergessenen Geschichtsbüchern. Das Fulton Market-Viertel ist unbedingt besuchenswert!
Die Sanierung dieses Viertels ist gerade abgeschlossen. Gassen mit alten Firmenzeichen, reger Betrieb und ein recht hohes Preisniveau prägen das Bild. Der architektonische Stil wurde natürlich beibehalten, allerdings nur, um dort jene Neureichen unterzubringen, die der Nostalgie nach dem Vergangenen frönen.

● *Preiswert bis mittlere Preisklasse*

– **Carmines:** Beekman und Front Street. Altes Fischerbistro, das sich nicht zu sehr verändert hat. Inneneinrichtung aus Holz. Lockere Atmosphäre, günstige Fisch- und Garnelengerichte. Desweiteren Pasta, Lasagne, Manicotti, Calamares, Salate, Sandwiches und Suppen *(clam chowder* »alla giula«) etc. Mittags sollte man sich rechtzeitig dort einfinden, da sich das Lokal rasch füllt. Wollen wir hoffen, daß dieses Restaurant seinerseits kein Opfer der Sanierung wird.
– **Front Street:** 228 Front Street. Tägl. von 12-21h geöffnet. In netter Umgebung bekommt man hier Fisch und Krustentiere in allen Preislagen; bei gutem Wetter sogar auf der Terrasse. Donnerstagabend Jazz und am Wochenende »live music«.

– **Jeremy's Ale House:** Front und Dover Street. Just im Schatten der Brooklynbridge. Alter Hafenschuppen mit verschiedenartigsten Dekorationsstücken wie abgeschnittenen Krawatten und unterschiedlichsten Souvenirs sowie bunt gemischtem Publikum (junge Bierfans und Yuppies). Man speist in lärmerfüllter, unverkrampfter Atmosphäre. Gleichwohl eine empfehlenswerte Adresse.

– **Fulton Market:** Fulton Street und Front Street. Ein ehemaliger Fischmarkt wurde hier zu einem Einkaufs- und Gastronomietempel umgemodelt und hat nun für jede Brieftasche etwas zu bieten. Im zweiten Sock finden sich passable Hamburgers bei den »Boys of Brooklyn«, BBQs, Salatbars, Eisdielen etc. Im ersten Stock das etwas noblere *Roebling's*, welches einen guten Ruf genießt.

– **MacDonald's:** 160 Broadway (Bürgersteig East Side), zwischen Trinity Church und Saint Paul's, nahe Liberty Street. T. 385-2063, Fax - 2959. Wir erwähnen ihn nur, weil es sich um den MacDonald's der Wall Street handelt. Und so öffnet ein Portier den Gästen die Tür, die dann von charmanten Hostessen zu ihrem Platz geleitet werden und ihnen sogleich Obst und Kaffee anbieten. Marmortische, Leuchter, rosa Neonlicht, frische Blumen, Espresso, Cappucino, »international pastry«, Silbertabletts. Und dann noch die saubersten Toiletten der Stadt. Eine wohleinstudierte Schau. Die Bedienungen sind gehalten, den Gästen in die Augen zu schauen. Einzelne, zusammenpassende Personen sollen sie zusammen an einem Tisch plazieren, sofern der dort bereits Hockende einigermaßen vernünftig seine Bissen in den Mund bugsieren kann (if they eat properly). Ferner sollen sie vermeiden, daß jemand mangels Serviette, Salz und Pfeffer usw. wieder aufsteht im Lokal umherschwirrt. Aufmerksamkeit und Antizipation ist also alles. Zwischen 11.30 und 14h spielen ein oder zwei Pianisten für die gestreßten *golden boys*, die selbst hier die Arbeit nicht ruhen lassen. Auf einer Tafel erscheinen ständig die neuesten Börsennotierungen. Wirklich sehenswert!

Dabei war die Kette auch schon mal in ganz anderer Richtung unterwegs: so experimentierte man mit Hockern, die sich nach einer bestimmten Zeit senkten und sich erst nach Münzeinwurf wieder auf normale Sitzhöhe hoben. Dies um die Verweildauer im Laden zu senken. Anscheinend hatten die Kunden das (noch) nicht »gefressen«. Warten wir ab!

● *Mittlere bis gehobene Preisklasse*

– **Bridge Cafe:** 279 Water Street. T. 227-3344. U: Fulton Street (Linie 2 und 3). Am Ende der Water Street, am Fuß der Brooklynbridge. Ehemalige Matrosenkneipe, deren Aufmachung sich nicht verändert hat (wie man z.B. an dem abgewetzten Fußboden bei der Küche erkennen kann). Da wirkt der Gegensatz schon kraß, wenn unter der Woche hier die Herren mit dunklem Anzug und Krawatte zu Mittag speisen. Auch abends geht's vornehm zu. Die Küche versteht ihr Handwerk, ohne daß man allzu tief in die Tasche greifen müßte: hausgemachte Suppen, üppige Omeletts, *stuffed breast of chicken* etc. Täglich mittags und abends bis 23.30h geöffnet.

● *Ausgesprochen vornehm*

- **Fraunces Tavern:** 54 Pearl Street und Broad Ave. T. 269-0144. Mittags und abends bis 21.30h geöffnet. Ältestes New Yorker Restaurant. Das Gebäude stammt aus dem Jahre 1719 und ist ein historisches Denkmal! Hier kehrte Washington ein, wenn er mal »Big Apple« einen Besuch abstattete. Elegantes Ambiente. Mittags speist man zu nicht allzu hohen Preisen in Gesellschaft der *golden boys*. Abends dagegen wird es um einiges schicker, die Preise schnellen in die Höhe und Reservierung ist unumgänglich.
- **Windows of the World:** Church und Liberty Street. Im 107. Stock des World Trade Center. T. 938-1111. Mehrere Restaurants ganz unterschiedlicher Art, unter denen wir nach Lust und Laune wählen können. Allerdings nur, wer in korrekter Gewandung daherkommt, also mittags nicht in Jeans auftaucht und abends sogar Jacket und Schlips aus dem Koffer kramt. Einmalige Aussicht. Samstag- und sonntagmittags erschwingliches Buffet.

● *Besonders schick einkehren in Brooklyn*

- **Peter Luger:** 178 Broadway und Driggs Ave. T. (718) 387-7400. Eines der ältesten und besten Steak Houses in New York; im rustikalen Tudor-Stil gehalten (alte Holztäfelung, Stiche etc.) und seit 1887 in Betrieb. Täglich mittags und abends bis 22h geöffnet. Man muß allerdings mit ziemlich gepfefferten Preisen rechnen. Eher etwas für mittags im Anschluß an eine Besichtigung des alten Judenviertels von Williamsburg. Die etwas steife und ernste Atmosphäre ist ein Überbleibsel vergangener Tage, als es noch fest in deutscher Hand war. Abends ist dies Viertel nicht ungefährlich, deshalb den Bus nehmen: B39; Abfahrt an der nördlichen Ecke von Pelancey und Allen Street, bis zur Endhalte, gerade jenseits des East River.

LOWER MIDTOWN UND CHELSEA (Plan Midtown B2)

Zwischen der 14th und der 30th Street entsteht zur Zeit eine recht interessante Restaurantkultur. Dieses Viertel hat provinziellen Charakter und ist viel weniger überlaufen als das *Village*. Eine Reihe lateinamerikanischer Restaurants, so um die 8th Avenue und die 18th, 19th Street herum, bietet hungerstillende Sandwichs oder erfreulich günstige Mahlzeiten. Wir bevorzugen:
- **Empire Diner:** 210 10th Avenue und 22nd Street (Pan Midtown A2), in Chelsea. T. 243-2736. Innenausstattung: unterkühlt, schwarz und weiß, Aluminium und Edelstahlfassade. Rund um die Uhr geöffnet. Die *Diners* sind de facto zu Restaurants umgestaltete Eisenbahnwaggons. Ein Meisterwerk des Jugendstils, berühmt geworden durch *Andy Warhol*, der sich hier mit Sandwichs eindeckte. Die Kritzeleien auf den Speisekarten sind zum Schreien. Am späten Abend sehr belebt. Günstige Einfachgerichte für den kleinen Appetit. Liegt zwar in einem Viertel mit Lagerhallen, Garagen und Speditionen, wofür im Gegenzug aber reichlich Kneipen vorhanden sind. Die Ecke ist wirklich nicht sehr schön. Gegenüber blickt man gleich auf eine schmuddelige Tankstelle, und das zweistöckige Backsteingebäude nebenan hat auch schon bessere Zeiten erlebt, aber »Er liegt wie ein Schmuckstück auf der Tenth Avenue«, sagt Mitchell Woo, einer der Köche.

Andy Warhol

Bei schönem Wetter werden Tische auf dem Bürgersteig plaziert. Der Empire Diner wurde 1929 gebaut, 1972 wie viele in jenen Jahren aufgrund der Konkurrenz durch die Schnellklopsereien geschlossen und 1976 wiedereröffnet. Dies zog eine Renaissance anderer Diner in den achtziger Jahren nach sich. Heute steht das Lokal unter Denkmalschutz und wurde schon zigmal von Werbefotografen und Filmproduzenten abgelichtet, so daß inzwischen etwas viel Rummel drumherum gemacht wird.

Das Publikum ist mit Familien, Kino- und Theaterbesuchern, Teenies, Rockstars usf. sehr gemischt, und verkörpert somit quasi das demokratische Ideal.

In den zwanziger Jahren ließen findige Geschäftsleute nachgebildete Eisenbahnwagen gleich reihenweise bauen. Komplett mit Mobilar wurden sie anschließend – zerlegt oder in einem Stück – zu ihrem vorgesehenen Standort gebracht und dort an Strom, Gas und Wasser angeschlossen. Die Herstellung fernab von ihrem Bestimmungsort unterscheidet die Diner vom Cafés, Truck Stops oder herkömmlichen Restaurants. In den Vierzigern erreichte die Dinerkultur ihren Höhepunkt. Dachaufbauten verdrängten das typische Tonnendach. An die Stelle hölzerner Wände traten Edelstahl und Email. Im Innern verarbeitete man bestes Material, Chrom, Email, viel Glas, Neon, Kunstleder und verzichtete allmählich auf die überflüssigen Räder. Die Speisekarten der Diner gehen selten über typisch amerikanische Gerichte wie Sandwiches, Hamburger oder Hühnchenvariationen hinaus. An der Bar wird man schnell bedient, aber man kann sich auch in einer der typischen Sitzecken (booth) gemütlich niederlassen und mit seinen Tischnachbarn einen Plausch halten, ein weiteres positves Merkmal, denn Sitzfleisch wird ansonsten in Lokalen nur ungern gesehen.

– **Lox around the Clock:** 676 6th Avenue und 21st Street. T. 691-3535. Montags bis mittwochs von 22.30-4h geöffnet, donnerstags bis samstags rund um die Uhr, sonntags geschlossen. Ungemein beliebter Delicatessen. Originelles Dekor und feines Essen.

– **La Cascada Café:** 132 9th Avenue und 18th Street, geöffnet 17-23.30h; am Wochenende Brunch von mittags bis 17h. *All you can eat* von den lateinamerikanischen Spezialitäten zu vernünftigen Festpreisen. Aber: man muß wirklich einen mordsmäßigen Hunger mitbringen, um so viele *tacos, enchilladas, burritos, tostadas, tamales* zu vertilgen ... ganz nach Belieben.

– **Mi Chinita:** 176 8th Avenue und 19th Street. Geöffnet von 11.45-21.30h, sonntags geschlossen. Wir haben schon immer davon geträumt oder es im Kino gesehen: ein superbes *Diner*, ganz nach »Märchenprinzenart«, in Form von deliziösen chinesischen und puertorikanischen Spezialitäten in einem amüsanten Ambiente. Ein Muß! Wir empfehlen *lengua* (gewürzte Zunge) und *ropa vieja*. Wörtlich übersetzt sind das alte Klamotten, tatsächlich handelt es sich um stark gekochtes, zerfasertes Fleisch und die *combinaciones speciales* (Safranreis, Würstchen, gebratene Banane und Salat). Riesenportionen und wirklich nicht teuer.

– **Miss Ruby's Cafe:** 8th Avenue, zwischen 16th und 17th Street. T. 620-4055. Die Wirtin aus Texas steht selbst am Herd und hat sich auf amerikanische Regionalküche verlegt. Meistens bietet die Speisekarte eine Auswahl verschiedener Regionen, während die Tageskarte einer einzigen Gegend gewidmet ist.

- **Jesebel:** 630 9th Avenue. T. 582-1045. Ein schickes und sympathisches Restaurant mit Jazzmusik. Preise trotz allem gemäßigt. Vorzugsweise abends aufzusuchen. Ein Großteil der Kundschaft ist schwarzer Hautfarbe. Zahlreiche Seidenschals schmücken den Raum. Grünpflanzen wachsen in Töpfen, die noch aus dem ersten Drittel dieses Jahrhunderts stammen. Den Mittelpunkt bildet das Piano, und es ist immer mords was los.
- **Molly Malone:** 287 3rd Avenue (zwischen E 22nd und E 23rd Street). T. 725-8375. U: 23rd Street (Linie 6). Täglich über Mittag und nachts bis 2h geöffnet. Ein wirklicher netter irischer Pub, zur Hälfte Bar, zur Hälfte Restaurant. Die Wände hängen voll nostalgischer Mitbringsel von der Grünen Insel (Fotos, Stiche, Nippes etc). Auf das Plakat achten, welches mit einem Augenzwinkern daran erinnert, daß 1874 Königin Victoria dem australischen Premierminister, **Charles Duffy,** einen offiziellen Besuch abstattete. Dieselbe Königin hatte ihn 1848 für seine Beteiligung am Aufstand der Young Irishmen zum Tode verurteilt, eine Strafe, die in Zwangsarbeit in Australien umgewandelt wurde. Sägespäne auf dem Fußboden, fröhlich-belebte Atmosphäre und irische Herzlichkeit. Zu einem akzeptablen Preis bekommt man leckere und üppige Portionen Fleisch (hmm, das *Dublin broiled steak*). Auch *Molly Malone's famous shepherd's pie*, die Jakobsmuscheln (sea scallops) etc. versuchen. Für ganze 8 $ darf man samstags und sonntags von 13-17h beim famosen Brunch zulangen.

● *Etwas eleganter*

- **Harvey's Restaurant:** 108 W 18th Street (zwischen 6th und 7th Ave.). T. 234-5644. U: 18th Street (Linie 1). Erbaut 1890. Ansprechend restaurierter alter Saal im viktorianischen Stil. Der Wirt, Dick Harvey, lehnt jegliche Werbung ab. Die hat er auch wirklich nicht nötig: dank Mund-zu-Mund-Propaganda strömt alle Welt in sein Lokal. Für Reisefiebrige an der Grenze des Erschwinglichen, abgesehen von unseren Schweizer Lesern natürlich. Entspannte Ambiance trotz des förmlichen Rahmens. Es bleibt die Möglichkeit, sich auf ein Glas an der Bar zu beschränken. Schickerialokal mit Preisen, die nicht von schlechten Eltern sind. Spezialitäten: *sea food* und *prime ribs*. Bezahlbarer Lunch.

MIDTOWN

Zwischen der 35th und der 59th Street spielt sich gastronomisch wenig ab. Rund um den Times Square und den Busbahnhof ist mit den unvermeidlichen Fast-Food Restaurants vorliebzunehmen. Die 47th Street mit dem Spitznamen »Restaurant Row« ist nicht ganz billig. Trotz allem hier einige Anschriften:

● *Preisgünstig und mittleres Preisniveau*

- **Hard Rock Café:** 223 57th Street, zwischen Broadway und 7th Avenue (Plan Uptown Süd B2). T. 489-6565. U: 57th Street (Linie B, N oder R). Tägl. geöffnet bis 1.30h (am Wochenende bis 2.30h). Leicht zu finden: das Heck eines Cadillacs, Baujahr 1960 (das berühmte »Heckflossen-Modell«) ist über dem Eingang eingemauert. Über dem Kennzeichen die sinnige Aufschrift: *God is my copilot*. Häufig trifft man auf eine ewig lange Warteschlange; was anderes erwartet? Auf jeden Fall eine Adresse für alle unserer Leser, die nicht ordentlich grüßen können, sondern »Hei« sagen, wenn sie kommen und »Ttschau«, wenn sie gehen. Bar und Restaurant, gute Musik. Irres Innendekor, das jedem Rockfan glatt die Beine wegzieht: Gitarren von *Jimmy Hendrix* und *Eric Clapton*, ein Schlagzeug von *Ringo Star* und das schwarze Outfit von *King Elvis* als Dekoration. Darüberhinaus auch noch ganz anständiges Essen zu bezahlbaren Preisen. Hamburger, Sandwiches, Kuchen und Eis. Unübertrefflich der *outrageous hot-fudge brownie*.

– **Oyster Bar**: 42nd Street und Vanderbilt Ave (Plan Uptown C3). T. 532-3888 und 490-6650. Öffnungszeiten: montags bis freitags, 11.30-21.30h; am Wochenende dicht. Zu finden im Untergeschoß der Grand Central Station. Das Restaurant lieber gleich links liegen lassen; die Snack Bar auf der rechten Seite lohnt da schon eher. Mal die Muschel-suppe kosten, da die anderen Gerichte um einiges teurer ausfallen. Erstklassige kalifornische Weine.

– In der Nähe des Sloane House und der Penn Station wimmelt es von kleinen volkstümlichen Restaurants und Kneipen. Das Viertel wirkt ziem-lich dekadent und heruntergekommen, aber belebt.

– **The Automat**: 200 E 42nd Street, Ecke 3rd Avenue (Plan Uptown C3). T. 599-1665. Tägl. von 7-22h geöffnet. Große Cafeteria mit wirklich verträglichen Preisen. *The Automat* ist die letzte Futterkrippe, wo die ver-schiedenen Gerichte in separaten Glasfächern ausgestellt sind und per Münzeneinwurf gezogen werden müssen. Seit 1912 ein Monument der New Yorker »Eß-Kultur«, heute leider renoviert.

– **Carnegie Deli**: 854 7th Avenue und 55th Street (Plan Uptown Süd B2). T. 722-4567. Bester Delikatessen in der Midtown. Tägl. von 6.30-4h geöffnet. Auch dies ein Denkmal, von *Woody Allen* in »Broadway Danny« verewigt. Immer knüppelvoll, obwohl sich die Kellner bisweilen etwas ruppig geben. Ellenlange Speisekarte (sich eine Erinnerungskarte geben lassen). Berühmte Hühnersuppe, Sandwiches (jeder kann sich sogar sein ganz persönliches Sandwich selbst kreieren), Blintzes, Ham-burger, Steaks, Salate, Kuchen (z.B. den leckeren *cheese cake*).

– **Leo Lindy's**: 1250 Ave. of the Americas und 53rd Street (Plan Uptown Süd B3). Gegenüber der Radio City Music Hall. T. 586-8986. Heimat des berühmtesten *cheese cake* der ganzen Stadt, des *Lindy's Famous Real New York Cheese Cake*. Saftige Hamburger, *Comic Combo Sandwiches*, die nach diversen Fernsehstars benannt sind, tolle Sundaes etc. Den Kellnern mangelt es nicht an Humor. Einem Gast, der sich über die Unart eines Kollegen beschwerte, den Daumen in die Suppe zu stecken, erwiderte dieser: »Keine Sorge, sie ist nicht heiß«. Oder der hier: während des Zweiten Weltkrieges wird ein Kellner von einer Dame gefragt, warum er denn nicht in der Armee sei. Antwortet dieser: »Aus demselben Grunde, aus dem Sie keine Rockette (ein Girl bei der Radio City gegenüber) sind!«. Jemand möchte noch mehr hören? Dann die Erinnerungsspeisekarte verlangen.

– **Reas Real Pizza**: 8th Avenue, zwischen 44th und 45th Street (Plan Uptown Süd B3). T. 245-5009. Kleines aber feines italienisches Restau-rant, wo wir uns stärken können, ohne uns zu ruinieren. Großzügig bemessene Pizzastücke und eine ansehnliche Auswahl an Nudelge-richten, die auch nicht viel teurer sind.

– **Le Cheyenne**: nordwestliche Ecke der Kreuzung West 33rd Street und 9th Avenue. U: 34th Street Penn Station. Langgestreckter Speise-saal, der ein wenig an den Eisenbahnwaggon im Film *After Hours* erin-nert. Wir empfehlen das ausgewachsene *breakfast*.

● *Eine Note vornehmer*

– **King Crab:** 871 8th Avenue und 52nd Street (Plan Uptown Süd B2). U: 50th Street (Linie C, E und K). T. 765-4393. Mittags und abends bis Mitternacht geöffnet. In diesem Restaurant in der Nähe des Theater- viertels wimmelt es immer von Gästen. Es zählt ja auch zu den wenigen Restaurants, wo man seit Jahren erstklassige Meeresfrüchte bekommt. Es ist angebracht, einen Tisch zu vorzubestellen. Etwas altertümliches Ambiente voller Charme: Spiegel, vergoldete Schnörkel und Grünpflan- zen. Falls jemand es eilig haben sollte: an der Theke den üppigen »Fisherman's Platter« für 15 $ probieren (ein halber Hummer, Jakobs- muscheln, Garnelen und ein Seezungenfilet). Lecker schmeckt auch der Lachs mit Knoblauch und die krabbengefüllte Seezunge. Im Restaurant selbst hält sich die Auswahl zwar in Grenzen, aber dafür sind die Sachen immer frisch: *daily fish*, erschwinglicher Hummer, Muscheln und die köstliche *Manhattan clam chowder* (Muschelsuppe).

Für chronisch Abgebrannte, die früh zu speisen pflegen (hä?)

Wer einen *drink* ordert, darf damit rechnen, daß einige Etablissements ihm so reichhaltige Häppchen als Entrée vorsetzen, daß sie glatt eine vollständige Mahlzeit ersetzen – in der Regel zwischen 17 und 19h. Im folgenden einige Adressen, stellvertretend für viele:

– **The Cattleman:** 5 E 45th Street. T. 661-1200. Chili, fritiertes Huhn, Roastbeef und Garnelen.

– **Marriot:** am Times Square (Plan Uptown B3); ab 18h Buffet, s. auch Kap. »Sehenswert«.

– **Cavanaugh's:** 1450 Broadway und 41st Street. T. 719-4633. Gegen 17h hervorragendes Buffet (sogar warme Speisen!).

– Auch mal **Reidy's** (22 E 54th Street, T. 753-9419) und den **Nemo's Pub** (1 E 48th Street, T. 796-0210) ansteuern.

UPPER WEST SIDE (Plan Uptown Süd B1)

Das alte Viertel, das der »West Side Story« als Schauplatz diente, ist unwiderruflich der »gentrification« zum Opfer gefallen. Ergebnis: Restaurants und Boutiquen aller Art schießen wie Pilze aus dem Boden. Dieses Viertel gilt zunehmend als ernsthafte Konkurrenz der Upper East Side und wirkt dabei weniger versnobt und elitär.

– **Lucy's Home for retired Surfers:** 501 Columbus Ave. und 84th Street. T. 787-3009. U: 84th Street (Linie B, C und K). Die Küche hat von 17-23h geöffnet, danach nur noch die Bar. Witziges buntes Dekor – zum Thema Surfen natürlich. Lange Theke, an der sich alles drängt, was in diesem Viertel jung und »in« ist. Kühles, piekfeines Hinterzimmer (naive Malerei, Poster, Plastikstühle, Resopaltische, unwiderstehliches Neon); gute Musik. Mit über 25-30 Jahren auf dem Buckel fühlt man sich hier allerdings etwas deplaziert. Im Lauf des Abends steigt das Durchschnittsalter jedoch allmählich an. Korrektes, mexikanisches Essen, aber eigentlich kehrt man eher wegen der Cocktails und des »fun« hier ein.

– **Popover Cafe:** 551 Amsterdam Ave. und 87th Street. T. 595-8555. Von 8.30-22.30h geöffnet (samstags und sonntags ab 10h, rechtzeitig zum Brunch). Eher billige Ausstattung, nackte Wände, gedämpftes Licht, aber trotzdem herzliche Atmosphäre. Ausgesprochen »Upper West Side« halt. Das Essen ist nicht nur gut, sondern auch bezahlbar.

Mad Russian Sandwich (Schinken, Huhn, Käse und Tomaten), *Sorry Charlie* (Thunfisch, Avocado, Cheddarkäse), üppige Salate, Omeletts, leckere Kuchen *(dream cakes)* etc.
- **Blue Nile:** 103 West 77th Street und Columbus Ave. T. 580-3232. U: 81st Museum (Linie B, C und K). Täglich mittags und abends bis 22.30h geöffnet. Entpuppt sich als großer, angenehmer Kellerraum mit Tischen aus geflochtenen Weiden. Traditionelle äthiopische Küche: *azefa* (Linsen, Zwiebeln und Gewürze), *kulalit* (in Rotwein eingelegte und mit Kräutern gegarte Nieren), *yébeg Alitcha* (Hammelfleisch mit Ingwer und Knoblauch), das Nationalgericht *kifto* (Rindfleisch mit *mita)*, *yes om beyenatu* (vegetarisches Gericht) etc.
- **Burger Joint:** 2175 Broadway und 76th Street. Hier finden sich die Liebhaber saftiger Hamburger und fetter Pizzen wieder, umgeben von mit Künstlerfotos zugekleisterten Wänden. Immer brechend voll, wofür's ja wohl gute Gründe geben wird. Munteres Stimmengewirr, begleitet von einer interessanten Duftwolke. Und all das seit Big Nick im Jahre 1962 begann, die Upper West Side zu bewirten.
- **Erotic Baker:** 582 Amsterdam Ave, zwischen 88th und 89th Street. Eine Patisserie, bei deren Anblick auch harte Burschen schwach werden; das Farbenspiel auf den Kuchen läßt zwar das Herz höher schlagen, möglicherweise bewirkt der Geschmack jedoch das Gegenteil.
- **Zabars:** Broadway und 80th Street. U: 79th Street (Linie 1). Tägl. von 8-19.30h geöffnet. Mit Sicherheit das beste »deli« in der Upper West Side. Eine unsagbare Anhäufung von Gebäck, Käse und Delikatessen, eine umwerfender als die andere. Besonders mundet hier das afghanische Brot. Ein Fest der Formen, Farben und Gerüche. Erlesene Teesorten führen eine friedliche Koexistenz mit Haushaltswaren. Einem Preisvergleich mit den großen Warenhäusern des Zentrums hält *Zabars* auf jeden Fall stand und schneidet vermutlich sogar günstiger dabei ab. Zumindest legt *Zabars* Wert darauf, den entsprechenden Eindruck zu erwecken. Also, unbedingt hineinschnuppern!
- **Tuesday's West:** 246 Columbus Ave und 72nd Street. T. 877-3900. Außer amerikanischen Spezialitäten gilt es hier riesige Omeletts und Salate zu bewältigen, die trotz des bescheidenen Preises eine volle Mahlzeit darstellen.
- **Cafe la Fortuna:** 69 West 71st Street. T. 724-5846. Von 13-0.30h geöffnet. Montags geschlossen. Ein paar Stufen führen zu einem gemütlich-intimen Raum. Die Backsteinwände bieten ein wahres Museum für Opernliebhaber: Caruso, vergilbte Programme, alte Porträts etlicher Operndivas, verschiedenste Souvenirs. Ein Foto zeigt John Lennon und Yoko Ono, die einen nachbarschaftlichen Besuch abstatten, um das leckere italienische und deutsche Gebäck zu probieren. Überragender Kaffee und Cappuccino.
- **Barney Greengrass The Sturgeon King:** 541 Amsterdam Ave und 86th Street. Ein weiterer *Delikatessen*, der sich auf Lachs *(lox)*, sowohl zum Mitnehmen, als auch zum sofortigen Verzehr, verlegt hat. Sich nicht von der Resopalmöbel-Einrichtung abschrecken lassen, der Laden ist einfach prima. Empfehlenswert sind *lox* mit *cream cheese* und *bagels*, wozu man einen *borscht* löffeln sollte; außerdem *chopped liver*, feingehackte Leber mit Zwiebeln.
Apropos Telefon: ein Riesengag. Einmal unterlief der Telefongesellschaft ein Rechtschreibefehler im Telefonbuch, und so stand dort bis zur nächsten Ausgabe »Barney Greenfield the Surgeon King« (König der Chirurgen). So riefen dann ständig Leute an, die statt Stör zu bestel-

len, eine Operation vornehmen lassen wollten. Barneys Mutter war hingerissen. Sie hatte schon immer davon geträumt, daß ihr Sohn Arzt werde.

● *Mittleres bis gehobenes Preisniveau*

– **Good enough to eat:** 483 Amsterdam Ave. T. 496-0163. U: 79th Street (Linie 1) oder 81st Museum (Linie B, C oder K). Vom Frühstück ab bis 22h geöffnet. Samstags und sonntags geschlossen. Eines der besten Restaurants der Upper West Side. Kleiner, aber gemütlicher Raum. Vorausbuchen. Reichhaltige Gerichte und Kuchen, der jedem das Wasser im Munde zusammenlaufen läßt.
– **Genoa:** 271 Amsterdam Ave und 73rd Street. U: 72nd Street. T. 787-1094. Abends bis 22.30h geöffnet (sonntags bis 21.30h). montags geschlossen. Kleine italienische Pinte, die als eine der letzten in diesem Viertel noch eine Küche wie bei Muttern anbietet und dabei preiswert ist. Das winzige Restaurant ist allerdings schnell voll. Was es hier gibt? Nudeln, ist doch klar, *(Lasagne, carbonara, matriciana* etc.) und hochwertiges Fleisch.

● *Etwas schicker*

– **Tavern on the Green:** im Central Park, Höhe W 67th Street. T. 873-3200. Sündhaft teuer und piekfein, zudem bildschön ausgestattet. Inmitten von Bäumen und Blumen verbringt man hier bei schönem Wetter erholsame Stunden. Man begnüge sich vorsichtshalber mit einem Nizzasalat ...
– **Rupperts:** Columbus Ave, zwischen 72nd und 73rd Street. T. 873-9400. Tägl. bis 2h geöffnet (freitags und samstags bis 3h). Raffiniertes Dekor und besonders ansehnliche Bar. Falls jemand die junge Ente von Long Island noch nicht probiert haben sollte: hier ist sie zwar teurer, dafür aber wirklich Spitze.
– **Shun Lee West:** 43 West 65th Street. T. 595-8895. Zur Straße hin befindet sich das *Shun Lee Cafe*, wo man zu günstigeren Preisen tafelt. Modernes Dekor im schwarz-weißen Schachbrettmuster. Ganz hinten dann das eigentliche Restaurant, dessen Ausstattung zugleich raffiniert und schlicht wirkt (ein einzelner Drachen ziert die Wände dieses Raumes, der ansonsten im high tech-Stil gehalten ist). Diese chinesische Küche ist eine der meistgepriesenen der Upper West Side (Filiale des berühmten *Shun Lee Palace* an der Upper East Side). Vornehme Kundschaft wie wir und natürlich gesalzene Preise.

IN DER NÄHE VON COLUMBIA UND IN HARLEM

● *Preiswert und mittlere Preiskategorie*

– **West End Café:** 2911 Broadway und 114th Street, geöffnet von 10-4h. Das ehemalige Hauptquartier der Beat-Generation zieht noch heute ganze Kohorten von Columbia-Studenten in seinen Bann. Wenig einfallsreiche aber preiswerte amerikanische Mahlzeiten. Angenehm entspannte Atmosphäre. Wer sich mit einem dünnen Muckefuck begnügt, kann man sich immerhin an der Stimmung ergötzen. Abends treten Jazzgruppen auf.
– **Hungarian Pastry Shop:** W 111th Street, Ecke Amsterdam Ave. Guter Tip für alle, die in der Columbia University oder in der Nähe untergekommen sind oder zufällig in der Gegend herumbummeln. Zu

jeder Tageszeit die richtige Adresse, um sich an einem verführerischen Kakao, auf Neudeutsch: »heiße Schokolade«, auf Englisch »hot chocolate« und auf Französich »chocolat chaud«, mit einem Klecks Schlagsahne obendrauf zu laben. Frische Croissants und leckerer Zimt-Käsekuchen für Naschkatzen. Bietet auch warme Gerichte.

– **Charles Green Tree Restaurant:** 1034 Amsterdam Ave. T. 864-9106. Neben der gerade beschriebenen Konditorei. Mittags und abends bis 21h geöffnet (freitags und samstags bis 22h). Sonntags manchmal geschlossen, also besser vorher anrufen. Trotz des etwas heruntergekommenen Äußeren eine von Fans der zentraleuropäischen Kochkunst hoch geschätzte ungarische Küche. Sich das Hühnerfrikassee, das Boeuf Stroganoff, das Paprikahuhn, das böhmisch zubereitete Schweinefleisch und den ausgezeichneten *rigo janci* (Dessert) munden lassen. Mittags anständiges Lunch für wenig Geld.

– **Sylvia's:** 328 Lenox Ave und 126th Street. U: 125th Street (Linie 2 und 3). Von 7.30-22.30h geöffnet, sonntags von 13-19h. Beliebtestes *soul food*-Restaurant (Küche der Schwarzen aus den Südstaaten) New Yorks. Menüs für 10-15 $, »hot & spicey«, mit zwei freien Beilagen (candid yams probieren). Lockere Atmosphäre, wunderbare Bedienung, alle berühmten Schwarzen, einschließlich Muhammad Ali, haben hier gespeist und ihre Konterfeis dagelassen. Zum Rauchen muß man an die Bar. Sowas aber auch! Eine echte Institution. Im »lower middle class taste« eingerichtet mit zahllosen Souvenirs und Fotos. Trotz vier großer Räume bildet sich sonntags eine lange Schlange. Hier geht's immer rund, da die Schwarzen meist mit der ganzen Familie anrücken und auch die Weißen auf den Geschmack kommen, die Stimmung und vortreffliche Küche schätzen lernen. Die *spare ribs* und die BBQs bleiben weiterhin unübertroffen in ganz Manhattan, und trotzdem werden die Preise kein allzu großes Loch in die Reisekasse reißen. Nach der Gospelmesse sonntags gleich hierher zum ausgezeichneten Brunch eilen. Der kleine zu 6 $ wird von 13-15h gereicht, der große zu 10 $ von 13-19h (inklusive Bloody Mary und Kaffee). Die ewig Rastlosen verköstigen sich geschwind an der Theke. Eine unserer Lieblingsadressen.

– **Wilson's:** 980 Amsterdam Ave, Ecke 158th Street, in Harlem. T. 923-9821. Die Rotzgören des Viertels versuchen den Bedienungen immer wieder das Trinkgeld zu entwenden und sorgen so für Leben in der Bude. So hat man nie Kurzweil. Sonntags nach der Messe präsentieren sich die Gäste in ihrem sehenswerten Sonntagsstaat. Exquisites *soul food* und stadtbekannte Desserts.

Auf ein Glas

Zur Erinnerung und nicht vergessen: die meisten Restaurants betreiben auch eine kleine Bar, die eine Stippvisite durchaus rechtfertigt. Nachteulen versammeln sich in der *Broom Street Bar*, in *Lucy's*, im *Lion's Head*, in der *Cave Canem*, in *Night Birds* ... (siehe Kapitel »Essen«).

IN VILLAGE, SOHO UND CHINATOWN

– **Olive Tree Café:** 117 MacDougal Street, im Herzen von Greenwich Village (Plan Midtown C3). T. 254-3630. Für amerikanische Verhältnisse lobenswerter Kaffee! Hinten im Raum werden den ganzen Tag kurze Stummfilme gezeigt. Die Schwäche des Wirtes für Chaplin und Keaton

ist offensichtlich. Oder spielt jemand lieber Backgammon oder Schach? Leckere Cocktails, Hamburger, Salate und warme Gerichte.
- **Café Reggio:** 119 MacDougal Street. (Plan Midtown C3). Tägl. von 10-2h geöffnet (am Wochenende bis 4h). Das beste Café in New York, heißt es, im Stil der Gründerzeit. Von Zigarettenqualm und der Last der Jahre patinierte Gemälde, museumsreife Kaffeemaschine. Gefüllte Croissants, Joghurts, Gebäck, Sandwiches, Milchshakes etc. zieren die Speisekarte. Etwas gehobeneres Preisniveau.
- **Café Borgia:** MacDougal, Ecke Bleecker Street (Plan Midtown C3). Im Charakter dem vorigen Café nicht unähnlich. Bewundernswerte Wandmalerei, die den Papst Borgia zeigt, wie er seiner musizierenden, auf seinem Thron sitzenden, Tochter (!) lauscht – merkwürdige Epoche und merkwürdiger Papst vor allem. Was er sonst noch mit ihr trieb, ist der Kirche verdammt peinlich und soll hier kurz dargestellt werden: *Alexander VI.* (1484-1492), »schlimmer als ein Vieh« laut Zeitgenossen, brachte zwei Kinder mit in den Vatikan und erfreute sich dort an Massenorgien im Familienkreis. *Burkhard*, sein Zeremonienmeister, schilderte folgende Szene zur Allerheiligenvigilie 1501:
»Einst wurde auf dem Zimmer des Herzogs von Valence (Cäsar Borgia, Sohn (!) des Papstes) im apostolischen Palast eine Abendmahlzeit gegeben, bei welcher auch fünfzig vornehme Kurtisanen gegenwärtig waren, die nach Tische mit den Dienern und anderen Anwesenden tanzen mußten, zuerst in ihren Kleidern, dann nackend. Darauf wurden die Leuchter mit brennenden Kerzen auf die Erde gesetzt, welche die nackten Weibsbilder, auf allen Vieren zwischen den Leuchtern durchkriechend, auflasen, während Seine Heiligkeit, *Cäsar* und *Lukretia* zusahen. Endlich wurden viele Kleidungsstücke für diejenigen hingelegt, die mit mehreren dieser Lustdirnen ohne Scheu Unzucht treiben würden, und sodann diese Preise ausgeteilt«.
Der Papst unterhielt ein Verhältnis mit seiner Tochter Lukrezia, die wiederum auch ihre Brüder beglückte und schon früh als Halbwüchsige ein Kind bekam, das Alexander in einer Bulle zunächst als seins, in einer späteren aber als Frucht seines Sohnes Cesare bezeichnete. Soweit die Tatsachen aus der unerreichten Darstellung der Sexualgeschichte unserer Heiligen Römischen Kirche, nach Karlheinz Deschner, »Das Kreuz mit der Kirche«, Heyne Tb 7032, bzw. Otto von Corvins »Pfaffenspiegel«.
- **Le Figaro Café:** 186 Bleecker Street (Plan Midtown C3). Gut für nostalgisch veranlagte Europäer, mitten im Zentrum des Village. Mit alten Zeitungsseiten verkleisterte Wände. Gemütlich eingerichtet, bisweilen an Nachmittagen Musikunterhaltung. Nebenbei: auch hier ordentlicher Kaffee!
- Die Seele SoHos hat leider die üble Angewohnheit, an manchen Abenden Hunderte von Verehrern zur gleichen Zeit anzulocken. Halb so schlimm: am South Broadway, von Houston bis Canal Street, schießen lauter sympathische Kneipen wie Pilze aus dem Boden.
- **Tom Milano:** 51 East Houston Street (Plan Midtown C3). Diese alte Bar sollte unter Denkmalschutz gestellt werden. Gleich nach der Prohibition im Jahre 1933 eröffnet, befindet sich seit 1941 im Besitz ein und derselben Familie. Die Kundschaft setzt sich aus alten Stammgästen des Viertels, Insidern der Werbe- und Medienwelt und Stars des Show biz zusammen. Madonna, Matt Dillon, Tom Cruise und viele andere

New York Wolkenkratzer

haben diesen Ort schon mit ihrer Gegenwart beehrt. Leutseliger Barkeeper, von dem man sich zumindest einmal ein frisches Bud einschenken lassen sollte.

– **White Horse:** Hudson und 11th Street (Plan Midtown B3). T. 243-9260. Einer der ältesten Pubs des Village, der sich zudem seit 1880 nicht verändert hat. Sozusagen schon mit Patina überzogen. Dylan Thomas hat diese Bar mehr als einmal sternhagelvoll verlassen. Es wird aber auch feste Nahrung angeboten.

– **5 & 10, No Exaggeration:** 77 Greene Street (und Spring). T. 925-7514. Eine der originellsten Bars überhaupt, zugleich als Antiquitätenhandel fungierend. Äusserst praktisch. Hat sich jemand auf den ersten Blick in einen der Schränke verliebt, kann er oder sie ihn gleich mitnehmen. Aber auch ohne irgendwelche Sammlerambitionen kann man hier essen, sich an manchen Abenden von einem Kabarett unterhalten lassen oder an anderen Tagen Jazz lauschen. Immer Betrieb und keine Gefahr der Langeweile.

– **One Fifth Avenue:** 1 Fifth Ave, Nähe Washington Square (Plan Midtown C3). Gelungene Innenausstattung aus den Überbleibseln eines alten Passagierdampfers, der 1974 seinen Dienst einstellte. Richtig schick und ästhetisch. Die hübschesten Frauen kommen auf der Suche nach Gesellschaft hierher. Lieber an der Bar bleiben, denn das Restaurant lohnt sich nicht.

– **Lucky Strike:** an der Grand Street, ganz in der Nähe des West Broadway (Plan Downtown B1). Jeden Abend bis 4h geöffnet. Direkt an der Bar klebend oder sich in die dritte Reihe quetschend, verbreitet eine etwas verrückte Jugend ein Gefühl von Unbeschwertheit, das sich an manchen Abenden auch durch etwas lebhaftere Ausbrüche Luft verschafft.

– **Coffee Shop:** 16th Street, Ecke Union Square West (Plan Midtown C2). Sehr gefragt, da der Schönheitspalast (siehe unter »Tanzen«) nur ein paar Schritte entfernt liegt. *Die* Bar schlechthin für alle, die voll im Trend liegen möchten. Hat überhaupt nichts mit einem Coffee Shop zu tun. Hier trifft sich die Szene, Mannequins und alle, die gern dazugehören möchten.

– **Peacock Cafe:** 24 Greenwich Ave und West 10th Street (Plan Midtown B3). Beliebter Treff der Anwohner.

– **Chumley:** 86 Bedford Street und Barrow Street (Plan Midtown B3). T. 675-4449. Die geheimste Literaturkneipe des Village. Ein weiterer »speakeasy« aus der Zeit der Prohibition. Ab 17.30h geöffnet. Es handelt sich um ein einstöckiges Haus ohne Schild, nur an der braunen Tür mit dem großen, vergitterten Guckloch erkennbar. Steinbeck und Dos Passos waren hier Stammgäste, und auch Joyce ließ sich ab und an mal blicken.

– An der Grove Street (Plan Midtown B3) liegen weitere nette Pinten. Insbesondere eine *piano-bar*, die die Besonderheit aufweist, das ganze Jahr über mit dem Festtagsschmuck aller erdenklichen Feiertage (Weihnachten, Thanksgiving Day etc.) geschmückt zu sein. Wenn man also nicht so lange warten kann ... Tägl. von 20-4h geöffnet (montags bis 2h). Am Klavier hockt stets ein alter Bluesman, der mit melancholischem Gesicht, aber glänzenden Augen, die dreißig bis vierzig Jahre alten Gäste unterhält. Lockere Stimmung.

– **Als:** 108 Bovery Street und Hester Street (Plan Downtown C1). Genau richtig für eine soziologische Studie des »Skid Row«, wie in der Westside Story. Einer der letzten Orte des Bovery, wo man eine ungewöhnliche Auswahl an Stammkunden aus dem Viertel, in vielen Fällen »amerikanische Restposten«, antrifft ... Ergreifend, ja pathetisch. Das Bier ist selbstverständlich das billigste Manhattans, und getrunken wird's an einem alten Holztresen vom Ende des 19. Jhs.

- **Cafe Wha:** 115 MacDougal Street, zwischen Bleecker Street und West 3rd Street. T. 254-3630. Von 22.30-2h geöffnet. Preiswerte Mahlzeiten und Getränke. Ein Dutzend Musiker wechseln sich dabei ab, die Geschichte des Rock'n Roll nachzuvollziehen – in musikalischer Manier, versteht sich. Viele kurzberockte, gutaussehende Mädels, im Sechziger-Jahre-Stil.

Mondo Cane: Bleecker/Ecke Sullivan. Bluesbar mit täglich wechselnden Konzerten, nur am Wochenende Eintritt. Mindestverzehr zwei Getränke pro Person. Publikum und Wirt gehen hier eine gelungene Allianz ein: wenn die Band zu früh aufhört, befiehlt letzterer lautstark Zugaben. Unbedingt zielstrebig am Türsteher vorbeischlängeln, denn wer lange rumdruckst, wird als knausriger Tourist erkannt und hat, wie übrigens in beinahe allen Clubs, seine Einlaßchance verspielt.

Red Lion: sofort nebendran. Das Personal besteht aus anderen Touris, die sich ein paar Dollars verdienen müssen. Da die Klimaanlage bestens funktioniert, sollte man sich auch im Sommer warm anziehen. Hier treten Gitarrenbands Marke Woodstock auf, nach fröhlicher Jam Session greifen auch Gäste zur Gitarre, spielen auf Zuruf, bis alle mitsingen und auf den Tischen tanzen.

Peculiar Pub: ebenfalls nebendran in der Bleecker Street. Irrwitzige Kneipe mit Hunderten von Bieren aus der ganzen Welt, mindestens 3,50 $ für ein Pils aus Peru (nicht empfehlenswert), aus Kenia (noch ärger) oder Norwegen (Experten uneins). Der Pub ist so gestopft voll, daß an Sitzplätze gar nicht zu denken ist, und alle sind nur gekommen, um miteinander ins Gespräch zu kommen. Warnung an Mitglieder des weiblichen Geschlechts mit schwacher Blase: vor der einzigen Toilette harrt dauernd eine Riesenschlange.

Apropos Toiletten: wegen der exorbitanten Mieten und dadurch bedingtem Platzmangel verfügen die allermeisten Downtown-Kneipen nur über ein WC/Restroom für beide Geschlechter, oder für Männer wurde häufig ein winziger Raum mit einem WC und zwei Pissoirs vollgestopft. Daß dazwischen keine Wände gezogen wurden, ist zwar verständlich, aber erstmal völlig fremdartig.

EAST SIDE UND LOWER EAST SIDE (Plan Midtown D3)

Einige lohnende Anschriften für diejenigen, welche die Nase voll haben von den allzu sauberen, institutionalisierten, versnobten, oberflächlichen, ... Kneipen im Greenwich Village oder in Soho.

- **MacSorley's:** 7th Street, zwischen der 2nd und 3rd Avenue (Plan Midtown D3). Irischer Pub, wie man ihn allerdings in Irland niemals zu Gesicht bekommen wird. Die Aufmachung mutet exzentrisch an. Was es da nicht alles gibt: von den Gästen vergessene Spazierstöcke und Hüte zieren neben Fotos aller Altersgruppen die Wände. Interessant ist außerdem zu wissen, daß Frauen über 116 Jahre hinweg der Zutritt verwehrt war, was nicht etwa auf Frauenfeindlichkeit beruhte, sondern darauf, daß natürlich nur Mannsbilder befähigt sind, ein gepflegtes Bier so richtig zu genießen, wie uns ein alter Stammgast anvertraute. Man ist stolz darauf, daß das Lokal niemals geschlossen werden mußte, nicht einmal während der dreizehnjährigen Prohibition. Übrigens hatten die

Amis während dieser Zeit durstigere Kehlen denn je. Besuch ist Pflicht, selbst wenn man kein ausgesprochener Biertrinker ist.
- **Grass Roots Tavern:** 20 Saint Mark's Place (Plan Midtown D3). Altes, für das East Village typisches, Bistro. Im Untergeschoß niedrige Decke. Einen halben Liter Gerstensaft bekommt man für 50 Cents. Unverkrampfte Atmosphäre. Besonders beliebt bei in die Jahre gekommenen, vom Leben enttäuschten, Jungens. In Richtung Tompkin Square erwarten Ausgehfreudige weitere Bars.
- **Wah-Wah:** East A Avenue und East 7th Street. Bis 2h geöffnet. Typische neuere Bar des East Village. Künstler, Schauspieler, Intellektuelle und Theaterleute versammeln sich hier. Dunkel und verraucht. Niemals vor 22h kommen. Mittwochs wird Kabarett geboten, bei dem junge Schauspieler Sketche und Improvisationstheater zum Besten geben. Das aufmerksame und nachsichtige Publikum fläzt sich währenddessen in den dicken Sesseln und auf den völlig durchgesessenen Bänken.
- **(Namenlose) Kneipe:** 507 East 5th Street und A Ave. Leuchtschild mit Aufschrift »Rolling Rock« im Schaufenster. Die schwächliche Lampe, die den Billiardtisch beleuchtet, muß für die ganze Bar reichen. Knackevoll mit jungen Leuten, allerlei ausgeflippten Typen, Bohemiens und Studenten. Obwohl Zünstoff genug vorhanden wäre, halten sich die Spannungen in Grenzen, aber trotzdem brodelt es ständig. Bier und Alkohol zu zivilen Preisen.

UPPER WEST SIDE (Plan Uptown nördlich von A1)

Das Viertel erstreckt sich im Westen des Central Park, zwischen der 66th und 86th Street, und gilt zunehmend als ernsthafte Konkurrenz der East Side. Die Entwicklung ist nicht mehr aufzuhalten. Trotzdem wird das Bemühen deutlich, den ursprünglichen Charakter zu bewahren. Um Columbus, Amsterdam und Broadway teilen sich puertorikanische *tenements* den Raum mit soliden Bürgerhäusern, jetzt vereinnahmt von der neuen, jungen Stadtbourgeoisie. Da das Viertel im Umbruch begriffen ist, machen den Reiz nicht zuletzt die Widersprüche aus. Auch die Columbia University mit ihren zahlreichen Studenten trägt zu dieser besonderen Atmosphäre bei.
- **Lucy's Home for Retired Surfers:** und **West End Cafe** (siehe Kapitel »Essen, Upper West Side und Columbia«)
- **Museum Cafe:** 77th Street und Columbus. T. 799-0150. Wie der Name schon vermuten läßt, an der Seite des Naturhistorischen Museums zu finden. Erfrischende Ausstattung, Backsteinmauern und Grünpflanzen bestimmen das Bild. Weite Terrasse, von der man alles sehen, sich vor allem aber auch zeigen kann. Eine der Hochburgen der bereits oben erwähnten Neureichen. Der beste Platz ist, wie vielerorts, auch hier am Tresen. Da geht nämlich die Post ab.
- **Plaza Hotel:** Fifth Ave und 59th Street. Völlig anderes Genre, nämlich der schickste Teesalon der Stadt. Die alten Milliardäre stehen an, um beim Klang der Geigen »Kaffee und Kuchen« zu genießen.
Marlin's: Broadway/Ecke 110th. Noch ein wenig weiter Richtung Harlem, eine der wenigen Bars, die keine IDs (Ausweise) kontrollieren: der Tip für unsere jungen Fans unter 21. Spottbilliges Bier, ein *pitcher*, hier so teuer wie downtown zwei Pils. Unbedingt bis zum Schluß bleiben und sich dann persönlich durch den netten Wirt verabschieden lassen.

UPPER EAST SIDE (PLAN UPTOWN D2)

Im teuersten New Yorker Viertel befinden sich die berühmtesten Single-Bars der Stadt. Am populärsten ist jenes Viertel, das die 1st, 2nd und 3rd Avenue und die Straßen, die zwischen 60th und 75th Street verlaufen, eingegrenzen. Hier stößt man auf einige berühmte Kneipen.
- **Michael's Pub:** 211 E 55th Street. T. 758-2272. Schicke Pinte im Nickeldekor. Montagsabends gibt hier *Woody Allen* seine Klarinettenkünste zum Besten; es sei denn, er wurde gerade mal wieder zu einem Vortrag an einer Uni im Mittleren Westen eingeladen oder von *Mia Farrow* zu Abendessen. Ansonsten spielt er um 19.30h zum Dinner und dann nochmal um 21 und 22h. Er macht seine Sache nicht schlecht; dasselbe gilt auch für das Orchester. Die Mahlzeiten fallen allerdings enttäuschend aus, und der Empfang verläuft eher dürftig. Aber was tut man nicht alles, um Woody Allen dudeln zu sehen! Dies wird der einzige Abend ohne Mindestverzehrzwang sein.
- **Adam's Apple:** 117 1st Avenue und 61st Street. T. 371-8651. Jeden Tag geöffnet. Mittwochs, freitags und samstags ist es dort am besten. Zugegeben: ein wenig versnobt geht's schon zu. Wer möchte, darf sein Tanzbein schwingen. Berühmte »happy hours«.
- **Elaine's:** 1703 2nd Avenue und 88th Street. T. 534-8103. Es bleibt rätselhaft, was alle an dieser Kneipe so toll finden. Aber alle Welt rennt trotzdem hin. Auch hier hat man an einigen Abenden gute Aussichten, Woody Allen anzutreffen. Mit ihm verhält sich's aber so, wie mit dem Fußabdruck des Buddah: man trifft ihn überall. Wenn der Schuppen voll ist, lassen sich problemlos Bekanntschaften machen. Eine Szene für »Manhattan« wurde hier gedreht.

Discos und Musikkneipen

Ob nun Jazz-, Hardrock- oder Pop-Fanatiker: auf jeden Fall seine Nase in die *Village Voice* und die *SoHo News* stecken und erst dann die Wahl treffen. Sämtliche aktuellen Termine von Gruppen und Sängern sind hier aufgeführt.
Freikarten für Discos liegen häufig an den Kassen von Klamottenläden, vornehmlich in SoHo, Greenwich und East Village.
Außer den Jazzkneipen befinden sich alle New Yorker Discos in einer grauenhaften Zwickmühle: wie soll man den Laden vollkriegen, ohne jeden reinzulassen; denn wenn man jedermann Eintritt gewährt, kommt niemand! Wie dem auch sei, die New Yorker Nächte sind irre. Aber es macht einen großen Unterschied, ob man schwarz- oder weißhäutig ist. Darüberhinaus haben die New Yorker einen ungeheuren Discoverschleiß: manche halten gerade mal ein Jahr. Daher ist es ratsam, vorher noch mal anzurufen, um zu sehen, ob das Etablissement überhaupt noch existiert. Einige heiße Tips:

- **Limelight:** 20th Street und 6th Avenue (Plan Midtown B2), T. 807-7850. Lieber im voraus reservieren, weil die von einem kanadischen Milliardär in einen Tanztempel umgewandelte Kirche neuerdings *der* Disco-Renner ist. Auf keinen Fall verpassen! Für unseren Geschmack zuviel Disco-Musik und herausgeputzte Biedermänner. Man benötigt einen Clubausweis, der aber leicht erhältlich ist.

- **CBGB:** 315 Bovery Street, just am Ende der Bleeker Street (Plan Midtown C3). T. 982-4052. Der Untergrundtempel von New Wave Hard, Punk und Rock. Nicht unbedingt blinkesauber, eigentlich sogar schmuddelig, aber irgendwie toll. Die Initialen stehen für: Country, Blue Grass und Blues. Das hat nichts mit der Musik zu tun, die dort gespielt wird, weshalb man die Buchstaben OMFUG (Other Music for Uplifting Gourmandizers) hinzugefügt hat. Vorsicht: am Wochenende stellen sich viele »Hinterwäldler«, vorwiegend aus New Jersey, ein, denen man schon von weitem ansieht, daß sie aus der Provinz kommen: weißes Hemd und Krawatte ... Vom Klang her die beste Anlage in New York.

- **Dezerland:** 270, 11th Avenue 28th Street. T. 929-1285. Fünfstöckiges Gebäude, ganz dem Kult der Oldtimer aus den fünfziger Jahren und dem Rock'n Roll gewidmet. Michael Dezer, der Anstifter des Ganzen, ist ein Fanatiker dieser Epoche. Im Erdgeschoß eine Diskothek. Der Diskjockey thront auf einem Feuerwehrauto, geräumige Kabrioletts dienen als Sessel, und die Benzinzapfhähne wurden zu solchen für Bier umgebastelt. Im Hinterzimmer großer Billiardsaal. Es laufen ständig Filme aus den fünfziger Jahren, allerdings ohne Ton. Die Musik orientiert sich im Sommer mehr am Discosound, im Winter mehr an den Fünfzigern. Bunt zusammengewürfeltes Publikum. Im ersten Stock eine weitere, nicht weniger originelle, Disco und eine Überraschung: ein Drive-in, wo man sich James Dean und andere Kultfilme der fünfziger Jahre anschauen kann, während man es sich in einem Cadillac Cabrio oder einem Chevy Impala bequem macht. So ist Amerika! In den oberen Stockwerken läßt sich eine Sammlung mit 250 tollen Autos bewundern, die an *American Graffitti* erinnern.

- **Palladium:** 126 14th Street und 3rd Avenue (Plan Midtown C2). Im Moment sehr populär; profitiert von Steve Rubell und Ian Schragger, den Schöpfern des berühmten New Yorker Clubs »Studio 54«. Ein völlig überzogenes Unternehmen. Der Architekt hat für ein Vermögen die alte *Music-Hall* umgekrempelt, und die New Yorker Starmaler von Keith Haring bis Francesco Clemente wüten lassen. Das *Palladium* erstreckt sich über fünf verrückte Etagen, und man reibt sich ungläubig die Augen. Gepfefferte Eintrittspreise; man kann sich aber einen mehrere Nächte gültigen Eintrittsausweis besorgen. Der Schuppen scheint aber schon wieder auf dem absteigenden Ast zu sein. Zu einer der besonderen »partys«, wie zum Beispiel der Halloween Party, lohnt es sich immer noch hinzugehen. Ansonsten verbringt man seine Zeit lieber woanders. Achtung, wenn eine »soirée« stattfindet, bleibt das *Palladium* die Hälfte der Woche geschlossen.

- **Ritz:** 11th Street und 4th Avenue (Plan Midtown C3). Nobeldisco, überwiegend Rockmusik, aber miese Anlage. Rockstars treten zu vernünftigen Preisen auf: z.B. Jerry Lee Lewis und andere Meister ihres Faches. An einigen Abend ermäßigter Eintritt. Die Disco selber lohnt schon wegen des Dekors aus den Dreißigern einen Besuch. Diese Bar betritt *Jack LaMotta* zu Beginn des Films »Wie ein Wilder Stier« (Raging Bull).

- **Lone Star Café:** 240 West 52nd Street (Plan Uptown B2-3). Es handelt sich nicht um eine Disco. Man bekommt stattdessen hier viel Atmosphäre in Form von Live-Musik geboten: die besten Sänger und Gruppen aus Folk, Folk-Blues und Country passieren hier Revue.

Cootie Williams, NY 1960

- **Roller Skating:** 15 Waverly Place; die Straße schneidet die Mercer Street. Ausgefallene Disco, in der mit Rollschuhen getanzt wird. Auch wer nicht gerade ein Crack in dieser Disziplin ist, wird das durchaus lohnende Schauspiel genießen.
- **Bitter End:** 147 Bleeker Street, in Greenwich Village (Plan Midtown B3). *Curtis Mayfield, Eric Clapton, Stevie Wonder, Taj Mahal* und andere Stars wurden hier entdeckt. Häufig bis zum Ersticken überfüllt.
- **Quick:** 157 Hudson Street (Plan Midtown B3). T. 925-2442. Ziemlich neu und schon ein mordsmäßiger Erfolg. Ab und zu verrückte Shows, aber nicht täglich. Vorher anrufen, um sich zu erkundigen.
- **Pyramid:** Avenue A, nur wenige Schritte vom Tompkins Square, Lower East Side (Plan Midtown D3). Wir erwähnen diese Adresse auch in unseren Bemerkungen zur Lower East Side. Der *Pyramid* ist seit zehn Jahren einer unserer Lieblingsklubs. So dekadent und nett wie der Mensch es halt braucht. An manchen Abenden spazieren junge Männer in Frauenkleidern auf der Theke herum. Alles, was andernorts zu ausgeflippt ist, findet hier seine Heimstatt. Moderater Eintrittspreis.
- **Village Gate:** 160 Bleeker Street (Plan Midtown B3). Oft Jazzkonzerte, manchmal Rock. *Larry Corryel, Ray Baretto* und *Dizzy Gillespie* geben sich die Ehre.
- **Back Fans:** Thompson Street. Folk- und Rockszene. Besonders intim ... Typisch amerikanisch ausgestattet.
- **SOB (Sound of Brazil):** 204 Varick Street, immer noch in SoHo. T. 234-4940 und 399-4444. Gibt sich unter der Woche eher als Bar, aber wer könnte bei dieser Musik (Samba, Bossa Nova etc.) das Tanzen lassen? Zu Essen gibt's auch, allerdings zu happigen Preisen.

● *Jazz vom Feinsten*

- **Dan Linch:** auf der 2nd Avenue, zwischen 13th und 14th Street, in East Village (Plan Midtown C2). Solider Blues, faire Preise und sympathische Stimmung.
- **Fat Tuesday:** 190 3rd Avenue, Ecke 17th Street (Plan Midtown C2). T. 533-7902. Ein toller Club, in dem es heiß hergeht. Ab 22h Sessions. Man kommt entweder zum Abendessen oder nur auf ein Gläschen hierher. Ausgesprochen vernünftige Preise, aber ohne telefonische Vorbestellung läuft nichts, da der Club weit bekannt ist.
- **Village Vanguard:** S 7th Avenue und 11th Street (Plan Midtown B3), T. 255-4037. Hat seinen guten Ruf schon weg. Schummrige Beleuchtung, abblätternde Farbe, aber das *Vanguard* hat es nicht nötig, auf ein brilliantes Äußeres zu achten, da es seit Jahren hervorragenden Jazz bietet.
- **Sweet Basil:** 88 S 7th Avenue, T. 242-1785. Eine weitere fest verankerte Bastion im Village. Qualitätvolles Programm.
- **Blue Note:** 131 W 3rd Street. T. 475-8592. Tadellose Jazzkneipe; kostenloser Eintritt zur Jazzsession am Wochenende ab 2-4h morgens. Außer montags normalerweise Quartett. Max Roach, Sarah Vaughan, Maynard Ferguson, Milt Jackson etc. Samstags und sonntags von 14-18h »show, brunch and drink« für wenig Geld.
- **Saint Peter's Church:** 54th Street, Ecke Lexington Ave, unter dem Citycorps Tower. Diese lutheranische Kirche ist vor Jahren durch den Verkauf ihres großen Grundstückes an das Citycorps zu Geld gelangt und hatte an die Veräußerung die Bedingung geknüpft, in dem Komplex eine neue Kirche zu integrieren. Dort finden zahlreiche kostenlose

Konzerte und, durch musikalische »Erfrischungen« aufgepeppt, religiöse Zeremonien statt. Manchmal kostenlose Einladungen zu den großen New Yorker Jazzkonzerten.

– **Knitting Factory:** 47 Houston Street. T. 219-3055. Oft experimenteller oder Avantgarde-Jazz. Netter Rahmen, und zu Knabbern gibt's auch etwas. Snacks, Hamburger und knackige Salate. Session um 21 und um 23h.

Sehenswertes

DOWNTOWN

● *Freiheitsstatue* (Plan Downtown B3)

Fahrkarten für die Fahrt zur Freiheitsstatue erhält man bei Fort Clinton im Battery Park. Normalerweise Abfahrt jede Stunde zwischen 8.30h und 16h ab Battery Park. Zusätzliche Fähren in den Monaten April bis Oktober, am Wochenende und an Feiertagen. Im Juli und August halbstündliche Abfahrten. Vom Boot aus genießt man einen fantastischen Blick auf die Spitze Manhattans und die Freiheitsstatue. Zum Battery Park gelangt man entweder mit der U-Bahn (Linie 1 bis South Ferry oder Linie 4 bis Bowling Green) oder mit dem Bus (Linie 6 bis South Ferry). Ein guter Rat für alle, die in die Krone steigen möchten: unbedingt das erste Schiff nehmen, sonst darf man endlos lange am Fahrstuhl anstehen. Wir wollen jedoch nicht verschweigen, daß der Aufstieg auch über eine enge Wendeltreppe möglich ist. Man gerät dabei allerdings ganz schön in Schwitzen, und wenn man's dann endlich geschafft hat, muß man feststellen, daß der Ausblick durch die beiden kleinen, verdreckten Fenster eher bescheiden ist. Wir haben gewarnt! Wer's trotz allem nicht lassen kann, klettere bis zum Sockel. Das reicht völlig, denn von dort aus läßt sich eine Runde um die Statue drehen, und außerdem hält auf dieser Höhe auch der Fahrstuhl.

Am Fuße der Statue ein kleines, hochinteressantes Einwanderungsmuseum. Ein Teil der Ausstellung ist ausschließlich dem Bau und der Restauration der Freiheitsstatue gewidmet. Zwei Jahre lang waren Hunderte von Arbeitern damit beschäftigt, die Statue zu schrubben und zu polieren. Für die Restauration hatten die Amerikaner französische Kunstschmiedeexperten angeheuert, die das 120 t schwere schmiedeeiserne Skelett Stück für Stück durch nichtrostendes Material ersetzen mußten.

● *Ellis Island Museum* (Plan Downtown B3)

Eintrittskarte bei Fort Clinton im Battery Park. Verbindung mit der Circle Line, die auch die Staten Islands anlaufen. Abfahrt alle Stunde zwischen 8.30 und 16h. Auskünfte: T. 269-5755. Täglich geöffnet. Eintritt frei.

Nachdem es dreißig Jahre lang völlig vernachlässigt, dann acht Jahre lang renoviert wurde, zeigt dieses Museum nun, was es bedeutete, in die »Neue Welt« einzuwandern. Zwischen 1892 und 1924 passierten zwölf Millionen Einwanderer, auf Neudeutsch: Immigranten, die alle auf die amerikanische Staatsbürgerschaft aus waren, Ellis Island. Zählt man die nachfolgende Zeit bis zur Schließung 1954 mit, sind es sogar sechzehn Millionen. Für viele Amerikaner ist Ellis Island ein heiliger Ort. Einhundert Millionen Amerikaner, also 40 % der Bevölkerung, besitzen einen Verwandten, der hier duchgeschleust wurde.

Die zugänglichen Gebäude erlauben es dem Besucher, den Weg der Ankömmlinge nachzuvollziehen. Im Erdgeschoß befindet sich der »Gepäckraum«: Berge von Bündeln, Körben und alten Koffern. Alles ist präsent, sogar der Lärm und Betrieb, der damals geherrscht haben muß. Dann geht's hoch in den zweiten Stock zur Anmeldung, auch die »sechs physischen Sekunden« genannt. Denn ohne es zu wissen, fand hier schon die erste Prüfung statt. Ärzte beobachteten von oben, wie die Einwanderer die Treppe erklommen und markierten mit Kreide die Kleidung jener, die einer Gesundheitskontrolle unterzogen werden sollten. Dabei stand E für die Augen (eyes), H für das Herz (heart), L für die Lunge (lungs) und X für Geistesgestörtheit. Von hieraus lenkt man seine Schritte zu den Seitenflügeln des Gebäudes und folgt von einem Raum zum anderen jenem Weg, der im Optimalfall zu einer Wechselstube und einem Fahrkartenschalter für die Fähre führte. Die anderen, die Ausgeschlossenen, mußten über die »Treppe der Trennung« den Flur entlang gehen, von wo aus sie entweder in die Schlafsäle oder ins Krankenhaus gelangten. Insgesamt wurden 250.000 Menschen dahin zurückgeschickt, woher sie kamen.

Den Einwanderern wurden allerlei Fragen gestellt, wie z.B. »Sind Sie Anarchist?, polygam?«, »Haben Sie Verwandte in den Vereinigten Staaten?« usw. Auf die vermeintliche Frage nach seinem Geburtsdatum, in Wirklichkeit seinem Namen, antwortete ein Mann dem Beamten auf deutsch mit »Vergessen«, was zur Folge hatte, daß er und alle seine Nachkommen seit jenem Tage den Namen Fergusson tragen.

Das Museum beschränkt sich nicht nur auf die Rolle von Ellis Island in der Geschichte der Einwanderung, sondern bezieht die gesamte USA mit ein. Zweitausend zerbrochene, abgenutzte, verrostete, herrenlose Gegenstände sind ausgestellt, von Küchenutensilien bis zu Kinderspielzeug. Dazu noch über fünfzehnhundert Fotos. Das Schicksal einiger Familien steht stellvertretend für das von Tausenden. Eine Ausstellung zeigt, warum, wie und zu welchem Zweck die Menschen nach Amerika kamen, und auf welche Weise sie dann hier Fuß faßten. Ein genealogisches Forschungszentrum ist in Planung, in dem die Besucher die Namen ihrer eingewanderten Vorfahren und das Einwanderungsdatum mit Hilfe eines Computers werden feststellen können. Elia Kazan und Samuel Goldwyn sind auch hier vorbeigekommen ...

● *Lower Manhattan und Finanzviertel* (Plan Downtown B3)

Hier findet man doch tatsächlich noch die eine oder andere zarte Spur, welche in die ersten Tage New Yorks weist und noch nicht von der alles erdrückenden Gigantomanie verdrängt wurde. Der kleine Friedhof der *Trinity Church* am Broadway hat z.B. noch richtig ländlichen Charakter. Viele Menschen ziehen sich hierher zurück, um ein wenig Schatten oder Frieden zu finden. Das älteste Grab datiert aus dem Jahre 1681. *Robert Fulton*, Erfinders des Dampfschiffes, fand hier seine ewige Ruhe. Weiter unten, an der Kreuzung der Pearl Street mit der Broad Street, wird man des *Fraunces Tavern* gewahr, einem Steinhaus mit Schieferdach von Anno 1737, das zu seiner eigenen Überraschung alle Umwälzungen unversehrt überstand. Im Innern ein bescheidenes Museum. Freier Eintritt; geöffnet von 10-16h.

Die *Wall Street* ist Sitz der mächtigsten Banken der Welt. Unweit von hier befindet sich auch die *New York Stock Exchange* (Börse), 20 Broad

Street. Vor 12, besser schon vor 11h, erscheinen, um eine Karte zu ergattern. Wer sicher gehen will, ordert seine Eintrittskarte zwei Tage im voraus. Einlaß montags bis freitags von 10-16h. Anstehen muß man an der 20 Broad Street, von wo aus man in Zwanzigergruppen zum Fahrstuhl geleitet wird. In der dritten Etage angekommen, müssen Handtaschen und Fotoapparate an der Garderobe abgeben werden, und die Besichtigung kann endlich beginnen. Man erlebt die Börse mitten im Tagesgeschäft. Selbstredend gibt es eine Ausstellung über die Geschichte des Kapitalismus, in deren Verlauf man Besuchern natürlich nahegelegt, ihr Geld in Aktien anzulegen. Kommentare auf Tonband, auch auf Deutsch; funktioniert leider nicht immer. Also nicht zögern, sobald man die Garderobe hinter sich gebracht hat, nach einem deutschen Text zu fragen, der die einzelnen Vorgänge und deren Sinn erklärt. Ansonsten bleibt einem verborgen, was in der »Main Hall« getrieben wird. Vor der Fassade steht noch immer der Baum, unter dem einst die Börsengeschäfte ihren Anfang nahmen; in seinem Schatten handelten die Börsenmakler einst ihre ersten Aktien.

Am schönsten stellt sich das Finanzviertel gegen 16h dar, kurz nach Büroschluß; wenn die Straßen am belebtesten sind und man besser versteht, warum man es auch den »Mittelpunkt des Kommerzes« nennt. Der 19. Oktober 1987 wird als »schwarzer Montag« in die Geschichte eingehen, denn da erlebte Wallstreet den schlimmsten Börsensturz seit jenem schwarzen Donnerstag 1929. Allein neue marktstabilisierende Schutzmechanismen verhinderten einen ähnlichen Zusammenbruch, wie er damals stattfand.

Der Niederländer *Peter Stuyvesant* drehte sich übrigens hier nach seiner Ankunft in New York seine erste Zigarette ...

Battery Park liegt am äußersten Ende von Manhattan: vor der Freiheitsstatue und deren Windschatten.

Die Rendezvous-Szenen des Films »Susan, verzweifelt gesucht« wurden dort gedreht.

Nicht versehentlich am 1911 im neugotischen Stil erbauten *Woolworth Building* (233 Broadway) vorbeilaufen! Wäre schade, den unwirklich anmutenden Bau mit seiner schloßartigen Eingangshalle, überladen mit Blattgoldverzierungen, mit seinen Gewölben im byzantinischen Stil und den Fahrstühlen in Rokoko-Gotik zu übersehen. Das winzige Museum im Erdgeschoß zeigt, wie es 1911 möglich war, ein solches Projekt zu verwirklichen. Unglaublich!

● *World Trade Center* (Plan Downtown B3)

Unmöglich, daran unbemerkt vorbeizulaufen: es handelt sich um zwei Riesenquader von annähernd 400 m Seitenlänge. Da es zwei sind, nennt man sie *twins*. Einer neben den anderen postiert, beherrschen sie die Südspitze von Manhattan.

Ob es nach dem Bombenanschlag wieder zugänglich ist, wissen wir nicht. Ansonsten:
Erhältlich sind hier alle möglichen Auskünfte über New York, Prospekte, Fahrpläne für Bus und U-Bahn usw.

Bis ganz nach oben zum *Observation Deck* des Turms Nr. 2 fahren – von 9.30-21.30h geöffnet – um möglichst nahe an das Gefühl heranzukommen, das King Kong empfunden haben muß. Da oben, in luftiger Höhe von 400 m, werden Besucher davon in Kenntnis gesetzt, daß der ganze Koloß 43.000 Fenster aufweist, daß die verwendete Betonmenge ausreichen würde, um eine vierspurige Straße von der Erde zum Mond zu bauen – wohl ein typisch amerikanisches Understatement – und natürlich wird man auch nicht versäumen, auf die Geschwindigkeit des Fahrstuhles hinzuweisen. Der Blick auf Manhattan ist überwältigend, die Skyline wird allerdings zusehends weniger vom, in seinem Stolz verletzten, Empire State Building dominiert.

Als Tourist ruhig morgens um 9h zur Besichtigung anrücken, wenn um die 65.000 Angestellte ihre Arbeit aufnehmen. Da kriegt man dann wieder richtig Lust aufs Landleben. Wartezeit sonntagnachmittags etwa anderthalb Stunden; für den Aufzug sind rund 7 $ zu entrichten. Im Erdgeschoß wird übrigens stets die augenblickliche Sichtweite angegeben. Ganz dicht beim World Trade Center, Ecke Broadway und Fulton Street, befindet sich Saint Paul's Chapel, die älteste Kirche Manhattans. Sie wurde zwischen 1764 und 1766 erbaut, und *Washington* wurde darin zum ersten Präsidenten der Vereinigten Statten ernannt.

Gegenüber des World Trade Centers, am Ufer des Hudson, wurde auf einer künstlich angelegten, seit langem ungenutzten, Aufschüttung ein neues »Viertel« namens *Battery Park City* errichtet. Am Ufer, eine Esplanade mit Bänken und Blumenbeeten.

● *Southstreet Seaport* (Plan Downtown C2)

Das Gelände gilt als Wiege des amerikanischen Imperiums, das ehemalige Herz des New Yorker Hafens. Im 19. und zu Beginn des 20. Jhs herrschte hier fieberhaftes Gewimmel. Um hierher zu gelangen, nimmt man entweder die U-Bahn (Linien 2, 3, 4, 5, J und M) bis Fulton Street oder den Bus M 15 (der die Bezeichnung South Ferry trägt) ab Midtown die ganze 2nd Avenue hinunter, auch bis Fulton Street. Das Viertel wurde vor dem vollständigen Abriß durch eine Bürgerinitiative größeren Umfangs bewahrt, die es hauptsächlich aus sentimentalen Gründen erhalten wissen wollte. Schließlich hat Amerikas Reichtum seine Wurzeln in dem unermüdlichen Hin und Her der Klipper, hier vor Anker gingen und wieder Segel setzten. Und zu guter Letzt war es gerade Seaport, wo Thomas Edison höchstpersönlich am 4. September 1882 das erste öffentliche Elektrizitätswerk der Welt einweihte.

Inzwischen wurde das Gebäude, das den alten Fischmarkt beherbergte, von Grund auf erneuert. Im ganzen recht gelungen, wie wir meinen. Drei Etagen mit Restaurants. In der obersten Etage eine ganze Reihe von Fast-Food-Buden. Griechische, amerikanische, italienische, mexikanische und japanische Küche. Selbstredend reichlich touristisch, das Ganze. Aufpassen: Toresschluß ist um 22h. Kleiner Hinweis für Romantiker: abends ein frischgezapftes Bier an der witzigen Theke besorgen, auf die Terrasse setzen, und den herrlichen Blick auf Manhattan und die drei East River-Brücken genießen, bestimmt der Traum von Woody Allen.

Für Hinweise, die wir in späteren Auflagen verwerten,
bedanken wir uns mit einem Buch aus unserem Programm

Rundherum eine Menge Läden. So bietet der *Brookstone* ausgefallene technische Spielereien für Erwachsene an. Einen Blick in das Innere des *Captain Hook's* werfen mit seiner unüberschaubaren Auswahl an Bootszubehör und Austattungsmaterial. Weitere überraschende Boutique: *South Street Seaport*, Pier 17.

In der Fulton Street reihen sich in der *Shermerhorn Row* die ältesten Häuser New Yorks aneinander. Der Fischmarkt ganz am Rande des Wassers hat noch immer einige richtige Fischverkaufsstände und welche mit Meeresfrüchten.

Um sich in Stimmung zu bringen, spendiere man sich ein Gläschen in der *Carmine's Bar*, einer alten Kneipe an der Kreuzung von Beekman und Front Street, ganz in der Nähe des Fulton Market. Drinnen eine nachgedunkelte, von verflossenen Zeiten und Ellenbogen erzählende, edle Holzvertäfelung.

Am Peck Slip gilt es die täuschend echt wirkende Wandmalerei zu bewundern.

South Street Seaport ist täglich von 10-17h geöffnet (im Sommer länger). Karten bekommt man bis eine Stunde vor Schließung. Der Eintritt beläuft sich auf 5 $. Kinder und Studenten berappen weniger. Die Karte berechtigt gleichzeitig zum Besuch des *Children's Center*, der großen Schiffe *Peking*, *Watertree* und *Ambrose*, das von 1908-1963 als Leitschiff der Passagierdampfer diente, sowie der Ausstellungen und Filmvorführungen *(Peking at Sea)*. Um die *Pioneer* zu besichtigen, benötigt man allerdings eine weitere Eintrittskarte. Auskunft unter T. 669-9424.

Ein Vorschlag für einen unvergeßlichen Abendspaziergang: man nehme die U-Bahn am Broadway, Ecke Nassau, und steige am Bahnhof Brooklyn Bridge aus. Ordern wir einen Drink im mondänen *River Café*, mit traumhaftem Blick über Manhattan, und pilgern wir dann über die Brooklyn Bridge nach Manhattan – zu Fuß versteht sich! Bei Sonnenuntergang einfach unvergeßlich. Es existiert ein Fußgängerüberweg oberhalb der Autostraße, von dem aus sich sensationelle Fotos von Lower Manhattan einfangen lassen. Also los! Die Brücke ist beruht auf den Plänen des deutschstämmigen Ingenieurs, *Roebling*, dessen Sohn Washington das Werk nach einem Unfall seines Vaters in Angriff nehmen mußte. Der Arme hatte seinen Fuß zwischen Kai und Schiffsrumpf gehalten. *Ken Burns*, bei uns bekannt durch die mehrteilige Fernsehserie über den amerikanischen Bürgerkrieg, verfilmte die Geschichte der Brücke.

● **Chinatown** (Plan Downtown C2)

U: Canal Street. Weniger spektakulär als das vergleichbare Viertel in San Francisco, aber dennoch recht fesselnd. Natürlich findet man hier überwiegend Läden und chinesische Restaurants, Telefonzellen in Form von Pagoden und chinesisch geschriebene Zeitungen. Hauptschlagader des Viertels ist die Mott Street. In dieser Straße trifft man die günstigen chinesischen Restaurants an (s. Kapitel »Essen«). Unsere Mahlzeit schließen wir mit einem *fortune cookie* ab, dem typischen chinesischen Glückskuchen, der einen kleinen Pergamentstreifen mit einer Zukunftsvoraussage enthält. Die Chinesen hatten sich hier am Ende des letzten Jahrhunderts niedergelassen und dieses Viertel in ein Eldorado von Spiel- und Opiumhöllen verwandelt. Besorgen wir uns irgendetwas Eßbares im Lebensmittelgeschäft: getrockneten Fischmagen, Haifischflossensuppe, vor allem frische Lichies und aromatisierten Tee.

Für die Chinatown-Besichtigungstour hält man klugerweise den Sonntag frei, da sich dann auch die Chinesen aus der Umgebung zu ihren Einkäufen hier einfinden oder auch nur, um ihren Freunden guten Tag zu sagen.

● *SoHo* (Plan Downtown B1)

SoHo steht als Abkürzung für *South of Houston Street.* Als die Mieten im Village in schwindelerregende Höhen kletterten, wanderten die Künstler in dieses Viertel der Lagerhallen und kleinen Betriebe ab und funktionierten die riesigen Hallen in Ateliers und Wohnungen um: die berühmten *lofts*, eigentlich Dachboden. Aber auch dieses Viertel ist inzwischen schon wieder verdammt teuer geworden. Es hält einige architektonische Perlen parat, so die Gebäude mit Stahlarmierungen der bautechnischen Revolution des letzten Jahrhunderts. Architekturkenner werden bei einem Spaziergang wohl über sie stolpern. Dennoch hier zur Orientierung einige Tips: 112 Prince Street, 469 Broome Street, 101 Spring Street, 28 Greene Street und 488 Broadway und viele mehr in Tribeca und Chelsea. Eine vollständige Liste ist in jedem Buch über die New Yorker Architektur zu finden. Dieser neue Stadtteil quillt über von netten Restaurants und niveauvollen Jazzkneipen neben zahlreichen Galerien. Ein typischer Samstagabend im Sommer: eine Vernissage nach der anderen, und mit etwas Glück fallen dabei ein Glas kalifornischen Champagners und einige Kekse ab. Die Atmosphäre pendelt zwischen halbwegs locker und reichlich insiderhaft.

● *Little Italy* (Plan Downtown C1)

Von Chinatown aus überqueren wir die Canal Street und gelangen von selbst in die Mulberry Street mit ihren italienischen Cafés und den Pizzerien. Vermeiden wir den Eindruck zu erwecken, an der Unterhaltung anderer interessiert zu sein, vor allem, wenn diese auf Italienisch geführt werden. Und keine Minute vergessen, daß ein Wort hier keinesfalls über die Lippen kommen darf: »Mafia«. Nebenbei bemerkt hat diese es geschafft, daß jeglicher offizieller Gebrauch des Wortes »Mafia« in den Staaten verboten wurde, unter dem Vorwand, daß dies eine rassistische Verunglimpfung des Bildes der Italo-Amerikaner darstelle ...
Mit etwas Glück stolpert man über eines der Restaurants mit einem Akkordeonspieler und einer sizilianischen Sängerin mit blondierten Haaren. Sich am Wochenende beim Wirt nach der nächstgelegenen Möglichkeit zum Boulespielen erkundigen. Dann bietet sich nämlich die Gelegenheit zuzusehen, wie der Italoamerikaner den Capuccino mit seinem Lieblingssport in einem New Yorker Bowlinglokal verbindet. Nicht verabsäumen, einen Canoli und einen Espresso zu schlürfen.
Falls sich die Gelegenheit bietet, besuchen wir eines der beiden großen, äußerst farbenprächtigen, Straßenfeste: im Juni das *St. Anthony-Fest* und Anfang September das *Fest des St.Gennaro.*

● *Greenwich Village* (Plan Midtown C3)

U-Bahnhof: W 4th Street, 6th Avenue. New York ist eine Stadt, die sich vor allem in die Höhe und die Tiefe ausgedehnt hat, wobei letzteres natürlich spannender ist, da von der Masse aller Touristen übersehen. Machen wir uns daher auf zur Entdeckungsreise in dieses Leben im *Underground.* Wir werden sicherlich nicht enttäuscht werden, vor allem nicht in diesem Viertel New Yorks.

Greenwich Village, zwischen Houston Street und Hudson Street, stellte schon immer das Quartier der Künstler und Hippies dar. In den fünfziger Jahren erlebte es seine Sternstunden, bekannt gemacht durch die Schriftsteller, die hier wohnten und arbeiteten. Seither hat sich das »Village« zwar zu einem der von Touristen am eifrigsten heimgesuchten Ziele gemausert; aber davon lassen wir uns nicht abschrecken!

Im »Village« wimmelt es nur so von Jazzkneipen, kleinen Restaurants, modischen Klamottenläden – besonders auf der W 4th Street – und, auf der Bleecker und der W 10th Street, von Antiquariaten. Washington Square ist der abendliche Sammelpunkt der Jugendlichen, wo sie sich zum Musizieren oder Plaudern treffen. Einen Abend dort sollte man unbedingt miterleben!

Auf den Washington Square mündet auch die *Christopher Street*: so »schwul« wie keine andere Straße in New York. Sie erwacht erst abends zum Leben und läuft dann die ganze Nacht auf vollen Touren, um beim Morgengrauen wieder im Schlaf zu versinken.

Frühaufsteher, die es schaffen vor 8h morgens aus den Federn kommen, lustwandeln mal über den *Gansevoort Meat Market*, W 14th Street und 10th Avenue, den New Yorker Fleischmarkt. Ein bleibender Eindruck. *Melville*, der Autor von »Moby Dick«, hat hier gearbeitet.

Seit geraumer Zeit ist eine gewisse Verlagerung des Nachtlebens in den Osten der Stadt zu beobachten. Da in der Tat Greenwich zusehens teurer wird, ziehen die Künstler weiter weg, in Richtung East Village, in die Gegend des St. Mark's Place. Unweit vom East Village verläuft die *Bowery*, eine der schäbigsten Straßen der Stadt, in der man alles trifft, was aus dem »American Way of Life« herausgefallen ist: Penner, Junkies auf hartem Zeugs, Säufer. Denn das Leben in den USA ist ein Vabanquespiel: einzelne Gewinner stehen der Masse der vielen Verlierer gegenüber.

● *Lower East Side* (Plan Midtown D3)

Östlich von Manhattan das Pendant zu Greenwich Village.

Wem Greenwich Village zu steril ist, der flieht zum *Saint Marks Place*, wo man wirklich etwas für seine Dollar geboten bekommt. Nirgendwo sonst in New York treten die sozialen Gegensätze in der Bevölkerung so kraß zutage, während gleichzeitig überraschend viele Berührungspunkte vorhanden sind. Wenngleich am Rande des Untergangs, so will man doch um jeden Preis leben. In den alten, ukrainischen Cafés scheinen sich Punks und alle möglichen anderen Außenseiter wunderbar mit den Einwanderern aus Osteuropa zu verstehen. Regelrechte Einwanderungswellen haben in der Vergangenheit Ukrainer, Polen, mitteleuropäische Juden, Iren, Italiener und schließlich die Puertorikaner in der Lower East Side an Land gespült. Zu diesen »echten« Ethnoemigranten gesellten sich seit eh und je die Außenseiter und Exzentriker der amerikanischen Gesellschaft: Jazzmusiker, Dichter, Schriftsteller sowie Künstler aller Schattierung – *Kate Miller* wohnt übrigens 295 Bowery. In den sechziger Jahren zogen dann die Hippies zu; die Punks bilden vorläufig in dieser Reihe die letzten Neuankömmlinge.

Milos Forman ließ für seinen Film *Ragtime* im Viertel um die 11th Street noch einmal vergangene Zeiten wachwerden. Die Geschäfte sind dreißig, fünfzig oder gar achtzig Jahre alt, aber ihr Aussehen hat sich nur geringfügig gewandelt: Buchläden mit kostbaren antiquarischen Exemplaren, Italiener mit reichhaltigem Angebot, Secondhandläden, kleine

Kunsthandwerker ... Eine Kostprobe der Kuchen bei *Veniero's* (342 E 11th Street) wird alle überzeugen. Viele Boutiquen haben ausgedehnte Öffnungszeiten, und die Bürgersteige der 1st und 2nd Avenue werden häufig von wilden Flohmärkten okkupiert.

Traditionell müssen alle Entwicklungen der »Gegen-Kultur« in der Lower East Side ihre Feuerprobe bestehen. In der Kirche St. Mark-in-the-Bowery läßt der Pastor, natürlich außerhalb der Gottesdienste, Theaterstücke und Lyriklesungen, zum hellen Entsetzen der Frömmler steigen, die nun zum Beten woanders hinpilgern müssen. Das *PS 122*, dereinst eine in eine Tanz- und Theaterbühne umgewandelte Schule, hat sich zu einem der kreativsten Orte in Manhattan entwickelt. Die *off-off-theater* bringen ganz hervorragende Stücke auf die Bühne. Immer mehr junge Designer und Modemacher lassen sich in der Gegend nieder. *Astor Place* gibt den Ton in Sachen Haarschnitt an (s. Kapitel »Läden zum Verlieben«). Die ganze Lower East Side scheint von Neu- und Wiederbelebung ergriffen zu sein.

Abgesehen von dem immer noch sehr armen und heruntergekommenen Viertel zwischen der Avenue B und D, wird das gesamte Viertel zwischen East Houston und 14th Street (und um den Tompkins Square) völlig umgekrempelt.

Dieses Viertel, in das sich zwischen 1850 und 1950 alle Einwanderungswellen ergossen, dieses Arbeiter- und Kleine-Leute-Viertel ist im Begriff, sich grundlegend zu wandeln. Die Grundstücksspekulation hat ungeheure Ausmaße angenommen. In ein und demselben Gebäude kann es vorkommen, daß zwei winzige Studios von derselben Größe entweder 200 $ oder 1000 $ kosten, je nachdem ob es sich um eine alten irischen, ukrainischen, puertorikanischen ... Mieter oder um einen Yuppie handelt. Ein paar Jahre noch wird dieses Nebeneinander zwischen altem und neuen Lebensstil, diese Mischung unterschiedlichster sozialer Gruppen währen, die das Viertel so faszinierend macht.

Das Aufeinanderprallen von Reichtum und Armut, von Kulturen, spiegelt sich in der Kunst wider. Dazu eine kleine Anekdote: aus frenetischem Avantgardismus und Heißhunger nach neuen Ausstellungsräumen wurden in den letzten fünf Jahren einige Dutzend Kunstgalerien hier eröffnet, von denen die meisten wieder schließen mußten. Die großen Galerien in Greenwich und Soho taten nämlich ihr Bestes, um diese Ausweitung zu sabotieren. Aber es war offensichtlich auch einfach noch zu früh. Das Viertel hatte sich noch nicht normalisiert (Kriminalität, Drogen usw.). Es gibt sogar eine Moral von der Geschicht: Pläne, selbst intuitiver Art, müssen dem Tempo der soziologischen Veränderungen angepaßt sein. Im August 1988 schlossen die Behörden auf Verlangen der neu angesiedelten Yuppies nachts den Tompkin Square und vetrieben die Penner, die dort seit Jahren Zuflucht suchten. Ihr Widerstand und die Brutalität, mit der die Polizei darauf reagierte, radikalisierte die ansässige Bevölkerung von neuem in ihrer Ablehnung der »gentrification« ihres Viertels. Kurz und gut, dieses lebt und vibriert und ist noch immer voller fesselnder Widersprüche.

Der Versuch lohnt sich, in das faszinierendste »Rattenloch« der Lower East Side namens *Pyramid* reinzukommen, fünf Minuten vom Tompkins Square entfernt. Der *Doorman*, als »Alleinherrscher« der mächtigste Mann vor Ort, kontrolliert und sortiert die Gäste ganz nach Lust und Laune ... Drinnen herrscht eine unbeschreibliche Atmosphäre. Alle Typen, alle Stile sind vertreten: verbrauchte, leichenblasse oder über und über geschminkte Gesichter, irrsinnige Aufmachungen, »Irokesen-schnitt«, zwölf Ohrringe und ebensoviele Tätowierungen; *gay* und *straight*, punkig und bourgeois. Schwermütige Weltuntergangsmusik im feucht-schwülen Klima einer äquatorialafrikanischen Spelunke.

Zwecks Entspannung könnten unsere Leser ja zwischendurch immer mal ein Gläschen im *Varzac* trinken (7th, Ecke B Avenue), einer der lie-benswertesten Kneipen in der Gegend. Seit 1933 hat sich nichts verän-dert, weder der lange Tresen in Hufeisenform noch die nikotinge-schwärzten Wände. Die Klientel reicht von den Senioren des Viertels bis zu den, auf das billigste Bier in New York erpichten, Gewohnheitstrin-kern. An der Wand erinnert ein Foto vom Wirt zusammen mit Paul New-man daran, daß das *Varzac* des öfteren als Schauplatz für Spielfilme hergehalten hat.

● *Chelsea* (Plan Midtown B2)

Ein ruhiges Viertel, das schon einen Vorgeschmack auf Greenwich Vil-lage gibt: gepflegte, baumgesäumte, Straßen, drei- bis vierstöckige Backsteinbauten. Der Name geht auf das gleichnamige berühmte Lon-doner Viertel zurück, das ein gewisser Clement Clarke Moore in New York mit dem Chelsea Square nachzuahmen suchte. Wir schlagen zum Kennenlernen als klassischen Spaziergang vor, einmal das Viereck von der 22nd bis zur 19th Street zwischen der 9th und 10th Avenue abzu-laufen. In den zwanziger Jahren ließen sich hier die ersten Kinos und eine Künstlerkolonie nieder; und davon liegt noch ein klein wenig was in der Luft. Der Stadtteil ist wie geschaffen, um abends eine Kleinigkeit essen zu gehen. Da etwas außerhalb gelegen, bietet er obendrein den Vorteil, nur von wenigen Fremden bevölkert zu sein. Und warum sollte man nicht mal die eine oder andere Nacht im *Chelsea Hotel* verbringen, wenn dazu der Zaster noch reicht (s. Kapitel »Unterkunft«).

MIDTOWN

● *Empire State Building* (Plan Midtown C1)

An der Kreuzung der 5th Avenue und der 34th Street; U: 33rd Street. Zutritt von 9.30h bis Mitternacht (Kartenverkauf bis 23.30h). T. 736-3100. In weniger als einer Minute katapultiert der Fahrstuhl Fahrgäste in den 80. Stock. Dort umsteigen und in den 86. Stock weiterfahren. Nachts ein sagenhaftes Schauspiel. Kurz vor den Kartenschaltern gibt ein Bild-schirm Auskunft über die Sichtweite. Lieber erst ganz am Ende des Nachmittags ansteuern, wenn man New York sowohl bei Tag, in der Dämmerung als auch *by Night* erleben kann. Da bekommt man eine Vorstellung, wie sich King Kong wohl da oben gefühlt haben mag.

Vom 86. Stock aus erreicht man mit einem dritten Fahrstuhl den 102. Stock. Baujahr 1912, also mitten in der Weltwirtschaftskrise, womit das Empire State Building eine der typischen Herausforderungen des ame-rikanischen Kapitalismus darstellt. Eine Tat voller Optimismus und Ver-trauen zu einem Zeitpunkt, als man begann, die »Sache« selbst in Frage zu stellen. Der Geschäftswelt ging es damals so mies, daß es schwierig war, Mieter aufzutreiben. Das ging sogar so weit, daß man dem Bau-werk den Spitznamen »Empty State Building« verpaßte. Es ist weder der höchste, noch der schönste Wolkenkratzer, steht in der Gunst des Pub-likums jedoch ganz oben. Wer hochsaust, braucht sich keine Sorgen zu machen; die Bausubstanz gilt als solide. Zum Beweis dafür mag die

Geschichte des Bomberpiloten dienen, der an einem nebligen Julimorgen des Jahres 1945 die Orientierung verloren hatte und in vollem Flug in die 79. Etage hineindonnerte – und das kurioserweise just in dem Moment, da er dem Kontrollturm gerade mitteilte: »Es ist so neblig, daß ich selbst das Empire State Building nicht mehr sehen kann«. War übrigens nicht der erste Fall einer Kollision. Einige Jahre vorher schrappte ein Luftschiff an dem Gemäuer vorbei. Ursprünglich war die Gebäudespitze als Landeplatz für Zeppeline vorgesehen. Die Passagiere hätten also mitten in der Stadt aussteigen können. Es gab nur ein einziges Problem: wegen der hohen Unfallquote wurde der Flug über Manhattan untersagt.

Dem richtigen Einstieg und Eindruck zuliebe, fahre man mit der U-Bahn hin und nehme den Ausgang, der in Richtung Innenhalle führt.

Man sollte wissen, daß es oft zu mehreren Warteschlangen kommt. Wer also nur wenig Zeit hat ...

Im Untergeschoß lohnt das Museum mit dem *Book of Records* einen Besuch, und zwar tägl. von 9.30-18h. Ausgestellt sind die im Buch erwähnten »erstaunlichsten« Dinge: die größte Statue eines Menschen, der größte Hamburger, die habsüchtigste Frau, das größte Kreuzworträtsel, der teuerste Bikini (aus Platin). Absolut daneben, unzeitgemäß und überflüssig, ja geradezu lächerlich; zudem ist das Museum vollgestopft mit Schleichwerbung und dies bei gepfeffertem Eintritt. Übrigens: Empire State ist der Spitzname für den Staat New York, der ihm von George Washington verliehen wurde.

● **Times Square** (Plan Uptown B3)

Das Herz befindet sich an der Kreuzung von 44th Street und Broadway. Einer der außergewöhnlichsten New Yorker Plätze. Konzentrationspunkt von Theater- und Kinowelt – Porno oder auch nicht. Besonders nachts sehenswert. Nach 22h geht's richtig los. Überfüllte Bars, flimmerndes Neon; Schwarze auf der Suche nach Stoff, abgehalfterte Weiße, halbseidenes Volk, Gogo-Girls, Stripteasetänzerinnen und Kunden mit trockener Kehle bilden einen spritzigen, farbenprächtigen Cocktail. Aus der Perspektive des Times Square betrachtet, erscheint die Reeperbahn als friedliches Presbyterium im südlichen Schleswig-Holstein. Für Sonderwünsche: die 42nd Street ist bekannt für ihre Sex-Shops. Ab der 8th Avenue für Frauen ohne Begleitung überhaupt nicht, nach Mitternacht für niemanden – außer Karatespezialisten – zu empfehlen.

Ein »Muß« am *Times Square:* sich in der Panoramabar des *Marriott* ein Bier zu gönnen, auf der sich drehenden Plattform im 49. Stock. Gebrauchsanweisung: raus aus den Jeans, rein in die Sonntagsklamotten, mit dem Fahrstuhl bis in den 8. Stock rauschen, dann über die Treppe in den 9. marschieren, dort den Kleidertest bestehen, wieder rein in den Fahrstuhl und bis in den 49. Stock surren. Für ein Budweiser blättert man stolze fünf Dollar hin, aber: das Buffet gegen 17h gibt's umsonst.

Das Verlagsgebäude der *New York Times* ist leider nicht mehr zu besichtigen (229 W 43rd Street). Schade, schließlich handelt es sich um eine der renommiertesten Zeitungen der Welt. Auflage über eine Million, täglich mit gut hundert Seiten, am Wochenende an die dreihundert. Die Lektüre lohnt schon allein wegen der Reklame für billige Kneipen.

Am Times Square wurde ein umfangreiches »Sanierungskonzept« eingeleitet, aber aufgrund örtlichen Verbände und öffentlichen Protestes abgebrochen. Geplant waren 27 (!) fünfzigstöckige Wolkenkratzer. Zur Besänftigung der Leute versprach man, einige Theater zu erhalten. Im Herbst 1993 verständigten sich Staat und Stadt auf ein neues Vorhaben, daß eine Aufwertung und Wiederbelebung von Broadway, 42. Straße und Times Square bewirken soll. Mit Einsatz von 35 Millionen Dollar sollten Gebäude von privaten Investoren gekauft und instandgesetzt werden. Historische Bauten und die Atmosphäre sollen erhalten bleiben, denn immerhin ist die Ecke Hauptziel der zwanzig Millionen Fremden jährlich, obwohl der Niedergang mit Drogen, Prostition und Kriminalität bereits in den Siebzigern einsetzte. In den 12.600 Hotelzimmern rund um den Platz übernachten alljährlich rund 1,7 Millionen Gäste, und die 39 Theater und Bühnen ziehen 7,5 Millionen Besucher an.

● **Grand Central** (Plan Midtown C3)

Bahnhof, 42nd Street und Lexington. Lassen wir uns diese immense Bahnhofshalle nicht entgehen, die täglich Millionen von New Yorkern durcheilen *(commuting)*, um nach Connecticut oder in den Norden von Manhattan zu gelangen. Unsereins hastet nicht wie alle anderen, sondern bleibt stehen und wirft einen Blick hinauf an die fantastische, mit Sternenbildern geschmückte, Decke. Am Ende der Halle angelangt, testet man dann die *Oyster Bar* (s. Kapitel »Essen«).

● **Rockefeller Center** (Plan Uptown C3)

Zwischen der Fifth Ave und der Avenue of the Americas auf der einen und der W 48th Street und W 52nd Street auf der anderen Seite; U: 47th Street. Eine Ansammlung von einundzwanzig Wolkenkratzern mit einer »Plaza« in der Mitte. Im Erdgeschoß befindet sich die berühmte *Radio City Music Hall* mit ihrer bekannten Show: eine gelungene Selbstdarstellung der USA, für alle, die mal Musik und Gesang im Flair der dreißiger Jahre schnuppern möchten. Tolles Spektakel, aber leider arg teuer. Daddy Rockefeller lebte nach verdammt strengen Moralprinzipien. Seinen Kindern bot er sogar folgenden Kuhhandel an: »Enthaltet euch des Rauchens und Trinkens bis zum Alter von 21 Jahren und ihr kriegt von mir 2500 Dollar.« Schon hart, wo doch jedes seiner Gören sicher war, 50 Millionen Dollar zu erben.
Jedenfalls lieferte das Rockefeller Center, ebenfalls während der Weltwirtschaftskrise, der »Großen Depression«, errichtet, mit seinen Straßen, Geschäften und Maschinen zur Ölgewinnung und -versorgung, fünfzig Jahre nach seiner Errichtung das Vorbild für die Bauten zahlreicher zeitgenössischer Architekten.

● **Waldorf Astoria Hotel** (Plan Uptown C2-3)

301 Park Ave, Höhe 49th Street. Schuhe blankwienern und sich dieses Hotel anschauen gehen, das einen der Höhepunkte des Jugendstils darstellt. Die Eingangshalle mit ihren Säulen, dem Samt und der Vergoldung muß man gesehen haben. Der Eintritt ist selbstverständlich frei. Man verschaffe sich am Empfang die Gratisbroschüre, die den Neugierigen durch die drei ersten Etagen geleitet. Beachtlich, der großzügige *ballroom* und der *Silver Corridor*. Das Waldorf Astoria stand ursprünglich dort, wo heute das Empire State Building in den Himmel ragt. 1929

riß man das alte Hotel ab, um es am jetzigen Standort wieder hoch-
zuziehen.

1935 fand hier einmal ein riesiges Fest im ländlichen Stil statt: mit Apfel-
bäumen, denen jeder einzelne Apfel, einer nach dem anderen, anmon-
tiert worden war, weil gerade nicht Apfelsaison war. Außerdem gab es
eine mechanische Kuh, aus deren Euter auf der einen Seite Champagner, auf der anderen Whiskey floß. That's America!

● **Vereinte Nationen** (Plan Uptown D3)

Ganz am Ende der E 45th Street, entlang des East River, zeichnet sich
die wohlbekannte Silhouette des UNO-Wolkenkratzers ab. Ein Bummel
durch das Untergeschoß lohnt sich; kunsthandwerkliche Objekte aus
allen Mitgliedsstaaten werden angeboten, vor allem die für die einzelnen Länder typischen Püppchen. Andere meinen für den doch teuren
Eintritt zu wenig geboten zu bekommen. Der Bau hat Museumscharak-
ter, da eine stattliche Anzahl berühmter Architekten – u.a. Le Corbusier
– mitgewirkt und einige Länder ihren Beitrag in Form von Kunstschen-
kungen geleistet haben. Die künstlerische Qualität konnte natürlich mit
Rücksicht auf nationale Empfindlichkeiten der Mitglieder nicht vorgeschrieben werden.

Offengestanden: ist der Besuch in New York etwas kurz geraten, so
wird man keinen Schaden erleiden, wenn man die UNO nicht gesehen
hat. Der Besuch erweist sich, unserer Meinung nach, als eher langweilig. Von 9-17h geöffnet; Studentenermäßigungen.

Diejenigen, die unbedingt die UNO besuchen möchten, sollten das mit
einem Besuch einer öffentlichen Sitzung dieses Gremiums verbinden.
Sie finden täglich statt und dürfen gratis miterlebt werden.

● **Neue Architektur** (Plan Uptown C2)

Südlich des Central Parks; hier veranstalten die amerikanischen Multis
ihren Wettstreit um das aufwendigste Verwaltungsgebäude. Jüngster
Sproß der Wolkenkratzerfamilie: das postmoderne *ATT Building*, ganz
originell, aber nicht wirklich bemerkenswert (Madison Ave und 55th
Street). Der Vollständigkeit halber sei hier noch hinzugefügt, daß dieser
Bau der bislang kostspieligste ist und daß er dem IBM Komplex gegenübersteht. Der *Tower 49*, 49th Street zwischen Madison und Fifth Ave,
ist das erste »intelligente« Gebäude und als solches von oben bis unten
mit Glasfasern verkabelt, über welche die Kommunikation und die Kontrolle über alle Systeme, wie Heizung etc., läuft. Ließe unseren wackeren
Postminister vor Neid grün werden!

Ein netter Treffpunkt in Midtown: das Gewächshaus der IBM, voller Blumen und hoch aufgeschossener Bambuskulturen. Eine Oase der Ruhe,
bar jeglichen Konsumzwanges. Im Untergeschoß des Turmes ethnolo-
gische Wechselausstellungen. Sextanerblasen finden dort auch die Toiletten.

● **Trump Tower** (Plan Uptown C2)

Fifth Ave, Ecke 56th Street. *Der* architektonische Wahnsinn New Yorks,
das Schloß des Citizen Kane für jedermann. Ausgeburt der Fantasie
und des Reichtums eines gewissen neureichen Immobilienriesen
namens *Donald Trump*, der seinen Namen in goldenen Lettern am
höchsten Turm in der schönsten Avenue der schönsten Stadt wissen
wollte. Beweis genug, daß die Wirtschaftskrise nicht alle niedergemacht

hat. Die Neuheit in der Konzeption dieses Wolkenkratzers lag im Einbau eines Atriums, einer fünfstöckigen, vertikal angeordneten, Verkaufsgalerie, die schaulustigen Bummlern lauter Luxusgeschäfte präsentiert. Durchgehend in italienischem Marmor – Farbe: Pfirsich – gehalten, mit Rolltreppen auf Kupferrampen. Geeignet, sowohl um Schuhe aus Pythonleder zu erstehen als auch um ein schlichtes Sandwich mit einem ausgezeichneten Capuccino zu sich zu nehmen und dabei den alten, klassische Melodien spielenden, Musikern im Smoking zu lauschen. Montags bis samstags, 10-18h. Wer das dringende Bedürfnis verspürt, dort mal eine Nacht zu verbringen, ist mit knapp tausend Dollar für zwei Zimmer dabei ...

Die Familie Trump haust im obersten Stock, und auch *Steven Spielberg* hat hier sein New Yorker Zimmerchen (750 qm^2).

Der Turm besteht aus fünfundsechzig Stockwerken, obwohl die ursprüngliche Baugenehmigung nur fünfunddreißig erlaubte. Aber in New York ist es möglich, seinen Nachbarn ein Stück Himmel abzukaufen. Wenn ein angrenzendes Gebäude nur fünfzehn Stockwerke hoch ist, obwohl eine Genehmigung für zwanzig Geschosse vorliegt, so läßt sich die Genehmigung für diese fünf Stockwerke käuflich erwerben und für ein anderes Gebäude verwenden. Aus diesem Grunde ragen der *Trump Tower* und das *ATT Building* soviel höher in den New Yorker Himmel als ihre Nachbarn.

UPTOWN

● **East Side** (Plan Uptown C2)

In der East Side ist der ganze Luxus der bedeutenden Prachtstraßen der Welt – des Kurfürstendamms, der Maximilianstraße oder der Champs-Elysées – konzentriert an einer Stelle zu finden. In der 5th Avenue besitzt Jackie Onassis eine Wohnung und verkauft Tiffany seine Kreationen. Ganz in der Nähe verdient man sich in der Madison Avenue mit 2.000 $ Miete pro Monat für 25 m^2 eine goldene Nase. Um ein wenig in diesen Luxus hineinzuschnuppern, fange man bei der 57th Street und 5th Avenue an und taste sich langsam nach Osten vor. Werfen wir zwischen der 5th und Madison Avenue einen Blick in die Kunstgalerien, die sich den Weltmarkt der Modernen Kunst untereinander teilen. Ein Stück weiter, in Richtung Park Avenue, beeindrucken die prestigiösen Bauten.

● **Central Park** (Plan uptown B2)

Der Central Park ist eine künstlich angelegte Parklandschaft. Ursprünglich war es eine Art Niemandsland, bis ein Journalist der *New York Post* eine Kampagne startete, die darauf abzielte, auf diesem Gelände Grünflächen anzulegen.

Central Park sollte man sich nicht entgehen lassen. Vorzugsweise am Sonntag anpeilen, weil zu diesem Zeitpunkt die New Yorker den Park förmlich stürmen. Am vorteilhaftesten mit einem Mietfahrrad zu erkunden. Sonntagnachmittags geben sich Amateur- und Profimusiker ein Stelldichein, bringen die Musik ins Grüne und schaffen so die ausgelassene Wochenendatmosphäre: Leute tanzen Salsa um die Fontänen zum Klang puertorikanischer Congas und Posaunen oder lassen sich von der *steel band*, die Calypso- oder Biguinerhythmen (karibische Tanzrhythmen) bei der Statue Simon Bolivars zum Besten gibt, auf die

Raubvogel Battery Sea Park

Karibischen Inseln entführen. Musik ist in New York überall zu Hause. Straßentheater und Shows in allen Varianten beleben die Szenerie: Musik, Pantomime, Marionetten. Und das alles kostenlos! Besonders die Gratiskonzerte der New Yorker Philharmoniker Mitte Juli sollte man sich auf keinen Fall entgehen lassen (siehe Ende des Kapitels »Freiluftkonzerte«).

Die New Yorker Freaks treffen sich in der Nähe des großen Springbrunnens und der Mall, einer der fesselndsten Orte des Central Parks, weil da wirklich was los ist. In der Höhe der 72nd Street befindet sich die Bootsvermietung des Central Park. Wer mag, dreht auf dem Central Park Lake seine Runden.

Der *Zoo:* hier im Osten des Parks, kein kostenloser Eintritt. Auf dem Zoogelände empfiehlt sich der Besuch der einladenden Freiluftcafeteria.

Auf der anderen Seite des Sees kann man den New Yorker Bretonen zusehen, die sich hier sonntags zum Boulespielen treffen. Einige von ihnen haben noch nie französischen Boden betreten, und dennoch erkennt man sie leicht daran, daß sie eigentlich weder richtig Französisch noch Englisch sprechen. Fast ausnahmslos arbeiten sie in der Gastronomie – der Ruf der französischen *cuisine* verpflichtet eben. Ihre Bistrots betreiben sie natürlich auch, allen voran das *Café des Sports*: 329 W 51st Street, zwischen der 8th und der 9th Avenue. Das Restaurant zeichnet sich durch gesalzene Preise aus. Daher lieber an der Bar verharren.

Wer es noch nicht weiß, der sei eindringlich vor einem nächtlichen Mondscheinbummel im Central Park gewarnt! Und das nicht nur bei Londoner Wetter.

● *Lincoln Center* (Plan Uptown A-B2)

Broadway und Columbus Ave. Der Clou des Centers ist vielleicht das Ensemble aus hochmodernen Sälen, 1966 erstellt. Sie sind Teil eines der größten Kulturtempel der Welt, der überwiegend aus privaten Spenden finanziert wurde. Für läppische 1000 $ konnten sich die edlen Spender zwar namentlich auf den Stühlen verewigen lassen, hatten aber dadurch noch nicht das Recht erworben, sich auf denselben auch niederlassen zu dürfen. Zum Lincoln Center gehören das *Metropolitan Opera House*, das *New York City Ballet* und das *New York Philharmonic Orchestra*; darüberhinaus ein Theater, eine Bibliothek, eine Musikschule und ein *Museum of Performing Arts*. Anmerkung am Rande: hier wurde, zu einer Zeit, als vornehmlich noch Puertorikanern die ärmeren Viertel bewohnten, die *West Side Story* gedreht.

Führungen: tägl. von 10-17h, Dauer ca. eine Stunde. Auskunft unter T. 877-1800. Der Kartenschalter befindet sich in den Ecken der Plaza.

● *The Dakota* (Plan Uptown B1)

72nd Street, Ecke des Central Park West. Das unwirklich anmutende Gebäude im gotischen Tudorstil war schon lange berühmt, bevor 1980 in einer schmutzigen Dezembernacht vor der Tür *John Lennon* ermordet wurde. *Polanski* hat dort Aufnahmen für »Rosemarie's Baby« gedreht. Die Liste der Namen berühmter Persönlichkeiten, die hier residiert haben, ist endlos: Judy Garland, Leonard Bernstein, Laureen Bacall und natürlich John Lennon, der eher zurückgezogen in der siebten Etage auf der Ostseite hauste.

UM DIE COLUMBIA UNIVERSITY (Plan Uptown: nördlich von A1)

– **Columbia University:** von der 114th bis zur 121th Street, den Morningside Park überblickend, erstreckt sich die Columbia University, eine der berühmtesten und reichsten der Vereinigten Staaten. Sie entstand 1754 durch den Zusammenschluß des King's College mit der Universität des Staates New York. Seit dem Ende des 19. Jhs ist sie an dieser Stelle. *Franklin D. Roosevelt* studierte hier. Im Innern der Universität läßt es sich entweder nach Belieben herumspazieren, oder aber man nimmt an einer Führung teil. T. 280-2845. Eingang West 116th Street und Broadway. Die Low Memorial Library, eine Art riesiges römisches Pantheon (Baujahr 1896), überragt den ganzen Komplex.
In der University Hall übrigens das Studentenkino. Donnerstags und sonntags werden neueste, anspruchsvolle Streifen für 3 $ gezeigt. Das überwiegend studentische Publikum bürgt für witzige Kommentare. Sicherheitshalber jemanden in der Schlange ansprechen, um an Eintrittskarten zu gelangen.

– **Saint John The Divine:** zwei Blocks weiter, an der Amsterdam und 112th Street. Die größte neugotische Kirche der Welt. Und der Witz dabei ist, daß sie im Jahre 1892 begonnen, aber bis heute nur zu zwei Drittel fertiggestellt ist. Sie ist zugleich die drittgrößte Kathedrale nach Sankt Peter in Rom und Yamussukro an der Elfenbeinküste, 183 Meter lang, 44 Meter breit, mit einem Querschiff, das über 100 m lang werden sollte. Gebaut im französischen byzantinisch-gotischen Stil.
Im Untergeschoß wird so einiges angeboten: Souvenirs, Sporthalle, Tanzsaal, Kunststudio und eine »Dichterecke«. Der Schmuck der Kirche beeindruckt: geschnitzte Altäre, flämische Teppiche nach Entwürfen Raphaels, ein tonnenschwerer Bergkristall, Kanzel aus Marmor, geschnitztes Chorgestühl, ein Riesenquerschiff und ein pharaonischer Chor mit enormen Säulen, primitive religiöse Kunst, eine Taufkapelle in überladenem gotischen Stil, eine Bilderausstellung, Fotos und Bischofsmützen, ein Denkmal für die städtische Feuerwehr, ein Museum über die Kathedrale und, und, und ... Abends gegen 20h Jazzkonzerte, Dichterlesungen u.a. Auskünfte unter T. 662-2133. Für alle, die eh in der Ecke unterwegs sind, ein Projekt à la Gaudí, das einen Umweg wert ist.

– **Riverside Church:** Ecke Riverside Rd und 120th Street (Plan Uptown Nord A3). Von Columbia University aus schon zu sichten. 1896 von *J. Rockefeller* gegründet. Hübsche Kirche mit dem besonderen Pfiff, daß man mit einem Fahrstuhl in eine Cafeteria schwebt, wo es sich günstig und reichhaltig spachteln läßt.

HARLEM (Plan Uptown: nördlich von B1)

Bis zur Columbia University mit der U-Bahn, dann weiter mit dem Taxi, um eine erste Vorstellung vom Stadtteil zu bekommen. Bei genügend eigenem Talent besteht auch die Möglichkeit, sich einen Weg per Bus – mit dem Umsteigefahrschein *transfer ticket* – auszutüfteln. 125th Street und 7th Avenue sind die überaus belebten Hauptverkehrsadern. Harlem ist nicht so dreckig, wie man sich das gemeinhin vorstellt. Eigentlich handelt es sich um ein New Yorker Viertel wie viele andere auch, mit dem kleinen Unterschied, daß sich weit und breit kein Weißer blicken läßt.

Ursprünglich wohnten keine Schwarzen in Harlem, sondern Holländer, und die Ecke war ein ausgesprochen bürgerliches Wohnviertel. An manchen Stellen sind noch die Überreste der einst sehr ansehnlichen Behausungen zu entdecken. Dann entstanden im Rahmen eines zu groß angelegten Projektes zahlreiche Neubauten, von denen etliche nicht vermietet werden konnten, woraufhin ein gewisser Payton, Immobilienhändler seines Zeichens, die Wohnungen zu niedrigen Preisen einer weniger wohlhabenden, hauptsächlich aus Iren und Schwarzen bestehenden, Bevölkerungsschicht anbot. Nach und nach besetzten die Schwarzen das gesamte Gebiet und »vertrieben« auch die letzten Weißen.

Selbst eingefleischte Atheisten werden eine schöne Erinnerung an die Sonntagmesse um 10.45h in der Kirche in 132 W 138th Street behalten, zwischen Lenox und 7th Avenue. Die U-Bahn, Linien 2 oder 3, bringt einen hin; an der Station Broadway aussteigen. Andere Möglichkeit: Bus M7 auf der Amsterdam Avenue; aussteigen an der 135th Street. Beeindruckender Gesang des dreistimmigen Chores empfängt die Gläubigen. Die Männer tragen tadellose Anzüge, die Frauen mindestens so schöne Hüte wie die Königin von England. Den Klingelbeutel nicht übergehen; die Gemeinde hat sich die Cents redlich verdient. Fairerweise weisen wir darauf hin, daß die Messe gut zweieinhalb Stunden dauert!

Nun die 125th Street und Adam Clayton Powell Avenue entlangspaziert, wo die Gesänge aus allen umliegenden Kirchen bis auf die Straße tönen. Man hat die Qual der Wahl. Uns gefällt auch die Salem United Methodist Church (2190 Adam C. Powell und 129th Street).

Nach der Messe marschiere man in die fünf Minuten entfernte 125th Street. Sonntags sind die Gitter vor den Läden heruntergelassen, und die Händler stellen Malereien in die Auslage, die sich stilistisch auf halbem Wege zwischen der naiven Kunst der Haitianer und den Propagandaplakaten der kommunistischen Partei Chinas befinden. Größte Freilichtgalerie der Welt, wenn man Franco, dem Schöpfer dieser Malereien, Glauben schenken will. Die 125th Street heißt für ihn daher ... »Francos Boulevard«!

An der Station der Linie A aussteigen. *Duke Ellington* hat diese zum musikalischen Thema gemacht: »Take the A train – it's the best way to go to Harlem ...«. Wer lieber zu Fuß geht, meide die wenig frequentierten Seitenstraßen und folge zu seiner Sicherheit den großen Avenues. Immer nur wenig Bares bei sich tragen. Zum Thema Fotografieren: bloß aufpassen, daß man nicht zufällig in eine Phase noch frischer rassenpolitischer Unruhen hineinrutscht; die brechen nämlich immer noch regelmäßig aus. Bevor man auf den Auslöser drückt, sollte man immer die Leute auf der Straße ansprechen und sicherstellen, daß keine Probleme entstehen: ruhig erklären, wer man ist und woher man kommt. Selbst Fotos von einem Gebäude mit einer schönen Fassade können problematisch werden, falls es sich etwa um das Domizil von Dealern handelt ..., was wir am eigenen Leibe erfahren haben! Die Balance zwischen souveränem Blick und vorsichtigem Lächeln wahren: als Besucher wird man eher auf Freundlichkeit stoßen, wenn man nicht allzu neugierig in der Gegend herumstiert. Der Eindruck, »eingeborene« Weiße zu treffen, täuscht: es handelt es sich um hier wohnende Puertorikaner. Ansonsten auf alle Fälle bei *Sylvia's* reinschauen und die *spare-ribs* probieren.

- **Studio Museum in Harlem:** 144 125th Street (und Adam E. Powell). T. 864-4500. Von 10-17h geöffnet, samstags und sonntags von 13-17.30h, montags und dienstags geschlossen. Museum für die Kunst der Schwarzen in Amerika, welches vor etwa zwanzig Jahren entstanden ist. Freundliche, helle Räumlichkeiten mit interessanten Kunstausstellungen. Das Museum verfügt über eine große Anzahl von Werken der besten schwarzen Künstler. Hervorragende Wechselausstellungen. Besonders sehenswert sind die Gemälde von Romare Bearden, John Dowell, Moe A. Brooker, Nellie Mae Rove, die Knitterbilder von Sam Gilliam, die Stiche von Elizabeth Catlett-Mora, die Porträts von William D. Johnson u.a.

- **Schomburg Center for Research in Black Culture:** 515 Lenox Ave (und 135th Street). Von Juni bis August donnerstags und freitags von 10-17.30h geöffnet, montags und mittwochs von 12-19.30h (samstags, sonntags und feiertags kein Publikumsverkehr). Vor allen Dingen eine der umfangreichsten Bibliotheken über die Kultur der Schwarzen. Stellen auch schöne afrikanische Kunstwerke aus.

- **New York Big Apple Tours:** Reservierung unter T. 410-4190. Beginnt in der 46th Street und 7th Avenue in der ersten Etage des Restaurants *Sbarro*. Sonntags Tour durch Harlem inklusive Gospelgesängen. Äußerst lehrreich, wenn man einen Einblick in die Kultur der Schwarzen in Amerika bekommen oder etwas über eine vergangene Epoche erfahren möchte. Allen besonders Eiligen empfiehlt sich der »City Bus«, der innerhalb weniger Stunden einen Überblick über weite Teile der Stadt verschafft. Wir raten jedem, mindestens am Abend vorher zu buchen. Unbedingt eine Abfahrtszeit wählen, bei der man nicht im Stau stehen wird, den sonst kann man in den vier Stunden Manhantan auch selbst erlaufen.

NÖRDLICH VON MANHATTAN

● The Cloisters

In der Nähe der Washington Bridge, am Ufer des Hudson, und so hoch gelegen, daß der Blick von dort einfach überwältigend ist. Höchst anschauliches Museum in den Mauern eines Klosters: Mittelalter und Renaissance mitten in New York! Wieder war es Rockefeller, jene Persönlichkeit, dessen Reichtum aus Gewinnen beim Pferderennen stammt, der verschiedenste Architekturelemente aus Kreuzgängen südfranzösischer Klöster des XII.-XV. Jhs ankaufte. Die Serie von Tapisserien mit der »Dame à la Licorne«, der Dame mit dem Einhorn, gehört zu den besonderen Raritäten. Im Garten wachsen über zweihundert Pflanzen, die man in jenen Jahrhunderten kultivierte. In gewisser Hinsicht geht alles und jedes hier zur Schau Gestellte auf den gleichen Zeitraum zurück. Eintritt zahlt man entsprechend seiner finanziellen Möglichkeiten. Es ist aber schwierig, ohne die *suggested donation* von 4 $ Einlaß zu finden. Öffnungszeiten: von März bis Oktober dienstags bis sonntags, jeweils von 9.30-17.15h; von November bis Februar 9.30-16.45h. Montags geschlossen.

U: Linie IND bis zur 190th Street, an der Station Overlook Terrace aussteigen und den Ausgang mit dem Fahrstuhl wählen. Von dort Anschluß per Bus unmittelbar bis zu den Cloisters oder besser U-Bahn 1 oder 9.

Eiligen empfehlen wir eher Bus 4 – Fort Tryon Park, The Cloisters – der von unten aus Manhattan über die Madison Avenue bis zum Cloisters hochfährt und Harlem durchquert. Innerhalb einer Stunde bekommt man ein Kontrastprogramm verschiedenster Eindrücke von New York serviert: vom schnieken, auf Hochglanz polierten, Geldviertel bis hin zu den abgewrackten Quartieren, wo Armut und Verfall regieren.

Museen

– Aufgrund von Budgetkürzungen der letzten Zeit sind in verschiedenen Museen nicht immer alle Ausstellungsräume während der angegebenen Öffnungszeiten zugänglich. So sind beispielsweise beim MET einige Säle nur vormittags, andere nur nachmittags geöffnet, wobei täglich gewechselt wird.

– Ein Studentenausweis verhilft zu ansehnlichen Ermäßigungen.

– **Metropolitan Museum of Art** (MET): im Central Park, an der Kreuzung der Fifth Ave und der E 82nd Street; U: 86th Street, Lexington Ave (außerhalb des Plans Uptown C1). T. 879-5500. Eintrittskarten links vom Haupteingang erhältlich. Sonntags, dienstags, mittwochs und donnerstags von 9.30-17.15h, freitag- und samstagabends bis 20.45h geöffnet, montags geschlossen. Wahrlich ein Supermarkt der Künste. Gerade hundertjährig, kann das MET es schon mit dem Louvre in Paris aufnehmen, obwohl zu Dreiviertel aus privater Hand finanziert. Die Sammlungen umfassen die gesamte Kunstgeschichte und bilden einen repräsentativen Querschnitt durch die ganze Welt, von den ältesten Kulturen bis in die heutige Zeit. Mit Leichtigkeit sind Kunstliebhaber ein ganzes Wochenende beschäftigt, ohne allzulange Verschnaufpausen einzulegen. Man bewaffne sich mit einem der kostenlosen Museumspläne.

● *Im Erdgeschoß* (First Floor)
Ägyptische Kunst: rechts vom Eingang. Bunte, bestens erhaltene Sarkophage. Man sollte unbedingt einen Blick auf die Modelle werfen, die zeigen, wie das Alltagsleben zur Zeit der Pharaonen aussah. Im Wintergarten herrliche Tiffany-Glasfenster und ein schöner Springbrunnen.
In der Abteilung für mittelalterliche Kunst ist die Nachbildung einer hübschen romanischen Kapelle zu besichtigen.
Weiter hinten wurde das Haus von Robert Lehmann mit mehreren Bildern von Gauguin (darunter die berühmten »Frauen beim Bad«) und Renoir nachgestaltet.
Die Rockefeller Sammlung umfaßt verschiedene Objekte afrikanischer und ozeanischer Kunst (schöne Türen des Dogonstammes, Obervolta / Mali).
In der griechischen Abteilung werden ehemalige Athenbesucher erfreut das Parthenonmodell (1/20) entdecken, besonders wegen der erstaunlichen Nachbildung des Inneren mit der riesigen Statue der Athene.

● *Im Ersten Stock* (Second Floor)
Insbesondere wegen seiner berühmten Sammlung europäischer Malerei des 19. Jhs von Belang (Gemälde von Renoir, siebzehn Bilder von Cézanne, darunter die »Kartenspieler«, neunundzwanzig von Gauguin, mehrere Bilder von Van Gogh, darunter ein Selbstporträt ...) Kurz und gut, einfach erstklassige Werke. Darüberhinaus befindet sich die bedeutendste Sammlung impressionistischer Kunst im Metropolitan und nicht im Modern Art.

In diesem Stock auch das Ende der Lila Acheson Wallace Collection mit den neuesten Künstlern, wie z.b. Pollock, Roy Lichtenstein, Gilbert and George.

Am Ende des Rundganges erholt man sich im chinesischen Garten von den Strapazen und pilgert danach zum Abschluß noch in den Dachgarten zu den modernen Skulpturen mit Blick auf den Central Park.

Vor kurzem wurde die Abteilung »Kunst des 20. Jahrhunderts« eröffnet, die von der Reader's Digest-Begründerin zur Hälfte finanziert wurde. Natürlich kann die Abteilung sich nicht mit dem *Museum of Modern Art* messen, aber immerhin wartet sie mit einigen Meisterwerken, darunter Picassos »Gertrude Stein«, auf.

– **Museum of Modern Art** (von Insidern liebevoll MOMA genannt): 11 W 53rd Street; U: Fifth Ave, 53rd Street (Plan Uptown C2). Geöffnet von 11-18h, donnerstags bis 21h; Studenten wird eine Ermäßigung gewährt. Donnerstags wird in der Zeit von 17-21h kein fester Eintrittspreis erhoben: jeder zahlt entsprechend seines Einkommens. Mittwochs geschlossen. T. 708-9480 und 90. In der ständigen Ausstellung ist das Fotografieren erlaubt. Die Gemälde sind in zeitlicher Reihenfolge (ab 1880) sowie nach Gruppen und Stilrichtungen geordnet: Impressionismus, Postimpressionismus, Expressionismus, Kubismus, Pariser Schule, Futurismus, Dadaismus, Surrealismus, abstrakte geometrische Malerei und Konstruktivismus. Das MOMA birgt weltweit die bedeutsamste und reichste Sammlung moderner Kunst: etliche der gelungensten Werke von *Picasso, Matisse, Van Gogh, Chagall* hängen dort, um nur einige wenige beim Namen zu nennen. Wer's noch nicht wußte: hier findet man die »Demoiselles aus Avignon«, das Werk »Persistance de la Mémoire«, die »Sternennacht« (von Van Gogh) aber auch »La Danse« von Matisse ... Ein Augenschmauß auch die deutschen und österreichischen Expressionisten (Kirchner, Kokoschka), Léger, Juan Gris, Max Ernst (»Napoleon in der Wildnis«), Balthus, Magritte, Delvaux, Tanguy, Miró, Pavel Tchelitchew (»Cache-Cache«). Von Marcel Duchamp, »Fresh Widow« und le »Passage de la Vierge à la Mariée«. Ganze Räume sind De Chirico und Matisse gewidmet. Desweiteren Klee, Kandinsky, Delaunay ua. MOMA war eines der ersten Museen, das eigene Räumlichkeiten für Fotografie, Architektur und Design vorsah, und verdient das Prädikat »unbedingt sehenswert«. Im Untergeschoß eine Kinemathek: für eine handvoll Dollar wird man Besitzer einer Jahreskarte. Sowohl die großen Klassiker als auch Filme der Avantgarde werden gezeigt. Zum Abschluß winkt ein Besuch der Cafeteria unter freiem Himmel, die im Sommer ein angenehmes Verschnaufpäuschen verspricht. Auf keinen Fall sollte man es nach Wiederherstellung seiner Kräfte versäumen, einen Blick in den Laden des MOMA werfen. Ein Umweg, der sich wahrlich lohnt. Zu finden sind hier alle möglichen »design«-Spielereien, von deren Existenz wir bislang nicht mal geträumt haben, und eine ungeheure Auswahl an Postkarten, Büchern, Spielen, Postern uvm.

– **Whitney Museum:** 975 Madison Ave, Ecke 75th Street. Dienstags von 13-20h, mittwochs bis samstags von 11-17h, sonntags und feiertags von 12-18h für Besucher zugänglich; montags geschlossen. Dienstags von 18-20h sowie allgemein für Studenten kostenlos. Zunächst eine Überraschung: dieses Museum für zeitgenössische amerikanische Kunst wurde in Form einer umgekehrten Pyramide erbaut und birgt eine Vielzahl von Pop-Art-Künstlern, denen auch häufig Wechselausstellungen gewidmet sind. Es besitzt über 10.000 Skulpturen, Gemälde und Zeichnungen zeitgenössischer amerikanischer Künstler.

Man hat gute Chancen, etliche *Andy Warhols*, die erstaunlichen Figuren von *Duane Hanson* oder die Mobiles von *Alexander Calder* bewundern zu dürfen. Zwischen zwei Ausstellungssälen sollte man sich in der Cafeteria zu einem *Whitney chocolate cake* verführen lassen, einem der besten, den wir jemals verspeist haben. Vom Whitney marschiert man dann über die Madison Avenue, wo alle bedeutenden Kunstgalerien Niederlassungen besitzen, geradewegs ins ...

– **Guggenheim Museum:** Fifth Ave und 89th Street (außerhalb des Uptown-Plans, nördlich von C1). Ein Leser berichtet von einem Ableger in Soho, der sonntags, montags, und mittwochs von 11-18h, donnerstags und samstags von 11-22h geöffnet und dienstags zu sei. Der Eintritt betrage rund 7 $ mit Studentenermäßigung und sei zwei Tage lang für beide Häuser gültig. Leider fehlen alle näheren Angaben ...

Das Museum widmet sich ganz der modernen Malerei. Das Museum wurde 1951 von *Frank Lloyd Wright* errichtet: Architektur und Exponate sind gleichermaßen berühmt und von Interesse. Die Bilder sind in einer Galerie aufgehängt, die sich als Spirale nach oben bis zur Kuppel, der einzigen Lichtquelle, windet. Trick 17 für Fußlahme und Faule, auch fußlahme Faule und faule Fußlahme: man nehme den Fahrstuhl bis nach oben und spaziere gemütlich wieder runter.

Viele Maler vom Ende des 19. und des 20. Jhs: *Chagall, Delaunay, Léger, Mondrian.* Aber das Museum ist insbesondere dafür berühmt, daß es die bedeutendste katalogisierte Kandinskysammlung (über 180 Bilder) und eine umfangreiche Kleesammlung in seinen Mauern birgt. Eine Tür führt zu einer separaten Galerie mit fünfundsiebzig Bildern der herausragenden Thannhäuser-Sammlung: noch nie waren so viele prachtvolle *Modigliani* in einem einzigen Saal vereint.

Gleich nebenan: das

– **Museum der Stadt New York,** kostenloser Eintritt. Die Cafeteria lohnt einen Umweg: ruhiger heller Raum, kalte und warme Küche und das alles zu christlichen Preisen. Tja, soviel Kultur macht eben hungrig.

– **International Center of Photography:** 1130 Fifth Ave. Etwas weiter als das Guggenheim Museum. Dienstags bis sonntags, 11-17h; auch hier Studentenermäßigungen. Sehenswerte Ausstellungen und Filme zur amerikanischen Geschichte.

– **American Museum of Natural History:** Central Park West und 79th, T. 873-4225. Montags, dienstags, donnerstags und sonntags von 10-17.45h; Mittwoch, Freitag und Samstag bis 21h. Freier Eintritt am freitags und samstags von 17-21h. Unseres Studies sollen angeblich nur einen freiwilligen Beitrag zu entrichten haben.

Eines der umfassendsten naturhistorischen Museen der Welt und gut erkennbar an der bombastischen, pompösen Architektur des 19. Jhs. Im Inneren ausgestopfte Tiere, anschaulich aufgebaut in – ihren natürlichen Lebensräumen nachempfundenen – Szenerien. Umfangreiche Abteilungen über die Tierwelt (Vögel, Wirbellose) und zum Leben der Tiere allgemein. Toll, das aus Glasfibermaterial nachmodellierter, 30 m langer Blauwal. Austellungen zum Thema »Der Mensch und die Natur« – ein trauriges Kapitel – und zur Mineralogie; daneben Säle für afrikanische und asiatische Kultur und vor allem zur Kultur der Indianer. Einschub: schade, daß man dazu ins Museum muß. Aber den »Rothäuten« Nordamerikas ging's nicht besser als den Kulturen der Afrikaner oder Inkas: erst wurde alles kurz und klein geschlagen, und als kaum noch etwas an die ursprünglichen Bewohner erinnerte, wanderte der ungefährlich gewordene Rest ins Museum ... Ja, man entblödet sich sogar nicht, die Massenmörder von damals fünfhundert Jahre später als »Entdecker« und Pioniere zu feiern! Mit Leichtigkeit verbringt man hier einen ganzen Tag. Dia- und Filmvorführungen flimmern über riesige Bildschirme: »To Fly«, die Geschichte der Fliegerei in den USA und, im Wechsel, »Living Planet«, die Wunderwerke der Natur. Theodore Roosevelt, das Bleichgesicht, hoch zu Roß, während Indianer und Schwarzen zu Fuß laufen!

– **Hayden Planetarium**: West 81st Street, am Rande des Central Parks (außerhalb des Plans von Uptown, nördlich von B). Erläutert werden vielerlei atmosphärische und astronomische Phänomene: Darstellung des Sonnensystems, der Mondoberfläche ... und eines 34 Tonnen schweren Meteoriten. Am unterhaltsamsten finden wir die freitags und samstags stattfindende Lasershow. Auf ein Kuppelgewölbe abgeschossene Laserstrahlen multiplizieren sich zu einer Art Feuerwerk, im Rhythmus klassischer oder poppiger Musik. Studenten kommen mal wieder günstiger weg. Eine Szene aus *Woody Allens* »Manhattan« wurde hier gedreht. Beeindruckend: das Planetarium und der »Weltraumsaal«.

– **New York Historical Society**: 170 Central Park West und 76th Street (Plan Uptown, B1), T. 873-3400. Geöffnet von Dienstag bis Samstag, 10-17h (sonntags 13-17h); montags geschlossen. 1804 gegründet und damit eines der ältesten Museen in New York mit Wechselausstellungen zur Stadtgeschichte. Gezeigt werden Möbel, Geschirr, Kunstgegenstände, Folklore, Spiele, Plakate, Aquarelle des großen Vogelkundlers Jean-Jacques Audubon und vieles andere mehr.

– **Frick Collection**: Fifth Ave und 70th Street (Plan Uptown C1). Tägl. von 10-18h zugänglich, sonntags von 13-18h; montags und feiertags sowie den Sommer über dienstags geschlossen. Studentenermäßigung. Hier handelt es sich um ein Sammelsurium von Möbeln, Emaille und Malereien verschiedener Epochen, untergebracht in einer, ehemals dem wohlbekannten Stahlmagnaten *Samuel Frick* gehörenden, atemberaubenden Villa. Frick hatte seinerzeit die American Steel Corporation mit aus der Taufe gehoben.

– **Jewish Museum**: 1109 Fifth Ave (92nd Street), T. 860-1889. Geöffnet Montag bis Donnerstag, 12-17h; Dienstag bis 20h; Sonntag 11-18h; freitags und samstags geschlossen. *Das* Museum für jüdische Kunst in New York. Bildschöne, im jüdischen Gottesdienst verwendete, Objekte, Goldschmiedearbeiten religiöser Thematik, Malereien und archäologische Funde wie der Torahbogen von Urbino aus dem 15. Jh. Daneben Wechselausstellungen: so wurde vor drei Jahren Chagall gezeigt. Herausragend, die Skulptur »Der Holocaust« von George Segal. Eine kraftvolle Arbeit, ergreifend schrecklich in Darstellung und Wirkung. Es handelt sich um den Gipsabguß eines, vor einigen Jahren in San Francisco aufgestellten, Denkmals.

– **Museum of the American Indian**: Broadway und 155th Street (außerhalb des Plans Uptown, nördlich von A1). Mit der U-Bahn A (Richtung Norden) bis zur 157th Street. Die U-Bahnhalte befindet sich an der Kreuzung. Das Museum liegt 200 m weiter unten. Geöffnet dienstags bis samstags von 10-17h, sonntags vom 13-17h. Es beherbergt eine der weltweit vollständigsten Sammlungen zur Kulturgeschichte der Indianer in Nord-, Mittel- und Südamerika. »Objekte, die aus den von den einzelnen Stämmen bewohnten Gegenden stammen, erläutern dem Betrachter Umfeld, Wirtschaft, Unterkunft, Waffen, Jagdtechniken, Ernährung, Religion, gesellschaftliche Organisation und Freizeitverhalten.« (F.W. McDarrah, »Die Museen von New York«).

Besonders stark sind Irokesen repräsentiert, unter anderem durch Masken der »Gesellschaft der falschen Gesichter«, von denen man glaubte, daß sie bei dem jeweiligen Träger das Eindringen eines heilenden Geistes begünstigten; Sammlung von »Kachina-Puppen« der Indianer aus dem Südwesten. Zahlreiche Gegenstände entstammen, auf dem amerikanischen Kontinent durchgeführten, archäologischen Grabungen. Umfangreiche Ausstellung präkolumbianischer Kunst. Es ist möglich, mit Glasperlen besetzte Baseballmützen zu bestellen. Mit dem Geld wird den Reservaten Rosebud und Dakota (Sioux) geholfen, wo man mit gewaltigen Alkoholproblemen zu kämpfen hat.

Übrigens richtig gelesen: das Museum liegt mitten in Harlem, allerdings auf einer allgemein frequentierten Avenue ganz in der Nähe eines U-Bahnhofes. Der kurze Spaziergang ist daher ungefährlich. Rundherum finden sich tolle »Brownstones«; bevor das Viertel von den Armen in Beschlag genommen und die Appartements aufgeteilt wurden, handelte es sich um ein recht feudales, natürlich Weißen vorbehaltenes, Wohngebiet. Im Museum selbst gibt es keine Cafeteria; dafür kann man bedenkenlos in der gemütlichen Kneipe namens *Metro Bar* auf der Höhe der 157th Street einkehren.

- **New York City Museum:** 1220 Fifth Ave und 103rd Street, T. 534-1672. Geöffnet dienstags bis sonntags von 10-16.50h; sonntags 13-17h; montags bleiben die Museumspforten geschlossen. Auf vier Etagen erfährt der Besucher alles über die Stadtgeschichte. Von besonderem Belang für New York-Begeisterte: Modelle, Fotos, Dokumente, Mobiliar, Sammlungen unterschiedlichster Art, Spiele, Silber, etc.
- **New York Public Library:** Fifth Ave und 42nd Street. Bibliothek mit sehenswerten Ausstellungen. Kostenlose Führungen montags bis samstags, 11-14h.
- **»Intrepid« Museum** (Plan Uptown A3): »Ausstellungsstück« ist ein 275 m langer und 37.000 t schwerer Flugzeugträger aus dem Jahre 1943. Liegt auf dem Hudson River, in Höhe der 46th West, nahe der Anlegestelle für die Fähren der Circle Line, die Manhattan umschiffen (Pier 86). Tägl. von 10-17h in Augenschein zu nehmen, montags und dienstags geschlossen; T. 245-2533. Per U: 42nd Street (Linien A, C, E und K); Buslinien M42 und M27.

Schon ein Erlebnis, hat man doch sonst nie Gelegenheit, einen echten Flugzeugträger in Augenschein zu nehmen. Der 1941 vom Stapel gelaufene Stahlkoloß bot 3300 Mann Besatzung und 103 Flugzeuge Raum.

Heute ist hier das Luftfahrtmuseum untergebracht: Kriegsflugzeuge, Hubschrauber aus dem Vietnamkrieg und eines der Raumschiffe, mit dem eine Landung auf dem Mond erfolgte. Übrigens trauen sich die Vietnamveteranen, lange verdrängt, inzwischen bei Paraden auch wieder auf die Straße, so z.B. nach dem Krieg gegen den Irak.

- **Tenement Museum:** 97 Orchard Street. Vermittelt ein gutes Bild von den Elendsqurtieren von Einwanderern und Armen früher, wobei die Wohnverhältnisse heute oft nicht besser sind. Mal die Kehrseite der Medaille ohne die sonst üblichen Kitsch-Wachsfiguren und Licht- und Toneffekte.
- **Federal Reserve Bank:** 33 Liberty Street, T. 720-6130. Nur nach telefonischer Anmeldung. Leserhinweis. Ja, gut, aber was gibt's zu sehen?

Word Trade Center

● *New York Experience*

Avenue of the Americas und 48th Street; als Film wird ein informativer Abriß über Manhattan und seine Geschichte geboten. Vorführung fast stündlich. Besser gleich am ersten Tag anschauen, um den Puls des »Big Apple« zu spüren. Kostenpunkt: 4.75 $.

In Planung oder im Bau befindliche Projekte

Seit den achtziger Jahren hat New York das Immobilienfieber gepackt, was unter anderem auf die »Dollargier« der Stadtverwaltung zurückzuführen ist. Geographisch von Nord nach Süd, listen wir einige der auffallendsten Vorhaben auf:
– **Television City:** das Projekt wurde von *Donald Trump* – ganz recht, dem vom Trump Tower – ins Leben gerufen. Am Ufer des Hudson und im Westen des Central Parks erwarb er ein ehemaliges Eisenbahngelände. Von den insgesamt dreizehn Blocks sind sechs als Hochhäuser und einer als Wolkenkratzer von über 500 m Höhe geplant, um New York den Rekord des welthöchsten Gebäudes zurückzugeben, das derzeit in Chicago zu bestaunen ist. Die Federführung wurde ihm kürzlich entzogen, es läuft nicht alles so gut für ihn, wie es sollte. Fortsetzung folgt ...
– **Das Coliseum:** am Columbus Circle, im Südwesten des Central Park (Plan Uptown, B2). Das Gelände umfaßt 270.000 m² . Wegen des Schattens, den die Neubauten demnächst auf ihre geliebten Gärten werfen werden, sind die Anlieger schon jetzt beunruhigt ...
– **Port Imperator:** auf New Jersey, fast vis-à-vis von *Television City*. *Ricardo Boffil* wurde von Arthur Imperator, dem Initiator des Projekts, ausgewählt, die ersten 2500 von insgesamt 12.000 vorgesehenen Wohnungen zu realisieren.
– **Times Square:** s.o.
– **South Ferry Tower:** liegt in Lower Manhattan, unmittelbar am Ufer.
– **Port Liberté:** von *François Spoerry* geplant, jenem Franzosen, der auch für die Lagunenstadt Port-Grimaud an der Côte d'Azur verantwortlich zeichnet. »Pfahldorf« mit Blick auf die Freiheitsstatue.

Läden, die wir ganz besonders schätzen

Gute Schuh- und Klamottenläden liegen zwischen Broadway und Canal Street. Irgendwo dort liegt auch ein verrückter Klamottenladen mit allem erdenklichen Viehzeugs wie Hunden, Katzen, Fischen und Papageien u.a., dessen Adresse uns leider abhanden kam.
Gerade in Radio-, Elektronik- und ähnlichen Geschäften ist es möglich zu handeln. Für uns eine reichlich ungewohnt Sache, aber nicht zögern, kein Mensch wird deswegen im Knast landen. Falls die Augen größer waren, als das, was man mit den Händen gerade noch tragen könnte: im Untergeschoß der YMCA, 356 West 34th Street, Höhe 9th Avenue, existiert eine Gepäckaufbewahrung (lockers), wo man seine Sachen bis zu einem Monat unterstellen kann; geöffnet von 8-19.30h.
Ganz Fiese krönen ihr Schnäppchen wie folgt: nach unnachgiebigem Feilschen teilen sie dem Verkäufer ihr Einverständnis über den Preis mit, vorausgesetzt, er akzeptiert eine Kreditkarte. Geht er darauf ein, schwenkt man doch blitzschnell auf Barzahlung um und fordert weitere 2 % Rabatt, die genau der Provision entsprechen, die der Händler ohnehin an die Kreditkartengesellschaft zu zahlen hätte. Eine macchia-

vellistische, aber wirkungsvolle Methode! Die Kehrseite der Medaille: Diese Charakterlumpen sind gezwungen, hohe Summen mit sich herumzuschleppen; letztendlich ein unverhältnismäßiges hohes Wagnis für einen schmalen Gewinn. Zum Herunterhandeln werfen sie sich nicht zu sehr in Schale und haben vor allem die gängigen Preise im Kopf, um sich späteren Frust zu ersparen.

Hochwertige, teure Geräte sollten nur Fachkundige kaufen, sonst kann man daheim manche Überraschung erleben.

– **Trieste General Merchandise:** 560 West 12th Avenue, an der Ecke der 44th Street und des Hafens (Plan Uptown A3). Akzeptiert keine Kreditkarten. Bietet je nach Marktlage zu unschlagbaren Preisen: japanische Fotoapparate, Samsonites, »Head«-Schläger, Levis-Jeans, Parfums, Quarzuhren, bedruckte Tücher, Ray-Bans Sonnenbrillen. Die Verkäufer sind in der Lage, einem ein X für ein U vorzumachen, um ihr Zeug zu verscherbeln! Ein Rat: sich im voraus klarmachen, was man sich anschaffen möchte. Schließt um 17.30h; samstags nicht geöffnet.

– **Paris-Rome** (vormals **Romano's**): genauso ein Renner wie das vorangegangene Geschäft mit gleichem Angebot. Annahme von Visakarten.

– **OMG Inc.:** 555 Broadway, zwischen Prince und Spring Street, T. 925-9513. Hier findet man die preiswertesten » 501« von Levi in New York.

– **MacCreedy and Schreiber:** 37 West 46th Street, zwischen 5th und 6th Avenue (Plan Uptown C3). Umwerfende Auswahl an Stiefeln, vor allem die berühmten »Frye«, hier um einiges günstiger als im *Western House*. Wer es sich leisten kann, sollte sich die »Lucchese« zulegen, sozusagen die Rolls-Royce unter den Stiefeln.

– **Banana Republic:** an der Kreuzung Bleecker Street und 6th Avenue (Plan Uptown B3). Die Preise sind nicht von Pappe, aber traumhaftes Angebot an Safari- und Buschklamotten. Eeitere Niederlassung in der South Street Seaport. Qualitativ hochwertige Kleidung. Schriftlich den Katalog anfordern.

– **A Photographers Place:** 133 Mercer Street. Beste Adresse für gefällige Bildbände über Manhattan. Dutzende alter Sammlungen, amerikanische Dokumente seit der Geburtsstunde der Fotografie; Mappen, die bei uns häufig Unsummen kosten. Desgleichen breitgefächerte Auswahl an fototechnischen und anderen Büchern.

– **Willoughby's:** 110 West 32nd Street (Plan Midtown B1). Der Welt größtes Fotogeschäft – ganz bestimmt! Beachtliche Computer- und Elektronikabteilung. Hier kann nicht gehandelt werden, die Verkäufer sind weniger klettenhaft als im *Grand Central* und die Preise von vorneherein niedriger. Canal Street schlägt allerdings nach wie vor alle Rekorde. Alle Bäder, Lösungen und Fotopapiersorten, selbst die ausgefallensten.

– **Chess Shop:** 230 Thompson Street, in der Nähe des Washington Square. Die umfassendste, uns bekannte, Auswahl an Schachspielen: jede Größe, Form und Preislage.

– **Astor Place Barber:** 2 Astor Place (Plan Midtown C3), T. 475-9854. Jawohl, es handelt sich tatsächlich um einen Friseur, aber nicht um irgendeinen. Bis vor zwei Jahren wirkte er eher altväterlich. Inzwischen, dank der wechselnden Mode, ist daraus ein Top-Salon geworden, wo sich jeder, vom Mannequin bis zum Studenten und Geschäftsmann, den Kopf stylen läßt. Man muß lange anstehen und ein Warteschlangennummer ziehen. Einer der Friseure ruft, auf einem Hocker sitzend, per Megaphon die Kunden auf. Sollten noch Zweifel bei der Wahl der

Haartracht bestehen, wird gerne mit einem Katalog nachgeholfen, bis man das Gewünschte Outfit gefunden hat. Die Haarschneidemaschine wird noch wie in den guten alten Zeiten der fünfziger Jahre gehandhabt. Obendrein für einen modischen Schnitt gar nicht mal teuer. Tägl. von 8-20h, sonntags von 10-18h.

– **Fiorucci:** 125 E 59th Street, zwischen Lexington und Park Ave (Plan Uptown C2). Der weltberühmte italienische Modedesigner betreibt auch mitten in Manhattan eine seiner verrückten Boutiquen. Einige Kleider oder Accessoires sind einigermaßen günstig zu erstehen.

– **Shackman:** 85 Fifth Ave, Ecke 16th Street (Plan Midtown C2). Einzigartiger Laden, der sich seit 1898 auf Miniaturspielzeug verlegt hat: Möbel in der Größe einer Zigarettenschachtel, Miniaturpuppen usw.

– **Canal Jean Co:** 498 Broadway. Nette Klamotten, Tendenz punkig oder romantisch. Ach ja, die Deneuve haben wir dort mal gesichtet.

– **Charles Colin:** 315 W 53rd Street (Plan Midtown B2). Hervorragende Adresse für Profis und eingeschworene Musikliebhaber. Verlegt auch Musik. Unglaublich, was da herumsteht: Partituren, Lehrbücher und Bücher, die sonst unauffindbar sind. Natürlich auf Jazz eingeschworen.

– **Gazebo:** 660 Madison Ave, Höhe 61st Street (Plan Uptown C2). T. 832-7077. Tolle Auswahl an Patchworkarbeiten zu erschwinglichm Preis.

– **Kelter Mace:** 361 Bleecker Street (Plan Midtown B3). Bildhübsche Patchworkarbeiten, Symbole amerikanischer Kultur zur Zeit der Pioniere. Für alle mit besser gepolsterten Brieftaschen.

– **Star Magic:** 743 Broadway. Vertreibt ausschließlich Artikel, die mit der Astronomie in Zusammenhang stehen: Krimskram, Platten, Mondposter, etc.

– **Kieh's Pharmacy:** 109 3rd Avenue, Höhe 10th Street. Die Apotheke wurde zu Beginn unseres Jahrhunderts in einer ehemaligen Autowerkstatt gegründet. Kieh's stellt alle seine Erzeugnisse auf der Grundlage natürlicher Rohstoffe selber her: Cremes, Kosmetika, Parfüms, Salben, usw. Umtermalung durch Jazz fördert die angenehme Atmosphäre und das Einkaufserlebnis ...

– **La Rue des Rêves:** 139 Spring Street (Plan Downtown B1). T. 226-6736. Tägl. von 12-18.45h geöffnet, donnerstags und freitags-20.45h und sonntags von 13-17.45h. Die besondere Note dieses Klamottengeschäfts mitten in Soho ist es, daß sich hier immer jede Menge Tiere tummeln (Hunde, Katzen, Papageien), die, oft prächtig geschmückt, in den Regalen herumspazieren. Ausgesprochen originelle Klamotten, wenn auch etwas teuer. Aber auf alle Fälle ganz amüsant ... zumindest für Tierfreunde.

– **Tah-Poozie:** 332 Bleecker Street (Plan Midtown B3). T. 242-2715. Ein Haufen netter Spielereien.

– **The New York Firemen's Friends:** 263 Lafayette Street. Witziges Sammelsurium an Dingen, die mit der Feuerwehr zu tun haben. Erhältlich sind alle möglichen Souvenirs, Originalkleidung, z.B. die dicken wasserdichten Mäntel mit metallenen Klippverschlüssen statt Knöpfen, alles mit N.Y. Fire Department-Schildern.

– **Fishs Eddy:** 889 Broadway. Kauft Hotel- und Gaststättengeschirr en gros. Man kann sich dort mit schönen Servicen mit allen möglichen Motiven der vierziger bis sechziger Jahre eindecken, aber auch mit einzelnen Teilen. Natürlich nur für Leute mit etwas Platz im Handgepäck.

Elektronik

– Wer den Kauf irgendwelcher elektronischer Teile plant, sollte zunächst alle Auskünfte und Erklärungen im Umkreis der Grand Central Station einholen, sich das gewünschte Modell notieren und dann zur Canal Street marschieren (Plan Downtown, B1). Dort finden sich die günstigsten Angebote. Selbst hartnäckigstes Feilschen andernorts bringt oft keine niedrigeren Preise, als hier geboten.
In der Canal- oder Houston Street (Downtown) versuchen die Verkäufer auch nicht, ihre Kunden einzuwickeln: kaum äußert man seine Wünsche, bekommt man schon die Artikel ausgehändigt, fix und fertig verpackt einschließlich Garantiekarte. Eine Art Verkauf sofort ab Lagerhalle, mit zwar nur beschränkter, aber durchaus zufriedenstellender Auswahl. Keine Angst, die Sache verläuft in völlig legalen Bahnen. Läden mit Transformatoren und Adaptern, die auch Beratung bieten, befinden sich grad um die Ecke. So zum Beispiel:
– **Uncle Steve Inc:** 343 Canal Street (Ecke Green Street). Gehört zu den günstigsten Läden im Viertel. Achtung, Barzahlung ist Bedingung, Quittungen werden jedoch ausgestellt. Ein Tip: bevor man hingeht, sollte man sich den *Village Voice* kaufen, die Werbeanzeige von Uncle Steve, auf der unschlagbar niedrige Preise angegeben sind, ausschneiden und ihm mitbringen. Er wird diese Preise berechnen, obwohl sie um einiges niedriger liegen als jene, die in seinem Geschäft ausgezeichnet sind.

Kaufhäuser

Im allgemeinen Geschäftszeiten von 10-18h; ein oder zwei lange Einkaufsabende bis 20 oder 21h.
Schlußverkauf jeweils am Jahresende sowie Ende Juni/Anfang Juli.
– **Bloomingdale:** 59th Street, Ecke Lexington 3rd Ave (Plan Uptown C2). Ganz ehrlich: *Bloomingdale* ziehen wir allen anderen Kaufhäusern vor. Hobbyköchinnen und -köche werden von der Abteilung »Küche und Küchengeräte« förmlich erschlagen sein: es ist wirklich alles vorhanden, mal schick, mal praktisch, häufig exotisch und ausgefallen, aber stets formschön. Das Restaurant *Train Bleu* – der Name in Anlehnung an das bekannte Belle Epoque-Restaurant im Pariser Gare de Lyon – muß man gesehen haben. Vielleicht ein wenig zu kostspielig für einen Reisefiebrigen, dieser komplette originale Speisewagen aus der Belle Epoque. Über Lautsprecher lauscht man den französischen Ansagen des Bahnhofsvorstehers. Den Vogel schießt die Möbelabteilung »Furniture« ab. Auf dieser Etage sind, bis zur kleinsten Einzelheit, typische amerikanische Einrichtungen zusammengestellt. Sämtliche Stile sind vertreten: rustikal, disco, exotisch, spanisch ... Zum Schreien, die Variante »altgriechisch«. Sicher nicht immer ein Zeugnis guten Geschmacks, aber spaßig, außerdem hilfreich zu Verständnis des »American dream«. Freilich handelt es sich um einen noblen Laden.
– **Macy's:** 34th Street und Broadway (Plan Midtown B1). Kaufhaus der Superlative. Es gibt keine wirklich ausgefallene Abteilung, vielleicht mit Ausnahme der Kosmetikabteilung. Hier können sich die Damen kostenlos schminken und mal so richtig mit vollen Händen in die Farbtöpfe greifen. Den irischen Pub im Untergeschoß und das angenehme Café »The Fountain« im fünften Stock nicht übersehen. Zu seinem Leidwesen hat Macy's es nie geschafft, sich den kleinen Laden in der 34th Street,

Ecke Broadway, einzuverleiben. Schon bizarr, ein so winziges Geschäft von einem derartigen Koloß umgeben zu sehen. Die ganze Kette meldete 1992 Vergleich an – ein Schock für die Amis – aber anscheinend läuft der Laden unter der Regie einer Auffanggesellschaft weiter.

– **Schwarz:** 58th East Street und Fifth Ave (Plan Uptown C2). Größtes Spielzeuggeschäft der Welt, wo man alles kriegt, vom billigsten Plunder bis zum Elektroauto. Phänomenale Auswahl an Modellautos. Einer der seltenen Spielwarenläden, wo die Kinder tatsächlich Könige sind. In der letzten Etage kann man die unglaubliche, fast missionarische, Geduld des auf Kinder spezialisierten Friseurs bewundern.

– **Tiffany's:** Fifth Ave, Ecke 57th Street (Plan Uptown C2). Man stelle sich einen Riesensupermarkt vor, mit dem Unterschied, daß statt der Socken, Unterhöschen oder Shampoos ausschließlich Schmuck feilgeboten wird. Nicht bloß Modeschmuck, sondern wirklich wertvoller mit beeindruckenden Edelsteinen. Selbst wenn man weder etwas kaufen möchte oder kann: unbedingt durchspazieren, nur zum Schauen. Fotos sollte man nur heimlich schießen, denn schließlich gilt jeder als möglicher Strauchdieb; und wer diesem Bild mit seinen alten Jeans dazu noch nahekommt, wird auch als solcher behandelt.

– **At Altman's:** Fifth Ave, Ecke 34th Street (Plan Midtown C1). Beachtliches, wirklich gediegen wirkendes Kaufhaus. Der Clou: das umwerfende Restaurant *Charleston Gardens* im achten Stock, dem die Fassade eines Louisianahauses viel vom Südstaatencharme verleiht. Die Herrentoilette auf derselben Etage strahlt ganz in Marmor.

– **Lord and Taylor:** Fifth Ave, Ecke 39th Street (Plan Midtown C1). Weiterer Luxusschuppen, dessen Erdgeschoß allerdings ganz hervorragend gelungen ist. Wer will, wird kostenlos geschminkt.

Bücher

– **Forbidden Planet:** 821 Broadway (Broadway, Ecke 12th). Für Comicsammler und Anhänger fantastischer- und Science-fiction-Literatur. Verkauft auch Spiele und Krimskram im Stil des *Kriegs der Sterne*. Beachtliche Auswahl. Weitere Filiale: 227 E 59th Street. Verrammelt um 18h seine Pforten.

– **Strand:** 828 Broadway und 12th Street, T. 473-1452. Riesiger Buchladen mit großem Angebot, auch gebraucht: Literatur, Kunst, Comics auf 13 km Regalen zu wirklich lächerlich niedrigen Preisen; da lacht das Herz der Bücherwürmer unter unseren Lesern. Wer nach 22h kommt, geht leer aus.

– **Barnes & Noble:** Fifth Ave, zwischen 47th und 48th Street. Gewaltiger Buchladen, verkauft auf zwei Etagen Remittenden. Preisbeispiel: 300 Seiten, Leineneinband, werden für 99 Cents verscherbelt. Gleich gegenüber eine weitere genauso günstige Einkaufsquelle: *Brentanos* mit wundervollen alten Holzregalen und schöner Fassade.

– **Coliseum Books:** 1771 Broadway, Ecke 57th Street. Bietet noch mehr Bücher zu Tiefreisen als *Barnes & Nobles*.

– **Gryphon Bookshops:** 2246 Broadway, zwischen 80th und 81th Street. Ausgewählte Angebote, teils recht teuer. Breite Auswahl an Platten – auch brauchbare Scheiben – ab 1.50 $ im Angebot.

– **Books of Wonder:** 132 7th Avenue, nahe der 18th Street (Plan Midtown B2). Angesehenste Buchhandlung für Kinderbücher bei Riesenauswahl.

- **Double Day:** 724 Fifth Ave (Plan Uptown Süd C2). Erstreckt sich über mehrere Etagen, gut ausgestattet. Führt auch Platten und Cassetten für jeden Geschmack.
- **Map and Travel Center:** West 43rd Street, Nähe 6th Avenue. Hervorragend geeignet, wenn man sich auf der Suche nach Straßenkarten befindet.
- **Mary Rosenberg:** 1841 Broadway, Eingang 60th Street, T. 3077733. Deutscher Lesestoff in Hülle und Fülle.

Spezialbedarf

- **Musikinstrumente:** 48th Street, zwischen 6th und 7th Avenue.
- **Taschen und Koffer:** 14th Street. Der »Samsonite« ist bei uns dreimal billiger.
- **Antiquitäten und rustikale Gegenstände:** Bleecker Street, zwischen 7th und 8th Avenue.
- **Indische Gewürze:** Lexington Ave, zwischen 27th und 30th Street.
- **Blumenmarkt:** 6th Avenue zwischen 26th und 30th Street.
- **Diamanten und Schmuck im Sonderangebot:** 47th Street, zwischen 5th und 7th Avenue. Eine wahre Augenweide!
- **Kleidung:** Orchard Street. Sonntags geöffnet, samstags dicht. In der Lower East Side, 33 Orchard Street, bei *Mitchel's Sportswear*: Lederbekleidung zu Großmarktpreisen.
- **Kupfer- und Messingartikel:** Allen Street, zwischen Delancey Street und Canal Street.
- Auf der *Canal Street*: eine ganze Reihe Läden, die alles Mögliche zu unschlagbar niedrigen Preisen anbieten: herabgesetzte Kleider, Campingmaterial. Wenn's nach uns ginge: Plichtbesuch!
- **Fotoapparate und Hi-Fi:** 6th und 7th Avenue, zwischen 42nd und 55th Street. Preise teils unglaublich niedrig. Wegen der Gewährleistungsansprüche daheim unbedingt eine internationale Garantiekarte und eine *Bill (of Sale)* verlangen.

Platten

Platten, die zu Hause mit dem Aufkleber »USA-Import« verkauft werden, sind selbstredend am attraktivsten. In New York blättert man dafür nur die Hälfte hin. Vor der Abreise eine Wunschliste zusammenstellen. Nur in den seltensten Fällen können Platten im Geschäft auch probegehört werden:
- **Tower Record's:** E 4th Street und Broadway. Empfehlenswertes Plattengeschäft, wo man für die meisten Rockkonzerte in Manhattan auch Karten kriegt. Täglich rund um die Uhr geöffnet. Bemerkenswerte Auswahl an Jazz- und Klassikscheiben. Unmittelbar am Eingang ein Ständer mit massenhaft Einladungen und Ermäßigungskarten für fast alle New Yorker Discos. Übrigens handelt es sich um einen Ableger des gleichnamigen Ladens in London.
- **Disc o Rama:** 186 W 4th Street. Günstiger als vorstehende Adresse.
- **Colony:** 49th Street und Broadway. Unzählige Partituren, aber auch Bücher.
- **Barnes and Nobles:** Fifth Ave, zwischen 48th und 49th Street. Phänomenaler Buchladen; im ersten Stock umfassende Auswahl an klassischer Musik. Preislich unübertroffen.

- **Raubpressungen:** besonders in Greenwich Village, vornehmlich in der Bleecker Street und den angrenzenden Straßen, zu finden.
- **Golden Disc:** 239 Bleecker Street. Umfangreiches Sortiment alter Scheiben.
- **J&R Music World:** 23 Park Row, gegenüber der City Hall, Nähe Wall Street. Enorme Palette an Klassik-, Jazz-, oder Rockplatten.

Flohmärkte

- **Flea Market:** Avenue of the Americas, Ecke 26th Street. Mitte April bis Ende Juli, jeweils sonntags auf einem Parkplatzgelände. Massenhaft Kleinigkeiten, alte Klamotten, manchmal günstige Gelegenheitskäufe.
- **East Gate Market:** 15 W 27th Street. Ohne falsche Scheu in den Kisten herumwühlen: manchmal lohnende Schnäppchen.
- In der Upper West Side, 78th Street, Ecke Columbus Ave.
- Auf der Houston Street, in der Nähe von *Katz's*, zwei »Thrift Shops«, die wir unseren Lesern wärmstens empfehlen möchten.
- Nicht zuletzt, immer sonntags, ein weiterer Flohmarkt auf der Canal Street, nahe Chinatown. In Sachen Klamotten werden auch wählerische Naturen fündig.

Theater und Music-Halls am Broadway

Schaut man sich an, was in New York ständig an Theater- und Musical-programmen läuft, dünkt uns selbst manch größere Veranstaltung zu Hause wie ein reines Kirchweihfest. Auskünfte zum Tagesprogramm in den Zeitungen unter der Rubrik »On Broadway«. Für Kulturbanausen: hinter dem Begriff *Theater* steckt für Amerikaner, ganz dem ursprünglichen Sinn des Wortes entsprechend, ein »Ort, an dem ein Spektakel stattfindet«; also nicht unbedingt ein richtiges Theater, sondern möglicherweise auch ein Kino, eine Music-Hall oder ein Varieté.

Am Duffy Square, 47 Broadway, werden die Theaterkarten zum halben Preis losgeschlagen und Restkarten besonders günstig verscherbelt. Außen wird angezeigt, für welche Veranstaltungen noch Karten zu haben sind. Mittags beginnt der Verkauf für die Nachmittagsveranstal-tungen – nur noch mittwochs und sonnabends – und um 15h für die Abendvorstellungen. Schon vorher anstellen. Die Karten sind nur am Ausgabetag gültig. Montags kein Kartenverkauf. Filiale im *World Trade Center*, nahe der Stelle, wo auch die Karten für das Observatory Deck erhältlich sind. Weitere Anschriften für günstige Karten sind TKTS am Times Square und Broadway in der 43rd Street (unter dem berühmten Coca Cola Pub). T. 354-5800. Aber dort muß man sie am Vortag kaufen und sich danach richten, was gerade angeboten wird.

Dem »Theater« gehört der Broadway – einzige Schrägachse durch Manhattan, die New York ganz durchschneidet – nur auf einem recht kleinen Abschnitt: im Umkreis des Times Square. Oftmals liegen die Veranstaltungsorte ein wenig abseits und nicht auf der Verkehrsader selbst. Dieses kleine Planquadrat mitten in New York, wo Stücke jeder Art am laufenden Band produziert werden, ist das Opfer kleiner Gano-ven und einer hohen Konzentration an Etablissements der Pornoszene geworden. Zudem leidet es unter den Machenschaften durchorganisier-ter Gewerkschaftsverbände, welche die Kosten häufig skandalös in die Höhe treiben. So sind alle Bühnendekors und Kostüme nach Absetzen des Stückes zu vernichten. Wer von dieser Regelung profitiert, steht außer Frage; ein Interpret darf auf der Bühne ohne die Zustimmnung der Maschinisten nichts verrücken, nicht einmal sein eigenes Klavier. Die Produktionskosten sind derart hoch, daß man ein Stück besser sofort absetzt, wenn keine akzeptablen Kritiken abfallen. Übrigens halten nur drei Kritiker das Heft in der Hand.

- **Chippendales:** 1110 1st Avenue und 61st Street, T. (212) 935-6060. Veranstaltungen exklusiv für unsere weibliche Lesergemeinde: Männer-Striptease auf hohem Niveau mit schönen, sonnengebräunten Typen, wie *frau* sie zu Hause nur in der Duschgelwerbung zu sehen bekommt; das ganze für 15 $. Lohnenswertes »Schauspiel« auch im Publikum.
- **Backstage on Broadway:** 228 West 47th Street, Suite 344 (Plan Uptown Süd B3). T. 575-8065. Individuelle Führung, bei der man mal hinter die Kulissen schaut und meist von einem Schauspieler, Regisseur oder auch einem Kritiker begleitet wird. Wird oft durch den Besuch einer Vorstellung noch am selben Abend oder am folgenden Tag abgerundet.

Kostenlose Konzerte und Freiluftkonzerte

Im *Village Voice*, unter der Rubrik »Cheap Thrills«, für Minderbemittelte Hinweise auf günstige Veranstaltungen.

Im Sommer finden in New York zahlreiche Konzerte unter freiem Himmel statt, was unter anderem den Charme der Stadt ausmacht. Am berühmtesten sind die von Schaeffer-Bier unterstützten Veranstaltungen: allabendlich im *Wollman Skating Ring Theater*, Central Park, 5th Avenue, Höhe 59th Street, Detailprogramm im *Village Voice*. Zu wirklich günstigen Preisen lauscht man den besten amerikanischen Popgruppen. Weitere Veranstaltungsorte:

- **New York Philharmonic Free Parks Concerts:** jeden Sommer, in den drei ersten Juliwochen, kostenlose Konzerte an verschiedenen Plätzen New Yorks, vor allem im Central Park beim Great Lawn. Die Leute rücken mitsamt ihrem Abendessen an, manchmal ausgebreitet auf weißen Decken mit Kerzenleuchtern, oh ja! Normalerweise Beginn gegen 20h. Für eine unbeschreibliche Atmosphäre und hochinteressantes Publikum verbürgen wir uns. Auskünfte unter T. 1-800-247-3030.
- **Lincoln Center** (Philharmonic Hall)
- **Carnegie Hall:** für Studenten und Senioren an denselben Tagen verlockende Ermäßigungen. Man sollte sich das monatliche Programm besorgen. Bei Veranstaltungen mit fettgedruckten Künstlernamen bekommt man im allgemeinen Preisnachlässe. Alle Auskünfte unter T. 247-7800. Zu den Nachmittagskonzerten zwischen 13 und 13.30h erscheinen, für die am Abend zwischen 18 und 18.30h. Da erhält man den »Voucher« (Gutschein), der sofort gegen die Eintrittskarte einzutauschen ist.
- **Im World Trade Center:** um die Mittagszeit, auf der Piazza, Jazz, Klassik, etc.

Wichtig: Tonbandaufnahen sind während öffentlicher Konzerte streng verboten. Die Musikbranche hat die Nase voll von den »Raubpressungen«. Im allgemeinen werden entdeckte Aufnahmegeräte kurzerhand einbehalten.

Kino

Um die besten Kinos in New York zu erkunden, muß man nur ein wenig umherbummeln. Mit seinen über 240 Sälen bietet Manhattan etwas für jeden Geschmack und jedes Portemonnaie. Der Durchschnittspreis liegt bei 6 $. Auf der letzten Seite informiert *Village Voice* über mindestens ein oder zwei sehenswerte, kostenlose Filme in Museen, Universitäten oder Kulturzentren.

– **Rocky Horror Picture Show:** freitags und samstags abends um Mitternacht im Playhouse, 919 3rd Avenue und 55th Street. T. 755-3020 oder 3021. Die Karte schon am Nachmittag besorgen und sich ab 23.30h anstellen. Irrwitziges Spektakel. Der Film wird von den Zuschauern im Saal mitgespielt. Wenn's auf der Leinwand regnet, spannen sie ihre Regenschirme auf, bei der Hochzeitsszene wird Reis gestreut. In New York gewesen zu sein, und dies nicht miterlebt zu haben, wäre eine himmelschreiende Schande.

– **Das Thalia:** 250 W 95th Stret und Broadway. Ziehen wir anderen Lichtspielen vor. *Woody Allen* hat hier für »Annie Hall« gefilmt. Täglich wechselndes Programm.

– Ein Dutzend Kinos, die schicksten und teuersten der Stadt, auf der 3rd Avenue, zwischen 59th und 70th Street, zeigen exklusiv die neuesten Streifen.

– Kunst- oder Literaturfilmfreunde kommen in den *Anthology Films Archives* und im *Museum of Modern Art* auf ihre Kosten. Gute Dokumentar- und Kurzfilme, auch im Untergeschoß der Bibliothek in der W 53rd Street. Noch dazu kostenlos.

– Die Filmauswahl in den zahlreichen Kinos der Gegend nimmt Rücksicht auf die Zusammensetzung der Bevölkerung. In East Harlem stehen daher beispielsweise fast ausschließlich Filme auf Spanisch auf dem Programm.

Feste

– **Saint Patrick's Day:** am 17 März. *Das* Fest der irischen Gemeinde in New York; gleichzeitig willkommene Gelegenheit zu einem Massenbesäufnis. Jeder läuft mit einem Aufkleber »Today I'm Irish!« herum.

– **Martin Luther King's Day:** an jenem Sonntag, der dem 20. Mai am nächsten liegt. Ganz im Zeichen einer Parade zur Erinnerung an *Martin Luther King*, die auf der 5th Avenue zwischen 44th und 86th Street stattfindet. Beginn um 13h. Bunt und gemischt mit Soldaten, Majoretten, Feuerwehrmännern, Polizisten sowie spielenden und tanzenden Jazzgruppen. Das Gefolge setzt sich in der Hauptsache aus Schwarzen zusammen.

– **Jazzfestival** (Newport Festival): Ende Juni, Anfang Juli. Genaues Datum erfragen. Größtes amerikanisches Jazzfestival unter Beteiligung einer Vielzahl der berühmtesten Namen.

– **Gay Freedom Day** (Tag der homosexuellen Freiheit): so um den 28. Juni. Irrer Umzug durch die Fifth Ave. Da bleibt einem die Spucke weg. Das verrückte Fest geht auf folgende Begebenheit zurück: am 28. Juni 1969 machte die New Yorker Polizei eine Razzia im *Stonewall Inn*, einer Bar in Greenwich Village. Zweihundert Schwule wurden rausgeworfen. Nach einem kurzen Moment der Verwirrung wurde die Gruppe von einem jungen Puertorikaner beschimpft und mit einer Bierflasche beworfen. Die Homosexuellen gingen daraufhin mit Flaschen und Steinen zum Gegenangriff über. Die völlig überraschten Polizisten verbarrikadierten sich in der Bar und etliche trugen Verletzungen davon. »Stonewall« wurde für die amerikanischen Schwulen so zum Symbol ihrer Forderung nach Recht auf Andersartigkeit. Das Datum wird besonders in New York und San Francisco mit Umzügen gefeiert, weitaus lustiger anzusehen als Militärparaden.

- **Independence Day:** am 4. Juli. Zur Erinnerung an die Unterzeichnung der Unabhängigkeitserklärung im Jahre 1776. Wird mit einem Feuerwerk auf dem Hudson River gefeiert. Gesetzlicher Feiertag.
- **Feast of Obon:** an jenem Samstag im Juli, auf den ein Vollmond folgt. Buddhistisches Fest der Japaner im Riverside Park, 103rd Street.
- **Saint Stephen's Day:** an dem Sonntag, der dem 28. August am nächsten liegt. Das Fest der katholischen Ungarn mit einem Reiterzug auf der 5th Avenue.
- Am letzten Wochenende im Juli oder am ersten im August (theoretisch!): große *Hare-Krishna*-Zeremonie mit überdimensionalen Wagen wie bei den Festen in Indien. Einfach toll! Farben und Blumen bestimmen das Bild. Genaues Datum im Visitor's Bureau erfragen.
- Am letzten Samstag im August: *Harlem Day*. Karneval, Tanz und eine Überfülle an Essen.
- Am letzten Sonntag im August: *Fiesta Folklorica*. Großes puertorikanisches Festival im Central Park. Caramba!
- Mitte September: *Fest des San Gennaro* in Little Italy, auf der Mulberry Street. Essen im Überfluß, Spiele ... Die Statue des San Gennaro wird über und über mit Dollars bedeckt.
- **Thanksgiving Day:** im allgemeinen Ende November. Lebhaftes, familiäres amerikanisches Fest. Die Ursprünge reichen bis in die Kolonialzeit zurück, als man diesen Tag auserwählte, Gott für all die Wunder und die fruchtbare Scholle zu danken, die er die Siedler hatte finden lassen. Seit fünfzig Jahren Anlaß zu einem gewaltigen, vom Kaufhausriesen Macy's finanzierten, Umzug. Beginnt im Central Park, führt den Broadway hinunter und endet in Höhe eben dieses renommierten Kaufhauses. Hunderttausende von Zuschauern säumen die Straßen. Der Umzug symbolisiert in gewisser Weise den Einzug des Weihnachtsmannes in die Stadt. Das Ganze ist ein grandioses farbenprächtiges Happening: Wagen, Riesensnoopys, Fanfaren, Clowns, Drachen, etc.

Sehenswertes in den anderen New Yorker »Boroughs«

● *Brooklyn*

Bildet mit 2,7 Millionen Einwohnern eine eigene Stadt innerhalb New Yorks; Brooklyn nimmt außerdem die Spitzenposition ein, was die Konzentration fremder Rassen und Völker in New York betrifft.
- **Brooklyn Museum:** 188 Eastern Parkway. Sehenswert.
- **Verkehrsmuseum** (NY City Transit Exhibit): Nordwestecke des Boerum Place und Schermerhorn Street, T. (718) 330-3060. U: Borough Hall, Linien 2, 3, 4 und 5; Jay Street Borough Hall, Linien A und F. Geöffnet montags bis freitags von 10-16h, außer feiertags. Ausstellung öffentlicher Verkehrsmittel: alte Busse, ausrangierte Trams, Züge, etc.
Auch mal dem berühmten Strand von *Coney Island* einen Besuch abstatten. Kinogänger werden sich an *Coney Island*, den einzigen Film mit Buster Keaton, in dem man ihn herzhaft lachen sieht, sicher erinnern.

Queen Elisabeth u. Chrysler Haus, 1948

Reichlich Gelegenheit zum Schmunzeln bietet sich in den Freizeitparks: fröhliches Treiben, eine malerische Galerie der einfacheren und mittleren amerikanischen Gesellschaftsschichten. Spiegelreflex mitnehmen! Die Insel war jahrzehntelang seit der Jahrhundertwende Erholungs- und Freizeitpark der New Yorker und stellte in etwa das dar, was Blackpool für England ist, ein billiges, populäres Vergnügen. Hin und wieder brannte es ab, ging Pleite, wurde umgestaltet usw. In den zwanziger Jahren etwa bei Auflösung des dortigen Tierpark, entledigte man sich des Elefanten, für den man kein neues Zuhause fand, auf typische amerikanische Weise, wie in einem Film dokumentiert ist: man legte ihm Ketten um ein Vorder- und ein Hinterbein und sandte 20.000 Volt hindurch. Das arme Viech stand sekundenlang starr dar, um dann inmitten einer Rauchwolke umzufallen. Sein Wärter hatte übrigens diese Art der Tierpflege verweigert.

– **New York Aquarium:** in unmittelbarer Nähe. T. 265-FISH und 265-3454. U-Bahn W 8th Street, mit Linie D oder F. Fußgängerbrücke von der U-Bahn bis zum Eingang. Tägl. von 10-16.45h, am Wochende bis 17.45h geöffnet. Seltene exotische Fische, Haie, Belugas, riesige Tintenfische, etc.

● *Die Bronx*

Der Name dieses Stadtviertels steht symbolisch für bitterste städtische Armut. Die Bronx beherbergt dennoch einen der weltweit größten Zoos mit seltenen Tieren und einem botanischen Garten nebenan; Auskünfte: 367-1010. Tägl. von 10-17h geöffnet. Dienstags, mittwochs und donnerstags freier Eintritt. Mit Linie 2 oder 5 bis East Tremont Ave., West Farm Sq., dann zum Boston Road Entrance, rund 400 m Richtung Norden. Mit dem Bus, Linie BM 11, per Express, Liberty Lines, von Manhattan. Hält in der Madison Ave an der 28th, 37th, 40th, 47th, 54th, 63rd, 84th und 99th. Haltestelle am Zooeingang »Bronxdale«. Fahrplanauskünfte für den Bus unter T. 625-8400. Drinnen Rundfahrtmöglichkeit mit einer Einschienenbahn.

Wunderschön finden wir den *Botanischen Garten*. Mit dem Zug von der Grand Central Station aus erreichbar, Botanical Garden Station aussteigen. Die Fahrt dauert etwa zwanzig Minuten. Gewächshäuser geöffnet von 10-16h; montags geschlossen. Die Gärten stehen vom Morgengrauen bis zur Abenddämmerung Besuchern offen. Näheres zu den Öffnungszeiten unter T. 220-8700.

● *Sportveranstaltungen*

– **Baseball:** Shea Stadium in Flushing und Yankee Stadium, 157th Street und River Ave, in der Bronx. Im Sommer fast täglich Spiele.
– **Boxen:** die aufregensten Kämpfe steigen natürlich im *Madison Square Garden Center*, 4 Penn Plaza; U: 34th Street-Penn Station.
– **Bowling:** 1482 Broadway, am Times Square und im Madison Square Garden.
Good bye Big Apple, good bye ...

Für Hinweise, die wir in späteren Auflagen verwerten,
bedanken wir uns mit einem Buch aus unserem Programm

● *Per Anhalter*

Trampern können wir unmöglich einen wirklich guten Platz am Rande New Yorks empfehlen. Für Eilige ist es noch immer am vorteilhaftesten, mit dem Zug möglichst weit rauszufahren. Das einzig Wahre, um in die großen Weiten zu entfliehen, scheint die George Washington Brücke zu sein. Trotzdem reichlich Wartezeit einrechnen. Mit dem Zug bis Tairytown fahren, 10 km im Norden, wo die Highways Richtung Norden und Boston anfangen. Man kann auch versuchen, über den Lincoln Tunnel die Stadt zu verlassen, und schnell auf die 80 W zu gelangen. Auf das Schwarze Brett im Untergeschoß der New York University achten, nahe Washington Square, Eingang am Beginn der La Guardia Street. Und daran denken, die Kleinanzeigen im *Village Voice* oder auch im Goethe-Institut zu studieren.

● *Bus*

– **Greyhound Terminal** und **Trailways:**
8th Avenue, in Höhe der 41st Street, T. 635-0800.

● *Charterflüge*

– **CIEE:** c/o Sloane House, W 34th Street und 9th Avenue, New York 10017, T. 695-0291. Inneramerikanische Charterflüge. Außerhalb der Chartersaison auch Europaflüge.
– **Continental Airlines:** im großen und ganzen annehmbare Preise. Viele bedeutende Gesellschaften wie United, AA usw. haben ihre Tarife nach *Continental* ausgerichtet. Die Suche in den Reisebüros vor Ort lohnt sich. Wir empfehlen *Step Tourism*, 681 Lexington, 4. Etage, T. 308-4070.

● *Zug (Amtrak)*

Schneller und bequemer als der Greyhound. Sitze wie in der ersten Klasse im Flugzeug mit individuellem Licht und Klimaanlage ausgestattet. Empfehlenswert für die Reise nach Boston, Washington oder Rochester (Niagarafälle). Leider mit rund 40 % erheblich teurer als der Bus. Lieber nicht den *Metromiler* nehmen, der zwar eine Spur fixer, aber auch bedeutend kostspieliger ist. Abfahrt von der Pennsylvania Station, neben dem Madison Square.

Repräsentant für Deutschland (außer Bayern):
– **Deutsches Reisebüro:**
E.-v.-Behring-Str. 6 , D-60439 Frankfurt, T. 069-9588-1758, Fax: -1767

Repräsentant für Bayern:
– **ABR-Amtliches Bayerisches Reisebüro:**
Im Hauptbahnhof, D-80335 München 2, T. 1204443-447, Fax 5236256

Repräsentanten für die Schweiz:
– **Kuoni Travel:** Neue Hard 7, CH-8037 Zürich, T. 01/2718338
– **SSR-Reisen:** Bäckerstr. 52, CH-8026 Zürich, T. 01/2423000
Repräsentant für Österreich
– **Austria Reise Service:** Hessgasse 7, A-1010 Wien, T. 01/344516

● *Auto Drive-Away*

Weil im August besonders viele Besucher nach New York strömen, werden zu dieser Zeit die *Coast-to-Coast*-Autos manchmal rar. In Washington lassen sich aber immer welche auftreiben.

– **Auto Drive-Away Co.:**
264 W 35th Street u. 8th Avenue, Suite 500; T. 967-2344 und 696-1414.
– **Dependable Car Travel:**
1501 Broadway (Suite 302). T. 840-6262. Seriös.
– **Aacon:** 53 E 34th Street, T. 221-5955.
– **Auto Delivery:** 450 34th Street und 7th Avenue, T. 244-5240.
– **Drive-Away Service:** 3711 Prince Street, Suite B, P.O. Box 1504, 11354 Flushing; U: Flushing; T. (718) 762-3800.

● *Gebrauchtwagen*

In New York selbst zu kostspielig. Die Kleinanzeigen im *Village Voice* studieren oder sich in einen Greyhound nach Newark, 10 km von Manhattan entfernt, setzen. Dort finden sich auf der Broad Street zahlreiche Verkäufer. Zwar wird niemandem etwas geschenkt, aber mit ein bißchen Glück und einer Handvoll Dollar ... Außerdem noch das Anzeigenblatt *Boy Lines* besorgen: wegen der breitgefächerten Auswahl an Gebrauchtfahrzeugen.

Zur Zulassung des Fahrzeuges, und um die Kennzeichen zu erhalten, muß man zum *Motor Vehicle Department*, Vehicle Registration marschieren: 89-01 Sutphin Bd, Jamaica, New York City.

Versicherung bei *AAA*, der *American Automobile Association*, »Triple A« auszusprechen: 186-06 Hillside Ave, Jamaica, New York City, T. 586-1166.
Wegen Versicherungen von zuhause aus, siehe allgemeiner Teil, Kfz-Versicherungen.

BOSTON (Vorwahl: 617)

Bedauerlich, daß Boston in den Reiserouten so vieler Reisefiebriger schnöde übersprungen wird. In erster Linie handelt es sich um eine hübsch anzusehende Stadt mit zum Teil engen und verschlungenen Straßen, in denen die Gaslaternen noch nicht durch elektrische ersetzt wurden. In vielerlei Hinsicht erinnert Boston an San Francisco oder ein europäisches Städtchen. Der Name Bostons ist mit allen großen liberalen Fragen der amerikanischen Geschichte verbunden: Revolution, Unabhängigkeit, Abschaffung der Sklaverei, Emanzipation der Frauen. Paradoxerweise ist Boston zugleich die Stadt der Intoleranz, das Zentrum der Puritaner und der Quäker, wo »die Cabots ausschließlich mit den Lowells sprechen und diese wiederum ausschließlich mit Gott.« Man gibt sich reichlich zugeknöpft, und doch sind da gleichzeitig der Hafen, wo sich abends die alkoholisierten Seeleute raufen, und ein beachtliches Universitätsviertel. Was soll's: eine Stadt, die seit 350 Jahren existiert, hat wohl ein Recht auf etliche Wiedersprüchlichkeiten.

Ein wenig Geschichte

Boston, die Wiege Amerikas: im Jahre 1620 ging die *Mayflower* im nahegelegenen Plymouth vor Anker. An Bord befanden sich 102 Siedler aus England, darunter 41 Puritaner. Wenn man mal nachrechnet, wer heute alles für sich beansprucht, einen Vorfahren auf der *Mayflower* gehabt zu haben, dann hätten es mindestens dreitausend Personen sein müssen, die damals in die Neue Welt gezogen sind!

Kurz und gut, seit 1630 entwickelte sich Boston mit rasender Geschwindigkeit. Einige Stationen: 1635: Gründung der ersten Lateinschule Amerikas, der *Boston Public Latin School*, gefolgt von einer theologisch ausgerichteten Universität, aus der sich Harvard entwickeln sollte; 1673: Einrichtung der ersten Werft; 1698: Erstellung der ersten Straßenkarte; 1704: Druck der ersten Zeitung, des »Boston News Letter«. In der Mitte des 18. Jhs ist Boston die bedeutendste Stadt der Kolonie und beginnt sich gegen die autoritäre Haltung Londons aufzulehnen. 1770 wird ein Aufstand gegen neue Steuern von den Engländern blutig niedergeschlagen: das »Boston Massacre«. Und schließlich, im Jahre 1773, werfen die Bostoner, aus Zorn über die ausufernden Einfuhrzölle auf Tee, eine ganze Schiffsladung Teesäcke ins Meer: die »Boston Tea Party«, der Anfang auf dem Weg zur Unabhängigkeit. 1776 vertreibt *George Washington* die englischen Truppen dann aus der Stadt.

Eine Vielzahl berühmter Personen stammt ursprünglich aus Boston oder hat zumindest hier gewohnt. Unter anderen: *Edgar Allan Poe, Hawthorne, Emerson, Longfellow, Henry James* und *Benjamin Franklin*, der Mann, der in einer einzigen Nacht so unglaublich viele »Eisendrähte« verkaufte – er war Erfinder des Blitzableiters – der Architekt *Louis Sullivan*, der vor allem in Chicago Karriere machte; *Samuel Morse*, der die Morsezeichen erfand; die Präsidenten *John Adams* und *John Quincy Adams* und, aus der Umgebung, ein gewisser *John Fitzgerald Kennedy*. Im 19. und 20. Jh. verliert Boston zwar an Bedeutung, mischt aber weiterhin vorne mit: 1810, erstes großes Orchester; 1826, erste Eisenbahn; 1845, erste Nähmaschine; 1846, erste Operation mit Betäubung; 1862, erste Football-Mannschaft; 1873, erste Universität, die alle Fakultäten den Frauen öffnet; 1874, erste Sprachübermittlung per Fernsprecher; 1875, Geburt der ersten Weihnachtskarte; 1897, erster Marathon; 1929, erster funktionierender Elektronikrechner; 1959, erste Anti-Baby-Pille und so fort.

Warnung: Boston besitzt zur Freude aller Ortsunkundiger ein ausgeklügeltes System von Einbahnstraßen, das ohne AAA-Karte nicht zu meistern ist. Parken in der Stadt kostet so bis zu 16 $.

Ankunft am Flughafen

Der *Flughafen Logan* liegt knapp 5 km entfernt im Osten der Stadt. Die schweren »limo«-Limousinen meiden, die nicht nur gepfefferte Fahrpreise verlangen, sondern auch nur die großen Hotels anfahren. Da wartet man besser auf den kostenlosen *Shuttle*-Bus, der einen zum U-Bahnhof bringt. Von dort kommt man völlig problemlos weiter, wohin auch immer man möchte.

– *Airport Shuttle Service*, T. 442-2700, von 8-22h.
– *Fähre* (Shuttleboat) zur Rowe Wharf, der Anlegestelle in der Stadtmitte.

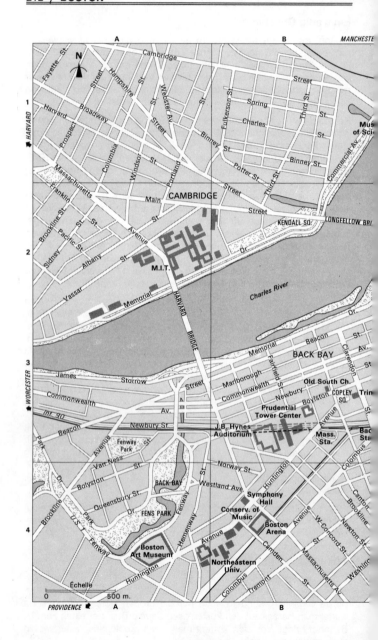

BOSTON

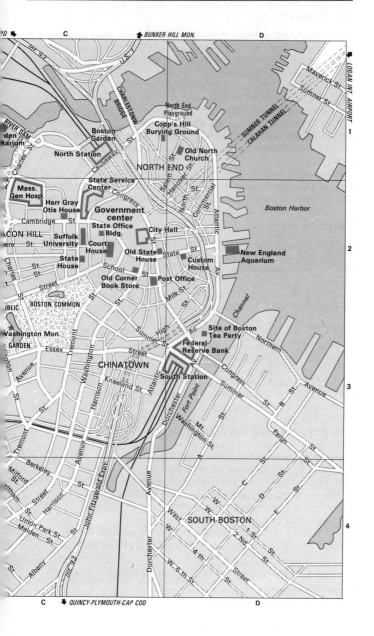

C ↑ BUNKER HILL MON. D

LOGAN INT. AIRPORT

Maverick St.
Sumner St.

Int. 93
U.S. 1

CHARLESTOWN BRIDGE

SUMNER TUNNEL
CALAHAN TUNNEL

North End Playground

Copp's Hill Burying Ground

Boston Garden

North Station

Old North Church

NORTH END

Boston Harbor

RIVER DAM
den
tarium

Charles St.

State Service Center

Mass. Gen Hosp.

Harr Gray Otis House

Cambridge St.

Congress

Government center

State Office Bldg.

City Hall

Commercial St.
Atlantic Av.

New England Aquarium

BEACON HILL

Suffolk University

Court House

Old State House

State St.

Custom House

State House

School St.

Old Corner Book Store

Post Office

Milk St.

BOSTON COMMON

Channel

PUBLIC

Washington Mon.

GARDEN

Essex

Summer St.
High St.

Site of Boston Tea Party

Federal Reserve Bank

Northern Av.

Tremont St.

Washington St.

CHINATOWN

Kneeland St.

South Station

Atlantic Av.

Congress St.
Summer St.

Avenue

Berkeley St.

Harrison Avenue

John Fitzgerald Expy.

Dorchester Av.
Fort Point
Mt. Washington St.

A St.
B St.
C St.

Fargo St.

Milford St.
itham

Union Park St.

Malden St.

Tremont St.

Harrison Avenue

Dorchester Av.

West

W-1-St.
2-Nd
W-4-th

SOUTH BOSTON

D St.
E St.
1-St.
2-Nd St.

Albany St.

Int. 93

W-6-th St.

Street

C ↓ QUINCY-PLYMOUTH-CAP COD D

Verkehrsmittel

Die *Subway* (MBTA) ist mit ihren vier Hauptstrecken (blau, orange, grün und rot) das am einfachsten zu benutzende städtische Verkehrsmittel. Achtung: auf den U-Bahnplänen in den Bahnhöfen sind nicht immer alle Zwischenhalte eingezeichnet.
Auskunft: T. 722-3200 bzw. 800-392-6100
Bus: einigermaßen schwierig, wenn man weder Nummer, Richtung, noch Haltestellen kennt. Die Stationen helfen einem kaum weiter; einzig farblich unterscheiden sich die einzelnen Busgesellschaften voneinander. Auskünfte über den Fahrplan sind am Haymarket erhältlich, North oder South Station, oder am Porter Square: nach den *Time-tables* fragen.
Wer sich eine Weile in Boston aufzuhalten gedenkt, für den lohnt es sich, ein Fahrrad zu mieten. Viele Studenten benutzen den Drahtesel und verleihen der Stadt dadurch ein wenig Oxford- oder Freiburgflair.

Nützliche Adressen

– **Verkehrsbüro:** im Prudential Center (Plan B3), an der Westseite der Prudential Plaza; U: Copley oder Prudential. Tägl. von 9-17h dienstbereit, T. 267-6446 oder 800-858-0200. Großzügig ausgestattet mit Prospekten und Broschüren aller Art. Kleine Zweigstelle in 146 Tremont Street, tägl. von 9-17h.
– **Massachusetts Division of Tourism:** 100 Cambridge Street (Plan C2), 13. Etage. Montags bis freitags von 9-17h geöffnet. U: Government Center; T. 727-3201 und 800-632-8038. Als Verkehrsbüro zuständig für den ganzen Staat.
– **National Park Service Visitor Center:** 15 State Street (Plan C2), im historischen Viertel, auf der anderen Seite des Old State House; T. 242-5642. Tägl. von 9-17h zu Diensten. WC und Frischwasser vorhanden. Bietet eine kostenlose Stadtrundfahrt mit Führung an. Ein Auskunftssstand befindet sich auch am Boston Common, auf der Seite der Tremont Street.
– **National Seashore Information Center:**
Route 6 bei Eastham. Informationen zu Flora und Fauna, Wanderwege und dem südlichen Cape-Cod-Park.
– **Boston Common Information Booth:** Tremont Street, Nähe Common Park), U-Bahn Park Street oder Downtown Crossing (Plan B2)
– **Greater Boston Hotel and Visitor Information Center:**
Park Square, U-Bahn Boylston (Plan C3)
– **Boston City Hall Visitor Center:**
City Hall Plaza, U: Government Center oder Haymarket.
Alle vier letzten Anschriften ohne Telefon. Sendet sie jemand?

– **Greyhound Terminal:**
10 Saint James Ave, T. 423-5810, in der South Station: 526-1801.
– **Auto Driveaway:**
566 Commonwealth Ave, T. 731-1261 oder 800-562-1558.
– **Aacon:** 25 Huntington Ave, T. 536-0120.
– **Baybank:** in der Nähe der Government Central Plaza. Bargeld mit der Visa-Karte, aber auch bei vielen anderen Banken möglich.
– **Deutsches Generalkonsulat:**
535 Boylston Street, Boston Mass. 02116 USA, T. 536-4414.

– **Österreichisches Honorarkonsulat:**
211 Congress Street, Suite 400, Boston, MA 02110, T. 426-0330
– **Schweizer Konsulat:** 535 Boylston Street, MA 02116, T. 266-2038,
Fax 266-2044.
– **American Express:**
10 Tremont Street, T. 723-8400 und (800) 528-2121.
– **Visa-Karte:** T. (800) 227-6811 (Notfallnummer).
– **Goethe-Institut** (German Cultural Center for New England):
170 Beacon Street, Boston, Mass. 02116, T. 262-6050, Fax 262 26 15
– **Dr. med. Leopold T. Lustig** (Zahnarzt), 535 Boylston St.,
T. 26231168. Bohren, Stechen, Schneiden, Spritzen mal auf heitere Art.

Übernachten

Allgemeiner B&B-Vermittler:

– **Massachusetts B&B, Associates Bay Colony:** Box 57166, Babson
Park, Boston, MA 02157-0166, T. 617-449-5302 (Ostmassachusetts und
Cape Cod).

● *Für schmale Geldbeutel*

– **Boston International Youth Hostel:** 12 Hemenway Street und
Haviland (Plan A4); T. 536-9455 (Büro), 262-8861 (Buchung); U: Auditorium, zwei Blocks vom Hostel entfernt. Kosten so um die 14 $. Recht
zentral gelegen. Länger als drei Nächte kann man nur bleiben, sofern
genügend Platz ist. Spartanisch: jeden Morgen müssen verschiedene
Jobs übernommen werden. Ein Leser berichtet, daß drei Stunden Arbeit
eine kostenlose Übernachtung eintrügen. Stimmt's? Andere behaupten,
nichts von irgendwelchen Fronarbeiten bemerkt zu haben. Öffnungszeiten: 7-10h und 17-24h. Der Empfang ist nicht immer besonders
freundlich. Falls fast komplett, keine Parkmöglichkeit. Falls geschlossen, so berichtet ein Leser, wird man per Shuttle Bus gegen geringe
Gebühr morgens zu einer Herberge kurz vor der Stadt verfrachtet,
abends wieder zurück. Leider gab er weder Namen noch Anschrift oder
Telefon an. Wer weiß mehr? Vermutlich handelt es sich um das
– **Bade Bay Summer AYH:** 519 Beacon Street, T. 731-8096. Von Mitte
Juni bis Anfang August.
– **Fisher College:** 116-118 Beacon Street. T. 236-8800. U: Arlington.
Vermietung von Studentenzimmern von Juni bis Ende Oktober. Auf
Sauberkeit wird hoher Wert gelegt. Vorhanden sind auch Waschma-
schinen und Trockner, Fernseher, Küche. Im Sommer findet man
schnell Anschluß.
– **Northeast Hall Residence:** 204 Bay State Rd (Plan A3), T. 267-3042;
U: Boston University. Ruhiges Wohnviertel. Es wird das Jahr über an
Studenten und während der Sommermonate von Juni bis August an
Reisende vermietet. Sauberkeit der Zimmer etwas zweifelhaft. Nur zehn
Gästezimmer. Ein bißchen teuer für das Gebotene. Parkmöglichkeit hin-
ter dem Haus, sonst bei der Uni nach Parkmöglichkeiten fragen.
– **Mr. Jacobs:** 180 Bay State Rd (Plan A3), U: Kenmore; T. 536-4197.
Korrekte Unterkunft. Empfang, ganz auf neuengländische Art, ein wenig
unterkühlt. Nur zwei Zimmer, daher vorher anrufen.
– **Anthony's Town House:** 1085 Beacon Street (Plan A3). T. 566-3972.
Green Line C, zweiter Halt nach Kenmore. In angenehmem Viertel mit
mehreren Selbstbedienungswaschsalons. Geräumige, saubere Zimmer

in charmantem Haus. Die Vermieterin macht einen sympatischen Eindruck. Eine weitere wirklich empfehlenswerte Anschrift.
- **Beacon's Plaza:** 1459 Beacon Street. T. 232-6550. Hundert Meter von der U-Bahnhalte Brandon. Kein Luxus, aber sauber. Herzlicher Empfang. Die Wirtin läßt auch Feldbetten aufstellen (noch dazu wird's dann preislich günstiger), wenn keine größeren Zimmer mehr frei sind. Bad, Dusche, WC.
- **Beacon Inns & Guest Houses:** 248 Newbury Street (Plan B3), T. 262-1771, 266-7276. Bietet Zimmer mit Kühlschrank, Gasherd, Waschbecken, Badezimmer, WC: richtige kleine Appartements zu angemessenem Preis von rund 75 $. Mindestaufenthalt: eine Woche.
- **YWCA:** 40 Berkeley Street, nahe Appleton Street (Plan B3), T. 482-8850; U: Back Bay Station. Nur für die holde Weiblichkeit. Doppelzimmer so ab 34 $, im Schlafsaal mit zehn Betten etwa 16 $ $aber hervorragend in Schuß. Mit Innengarten. Bietet günstige Mahlzeiten. Zugreisende steigen bereits am Vorortbahnhof Back Bay aus und nicht an der South Street.
- **International Fellowship House:** 386 Marlborough Street (Plan B3), T. 247-7248. Altes Bostoner Haus aus dem 19. Jh. Betont netter Empfang, gepflegte Räumlichkeiten, geöffnet bis 23h. Lese- und TV-Saal. Nur für *fellows*, Angehörigen des männlichen Geschlechts also.

- Tip am Rande: in Boston wohnen außergewöhnlich viele Studenten. Wenn man sich nicht ganz dumm anstellt, kann man leicht Leute kennenlernen, die einen bereitwillig bei sich aufnehmen.
- *Wompatuck State Park:* nächstgelegener Campingplatz. Von der I 93 Süd auf die I 3 Süd abbiegen und dann die 228 in Richtung Norden.

● *Schon etwas schicker*

- **Farrington Guest House:** 23 Farrington Ave (Ecke Howard), T. 800-767-5337. Etwas Außerhalb der Stadtmitte, aber bequem mit der U-Bahn erreichbar. Gemütliche Ambiance und freundlicher, hilfsbereiter Besitzer. Preise sind verhandelbar. So 22 $ pro Kopf sind bei mehrtägigen Übernachtungen zu veranschlagen, 53 $ fürs Doppelzimer. Ausführliche Beschreibung des Anfahrtsweges bei der Auskunft in South Station.
- **Miss Florence Francès:** 458 Park Drive (Plan A4), T. 267-2458. Zehn Minuten von der Stadtmitte per U: Greenline D Richtung Riverside, bei Fenway aussteigen. Besonders unseren kunstliebenden Leser empfohlen, denn das *Gardner Museum* und das *Museum of Fine Arts* liegen um die Ecke. Unterkunft in einem adretten gutbürgerlichen Haus, innen ausgesprochen geschmackvoll eingerichtet. Herzlicher Empfang.
- **Milner Hotel:** S 78 Charles Street (Plan C3), T. 426-6220. Recht zentral im Süden des Boston Common. Das preiswerteste Traditionshotel in Boston. Zimmer annehmbar sauber, praktische Einrichtung, herzliches Personal.
- **Copley Square Hotel:** 47 Huntington Ave und Copley Place (Plan B3); U: Copley; T. 536-9000 und 800-225-7062, Fax 267-3547. Das klassische Grandhotel hat vor kurzem eine Verjüngungskur erfahren, die ihm etwas vom alten Glanz zurückverliehen hat. Gemütliche Zimmer so um 125 $ für ein Doppelzimmer. Bietet *Special Economy Rooms* an. Angesichts des Niveaus ein Angebot zum Zugreifen.

– **Chandler Inn:** 26 Chandler Street und Berkeley (Plan B3); T. 482-3450. Korrekte Bleibe mit dem gewissen Etwas. Frühstück im Zimmerpreis enthalten.

Essen in der Stadtmitte

● *Günstig*

– **Durgin Park Restaurant:** 340 Faneuil Hall Market Place, Quincy Market (Plan D2); T. 227-2038. Geöffnet von 11.30-22h; sonntags und feiertags geschlossen. Eines der ältesten Speiselokale am Ort mit hinnehmbaren Preisen. Allein das Dekor lohnt einen Besuch. Leckere Fleisch- und Fischgerichte. Den gedämpften Hummer, die *cumbaked stuffed clams* (Muscheln) und die hausgemachten *Kammuscheln* (scallops), unbedingt versuchen. Die Bedienung gibt sich ein wenig ruppig, aber niemand scheint sich daran zu stören. In Boston ein beliebtes Restaurant. Obwohl mitten in einer hochtouristischen Gegend vermochte es Zauber und Atmosphäre zu bewahren. Es wäre bedauerlich, sparte man diese Adresse auf seinen kulinarischen Streifzügen aus! Für Eilige gibt es den *Oyster Park* im Untergeschoß.

– **Moon Villa:** 23 Edinboro Street (Plan C9), T. 423-2061. In einer der verkommensten Straßen des chinesischen Viertels. Die Edinboro Street führt auf die Essex Street, bevor sie am Southeast Expressway ankommt. Eines der günstigsten chinesischen Restaurants in Boston. Täglich geöffnet, schließt spät und serviert schmackhafte und reichlich bemessene Portionen. Abgebrannte und halb verhungerte, nächtliche Herumtreiber landen regelmäßig hier.

– *Beach Street*, mit ihrem großen Pagodendach-Eingang, und *Tyler Street* sind die beiden Straßen mit preiswerten asiatischen Restaurants und Kneipen.

● *Mittlere Preisklasse*

– **Dini's:** 94 Tremont Street (Plan C2), T. 227-0380. Mittags und bis 22h geöffnet, sonntags geschlossen. Liegt auf dem Freedom Trail, in Höhe der Park Street Church. Das Diner stellt die Bostoner vor ein Rätsel: seit 1926 bietet es eine gleichbleibende Qualität, und die Einrichtung ist noch immer im Stil einer großmütterlichen Cafeteria gehalten. Mittags werfen sich die Leute fürs Diner in Schale und rempeln sich auf eder Suche nach einem Platz im Gedränge an. Die Küche bietet stets frischen Fisch und andere Gerichte mit frischen Zutaten. Kosten sollte man: *Lobster Croissant* mit Salat, *Pickles* und *Chips*, die *Fried Clams Plate*, die *New England Clam Chowder*, die Fish and Chips nach alter englischer Art, etc. Abends ist das Essen noch exklusiver: *Blackened Tuna*, ein Rezept aus Louisiana: pochierter Lachs, die kurz angebratenen Pilger- oder Jakobsmuscheln ...

– **Jacob Wirth's:** 33 Stuart Street, nahe der Washington Street (Plan C2); T. 338-8586. Verhältnismäßig hohe Preise. Riesige Bierkneipe mit patinierter Holzverkleidung und leicht angestaubter Atmosphäre. Das *Dark Beer* ist das berühmteste in ganz Boston. Man verzehrt hier ebensogut ein Sandwich wie eine komplette Mahlzeit. Außerdem bekannt für Würstchen: »Knockwurst«, Bratwurst, »Liverwurst«, »Frankfurt« und andere deutsche Spezialitäten für alle Heimwehgeplagten. Soll wohl »Knackwurst«, »Leberwurst« und »Frankfurter« heißen. Übrigens, da die Amis das englische kurze »o« wie ein langes »a« aussprechen, ist klar, warum der Taler zu »Dollar«, der Lachs zu »lox« und die Knackwurst halt zu Knockwurst wird.

– **Daily Catch:** 323 Hannover Street (Plan D1), T. 523-8567. Mittags und abends bis 22h geöffnet, außer sonntags und montagvormittags. Winziges Lokal, aber alle Welt strömt für die besten fritierten Calamares der Stadt her. Den Tintenfisch gibt's auch im Salat, gefüllt oder in Boulettenform. Außerdem Miesmuscheln auf sizilianische Art, Muscheln, etc. Beweis für die qualitätvolle Küche ist die Verwendung frischer Zutaten. Minimale Preise. Obendrein ist die Chefin herrlich geschwätzig. Da kein Nachtisch angeboten wird, geht man nach Gegenüber zu den leckeren Kuchen in *Mike's Pastry*, und trinkt dann, damit alles besser rutscht, noch einen exzellenten Espresso im *Caffe Vittoria*, 296 Hannover Street. 261 Northern Ave, auf dem Fich Pier, betreibt das *Daily Catch* eine Filiale.

● *Etwas schicker*

– **Union Oyster House:** 41 Union Street (Plan C2), T. 227-2750. Im historischen Viertel, Nähe Faneuil Hall. Obwohl ganz in der Hand des Tourismus, bleibt das Haus doch mit einer bewegten Vergangenheit behaftet. Es ist das älteste Speiselokal in Boston und, da es seit 1826 niemals schließen mußte, das am längsten in den USA betriebene Gasthaus überhaupt. Es hat nur drei Besitzer gesehen. 1771 brachte der Drucker *Isaiah Thomas* hier »The Massachusetts Spy« heraus: eines der ersten Vorzeichen der beginnenden Revolution. 1775 war es das Soldbüro für die Rebellenarmee. 1796 lebte der zukünftige französische »Bürgerkönig« *Louis-Philippe* hier im zweiten Stock und hielt sich mit Französischunterricht über Wasser. Der erste Zahnstocher, eingeführt aus Südamerika, wurde hier erprobt. Der Importeur bezahlte abgebrannten Harvard-Studenten das Essen, nur damit sie im Anschluß nach Zahnstochern verlangten! *Kennedy* pflegte hier seine liebgewonnenen Gewohnheiten. Kurzum, das Haus ist zu seinen »Lebzeiten« bereits Geschichte. Im Inneren eine ansehnliche Einrichtung, der man ihr Alter auch ansieht. Die Gäste verteilen sich auf mehrere Säle, und überall tun sich Schlupfwinkel auf. All das ändert jedoch nichts daran, daß zwischen ein und zwei Stunden Wartezeit einzurechnen sind: sich brav bei der Empfangsdame in die Liste eintragen lassen! Das Beste ist immer noch, einen Platz an der berühmten halbrunden Austernbar zu erwischen. Jemand, der den Bogen raus hatte, war *Daniel Webster*, ein Politiker des 19. Jhs, der an diesem Ort viele Jahre lang täglich mindestens sechs Riesenplatten brandybeträufelter Austern verputzte! Neben diesem Leckerbissen, die traditionelle Karte für Meeresfrüchte: zwischen 40 und 50 DM muß man pro Gericht hinlegen. Alle vorstellbaren Arten der Zubereitung von Hummer und Muscheln sind vertreten. Das *Ye Olde Sea Food Platter* ist eine Mischung aus Fisch und fritierten Meeresfrüchten mit Salat.

– **57 Restaurant:** 200 Stuart Street, T. 423-5700. Täglich mittags und abends bis 23h (sonntags bis 22h) geöffnet. Vorbestellung unverzichtbar. Steht im Ruf, eines der besten Bostoner Fleischrestaurants zu sein.

– **Legal Sea Food:** im Park Plaza Hotel, 50 Park Plaza, T. 426-4444. Reservierung dringend empfohlen. Täglich über Mittag und abends bis 22h geöffnet. Auf der Speisekarte vornehmlich Fisch, in allen Abwandlungen und Zubereitungsarten. Auch dieses Restaurant zählt zur kulina

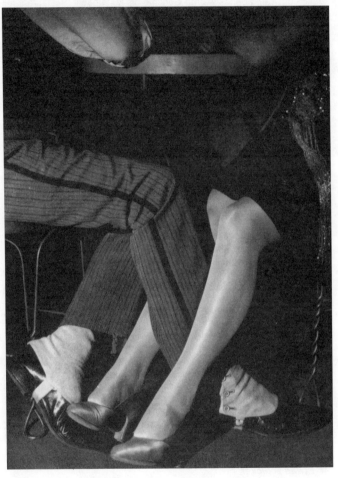

Flirt

rischen Spitzenklasse. Mittagessen erschwinglich, aber abends recht teuer.

– **Dom's:** 10 Bartlett Place, im Herzen von North End (Plan D1). In einer Seitengasse, auf die Salem Street führend. T. 523-9279. Öffnet täglich um 13h; abends warme Gerichte bis Mitternacht. Restaurant mit superber italienischer Küche, was man von außen gar nicht erwarten würde. Vertraut wohl eher auf Mund-zu-Mund-Propaganda. Tischbestellung empfohlen. Im Untergeschoß angenehm erfrischende Innenausstattung. Die flinke Bedienung schafft recht schmackhaftes Essen herbei, das ruhig etwas preiswerter ausfallen könnte.

– **Geoffrey's Cafe Bar:** 638 Boston Street. Stil und gehobene Ambiance, zuvorkommende Bedienung und vorzügliche Gerichte. Ähnlich gut das *Holygangs Restaurant* am Quincey Market. Leider von beiden keine näheren Angaben bekannt. Wer sendet Öffnungszeiten und Telefonnummern?

Essen im Hafenviertel

● *Für schmale Geldbeutel*

– **No Name Restaurant:** 15 1/2 Fish Pier (Plan D3), T. 338-7539; U: South Station. Geöffnet von 11-21.30h, freitags und samstags bis 22h, sonntags geschlossen. Hinter dem »Namenlos« versteckt sich mit gediegener Bescheidenheit die Tatsache, daß hier seit 1917 Kleinverdienern frisches *Sea Food* geboten wird, ohne viel Klimbim zubereitet und präsentiert. Bezahlt wird nicht für eine aufwendige Einrichtung, sondern für die *Fried Clams*, Kammmuscheln, Garnelen, die *Broiled Scrod*, Seezunge, die Meeresfrüchteplatte, das Tagesmenü, im besten Preis-/ Lei stungsverhältnis, das in Boston aufzutreiben ist. Auf jeden Fall den berühm ten *Sea Food Chowder* probieren. Ganz Mutige gelangen zu Fuß hin: über die Fort Point Channel Brücke und dann der Northern Avenue folgend. Nicht weit vom berühmten *Anthony's* entfernt. Fuß kranke heuern lieber ein Taxi an.

– **Daily Catch:** 261 Northern Ave, auch auf dem Fish Pier; T. 338-3093. Geöffnet mittags und abends bis 22h, von Dienstag bis Freitag. Samstag und Sonntag nur abends. Montag ist Ruhetag. Calamares und Muscheln zu fairen Tarifen. Dasselbe Haus wie auf der Hannover Street (s.o. »Essen im Zentrum«).

– **Las Brisas:** 70 E India Row, T. 720-1820. Gegenüber vom Hafen und unweit von Quincy's Market. Salatbar, warme mexikanische Gerichte und Desserts. Das Ganze zu erfreulich vernünftigen Preisen.

● *Etwas schicker*

– **Anthony's Pier 4:** 140 Northern Ave, auf der Fish Pier; T. 423-6363. Reservierung wärmstens angeraten. Gepflegtes Aussehen und manierliche Kleidung sind Voraussetzung. Täglich mittags sowie abends bis 22.30h geöffnet. Eine Bostoner Institution mit bald sechzig Jahren Erfahrung. Der Vater von Anthony Athanias, dem Wirt, besaß auf dem Balkan einen kleinen Weinberg, bevor er in den Staaten sein Glück versuchte. Heute lagern über 50.000 Flaschen in seinem Keller. Halb Restaurant, halb Museum voller »Meeressouvenirs«. Eine Fotogalerie berühmter Persönlichkeiten, die sich zusammen mit dem Wirt haben ablichten lassen: Nixon, Johannes Paul II., Kissinger, Steve McQueen, Gregory Peck, Judy Garland, Liz Taylor, Jimmy Carter, ua. Auch in den ersten Stock steigen mit weiteren, hübsch eingerichteten Räumen. Wegen der gemütlichen Stimmung im Erdgeschoß einen Tisch im ersten Raum verlangen; der hintere ist wesentlich banaler. Versuchen sollte man: *Anthony's Pier 4 Clambake Special*, eine Art Meeresfrüchteeintopf, *Baked Shrimp Rockefeller*, *Fresh Poached Filet of Salmon*, Fischerplatte, *Baked Stuffed Lobster à la Hawthorne*, etc. Das einzige Problem bei *Anthony's* ist sein Erfolg: viel zu starker Andrang. Wenn die Bedienung auch freundlich bleibt, verläuft sie doch eher schleppend. So mundet der *Clambake Special* zwar ausgezeichnet, kommt aber so manches Mal lauwarm auf den Tisch. Möglicherweise haben wir bei unserem Besuch einen schlechten Tag erwischt. Kurzum, unter den Feinschmeckern von Boston besteht hinsichtlich dieses Lokals kein Einvernehmen.

Essen in Back Bay und Kenmore

● *Günstig*

– **Crossroads:** 495 Beacon (Plan B3), in Back Bay; T. 262-7371. Fast immer hoffnungslos überfüllt; unter den Gästen etliche Studenten. Gemütliche Inneneinrichtung: Backsteine und Holz herrschen vor; ausgelassene Stimmung. Verhältnismäßig erschwingliche amerikanische Küche. An einigen Abenden *Specials* mit Gratispizza pro bestelltem Krug Bier. Im allgemeinen dienstags italienisches *All You Can Eat*-Buffet, von 18-22h und sonntags von 11-15h.
– **Poor House:** 907 Boylston Street (Plan B2). T. 236-1767. Tadelloser Service und Empfang in einem Raum mit Zeichnungen, Karikaturen und Gemälden an den Wänden. Hamburger in allen Abwandlungen. Lecker, dazu noch gutes Preis-/Leistungsverhältnis.

● *Mittlere Preise*

– **Sol Azteca:** 914 A Beacon Street (Plan A3), T. 262-0909. Jeden Abend bis 22.30h geöffnet. Für Reisefiebrige, die sich auch unterwegs mal ein wenig verwöhnen lassen wollen. Die exzellente mexikanische Küche ist dafür bestens geeignet. Eines der etwas dezentral gelegenen Restaurants, das sich durch gleichbleibend gute Küche und netten Empfang eine treue Stammkundschaft verschaffte. Profitiert natürlich von der nahegelegenen *Boston University*. Die Warteschlangen Freitag und Samstag Abend sprechen für sich. Ohne Buchung hat man schlechte Karten. Die Einrichtung wirkt echt mexikanisch. Wir empfehlen die *Enchiladas Verdes*, die *Combinación Sol* oder die *Comination Azteca* für zwei Personen. Oder von der langen Liste der *Especialidades: Mole Poblano*, *Pescado a la Tampiquena*, etc.
– **Bangkok Cuisine:** 177 Massachusetts Ave (Plan B3); U: Auditorium, nur einen Katzensprung von der Jugendherberge. Geöffnet Montag bis Freitag, über Mittag und abends bis 22.30h. Erstklassiges und nicht zu teures thailändisches Spezialitätenrestaurant mit reichlich Glamour.

Sehenswertes

● ***The Freedom Trail*** (Weg der Freiheit): in Boston läßt man sich einiges einfallen. Um das historische Viertel zu erkunden, braucht man nur der roten, 4 km langen Linie zu folgen (aufgemalt oder in rotem Back

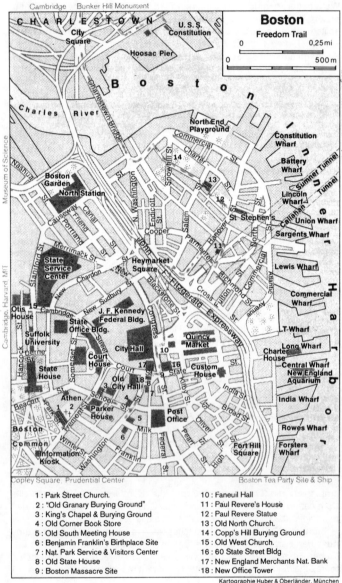

Boston

Freedom Trail

0   0,25 mi

0   500 m

1 : Park Street Church.
2 : "Old Granary Burying Ground"
3 : King's Chapel & Burying Ground
4 : Old Corner Book Store
5 : Old South Meeting House
6 : Benjamin Franklin's Birthplace Site
7 : Nat. Park Service & Visitors Center
8 : Old State House
9 : Boston Massacre Site

10 : Faneuil Hall
11 : Paul Revere's House
12 : Paul Revere Statue
13 : Old North Church.
14 : Copp's Hill Burying Ground
15 : Old West Church.
16 : 60 State Street Bldg
17 : New England Merchants Nat. Bank
18 : New Office Tower

Kartographie Huber & Oberländer, München

stein geflastert), die auf dem Gehweg vor dem Verkehrsamt (Tremont Street, Ecke Park Street) ihren Anfang nimmt. Dieser Weg tangiert alle für die amerikanische Unabhängigkeit bedeutsamen Orte. Man sollte sich unbedingt die Broschüre »Freedom Trail« von C. Bahne besorgen. Hier die wichtigsten Etappen:

- **Massachusetts State House:** Baujahr 1795. Von weitem an seiner vergoldeten Kuppel zu erkennen. Montags bis freitags von 10-16h geöffnet; Zugang über die Beacon Street. Die Führung dauert rund eine Dreiviertelstunde. Einer der ersten Besucher war der Westernheld und spätere Kongreßabgeordnete *David Crockett*, der beim Anblick des großen getrockneten Kabeljaus, der als Symbol für die bedeutende Rolle des Fischfangs für das Land im Versammlungssaal hängt, in Ekstase geriet. Er gab zu, daß er selbst Bärentatzen in seiner Hütte aufbewahre! In den Archiven des Hauses befinden sich zwei Handschriften von unschätzbarem Wert: die *History of the Plymouth Plantation*, verfaßt vom Gouverneur der Kolonie zu Beginn des 17. Jhs., und die Verfassung von 1780.
- **Park Street Church:** errichtet 1809. Der Öffentlichkeit nur von Juli bis August zugänglich, jeweils von 9-15.30h; Sonntag und Montag geschlossen. In der Kirche haben sich einige bedeutsame Begebenheiten abgespielt: 1826, die Schaffung der ersten Anti-Alkohol-Liga. Motto: ein Glas genügt ... Die erste öffentliche Rede gegen die Sklaverei: gehalten am 4. Juli 1829. Der Redner hatte mit »Ich werde gehört werden« begonnen, was zu Anfang überhaupt nicht sicher war! 1831, am 4. Juli, ertönte zum ersten Mal die Melodie der amerikanischen Nationalhymne auf den Stufen dieser Kirche.
- **Granary Burying Ground:** Tremont Street. Fünf Minuten von der Park Street Church entfernt. 1660 eröffneter Friedhof. Auf einigen Dutzend Quadratmetern, eine beachtliche Ansammlung berühmter Persönlichkeiten: die Opfer des Massakers von 1770, drei Unterzeichner der Unabhängigkeitserklärung, neun Gouverneure von Massachusetts, die Eltern *Benjamin Franklins*, *Paul Revere*, *Peter Faneuil*. Letzterer verfügte über einen Namen hugenottischer Abstammung, der für den Durchschnittsangelsachsen nur schwer über die Lippen zu bringen war. Auch der Steinmetz, der seinen Namen in den Stein geschlagen hat, schrieb ihn zunächst so, wie er ihn verstanden hatte: »P. FUNAL«!
Hinten rechts findet man die letzte Ruhestätte einer gewissen *Mother Goose*, berühmt dafür, zehn eigene Kinder großgezogen zu haben; zusätzlich zu den zehn Kindern ihres Mannes aus erster Ehe und aller Enkelkinder ... bis ins stolze Alter von 92 Jahren! Man schreibt ihr eine gewisse Anzahl von Kinderliedern zu, bekannt unter dem Namen »Mother Goose's Melodies«. Auch eine ganze Bande von Eichhörnchen scheint sich hier wie zu Hause zu fühlen.
- **King's Chapel und Friedhof:** Tremont, Ecke School Street, der Standort der ersten anglikanischen Kirche in den USA. Eine Anekdote: der König von England wünschte in Boston eine anglikanische Gemeinde zu gründen und suchte zu diesem Zweck ein Gelände in der Innenstadt. Er fand nicht einen einzigen Quadratmeter; die Puritaner hatten England ja gerade verlassen, um der anglikanischen Kirche zu entfliehen. Es war also klar, daß sie es ihm nicht leicht machen würden. Der König beschlagnahmte daraufhin einfach eine Ecke des Friedhofs; mit dem Argument, daß die Toten gewiß nicht protestieren würden. Das

heutige Gebäude erhebt sich an der Stelle der Holzkirche aus dem Jahre 1754.

Nebenbei bemerkt: um den Gottesdienst während der vierjährigen Bauzeit der Granitkapelle nicht zu stören, baute man um den Holzbau herum und brauchte diesen nach Fertigstellung nur noch abzureißen. Architektur und Schmuckformen sind durchaus sehenswert. Man achte auf die *Pews*, geschlossene Kirchenstühle, welche die Gläubigen vor den Unbilden des Winters schützen sollten; wir weisen besonders auf die *Governor's Pew* hin, den Kirchenstuhl für den Gouverneur, der von den Gouverneuren, dann vom König und schließlich 1789 auch von Washington im Rahmen seines offiziellen Besuchs benutzt wurde. 1826 wurde er als schändliches Symbol der Vergangenheit zerstört, zu Beginn des Jahrhunderts aber wiederhergestellt. Zu bestaunen gibt's auch die älteste geschnitzte Kanzel des Landes, Anno 1717. Der angrenzende Friedhof aus dem Jahr 1630 ist der älteste der Stadt. Ganz in der Nähe des Eingangs das meisterhaft skulptierte Grab von *Joseph Tapping*. Die glatte Grabplatte des ersten Gouverneurs von Boston, *John Wintrop*, dient heute häufig Friedhofsbesuchern als Ruheplätzchen. In der Mitte das Grab von *Mary Chilton*. Sie verließ in Plymouth als erste Person die *Mayflower*. Und schließlich, auf der Seite der Kirche, das Grab der *Elizabeth Pain*, deren Lebensgeschichte den amerikanischen Romancier *Nathaniel Hawthorne* inspirierte und die in seinem Roman »The Scarlet Letter« die Heldin namens Hester personifiziert. Das Buch wurde von *Wim Wenders* unter dem Namen »Der Scharlachrote Buchstabe« verfilmt. Der Friedhof kann seit langem nicht mehr belegt werden. Nur wer einen hier begrabenen Vorfahren aufweist, kann sich auch heute noch dort zur Ruhe betten lassen. Die letzte Beerdigung fand vor gut zehn Jahren statt, so daß hier inzwischen jede Menge Eichhörnchen heimisch geworden sind.

– In der *School Street* wurde im Jahre 1635 die erste Schule der USA, die »Boston Latin School«, errichtet. Ein kleines Stück weiter unten die Statue eines ihrer berühmten Schüler: *Benjamin Franklin*. Hinter der Statue erhebt sich das ehemalige Rathaus, 1864 im Stil der damaligen Zeit gestaltet, worin heute ein Restaurant untergebracht ist.

– **Old Corner Book Store:** an der Ecke der School und der Washington Street. Gehört zu den ältesten Gebäuden in Boston, Jahrgang 1712. Alle großen Schriftsteller kauften hier einst ihre Bücher: Longfellow, Emerson, Hawthorne und Dickens, wenn auch nur auf der Durchreise. Traditionsgemäß auch heute noch ein Buchladen mit umfangreicher Reiseliteraturabteilung.

– **Old South Meeting House:** vis-à-vis des Book Store, einer der geschichtsträchtigsten Orte der amerikanischen Revolution. Tägl. von 9.30-17h zu besichtigen (im Winter kürzere Öffnungszeiten). Das *Old South Meeting House* wird auf das Jahr 1729 datiert. Die Kirche wurde gleichermaßen für religiöse Zwecke wie für politische Versammlungen genutzt. Die architektonische Formensprache des Gebäudes bricht zum ersten Mal mit der puritanischen Strenge. Es handelte sich um das geräumigste Gebäude in Boston, das nicht lange brauchte, um die *Faneuil Hall* an großen Volksversammlungen zu übertreffen. Das erste große Treffen fand nach dem *Boston's Massacre* statt. Hier versammelten sich auch am 16. Dezember 1773 die siebentausend wütenden Bostoner, um auf das Ergebnis der letzten Verhandlungsrunde mit dem Gouverneur wegen der Teesteuern zu warten. Als die Niederlage offenbar wurde, resignierte *Samuels Adams*: »Gentlemen, diese Versammlung kann nichts mehr ausrichten, um unser Land zu retten!« Niemand glaubte, daß ihre Anführer nicht zum Kampf bereit seien.

Letztendlich gab diese Versammlung das Zeichen für die *Boston Tea Party!* Plötzlich traten an die hundert, als Mohawks-Indianer verkleidete, Patrioten hervor und riefen: »Zu den Docks, zu den Docks, wir werden den Hafen in einen *Tea-pot* verwandeln!« Die amerikanische Revolution war ins Rollen geraten ... Später fand *Old South House* wieder zurück zur religiösen Linie, wurde 1872 säkularisiert und, zum Abriß freigegeben, verkauft. Eine Subskription, von einer Bürgerinitiative zum Schutz des Gebäude veranlaßt, konnte das Haus im letzten Augenblick retten. Heute ist darin ein anschauliches Museum über die amerikanische Revolution eingerichtet. Mit Hilfe historischer Dokumente, Plänen, Stichen, Erinnerungen und Zeugnissen, hat man die Ausstellung in lebendiger, anschaulicher und didaktisch kluger Weise aufbereitet.

– **Old State House:** Washington und State Street. Besichtigungszeiten: tägl. von 9.30-17h, im Winter eingeschränkte Öffnungszeiten. Da schon 1713 errichtet, gehört es heute zu den ältesten erhaltenen Gebäuden in den USA. Die Kuppelbekrönung macht es zu einem der auffallendsten Merkmale der Stadtlandschaft. Zu seiner Zeit war es das imposanteste Gebäude der Stadt und gleichzeitig Sitz des Vertreters des Königs und der Versammlung von Massachusetts, die von den Pionieren gewählt wurde. 1776, als über den *Stamps Act* debattiert wurde, ließen die Abgeordneten eine Zuschauergalerie über der Versammlung anbringen, damit die Bevölkerung der Veranstaltung beiwohnen konnte. Das war das erste Mal in der modernen Geschichte, daß Normalsterbliche ihren gewählten Vertreter auf die Finger schauen konnten. Natürlich bot sich, ganz im Geiste der Patrioten, auch die Möglichkeit, auf zu weiche Vertreter Druck auszuüben. Vom Balkon wurde die Unabhängigkeitserklärung verlesen, kurz nachdem sie aus Philadelphia eingetroffen war. Die Menge entzündete ein riesiges Freudenfeuer. Löwe und Einhorn, die als königlichen Symbole das Dach schmückten, dienten dem Feuer als Nahrung. Dazu erzählt man sich folgende Anekdote: nach der Revolution, im Jahre 1798, zog die Regierung von Massachusetts in neue Gebäude in Beacon Hall und das *Old State House* wurde als Büro- und Lagerraum genutzt. In der Folgezeit kam es dermaßen herunter, daß ein Abriß erwogen wurde. Die geschichtsbewußteren Chicagoer machten daraufhin den Vorschlag, das Gebäude Stein für Stein abzutragen und am Lake Michigan wieder aufzubauen! Einigermaßen entrüstet entschlossen sich darauf die Behörden von Boston, selbst für den Erhalt und die Restaurierung zu sorgen. Auch hier befindet sich heute ein Museum mit lauter bewegenden Erinnerungsstücken: Waffen, Fahnen, Uniformen, Radierungen, Stiche, Gemälde und der ersten Seite des *Liberator*, der Sklavenbefreiungs-Zeitung. Im ersten Stock, unter anderen amüsanten Objekten, die Predigten des Reverend Eliot aus den Jahren 1742-1778: auf Spickzetteln! Was soll's? Unsere Pfaffen heute haben ja auch die Wahl unter mehreren vorfabrizierten Predigten zu jedem Sonntag und zu bestimmten anderen Anlässen wie Beerdigung usw. Neben dem *Old State House* markiert ein Kreis aus Pflastersteinen den genauen Ort des *Boston Massacre*.

– **Faneuil Hall:** gegenüber des Quincy Market. Tägl. von 9-17h geöffnet. 1742 gebaut und von *Peter Faneuil*, dem reichsten Händler der Gegend, der Stadt als Geschenk überlassen, um den Landwirten ihre

Arbeit beim Verkauf ihrer Erzeugnisse zu erleichtern. Oberhalb des Marktes wurde ein Versammlungssaal eingerichtet. *Faneuil Hall* hat sich dadurch den Beinamen »The Cradle of Liberty« (Wiege der Freiheit) eingehandelt. Hier fanden alle Protesttreffen statt, die sich gegen die königliche englische Kolonialherrschaft richteten und im 19. Jh. schließlich die zahlreichen Versammlungen, in denen es um die bewegenden Hauptprobleme der Zeit ging: den Kampf gegen die Sklavenhaltung, die Bewegung zur Befreiung der Frau, die Einrichtung von Anti-Alkoholvereinen etc. Alle amerikanischen Kriege, bis hin zum Vietnam-Krieg, wurden hier diskutiert. Im dritten Stock das bescheidene Museum der *Ancient and Honorable Artillery Company*, geöffnet von 10-16h; samstags und sonntags geschlossen.

Nach der Renovierung haben sich hier für unseren Geschmack etwas zu viele Souvenirshops angesiedelt.

Entlang der *Union Street* hat sich noch ein besonders altes historisches Inselchen um das *Union Oyster House* (siehe »Essen«) erhalten. Die Gassen haben ihren ursprünglichen Verlauf beibehalten. In Nr. 10 Marshall's Lane erhebt sich das *John Ebenezeh Hancock House* aus dem 18. Jh., das als Hauptschatzkammer der aufrührerischen Truppen diente. Hierher flossen die zwei Millionen Silberkronen, die von der Regierung *Ludwigs XVI.* geschickt worden waren. Von 1796-1963 befand sich eine Schusterwerkstatt in diesem Haus. Betonierter Durchgang unter der Autobahn, um in das alte Viertel von North End zu gelangen.

– **Paul Revere House:** 19 North Square. Besichtigungszeiten: 9.30-16.15h. Im Januar, Februar und März montags geschlossen. Dieses sind die ältesten Mauern von Boston aus dem Jahre 1676. Hier residierte von 1770-1800 *Paul Revere*, der bekannteste Held des Unabhängigkeitskampfes, Sohn eines französischen Hugenotten, Vater von sechzehn Kindern – na ja, wir kennen ja auch nicht unbedingt alle unsrigen – Goldschmied, Patriot der ersten Stunde und bester *Pony Express*-Reiter (Nachrichtenkurier zu Pferd) seiner Zeit. Er machte dadurch von sich reden, daß er stehenden Fußes, ohne geschlafen zu haben, Philadelphia über die *Boston Tea Party* unterrichtete, nachdem er selbst die ganze Nacht damit verbracht hatte, Teeballen ins Wasser zu werfen. Seinen größten Erfolg landete er am 18. April 1775, als er den bevorstehenden Angriff der englischen Truppen der Nationalgarde bei Lexington meldete. Nach einem nicht für möglich gehaltenen nächtlichen Ritt gelangte er mit seiner Meldung rechtzeitig ans Ziel.

Lohnender Besuch der Küche und des Wohnzimmers. Fast das gesamte Mobiliar stammt aus der Bauzeit, sogar die Tapeten sind zum Teil noch original.

Zum North Square, abends ein wunderschöner Platz, gehört außerdem das *Haus Pierce Hichborn* (1711) und, gleich daneben, das *Haus der Flußschiffer* (1847); vis-à-vis die Herz Jesu-Kirche (1833). Dickens lauschte hier voll Hingabe den Predigten des *Paters Taylor*, der zunächst im Alter von sieben Jahren, wie viele Waisenkinder, eine Karriere als Schiffsjunge und dann als Seemann begonnen hatte. Auch hierzu eine Anekdote am Rande: im Jahre 1673 kehrte *Kapitän Kemble*, der am North Square wohnte, von einer dreijährigen, von wechselndem Glück verfolgten, langen Reise zurück. Seine Frau erwartete ihn auf der Türschwelle. Die Begrüßung fiel, wie man sich unschwer vorstellen kann, sehr gefühlvoll und leidenschaftlich aus. Aber so ein Pech: es war ein Sonntag und wegen Verletzung des Sabbats und unsittlichen Verhaltens wurde der brave Kapitän von der Straße weg an den Pranger der Stadt gezerrt! Richtig so. Also, wenn jeder ...

Im kleinen *Garden Court*, im Norden des Platzes in der Nr. 4, kam 1890 *Rose Fitzgerald* als Enkelin eines irischen Einwanderes zur Welt. Sie wurde als Mutter ihrer vier bedeutenden Söhne berühmt: darunter ein heroischer Pilot, der 1944 ums Leben kam; ein ermordeter Präsident der USA; ein Justizminister, dem dasselbe Schicksal widerfuhr und ein demokratischer Senator, der zwar unbestreitbar beliebt war, sich aber wohl zu sehr den Freuden des Nachtlebens hingab!

– **Old North Church:** Salem Street. Vor Erreichen der Kirche bietet sich eine Durchquerung der Paul Revere Mall an: zu beachten ist die Statue des heldenhaften Boten und, an den Mauern des Platzes, vierzehn Bronzeplatten, welche die Geschichte der Helden der Revolution, des Viertels und seiner Einwohner erzählen. *Old North* (1723) ist die älteste Kirche von Boston, in der noch Gottesdienste abgehalten werden. Der architektonische Stil orientiert sich an einem englischen Buch, das die Bauherren in einem Buchladen gekauft hatten. Es wurden 513.654 Backsteine benötigt. Das erste Mal wurden für dieses Gotteshaus Glocken nach Amerika eingeführt, die dann bei der Niederlage von Cornwallis in Yorktown Sturm läuteten. Paul Revere beauftragte in der Nacht seines berühmten Rittes *Robert Newman*, den Küster der Kirche, Laternen in den Glockenturm zu stellen, um die Bewohner von Charlestown vor den heranrückenden englischen Truppen zu warnen. Das Innere der Kirche hat sich seit zwei Jahrhunderten kaum verändert. Die *Pews* sind, ebenso wie die abends angezündeten Kerzenständer und die Orgel, noch an Ort und Stelle. Auf einer der *Pews* findet sich noch Paul Reveres Name. In der 99 Salem Street öffnete die erste Bäckerei der USA ihre Pforten.

– Der **Friedhof von Copp's Hill** in der Hull Street besteht seit 1660. Bei schönem Wetter und gegen Ende des Nachmittags ist Copp Hill einer der romantischsten Plätze Bostons. Nehmen wir uns Zeit, die trefflich behauenen Grabsteine und die pittoresken Grabinschriften zu betrachten. Etliche Gräber bedeutender Persönlichkeiten befinden sich darunter. Auf der Seite der Snowhill Street, eine Gedenksäule für *Prince Hall*, einen Schwarzenführer und ehemaligen Sklaven, der in der Patriotischen Armee engagiert war. Er gründete die erste Schule für Farbige. Gegenüber der beeindruckende Grabstein von *Daniel Malcolm* mit der auffälligen Inschrift: »Wahrer Sohn der Freiheit und standhafter Gegner des Revenue Act.« Der patriotische Händler hatte aus der Steuerhinterziehung ein Mittel des Widerstandes gemacht. Auch wir versuchen uns anläßlich der Bilanz alljährlich in Patriotismus: vergebens! Die englischen Soldaten, die während des Krieges auf dem Friedhof kampierten, nutzen seinen Grabstein als Zielscheibe, um ihre Treffsicherheit zu üben!

– In *Charlestown*, auf der anderen Seite der Mündung des Charles River, lohnt der Besuch der *USS Constitution*, des ältesten noch seetüchtigen Kriegsschiffes der Welt. Es blieb 1812 im englisch-amerikanischen Krieg unbesiegt. Täglich kostenlose Besichtigung von 9.30-16h.

– **Bunker Hill:** Schauplatz der ersten großen, von den Patriotischen Truppen am 17. Juni 1775 verlorenen Schlacht. Allerdings kostete der Sieg die englischen Truppen über tausend Mann. 1825 also begann man mit der Errichtung eines riesigen, 70 m hohen Obelisken aus Granit, um des Geschehens zu gedenken. *La Fayette* legte den ersten Stein. Die Arbeiten dauerten dann noch achtzehn Jahre. Im Bunker Hill

Pavillon, 200 m von der USS Constitution entfernt, wird eine Videoshow über die Kämpfe gezeigt. Geöffnet tägl. von 9-16h. Eintritt frei. Wer den *Freedom Trail* nun ganz abgelaufen hat, kann auch mit dem Boot zurückschaukeln, was einen gewissen Zeitgewinn bedeutet. Anlegestelle am Kai, ganz in der Nähe der USS Constitution. Der Blick vom Meer auf Boston ist reizvoll. Karten auf dem Boot oder im Auskunftsbüro in der Nähe des Museums.

Zu den tausend Mann muß angemerkt werden, daß es sich mit Sicherheit zum allergrößten Teil um Deutsche gehandelt haben dürfte, ähnlich wie bei den napoleonischen Truppen vor Moskau. Allen Geizhälsen, die sich ärgern könnten, sei mitgeteilt, daß die folgenden Zeilen bis Kapitelende geschenkt sind! Kaum einer weiß es, aber es war nicht mit der Wehrmacht, daß sich die Deutschen vor Moskau erstmals eine blutige Abfuhr holten, sondern mit Napoleon, wo sie von rund 600.000 Mann fast 480.000 Soldaten stellten! Die Österreicher zählen wir frecherweise mit, wobei dafür aber keine Elsässer oder Lothringer dabei sind, die zwar deutscher Herkunft aber politisch seit der verheerenden Politik der Habsburger zur Zeit *Franz I.* im 16. Jh. bzw. der Annexionen unter *Ludwig XIV.* im 17. Jh. französische Staatsbürger waren. Warum also Deutsche bei Bunker Hill? Nun, seit Gott, der Herr, dem Fürstbischof von Münster, *Bernhard von Galen*, die gewinnträchtige Idee einflößte, seine Soldaten an fremde Feldherren zu vermieten, folgte eine Reihe deutscher Fürsten und Bischöfe diesem Beispiel. Besonders taten sich die Landgrafen von Hessen-Kassel bzw. Hessen-Hanau hervor, die allein in der Zeit von 1775-1783 etwa 33.000 Mann lieferten und dafür einige Millionen Pfund Goldsterling einsackten. Ausfälle, also Tote und Krüppel, wurden bestens entgolten, wobei drei Krüppel einem Toten gleichgesetzt wurden. Warum die britischen Herrscher gerade Deutsche zum Einsatz in Amerika kauften, hatte zwei Gründe: seit 1714 regierten die Kurfürsten von Hannover auch das englische Königshaus. Erst zur Zeit des Ersten Weltkrieges wurde der britische Zweig aus psychologischen Gründen von »House of Hanover« (ein »n«) in »House of Windsor« umgetauft. Der andere Grund war der, daß eine Verbrüderung mit zwangsrekrutierten englischen Soldaten und Seeleuten sowie den um ihre Freiheit kämpfenden Amerikanern wegen der Verständigungsschwierigkeiten verhindert werden sollte. Eine eindrucksvolle Schilderung dazu findet sich bei Bernt Engelmann, »Wir Untertanen«, Fischer Tb, S. 120 ff.

A propos deutsch-englischer Kungelei, Leichenzählen und Bezahlen: da gab's doch im Ersten Weltkrieg Soldaten in ihren Schlammlöchern, die sich über verkehrt herumfliegende Granaten wunderten und meinten, nicht mehr ganz richtig im Kopf zu sein, prangte auf ihnen doch »KPz 96/04«, Kruppscher Patentzünder, und die hatten sie doch selbst in Essen in der »Waffenschmiede des Reiches«, *Wilhelm II.* »Großer »Vaterländischer Anstalt«, eigenhändig hergestellt, und eigentlich hätten sie in den englischen, nicht den eigenen Schützengräben landen müssen. Nun, bereits 1902 hatte Krupp mit Wissen des Kriegsministeriums die Lizenz an Vickers in England vergeben. Nach dem Krieg aber wußte keiner mehr die genauen Stückzahlen und so wurde, wie beim amerikanischen Unabhängigkeitskrieg, ein »Kopfpreis« für vor der britischen Front gefallenem deutschen Soldaten in Höhe von sechzig Reichsmark in Gold zugrundegelegt, so daß Krupp 123 Millionen reicher ward. Die Geschichte geht noch weiter: da Krupp zu Kriegsende auf einem Haufen hochwertigen Widia-Waffenstahls saß, vermarktete die Firma ihn in

einer eigenen Spezialklink für Kieferchirurgie, in der von Krupp angestellte Ärzte künstliche Kiefer und Prothesen in die Mäuler der Soldaten
einpflanzten, die mit gerade eben diesem Stahl für die Operationen reif-
geschossen worden waren. So floß der Zaster gleich zweimal. Während
die Soldaten, nationalistisch beseelt, jeweils für Kaiser und Vaterland
oder wen auch immer, einander zusammenschossen, denken alle, die
auf internationale Beziehungen und Märkte angewiesen sind, stets
übernational, siehe auch unser Eingangskapitel »Nationalismus«.

● *Weiterhin sehenswert in North End, Beacon Hill und Downtown*

– **Italienisches Viertel** (North End): U: Haymarket (Plan E1). North
End war zunächst, zu Beginn des 19. Jhs., ein berüchtigtes Seefahrer-
viertel. Ab 1850 kamen die Iren – zehntausende flohen damals vor den
Hungersnöten, verursacht oder verschlimmert durch die Preistreiberei
englischer Spekulanten – denen später die Juden aus Mitteleuropa
folgten. Die Italiener, als letzte Einwanderer, gaben dann dem Viertel
sein endgültiges Gepräge. In letzter Zeit kommt es allmählich in Mode.
Künstler und Yuppies lassen sich hier nieder. Sehenswert ist es besonders wegen der malerischen, quirligen Gassen. Das Italienerviertel wird
in großen Teilen vom *Freedom Trail* durchquert. Zentrale Achse ist die
Hanover Street. Zahlreiche religiöse Feste an den Sommerwochenen-
den. Günstige Gelegenheit, sich einen Espresso zu genehmigen: nicht
mit amerikanischem Kaffee zu vergleichen, dessen Geschmack eher an
einen Kamillenaufguß erinnert.
– **Black Heritage Trail:** der Weg zeichnet die Hauptabschnitte der
Geschichte der Schwarzen in Boston nach. Während des ganzen 19.
Jhs. wohnten diese im nördlichen Teil des Beacon Hill-Hügels bis zur
Cambridge Street. Der »Lehrpfad« beginnt auf dem Smith Court an der
Joy Street. Hinweise im *Boston*, dem offiziellen Führer vom *Greater
Boston Convention Visitor's Bureau*. Auskünfte im Verkehrsbüro oder
per T. 742-1854; auch Führungen. Das *Museum of Afro-American
History* und das *African Meeting House* auf dem Beacon Hill unbedingt
einplanen.
– **Quincy Market:** es handelt sich um die alten Markthallen von
Boston, in jüngster Zeit in Restaurants und Boutiquen verwandelt. Ver-
dammt teuer, aber einen neugierigen Blick sind sie wert. Die Hallen
zählen fast fünfzehn Millionen Besucher pro Jahr und an manchen
Abenden könnte man glauben, daß sich die ganze Stadt hier versammelt. Jedenfalls viel Rummel. Wer Wert auf Ruhe legt, esse lieber im
Durgin Park.
Ansonsten läßt es sich an übersichtlichen Ständen gut unter vielen Leckerbissen wählen. Es duftet appetitlich, es schmeckt gut und wer beim
ersten Durchgang die Preise vergleicht, kann sich beim zweiten ein
schmackhaftes, erschwingliches Menü zusammenstellen. Man hockt
sich an die Holztische in der Mitte der alten Halle im ersten oder zweiten
Stockwerk. Oben liegt übrigens eine Art Music Hall und Theater.
– **Boston Common** (Plan C2): weitläufiger Park mitten in der Stadt;
einer der ansprechendsten, den wir kennen. Weitläufige Rasenflächen
um einen kleinen See, stattliche Bäume, »Schwanenboote« zum Her-
umfahren mit den Kleinen. Sehr amüsant an Sonnentagen, wenn die
Yuppies ihre Jackets fallenlassen und auf dem Rasen picknicken oder
schick gekleidete Frauen sich zu einem Schläfchen unter den Bäumen

ausstrecken. Viel Ausgefallenes gilt es in den angrenzenden Straßen zu entdecken, besonders in den Antiquariaten und gemütlichen Lokalen der Charles Street. Der *Boston Common* war, wie der übrige Grund und Boden des jetzigen Bostons, Eigentum eines alten Eremiten, der auf der Halbinsel sein einsames Dasein fristete. Als die Auswanderer kamen, kapselte er sich zunächst ab und zog später weiter nach Westen. Niemand hat es je gewagt, auf dem *Boston Common* ein festes Gebäude zu errichten.

– **Frucht- und Gemüsemarkt** (Plan E2): wird am Freitag- und am Samstagmorgen in der Hanover, Ecke Blackstone Street, abgehalten. Überaus lebhaftes und buntes Treiben, was nicht verwundert, da hier viele Italiener wohnen.

– **Beacon Hill** (Plan C-D2): der höchste der drei Bostoner Hügel. Der »Beacon« bezeichnete ehemals das auf dem Gipfel installierte Alarmsignal. Nach dem Bau des State House wurde die Gegend zunehmend in die Stadt einbezogen. Im Norden des Hügels wohnte die schwarze Bevölkerung. Hier lag auch das Zentrum der Sklavenbefreiungsbewegung. Heute ist es das bevorzugte Wohnviertel Bostons. Nicht sattsehen kann man sich an den blumengeschmückten Sträßchen, an den viktorianischen Bauten und kleinen Häuschen mit den Grünflächen dazwischen, durch die sich die Rasenmäher fressen. Am Abend, wenn sich der Horizont violett verfärbt, entflammen die letzten Sonnenstrahlen die Farben auf den roten und rosigen Hauswänden. Der Gang durch Mount Vernon oder Chestnut Street weckt einen Augenblick lang die Vorstellung, im Washingtoner Georgetown-Viertel, auf dem Pariser Montmartre oder in den abgeschiedensten Winkeln im Londoner Stadtteil Chelsea umherzulaufen. Poetische Gärten, Vordächer auf Säulenreihen, venezianische Fenster, die das feudale Leben der alten, gutbürgerlichen Familien versteckten, warten darauf, entdeckt zu werden.

– **Museum of Science** (Plan C1): U: Science Park; T. 723-2500. Geöffnet dienstags bis donnerstags von 9-16h; bis 17h im Juli und August; freitags von 9-21h; samstags 9-17h; sonntags 10-17h; montags, außer an Feiertagen, geschlossen. Studenten erhalten ermäßigte Eintrittskarten. Verschiedene Ausstellungen zu den Themen Raumfahrt (Apollokapsel), Humanbiologie (Der menschliche Körper), Umwelt, Astronomie (Planetarium), Elektronik, usw.

– **New England Aquarium** (Plan D2): am Meeresufer, hinter dem Quincy Market (Central Wharf); T. 742-8870; U: Aquarium. Geöffnet vom 1. Juli bis 10. September jeweils montags, dienstags und donnerstags von 9-18h; mittwochs und freitags bis 21h; samstags, sonntags und feiertags bis 19h. In der Nebensaison wird eine Stunde früher geschlossen und es gibt keine Abendöffnung. Auch hier Studentenermäßigungen. Recht teuer, aber nicht schlecht gemacht. Eine schiefe Rampe verläuft in einer Spirale um ein enormes zylindrisches Aquarium herum und bildet den Zugang zu den oberen Etagen.

– **Boston Harbor Hotel** (Plan D2): Atlantic Ave (zwischen Quincy Market und der Northern Ave Bridge, auf dem Rowe Wharf). Ein gewaltiger Hotelkomplex, der im September 1987 seiner Bestimmung übergeben wurde. Erhebt sich als Beispiel futuristischer Architektur über den alten Docks. Die Reichen lassen sich gleich vom Flughafen per Boot herschippern. Unbedingt den monumentalen, sechs Etagen hohen, Eingangsbogen durchschreiten, um in der Harbor View Lounge *Tee and Scones* zu goutieren.

Instant-Kaffee-Test 1951

- **Boston Tea Party & Museum** (Plan D3): Congress Street Bridge, T. 338-1773; U: rote Linie bis South Station. Ganzjährig von 9h bis zum Einbruch der Dämmerung geöffnet. Bescheidenes Museum am Schauplatz des berühmten »Midnight O'Clock Tea«. Zeichnet das historische Ereignis mit Hilfe von Erinnerungsstücken und Dokumenten nach. Besuch der *Beaver II*, der Nachbildung eines der leergeräumten Boote.
- **Boston Children's Museum:** 300 Congress Street (Museum Wharf); unweit vom oben beschriebenen Museum; T. 426-8855. Vom 1. Juli bis Anfang September tägl. von 10-17h zugänglich; freitags freier Eintritt und bis 21h geöffnet. Das restliche Jahr über montags geschlossen, außer während der Schulferien und an Feiertagen. Der Meinung vieler Mammis und Papis zufolge eines der schönsten Kindermuseen: u.a. Spiele, ein japanisches Haus, Einführung in die Informatik.
- **Computer Museum:** Congress Street, neben dem Kindermuseum; T. 426-2800 und 426-6758. Geöffnet von 10-18h; Freitag bis 21h. In der Nebensaison montags geschlossen, außer während der Schulferien und an Feiertagen. Bringt alles, aber auch wirklich alles über Computer. In Boston wurde der erste Computer am MIT (Massachusetts Institute of Technology) entwickelt. Eine Reise durch die Computergeschichte bis zu SAGE, dem größten je konstruierten Rechner. Die Besucher lernen, auf dem Bildschirm zu malen oder eine neue Melodie zu komponieren.
- **Das alte chinesische Viertel** (Plan C3): im reichlich heruntergekommenen Viereck zwischen Beach, Tyler, Essex und Washington Street. Eine Abfolge von Restaurants, exotischen Boutiquen und schäbigen »Oben Ohne«-Bars. Nachts wirkt die Atmosphäre eher zwielichtig. Expressionistische Farbenpracht ist jedoch stets sicher.
- **Bootsfahrt durch Boston:** wie wir meinen, recht interessant. Metrostation Aquarium (blaue Linie), Schalter der »Bay State Cruise«. Panoramaansicht vom Hafen, Besuch der USS Constitution, einem alten Kriegsschiff, s.o., des Bunker Hill Denkmals und des angegliederten Museums über die Unabhängigkeitskämpfe. Rückkehr mit dem Boot. Abfahrtzeiten 10.30-17.30h; Auskünfte: 723-7800.
- **Badestrand:** mit der U-Bahn bis zur Station *Revere Beach*.

● *Sehenswert in den Vierteln Back Bay, Copley Square und im Westen*

- Im Westen von Boston Common liegt *Back Bay*, ein Viertel zum Wohlfühlen. Es wird von der Beacon Street durchschnitten, der Commonwealth Ave und der Newbury Street. Lange schattige Alleen, gesäumt von repräsentativen viktorianischen Häusern, die an Sommerabenden faszinierende goldbraune, manchmal flammende, Farbtöne annehmen. Eingestreut, zahlreiche elegante Boutiquen, chinesische Cafés mit Terrassen, Kunstgalerien, etc. Als praktisch übergangsloser Kontrast bietet das Viertel um Copley Square und Boylston Street tagsüber Besuchern Stimmung und wilde Rhythmen. Großkaufhäuser und nagelneue Wolkenkratzer machen sich gegenseitig den Platz streitig. Trinity Church, zwischen der Boylston und der Saint James Avenue, spiegelt sich in der Glasfassade des John Hancock Tower wider und gilt als Symbol für die architektonischen Gegensätze in Boston.
- **Boston Public Library** (Plan B3): 666 Boylston, Copley Square; T. 536-5400. Montags von 13-21h geöffnet, dienstags bis donnerstag, 9-21h; Freitag und Samstag 9-17h; Sonntag 14-18h; bleibt in den Som-

mermonaten sonntags geschlossen. Die Fassade ist für Kenner des *Quartier Latin* in Paris von Interesse, handelt es sich doch um die genaue Kopie der Bibliothek Sainte-Geneviève. Ohne Benutzerausweis kann man Bücher inspizieren oder die Marmorlöwen und die Fresken von John Singer Sargent bewundern.

- **John Hancock Observatory** (Plan B3): 200 Clarendon Street, Copley Square; T. 247-1976. Ausblick von der sechzigsten Etage über die ganze Stadt. Konstruiert wurde das dieser Sternenauguck vom genialen *Pei*; jawohl, dem mit der Glaspyramide im Pariser Louvre. In der Glasfassade des *Towers* spiegelt sich Trinity Church. Studentenermäßigungen; Öffnungszeiten: 9-23h; sonntags ab 10h; von November bis April von 12-23h; letzter Einlaß um 22.15h.

- **Skywalk:** im 50. Stock des Prudential Tower (Plan B3); U-Bahn Prudential; T. 236-3318. Für Panoramafetischisten eine andere Perspektive der Stadt.

- Einen genauso schönen, aber billigeren Blick genießt man vom Seafood Restaurant *Top of the Hub - Seafood with a View*, T. 536-177, im Prudential Center über *Skywalk*. Von der Bar aus läßt sich für den Preis eines kühlen Getränks die Stadt bewundern, ohne sich durch die Masse der Touristen drängeln zu müssen.

- **Christian Science Church Center** (Plan B4): Huntington und Massachusetts; U: Symphony. Architektonischer Komplex im Besitz einer der mächtigsten Ordensgemeinschaften in den USA: setzt sich zusammen aus einer riesigen Kirche, erbaut in einem Stilcocktail aus byzantinischen und Renaissancemotiven; einer Tageszeitung, dem *Christian Science Monitor*; einem Buchladen der Superlative; einem Hochhaus mit 26 Etagen und einem Amphitheater, bei dem wieder der große I.M. Pei federführend war.

- **Museum of Fine Arts** (Plan A4): 465 Huntington Ave, T. 267-9300. Nur fünf Minuten für unsere im YMCA untergebrachten Leser. U: Greenline E (Brigham Circle), in der Station »Ruggles Museum« aussteigen. Geöffnet dienstags und von Donnerstag bis Sonntag, 10-17h; mittwochs sogar von 10-22h. Zusätzlich ist der »West Wing« am Donnerstag und am Freitag von 17-22h geöffnet. Montags und an den meisten Feiertagen bleiben die Museumspforten geschlossen. Das *Museum of Fine Arts* zählt zu den bedeutendsten amerikanischen Museen. Gelungene Innenarchitektur: klare raumbetonte Formen herrschen vor. Eine wahre Wonne, im einströmenden Licht umherzuwandeln. Die unglaublich reichhaltige Sammlung läßt keine Wünsche offen. Einige Höhepunkte als Appetitanreger: eine rekonstruierte katalanische Kapelle, religöse Gemälde aus der Zeit der »Primitiven«, Meistern des 14. und 15. Jhs, ein bestechendes Altarbild von Martin di Soria *(Hl. Michael und Hl. Antonius)*, ein Altarbild von Bartholomäus Vivarini, eine *Lamentatio* von Carlo Crivelli. In der spanischen Abteilung: Velásquez, Zurbarán, Ribera *(Hl. Onophrius)*, Il Greco, Murillo, Goya. Holländische Abteilung: Rembrandt *(Betender Alter Mann)*, Frans Hals. Italiener: Werke von Guardi, ein bemerkenswerter Canaletto *(San Marco, Venedig)*. Die französische Schule: Chardin, Watteau, Boucher, Greuze *(Junge Frau mit weißem Hut)*. Und schließlich, bunt gemischt: Courbet, Millet, Delacroix, Corot, Constable, ein fantastischer Turner *(Slave Ship)*. Vertreten sind natürlich auch die Impressionisten: Cézanne und Van Gogh *(Schlucht, Madame Augustine Roulin* und *Das Haus in Anvers)*, einer der schönsten Renoirs, *Der Ball in Bougival*. Die *Orgie* von Monet und das berühmte *Woher kommen wir? Was sind wir?*

Wohin gehen wir? von Gauguin. In der modernen Abteilung stößt man auf die besten Amerikaner und viele andere Künstler: Joan Snyder, Miriam Shapiro, Andy Warhol, Gregory Gillepsie, Max Beckmann, Eduard Munch, Jackson Pollock, etc. Von Edward Hopper, dem begnadeten Maler der Einsamkeit und der urbanen Poesie: *Zimmer in Brooklyn* und *Drugstore*. Weiterhin John S. Sargent und J.A. McNeill-Whistler. Das *Fine Arts* bietet außerdem noch eine bemerkenswerte Abteilung für asiatische Kunst, vornehmlich aus China und Japan, sowie zahlreiche ansehnliche ägyptische und griechische Exponate.

– **Isabella Stewart Gardner Museum** (Plan A4): 280 The Fenway, U: Ruggles Museum. Am Südwestende von Back Bay Fens; T. 566-1401. Geöffnet mittwochs bis sonntags von 12-17h; dienstags, 12-21h; montags und feiertags geschlossen. Das Museum ist in einem kleinen venezianischen Palast untergebracht: märchenhafter Patio mit Säulenarkaden und Mosaiken, venezianischer Brunnen. Die steinreiche Stifterin bereiste die ganze Welt und besaß überall eine Menge Freunde unter den Künstlern ihrer Zeit. *Isabella Stewart Gardner* wohnte bis zu ihrem Tod im Jahre 1924 in diesem verrückten Palazzo, an dessen Plänen sie eigenhändig mitwirkte, und dessen Bau und Ausstattung sie überwachte. Sehenswert wegen der hochkarätigen Gemälde, nach denen sich so manches große Museum die Finger lecken würde. Aber am besten selbst urteilen: eine *Sacra Conversatione* von Mantegna, eine *Himmelfahrt Mariens* von Fra Angelico, *Comte Tomaso Inghirami* von Raffael, die *Tragödie der Lucretia* von Botticelli; meisterhafte Porträts von Holbein; *Lady und Gentleman in Schwarz* und *Sturm auf dem Galiläischen Meer* von Rembrandt, das *Konzert* von Vermeer und schließlich Dürer, Rubens, Van Dyck, etc. Im zweiten Stock: Tintoretto, Guardi, Veronese, Tizian, Velásquez; *Jungfrau mit Kind* von Botticelli und das wunderbare Gemälde *Geburt Christi*, ebenfalls aus seinem Atelier. Wen zögen diese Gesichter nicht in ihren Bann? Ein Portrait der Besitzerin von John Singer Sargent zählt ebenfalls zu den Ausstellungsstücken. Im »Yellow Room«: Manet, Whistler, Degas, Matisse *(Die Terrasse, Saint-Tropez)*, etc. Ausnahmsweise trifft hier großer Reichtum mit viel Geschmack zusammen!

1990 ist es drei Dieben, die sich als Polizisten verkleidet hatten, gelungen, die Wächter zu überrumpeln und elf Gemälde zu klauen. Darunter auch folgende Meisterwerke: *das Konzert* von Vermeer, drei Bilder von Rembrandt (ein Selbstporträt, *Dame und Herr in Schwarz, Gewitter über dem Galiläischen Meer*), fünf Werke von Degas (darunter *Sortie de Pesage, Cortège aux Environs de Florence, Trois Jockeys à Cheval, Programme pour une Soirée artistique*) und *Chez Tortini* von Manet. Und schließlich noch eine chinesische Vase aus Bronze aus der Zeit der Chang-Dynastie (1200 v.Chr.). Vor dem Ankauf der genannten Kunstgegenstände wird gewarnt!

● *Sehenswertes im Süden der Stadt*

– **John F. Kennedy Memorial Library:** im Süden von Boston, über die Dorchester Ave erreichbar. T. 929-4523. Von 9-17h geöffnet. Letzter Film um 15.30. Ziemlich weit von der Innenstadt. Am besten steigt man in die rote Linie der U-Bahn, alle halbe Stunde zwischen 9 und 17h; von da aus benutzt man einen kostenlosen Bus bis zur Universität (Ashmont) und schließlich weiter zur JFK/U Mass (ehemalige Columbia-Universität). In der Bibliothek sind die Archive des ermordeten Präsidenten gesammelt. Neben offiziellen Dokumenten: Familienfotos, Spielzeug, Briefe, Sammlungen. Draußen die Segeljacht des Präsidenten. Eine bewundernswerte Inszenierung unter der Regie der Kennedy-Dynastie. Die insgesamt zwölf Millionen Dollar teure Architektur stammt wiederum von *I.M. Pei.*

– **Museum of Transportation:** 15 Newton Street, in Brookline; T. 522-6140. Vom 1. April bis 15. September mittwochs bis sonntags von 10-17h geöffnet. Liegt im Larz Anderson PK. Schwierig hinzugelangen, da nicht mit öffentlichen Verkehrsmitteln erreichbar. Schade, die Ausstellung ist nämlich gerade in adrette neue Räumlichkeiten umgezogen und präsentiert anschauliche Sammlungen.

Auf ein Gläschen

– **Axis:** 13 Landsdowne Street (Plan A3), U: Kenmore. Wenn man den U-Bahnhof verläßt, die Brookline Ave nehmen und dann links in die Landsdowne Street abbiegen. Eine der besten Discos Bostons. Hier geht's zur Sache: solider Rock, Studenten und Ausgeflippte. An Schweiß wird nicht gespart und meist viel Unsinn gequatscht.

– **Citi:** 15 Lansdowne Street. T. 262-2424. Absperrungen aus Samtkordeln auf dem Bürgersteig und befrackte Türsteher zur Sichtung des Publikums. Ultraschick und hochnäsige Atmosphäre.

– **»Venus of Nile«,** das ehemalige »9«: 9 Lansdowne Street, T. 636-0206. Recht beliebte Diskothek. Für unseren Geschmack eine Idee zu sehr im Trend, aber gerade noch auszuhalten.

The Plough and Stairs, 912 Mass. Ave – empfohlen von Lesern, leider ohne Beschreibung, Telefon, Öffnungszeiten ...

– **Friday:** 26 Exeter Street und Newbury, T. 266-9040; im Viertel von Back Bay. Die Bar ist immer mit jungen Leuten vollgestopft. Am Wochenende ist hier die Hölle los. Betreibt auch ein Restaurant.

– **Black Rose:** 160 State Street, T. 523-8486. Irischer Pub, in dem ab und an »celli«, musische Abende und Konzerte, steigen. Anrufen, um Termine und Uhrzeiten in Erfahrung zu bringen.

– **ICA** (Institute of Contemporary Art, Plan B3): 955 Boylston Street, T. 266-5152; U: Auditorium. Liegt in einem »Brownstonegebäude« des 19. Jhs, einem der faszinierendsten Kulturzentren, denen wir je begegnet sind. Fantasievolle Inneneinrichtung. Wechselausstellungen: Malerei, Skulpturen, Fotografie, etc. Filme, Tanzdarbietungen, Theater, Poesie.

– **Nickelodeon Cinemas** (Plan A3): 600 Commonwealth Ave, U: Kenmore. Eigentlich eher in einer schmalen Parallelstraße, genau hinter der Nr. 600. Zwei Kinosäle; hier treffen sich alle jungen Leute. Spezialisiert auf ungekürzte Filme, was selten ist, und auf durchgehend gezeigte thematische Filmreihen: Homosexualität, Emanzipation der Frau, Popfilme u.a.

– **Commonwealth Brewing Company Ltd:** 138 Portland Street (Plan C1), T. 523-8383. Zwischen North Station und Museum of Science. Hier bekommt man zehn verschiedene, hausgebraute Biere. Schöner Rahmen; verhungert ist hier auch noch niemand.

Für Hinweise, die wir in späteren Auflagen verwerten,
bedanken wir uns mit einem Buch aus unserem Programm

Konzerte

Im Sommer bietet Boston eine unglaubliche Vielfalt an Konzerten, Festivals und sonstigen Feierlichkeiten. Sich den »Boston Phoenix Guide to Summer« zulegen und, bei Bedarf, durch die Donnerstagsausgabe des »Boston Globe« ergänzen.

– Karten sind zum halben Preis für Veranstaltungen am selben Tag beim *Bostix* Kiosk, nahe des Quincy Market erhältlich, T. 723-5181, geöffnet von 11-18h.

– Im Sommer tingeln die renommiertesten Gruppen nach Boston. Die Liste der Konzerte hängt am Zeitungskiosk am Ausgang des U-Bahnhofs Harvard aus. Hier kann man auch Karten erstehen.

– Zahlreiche kostenlose Straßenkonzerte im Sommer, besonders samstags und sonntags, im Government Center oder am Copley Square. Am Faneuil Square ist es keine Seltenheit, daß Klaviere auf Rädern oder Vibraphone Clowns, Magier oder Sänger begleiten nein, nicht beim Laufen, beim Spiel! Auf der Esplanade – U-Bahn-Station Charles, auf der Red Line – mehrmals kostenlose Konzerte in der Woche. Auskünfte und Programm am Donnerstag im Veranstaltungskalender des »Boston Globe«.

– Ohne einen Pfennig zu berappen, kann man sich zwischen 18h und Mitternacht im Untergeschoß des *Berklee College*-Musikkonservatoriums in der 136 Massachusetts Avenue (U: Auditorium) warmhören. T. 266-7455. Zwanzig Säle, und für jeden Geschmack etwas dabei: von Bluegrass bis Freejazz.

CAMBRIDGE

Am gegenüberliegenden Ufer des Charles River, U: Harvard. Weltweit dank der zwei renommierten Universitäten bekannt: *Harvard University* und *Massachusetts Institute of Technology* (MIT).

Um den ganzen Harvard Square herum erstreckt sich ein urgemütliches Viertel voller kleiner Lokale und netter Läden, die in erster Linie von Studenten frequentiert werden.

Mit der U-Bahn gelangt man natürlich am besten hin. Wer in der Gegend der YMCA abgestiegen ist, sollte den Bus auf der Massachusetts Avenue nehmen, der auf kürzestem Weg zum Harvard Square rollt.

Essen in Cambridge

– **Grendel's Restaurant:** 89 Winthrop Street, Harvard Square, T. 491-1160. Preiswerte mexikanischen, indische oder italienische Gerichte, gemütliche Atmosphäre und bis auf unsere Leser amerikanisches Publikum.

– **Shalimar Restaurant:** 546 Massachusetts Ave, T. 547-9280, U: Central Station. Täglich mittags und abends bis 23h geöffnet. Weiter Raum mit einer eher langweiligen Einrichtung, aber einer hervorragenden indische Küche, obendrein bezahlbar. Mittags wird ein merklich günstigeres Menü angeboten. Flinker Service.

– **Bartley's Burger:** 1246 Massachussetts Ave. T. 354-6559. U: Harvard. Die besten Hamburger Bostons. Reiche Auswahl an leckeren Hamburgern, zwei Zentimeter dick und nach Wunsch mehr oder weniger durchgebraten, bekommt man in diesem gemütlichen, ganz in Holz eingerichteten, Restaurant. Welch ein Schmaus!

– **Indian Pavillon:** 17 Central Square, T. 547-7463, U: Central Station. Ebenfalls ein empfehlenswertes indisches Restaurant. Tägl. von 12-15h und von 17-23h geöffnet.

– **Französische Konditorei:** J. Kennedy Ave, sofort gegenüber vom Einkaufszentrum *Galeria*. Leckere Kuchen. So kannten wir's. Leser berichten nunmehr von einem schmuddeligen, düsteren Laden, unser Geruchs- und Geschmackssinn müßten wohl gestört gewesen sein, und den Kuchen habe man wegen der unübertrefflichen Freundlichkeit der Kellnerin gar nicht mehr versucht ... Stimmt's so?

– **Border Cafe:** leider ohne Anschrift, aber gegenüber einer kleinen, ausgezeichneten Buchhandlung namens Traveler Book oder Tavel-Books. Mexikanische Küche, flinke Bedienung, freundlich, große Auswahl, annehmbare Preise. Ruheliebende kehren allerdings andernorts ein, denn es handelt sich um einen Raum mit vielen Fensterplätzen, großen Holztischen und Bienenschwarmatmosphäre. Sendet jemand Anschrift und Telefon?

– **Johnatan Swift's:** Harvard Square. Geräumige Bar, in der häufig Livekonzerte gegeben werden: Rock, New Wave und gemäßigter Punk.

– **Resto U Walker:** Building Nr. 50 auf dem Memorial Drive. An der Kasse das Sprüchlein: »*Student paying cash*« hersagen. Abwechslungsreiche Mahlzeiten zu Studententarifen.

– Wer knapp ist, erkundige sich bei den Studenten auf dem Harvardgelände, wo gerade der Wanderchinese steht. Von 12-15 h gibt's zwei Menüs zwischen 2,50-4,50 $, z.B. eine Suppe und ein Hauptgericht wie Reis, Gemüse und Tofu oder Hühnerfleisch.

Sehenswertes

Die **University of Harvard**, älteste und zugleich berühmteste Alma Mater des Landes, muß man einfach gesehen haben. Wenigstens der äußere Rahmen mutet traumhaft an. Vor dem letzten Krieg war es noch an der Tagesordnung, daß Studenten von ihrem persönlichen Diener bis ins »Refektorium« versorgt wurden. Die berühmte Statue von *J. Harvard* in der Mitte des Campus bekam im Laufe der Zeit den Spitznamen »Statue der drei Lügen« verpaßt. Die erste: Harvard sei nicht der Gründer der Universität gewesen, die Universität sei nur nach seinen Ideen entwickelt worden. Zweitens: das Datum scheint falsch zu sein. Und drittens: gar nicht Harvard selber sei dargestellt, sondern ein x-beliebiger Unbekannter habe Modell gestanden.

– **Harry Elkins Widener Memorial Library:** Harvard behauptet, die umfangreichste Bibliothek der Welt in seinen Mauern zu besitzen. Die Mutter des Milliardärs, die das Geld für den Bau gab, stellte zwei Bedingungen: zum einen darf niemals auch nur ein Stein verändert werden, eine Klausel, die bei Vergrößerungen wirkliche Probleme bereitet: so war man schon gezwungen, eine Fußgängerbrücke durch ein altes Fenster zu bauen. Zum anderen müssen alle Studenten, die sich in Harvard einschreiben, schwimmen können: diese Auflage galt bis in die siebziger Jahre, als ein Gericht sie wegen angeblicher Diskriminierung Behinderter kippte. Der Grund für die Bestimmung? Der Sohn des Spenders kam auf der *Titanic* um. Ob ihm allerdings im eiskalten Wasser seine Schwimmkünste etwas genutzt hätten, sei dahingestellt. Im ersten Stock unbedingt anschauen: die Gutenbergbibel, eines von den zweiundzwanzig noch erhaltenen der ursprünglich zweihundert gedruckten Exemplare. Außerdem den ersten Versuch von 1623, das Gesamt-

werk Shakespeares zusammenzustellen. Ohne diese Ausgabe wären mindestens siebzehn seiner Stücke für immer verloren gegangen.
- **Memorial Hall for the Civil War:** 500 m vom Harvard Square. Ähnelt eher einer Kirche. Ein Teil diente als Refektorium, der Rest ist unterteilt in kleine Räume altertümlichen Stils, in denen Unterricht erteilt wurde. Hier findet man die Namen all jener, die für die Verteidigung der Union ihr Leben gelassen haben. Natürlich nur die Namen der Leute aus dem Norden ... Prädikat »sehenswert«.
- **Fogg Art Museum:** T. 495-4544. Leicht zu finden, in der Nähe der Universitätsbibliothek und des Harvard Square. Es handelt sich um die Privatsammlung von Harvard. Dienstags bis samstags von 10-17h für die Öffentlichkeit zugänglich; Samstagvormittag zwischen 10 und 12h, Eintritt frei; sonntags von 13-17h. Die Eintrittskarte gilt auch für das *Arthur M. Sackler Museum.* In Form eines Kreuzganges erbautes Museum mit einer bemerkenswerten Sammlung von Primitiven, Meistern des 14. und 15. Jhs, unter anderem eine Kreuzigungsszene von Fra Angelico und das Werk *Hl. Hieronymus und Hl. Ansanos in der Einöde* von Fra Diamante; wunderbarer *Hl. Hieronymus* von Ribera, von Lorrain eine *Paysage Pastoral.* Die Flamen: Frans Hals, Landschaften von Ruysdael, *Porträt eines alten Mannes* von Rembrandt. Entzückend, die *Anbetung der Hirten* von Adam Colonia.
Im ersten Stock: Gemälde von Géricault, David, Ingres, Delacroix, Corot, Boudin und Gauguin von hoher Qualität. Interessante amerikanische Künstler wie Whistlers *Nächtliche Landschaft in Grau und Gold*, gefällige Landschaften von Bierstadt, *Das Frühstück* von John Singer Sargent, W.L. Sonntag, Willem de Koonig, Jackson Pollock, etc. und schließlich bekannte Impressionisten.

Neben dem Fogg, ein nagelneuer Anbau: das
- **Arthur M. Sackler Museum** mit Sammlungen orientalischer, asiatischer, indischer und islamischer Kunst.

- Botanik-, Geologie-, Zoologie-, Ethnologiebegeisterte unter unseren Lesern finden ein Fachmuseen in der 24 Oxford Street und 11 Divinity Ave, T. 495-3045 oder 495-1910.
- **Carpenter Center for the Visual Arts:** 24 Quincy Street, T. 495-3251. Das einzige Großprojekt von Le Corbusier in den USA.
- **Peabody Museum of Archeology and Mineralogy:** leider ohne Einzelheiten. Wir bitten um Angaben. Sehenswert weniger wegen seiner bekannten »gläsernen Blumen« als für die Darstellung der Geschichte der Indianer und anderer Völker.

Geschäfte in Cambridge

Zwei lohnende Einkaufszentren:
- **Garage:** J.F. Kennedy Ave, Ecke Mount Auburn.
- **Galeria:** J.F. Kennedy Ave, Ecke Winthrop.

Boston per Anhalter verlassen

- In Richtung Norden: U-Bahn Haymarket. Die Autobahn nach links nehmen.
- Nach New York: U-Bahn Riverside. Nach Verlassen des Bahnhofs an der rechts sich erhebenden Autobahn entlanglaufen; bis zur 1 km entfernten Mautstelle der Turnpike 90.

In der Umgebung

● Zwei **Strände** an der nördlichen Endhalte der »Blue Line« bieten ein Maximum an sandwichverschlingenden Durchschnittsamis in ihren Schlitten dar, die Stereoanlage bis zum Anschlag aufgedreht. Fotoapparate obligatorisch für die »Jagd« nach ausgefallenen Exemplaren der Spezies Mensch. Wer ein Fahrzeug zur Verfügung hat, sollte dem Strand in Newport den Vorzug geben, da das Wasser dort wärmer ist, oder gleich nach Cape Cod sausen.

● *Salem:* historische Kleinstadt, 25 km nordöstlich von Boston; 1629 gegründet.
Schauplatz berüchtigter Hexenprozesse (vgl. das Stück von *Arthur Miller*). Salem weist zahlreiche alte Häuser und ansprechende Museen auf und ist leicht mit dem Bus zu erreichen, der schnell und nicht teuer ist.
− **Auskunftsstelle der Salem Chamber of Commerce:** Old Town Hall, 32 Derby Square, T. (617) 744-0004.

● *Plymouth:* geschichtsträchtige Stadt, 80 km im Süden von Boston. Verfügt als solche über eine Vielzahl historischer Bauten, darunter das *Antiquarian House,* 126 Walter Street, ausstaffiert mit eleganten Möbeln aus dem 19. Jh.; das *Mayflower Society House,* 4 Winslow Street; das älteste Bauwerk, genannt *Richard Sparrow House,* von 1640; *Harlow Old Fort House,* 119 Sandwich Street, und in derselben Straße, das *Jabez Howland House;* das *Spooner House,* 27th North Street, etc. Town Wharf heißt der pittoreske kleine Hafen von Plymouth. Auch das *Pilgrim Hall Museum* in der Court Street mit vielen Erinnerungen an die ersten Einwanderer ist sehenswert. Brauchbare Prospekte usw. in der Plymouth Area Chamber of Commerce, 91 Samoset Street.
Wen es nach einer Runde Angeln im Meer gelüstet, den nehmen die Fischer jeden Morgen um 6.15h für ca. 25 $ mit auf Fischzug. Seine Angelschnur sollte man selber mitbringen. Mit etwas Glück bekommt man dabei einen Wal zu Gesicht.

● *Plimoth Plantation:* 3 km südlich von Plymouth. Die Straße 3A über die Ausfahrt 4, Plimoth Plantation Highway, verlassen. T. 746-1622, geöffnet von 9-17h: von April bis November, das Pilgrim Village, und von Mai bis Oktober, das Wampanoag Summer Encampment. *Plimoth Plantation* ist ein lebendes Museum des 17. Jhs. an der Stelle, wo sich 1620 die *Pilgrim Fathers* niedergelassen haben. Das Museum versucht das Leben der Kolonisten und das ihrer eingeborenen Nachbarn, der Wampanoag, nachzuempfinden. Ein paar Schritte weiter, eine Kopie der *Mayflower.* Man kann sich an Bord des Schiffes begeben, mit dem die *Pilgrim Fathers* über den großen Teich schipperten. Geöffnet bis 18.30h, Cafeteria am Ort. Praktisch, wenn man den ganzen Tag dort verbringen will.

● *Cape Cod:* ungefähr 120 km südlich von Boston, eine sichelförmige Halbinsel, von der ein Großteil, nämlich der Naturpark von *Cape Cod National Seashore,* unter Naturschutz steht. Traumhafter Landstrich mit langen weißen Stränden und alten Kleinstädten, von Homosexuellen und Künstlern bevölkert. Auch Familie Kennedy besitzt hier einen Landsitz. Wir schlagen einen Besuch der beschaulichen Ortschaften am Rande der Halbinsel vor: Sandwich, Hyannis, Falmouth, Chatham, Orleans und Provincetown am äußersten Ende der Halbinsel. Kulturbeflissenen bieten sie etliche kleine Museen für Kunst und Geschichte, verhinderten Lokomotivführern die Museumsbahn von 1920, die Buzzards

Bay, Sandwich und Hyannis miteinander verbindet. Auskünfte unter T. 771-1145.

– **Auskunftsbüro** (Cape Cod Chamber of Commerce): an der Kreuzung der Straßen 6 und 132 in Hyannis.

– **Hyannis Youth Hostel:** 465 Falmouth Rd, Hyannis MA 02601, T. (617) 775-2970. Gemütliche Jugendherberge. Vormerkung im Juli und August unumgänglich. Zwei weitere Jugendherbergen: in Orleans und Thruro. Von Boston nach Cape Cod: Bus vom Greyhound Terminal aus, Fahrplanauskünfte: T. 423-5810 und 773-9400. Möglichkeit, Bus- und Zugfahrt miteinander zu verbinden: Double Decker Bus und der Cape Cod and Hyannis Railroad, T. (617) 629-2300. Mit dem Flugzeug eine halbe Stunde Flug nach Provincetown. Mehrere Flüge täglich.

● *Nantucket:* Insel an der Breitseite von Cape Cod, die sich ihren alten Charme bewahrt hat. Bezaubernde Häuser auf Pfahlwerk am Hafen. Wie romantisch ... Ruhige Lokale und weiße Sandstrände. Feinschmecker haben Gelegenheit, regelrechte Meeresfruchtorgien zu veranstalten. Besonders zu empfehlen: das fabelhafte *Nantucket Bay Scallop*. Außerhalb der Saison herrscht hier eine unbeschreiblich friedliche Atmosphäre. Camping ist auf der ganzen Insel verboten!

Mit dem Boot von Hyannis kommt man das ganze Jahr über nach Nantucket; T. (617) 775-7185 und 540-2022. Mit dem Wagen ist Vorausbuchung ein Muß. Im Sommer auch von Woods Hole erreichbar.

– **Auskunftsbüro:** Nantucket Island Chamber of Commerce, Pacific Club, Dept. B Nantucket, MA 02554, T. (617) 228-1700.

– **Star of the Sea Youth Hostel:** Surfside, Nantucket, MA 02554, T. (617) 228-0433. Im Juli und August unbedingt reservieren. Vom 1. April bis 31. Oktober in Betrieb. Bezaubernde Jugendherberge in einer ehemaligen Seerettungsstation, unweit der Küste.

● *Martha's Vineyard:* ehemaliger Walfangstützpunkt in einer besonders abwechslungsreichen Landschaft, eingebettet zwischen Stränden und Klippen. Das ideale Plätzchen, um wieder auf die Beine zu kommen oder eine Fahrradtour zu unternehmen. Mit dem Boot von Hyannis oder Woods Hole aus ansteuern. Wer nicht gerade mehrere Tage auf der Insel verbringt, lasse den Wagen auf dem Festland, da man sonst viel Zeit und Geld verliert. Einige Meilen von Wood's Hole entfernt liegt ein Parkplatz (ca. 8 $/Tag) mit Pendelbus zum Hafen

– **Martha's Vineyard Youth Hostel:** Memorial Hostel Edgartown Rd, W. Tisbury, MA 02575, T. (617) 693-2665. Im Juli und August Reservierung unbedingt erforderlich. Geöffnet vom 1. April bis 30. November.

● *Gloucester:* in dieser Kleinstadt nördlich von Boston (Zugverbindung) führt eine Firma Bootsfahrten durch, bei denen man anscheinend gute Aussichten hat, den ein oder anderen Wal zu erspähen. Andernalls erhält man eine neue Fahrkarte.

– **Cape Ann Whale Watch:**
Rose Wharf, 415 Main St., T. (503) 283-5110.

– **Acadia National Park:** einziger Nationalpark der Ostküste. Von Bedeutung für alle, die es weiter nach Maine zieht. Erreichbar über Flughafen *Bangor* oder per Bus mit der New England Transit Company, T. 207-772-6587 zwischen Mitte Juni und Labor Day. Mit dem Wagen ab Bangor die US 1A nach Süden, Richtung Ellsworth, darauf Route 3 Süd zum Hulls Cove Eingang. Gebühr für den Wagen etwa 6$ und 3 $ pro Person.

Gelegenheit zum Wandern, alle möglichen Sportarten wie Fahrradfahren, Bootssport, Angeln, Reiten usw., wundervolle Küstenlandschaft, von Gletschern geformt. Sehr schön ist u.a. der Sargent Drive am Somes Sound nach Northeast Harbor.

- **Auskunft:** T. 288-3338.
- **Verkehrsbüro in Bar Harbor:** 800-288-5103
- **White Birches Campground:**
Mount Desert Island, T. 44-3797. Mittelmäßig, aber preisgünstig mit 16 $ zu zweit. Im Wald gelegen. Nachts kann's verflixt kalt werden.

DIE NIAGARAFÄLLE (Vorwahl: 716)

Vorausgeschickt sei, daß die Wiederentdeckung des Naturwunders als Touristenmagnet einfach widerliche Formen angenommen hat. Gleichwohl lohnt eine Besichtigung der Wasserfälle auch heute noch. Lieber ein Zelt mitschleppen, als für ein Hotelzimmer zu blechen. Die Preise sind horrend und alles Übrige ist so teuer, daß man eigentlich nur noch von Bauernfängerei sprechen kann. Die Niagarafälle zählen auch zu den beliebtesten Zielen für Flitterwöchner: *water bed, adult movies* ... alles Geschmacksache. Das *Honeymoon Certificat* gibt's in der *City Hall*, dem Rathaus. Na ja, im Grunde ist die ganze Angelegenheit ja doch recht spektakulär. Um unseren Lesern den Mund erst richtig wäßrig zu machen, schlagen wir einen Kinobesuch vor: *Niagara* heißt der nicht eben anspruchsvolle Streifen; mit Marilyn, versteht sich. Oder sollte man Jungvermählten ein solches Ehedrama in den ersten Wochen ihres Glücks besser nicht zumuten? Historisches Ereignis: 1936 froren die Niagarafälle ein.

Reisefiebrige, die von den USA nach Kanada ziehen, sollten sich die kanadische Seite der Niagarafälle zumindest für die Dauer eines Gläschens oder einer Mahlzeit anschauen. Das kanadische Ufer ist eh um einiges schöner! Ausreichend kanadisches Geld mitnehmen, man wird sonst gnadenlos ausgetrickst. Das Visum ist kein Hindernis.

- **Auto Driveaway** in Buffalo: 599 Niagara Falls Bd, T. (716) 833-8500.
- **Flughafen Buffalo:** Greater Buffalo International Airport, T. 632-3155.

Um unmittelbar zu den Niagarafällen zu gelangen, nimmt man den »Niagara Scenic Bus«, was aber die Reisekasse teuer zu stehen kommt, ansonsten den Bus zum Bahnhof von Buffalo, um von dort aus mit Bus 40 zum Bahnhof von Niagara Falls weiterzufahren. Wer per Amtrak anrückt, darf erstmal so sechs Dollar fürs Taxi ausgeben.
Vor dem Ausgang (gegenüber der Gepäckkontrolle) werden am Schalter »Mutual of Omaha« Fahrscheine für den Bus zur kanadischen Seite der Niagarafälle verkauft.
Autofahrer nehmen zur kanadischen Seite die Brücke. Maut rund 1 $. Grenzübertritt ohne Schwierigkeiten. Parkgebühren in Kanada etwa 9-11 $.

● *Kanadische Seite*

In Buffalo fährt ein Greyhoundbus ab, der Besucher unmittelbar auf die kanadische Seite kutschiert. Also den Paß nicht vergessen, damit es niemandem so ergeht wie uns.

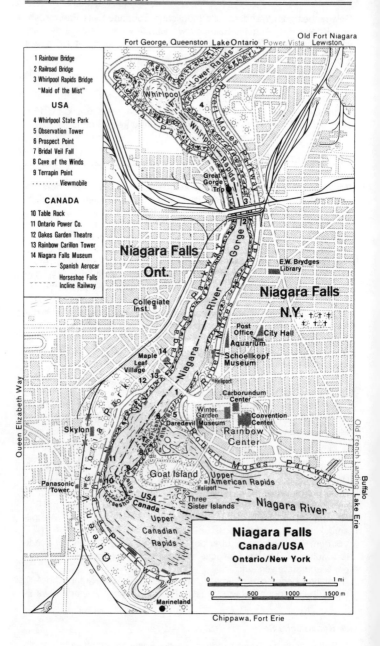

1 Rainbow Bridge
2 Railroad Bridge
3 Whirlpool Rapids Bridge
"Maid of the Mist"

USA

4 Whirlpool State Park
5 Observation Tower
6 Prospect Point
7 Bridal Veil Fall
8 Cave of the Winds
9 Terrapin Point
.... Viewmobile

CANADA

10 Table Rock
11 Ontario Power Co.
12 Oakes Garden Theatre
13 Rainbow Carillon Tower
14 Niagara Falls Museum
–·–·– Spanish Aerocar
      Horseshoe Falls
      Incline Railway

Fort George, Queenston Lake Ontario Power Vista Old Fort Niagara
Lewiston

Niagara Falls Ont.

Niagara Falls N.Y.

E.W. Brydges Library

Collegiate Inst.

Post Office City Hall

Aquarium

Schoellkopf Museum

Heliport

Maple Leaf Village

Carborundum Center

Winter Garden Convention Center

Daredevil Museum

Rainbow Center

Skylon

Goat Island Upper American Rapids

Heliport

Panasonic Tower

Three Sister Islands

Niagara River

USA Canada

Upper Canadian Rapids

Niagara Falls
Canada/USA
Ontario/New York

0   ¼   ½   ¾   1 mi
0   500   1000   1500 m

Queen Elizabeth Way

Old French Landing, Lake Erie Buffalo

Marineland

Chippawa, Fort Erie

– Wesentlich billiger ist es, in Buffalo den Bus in Richtung Rainbow Center bzw. Bahnhof Niagara Falls bis zur auf die kanadische Seite führenden Rainbowbrücke zu nehmen.

Selbst auf die Gefahr hin, uns ein paar Menschen mehr zum Feind zu machen, behaupten wir schlicht, daß wir die kanadische Seite der Fälle der amerikanischen vorziehen. Den *Scenic Tunnel* nicht verpassen. Jeder kriegt eine Riesenkapuze und findet sich in einer Gruppe von zwanzig Leuten wieder, die alle auf die gleiche Weise bekleidet sind. Mit dem Fahrstuhl gelangt man in die mysteriösen unterirdischen Tunnel. Man kommt sich vor wie das Mitglied eines Geheimbundes. Auf etwa 7 $ beläuft sich der Spaß.

Es wäre Verschwendung, einen ganzen Tag für einen solchen Abstecher vorzusehen: alles Sehenswerte hat man innerhalb von ein bis zwei Stunden abgehakt. Es sei denn, man macht's wie der amerikanische Durchschnittsverbraucher, hält sich im Wachsmuseum auf und begafft die Stelle, wo der Papst mal war.

– **Drahtseilbahn:** Whirlpool Aerocar.

– **Table Rock House:** 7,5 m vom Fluß entfernt. Im zweiten Stock ist eine Wechselstube eingerichtet. Packendes Panorama, insbesondere abends, wenn die Fälle angestrahlt werden.

– Ausflug zur *großen Schlucht* und den *Stromschnellen:* nichts Besonderes.

– Das »Wasserfallmuseum« (kanadische Seite) in der Nähe der Rainbow Bridge: der Besuch lohnt sich. Verfügt neben Zeitungsartikeln und Erinnerungen an die Heldentaten derer, welche die Fälle überquert haben, über eine der schönsten Mumien der Welt. Zwei Nachteile: nicht klimatisiert und überteuert.

– Unerläßlich für Hobbyfotografen: ein Erklimmen des *Skylon Towers*. Traumhafter Blick auf die Niagarafälle. Lohnt sich!

– Auf der kanadischen Seite: niemals über das Mäuerchen gegenüber dem amerikanischen Teils der Fälle steigen, um sich dort auf dem Rasen auszustrecken!

– Flug per Hubschrauber über die Fälle.

– **Maid of the Mist** heißt ein kleines Boot, das sich von der kanadischen oder auch der US-Seite aus ganz nah an die Fälle heranwagt. Von letzterer her billiger.

● *Amerikanische Seite*

– Aussichtspunkt im Prospect Park: Turm, von dem aus man einen guten Überblick über die Fälle hat. Hier kann man in die *Maid of the Mist* einsteigen (s.o.).

– Daneben gibt's die *Cave-of-the-Winds*-Führung, die per Fahrstuhl zur »Basis« der »Bridal Veil Fälle« gehen. Besucher können so das herabstürzende Wasser betrachten und auch beim Gang über die Holzbauten spüren. Trotz der Regenmäntel wird jeder reichlich naß, so daß kurze Hosen angesagt sind. Ein Erlebnis!

– Hinweis für Popfreunde: die riesige Brücke namens *Rainbow Bridge* – der Regenbogen ist bei starker Sonneneinstrahlung zu sehen – wurde von *Jimmy Hendrix* besungen. Wer rüber nach Kanada will, wird selbst als Fußgänger mit einer Maut belegt. Schöner Empfang ....

Seit neuestem werden die Fälle abends oft nicht mehr angestrahlt.

Kost und Logis

● *Kanadische Seite*

- **Niagara Falls Hostel:** 4699 Zimmerman Ave, T. (416) 357-0770. Nahe bei der kanadischen Greyhoundhaltestelle. Von 10-17h geschlossene Jugendherberge mit vierzig Betten. Nette Aufnahme, Fahrradvermietung und Kochmöglichkeit sind Pluspunkte. Ungefähr zwei Meilen von den Fällen entfernt, stromabwärts am Niagara. Jugendherbergsausweis verlangt. Verkehrsanbindung mit Bus der Linie 1; verkehrt jedoch sonntags nicht. Eine angenehme Bleibe im englischen Cottage-Stil.
- Einige traumhafte **Zeltplätze** in Reichweite der Wasserfälle. Vor Mücken sei gewarnt!
- **Niagara Glen View:** 3950 Victoria Ave, T. (416) 358-8689. An die 3 km von den Fällen entfernt und unverschämt teuer. Verfügt über ein Lebensmittelgeschäft, ein Schwimmbad und liegt am Flußufer. Nichts für Lärmempfindliche, da in unmittelbarer Nachbarschaft des Hubschrauberlandeplatzes.
- **Lamplighter Motel:** 5257 Ferry Street. T. (416) 356-2842. Schwimmbad, Wasserbett ... Ein Preisvergleich lohnt sich.
- **Round the Clock Family Restaurant:** 829 Main Street. In der Stadtmitte. Tägl. von 6-2h, freitags bis 18h. Cafeteria im Stil der Sechziger. Günstige Clam Chowders, Burger, Kürbispateten usw.

● *Auf der amerikanischen Seite, in Niagara Falls City*

- **YMCA:** 1317 Portage Rd und Pierce Ave, T. 285-8491. Neben der Öffentlichen Bibliothek. Für Männlein und Weiblein. Zimmer gut in Schuß, aber nur ein einziges Bad pro Etage. Schwimmbad oder Sporthalle für die Fitness. Nicht übel, finden wir.
- **Youth Hostel:** 1101 Ferry Ave, T. (716) 282-3700 oder (716) 285-9203. Von 9-17 und 24-6h geschlossen. Nicht weit vom Greyhound. Jugendherbergsausweis wird verlangt. Die Herbergseltern machen einen ausgesprochen sympatischen Eindruck. Morgens kostenloser Kaffee. Die Herberge ist leicht auszumachen: die amerikanische *stars and stripes* flattert an einem Fahnenmast mitten auf dem Rasen. Ermäßigungen für die *Mist of the Maid*.
- **All Tucked Inn:** 574 3rd Street, T. 282-0919, vier Blocks von der Busendhalte und zehn Minuten zu Fuß von den Fällen. Empfang ab 9h, Zapfenstreich um Mitternacht. Luxuriöse Doppelzimmer mit Gemeinschaftsbad wie im YMCA. Preise so knapp 60 $ zur Hochsaison fürs Doppelzimmer.
- Leser wiesen darauf hin, daß günstige Übernachtungsmöglichkeiten in der Universität von Buffalo bestehen. Von dort aus erreicht man mit einer direkten U-Bahn Verbindung sowohl die Stadt und als auch den Greyhoundbahnhof. Wer sendet nähere Angaben?

Für alle, die's weiter nach Kanada zieht, hier eine erste preiswerte Anlaufstelle in Toronto:
- **Toronto Leslieville Home Hostel:** 185 Leslie Street M4M 3C6, T. 416-461-7258. Nach Sarah oder Bob fragen.

CHICAGO (Vorwahl: 312)

Gesprochen ohne »t« vorne, ebenso »Michigan«. Als Weltstadt der Architektur ist es der Stadt nun doch gelungen, von ihrem üblen Leumund wegzukommen. Es wurde aber auch Zeit, denkt man an die Zahl der Touristen, welche die Metropole am Michigansee von vornherein gar nicht erst in ihr Programm aufgenommen hatten. In der Hitparade der unsichersten Städte Amerikas liegt Chicago nur noch an siebter Stelle, weit hinter Miami (1. Platz) oder Los Angeles. 1982 kor die Bürgermeisterkonferenz der USA sie sogar zur angenehmsten Wohnstadt. Tatsächlich ist der Gegensatz – von New York kommend – verblüffend. Chicago erscheint erstaunlich sauber und ruhig!

Dessen ungeachtet ist Chicago eine Stadt der Superlative: Sitz des ältesten Schachclubs des Mittleren Westens, größtes Hotel der Welt – *Conrad Hilton* mit 2345 Zimmern – größter Getreidemarkt der Welt, größtes Aquarium der Welt und, seit kurzem, auch der höchste Wolkenkratzer der Welt:»Sears Tower« mit 443 m und 110 Stockwerken. Damit hat Chicago New York auf die Plätze verwiesen: die Türme des Trade Center erreichen nur läppische 412 m.

Abgesehen davon, wundert man sich in Chicago über gar nichts mehr: sollte ein Fluß in die falsche Richtung fließen, wird er kurzerhand umgeleitet! So geschehen mit dem *Chicago River*, der nicht mehr in Richtung Michigan See (ebenfalls kein »t« gesprochen) fließt, sondern zum Golf von Mexiko entwässert! Chicago ist auch die *Windy City* der Vereinigten Staaten. Das Thermometer scheint verrückt zu spielen: -60°C im Winter und +40°C im Sommer sind keine Seltenheit.

Nicht zu vergessen, das intensive Kulturgeschehen und die zahlreichen kostenlose Konzerte.

Ein wenig Geschichte

In geschichtlicher Zeit diente der Platz als Durchgangs- und Verbindungspunkt für Indianer, Forscher und Missionare zwischen Kanada und dem Mississippibecken, bevor er sich zum ständigen Stützpunkt des Fellhandels entwickelte. 1803 wurde an der Mündung des Chicago River ein Fort errichtet. Dieses wird, im Verlauf der Eroberung des Westens, zur unumgänglichen Etappe auf der Eroberung unbekannter Landesteile. Mitte des letzten Jahrhunderts hatte Chicago sich zu einem bedeutenden Eisenbahnknotenpunkt gemausert und bildete den Anfangspunkt der 1869 fertiggestellten, berühmten »Union Pacific«-Linie nach San Francisco. Chicago profitierte vom Bürgerkrieg, indem es seinen Konkurrenten Saint Louis ausstach, das zu nah am Schlachtfeld lag. Die Stadt ist bald Schauplatz einer der größten Viehmärkte und entwickelt parallel dazu eine Industrie. Upton Sinclair schilderte 1906 in »The Jungle« – auch auf Deutsch erschienen – die unglaublichen hygienischen und sozialen Verhältnisse so eindrucksvoll, daß innerhalb von sechs Monaten aufgrund öffentlichen Skandals die Gesetze, Nahrungsmittel betreffend, verschärft wurden. Ob sich deswegen auch etwas auf sozialem Gebiet getan hat, ist uns unbekannt. Noch 1833 werden gerade 400 Einwohner gezählt, 1870 sind es bereits 300.000, eine Million im Jahre 1890, zwanzig Jahre später bereits zwei Millionen und heute, unter Einbeziehung der Vorstädte, acht Millionen Einwohner.

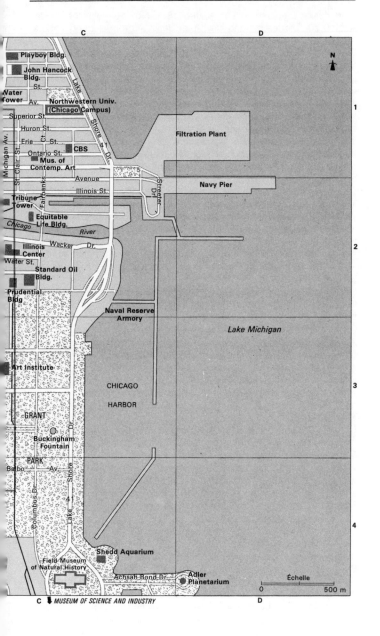

Playboy Bldg.

John Hancock Bldg.

Water Tower

Northwestern Univ. (Chicago Campus)

Superior St.

Huron St.

Erie St.

Ontario St.

CBS

Mus. of Contemp. Art

Michigan Av.

St. Clair St.

Fairbanks Ct.

Avenue

Illinois St.

Tribune Tower

Equitable Life Bldg.

Chicago River

Wacker Dr.

Illinois Center

Water St.

Standard Oil Bldg.

Prudential Bldg

Art Institute

GRANT

Buckingham Fountain

PARK

Balbo Av.

Columbus Dr.

Lake Shore Dr. 41

Shedd Aquarium

Field Museum of Natural History

Achsah Bond Dr.

Adler Planetarium

Lake Shore 41 Dr.

Streeter Dr.

Filtration Plant

Navy Pier

Naval Reserve Armory

Lake Michigan

CHICAGO

HARBOR

N

C

D

1

2

3

4

Échelle

0   500 m

C ⬇ MUSEUM OF SCIENCE AND INDUSTRY

D

Eine riesige Feuersbrunst im Jahre 1871 gibt den entscheidenden Anstoß zur Modernisierung der Stadt unter Zugrundelegung anderer Maßstäbe und Baumaterialien.

Das Jahr 1886 stand im Zeichen von Streiks und Arbeiterunruhen. Sechs Gewerkschaftsführer werden, nach einem Schauprozeß, gehängt. Der 1. Mai, der Tag der Urteilsvollstreckung, wird seitdem international als Tag der Arbeit gefeiert. Die berühmte »Prohibition« von 1919-1933, die jeglichen Verkauf von Getränken mit einem Alkoholgehalt von über 0,5 % untersagte, verursachte eine industriemäßig betriebene illegale Destillation und die Entwicklung der *Speakeasies* (heimlicher »Flüsterkneipen«). Der Bandenkrieg um diesen fruchtbaren Markt kostete Hunderte das Leben und führte generell zu einer Stärkung organisierten Verbrechens, besonders der Mafia. Das Geld floß in breiten Strömen, zum großen Teil jedoch in die Taschen der unlauteren Polizisten und Politiker. Nebenbei: die Mafia war in Italien fast völlig unter Mussolini zerschlagen worden. Ihren Aufschwung in der Nachkriegszeit verdankt sie allein den Amerikanern, die sie gegen linke Gewerkschaftler und Parteien einsetzten.

Im Verlauf eines der blutigsten Jahre registrierte man 1.059 Verbrechen jeglicher Art, von denen nur fünfundzwanzig Fälle aufgeklärt wurden! Mord und Korruption haben Chicago für lange Zeit einen negativen Stempel aufgedrückt.

Mitten im Vietnamkrieg, 1968, wurden gewaltige studentische und pazifistische Demonstrationen vor dem demokratischen Nationalkonvent brutal zerschlagen. Diese Ereignisse zeichnen noch heute die Generation der Vierzig- und Fünfundvierzigjährigen.

Zur Zeit ist Chicago zweitbedeutendster Industriestandort des Landes und einer der wichtigsten Finanzmärkte der Welt. Hier wird der Preis für Weizen und Soja festgelegt. 1971 sind die großen Schlachthöfe nach Kansas City abgewandert. Die Dynamik der Stadt hat allerdings auch eine ultrakonservative, einseitig an wirtschaftlichen Erfordernissen ausgerichtete Denkweise hervorgerufen: die »Chicagoer Schule«, jene Theorie von *Milton Friedman*, die auf einem völligen wirtschaftlichen Liberalismus gründet. Ihre mit dem Spitznamen »Chicago Boys« versehenen Anhänger waren u.a. Berater von Pinochet in Chile, wo dieser Monetarismus nicht nur völlig versagte, sondern großes Unheil über die Leute brachte, ähnlich auch im thatcherschen England. Glücklicherweise bietet Chicago ein anderes Bild. Zunächst einmal als der recht erfolgreiche *Melting-Pot*. Stärker als in anderen Städten spürt man das Bestreben der irischen, italienischen, jüdischen, polnischen – Chicago ist die zweitgrößte »polnische« Stadt der Welt – und anderen Ethnien, sich zu integrieren. Die Einwohner von Chicago stellten ihre offene Geisteshaltung auch unter Beweis, als sie 1979 eine Frau (*Jane Byrne*) an die Spitze der Millionenstadt setzten und als sie 1983 einen schwarzen Bürgermeister, *Harold Washington*, wählten, obwohl der Anteil der Schwarzen nur vierzig Prozent beträgt und von diesen nur wenige an Wahlen teilnehmen. Seit dem legendären Chicago eines Al Capone sind im Geschichtsbuch einige Seiten umgeblättert worden.

Im Jahre 1992 übrigens, wurde bei Bauarbeiten der Chicago River angebohrt und ein fast vergessenes Tunnelsystem aus dem letzten Jahrhundert von 80 km Länge geflutet. Folge: die ganze Innenstadt blieb zwei Tage ohne Strom, Dutzende von Gebäuden mußten geräumt werden, darunter der Sears Tower, das höchste Gebäude der Welt. In manchen Gebäuden stand das Wasser 10 m hoch in den Kellern. Ange

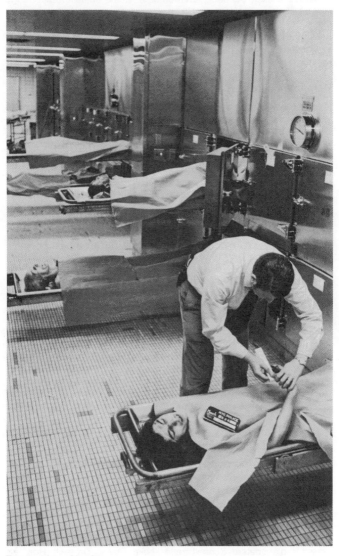

Beute einer Nacht

legt zum Transport von Kohle, Post und Warenlieferungen, blieben die Gänge bis in die fünfziger Jahre in Benutzung. Ab 1906 hatten sogar Elektrozüge diese Aufgabe übernommen. Heute enthalten die Gänge Glasfaserkabel und Kabel der Stromversorgungsgesellschaft. Unterhalb dieses Systems liegt anscheinend noch ein weiteres, über das uns nur bekannt ist, daß die Verantwortlichen die Wassermassen dorthin ablassen wollten. Es wäre nett, wenn jemand weitere Angaben dazu senden könnte.

Vom merkwürdigen Schicksal einer Mauer

Hier nun eine Anekdote, die das Bemühen der Chicagoer zeigt, ihre Vergangenheit auszumerzen. Niemand hat jene berühmte Episode des Bandenkrieges vergessen: das »Massaker von Sankt Valentin«. Am 14. Februar 1929 wurde ein Dutzend Männer im Auftrag von *Al Capone* vor der Mauer einer Autohalle erschossen. Als Symbol eines verwerflichen Geschehens wurde diese Autohalle vor zwanzig Jahren abgerissen. Ein reicher Geschäftsmann aus Vancouver, *George Patey*, hingegen kaufte die berüchtigte Mauer und wollte sie einem Freund schenken, der gerade ein im Stil der Prohibitionszeit ausgestattetes Restaurant eröffnete. Der Freund lehnte dankend ab, mit der Begründung, der Anblick werde seinen Kunden den Appetit verderben. Der Unternehmer bot seine 417 Steine nun der Stadtverwaltung an, um sie für ein Antikriminalitätsdenkmal auf einem öffentlichen Platz zu verwenden. Es gab heftige Reaktionen gegen diesen Vorschlag. Selbst ein Museum für Verbrechen lehnte den Besitz der verfluchten Mauer ab. Da Chicago von seiner »Mauer« nichts wissen wollte, nahm der Unternehmer sie mit nach Vancouver, wo sie tatsächlich einen Platz fand ... in der Herrentoilette einer Diskothek, dem *Banjo Place*. Die Leidensgeschichte ist damit jedoch bei weitem noch nicht abgeschlossen. Es dauerte nicht lange, bis auch Frauen kamen, um sich die berüchtigten Steine anzusehen. Um also jedwede unsittliche Kalamität zu vermeiden, mußten eigens Tage für das Weibervolk eingerichtet werden!
Heute ist das *Banjo Palace* geschlossen und die Mauer wieder auf der Suche nach einer neuen Bestimmung. Bleibt abzuwarten, ob dem Reststück der Berliner Mauer in der Bernauer Straße ein ähnliches Schicksal bevorsteht ...

Chicago und die Architektur

Eines schönen Abends im Jahre 1871 versetzte die Kuh von Mrs. *O'Heary* einer Petroleumlampe einen Tritt. So begann das flammende Inferno, das ein Drittel der Stadt und das gesamte Geschäftsviertel verschlang. Chicago schuldet diesem Ereignis seinen Titel als »Welthauptstadt der Architektur«, hatte zunächst jedoch 250 Tote und 20.000 zerstörte Häuser zu beklagen. Tausende Tonnen Schutt, die in den See geschoben wurden, bildeten, nebenbei bemerkt, die Grundlage für die spätere Schnellstraße »Lake Drive«. Da sich Holz als unzweckmäßig erwiesen hatte, gingen Architekten, Stadtplaner und Ingenieure auf die Suche nach anderen Baumaterialien. Das traf sich gut, da die Stahlwerke gerade so weit waren, einen Stahl zu entwickeln, der über Zug- und Druckfestigkeit verfügte. Eine entscheidende Entdeckung, da die Verwendung von Stahl für die tragenden Teile eines Gebäude viele knifflige Probleme löste: das Eigengewicht der Konstruktion; die erforderliche hohe Windbelastbarkeit (gerade in Chicago ist diese sehr hoch) den Einfluß der Sonne, unter deren Einstrahlung sich die Fassaden ausdehnen, während sie sich im Norden zusammenziehen usw. Die Stahlbautechnik leistete also den ersten Wolkenkratzern Geburtshilfe. Drei Architekten und mit ihnen drei Perioden symbolisieren die Architektur Chicagos: *Sullivan, Wright* und *Mies van der Rohe. Sir William*, genannt Baron Jenney, entwickelte 1885 das erste Gebäude mit Metallstruktur, das *Home Insurance*, das längst schon wieder verschwunden ist. *Louis H. Sullivan* verdankt Chicago seine ersten Kunststwerke. Der »Wolkenkratzerpoet« öffnete mit seinem Spruch »form follows function« (die Form muß sich der Funktion beugen) erst die Tür zum großen Abenteuer.

Zu Beginn hielt man sich stark an den europäischen Architekturvorbildern. So wurden die Gebäude mit Renaissance-, Gotik- und Romanikfassaden versehen, ja man scheute selbst vor Anleihen in der Antike nicht zurück. *Daniel H. Burnham* und sein Partner *John W. Root* stachen in diesem Genre besonders hervor. Als herausragende Vertreter der Chicagoer Schule sollten *William Holabird* und *Martin Roche*, Erbauer des berühmten Tacoma Building von 1886, unbedingt erwähnt werden. Der Assistent von Sullivan (von 1887-1893), *Frank Lloyd Wright*, mit seiner eher antikonformen Geisteshaltung, eine Rückkehr zum Neoklassizismus konstatierend, wollte die Sache weitertreiben. In seinen Augen stießen die neuen Materialien und Techniken bald an ihre Grenzen, wenn nicht auch der Innenraum, der Platz des Individuums in der Architektur und sein Verhältnis zur Natur neu überdacht werden würde. Er wandte seine Grundsätze zunächst bei Privathäusern an, bevor er sie auf seine grandiosen Werke wie das Guggenheim-Museum in New York übertrug. Wright versuchte, bedrückende Enge zu vermeiden, schuf in Wohnungen mehrere Halbgeschosse, die sich harmonisch mit Öffnungen und äußeren Galerien ineinanderfügen. Er nahm im übrigen 1889 sein eigenes Haus in Oak Park in Angriff.

Ludwig Mies van der Rohe, deutscher Architekt und ehemaliger Leiter des Bauhauses, mußte vor dem nationalsozialistischen Regime flüchten und arbeitete seit 1937 in den Staaten. Er erneuerte die Architektur von Grund auf, indem er seit den vierziger Jahren verstärkt große Glasflächen, ob nun plan oder gebogen, einsetzte. Sein Verständnis für einfache, strenge Formen und Proportionen war hoch entwickelt. Ihm verdankt Chicago den geschwungenen Lake Point Tower und New York den berühmten Seagram. Auch er machte Schule und seine Nachfolger verfielen samt und sonders einer Architektur aus Stahl und Glas, die den Gebäuden den fantastischen Effekt von Vertikalität verleiht, jene die unendlichen Weiten des Himmels erobernden Formen ...

Ankunft am Flughafen

Chartert man ein Taxi zu viert, kommt das billiger als der Bus.
Abgesehen davon erweist sich auch die U-Bahn als praktisch und ist nochmals um einiges preiswerter als der Bus. Am Flughafen die *Blue Line* nehmen. In der U-Bahn um ein »transfer« bitten, um anschließend in den Bus umsteigen zu können. Kaum 35 Minuten benötigt man, um für rund 1,80 $ die Innenstadt zu erreichen; für die Umsteigekarte sind rund 60 Cents lockerzumachen.

Anreise über die Straße

Zahlreiche **Toll Freeways:** gebührenpflichtige Autobahnen. Immer reichlich Kleingeld in Form von 25 cents-Stücken für die Automaten in der Tasche bevorraten.

Nützliche Adressen

– **Auskunftsbüro:** 163 E Pearson (Plan B1). In der Water Tower Pumping Station, T. 280-5740 und 41. Tägl. von 9.30-17.30h besetzt.

● *Post & Banken*

– **Northern Trust Bank:** 125 S Wacker Drive, Ecke Adams Street.
Mit der Visa-Karte kommt man hier zu seinen amerikanischen Dollar.
– **American Express:** 34 North Clark Street. T. 263-6617.
– **Postlagernde Sendungen:** South Canal und West Van Buren.
– **Post:** Clark Street, Ecke Adams Street.

● *Reise*

– **Greyhound:** 630 Harrison Street bzw. Eisenhower Expw., Ecke Jefferson Street. Aufgepaßt: der Eintrag auf dem Stadtplan stimmt nicht mehr!
– **Aacon Drive-away:**
2400 E Devon, Plains Ave; T. 699-7300 und 462-7180.
– **Auto Driveaway:** 225 W Michigan Ave, Suite 1804; T. 477-5055.
Auch in der 310 S Michigan Ave, T. 939-3600.
– **Amtrak:** T. 558-1075. Der mit Grand Central Station im Plan bezeichnete Bahnhof ist der von Amtrak (Plan The Loop A4).

– **Lufthansa:** John Hancock Center,
Suite 3020, 875 N Michigan Ave, Ill. 60611, T. 312-7510111.
– **Austrian Airlines:**
444 N Michigan Ave, Suite 3540, Ill 60611, T. (312) 527-2727.
– **Swissair:** Buchung T. (312) 641-8830;
Büro: 150 N Michigan Ave, T. (312) 630-5800.

● *Konsulate*

– **Konsulat der Schweiz:** 737 N. Michigan Ave, T. 915-0061, F. -0388.
– **Österreichisches Generalkonsulat:** Wrigley Building, Suite 707,
400 North Michigan Ave, Chicago, Illinois 60611, T. 222-1515.
– **Generalkonsulat der BRD:**
104 S Michigan Ave, Chicago, Illinois 60603/USA, T. 263-0850.
– **Kanadisches Konsulat:** 310 S Michigan, T. 427-1031.

● *Apotheke & deutschsprachige Ärzte*

Apotheke
– **Walgreens:** 757 N Michigan, T. 664-8686. Rund um die Uhr und jeden Tag dienstbereite Apotheke.

Allgemeinmedizin:
– Dr. med. Rudolph W. Roesel:
2025 North Lincoln Ave., Suite 207, T. 54982427
– Dr. med. Franz S. Steinitz: 5310 North Sheridan Rd, T. 27158887

Gynäkologie:
- Dr. med. Uwe E. Freese: Cook County Hospital,
1835 West Harrison Street, T. 63386382
- Dr. med. Oscar Rosenzweig: 4600 N. Ravenswood Ave., T. 27577001

HNO:
- Dr. med. E.J. Holland: 4952 West Irving Rd, T. 68566523

Chirurgie/Allgemeinmedizin:
- Dr. med. Rudolph W. Roesel:
2650 North Lakeview, Suite 1810, T. 24817645

Zahnmedizin:
- Dr. med. Egon A. Tulke: 6430 North Central Ave., T. 7920229

● *Sonstige*

- **Goethe-Institut** (German Cultural Center): 401 North Michigan Ave,
Chicago, Illinois 60611, T. 329-0915 und 329-0917, Fax 329 24 87
- **Standard Photo Supply:** 43 E Chicago Ave, T. 440-4920. Geschäfts-
zeiten: 8-18h, samstags 10-17h. Ganz zentral, größtes Fotogeschäft der
Stadt.
- **Hot-Ticket Office:** Loop, Market Street, gegenüber von Marshall
Field & Co. Theaterkarten zum halben Preis.

Verkehrsmittel in der Stadt

- **Chicago Transit Authority (CTA):** U-Bahn, die Tag und Nacht in
Betrieb ist. Praktischer geht's kaum mehr. Das Busnetz ist verhältnis-
mäßig überschaubar. T. 836-7000.
- **Fahrradvermietung:** Village Cycle Shop, 1337 N Wells, T. 751-2488.
Im Sommer auch Fahrrad- und Rollschuhvermietung am Navy Pier,
Grand Avenue und Lake Shore Drive, und im Lincoln Park, Fullerton
Avenue und Cannon.
- **Achtung:** samstags und sonntags in den Vororten keine Busse.

Unterkunft

Für ein Zimmer ist allgemein tief in die Tasche zu greifen. Sofern möglich, sollte man sich am Wochenende einfinden, um etwaige Sonderan-
gebote der Hotels wahrnehmen zu können.

Allgemeiner B&B-Vermittler:

- **Bed & Breakfast Chicago:**
Box 14088, Chicago IL 60614, T. 951-0085.

● *Für schmale Geldbeutel*

- **Chicago International Youth Hostel:** 6318 N Winthrop Ave, JL
60660, T. 262-1011. Mit der U-Bahn bis Loyola (Howard Street N Bound
Train). Den Ausgang »Sheridan Road« benutzen, auf den Campus von
Loyola marschieren, und nach ein paar Minuten ist man am Ziel. An der
Busendstation *downtown* auf die State Street gehen und entweder Bus-
linie 151 »Sheridan-North Bound« oder ebenfalls die U-Bahn nehmen.
Dann einen halben Block in Richtung Süden laufen. Stimmungsvolle
Bleibe von Ende August bis Anfang September. Zapfenstreich ist um
Mitternacht bzw. um ein Uhr am Wochenende. Mit rund 14 $ pro Nacht
handelt es sich sicherlich um die preisgünstigste Adresse in Chicago.
Geöffnet von 7.30-10h und von 16-24h.

– **YMCA:** 30 W Chicago Ave, Höhe Dearborn Street (Plan B1); T. 944-6211. An die 650 Einzel- und 15 Doppelzimmer werden vermietet. Das YMCA ist telefonisch mit dem Greyhound verbunden. Zentraler geht's kaum, aber die Zimmer wirken ein wenig spartanisch und trostlos und besitzen keine Klimaanlage. Vom Amtrakbahnhof mit Bus 151, Halte Sheridan und Windtrop erreichbar. Dann ein halber Block bis zum Hostel. Damit ist man allerdings um einiges länger unterwegs als mit der U-Bahn. Günstige Wochenendparkplätze in der Nähe.

– **Cass Hotel:** 640 N Wabash Ave. T. 787-4030. Ausgesprochen sauber. Bad mit Badewanne, W.C. und Dusche. Für Süchtige auch ein Fernseher.

– **Tokyo Hotel:** 19 E Ohio Street, Nähe Wabash Ave (Plan B2); T. 787-4900. Vis-à-vis eines moscheeartigen Gebäudes. Hotel mit zahlreichen Zimmern, das für Chicagoer Verhältnisse relativ günstig abschneidet. Weder Klimaanlage noch Ventilatoren sind vorhanden, aber einige Zimmer sind renoviert und haben TV, vor allem in den oberen Etagen. Zufriedenstellende Absteige für das dürre Portemonnaie. Der nette Knabe am Fahrstuhl verteilt heiße Tips, wie man einen erfrischenden Durchzug herbeiführt. Sauberkeit mittelprächtig.

– **Ohio East Hotel:** 15 E Ohio, T. 644-8222; gleich neben dem *Tokyo Hotel*. Vergleichbares Genre, aber höher im Preis und qualitativ schlechter.

– **YMCA West Suburban:** in Lagrange, einer westlichen Vorstadt; T. 352-7600. Fünf Minuten von der Station Lagrange Road entfernt. Die Bahn »Burlington Northern« in der Union Station nehmen; zwanzig Minuten Fahrt. In Lagrange wieder aussteigen. Unter der Woche günstige Preise, kostenloses »Planschbecken«. In einem angenehmen Wohnvorort.

– **Arlington House:** 616 Arlington Place, T. 929-5380. Im Lincoln Park. Geöffnet von 8-22h. Übernachtung in Sechsbett-Schlafsälen zu ca. 18 $. Auch Einzel- bzw. Doppelzimmer. Küche, Waschmaschine, Schließfächer und andere Annehmlichkeiten. Sympathischen Atmosphäre, nette Lage und unweit der Busse 22 und 36, die rund um die Uhr verkehren.

● *Mittlere und gehobenere Preislage*

– **Lenox House:** 616 N Rush Street (East Ontario; Plan B2), T. (312) 337-1000. Außerhalb von Illinois, gebührenfreie Nummer: 1-800-44 LENOX. Das hübsche, fast luxuriös zu nennende, Hotel liegt strategisch günstig im Downtown und bietet traumhafte Suiten an, allerdings nur samstags und sonntags zu Spezialtarifen. Das günstigste Preis-/ Leistungsverhältnis in Chicago. Tadellose Cafeteria im Erdgeschoß.

– **Ohio House Motel:** 600 N Lasalle Street (Plan B1), T. (312) 943-6000. Zentral gelegen und, als ordentliches Hotel, das günstigste in der Stadt. Zu den Annehmlichkeiten zählt auch ein Parkplatz fürs Auto.

– **Days Inn:** 644 N Lake Shore Drive, T. (312) 943-9200. Gebührenfreies T. 1-800-325-2525. Downtown, unmittelbar am Michigansee. Bietet ebenfalls niedrige Wochenendangebote.

– **Oxford House:** 225 N Wabash Ave. T. 346-6585. Erstklassige Lage. Riesige Zimmer mit Aussicht auf den Chicago River. Kochgelegenheit vorhanden.

● *Bed & Breakfast*

Jedem offen steht auch die Möglichkeit, auf B&B-Basis unterzukommen. Bei weitem die kostengünstigste Lösung für zwei Personen; auch die preiswertesten empfehlenswerten Hotels können da nicht mithalten. Auskünfte und Buchung unter T. 951-0085.

Essen in Near North und im Loop

Near North heißt das Viertel, das sich im Norden des Chicago River bis zur Division Street erstreckt. Das Loop liegt im Süden des Chicago Rivers und beherbergt die berühmte Hochbahn auf Stelzen.

● *Für schmale Geldbörsen*

– **Ed Debevic's:** 640 N Wells; in Near North (Plan A2); T. 664-1707. Von 11h bis Mitternacht geöffnet, freitags und samstags bis 1h morgens, sonntags bis 22h. Ein nagelneuer, riesiger Schuppen, Mischung aus Bar, Restaurant und Disco, im Stil der Sechziger. Cocktailangebot auch für gehobene Ansprüche. Man speist ausgesprochen gut zu einen recht verdaulichen Preis und hat beste Aussichten, nette Bekanntschaften zu schließen. Den »Hoppin John's Atomic Burger«, Chilis und die reichhaltigen Salate probieren. Häufig ergeben sich lange Wartezeiten, bis man endlich einen Platz ergattert.

– **Giordanos:** 747 N Push Street, T. 951-0747. Von 11h bis Mitternacht geöffnet; freitags und samstags bis um 2h, sonntags von 12h bis Mitternacht. Auch hier großzügig bemessene und preisgünstige Pizzen. Besonders die Spinatpizza lohnt einen Versuch. Aber aufgepaßt: Wartezeit nicht unter einer halben Stunde.

– **D.B. Kaplan's Delicatessen:** 845 N Michigan Ave in Near North (Plan B-C1), T. 280-2700. Geöffnet von 10-23h, freitags und samstags bis 1h morgens, sonntags von 11-23h. Im siebten Stock des Water Tower, unmittelbar neben dem Touristenbüro. Günstige Gelegenheit, das berühmte Gebäude zu besichtigen. Der äußere Rahmen des Lokals begünstigt nicht gerade vertrauliche Zweisamkeit: das Lokal wirkt eher wie eine sympathische Bahnhofshalle. Dafür kann man zwischen hundertfünfzig verschiedenen Sandwichs wählen. Die Fantasie des Küchenchefs kennt keine Grenzen: knackige Salate und leckere Cheese-Cakes. Erfreut sich im Downtown großer Beliebtheit!

– **MacDonald's:** Ontario, Ecke La Salle (Near North). Die amerikanische Pommes- und Hamburgerschmiede einmal anders. Tatsächlich einmal ein McDo, der einen Blick wert ist. Das Futter bleibt, was das Image verspricht – wir verstehen uns – aber die Einrichtung sprengt den Rahmen des Üblichen: im Stil der sechziger Jahre mit original Jukeboxen und Flipperautomaten, altersschwachen Colaflaschenautomaten, den Beatles in Lebensgröße, Fotos von rosaroten Cadillacs, alten Zeitungen und Tischdecken in Leopardenimitation. Das ganze eingebettet in eine üppig sprießende Vegetation. Sogar Musik im Swing-Stil und guter alter Rock'n Roll.

– **Hard Rock Café:** 63 W Onatrio Street in Near North (Plan B1), T. 943-2252. Öffnungszeiten: 11.30-23.30h, samstags 11h bis Mitternacht, sonntags 11-23h. Es handelt sich um den jüngsten Sproß dieser erfolgreichen Kette, die mit so viel Furore 1971 in London debütierte. Im Prinzip wieder für unsere Leser, die da mit »Hei« grüßen und sich mit »Tschau« verabschieden. Ausgestattet mit Goldenen Schallplatten und etlichen Souvenirs von Stars: der Jeansjacke von Tina Turner, dem ersten Bühnenoutfit von George Harrison und von Ossy Osbourne, den Gitarren von Clapton, Dylan, Peter Townshend, usf. Noch fehlt's zwar an einem unverwechselbaren Flair, ist aber dennoch amüsant. Im Hintergrund gefällige Musik, auf dem Teller klassische amerikanische Kost: Salate, Burger, *Lime Bar-B-Q Chicken*, etc.

- **Pizzeria Due:** 619 N Wabash Ave. T. 943-2400. Drei- bis viermal so fette Pizzas wie anderswo, und trotzdem beißt man sich nicht die Zähne aus. Also etwas für Heißhungrige. Und wenn man die Menge nicht bewältigt, ist die Bedienung so nett und packt den Rest ein zum Mitnehmen.
- **Billy Goat Tavern:** 430 N Michigan in Near North (Plan B2), T. 222-1525. Täglich bis 2h morgens, samstags bis 3h geöffnet. In einer reichlich hypermodernen Umgebung mit dem Charme eines Parkplatzes, der es an jeglicher Wohnlichkeit fehlt, unter der Michigan Avenue gelegen. Immerhin handelt es sich um die »Kantine« der Journalisten von der *Chicago Tribune*. Erscheint schon mal im Fernsehen. Leckere Burger zu erfreulichen Preisen.
- **Berghoff:** 17 W Adams im Loop (Plan B3), T. 427-3170; von 12-22h geöffnet, sonntags geschlossen. Klassiker der Chicagoer Gastronomie, dessen Name daran erinnert, daß der deutschstämmige Bevölkerungsanteil in Chicago beachtlich ist. Das *Berghoff* wurde bereits 1887 eröffnet. Häufig bis auf den letzten Platz besetzt. Stilvoll, die dunkle Holzverkleidung. Unter den Gästen überwiegen ältere Semester neben braven jungen Leuten. Unter dem wachsamen Auge des, auf einer Fotografie für die Nachwelt verewigten, Gründers werden weniger klassische Gerichte wie »Saver Braten« (Sauerbraten) und »Veiner Schnitzel« (Wiener Schnitzel, würd' man's glauben?), aber auch amerikanische Speisen aufgefahren. Nebenan, um sich die Wartezeit zu vertreiben, eine Bar mit langer Theke, an der lange Zeit Frauen nicht bedient wurden.

● *Mittelprächtige bis vornehmere Lokale*

- **Carson's:** 612 N Wells Street in Near North (Plan B2), T. 280-9200. Wird für eines der ersten Adressen in Sachen *Ribs* gehalten. An Geschmacklosigkeit kaum zu übertreffende, zwischen schick und spartanisch angesiedelte, Ausstattung. Viel günstigere Preise, als die Aufmachung es vermuten ließe. Aufmerksame Bedienung, angenehme jazzige Musik. Immer ran an die *BBQ Baby Back Ribs!* Für den kleinen Hunger reichen die halbe Portione (half slab) allemal, zu denen immer Kartoffeln und eine kleine Portion Salat *(Cole Slaw)* gereicht werden. Natürlich stehen auch Steaks auf der Speisekarte, für den Fall, daß man keine *Ribs* mag. Aber warum zum Teufel sind Sie dann hierher gekommen?
- **Italian Village:** 71 W Monroe Street (Loop, Plan B3), T. 332-7005. Mitten im Loop, einen Block vom Palmer House entfernt. Gleich drei Lokale in einem: das *Italian Village*, das *Florentine Room* und die *Cantina*. Täglich über Mittag und abends bis 1h morgens geöffnet, freitags und samstags bis 2h, sonntags bis Mitternacht. Die *Cantina* bleibt sonntags geschlossen. Von den dreien bietet das *Italian Village* das beste Preis-/Leistungsverhältnis. Seit seiner Gründung 1927 bietet es als Innenausstattung die Illusion eines typisch italienischen Dorfes. Der Zahn der Zeit hat der Einrichtung nichts anhaben können, im Gegenteil! An die hundert Sterne funkeln am Himmel. Großzügige *Antipasti*-Por-

tionen, leckere *Manicotti, Pasta, Cannelloni*, etc. Das *Italian Village* ist auch für seinen Keller berühmt, wo fast tausend Weine lagern. Soviel Romantik hat natürlich ihren Preis. *Florentine Room* bietet einen luxuriösen Rahmen und gilt als eines der besten italienischen Restaurants in Chicago. Im Untergeschoß die *Cantina*, die dem gegenüber nichts Besonderes zu bieten hat.

– **Gino's East:** 160 E Superior Street, nahe Michigan Ave (Plan 1); T. 343-1124. Riesengroße, leckere Pizzen, die leider den Nachteil haben, daß man zwanzig lange Minuten auf sie warten muß. Ein Hinweis: nur die kleine bestellen, die schon gewaltig genug ist. Eilige sollten die *manicotti* kosten, das Ganze angefeuchtet mit einem guten kalifornischen Tropfen. Die Wände wurden von den Gästen mit Graffiti überzogen; die Geschäftsleitung hat nichts dagegen. Trotz allem etwas teuer.

Essen in Old Town und im Viertel des Lincoln Park

Zwei Viertel, die notwendigerweise auf unserer Route liegen. Hier unsere Empfehlungen:

● *Für schmale Geldbeutel*

– **France's Food Shop:** 2453 N Clark Street, Ecke Arlington Street. Geöffnet von 7-22h, montags Ruhetag. Kleines unprätentiöses Lokal mit familiärer Küche und zivilen Preisen.

● *Mittleres bis gehobenes Preisniveau*

– **Jerome's:** 2450 N Clark, Ecke North Clark und Arlington Street; T. 327-2207. Getafelt wird auf einer mit Bäumen bepflanzten Terrasse, bei Sonnenschein natürlich sehr angenehm. Salatberge und delikate Suppen. Eine Spur vornehmer.
– **Grunt's:** Lincoln Park West, Ecke Dickens Ave; T. 929-5363. Piekfeines Speiselokal mit extravaganter Aufmachung im vornehmsten Viertel Chicagos. Die gesamte Upper-Class-Jugend trifft sich hier ... Mittags kommt man noch recht günstig davon, abends ist schon tiefer in die Tasche zu greifen. Das Brunch sonntagmorgens ist ein Gedicht.

● *Fast schon mondän*

– **That Steak Joynt:** 1610 N Wells Street (Plan B1), in Old Town; T. 943-5091. Bis Mitternacht geöffnet, freitags und samstags bis 1h morgens. Eine der besten Chicagoer Adressen in Sachen Fleisch und eigentlich gar nicht mal sooo furchtbar teuer. Viktorianisch-protziges Dekor mit vielen Statuen, Gemälden und einer hübschen Glasdecke. Weiche Ledersitze, intime Atmosphäre: eigentlich doch nicht so abgefahren, wie's auf den ersten Blick scheint, sondern eher locker. Service über jede Kritik erhaben. Die Portionen sind riesig: wir haben einen deliziösen *Heavy Trenchman Cut* kaum geschafft. Probierenswert ist auch die merkwürdige Kombination von Filet Mignon und Hummerschwanz. Der kleine Hunger wird schon durch ein *Rib Eye Steak* hinreichend befriedigt. Man findet sogar ein *Light Menu* zu einem verträglichen Preis auf der Speisekarte. Dieser wirklich erstaunliche Laden zählt zu den Anschriften, die wir nur schweren Herzens preisgeben.

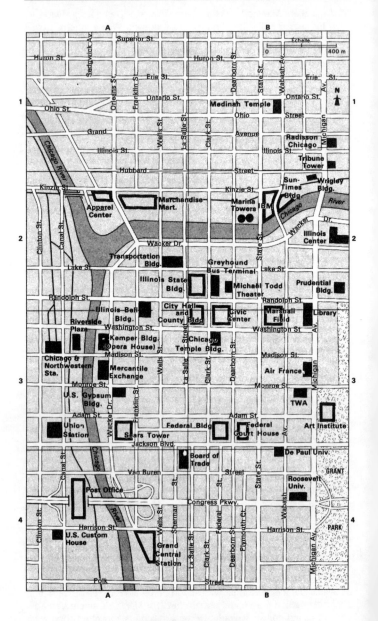

CHICAGO, THE LOOP

● *Mächtig vornehm*

– **95th Restaurant:** 875 N Michigan Ave, John Hancock Center, Eingang Chestnut Street (Plan C1); T. 787-9596. Eines der renommiertesten Panorama-Restaurants. Natürlich verdammt teuer, aber für manch einen unter der Woche mittags ausnahmsweise noch erschwinglich.

Auf ein Glas

– **Exalibur:** Ecke Dearborn und Ontario Street. Unten Spielhölle, im ersten Stock große Bar und Café, ganz oben Disco. Gemischtes Publikum. Eintritt je nach Wochentag unterschiedlich; sonntags frei.

Feste im Jahreswechsel

– Zweite Juniwoche: *Old Town Art Fair*, oder besser: *Golden Coast Fair*. Kunstmesse unter freiem Himmel, ebenso wie das *Music Festival* in Ravinia und im Grant Park.
– 4. Juli: *Independence Day* (Unabhängigkeitstag).
– Anfang Juli: *Taste of Chicago*, gleichzeitig mit dem Independence Day. Großes Fest im Grant Park, hinter dem Art Institute. Hier treffen sich achtzig Restaurants von Chicago, also in anderen Worten, ein großes internationales Gelage findet statt. Jede Menge Unterhaltung von 11-21h, vor allem Gratiskonzerte (Stevie Wonder ist auch schon aufgetreten).
– Meist letzter Sonntag im Juli: großes *chinesisches Fest* in Chinatown.
– Ende Juli/Anfang August: *Irish Fest Chicago*, irisches Fest im Olive PK (Navy Pier).
– Nächte des dritten und vierten Freitags im August: *Venetian Night Festival*, nächtliches Fest auf dem See, in der Höhe von Grant Park.
– Zweite oder dritte Augustwoche: farbenfrohes *japanisches Fest* in der 435 W Menomonee Street.
– Erstes Septemberwochenende: *Chicago Jazz Festival* in Grant Park. Dauert sechs Nächte und kostet keinen Cent. Eines der weltweit größten Festivals.
– Zweiter oder dritter Samstag im September: *Mexican Independence Day*. Südamerikanisches Ambiente in den mexikanischen Cafés.
– Dritter oder vierter Samstag im September: *Steuben Parade*, die »German American Parade« in der State Street, und Singsang in den deutschen Lokalen. Wer *Friedrich Wilhelm von Steuben* war? Ein preußischer Offizier, der Anno 1777 über den Großen Teich ging und der Armee Washingtons als Organisator und Generalinspekteur auf die Sprünge half, jawoll! Zicke zacke juppheidi ...
– Das herausragende Ereignis im Sommer ist das *Ravinia Festival* von Ende Juni bis Mitte September. Klassische Musik, Tanz, Jazz – die bekanntesten Namen sind vertreten. Näheres unter T. (312) RAVINIA.

Sehenswertes

Jawohl, Chicago ist eine Stadt, die sich wunderbar zu Fuß erobern läßt. Speziell für *Asas Addicts*. Fußlahm darf man nicht sein. Grob gesprochen unterscheidet man drei Viertel: Loop, Geschäfts- und historisches Viertel, begrenzt durch die »El«, die bereits erwähnte Hochbahn; im Norden des Chicago River liegen Near North, Old Town und die Magni-

ficent Mile, eine endlose Folge repräsentativer Gebäude und Luxuslä-
den; und schließlich erwähnen wir noch den abends von man-
nigfachem Leben erfüllten Lincoln Park, wo sich die Jugendlichen und
die Studenten treffen. Die U-Bahn, sehr nützlich in diesem Fall, läßt die
Entfernungen zwischen den drei Vierteln schrumpfen.

Die vorteilhafteste Lösung, alles einigermaßen schnell abzuklappern,
scheinen die *Culture Buses* zu bieten. Verkehren sonntags und während der Ferien von 10.30-17h etwa alle dreißig Minuten. Auf drei Rou-
ten berühren sie die sehenswertesten Plätze. Zum Einsatz kommen
besonders bequeme Busse, einschließlich Führung und Kommentars.
Der Spaß kostet nur wenige Dollars, und die Fahrkarte kann anschließend auf jeder Bus- oder U-Bahnstrecke weiterbenutzt werden. Alle *Culture Buses* passieren das Art Institut of Chicago. Detailliertes Faltblatt im
Fremdenverkehrsbüros erhältlich. Auskünfte unter Nummer 836-7000.

– **Chicago Loop Walking Tour:** eine feine Sache, veranstaltet von der
»Chicago Architecture Foundation« (224 S. Michigan Ave), T. 312-922.
Die Tour zu Fuß in Begleitung eines fachkundigen Führers dauert etwa
zwei Stunden und berührt die wichtigsten Bauwerke im Loop. Im
Anschluß hat man dann ja Gelegenheit, Bauten, die einem besonders
gefallen haben, noch einmal auf eigene Faust anzuschauen. Die Führungen werden in der Regel von Juni bis August angeboten, unter der
Woche um 10 und 13h, Samstag/Sonntag um 14h. Während der restlichen Monate gilt für Samstag/Sonntag dasselbe Angebot; unter der
Woche jedoch nur in beschränktem Umfang. Auf keinen Fall versäumen, dem *Archicenter* in der 330 S Dearborn einen Besuch abzustatten, einer anspruchsvollen Fachbuchhandlung für Architektur. Darüberhinaus werden noch etliche andere Touren durchgeführt: Chicago komplett, eine kürzere Besichtigungsfahrt gerade für Kinder, Spazierfahrten
per Schiff, Wright und Oak Park, etc.

– **American Sightseeing Tours:** 530 S Michigan, T. 427-3100. Für
Eilige eine Fahrt durch North Side und eine andere durch South Side,
jeweils von zweistündiger Dauer. Auch eine runde Sache, um jene pittoresken Viertel zu erkunden, die man später eingehender auskund-
schaften möchte. Die Busfahrer geben sich manchmal recht humorvoll.
Während der südlichen Tour ist ein Besuch des *Museum of Sciences
and Industry* vorgesehen. Wer daran besonders interessiert ist, wird
allerdings wiederkehren müssen: in einer halben Stunde hat man fast
nichts gesehen. Die Busse sammeln die Leute vor den meisten großen
Hotels ein: *Hyatt Regency, Chicago Hilton, Palmer House,* etc. Wegen
der genauen Uhrzeiten sollte man vorher anrufen.

– **Mercury Sightseeing Boats:** Michigan Ave und Water Drive, Auskünfte: T. 332-1353. Bootsausflüge auf dem Michigan See oder dem
Chicago River.

– Größte Touristenattraktion ist das im allgemeinen Kapitel erwähnte
Niketown, mit bis zu 15.000 Besuchern täglich. Viele Besucher wollen,
da sie sich in einem Museum für moderne Kunst und nicht in einem
bloßen Sportladen wähnen, sogar Eintritt zahlen. Wir haben uns das
verkniffen, wer uns aber seine Eindrücke schildern will ... Was die arme
griechische Göttin verbrochen hat, daß sie sich in diesem Lande auch
noch »neiki« ausspricht, wissen wir nicht.

● *Sehenswertes im Loop*

– **»The El«:** die völlig verrostete, auf ausgefahrenen Schienen hin und her schlingernde Hochbahn, 1883 anläßlich der World Colombian Exposition gebaut, die das Geschäftsviertel begrenzt (Plan B2-3). Dieses anachronistische Verkehrsmittel verleiht dem Viertel im Schatten von Wolkenkratzern auf Anhieb eine besondere Note. Vor kurzem wurde die Bahn von einer Bürgerinitiative im Loop, die sich mit aller Energie für ihre Erhaltung einsetzte, vor der Demontage bewahrt. Politiker und Spekulanten hatten geglaubt, den Wert ihrer Gebäude oder Geschäfte durch einen Abriß der »El« um ein Vielfaches steigern zu können. Den Argumenten, die Bahn sei laut und unästhetisch, die Metallkonstruktion gehöre einem vergangenen Zeitalter an usf., hielten die Befürworter die positiven Aspekte der Linie entgegen: die »El« sei ein origineller Bruch mit den starren architektonischen Linien, biete eine zusätzliche Dimension im Raum, und, das Hauptargument, sie bringe Atmosphäre und Akzente in die Stadtlandschaft, die mancher anderen amerikanischen Stadt fehlen.

– Wer nicht an der **Loop Walking Tour** teilnehmen möchte, dem versuchen wir an dieser Stelle die faszinierendsten Gebäude aufzuzählen. Unserer Anordnung liegt eine nachvollziehbare Route zugrunde:

– **Auditorium:** 403 S Michigan. 1887 von Sullivan erbaut, der zwar noch keinen Stahl, aber ganz erstaunliche Erfindungen und Schmuckformen verwendete und sogar schon an eine Klimaanlage gedacht hat. Nach einem Besuch vor Ort soll Präsident *Harrison* ausgerufen haben: »Jetzt ist es soweit, New York wird das Handtuch werfen!«

– **Manhattan Building:** Congress, Ecke S Dearborn. Das älteste Gebäude in Metallbauweise (1889). Daneben, das *Old Colony Building* aus dem Jahre 1893. In der 343 S Dearborn, das »Fisher«-Gebäude von *Burnham:* in einem gefälligen gotischen Stil, Richtfest 1895.

– **Monadnock:** S Dearborn, zwischen Van Buren und W Jackson. Anschaulichstes Beispiel für das Fortschreiten der technischen Entwicklung. Der älteste Abschnitt, 1889 von Burnham und *Root* errichtet, wurde zum Teil noch nach alten Konstruktionsprinzipien erbaut – auf einem vorspringenden kräftigen Sockel, so als habe man der Statik selbst nicht ganz vertraut. Der später entstandene Teil daneben aus dem Jahr 1892 wurde von *Holabird* und *Rohe* unter verstärktem Einsatz von Eisengerüsten konstruiert. Die Architektur wirkt leichter, die Öffnungen werden größer. Lobenswerterweise bemühte sich Holabird, einen einheitlichen Gesamteindruck zu wahren: sogar die Form der Fenster ist detailgetreu nachempfunden.

– **Metropolitan Detention Center:** Van Buren, Ecke Federal; eigenwilliges dreieckiges Objekt, 1975 hochgezogen. Selbst Gefängnisbauten vermögen Architekten zu inspirieren!

– **Board of Trade Building:** 141 W Jackson. Tagtäglich knirschen die hungernden Völker der Welt ohnmächtig mit den Zähnen: in dieser Konstruktion von Holabird aus dem Jahre 1929 wird der Weizen- und Haferpreis festgesetzt. Beeindruckende Jugendstilfassade. Unter der Woche von 9-14h geöffnet. Eingang über die Visitor Center Gallery im fünften Stock. T. 435-3590. Besonders Interessierte können auch die *Chicago Mercantile Exchange* besichtigen, 30 S Wacker Drive, Downtown. Alle Arten von Optionen werden gehandelt: auf Devisen, Informationen. Riesiger, mit Menschen vollgestopfter und mit Bildschirmen gespickter Saal. Der Eintritt ist frei.

- **Rockery:** 209 S La Salle und Quincy. Ein weiteres Werk Burnhams. Reicher architektonischer Schmuck an der Außenwand: Flechtwerk, Friese. Beachtlich auch die gemeißelten, üppig dekorierten Straßenschilder. Die Innenarchitektur geht auf das Konto von Frank Lloyd Wright (1905).
- **Marquette Building:** 140 S Dearborn, gegenüber vom Federal Center. Geistiger Urheber war Holabird, 1893 und 1905. Die Innenhalle zieren dekorative Tiffany-Mosaiken. Eine Broschüre mit Erläuterungen ist beim Aufseher erhältlich.
- **Federal Center Complex:** 219 S Dearborn. Von Mies Van der Rohe 1959 bzw. 1966 geplant. Die beiden Gebäude umrahmen die Plaza und den riesigen *Calder* und erzielen zusammen einen Eindruck harmonischen Gleichgewichtes. Die Lebhaftigkeit des *Flamand Rouge* am Calder konstrastiert mit der Feierlichkeit der schwarzen Glasfassaden rundherum. Ein Stückchen weiter findet sich das *Berghoff*, eines der ersten, nach dem zerstörerischen Feuer von 1872 errichteten, Gebäude.
- **First National Bank Plaza:** Monroe und Dearborn. Eine der bemerkenswertesten Architekturkomplexe in Chicago. Die *First National Bank*, höchstes Bankgebäude der Welt, besitzt eine verblüffende konkave Fassade.

Auf der Plaza hat man Gelegenheit, das großartige *Vier Jahreszeiten*-Mosaik von Chagall zu bestaunen. Als Werkstoff dienten Chagall Glasstücke und Steinchen in über zweihundertfünfzig verschiedenen Farben. Gegenüber, in der 30 W Monroe, das *Inland Steel Building* von 1956. Der erste Nachkriegswolkenkratzer, bei dem ein Maximum an Glas verwandt wurde. Auf der anderen Seite der Kreuzung das *Xerox* von 1980.

- **Carson, Pirie, Scott & Cie:** State und Madison. Meisterwerk von Sullivan und Burnham (1899). Besonders auffällig: der überschwengliche Fassadenschmuck und die bewunderswerte Bronzespitze, welche die Türen des großen Warenhauses schmückt. Sullivan gab zu, daß er vor allem die weiblichen Kunden betören wollte, ihnen den Eindruck vermitteln wollte, ihr Besuch in diesem Hause werde ganz besonders begrüßt.
- **Daley Center:** Washington und Dearborn. Ein weiterer, aufgrund einer monumentalen Statue von Picasso berühmter Platz. Bei der Aufstellung 1967 rief sie ablehnende und polemische Reaktionen hervor, genau wie bei Errichtung des Eiffelturms oder des *Centre Pompidou* (Beaubourg, in Paris). Inzwischen sind die Einwohner Chicagos natürlich mächtig stolz auf ihre Plastik, in der man mit etwas Fantasie einen Frauenkopf erkennen könnte, eines der Lieblingsthemen des Künstlers. Gegenüber, zu Füßen des *Brunswick Buildings*, eine Statue von Miró (1981). Kuriosität am Rande: auf der anderen Seite der Straße, auf der Ecke, das *Mc Carthy Building*, das erste nach dem Feuer erbaute Gebäude (1872). Man stelle sich vor: ein Immobilienhändler trägt sich mit dem Gedanken, das für amerikanische Verhältnisse geschichtsträchtige Haus abzureißen! Nicht etwa, um Profit daraus zu schlagen, ach wo! Vielmehr um es besser wieder aufzubauen!

Ein paar Schritte weiter, in Richtung Michigan See (Washington und State), das *Reliance*, einer der erstaunlichsten Entwürfe von Burnham aus dem Jahre 1890.

- **State of Illinois Building:** Clark und Washington. Gehört zu den jüngsten architektonischen Errungenschaften Chicagos (1984) und weist ganz klar den Weg in die Architektur des 21. Jhs. Imposant dimensionierter Innenhof, der aber im ganzen recht umstritten ist. Die Riesenglasabdeckung wirft unüberwindliche Klimatisierungsprobleme auf. Shopping Center, Boutiquen und Lokale im Inneren. Unbedingt vom sechzehnten Stock aus die Halle aus der Vogelperspektive begutachten. Vor dem Gebäude thront das *Monument with Standing Beast*, eines der größten und letzten Werke von Dubuffet, 1984 aus Glasfieber entstanden.

Ein kleiner Spaziergang südlich des Loop bietet sich an. Die etwas düstere Epoche in der Stadtgeschichte gehört schon fast der Vergangenheit an. Die historischen Schauplätze der Bandenkriege haben die Behörden ganz bewußt entweder dem Erdboden gleich gemacht oder einfach mit Mißachtung gestraft. Sie werden nicht allzu gern an diese finsteren Zeiten erinnert. Trotzdem gehören sie zum geschichtlichen Erbe dieser Stadt. Auf den Spuren *Al Capone's* zu wandeln, der für viele noch immer *das* Symbol Chicagos überhaupt darstellt, scheint einem Abenteuer gleichzukommen. Ein kleiner Führer ermöglicht es, Schritt für Schritt die Etappen des Bandenkrieges nachzuvollziehen. Dabei kommt man zum Beispiel zum *Metropolitan Hotel* (Michigan Ave), einem der Hauptquartiere Al Capones. Auch das *Lexington Hotel*, Ecke Michigan Ave und 22th Street, steht noch. Es verdankt diese Tatsache wohl nicht zuletzt seiner Nachbarschaft zum Ghetto der Schwarzen. Dies war das letzte Hauptquartier Al Capone's, bevor er ins Gefängnis wanderte. Schwarz, baufällig und verlassen harrt es aus. Wird man es abreißen? Keiner weiß es. Und schließlich noch das *Biograph Center* (Michigan Ave), wo *John Dillinger* in einem Restaurant, in dem man besser nicht mit dem Rücken zur Tür sitzen sollte, durch eine MP im wahrsten Sinne des Wortes niedergemäht wurde.

● **Weitere Gebäude**

– Kinofreunde werden einen Blick in das Innere des Kinos »Chicago« werfen wollen, auf der State Street, hinter der Rudolph Street. Mondäne Barock-Rokoko-Ausstattung mit Originalsitzen von Anno dazumal. Ein Kinosaal, wie er natürlich schon seit langem nicht mehr gebaut wird. Im Moment wird er als Konzertsaal verwendet.

– **Public Library Cultural Center:** Washington, Ecke Michigan Ave; T. 269-2900 und 269-2940. Ansprechende Innenausstattung: marmorverkleidete Kuppel, Mosaiken an Wänden und Decke. Geöffnet von montags bis donnerstags, 9-19h; freitags bis 18h und samstags bis 17h. Im zweiten Stock eine Auslandsabteilung mit deutschen Tages- und Wochenzeitungen. Der Eintritt ist frei. Meist mittwochs um 12.15h kostenlose klassische Konzerte. Im Sommer besondere Country- und Jazzmusikreihen.

– **Sears Tower:** Adams, Ecke Franklin Street (Plan B3). 1974 fertiggestellt, ist es im Augenblick das höchste Gebäude der Welt. 110 Etagen ragen schwindelerregende 443 m in die Höhe. Ein paar Zahlen: das ganze Monstrum wiegt 222.500 Tonnen, davon 76.000 Tonnen Stahl, und verfügt über 16.000 Fenster; 9.000 Menschen arbeiten hier. Panoramaplattform in der 103. Etage. Eintrittsgeld von so um die 7 $ bereithalten. Tägl. von 9-23h geöffnet, wobei man nachts eine unvergeßliche Aussicht genießt. Auskünfte: 875-9696. Einst Sitz des 1992 pleitegegangenen Kaufhauses *Sears and Roebuck*, des größten Versandkaufhauses der Welt. Der berühmte Katalog rangierte gleich hinter der Bibel in den ländlichen Gemeinden Amerikas. Früher lernten die Kinder auf

Donald Byrd, 1995

dem Land anhand dieses Kataloges lesen und schreiben. Als der Konzern eine bedrohliche Krise zu überstehen hatte, entschloß er sich zum Verkauf des Sears-Towers, der ihm an die 1,2 Milliarden Dollar eingebracht haben dürfte. Hat nichts genutzt. Trägt er heute einen anderen Namen?

– Wer sich für städtebauliche Fragen erwärmen kann, sollte sich die Bauarbeiten in der *Printer's Row*, dem ehemaligen Druckerviertel, zwischen Congress Park Way und Polk Street, anschauen. Erstreckt sich vom Congress Park Way bis zum Polk Street. Gelungenes Beispiel für die Sanierung eines Viertels, das lange Zeit dem Verfall preisgegeben war und im dem man sich nach Einbruch der Dunkelheit nicht mehr aufhalten konnte. Die ehemaligen Hallen und Ateliers sind nach und nach in attraktive, jetzt heiß begehrte, Wohnungen umgewandelt worden. An der Polk Street, der ehemalige pittoreske Bahnhof.

– Schließlich darf man eine Reihe stattlicher Hochhäusern am Michigan nicht übersehen (Höhe Monroe Street, Plan B-C3). Die harmonische Konzeption nimmt man am ehesten aus etwas Abstand wahr. Neben dem Gebäude im neugotischen Stil erhebt sich, mit noch einem weiteren Stockwerk, das *Cage Building* (1898), mit das repräsentativste Werk Sullivans.

Von der Treppe des *Art Instituts* genießt man einen schönen Blick auf die achtzig weißen Marmoretagen des *Standard Oil Building* und das

nagelneue und nicht minder bemerkenswerte, leicht an seiner Spitze in Form einer abgeschrägten Raute erkennbare, *Associate Building*.
– **Merchandise Mart:** am Fluß, Höhe Wells Street (Plan A2). Größtes Warenhauslager der Welt – die USA sind nun einmal Heimat der Superlative. 1930 im Jugendstil errichtet. Die Fassade wurde kürzlich überholt und erstrahlt jetzt wieder in einem makellosen Weiß. Manchmal werden Führungen angeboten (im Verkehrsbüro nachfragen). Im Norden von Merchandise Mart beginnt, wenige Blocks entfernt, das *Cabrini Green*, ein Viertel mit sozialem Wohnungsbau, wo die stiefmütterlich behandelte schwarze Bevölkerung haust. Von Abenteuerspaziergängen wird dringend abgeraten. Selbst einen Taxifahrer zu finden, der einen dorthinchauffiert, dürfte kaum möglich sein. *Cabrini Green* steht für einen der krassesten sozialen Widersprüche Chicagos.

● *Sehenswertes im Norden des Chicago River*

Auf der North Michigan Ave nimmt die *Magnificent Mile* ihren Anfang und bietet Besuchern einen nicht minder interessanten Bummel durch die neuere Architektur. In Höhe der Brücke, beim Überqueren des Chicago River (Südseite), überwältigender Anblick auf die den Fluß säumende Gebäudezeile: *Marina City Four Building* mit seinen zwei wabenüberzogenen Rundtürmen, im Volksmund »Maiskolben« genannt; auf der rechten Seite die IBM Plaza, die Chicago Sun Times-Daily News und das Wrigley-Gebäude. Ganz recht, es handelt sich um das Haus jenes Herrn, der den Kaugummi erfand, welcher in Werbespots optimistisch dreinschauende junge Leute zu großen Sprüngen verleitet. Man beachte den reich geschmückten Uhrturm aus dem Jahre 1921.
– **Tribune Tower:** ganz am Anfang der North Michigan Ave (Plan C2). Gehört zu den ausgefallensten Gebäuden der Stadt. Nonplusultra eines Abklatsches der Spätgotik, Jahrgang 1925. Erweckt von außen denn auch den Eindruck einer Kathedrale. Der Portier muß es mindestens zehnmal täglich über sich ergehen lassen, von unkundigen Passanten nach den Zeiten für die Messe gefragt zu werden. Architektonischer Gag: in das Fundament schloß man einige Steine berühmter Bauwerke der Welt ein: Parthenon, Taj Mahal (Agra, Indien), Fort Alamo, Chinesische Mauer, Notre-Dame de Paris, usw. Sachen gibt's ...
– **Navy Pier:** am Ende der Grand Street (Plan D2). 1916 erbaute Hafenanlage, damit die Kreuzfahrtschiffe anlegen konnten. Heute finden hier Messen und Ausstellungen statt. Den ganzen Sommer hindurch Programm. Im Juni/Juli/August wird in der Regel jeden zweiten Sonntag ein riesiger Flohmarkt abgehalten. Näheres erfährt man unter T. 377-2252. Den Eingang der Navy Pier markiert der *Lake Point Tower* aus dem Jahre 1968, in kühnem Schwung errichtet nach den Plänen *Mies Van der Rohes*.
– **Water Tower Pumping Station:** Michigan und Pearson (Plan C1). Eines der wenigen Gebäude, die den räuberischen Flammen von 1871 entgingen. Schier unglaublich, das Stilgemisch aus Gotik und Rokoko. Heute beherbergt die *Pumping Station* das Fremdenverkehrsbüro und das »Here's Chicago«, eine tolle Diaschau über Chicago. Nebenan, in der Chicago Avenue, das *Park Hyatt*, Elizabeth Taylors bevorzugtes Hotel. Steigt sie hier ab, so mietet sie regelmäßig die Suite für 2.000 $ pro Tag.

- **John Hancok Center Observatory:** 875 N Michigan (Plan C1). Mit 94 Etagen dritthöchster Wolkenkratzer der Welt. Atemberaubendes Panorama. Von 9h bis Mitternacht geöffnet. Einen Block weiter, das *Play Boy Building*, vormals Palmolive-Gebäude – ob die unsere seit Jahrzehnten jugendliche Frische ausstrahlende »Tilly« aus der TV-Werbung kannten? Von hier verbreiteten sich Hefners Häschen über die ganze Welt, aber seit dem Vormarsch »schärferer« Magazine geht's Hefner schlecht, und es ist nur ein Frage der Zeit, bis das Magazin eingestellt sein wird. Daneben das Hotel *Drake*, Absteige gekrönter Häupter.
- **Golden Coast:** hinter der Oak Street beginnt die »goldene Küste«, eines der teuersten Wohnviertel der Vereinigten Staaten (Plan C1). Davor erstreckt sich Oak Street Beach, der beliebteste Strand der Stadt.
- **Old Town:** die Well's Street hochlaufen. Ab der Goethe Street – sprich »gothy street« mit englischem th; ja, ja, wirklich – beginnt das angenehmste Quartier Chicagos, ein wenig an Greenwich Village erinnernd: kleine viktorianische Häuser, Klamottenläden, Antiquitätengeschäfte, nette Lokale. Das *»Believe it or not Museum«* in der Well's Street – mit fünfhundert Kuriositäten, die ein gewisser *Ripley* im Verlauf seiner Reisen durch 198 Länder zusammengetragen hat – wurde angeblich vor einigen Jahren verkauft und in einen Uhrenladen umfunktioniert. Glaubt man's oder nicht ...?
- **Astor Street**, zwischen 1.200 N und 1.600 N, eine Reihe alter Residenzen. Nett bummeln läßt sich's auch auf der Menomonee Street, westlich der Kreuzung Well's und Clark Street, und im Umkreis der Kirche St. Michael, W Eugnie Street.
- **Frank Lloyd Wright Historic District:** im Westen der Stadt. Die U-Bahn Lake Station nehmen, Station »Oak Park«. Wir schlagen einen Besuch der Unity Church, ab 12h, und des *Home and Studio* vor. Danach flaniere man nach Herzenslust durch dieses Viertel, wo ein Dutzend Häuser auf das Konto des berühmten Architekten Frank Lloyd Wright gehen. Kommentar auf Kassette. Für an moderner Architektur Interessierte eine prima Sache.
Wir empfehlen, zunächst zum **Visitor's Bureau** zu marschieren, 158 Forest Ave; T. 848-1500 und 848-0458. Tägl. von 10-17h. Zwischen 1889 und 1909 erstellte Wright hier über fünfundzwanzig Gebäude. Man kann unter verschiedenen Führungen wählen.
- **Friedhof von Graceland:** 4001 N Clark Street (Clark und N Irving Park Rd); zugänglich von 8-16.30h; T. 525-1105. Chicagos Berühmtheiten sind hier beerdigt: der Händler *Marshall Field*; der Detektiv *Allan Pinkerton*; *George Pullman*, Erfinder der gleichnamigen Züge; *Sullivan*, Architekt der schönen Fassaden; *Mies Van der Rohe*, Vater bemerkenswerter Gebäude; etc. Es handelt sich um einen weitläufigen Friedhof nach angelsächsischer Art, mit Rasenflächen, auf denen einzelne Baumgruppen stehen, und verstreuten Gräbern. Das Ganze verbreitet eine gewisse feierliche Stimmung. Etliche Mausoleen in kitschiger oder an antiken Vorbildern orientierter Architektur. Auf der anderen Seite der N Irving Park Rd ober der ehemalige jüdische Friedhof in romantischer, bewaldeter Umgebung (U-Bahn Sheridan). Wer eine oder zwei Stationen früher aussteigt (Lawrence oder Wilson) und in Richtung Friedhof wandert, hat Gelegenheit, eines der ärmsten Viertel Chicagos zu erleben. Wird vornehmlich von entwurzelten, meist arbeitslosen, indianischen Bevölkerungsgruppen bewohnt. Der Alkohol verursacht in dieser Gemeinde katastrophale Verwüstungen.

● *Sehenswertes für alle mit viel Zeit*

– **Chinatown:** südwestlich der Innenstadt am Rande von Cermack Road und Wentworth Ave. Vergleichsweise kleine chinesische Gemeinde mit 4.000 Personen. Sehenswert das chinesische Rathaus, der chinesische Tempel und das Ling Long Museum. Außerdem an die zwanzig Restaurants. Das *Chiam*, 2323 S Wentworth, hat sich auf *Dim Sum* verlegt, lauter kleine gute Sachen, die auf Wägelchen zwischen den Tischen hin- und hergekarrt werden. Das *King Wah*, 2225, genießt ebenfalls einen guten Ruf.

– **Lincoln Park Observatory:** Fullerton und Stockton Drive, im Norden der Stadt. In vier großen Gewächshäusern gedeiht eine traumhafte Orchideensammlung. Geöffnet von 9 von 17h, kostenloser Eintritt, T. 294-4770.

– **Baha'i House of Worship:** 112 Linden Ave und Sheridan, in Wilmette. 19 km nördlich von Chicago erhebt sich dieses Hauptheiligtum der merkwürdigen Baha'i-Religion, welche die Prinzipien der vier Weltreligionen in sich vereint. Geöffnet von 10-22h, T. 256-4400.

– Die polnischstämmige Bevölkerung hat sich von 1200-3000 N Milwaukee angesiedelt. Zahlreiche typische Lokale und Läden. In der 984 N Milwaukee Ave das **Polish Museum of America**, T. 384-3352.

– **Little Italy:** 900 bis 1200 W Taylor. Für alle, die sich nach ein wenig Mittelmeerambiente sehnen.

– **University of Chicago:** 59th Street und University Street. In derselben Gegend wie das **Museum of Sciences and Industry**. Eine der traditionsreichsten des Landes. Wurde 1890 durch *John D. Rockefeller* gegründet und ist um eine weite Rasenfläche angeordnet. Einige Gebäude imitieren die Architektur Oxfords oder Cambridges und verleihen damit dem Campus ein gewisses englisches Flair. An der 59th Street die bemerkenswerte *Rockefeller Memorial Chapel*, im gotischen Stil konstruiert mit einem Glockenspiel aus 72 Glocken. In der Ellis Street, zwischen der 56th und der 57th Street, wurde am 2. Dezember 1942 durch den Nobelpreisträger *Enrico Fermi* die erste atomare Kettenreaktion erzeugt: die Geburtsstunde der Atombombe. 5757 S Woodlawn Rd, das *Robis House*, ein hübsches, von Wrigth 1907 entworfenes Wohnhaus. Freunde der Ägyptologie und der Orientalistik können dem *Oriental Institute* einen Besuch abstatten, 1155 E 58th Street, T. 753-2475. Prachtvolle Sammlungen, die im Rahmen der Expeditionen der Universität zustande gekommen sind. Im Washington Park befindet sich das *Du Sable Museum of African American History* (s. Kap. »Museen«). Im Nordosten des Parks das Viertel an Drexel und E Hyde Park: gelungener Versuch der Integration von Schwarzen und Weißen.

● *Die Museen*

– **Art Institute:** Michigan Ave, Ecke Jackson Bd (Plan B3); T. 443-3600. Eines der bedeutendsten amerikanischen Museen, insbesondere was die impressionistische Malerei anbelangt. Hier hängen die berühmten Werke *Ein Sonntagnachmittag auf der Insel von Grande Jatte* von Seurat und das *Zimmer von Vincent in Arles* van Goghs. Überdies etliche Werke von Gauguin, Cézanne, Gris und Picasso. Die Engländer sind vertreten durch David Hockney, Francis Bacon; die Amerikaner durch Hartley, Georgia O'Keeffe, Arthur Dove, Charles Demuth, Stuart Davis, Andrew Wyeth, Willem de Koonig, Pollock, Rothko, etc. Faszinierend, die *Nachtfalken* von Edward Hopper. Nicht an der Puppenhausgalerie vorbeilaufen: Inneneinrichtungen von Häusern aller Epochen, mit unvorstellbarer Detailfreudigkeit nachmodelliert. Geöffnet Montag bis Donnerstag von 10.30-16.30h; dienstags bis 20h; samstags von 10-17h; sonn- und feiertags von 12-17h. Dienstags kostenlose Besichtigung. Ein Restaurant unter freiem Himmel und die preiswerte Cafeteria im Innern (Kaffee nach Belieben) sind der Lohn für erlittene Museumsstrapazen.

– **Museum of Science and Industry:** 57th Street und Lake Shore Drive, T. 684-1414. Im Süden der Stadt, recht weit vom Kern entfernt. Mit Buslinie N°1 (Indiana Park Bus) ab der Michigan Avenue, südlich der Jackson Street, zu erreichen. In der 56th Street aussteigen. Die Fahrt nimmt etwa eine halbe Stunde in Anspruch. Alternative: Buslinie N°6, Jeffery Express, den See entlang und schneller, verkehrt aber sonntags leider nicht. Tägl. von 9.30-17.30 geöffnet; in der Nebensaison bis 16h. Der Besuch erfordert viel Zeit und Geduld.

Es handelt sich um das älteste und größte Museum dieser Art. Eintritt frei. Ein Erlebnis besonderer Art, man braucht aber mindestens einen Tag, um alles gesehen zu haben. Besucher können sowohl in eine Zeche steigen (zusätzlicher Eintritt) und sich alles erklären lassen, als auch die spitzfindigsten landwirtschaftlichen Maschinen entdecken. Anschauliche Darstellung der Erforschung des Weltraums und des Kampfes gegen Krankheiten wie Krebs zum Beispiel. Daneben das Modell einer Bohrinsel, eine riesige Modelleisenbahnanlage, etc.

– **Adler Planetarium:** 1300 S Lake Shore Drive, T. 322-0300. Gleich hinter dem Shedd Aquarium. Freier Eintritt. Letztendlich nur etwas für Spezialisten, trotz der Astronautenanzüge und der Modelle von Raumfahrzeugen. Öffnungszeiten: tägl. von 9.30-16.30h. Das Spektakel des »Sky Theater« (Zusatzkarte) hingegen ist recht lehrreich. Beginn im Sommer: 11, 13, 14, 15, 16 und 20h. Studenten der Wirtschaftswissenschaften werden im *Money Center* sicherlich noch einiges dazulernen können. Unbedingt auch die *Yesterday Main Street* anschauen, eine Straße aus den Jahren um 1910 mit typischen Gaslaternen und Geschäften. Und schließlich hat man noch Gelegenheit in das fünf Meter hohe Modell eines menschlichen Herzens hineinzuklettern.

– **Shedd Aquarium:** Roosevelt Rd, Ecke South Lake Shore Drive (N° 1200), hinter vorgenanntem Museum (Plan C4); T. 939-2438. Geöffnet von 9-17h, von September bis April nur bis 14h. Eintritt fürs Ozeanarium und Aquarium so 8 $. Letzeres allein rund 4 $. Ein Aquarium der Superlative, dessen Besuch wirklich lohnt. Die schnuckeligen Piranhas sind unbedingt sehenswert: Galerie 6, Aquarium N° 120. Am spektakulärsten ist das Riesenaquarium in der Mitte des Museums, in dem sich über fünfhundert tropische Fische tummeln. Um 11, 14 und 15h werden sie von Tauchern gefüttert. Wer sich die Fütterungen der Pinguine nebst diversen großen Becken für die Robben nicht entgehen lassen will, kauft zwei Karten.

– **Field Museum of Natural History:** Roosevelt Rd, Ecke Lake Shore Drive (Plan C4); T. 922-9410. Donnerstags freier Eintritt, Studenterermäßigungen. Tägl. von 9-17h geöffnet. Eines der umfassendsten naturhistorischen und ethnologischen Museen der Welt, das einen Querschnitt durch die chinesische, tibetische, afrikanische und polynesische Kultur bietet. Als Krönung, die Skelette zweier Dinosaurier.

- **Telefonmuseum:** 225 W Randolph Street, T. 727-2994. Montag bis Freitag von 8.30-17h geöffnet, freier Eintritt. Die ganze Geschichte des Telefons seit Graham Bell.
- **Chicago Historical Society:** Clark Street und North Ave, T. 642-4600. Hier dreht sich alles um das Leben der Pioniere. Montags kostenlos zu besichtigen. Öffnungszeiten: Montag bis Samstag, 9.30-16.30h; Sonntag 12-17h. Unter anderem sind hier Dokumente und Erinnerungstücke von Lincoln, die ersten Fotografien von Chicago, die erste Lokomotive und eine Videomontage über den Großen Brand zu finden. Die *Chicago Historical Society* möchten wir unseren Lesern besonders ans Herz legen.
- **American Police Center:** State Street (an der 1705), Ecke 17th Street. Montag bis Freitag von 9-16h öffentlich zugänglich. Kein schlechter Witz! Der Eintritt ist frei, und ein Besuch lohnt sich tatsächlich. Fotos von *Al Capone, Dillinger* und *Frank Nitti.* Eine Menge Waffen, Uniformen, Zeitungsartikel und einige »Reliquien« (ein Paar Socken, das Eliott Ness gehört hätte, gibt es hier nicht). Makabre Höhepunkte sind ein elektrischer Stuhl und ein Galgen. Ein Haufen wichtiger Tips, wie man sich vor Kindesentführungen, Vergewaltigungen, Drogen etc. schützt.
- **Du Sable Museum of African American History:** Washington Park, 57th Street und Cottage Grove Ave. Geöffnet von 9-17h, samstags und sonntags bis 12h. Kostenloser Eintritt am Montag. Das Museum ist der Geschichte der amerikanischen Schwarzen vom Anbeginn bis in unsere Tage gewidmet. Kunstgegenstände und historische Erinnerungsstücke helfen der Fantasie auf die Sprünge. Auf einem großen Flachrelief werden vierhundert Jahre des Lebens der amerikanischen Schwarzen bildhaft nachvollzogen. Darüberhinaus finden Wechselausstellungen, Vorträge, Dichterlesungen, usw. statt.
- **Museum of Contemporary Art:** 237 E Ontario Street (Plan C1), T. 280-2660. Geöffnet von 10-17h; sonntags bis 12h; montags geschlossen. Wie der Name schon sagt, das Museum für die zeitgenössische Kunst der Avantgarde.
- **Museum of Broadcast Communications:** in River City, 800 S Wells Street; T. 987-15000. Donnerstag, Freitag und Sonntag von 12-17h geöffnet; samstags ab 10, mittwochs von 12-21h. Montag und Dienstag bleiben die Pforten geschlossen. Von Near North kutschiert man mit der Buslinie »11 Lincoln« bis Wells und Harrisson, dann mit »22 Clark« oder »36 Broadway« bis Polk Street. Bescheidenes Museum, Präsentation historischer Fernsehsendungen.
- **Peace Museum:** 364 W Erie Street (Plan A1), T. 440-1860; geöffnet von 12-17h; Donnerstag bis 20h, montags geschlossen. Anfahrt per Bus »65 Grand Avenue«, »66 Chicago Avenue« oder »37 Sedgwick«. Alle Linien halten zwei Blocks vom Museum entfernt. Sonst mit der Metro »Ravenswood El« fahren und an der Station Chicago Av./Franklin St. aussteigen. Endlich einmal ein dem Frieden gewidmetes Museum! Diese einmalige Gelegenheit sollte man wirklich nicht versäumen. Zahlreiche Kunstwerke und Poster sind zu sehen. Die Gründer des Museums, eine ehemalige UNICEF-Delegierte aus den USA und ein Maler, der mit Siqueiros arbeitet, glaubten per Kunst die Menschen am ehesten ansprechen zu können. Außerdem Bücher, thematische Ausstellungen, Vorträge, Filme, usf.

- **Spertus Museum of Judaica:** 618 S Michigan Av., T. 922-9012. Dauer- und Wechselausstellungen zur 3500 Jahre alten jüdischen Kultur. Mittwoch, Donnerstag und Sonntag von 10-17h zu besichtigen; dienstags-20h; freitags von 10-15h bei freiem Eintritt. Samstag geschlossen.
- **Terra Museum of American Art:** 664 N Michigan Ave, T. 664-3939. Tägliche Öffnungszeiten: 10-18h; nur mit Eintrittskarte. Dieses 1987 gegründete Museum nimmt nur Werke amerikanischer Künstler auf. Einige denkwürdige Arbeiten von Whistler, Chase, Sargent, Demuth, Hopper, Wyeth, etc.

Shopping

- **Water Tower Plaza:** ganz verrücktes Einkaufszentrum auf sieben Etagen, Michigan Ave, Ecke Pearson Street (Plan C1). Auch wem's am nötigen Kleingeld mangelt, sollte sich diesen Luxusschuppen nicht entgehen lassen. Der Eingang mit seinen Grünpflanzen und Springbrunnen zeigt sich in bestem Hollywoodstil. Auf jeden Fall den gläseren Fahrstuhl bewundern, der auch gut in die elegantesten Museen für moderne Kunst passen würde. In der 67. Etage die teuersten Wohnungen der Stadt, erhältlich ab 4,5 Millionen Dollar. Hier muß man rein. Alles klar?
- **Marshall Field and Co.:** State, Ecke Washington Street. Riesiges Kaufhaus und sicher eines der größten der Welt mit Verkaufsfläche auf zwölf Etagen, 1852 gegründet. Selbst wer sich nicht mit Kaufgedanken trägt, findet hier alles. Von montags bis freitags werden Führungen angeboten. Naschkatzen werden es sich nicht nehmen lassen, den *Crystal Palace Ice Cream Parlor* auszuprobieren.
- **Cellini Pipe and Co.:** 5630 W Dempster Street, Morton Grove; T. (312) 966-7111. Nur eine Viertelstunde von der Loop entfernt. Die breiteste Auswahl an Pfeifen, die uns jemals untergekommen ist. Selbst Raucher mit höchsten Ansprüchen werden begeistert sein.
- **Wax Trax Records:** 2449 N Lincoln Ave, T. 929-0221. Rock und New Wave. Viele Raubkopien und andernorts nicht auffindbare Aufnahmen.
- **Sea Ear Records:** 217 N Ave W. Fünf Minuten von der Kreuzung mit N. Wells entfernt. Preßfrische Platten zu Diskontpreisen und zahlreiche Ermäßigungen auf älteren Pressungen, die natürlich auch aus erster Hand sind. Kein übler Laden.
- **Flohmarkt** (Maxwell Street Flea Market): Halsted Street und Roosevelt Rd. Wird im Sommer jeden Sonntagmorgen aufgebaut. In der Südwestecke der Innenstadt. Mit dem Halsted Street Bus zu erreichen. Umwerfendes Angebot; was das Herz begehrt, hier ist es zu finden, oft zum halben Preis: Radkappen, Spülbecken, Möbel im Angebot, Klamotten, Küchenartikel, usf. Vorsicht, ein Großteil der angebotenen Ware ist »hot«, d.h. geklaut!
- **Woodfield Mall:** an der Kreuzung der Straße 53 und der Golf Rd in Schaumburg. Zählt zu den größten Einkaufsparadiesen der Welt.
- **Barbaras Bookstore:** 1350 N. Wells Street. Schöner, gut sortierter Buchladen in Old Town.

Auf ein Glas

Um sich im Angebot an nächtlichen Vergnügungen zu orientieren, sammle man zunächst einmal ruhig all die kostenlosen Prospekte ein *(Where Chicago, This Week in Chicago* und dergleichen), die in den Hotels, Bars oder Geschäften herumliegen. Über das »Gay Chicago« informiere man sich im *Chicago Outlines*.

Als Studentenstadt ist sich Chicago ein breites Angebot an Kneipen, Discos und anderen Attraktionen schuldig, wo abends der Bär los ist. Mindestens drei Gegenden verdienen eine Hervorhebung:

- **North Rush Street** (zwischen Walton und Division) und *Division Street* (Plan B1). An letzterer, begrenzt durch N State und Dearborn, liegen die meisten Singlebars der Stadt. Am Wochenende Irrsinnsbetrieb. Die Cops stellen übrigens Barrieren auf, damit die Leute nicht auf die Fahrbahn laufen!

- **Butch McGuire's:** 20 W Division, T. 337-9080. Öffnungszeiten: 11.30-2h morgens; samstags bis 3h. Eine der belebtesten Singlebars. Voller irischstämmiger Amerikaner, versteht sich. Da hier nicht getanzt wird, ist die Chance größer, ohne Warteschlange Einlaß zu finden, besonders Freitag- oder Samstagabend. Getränke zu erträglichen Preisen, Bier fließt in Strömen. Tolle Atmosphäre.

- **She-Nannigans** (Irish Pub and Sports Bar): 16 W Division Street, T. 642-2344. Fahrplan: Montag bis Donnerstag, 16-2h morgens; Freitag, Samstag und Sonntag bis 4h morgens. Irischer Pub, ganz fixiert auf das Thema Sport. Frisches Bier vom Faß ist selbstverständlich. Von 16-20h läuft die beste »happy hour« in ganz Chicago; für 7 $ zusätzliche Getränke und Buffet frei. Spielübertragungen per Satellit auf Videoschirm. Es gibt sogar eine Ecke fürs Basketballtraining. Lady's Night am Dienstag von 20h bis Mitternacht, hervorragende Rockmusik. Eine unserer empfehlenswertesten Adressen.

- **Mother's:** 26 W Division Street, T. 642-7251. Tägl. geöffnet von 20-4h; samstags bis 5h. Auf der riesigen Tanzfläche drängen sich Hunderte von Jugendlichen. Manchmal muß man eine halbe Stunde anstehen, um Eintritt zu finden. Im *Mother's Café* gibt's Pizza oder Sandwiches zu knabbern. Auch sehr beliebt: das *P.S. Chicago*, 8 Division Street. Das war wieder ein gelungener Reim.

- **Exit:** 1653 N Wells Street, T. 440-0535. An der breiten Straße, die nach Old Town führt, drei Blocks westlich der Division Street. »Post-Punk«-Rockdisco mit den ausgefallensten Klangcocktails. Ideal für Leute, denen Division Street zu aseptisch ist. Die Klientel setzt sich vornehmlich aus den Randgruppen der Gesellschaft zusammen, aufgemacht wie auf einem Höllentrip. Fiebrige, schweißtreibende Atmosphäre. Jeder Abend steht unter einem anderen Motto. Montags meist unbegrenzt Bier und Wein für 5 $. Unserer Meinung nach die Disco in Chicago, in der am meisten abgeht.

- **Second City:** 1616 N Wells Street, T. 337-3992. Eines der einfallsreichsten Theater der Avantgarde. Im Repertoire auch satirische Theaterstücke.

● *N Clark Street* (und Umgebung), ab Nr. 2300, Ecke Armitage Street bis No. 3800: eine ganze Reihe Discos, Studentencafés und preisgünstige Restaurants. Ab Nummer 3000 vormals durchschnittliches Viertel, das allmählich von Bewohnern aus gesellschaftlichen Randgruppen vereinnahmt wurde sowie von Künstlern und Studenten. Apropos, wenn man an der Kreuzung N Clark und Webster (2122 N Clark) vorbeikommt, dran denken, daß hier die berüchtigte Autohalle stand, an deren Wand das Sankt Valentins-Massaker stattfand ... Und da wir schon beim Thema sind: sich vor dem Biograph (2433 N Lincoln Ave) die Szene in Erinnerung rufen, wo *Dillinger* aufgespürt und in der nahegelegenen Seitenstraße niedergemetzelt wurde!
  – **Bulls**: 1916 N Lincoln Park West, T. 337-3000. Kurz hinter der Kreuzung N Clark und Lincoln. Im Untergeschoß kein sonderlich großer Saal, kein besonders herausgeputzter Rahmen, aber fast die beste Jazzmusik, die in Chicago geboten wird. Das ganze Jahr über ist geöffnet, tägl. von 20-4h morgens. Livemusik ab 21.30h.
  – **Neo**: 2350 N Clark, T. 528-2622 oder 929-5501; am Ende einer Sackgasse. Eine der sympathischsten Diskotheken im Viertel. Hübsches Dekor und Ambiente.
  – **Déjà Vu**: 2624 N Lincoln, T. 871-0205; U: Armitage. Geöffnet von 11-4h; samstags-5h. Eine der offensten und herzlichsten Bars in der Ecke, frequentiert von Intellektuellen, Studenten und Theaterschauspielern. Gute Musik aus der Juke-Box. Theoretisch dienstags und sonntags ab 20h Jazz. Snacks und Burger für Hungrige.
  – **Wise Fools Pub**: 2270 N Lincoln Ave, T. 929-1510; U: Fullerton. Weiterer, für Jazz- und Bluesmusik bekannter Pub. Geräumiger, im Westernstil ausgestalteter Saal mit Billardtischen. Täglich ab 16h, Konzerte ab 21.30h; montags Big Band um 20h; Jam dienstags; mittwochs »Happy Hour« spezial. Sugar Blue ist hier häufig zu sehen.
  – **Metro**: 3730 N Clark Street, T. 549-0203; U-Bahnstation: Addison. Geöffnet von 21.30-4h in der Frühe. Wir sind nun am Ende des in Mode gekommenen Viertels angekommen. Nicht weit vom berühmten Wrighley Field, dem Terrain der *Chicago Cubs*. Wir für unseren Teil mögen das »Metro«, ein ehemaliges Theater auf drei Etagen, untergebracht in einem Gebäude Jahrgang 1927, das obendrein noch seine gesamte Originalausschmückung beibehalten hat. Jeden Abend, bis auf Montag, Livekonzerte: Rock und New-Wave was das Zeug hält!

● *Empfohlener Bummel auf der Halsted Street* (zwischen Armitage und Diversey): sowohl tagsüber als auch am Abend von Interesse. Bei Tag ganz hübsch wegen der netten provinziellen Häuschen, um die Nr. 2600 häufig aus Holz. Nachts wegen einiger Orte, an denen uns der schönste Chicago Blues »pur« zu Ohren kommt. Andere Gruppen haben ganz überzeugend die Nachfolge Muddy Waters angetreten.
  – **Blues**: 2519 N Halsted, U: Fullerton, T. 528-1012. An sieben Abenden in der Woche: der beste Blues, den man in Chicago auftreiben kann. Angenehmer, gemütlicher und intim wirkender Saal. Gäste sind in erster Linie Jugendliche und Studenten. Man wird aber nicht immer besonders freundlich empfangen.
  – **Kingston Mines**: 2548 N Halsted, T. 477-4646. Unweit vorigen Lokals. Bis 4h geöffnet. Unter der Woche Konzerte ab 21.30h, freitags und samstags um 21.30 und 23h. Gleiches Genre wie das *BLUES*. Vielleicht etwas schwärzeres und einfacheres Publikum. Tolle Atmosphäre. Junior Wells, Otis Rush und Sugar Blue schauen regelmäßig rein.

● *Andere Orte, wo etwas los ist*

– **Andy's:** 11 E Hubbard (Plan B2), T. 642-6805. Klassischer Jazzclub in Downtown, fünf Minuten vom Chicago River und der N Michigan. Im Programm Gruppen, die ihr Handwerk verstehen. Vorteil gegenüber anderen Jazzpinten: montags bis freitags Jazzmusik auch ab mittags bis 14.30h und zur »Tea-Time« von 17-20h; außerdem am Freitag abend, 20.30-23.30h und am Samstag, 21-1h morgens. Sonntags manchmal »Special Events«, vorher anrufen. Es gibt die üblichen Kleinigkeiten zu beißen: Sandwiches, Snacks, Pizza, Steaks, Hähnchen, etc. Besonders entspannte Atmosphäre.
Man hat uns viel Gutes über die Jazz- und Blueskneipen der South Side gesagt. Besonders 43rd Street, U: 43rd Street; dieselbe Linie wie die zur Universität. Unbedingt im *Theresa's*, 607 E 43 rd Road, T. 285-9138, und im *Checkerboard Lounge*, 423 E 43rd Road, T. 624-3240, vorbeischauen.

– **Space Place:** 955 W Fulton Market Street, T. 666-2426. Erreichbar am besten mit einem Bus Richtung Downtown, der auf der Lake Street in westliche Richtung fährt. An der Haltestelle Morgan Street steigt man aus und marschiert einen Block in Richtung Norden hoch. Tolle Musikkneipe, um sich an Rock-, Punk- oder Synthetikmusik zu berauschen. Wird von Jugendlichen aus der Stadt geführt und bietet sich geradezu an für nette Bekanntschaften. Konzerte meist am Freitag und Samstag abend. Anrufen, um zu erfahren, welche Gruppen wann auftreten.

– Zahlreiche kulturelle, häufig kostenlose, Angebote: im Sommer, mittags an Wochentagen, Gratiskonzerte im *Civic Center* oder in der *First National Plaza*. Abends, drei- oder viermal wöchentlich, Klassikkonzerte im *Grand Park*. Ganz amüsant, die Amis picknicken zu sehen, während sie Brahms lauschen.

In der Umgebung

Autobesitzer werden vielleicht ins *Great America* von Guerney fahren. Von der Stadtmitte aus über dem Interstate 94 (Wisconcin) und dann der Straße 41 folgen. *Der* Freizeitpark von Chicago: längste Achterbahn der Welt (American Eagle) und viele andere Attraktionen. Pauschaler Eintrittspreis, ausschließlich im Sommer geöffnet. Manchmal muß man eine Stunde anstehen.

Weiterreise ab Chicago

● *Zum O'Hare International Airport*

– **U-Bahn** (C.T.A.): ohne Umsteigen, für 1 $. Fünfunddreißig Minuten Fahrt. Rund um die Uhr in Betrieb. T. 836-7000.
– **Bus:** *Continental Air Transport*. Fährt an den größten Hotels vorbei. Buchung und Auskunft T. 454-7799 und 454-7800.

● *Zum Midway Flughafen*

Midway Airlines, North West, Orient Airlines und *South West*.
– Bus: *Continental Air Transport* (Adresse s.o.)

● *Mit Bus und Bahn*

– **Greyhound:** T. 781-2900.
– **Amtrak:** T. 558-1075

DER MITTLERE OSTEN

PHILADELPHIA (Vorwahl: 215)

Schade, daß Philadelphia so nah bei New York liegt. Die meisten Reisefiebrigen sind dermaßen fasziniert vom Big Apple, daß sie darüber ganz
vergessen, auch »Philly« – wie diese Stadt hier liebevoll genannt wird –
einen Besuch abzustatten. Wirklich schade, denn Philadelphia hat alles,
was das Herz begehrt. Die Amerikaner sagen: »You name it, she got it«.
Eine reizvolle, historische Innenstadt, die eine der schönsten Museen
der Vereinigten Staaten darstellt, dazu noch mit regem Nachtleben,
einer jungen Bevölkerung, einer betriebsamen Innenstadt, riesigen
Parks, ganzen Vierteln mit von Bäumen umgebenen Backsteinhäusern,
stimmungsvollen Cafés, kulinarischen Spezialitäten, richtigen Märkten
(!) und sogar mit einer der interessantesten Minderheiten, den Amish.
Befindet sich denn in Philadelphia nicht die Wiege der amerikanischen
Kultur? Wurden hier denn nicht die harten ideologischen Kämpfe gegen
die Engländer durchgefochten, die erst zur Geburt der Vereinigten Staaten führten?
So wie mit San Francisco und Boston wird man sich auch mit Philadelphia auf Anhieb anfreunden.
Nicht unterschlagen sei die Meinung von Lesern, welche die Stadt eher
reizlos, zu geschäftig und ohne genügend attraktive Ausgehmöglichkei-
ten empfanden. Wie ist steht's nun?

Ein wenig Geschichte

In der amerikanischen Geschichte kommt Philadelphia ein Sonderplatz
zu. Sie ist außer Boston vielleicht die einzige amerikanische Stadt, die
man als historisch bezeichnen kann, ohne von einem Europäer aus-
gelacht zu werden. Ihre Anfänge reichen in das Jahr 1681 zurück, als
Karl II. von England *William Penn* diesen Landstrich überließ, um auf
diese Weise seine Schulden bei diesem Herrn zu begleichen. Penn, ein
englischer Quäker, gründete im darauffolgenden Jahr Pennsylvania
und die Stadt Philadelphia. Er wollte eine Stadt errichten, in der alle
Religionen toleriert würden, und definierte sie folgendermaßen: »Erde
des Übergangs, des Kontakts und der Toleranz, Stadt der brüderlichen
Liebe«. Zu Beginn des 18. Jhs faßte Philadelphia allmählich Tritt und
zog Freidenker und Schriftsteller aus aller Welt an. Hier wurde später
auch die Vorstellung von einer amerikanischen Nation geboren und
weiterentwickelt.
Zwischen 1766 und 1774 brachten schließlich die englischen Gesetze,
welche die Kolonien mit hohen Steuern belegten, das Faß zum Überlaufen, und es war naheliegend, daß sich die »Rebellen« in Philadelphia
versammelten, um den Abbruch aller Handelsbeziehungen mit England
zu beschließen und die Rebellion zu schüren. Von 1774-1776 verstärkten sich die antienglischen Aktionen und führten schließlich zu der von
Jefferson verfaßten Unabhängigkeitserklärung (Declaration of Independence), verkündet am 4. Juli 1776, dem heutigen Nationalfeiertag. An

diesem Tag wurden also die Vereinigten Staaten, zunächst aus dreizehn ehemals englischen Kolonien bestehend, aus der Taufe gehoben. *Benjamin Franklin* seinerseits reiste 1778 nach Paris, um einen Freundschafts- und Bündnisvertrag mit den Franzosen auszuhandeln, die hierin eine günstige Gelegenheit erblickten, ihrem Intimfeind England eins auszuwischen. George Washington übernahm die Führung der Armee und kämpfte gegen die Briten. Später wurde er zum ersten Präsidenten der Vereinigten Staaten gewählt. 1787 wurde – wieder in Philadelphia – die erste Verfassung ausgearbeitet, in der das föderale Prinzip und das amerikanische Zweikammersystem verankert wurden. Von 1790-1800 war Philadelphia Hauptstadt der Vereinigten Staaten.

Einige Berühmtheiten

– *Benjamin Franklin (1706-1790):* Buchdrucker, Wissenschaftler, Erfinder, Philosoph und Diplomat in einer Person. Er war es, der 1754 die Vereinigung der Kolonien vorschlug, der 1778 eine Bündnis mit Frankreich schloß und der die Verhandlungen führte, die den »Revolutionary War« beendeten. Er wirkte mit bei der Abfassung der Unabhängigkeitserklärung. Außerdem ist er der Erfinder des Blitzableiters, was ja gut paßt, wenn man bedenkt, daß er sein Leben lang damit beschäftigt war, durch Verhandlungen politische Gewitter abzuwenden. Franklin ist auch heute noch eine der beliebtesten Persönlichkeiten in Amerika.

– *George Washington (1732-1799):* reicher Plantagenbesitzer und Kongreßabgeordneter von Virginia, der alsbald für die Unabhängigkeit Partei ergriff. George Washington, während der Revolution zum Oberbefehlshaber der Armee ernannt, schlägt die Engländer mit Hilfe der Franzosen. Als siegreichen Kriegshelden wählen ihn die Abgeordneten zum Präsidenten der Vereinigten Staaten und tun dies ebenfalls für eine zweite Legislaturperiode. Sein großes Lebenswerk war es, die Einheit der neuen Nation erfolgreich zu bewahren und geçen die Einzelinteressen der verschiedenen Staaten zu verteidigen.

– *Thomas Jefferson (1743-1826):* Verfasser der Unabhängigkeitserklärung (1776). Von 1797-1800 Vizepräsident der Vereinigten Staaten und von 1801-1809 deren Präsident. Jefferson entwickelte die Idee des politischen Zweiparteiensystems für die neue Nation und befürwortete eine weitgehende Dezentralisierung. Napoleon verkaufte ihm 1803 Louisiana, was einer flächenmäßigen Verdoppelung der Vereinigten Staaten gleichkam, denn was damals Louisiana hieß, umfaßt heute dreizehn Staaten.

– *John Adams (1735-1826):* erst Vizepräsident, dann Präsident der Vereinigten Staaten (1797-1801). Adams war an der Erstellung der amerikanischen Verfassung beteiligt. Die *United States Constitution* von 1787 ist übrigens die älteste noch gültige Verfassung auf der Welt und diente den meisten anderen Ländern – besonders hinsichtlich der in ihr verankerten Grundrechte – als Basis.

Die verschiedenen Viertel

Die gesamte Innenstadt (im weitesten Sinne) Philadelphias besteht aus einem großen Rechteck, das im Westen und Osten zwei Flüsse, der Schuylkill River und dem Delaware River, begrenzen. Im Osten erstreckt sich der *Historic District*. Alle Denkmäler und alten Backsteinhäuser sind renoviert worden. Dieses Viertel, genannt *Society Hill*, besichtigt man vorteilhafterweise zu Fuß. Weiter östlich, am Fluß, stößt man auf *Penn's Landing*, eine Gegend mit wiederhergerichteten Lagerhäusern. Weiter südlich, Ecke South und 4th Street, befindet sich der belebteste Teil Philadelphias. An diesem Treffpunkt der Jugend leert sich die Straße nie vor 2h.

Die Innenstadt – lebendig und interessant – befindet sich in der Mitte dieses Rechtecks. In ihrem Herzen erhebt sich die City Hall, und nordwestlich des Zentrums erstreckt sich das Museenviertel rund um den Logan Circle. Folgt man dem Benjamin Franklin Parkway in nordwestlicher Richtung, so gelangt man zum Philadelphia Museum of Art, eingebettet in den Fairmount Park, die grüne Lunge der Stadt.

Im Westen des Schuylkill River erstreckt sich – last not least – das Universitätsviertel mit netten Restaurants und studentischem Flair.

Ankunft am Flughafen ... und retour

– Airport Infos:
T. 492-3181. Der Flughafen liegt acht Meilen südwestlich der Stadt.
– Information Center am **Overseas Terminal:**
tägl. geöffnet. Um zur Stadt zu gelangen, bieten sich mehrere Möglichkeiten, von unerwartet billig bis ausgesprochen kostspielig.
– Mit dem Bus: Linie 68 ab Baggage Claim bis Broad und Pattison. Dann Broad St Train (North Bound) bis City Hall (Downtown).
– Mit dem Zug: die Airport Rail Line (R1) [Septa] benutzen, ein Zug, der zwischen 6h und 0.10h alle dreißig Minuten beim Flughafen abfährt (immer um zehn Minuten nach und um zwanzig Minuten vor jeder vollen Stunde). An jedem Terminal befindet sich eine Abfahrtsplattform. Drei Haltestellen: Amtrak Railway Station (Bahnhof), Suburban Station und dann Market East in der Downtown, nahe dem historischen Viertel. Das ist bei weitem die schnellste, wenn auch etwas teurere Möglichkeit. Übrigens diente der Amtrakbahnhof als Kulisse für den Film »Der einzige Zeuge« über die Amish.
– Mit dem Kleinbus: an jedem Terminal halten Kleinbusse, die ihre Fahrgäste zu den großen Hotels kutschieren.
– Für die *Rückfahrt* ist der Zug am günstigsten, der an den drei oben genannten Bahnhöfen hält. Verkehrt alle halbe Stunde. Fahrtdauer: rund zwanzig Minuten.

Nützliche Adressen

● *Auskunft & Hilfe*

– Verkehrsamt: 1525 John F. Kennedy Bd., Höhe 16th Street.
T. 636-1666. Tägl. von 9-18h besetzt.
– Verkehrsbüro: im historischen Viertel, in der Fußgängerzone in der 3rd Street, zwischen Chestnut und Walnut. Von 9-18h geöffnet. Hilft insbesondere mit Auskünften über den historischen Teil der Stadt weiter. Von Rangern geführt.

Vorführung eines instruktiven, geschichtlichen Films über die Stadt.
- **Telefonnummer für kulturelle Neuigkeiten:**
Greater Philadelphia Cultural Alliance. T. 925-9000.
- **Traveller's Aid:** T. 546-0571. Wenn's Probleme gibt ...

● *Konsulate*

- **Deutsches Konsulat:**
1101 PNB Plaza Building, 5th und Market St.; T. 922-7415.
- **Schweizer Konsulat:** 635 Public Ledger Building,
Independance Square, Philadelphia, PA 19106, T. 922-2215.
- **Österreichisches Konsulat:** 3 Parkway, 20. Etage; T. 665-7348.

- **Greyhound:** in der Filbert St. zwischen 10th und 11th Street.
T. 931-4000. Zahlreiche Abfahrten in alle Richtungen, von früh morgens
bis spät abends. Aufgepaßt: die Lage im Stadtplan (B3) ist überholt!
- **Amtrak:** Ecke 30th und Market St.,
T. 1 (800) USA RAIL oder 824-1600. Verbindungen nach
New York, Baltimore, Washington, Florida, Boston ...
- **Auto Drive-away:** T. 297-7800.

● *Post*

- 30th, Ecke Market St. Postlagernde Sendungen können hier in Empfang genommen werden. Rund um die Uhr geöffnet. Weitere Post zwischen Market und Chestnut Street.

● *Apotheke und deutschsprachige Ärzte*

- **Rund um die Uhr dienstbereite Apotheke:**
Harbisson Bd., North East. T. 333-4300.
- Dr. med Horst Bonese (Allgemeinmedizin):
8126 Redge Ave., T. 48323034
- Dr. med Günter D. Haafe (Neurologie):
Pensylvania Hospital, 8, Struce St., T. 82953531
- Dr. med. Charles G. Steinmetz (Augenarzt isser!):
1500 Locust St., T. 54608139

Geldwechsel

- Zahlreiche Banken wechseln Reiseschecks oder zahlen Bargeld auf
Kreditkarte aus. Einige Anschriften: *American Express:* 15th Street und
JFK Boulevard; *Continenal Bank:* 1201 Chestnut St.; *Mellon Bank:*
Broad und Chestnut St.; *Meridian Bank:* 1700 Arch St.; *Philadelphia
National Bank:* 5th und Market St. ... Die Liste ist nicht vollständig.

- **Visa-Karte** (Notfallnummer): T. 1 (800) 227-6811.

Verkehrsmittel

- **Septa (South Eastern Pennsylvania Transportation Authority):**
Verkehrsgesellschaft, die Bus, U-Bahn und Bahn verwaltet. Auskünfte
unter T. 580-7800, von 6h bis Mitternacht. Einige wichtige Busstrecken:
- Linie 38: von der Stadtmitte zum Benjamin Franklin Parkway.
- Linie 42: ab Stadtmitte Richtung Civic Center und University City.
The Ben Frankline (Bus 76): von Society Hill/South Street zum Kunst-
museum über Chestnut Street und Benjamin Franklin Parkway.

- Zwei U-Bahnlinien: Market-Frankford (von Ost nach West) und Broad Street (von Nord nach Süd). Kleingeld bereithalten.
- **Taxis:** Yellow Cab, T. 922-8400.
- **Autovermietung:** in der Innenstadt erwarten uns große Parkplatzprobleme. Philly sollte man sowieso besser zu Fuß erkunden. Für das Umland jedoch ist ein Auto – leider – unentbehrlich. Am Freitagabend purzeln die Preise für den Rest der Woche. Da gibt's nur eins: anrufen und Tarife vergleichen. Die Unternehmen liefern sich reinste Schlachten, um sich gegenseitig die Kundschaft abzuweren.

Wo man sich bettet

Allgemeine Adresse zu B&B:

- **Pennsylvania: Bed & Breakfast of Philadelphia,** P.O. Box 252, Gradyville, PA 15237, T. 215-753-1917.

Ansonsten nicht gerade viele Adressen, aber ein paar ausgefallene, der Erwähnung wert.

● *Für schmale Geldbeutel*

- **Chamounix Mansion Youth Hostel:** West Fairmount Park, am Chamounix Drive. T. 878-3676. Im Herzen des Parks. Ohne Auto ist es die reinste Expedition, hierher zu gelangen. Vom Flughafen mit dem Airport Train (R1) bis Suburban Station. Dann Bus 38 an JF Kennedy Boulevard bis Ecke Ford und Cranton Road. Weiter zu Fuß die Ford Road entlang, unter dem Overpass (Überführung) hindurch und schließlich links den Chamounix Drive bis zum Ende. Uff, da wären wir. Man muß etwa zwanzig Minuten Fußmarsch rechnen. Vom Greyhoundbahnhof mit Bus 38 und dann wie oben beschrieben. Vom Amtrak zur Suburban Station und dann genauso. Mit dem Auto ist es einfacher: Highway 76, Exit City, Line Avenue. Links in die Monument, dann in die Ford und schließlich die Chamounix bis zum Ende. Die Jugendherberge besitzt allerlei Qualitäten ... aber auch ein paar böse Mängel. Wir beginnen mit letzteren. Die Herberge ist nur von 8-9.30h und von 16.30-23h geöffnet. Ab 23h haben alle die Federn zu hüten. Wie in guten, alten Zeiten. Zwischen 9.30 und 16h wird dann die ganze Belegschaft an die frische Luft gesetzt. Ganz zu schweigen von den schlechten Verkehrsverbindungen. Der letzte Bus aus der Stadt macht sich um 22h ab Market Street auf den Weg. Nun zu den positiven Seiten: es handelt sich um ein wirklich ansehnliches Haus vom Beginn des 19. Jhs mitten im Grünen. Daher ruhig und mustergültig geführt. Fünfzig Betten in Schlafsälen, die jeweils vier bis sechzehn Schlafstätten umfassen – nach Männlein und Weiblein getrennt, versteht sich. Kochgelegenheit, Waschmaschine, Garten, großer Salon, heiße Dusche, Tischtennisplatten ... das Ganze auf drei Stockwerke verteilt. Ermäßigung mit Jugendherbergsausweis.
- **Bank Street Hostel:** 32 S. Bank St., T. 1-800-392 bzw. 922-0222, Fax 922-4082. Erreichbar von der Chestnut Street zw. 2nd und 3rd Street bzw. vom Bahnhof per blauer U-Bahn-Linie bis 2nd Street, dann fünf Gehminuten. Geschlossen (!) zwischen 10 und 16.30 h. Zapfenstreich Mitternacht, am Wochenende um 1 h. Ganz neu und unsere Lieblingshütte, da mitten im alten Viertel, gemütlich, zentral und beste Ausstattung mit Küpche, Waschmaschine und Trockner, Schließfächern usw. Der Eigentümer, David Herskowitz, ist selbst früher gut in der Welt herumgekommen. Preise so 16 $ plus Miete für einen Nesselschlafsack,

wenn man keinen besitzt. Etwa 54 Betten; geschlummert wird leider wieder mal in nach Geschlechtern getrennten Schlafsälen. Tee und Kaffee kostenlos.

● **Religiöse Absteigen ... auch nicht teuer**

– **Divine Tracy Hotel:** 20 South 36th Street. T. 382-4310. Eine wirklich außergewöhnliche Adresse, aber nicht nur weil der Name schon eine »göttliche« Unterkunft verspricht. Für das Gebotene fallen die Preise, die dieses Hotel für seine rund hundert Zimmer verlangt, unschlagbar niedrig aus. Zu zweit kommt die Sache genauso teuer wie in der Jugendherberge ohne Jugendherbergsausweis. Geräumig, solide Matratzen, ausgezeichneter Komfort; Zimmer mit und ohne Bad. Das Hotel gehört den Anhängern von *Father and Mother Divine*, einer religiösen Gruppierung, die sich um »die Erhöhung des menschlichen Geistes« bemüht. Eine Gemeinschaft also, die es überhaupt nicht auf's Geld abgesehen hat (können wir uns als brave Christen kaum vorstellen, aber so was gibt's ...). Dafür gilt es einige eigenwillige Regeln zu beachten: »Doppelzimmer nur für zwei Personen gleichen Geschlechts« (na, wenn das nicht dem sündigen Treiben Vorschub leistet); selbst verheiratete Paare müssen getrennt übernachten! Bis Mitternacht darf zwischengeschlechtlicher Kontakt in der Lobby aufgenommen werden. Aber es kommt noch besser: Frauen in Hosen (und Miniröcken sowieso) sind unerwünscht, Strümpfe für beide Geschlechter vorgeschrieben und nackte Schultern sowie Männer in Shorts völlig indiskutabel. Und nicht zuletzt: »Hemden dürfen nicht über der Hose getragen werden, es sei denn der Schnitt ist eigens zu diesem Zwecke konzipiert.« Toleranz scheint ein Fremdwort zu sein. Es ist außerdem untersagt, zu fluchen und obszöne oder gotteslästerliche Dinge von sich zu geben. Also die Zunge im Zaum halten und unseren Reiseführer unterm Kopfkissen verstecken. Nettes Plätzchen, was?

– **Summer Youth Hostel (Old Reformed Church):** in der Stadtmitte, 4th Street, Ecke Race St., T. 922-9663. Im Erdgeschoß dieser ehemaligen reformierten Kirche wird im Sommer ein großer Raum in einen Schlafsaal umfunktioniert. Zwanzig Matratzen unmittelbar auf dem Boden. Preisgünstig, zentral und kein Jugendherbergsausweis erforderlich. Rezeption von 17-22h geöffnet, Bettruhe um 23h. Saubere sanitäre Anlagen. Bettlaken, Kopfkissen und Decken können geborgt werden. Das Frühstück mit Toast, Cornflakes, Kaffee oder Tee ist im Übernachtungspreis inbegriffen. Morgens um 9h muß das Haus geräumt werden, aber seine Siebensachen darf man deponieren. Zahlreiche Ruckssacksreissende.

– **Saint Anna's Home for Aged Women:** 2016 Race St., T. 567-2943. Nur für alleinreisende Damen. Erst im äußersten Notfall sollte man auf diese Adresse zurückgreifen. Bemerkenswertes Haus für Nonnen im Ruhestand, das einige kleine Zimmer für Reisende zur Verfügung stellt. Vorher anrufen, um zu erfahren, ob man noch aufgenommen werden kann.

● **Mittlere Preisklasse**

– **AYH** (Philadelphia International Hostel): 600 S 3rd, T. 925-6004. Haben wir erst nach langer Telefoniererei wieder aufgespürt, da von der Arch Street hierhin verzogen. Leider fehlt uns nun jede Beschreibung und auch die Faxnummer ... Wie wär's bis auf Weiteres mit der alten?

Mittenmang in der Stadt. Fünfzig Betten in Schlafsälen; Männer und Frauen sind getrennt untergebracht. Der ideale Ort, wenn er nur halb so teuer wäre: man muß hier doppelt so tief in die Tasche langen wie bei der anderen Herberge. Frühstück ist inbegriffen. Bettruhe gegen 1h.
- **Hotel Apollo:** 1918 Arch St., nahe der 19th Street. T. 567-8925. In der Stadtmitte, wundervoll laut und zugleich das preiswerteste Hotel dort. Dies mit gutem Grund, denn es bietet den sogenannten »day use« an, d.h. es dient als Unterschlupf für Seitensprünge u.ä. Na bitte, wem's Wurst ist in einer Absteige zu landen, solange die Laken ab und an gewechselt werden. Kein Luxus, aber sauber. Kleine Zimmer mit und ohne Dusche, für zwei bis drei.
- Das International Hostel (3701 Chestnut St.) besser meiden. Es handelt sich um ein großes Studentenwohnheim, dessen Zimmer im Sommer an Touristen vermietet werden. Horrende Preise und erbärmliche Zimmer.

● *Etwas schicker, die Bed & Breakfast-Adressen*

Eine fabelhafte Art und Weise in Philly zu logieren. Etliche Organisationen machen innerhalb weniger Stunden ein nettes Haus zu erschwinglichen Tarifen und mitten in der Stadt ausfindig.
- **Bed & Breakfast Center City:** T. 735-1137. Tägl. von 9-21h.
- **Bed & Breakfast Connections:** T. 1 (800) 448-3619 oder 687-3565. Häuser in der Stadtmitte und im Lancaster County. Dienstags bis samstags von 9-21h zu erreichen, sonntags ab 13h.
- **Bed & Breakfast The Manor:** T. (717) 464-9564.

● *Erheblich besser*

- **Thomas Bond House B&B:** 129 S Street nahe Walnut St., T. 923-8523. Denkmalgeschütztes Haus im Herzen des historischen Viertels. Zwölf geschmackvoll mit Möbeln des 19 Jh. ausgestattete Zimmer. Spitzenklasse und teuer.

● *Campingplatz*

- **Timberlane Campground:** 117 Timber Lane. T. (609) 423-6677. Fünfzehn Meilen von der Stadt entfernt, trotzdem der nächstgelegenste Zeltplatz. Anfahrt: die Walt Whitman Bridge Richtung 295 South überqueren, Exit 18 A abfahren. Sofort links abbiegen, gleich beim ersten Stop in der Cohawkin Rd wieder rechts. Nach 0,5 Meilen rechts in die Friendship Rd. Ein Block weiter auf der rechten Seite liegt der Campingplatz. Gut ausgestattet und tadellose sanitäre Anlagen.

Verköstigung

Rund um die South Street und der 4th Street, zudem ganz günstig in Chinatown.
- **Jim's Steak:** 4th Street, Ecke South St. Durchgehend geöffnet von 10-1h (3h am Wochenende). Eine in unseren Augen einfach himmlische Einrichtung. Seit 1939 steht man hier ohne zu murren Schlange, um die köstlichen Sandwiches zu erstehen, die ein geschickter Koch vor den Augen der Gäste zubereitet. Das reinste Gedicht, wie er die Zutaten zwischen die Brotscheiben zaubert. Die Sandwiches mit dem Fleischaufschnitt gelten als Spezialität Philadelphias. Verfeinert durch Zwiebeln, Tomaten und Salatblätter lassen sie sich auf der Stelle verzehren oder

mitnehmen. Ein Besuch bei *Jim* ist Pflicht, wenn man einen schönen Abend in diesem Viertel verbringen möchte.

– **Pat's King of Steaks:** 9th Street, Ecke Wharton St. Rund um die Uhr geöffnet. Ein weiterer Steak-Sandwich Spezialist, der echtes Baguette verwendet. Zum Mitnehmen, um sich für einen Spottpreis den Bauch vollzuschlagen.

– **Friday's:** 2nd Street und Lombard. T. 625-8391. Ein Reigen ausländischer Gerichte. Erstaunlich gute Qualität für eine internationale Küche. An Raumschmuck wurde nicht gespart, herzliches Ambiente und keine bösen Überraschungen, wenn's ans Zahlen geht. Eine ausgesprochen amerikanische Adresse, aber schließlich befinden wir uns auch in Amerika. An Qualität und Service hatten wir noch nie etwas auszusetzen.

– **South Street Grill:** 200 South St., T. 922-1813. Ganz liebes Personal, gute Küche.

– **Pizza Uno:** 2nd Street, gegenüber des Head House Square. Unsere Lieblingskette, wenn's um amerikanische Pizza geht. Da meint einer, daß kann nichts Besonderes sein ... ne' Pizzakette halt? Probieren geht über Studieren! Täglich mittags und abends hat man Gelegenheit dazu.

● *Etwas vornehmer*

– **Dickens Inn:** 2nd Street, gegenüber vom Head House Square. T. 928-9307. Hier nicht gerade in Jeans anrücken, dafür aber sein Portemonnaie nicht zu Hause lassen. Dieses Haus gehört dem Urenkel des berühmten Schriftstellers und ist ganz im englischen Stil gehalten. Die Stiche an den Wänden stellen Figuren aus seinen Romanen dar. Abwechslungsreiche Küche, in der Hauptsache europäischer Machart. Besonders in den Abendstunden ist es reizvoll, hier ein gemütliches Stündchen zu verweilen. Auch eine Bar ist vorhanden (s. »Auf ein Glas«).

DOWNTOWN

● *Für schmale Geldbeutel*

– **Yonny's Restaurant:** 1531 Cherry St., T. 665-0407. Nur Montag bis Freitag von 6.30-15h geöffnet. Man meint zu träumen: ein winziges Backsteinhäuschen mit grünen Fensterläden mitten im Finanzviertel! Die Yuppies werden von diesem gemütlichen, urtümlichen Fleckchen mit seiner Holzeinrichtung, seiner Fülle von Plakaten und seinem vergilbten Äußeren magisch angezogen. Und zwar zum Frühstück oder Mittagessen, das sich aus Salaten, Quiches, Suppen, hausgemachten Keksen und Kuchen zusammensetzt. Hmmm, hier geht's uns gut.

– **Reading Terminal Market:** Arch St., Ecke 12th Street. Täglich außer Sonntag, aber wir empfehlen unbedingt donnerstags, freitags oder samstags hier einzukehren, denn das sind die Tage, an denen die Amish einen Stand auf diesem riesigen Markt betreiben (siehe »Sehenswert«). Eine einmalige Gelegenheit, in Amerika in den Genuß von Bretzeln, Wurstgerichten, hausgemachtem Brei und selbstgebackenen Kuchen zu gelangen.

Für Hinweise, die wir in späteren Auflagen verwerten,
bedanken wir uns mit einem Buch aus unserem Programm

Snackbar

- **The Commissary:** 1710 Samson St., T. 569-2240. Tägl. von 8-22h, freitags und samstags bis 23h geöffnet. Lässig und ungezwungen, ideal zum Mittagessen. Eine restaurantähnliche Cafeteria, die täglich einige veschiedene, immer üppige, Gerichte anbietet. Nudeln, Salate, Fleischgerichte, zahllose Desserts (peach pie, cheese cake, fruit salad). Einfach, gut und preiswert.
- **Salad Alley:** 1720 Samson St. (weitere Adresse: 4040 Locust St.). Tägl. von 11.30-21h, samstags bis 22h; sonntags Ruhetag. Die beste Salatbar in der Stadt, wo frische und knackige Salate aufgefahren werden. Ein Mittagessen, das stärkt, ohne anschließend schwer im Magen zu liegen.
- **Corned Beef Academy:** Ecke 18th St. und JF Kennedy. T. 568-9696. Ab 17h und am Wochenende geschlossen. Wir haben schon Billard- und Bierakademien kennengelernt. Hier nun ein Fast Food Restaurant, das sich auf *corned beef* verlegt hat. Frisch und als Sandwich, in jedem Fall ein Festessen. Mal den *Virginia ham* kosten.

● *Etwas anspruchsvoller*

- **Samson Street Oyster House:** 1516 Samson St., T. 567-7683. Montag bis Samstag von 11-22h geöffnet, sonntags geschlossen. Spezialist für Meeresgetier. Gute Beobachter werden das gleich an den Stichen gemerkt haben, die die Wände zieren, sowie an der Austernteller-sammlung. Wir haben eine besondere Schwäche für die *New England clam showder* (Suppe) und den köstlichen *Shore platter* (Fisch und Meeresfrüchte). Fangfrisch und schmackhaft. Wenn man etwas achtgibt, ist es kaum möglich, bei der Auswahl Schiffbruch zu erleiden. Allerdings sollte man einen Bogen um die eher jämmerlichen Salate machen. Schmutzfinken lassen sich einen Plastiklatz geben.
- **Cutters (Grand Cafe and Bar):** 2005 Market St., Ecke 21st Street. T. 851-6262. Im Innenhof des *Commerce Square*. Für Rucksackreisende vielleicht ein etwas ungewohntes Ambiente, denn in dieser Umgebung postmodernen Luxus trifft sich alles, was in Philadelphia Rang und Namen hat. Wenn nicht der Spitzendesigner Philipp Starck selbst für die Einrichtung verantwortlich ist, so muß es zumindest ein Bruder von ihm gewesen sein. Man erscheint hier im Sonntagsstaat (allerhöchstens vielleicht noch im »Samstagnachmittagsstaat«), um einen einfachen amerikanischen Salat, ein *New York Steak*, ein Cajun-Gericht oder einen Teller Nudeln zu verzehren. Also kein ausgesprochen kulinarischer Treffpunkt, aber halt ein Treffpunkt. Ein Blick auf die hochaufgetürmten Flaschen in der Bar lohnt sich. Der Barmann muß ziemlich lange Arme haben.

Im Universitätsviertel

- **Audrey's Pit Barbecue:** 113 South 40th Street. T. 386-5125. Täglich von mittags bis abends geöffnet; dienstags bis 19h, mittwochs, donnerstags und sonntags bis 22h (sonntags erst ab 14h), freitags und samstags bis 1h. Wahrscheinlich würde unsere Leser wenig in diese Kaschemme in dem nicht sonderlich anziehenden Viertel locken, wenn nicht ihr heißgeliebter Reiseführer wäre. Drei Tische, Pappteller, eine Theke und dahinter der kräftig gebaute Wirt, der die besten *ribs* Philadelphias fabriziert. Sandwiches, Smoked Chicken oder Ribs mit köstlichen *baked beans*. Zum Abschluß noch einen *sweet potato pie*. Eine Wonne; man bereut den Umweg auf keinen Fall.

● *Etwas schicker*

– **Sweet Basil Restaurant:** 4006 Chestnut St., fast an der Ecke der 40th Street. T. 387-2727. Montag bis Samstag von 17-22h in Betrieb (Samstag bis 23h), Sonntag geschlossen. Verdient seinen guten Ruf. Trotz der Speisekarte, die eine Spur anmaßend klingt, verirrt sich die Küche nicht in Extravaganzen. Italienische Nudeln mit thailändischen Salaten, dazwischen noch ein paar Gerichte aus der Cajun-Küche. Eine kleine Reise um die Welt, die hält, was sie verspricht.

Wo einen bechern?

Hier eine Reihe von Adressen, die alle eine besondere Note haben.

– Unbestreitbar ist die Gegend um die Kreuzung South St. und 4th Street die belebteste der Stadt. Hier reiht sich eine Kneipe an die andere. Für den kleinen Hunger findet man Pizzas, Fallafeln, Philly-Sandwiches und Hot Dogs. In diesem nächtlichen Bazar bekommt man alles, was das Herz begehrt. Bleibt man nur einen Abend in Philadelphia, so sollte man ihn hier verbringen.

– **Dicken's Inn:** Head House Square. Vom Restaurant haben wir schon berichtet, hier nun die Bar: Riesenauswahl an Whiskysorten und Importbieren. Am Wochenende wird sie von Phillys »besserer« Jugend gestürmt, die sich nett und proper gibt. Toresschluß um 2h.

– **Katmandou:** Waterfront; Pier 5, am Ufer des Delaware River. T. 923-6003. Jeden Abend geöffnet. Großer Ponton im Freien, im Angesicht des Flusses, wo eine große Bar praktisch unter die prächtige, abends festlich beleuchtete, Benjamin Franklin-Brücke plaziert wurde. Eignet sich vortrefflich, um nach Einbruch der Dunkelheit, zwischen Yuppies hockend, ein Gläschen zu trinken und einer kleinen Musikgruppe aus der Gegend zu lauschen. Ausschank bis 1h. Kostet Eintritt.

Musikkneipen

– **Borgia Cafe:** 408 2nd Street, Höhe Pine St. Berühmter Jazzclub im Kellergeschoß eines Backsteinhauses, mitten im historischen Viertel. Die Musiker legen gegen 20.30h (am Wochenende gegen 21.30h) los.

– **Chestnut Cabaret:** 38th und Chestnut St. Im Universitätsviertel, auf der anderen Seite des Flusses. T. 688-4600. Dienstag bis Samstag wechselnde Musikgruppen. Um zu erfahren, wer spielt, sollte man vorher anrufen. Unter der Woche bis 1h, Freitag und Samstag bis 2h geöffnet. Hunderte von Jugendlichen lassen sich hier von ohrenbetäubender Musik durchschütteln. Voller kontaktfreudiger Studenten und Studentinnen. Falls die Musik zu laut ist, muß man sich halt durch Gesten verständigen. Verlangt Eintritt, aber dafür ist das Bier preiswert.

– **Mickael Jack's Cafe:** 8th Street und Market St., Stadtmitte. Jeden Abend bis 2h geöffnet. Es handelt sich um eine riesige *Sports Bar*, die von einem Baseballspieler, der der Mannschaft von Atlanta angehört, geführt wird. Eigentlich gibt's fünf Bars unter einem Dach: drei im Erdgeschoß und zwei im Keller. Eine Art multiples Subkulturzentrum mit Tanzfläche und fast jeden Abend Livemusik. Die riesige Leinwand ist für die *comedy show* donnerstags gedacht. Junge weibliche Angestellte suchen diesen Ort in der Hoffnung auf, schöne Knaben mit viel Muskeln und lauter Stimme ausfindig zu machen. Heiße Stimmung; am Wochenende wird Eintritt verlangt.

Sehenswert

● **Das historische Viertel**

Hier stößt man auf die Wurzeln der Stadt und auf eines Teils der amerikanischen Geschichte überhaupt. Die Besichtigung dieses Viertels, welches aus hervorragend restaurierten Backsteingebäuden des 18.
Jhs besteht, sollte in jedem Fall zu Fuß geschehen. Man trifft in den Erklärungen der »Guide-ranger« auf alle großen Namen der jungen Nation.
Die erste Etappe der Besichtigung ist ein Besuch im *Verkehrsamt*, dem
National Park Service unterstehend, in der 3rd Street, zwischen Chestnut Street und Walnut Street. Tägl. von 9-18h besetzt. Von den Rangern
erhält man ein ausgezeichnetes, detailliertes Verzeichnis der sehenswerten Gebäude. Reisefiebrige, die des Englischen mächtig sind, kommen in den Genuß eines achtundzwanzigminütigen Filmes von John
Houston, der die Geschichte der Stadt nachzeichnet. Solchermaßen
eingestimmt, kann die Besichtigung des Viertels beginnen. Alles ist
kostenlos. Man sollte einen halben Tag einplanen und die Sache lieber
vormittags angehen, bevor sich der sommerliche Besucherstrom in das
Viertel ergießt. Hier nun die Besichtigung der wichtigsten Gebäude, die
man mit Hilfe des Plans der Ranger problemlos findet.
– **Carpenter's Hall:** von 10-16h geöffnet; Montag geschlossen. Ein
hübsches Gebäude aus der Mitte des 18. Jhs, in dem sich eine Gruppe
verantwortlicher Grundstücksbesitzer traf. Es wurde dann den Führern
der Revolution als Versammlungsort angeboten. Hier fand also der
erste Kontinentalkongreß 1774 und die erste offizielle antienglische Versammlung statt. Die Anstifter setzten sich das Ziel, eine Liste aller Unzu-
länglichkeiten zu erstellen, für welche die Kolonien Großbritannien verantwortlich machten und ein Mittel zu finden, sich Gehör zu verschaffen.
Die Steuerfrage brachte dann das Faß zum Überlaufen. Im Innern ist
nicht viel zu sehen. Nebenan ein kleines Museum zum Gedenken an
die Soldaten des Marinekorps *(Marine Corps Memorial Museum)*. Auch
dort nichts Sehenswertes.
– **Second Bank of the United States:** ein typisches Beispiel des *greek
revival*-Stils, der zu Beginn des 19. Jhs sein Unwesen trieb. Im Innern
eine Bildergalerie mit den Porträts sämtlicher bedeutender Persönlichkeiten aus der Zeit der Entstehung Philadelphias, Pennsylvanias und
der Vereinigten Staaten. Alle Unterzeichner der Verfassung sind vertreten. Eine Art Who's Who in Gemäldeform. Zu sehen sind Thomas Jefferson, George Washington, John Dickinson, Benjamin Franklin, John
Adams und Compagnons. Neben jedem Porträt einige geschichtliche
Erläuterungen. Bemerkenswerterweise befindet sich hier das einzige
Porträt von *Jefferson*, auf dem er so abgebildet ist, wie er tatsächlich
aussah, nämlich rothaarig (»I have red hair, so what?«). Unbedingt
sehenswert, zumal die Bilder auch malerisch von hoher Qualität sind.
– **Independence Hall:** alle fünfzehn Minuten Führung. Am Wochenende eventuell Wartezeiten zwischen fünfzehn und fünfundvierzig Minuten, weshalb es sich empfiehlt, früh zu erscheinen. Dieses zwischen
1732 und 1756 entstandene Gebäude verdankt seine Berühmtheit der
Tatsache, daß hier sowohl die Unabhängigkeitserklärung als auch die
Verfassung unterzeichnet wurden. Der französische General *La Fayette*
gab dem Gebäude seinen Namen, als er 1824 die Gegend besuchte.
Die Führung, bei der man doch etwas zu sehr wie eine Schafherde
durch das Gebäude geschleust wird, umfaßt die beiden wichtigen

Räume, in denen die Unabhängigkeitserklärung und die amerikanische Verfassung unterzeichnet wurden. Für unseren Geschmack ein bißchen zu sehr herausgeputzt.

Der Präsidentenstuhl George Washingtons war Anlaß eines Ausspruchs des Präsidenten, der dessen Humor und Hoffnung zum Ausdruck bringt. Auf der Rückenlehne des Stuhls ist eine Sonne in das Holz geschnitzt. Der Präsident hatte sich immer gefragt, ob es sich wohl um eine untergehende oder eine aufgehende Sonne handelte. Nachdem die *Convention* ihre Arbeit abgeschlossen hatte und die Verfassung unterzeichnet war, erklärte er, es handele sich zweifelsohne um eine aufgehende Sonne. Seither heißt der Stuhl »Rising Sun Chair«. Im zweiten Stock befinden sich noch einige weniger wichtige Räumlichkeiten.

- **Old City Hall:** beherbergte von 1791-1800 das Rathaus. Im Innern heute ein Flaggenmuseum.

- **Congress Hall:** hier versammelte sich von 1790-1800 der Kongreß, während der Zeit also, da Philadelphia Hauptstadt der Vereinigten Staaten war. Hier entstand auch die »Bill of Rights«, wie die zehn ersten Zusatzartikel zur Verfassung, 1791 in Kraft getreten und die Grundrechte der Amerikaner betreffend, genannt werden. Zu jener Zeit umfaßte die Union nur dreizehn Staaten. Im Obergeschoß ein repräsentativer Senatssaal. Frankreichfans werden gleich die Porträts von Ludwig XVI. und Marie-Antoinette entdeckt haben, die der französische Staatspräsident *Giscard d'Estaing* den Amerikanern 1976 anläßlich des 200. Jahrestages der Unabhängigkeitserklärung schenkte. Was der Schmidt seinerzeit geschickt hat, ist uns unbekannt. Schon zur Zeit der französischen Revolution hingen in diesem Saal Bilder der französischen Herrscher. Als sie exekutiert wurden, verhüllte man die Gemälde als Zeichen der Trauer mit einem schwarzen Tuch. Diese Solidarität mit dem König erklärt sich durch den Freundschaftsvertrag, den die beiden Länder im Jahre 1778 abgeschlossen hatten.

- **Declaration House** (Graff House): Wiederherstellung (im Innern nicht besonders gelungen) des Hauses, in dem Jefferson die Unabhängigkeitserklärung verfaßte. Sie wurde im Juni geschrieben, am 4. Juli unterzeichnet und am 8. Juli öffentlich verlesen. Die Namen derer, die sie unterzeichnet hatten, wurden geheimgehalten, bis die entscheidenden Schlachten gegen die Engländer im Januar 1777 geschlagen worden waren. Man hoffte, diese so gegen Angriffe zu schützen. Dieses Haus birgt nichts Sehenswertes.

- **Liberty Bell Pavillon:** auf dem Platz gegenüber der Independence Hall. Eine Menschenmenge drängt sich, die große Glocke, das Freiheitssymbol schlechthin, zu besichtigen. Historisch gesehen hat sie an sich nur geringe Bedeutung, aber die Amerikaner haben eben eine besondere Begabung, eine kleine Randgeschichte zu einem großen Ereignis aufzublasen, so daß sie nach und nach zu einigem Ruhm gelangte. Die Freiheitsglocke wurde Mitte des 18. Jhs in London in Auftrag gegeben, aber sie klang so schrecklich, daß sie verändert werden mußte. Die neue Glocke bekam mit der Zeit Risse. Anläßlich einer Feier zu Ehren George Washingtons wurde sie überholt, bekam aber gleich wieder einen Sprung. Ihre Berühmtheit verdankt sie also vor allem ihrer Unzulänglichkeit (»Made in England«, halt ...). Und heute dient sie als Vorwand für manch einen touristischen Ausflug. Falls die Warteschlange zu lang ist, so läßt sich die Freiheitsglocke auch von außen in Augenschein nehmen.

– **Franklin Court:** großes, ansehnliches, backsteinverkleidetes Gebäude, früher zum Wohnsitz Benjamin Franklins gehörend. Das Wohnhaus selbst wurde zerstört. An seinem einstigen Standort wurde eine kleine Druckerei (B. Franklin war Buchdrucker) und eine Post nachgebildet, von der aus man Briefe abschicken kann, die mit der Unterschrift des Diplomaten versiegelt werden. Unseren gewitzten Lesern wird wahrscheinlich auffallen, daß sich zwischen Vor- und Nachnamen das Wörtchen »free« eingeschlichen hat, das an Franklins Kampf für die Unabhängigkeit erinnern soll. Die Post ist täglich von 9-17h geöffnet. Am hinteren Ende des Hofes, im Keller, ein bescheidenes Museum, das Nachbauten jener Gegenstände ausstellt, die Franklin in seiner Eigenschaft als Erfinder entwickelte. Außerdem wird ein zwanzigminütiger Film über sein Leben und seine Familie gezeigt. Für alle, die Englisch verstehen, ganz aufschlußreich.

– **Bishop White House:** das komplett restaurierte Haus des ersten Bischofs des Staates. Für diejenigen, die gar nichts auslassen wollen. Eintrittskarten bekommt man im Verkehrsbüro.

– **Todd House:** *Middle-class*-Haus, das zur Besichtigung freigegeben ist. Eintrittskarten im Verkehrsamt.

● *Weitere Sehenswürdigkeiten von historischem Rang*

– **Elfreth's Alley:** 2nd Street, zwischen Arch und Race St. Die älteste Allee der Vereinigten Staaten. Etwa dreißig Häuser aus der ersten Hälfte des 17. Jhs säumen dieses Straßensegment von wunderbarer architektonischer Harmonie. Das Viertel ringsum stellte zu jener Zeit das Handelszentrum der Stadt dar, in dem Handwerker und reiche Händler residierten. Die von Grund auf restaurierten Häuser sind Privateigentum und auch heute noch bewohnt. In Nr. 126 befindet sich ein kleines Museum, von 10-16h geöffnet.

– **Head House Square:** am Ende der 2nd Street, zwischen Pine und Lombard St. Ehemaliger, überdachter Markt des 18. Jhs, vorbildlich restauriert und von hübschen, flachen Häusern umgeben. Dieses belebte Viertel eignet sich besonders gut fürs abendliche Flanieren bei Laternenlicht.

– Das *Haus von Edgar Allen Poe:* 532 North 7th Street. Einlaß tägl. von 9-17h. Hier lebte der Schriftsteller und Journalist – er verfiel der Trunksucht und starb im Elend – von 1843-1844. In diesem Haus gibt's nun allerdings gar nichts zu sehen. Statt dessen gähnend leere Zimmer, wo man nur den Putz bestaunen kann. Nach dem Grund gefragt, erhält man zur Antwort, daß man halt nicht wisse, wie die Zimmer eingerichtet gewesen seien und deshalb beschlossen habe, sie leer zu lassen. Ein Besuch ist also überflüssig oder nur etwas für Poe-Besessene, die vielleicht irgend jemanden im Innern der Wand kratzen hören werden. Eine Leserin hingegen behauptet, die Ranger wüßten eine Menge Anekdoten über die Poes zu erzählen, so daß man sich ihr Leben bildhaft vorstellen könne? Richtig?

– **Betsy Ross House:** 239 Arch St., nahe Ecke 3rd Street. Es handelt sich um jenes Häuschen, in dem *Betsy Ross*, eine Quäkerin, die erste amerikanische Flagge nähte. Warum nicht auch noch ein Museum, um unser erstes Paar selbstgehäkelter Topflappen auszustellen?

– **Christ Church:** 2nd Street, Nähe Market St. Montag bis Samstag von 9-17h, Sonntag ab 12h Einlaß. Die älteste Kirche Philadelphias, da bereits im 17. Jh. erbaut. Kolonialarchitektur im georgianischen Stil.

Eine ganze Reihe Revolutionäre kam hierher zum Beten. Recht frisch im Innern.
- **Free Quaker Meeting House:** 5th Street, Ecke Arch St. Hier trafen sie sich, die *Quäker*. Diese, im Unterschied zu anderen, ergriffen Partei für die Unabhängigkeitsbewegung. Von 10-16h, sonntags ab 12h geöffnet. Reißt uns zugegebenermaßen nicht vom Hocker. Liefern wir halt selbst noch etwas Hintergrund: bei den Quäkern handelt es sich um die erste Einwanderergruppe, die in ihrer Kolonie Pennsylvania allgemeine Religionsfreiheit gewährte und sich auch bei der Abschaffung der Sklaverei hervortat. Sympathisch finden wir auch, daß Quäker als überzeugte Pazifisten jede Art des Militärdienstes ablehnen.

Die Museen

Museen zuhauf. Besucher der Stadt werden ordentlich verwöhnt.
- **Philadelphia Museum of Art:** Benjamin Franklin Parkway, Höhe 26th Street. T. 763-8100. Dienstags bis sonntags von 10-17h. Studentenermäßigung. Ein bißchen so etwas wie der Louvre von Philadelphia. Wirklich beindruckendes Haus, das man auf gar keinen Fall auslassen darf, zeigt es doch eine richtiggehende Zusammenfassung internationaler Kunstgeschichte. Das Museum ist zwar weitläufig, aber durchaus zu bewältigen. Trotz der alten Architektur werden die Kunstwerke auf moderne Weise präsentiert, und vor allem ist die Auswahl der Kunstwerke, ob es sich nun um Malerei, Skulptur, Kunstgewerbe oder religiöse Kunst handelt, von ausgesprochen hoher Qualität. Am Eingang des Museums ist ein Plan erhältlich. Hier nur einige Anhaltspunkte, damit unseren Lesern schon mal das Wasser im Munde zusammenläuft.
- Niveau 1, Erdgeschoß: Kunstgewerbe des 19. und 20. Jhs; schöne Möbel und Silbergeschirr. Etwas weiter einige Gemälde von Thomas Eakins, eines bekannten amerikanischen Porträtmalers, dessen Gesichter eine sanfte Melancholie ausstrahlen. Daneben hübsche Bilder mit ländlichen Motiven. Der rechte Flügel, der Kunst des beginnenden 20. Jhs und der Gegenwart gewidmet, beherbergt eine Vielzahl von Meisterwerken; desweiteren eine eindrucksvolle Sammlung religiöser, flämischer, spanischer, italienischer und deutscher Kunst des 14. und 16. Jhs. Nicht die Johnston-Sammlung, ein ungewöhnlicher Raum, der etwa hundert Werke verschiedenster Epochen und Stilrichtungen umfaßt, übersehen. Der Stifter, ein reicher Rechtsanwalt aus Philadelphia, bestand darauf, daß die Bilder in genau derselben Anordnung wie bei ihm zu Hause ausgestellt werden müßten. Das wirkt zum einen etwas durcheinander, verleiht dem Saal aber auch seine ganz eigene Atmosphäre. Er muß so manchen Prozeß gewonnen haben, um sich all diese Gemälde kaufen zu können! Bei den Europäern Werke von Matisse, Ernst, Magritte, Tanguy ... und dann herrliche Skulpturen von Brancusi sowie eine Serie von dem Maler und Bildhauer Marcel Duchamp, Vorreiter der »ready made«-Bewegung. Bemerkenswert ist auch das große klassische Werk »*La Mariée mise à nue par ses célibataires mêmes*«, jedem Kunststudenten ein Begriff. Dieses einzigartige Werk, zum Teil aus Glas bestehend, wurde beim Transport in die USA beschädigt. Man rief Duchamp an, um ihm das Mißgeschick mitzuteilen. Er reiste an und war begeistert von dem Sprung im Glas, der sich hervorragend in das Kunstwerk einfügt.
- Im Obergeschoß eine bemerkenswerte Abteilung mittelalterlicher Kunst mit einer faszinierenden Waffensammlung. Was religiöse Kunst

anbelangt, so findet sich hier der Nachbau eines romanischen Kreuzganges ebenso wie der eines Hindutempels. Die asiatische Abteilung ist auch nicht ohne. Und schließlich ist im rechten Flügel die gesamte europäische Kunst vom 18. bis zum 20. Jh. vertreten. So wurden z.b. ganze Interieurs französischer Schlösser mit Mobiliar, Täfelung und allem Drum und Dran nachgebaut.

– **Rodin Museum:** Benjamin Franklin Parkway, nahe der 22nd Street. T. 787-5431. Publikumsverkehr Dienstag bis Sonntag von 10-17h. Hier die umfassendste Sammlung von Werken dieses Künstlers außerhalb Frankreichs. Es handelt sich um eine Privatsammlung, wo man den *Saint Jean Baptiste prêchant* (den betenden Johannes den Täufer) ebenso findet wie einen schönen *Adam*, einen Gipsabguß des *Nu de Balzac* und die berühmten *Bürger von Calais*.

– **Franklin Institute Science Museum:** neben dem Logan Square, nahe der 20th Street. Einlaß tägl. von 9.30-17h. T. 448-1200. Ein Technik- und Wissenschaftsmuseum des 21. Jhs. Eine ausgezeichnete, lebendige Präsentation, bei der auch Besucher aktiv eingebunden werden, aus allen Bereichen der Wissenschaft und Technik (Optik, Mechanik, Weltraum, Elektrizität), der Natur und Biologie (der menschliche Körper, die Erde, die Energie, Krankheiten uvm). Zahlreiche Versuchsanordnungen für Kinder. Natürlich findet sich in Philadelphia nicht das einzige Museum dieser Art, aber hier wurde es auf amerikanische Weise, mit Pfiff und pädagogischem Sinn, verwirklicht. Beherbergt auch das Planetarium (Lasershow).

– **University Museum:** 33rd und Spruce St. Dienstag bis Samstag von 10-16.30h und Sonntag von 13-17h zu besichtigen; montags geschlossen. Weitläufiges, traditionell konzipiertes Museum mit erstaunlichen völkerkundlichen Sammlungen zu den verschiedensten Regionen der Welt. Ein Problem dabei ist jedoch die tödlich langweilige Präsentation. Antikes Griechenland, Asien, Afrika, Pazifikinseln ... Alles da. Ehrlich gesagt: wir zwingen keinen, dahin zu gehen.

Weitere Museen

– **Norman Rockwell Museum:** 601 Walnut St., Ecke Samson St. Zutritt tägl. von 10-16h (sonntags ab 11h). T. 922-4345. Eintrittspflichtig. Ein vergleichsweise kleines Museum im Untergeschoß der Zeitschrift *Saturday Evening Post,* wo einer der populärsten humoristischen Maler dieses Jahrhunderts arbeitete. Zwischen 1916 und 1970 entwarf er 324 Titelseiten der berühmten Wochenzeitschrift. Rockwell war auf die Darstellung von Alltagssituationen spezialisiert, wobei ihn sein Sinn für Humor jedoch nie im Stich ließ. Als Beobachter des angepaßten Durchschnittsamerikaners gelang es ihm, die komischsten Situationen einzufangen. Seine Arbeiten ähneln mehr der spontanen Fotografie als traditioneller Malerei. Als Vertreter eines realistischen Stils und einer optimistischen Weltanschauung drücken seine Bilder immer eine positive Sichtweise aus, sind witzig aber nie bissig. Er zeigt das selbstbewußte, lebensfrohe Amerika. Seine Arbeit stellt die alltägliche Umsetzung des »amerikanischen Traums« dar. Frische, Entspanntheit und Qualität der Komposition ziehen den Betrachter unweigerlich in ihren Bann. Schade nur, daß wenig Originale ausgestellt sind und daß die Bildqualität der Reproduktionen nur mittelmäßig zu nennen ist. Trotzdem empfehlen wir, hier vorbeizuschauen, denn die über sechshundert ausgestellten Werke vermitteln ein hervorragendes Bild von Rockwells Arbeit.

- **Pennsylvania Academy of the Fine Arts:** Broad St., Ecke Cherry St., mitten im Zentrum. T. 972-7600. Amerikanische Kunst steht im Vordergrund. In einem Teil des Museums wird die ständige Sammlung gezeigt, während die übrigen Säle Wechselausstellungen moderner Kunst beherbergen. Sich eingehend erkundigen, denn es sind häufig gute avantgardistische Ausstellungen zu sehen.
- **Afro-American Museum:** 7th Street, Ecke Arch St. Täglich außer Montag von 10-17h zugänglich. Wollen die Amerikaner hiermit nur ihr Gewissen beruhigen, oder geht es ihnen tatsächlich darum, die Kunst der Schwarzen zu rehabilitieren? In jedem Fall vermittelt dieses Museum trotz seines beschränkten Platzes einen guten Überblick über den Leidensweg, den die Farbigen von ihrer unfreiwilligen Ankunft in Amerika bis zur Zeit der Freiheitskämpfe zurücklegen mußten. Zeitzeugnisse, Dokumente, Fotos und Objekte, anhand derer sich der Weg eines ganzen Volkes nachvollziehen läßt. Im Obergeschoß Wechselausstellungen afrikanischer Künstler.

Es existieren noch weitere kleine Museen wie z.B. das *Please touch me Museum*, das *Philadelphia Maritime Museum*, das *Port of History Museum* und das *Museum of American Jewish History*. Für diejenigen, die immer noch nicht genug haben, sind eine Liste und die Adressen beim Verkehrsbüro erhältlich.

Die Märkte

Kein schöner Traum! Philadelphia nennt zwei Märkte sein eigen, die man auf keinen Fall auslassen sollte.
- **Reading Terminal Market:** Arch St., Ecke 12th Street. Täglich außer Sonntag herrscht hier Betrieb; ein Besuch lohnt aber am meisten Donnerstag, Freitag oder Samstag. Ein richtiger Markt mit Ständen aller Art. Aber das Besondere daran ist, daß eine große Anzahl der Buden und Stände den *Amish* gehört (Kommentar zu den Amish siehe Abschnitt »Pennsylvania Dutch Country«). Die kommen donnerstags, freitags und samstags, um ihre erstklassigen landwirtschaftlichen Erzeugnisse feilzubieten. Man erkennt die Männer leicht an ihrem langen Bart ohne Schnurrbart und den in die Stirn gekämmten Haaren. Die Frauen tragen helle, unbedruckte Röcke, und ihre in der Mitte gescheitelten Haare sind zu einem Knoten gebunden, der von einer kleinen, weißen Haube gehalten wird. Viele von ihnen wohnen in der Gegend von Hatville. Mal die Bretzeln probieren, die vor unseren Augen zubereitet werden (am besten mit etwas Senf). Weitere Gaumenfreuden sind der *custard-pudding*, die *pickles* und die Konfitüren. Gelüstet es einen nach Kuchen und *pies*, so wende man sich an *Beilers*. *Stoltzfus Snack Bar* gleich nebenan bereitet kleine aber dennoch sättigende Mahlzeiten zu, die nicht viel kosten. Man sollte den Markt vormittags besuchen und dann gleich hier zu Mittag essen.
- **Italian Market:** 9th Street, zwischen Federal und Christian St. Die italienischstämmige Bewohnerschaft dieses Viertels versucht, ihren ursprünglichen Lebensstil wieder zu beleben. Täglich findet hier ein Straßenmarkt statt, auf dem allerdings samstags bei weitem am meisten los ist. Da wird einem beim Anblick der Gemüsekörbe, der frisch

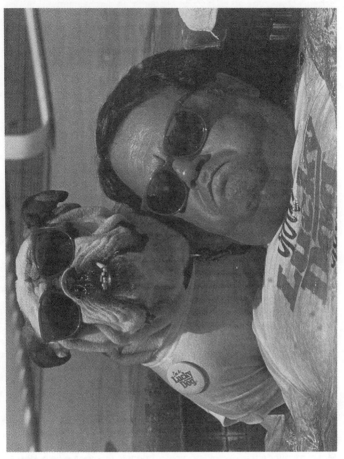

Lucky Dog

geschlachteten Hühner, des heißen, frischgebackenen Brotes und beim Duft des Käses ganz warm ums Herz. Einen Imbiß bekommt man im Gebäude mit der Nr. 930, *The House of Cheese*, und bei dem kleinen, italienischen Bäcker gegenüber. Hier schwirren die Akzente der italienischen, schwarzen und asiatischen Minderheiten durcheinander.

Downtown und weitere kleine Viertel

Downtown in Philadelphia meint ein modernes, harmonisch wirkendes Viertel mit klarer Linienführung. Die alte City Hall im Herzen der Stadt ist der Abrißbirne entkommen. Neoklassizistische Gebäude vom Ende des 19. Jhs, das größte Rathaus des Landes und lange Zeit höchstes Gebäude der Stadt. Das ist eigentlich alles, was es über die Stadtmitte zu berichten gibt. Ach nein, da wäre noch die Statue William Penns von Alexander Calder auf der Spitze zu erwähnen. Die City Hall läßt sich zwar besichtigen, aber das lohnt sich nicht sonderlich.

Dagegen sind die zahlreichen modernen Skulpturen rundum von Interesse. Am umstrittensten ist natürlich die *Wäscheklammer*, die alle Blicke auf sich zieht (Market St., Ecke 15th Street). Eine weitere, äußerst hoffnungsvolle Statue befindet sich an der Ecke Market und 18th Street. Man entdeckt derlei noch mehr, während man durch das Viertel streift.

– **Market Street:** von Kaufhäusern gesäumte Hauptachse der Stadt: Sterns, Woolworth, J.C. Penney und Konsorten.

– Die netteste Ecke der Innenstadt befindet sich zwischen 17th, 18th, 19th Street und Walnut, Samson und Locust St.: kleinere Läden, Restaurants, Bars. Mitten in der Innenstadt herrscht Kleinstadtflair.

– **Chinatown:** wegen der nur kleinen chinesisches Gemeinde in Philadelphia fällt auch die Chinatown bescheiden aus. Race Street bildet hierbei den Kern; rund um die 9th, 10th und 11th Street.

In der Umgebung

● *Germantown:* fünf Meilen nördlich der Stadt, über die Broad Street zu erreichen. Ehemalige Einwandererstadt deutscher Mennoniten. Dieses heute zu Philadelphia gehörige Viertel besitzt noch eine ganze Reihe von Häusern aus dem 18. Jh., von denen einige zu besichtigen sind. Vollständiges Adressverzeichnis beim Verkehrsbüro. In erster Linie etwas für Fachleute und Ahnenforscher.

● *Barnes Foundation:* in Merion, Montgomery County, am Rande der Stadt. 300 Latches La., Merion. T. 667-0290. Einlaß nur freitags und samstags von 9.30-16h. An diesen beiden Tagen empfängt das Museum hundert angemeldete sowie hundert unangemeldete Besucher. Öffnet seine Pforten sonntags von 13-16.30h für fünfzig angemeldete und fünfzig unangemeldete Besucher. Allen unter fünfzehn Jahren ist der Zutritt verboten (NB: Frauen werden eingelassen, aber keine Hunde). Im Juli und August geschlossen.

Die reinste Ali-Baba-Höhle. Wir übertreiben nicht: eine der weltweit schönsten Sammlungen französischer und anderer Impressionisten. Über tausend Meisterwerke werden hier aufbewahrt. Dafür ist dem Arzt *Albert C. Barnes* zu danken, der alle diese Bilder mit großem Sachverstand, aber ohne aufs Geld zu schauen, erwarb. Er erfand das Argyrol, ein desinfizierendes Augenmittel, und verwendete sein ganzes Vermögen auf den Erwerb von Kunstwerken. Die Bilder werden in demselben Durcheinander gezeigt, in dem sie sich zu seinen Lebzeiten befanden:

mehrere Van Goghs, Degas und Rousseaus, aber vor allem 65 Werke von Matisse, 66 von Cézanne, 60 von Soutine und ... 175 von Renoir. Und dann noch ein wenig asiatische und südamerikanische Kunst. Eines der schönsten Museen überhaupt, dessen Einschränkungen bezüglich der Besichtigung jedoch so manchen Touristen abschrecken. Sich telefonisch im voraus kundig machen, wie es um die Voranmeldungen steht.

PENNSYLVANIA DUTCH COUNTRY (Vorwahl: 717)

Um die Geschichte der Minderheiten in dieser Gegend, die immer wieder die Neugier der Touristen wecken, zu verstehen, muß man bis auf Ereignisse zu Beginn des 16. Jhs in Europa zurückgreifen. Nach der Reformation 1517 entstanden zahlreiche religiöse Glaubensgemeinschaften. *Menno Simons* wurde Anführer der Wiedertäufer, einer Gruppe, der sowohl katholische als auch protestantische Dissidenten angehörte, von denen die meisten zu Tode gefoltert wurden. Nach kurzer Zeit kam es unter den übriggebliebenen Mennoniten, welche die Bibel wortwörtlich verstehen, wegen unterschiedlicher Textauslegungen zu einer Spaltung. Die neue Glaubensrichtung, angeführt von dem jungen mennonitischen Bischof *Jakob Ammann*, legte die Bibel noch orthodoxer aus, als es vorher schon der Fall gewesen war. Der endgültige Bruch mit den Mennoniten geschah gegen Ende des 17. Jhs, und die Anhänger der neuen Lehre wurden die »Amish« genannt.

Als William Penn vom englischen König *Karl II.* die volle Macht über das Land erhielt, das später Pennsylvania heißen sollte, war es sein Ziel, diese Kolonien zu einer Zufluchtsstätte für Verfolgte und Unterdrückte und zu einem Ort religiöser Duldung zu verwandeln.

Die ersten Minderheiten machten sich 1663, nur ein Jahr nach William Penn, auf den Weg. Mennoniten, Moraven und Amish siedelten sich nach und nach in der Gegend an. Letztere kamen zu Beginn des 18. Jhs, und zwar hauptsächlich aus der Schweiz und der Pfalz. Alle diese Einwanderer wurden die *Pennsylvania Dutch* (»Dutch« ist offensichtlich das Wort »Deutsch«) genannt, stellen aber in Wirklichkeit eine Unmenge verschiedener religiöser Untergruppen dar, die allerdings alle gemein haben, daß sie die Bibel äußerst strikt auslegen, ein einfaches Leben führen und die moderne Gesellschaft ablehnen.

Die Amish

Die etwa 16.000 Köpfe zählenden *Amish People* – sie repräsentieren die mennonitische Lebensweise in ihrer reinsten Form – siedeln in der Gegend von Lancaster und sind durch den 1985 entstandenen Film von *Peter Weiss*, »Der einzige Zeuge« (Witness) mit *Harrison Ford*, zu einiger Berühmtheit gelangt.

Die Amischen wanderten im 17. Jh. aus der Schweiz, dem Elsaß, dem Badischen und der Pfalz ein und gelten als konservativer, religiöser Flügel der Reformation, die in Amerika zu den *utopian communities,* also zu den utopischen Gemeinschaften, gerechnet werden. Der Name rührt wie oben erwähnt von dem Prediger *Jakob Ammann* her, der sich noch in der Schweiz von den geistesverwandten Mennoniten abgespalten hatte. Dies nicht wegen grundsätzlicher Gegnerschaft, sondern weil er mehr Strenge, eine drakonische gottgefällige Lebensordnung, die sich in erschreckender Detailbesessenheit in der »Ordnung« der Amischen ausdrückt. Was sich hinter dieser Pedanterie und Religiosität verbirgt, verraten wir für dieses Mal nicht. Die Amischen haben sozusagen seit ihrer Ankunft in der Neuen Welt jegliche Veränderung abgelehnt. Sie folgen Wort für Wort den Vorschriften der Bibel. Alles geschieht zum Wohle der Gemeinschaft, und jede Lebensregel ist in der sogenannten *Ordnung* verzeichnet, einer Art »Knigge« der Amischen. Eine der wichtigsten Regeln betrifft die überragende Bedeutung der Vergangenheit. So ist die Haltung von Kanarienvögeln genauso Teufelswerk wie der Besitz von Knöpfen, Reißverschlüssen, Fernsehern oder Telefonen gar. Deshalb darf ein Amischer auch kein Auto besitzen. Er darf allerdings im Auto eines anderen mitfahren. Elektrizität und Traktoren sind verpönt. Nur der Einsatz selbstgebauter Dieselmotoren ist erlaubt. Das in Trachten gekleidete Völkchen betreibt vornehmlich Landwirtschaft, und da sie jegliche moderne Technik (z.B. Elektrizität) ablehnen, beackern sie auch ihre Felder noch mit Gespannen. Diese Gemeinschaft, die sich von allen amerikanischen Gruppen am meisten abschottet, spricht noch immer einen »deutschen Dialekt«, der auch in ihren Schulen gelehrt wird. Ihr »Pennsylvaniendeutsch« (Pennsylvania Dutch) hört sich für unsere Ohren besonders drollig an. Aber viele Eltern wünschen, daß ihre Kinder auch Englisch sprechen, da das Überleben der Gemeinschaft trotz allem vom Handel mit der Außenwelt abhängt.

In dieser Gegend mit dem Auto unterwegs, trifft man ständig die bescheidenen, schwarzen Pferdekarren, auf denen eine etwas ungewöhnlich anmutende Gesellschaft hockt, so z.B. sonntags in Churchtown, wo dann um die hundert Wägelchen um die Kirche herum abgestellt sind. Die Männer tragen Bärte – wobei sie sich allerdings den Schnurrbart abrasieren – schwarze Hüte und ein einfaches Hemd. Die Frauen tragen ganz schlichte Kleider, die zwar farbig sein dürfen (die meisten tragen gedeckte Farben), aber weder gestreift noch bedruckt. Manche Untergruppen gönnen sich nicht mal ein paar Knöpfe. Die Haare werden niemals offen getragen, sondern stets als Knoten unter einer altmodischen Haube versteckt.

Das Erziehungssystem zielt darauf ab, auf das Leben in der Gemeinschaft vorzubereiten, wobei jegliches Konkurrenzdenken abgelehnt wird. Sonntags wird gemeinsam Gottesdienst gefeiert. Kinder werden erst sehr spät, im Alter von 16-20 Jahren getauft. Die Arbeitsmethoden (Handwerk, Landwirtschaft) gleichen noch jenen im 18. Jh. und haben sich bestens bewährt. Ob es Zufall ist, daß die Amisch-Bauern mit ihren uralten Methoden bessere Ergebnisse erzielen als andere mit den allerneuesten Geräten?

Die Gegend von Lancaster liegt dank der Amischen landesweit ganz vorn, was die Erzeugung von Milch (ihre Spezialität), Eiern, Hühnern, Rindern, Schweinen und Hammeln anbelangt.

Der Erfolg dieser Minderheit, bei der Gemeinschaftssinn und eiserne Disziplin an erster Stelle stehen, wirkt wie eine Ohrfeige ins Gesicht der übersättigten und verschwenderischen amerikanischen Gesellschaft. Paradoxerweise sind es gerade diese Amischen mit der Bibel in der Hand, die den Wohlstand jener Gesellschaft mehren, die sie selbst wie die Pest fliehen.

Also Friede, Freude, Eierkuchen bei den Amischen? Mitnichten. Immer wieder kommt es zu Abspaltungen, da man sich nicht einig ist, wie die

Bibeltexte auszulegen sind, wenn es um den Umgang mit der modernen Welt geht. Den jungen Leuten, die ja trotz allem auch mit der Außenwelt konfrontiert werden, fällt es manchmal schwer, den Regeln zu folgen, die u.a. vorehelichen Geschlechtsverkehr verbieten, und von den jungen Männern werden hie und da mal welche abtrünnig. Ihre Tage sind gezählt. Unter dem Ansturm der Moderne zerbrechen die Familien. Junge Leute sehen nicht mehr ein, warum sie auf Kühlschrank oder fließend warmes Wasser verzichten sollten. Fünf Millionen Fremde suchen jährlich ihr Siedlungsgebiet, das Lancaster Country, heim. Allein siebentausend Personen beschäftigt die Fremdenverkehrsindustrie, halb so viel wie dieses Völkchen von fünfzehntausend Seelen. Die mennonitischen Glaubensbrüder der Amischen tragen erheblich zur ungezügelten Vermarktung bei. Das Mennonite Information Center, Brennpunkt des Massenzirkus, liegt nahe der Sightseeing Route, dem Old Philadelphia Turnpike, mit Grillbuden, Tankstellen, Andenkenläden, Bretzelfabriken, so wie dem Dutch-Wonderland, einem Vergnügungspark mit historischer Straßburg-Railroad und allem möglichen faulem Zauber. Ortskundige Mennoniten führen dann die Peepshows. Rein im Galopp in die gute gute Stube, wo dann unter Blitzlicht und dem Surren der Kameras nicht der Fremde, nein der Farmer, Truhen oder Schränke aufreißt, die den Touristen eigentlich gar nichts angehen. Da nun aber jeder mal so ein Haus von innen in Augenschein nehmen wird, so wisset: die frommen Brüder verlangen den museumsüblichen Eintritt.

Riesentouristenspektakel auch in *Intercourse*, wo die Hamburgerfritzen sich als Amish verkleiden, um ihr Zeugs zu verhökern.

Anreise

Per *Amtrak*-Zug, Bus oder Flugzeug nach Lancaster, Pa.
– **Von New York aus:** mit dem Auto Manhattan durch den Lincoln Tunnel, 38th Street W, oder den Holland Tunnel am Ende der Canal Street verlassen und den Schildern nach New Jersey Turnpike – kurz NJ TPK – bis nach Trenton nachfahren, das man auf dem Interstate 276 umfährt, dann der 76 – auch Philadelphia Turnpike genannt – um Philadelphia herum folgen. Eine bescheidene Straßengebühr wird für den Tunnel und die beiden Autobahnen fällig. Ausfahrten 22 – 80 km westlich von Philadelphia – 21 oder 20. Das 19. Jh. erstreckt sich rund um die Hauptstraße und insbesondere südlich dieser Ausfahrten. Lancaster stellt praktisch seinen Mittelpunkt dar, und man erreicht es mit dem Auto von New York aus in zwei bis drei Stunden. Die Reise in die Vergangenheit läßt sich also als Tagestour einplanen.

Besichtigungstour

Für all jene, die nur mit dem Rucksack unterwegs sind, werden von fast jedem Ort, Geschäft oder Restaurant aus Busfahrten angeboten. Reizvoll ist es, per gemietetem Fahrrad die Gegend zu erkunden, während alle Faulen sich in einem Buggy, dem einheimischen Karren, eine Stunde spazierenfahren lassen.
Mit dem Auto folgt man aufs Geratewohl den schmalen Straßen, wobei die Möglichkeit besteht, eine Kassette zu mieten – und unter Umständen auch einen Rekorder – die Neugierige zwei Stunden lang gemächlich und mit zahlreichen Erläuterungen – allerdings nur auf Englisch –

durch die Landschaft geleitet. Man erhält sie an mehreren Stellen an der Route 30 in der Nähe von Lancaster, wie zum Beispiel im Dutch Wonderland, Holiday Inn East etc.

Die Amish sind ein gestrenges, aber höfliches Völkchen und stoßen sich nicht allzusehr an neugierigen Blicken. Einen Menschen abzubilden allerdings erscheint ihnen als verwerflich, weshalb man es unterlassen sollte, sie zu abzulichten, wenn man nicht zuvor um Erlaubnis gefragt hat. Im Falle einer ablehnenden Antwort nicht beleidigt sein. Seit besagtem Film kommen die Menschen in Heerscharen zu ihnen, und es sind nicht immer die verständnisvollsten.

Anfang Juli findet das »Pennsylvania Dutch Folk Festival« in *Kutztown*, westlich von Allentown und nördlich von Reading, statt: in einer Scheune mit so flotten Kostümen, wie es sich gerade noch mit der Religion vereinbaren läßt, und leckeren Speisen.

– Reisenden ohne Auto bieten sich zahlreiche Möglichkeiten, sich einer Rundfahrt anzuschließen. Näheres im Verkehrsbüro.

Nützliche Hinweise

– **Pennsylvania Dutch Visitors Bureau:** 501 Greenfield Rd, bei der Abfahrt von der US 30E, gerade östlich von Lancaster. T. 299-8901. Tägl. von 9-17h geöffnet, im Sommer sogar noch länger. Hier erhält man Auskünfte betreffs Übernachtungsmöglichkeiten und Broschüren über Bed & Breakfast-Angebote. Eine Karte der Gegend und die Broschüren mitnehmen. Diavorführung.

– **Mennonite Information Center:** 2209 Millstream Rd in Lancaster. T. 299-0954. Erläuterung der lokalen Sitten und Vorführung eines dreißigminütigen Films über die Mennoniten und die Amish. Kostet Eintritt. Hilft auch weiter bei Fragen bezüglich Übernachtungsmöglichkeiten in der Region.

– **People's Place:** in Intercourse – welch frommer Name! – elf Meilen von Lancaster. T. 768-7171. Hier lernt man die Amish besser kennen. Dreißigminütige, gut aufbereitete Diashow »Who are the Amish?«. Von 8-17h geöffnet.

Übernachtung

– **Jugendherbergen:** es existieren drei, alle im westlichen Teil der Gegend um Lancaster herum. Nur mit dem Auto zu erreichen. Hier die beiden, die Lancaster noch am nächsten liegen:

- **The Bowmansville Youth Hostel:** 26 Meilen von Lancaster entfernt an der Road 625, am Interstate 476. T. 445-4831. Leser wollen das nicht gefunden haben. Ist es verschwunden?

- **The Geigertown Youth Hostel:** unweit vom French Creek State Park, den man über die Road 82 erreicht. Ziemlich abseits des Flairs des Amish Innenausstattung zum Fürchten.

– **Bed & Breakfast:** eine ganze Reihe Adressen. Im Pennsylvania Dutch Visitors Bureau erhältlich. Alle Bed & Breakfast-Verbände, die wir unter Philadelphia (s.o.) aufgeführt haben, verfügen über Anschriften im Lancaster County.

– **Marsh Creek State Park AYH:** East Reeds Rd, 6 Meilen nordwestlich Downingtons im gleichnamigen Park, T. 215-458-5881. Herrliche Natur drumherum, Reitmöglichkeit in der Nähe, Kanuverleih – wir schreiben »Verleih«, nicht Vermietung. Alles klar?

- **Evansburg State Park AYH:** 837 Maryhall Rd, Collegeville, T. 215-489-4326.
- **Country Acres Campground:** 20 Leven Rd, Gordonville 17529, T. 687-8014. Neun Meilen Lancaster an der 30 Ost und deshalb nur mit dem Wagen erreichbar. Klein, zentral gelegen, etwa 13 $ pro Stellplatz.
- Das Gebiet um Lancaster ist touristisch »erschlossen« und daher sollte man nicht in Mill Hill kampieren. Viel Touristenklamauk. Ein Platz beläuft sich auf 24 $ pro Nacht, und die Zelter – ohne Strom und Wasser – werden im Gegensatz zu den Wohnwagen an eine wenn auch nicht gerade stark befahrene Straße außerhalb des Platzes gesteckt.

Verköstigung

Unbedingt ein wenig kulinarischen Tourismus betreiben und die vielleicht befremdlichen, aber um so originelleren, Gerichte versuchen. Einige Kostproben:
- **Seven Sweets and Seven Sours:** Vorspeise oder Nachtisch. Kohl, Kürbis, kleine Gurken, Honig, Käse, Zimt, Pfirsich, Apfel, Quitte, Muskatnuß, Rhabarber und marinierte Gewürze.
- **Fleish und Kas** (Fleisch und Käse): Vorspeise, Fleischpastete.

Hauptgerichte:
- **Buddboi:** Ragout aus Nudeln, Huhn, Zwiebeln und Sellerie.
- **Schnitz und Knepp:** Buletten mit getrockneten Äpfeln und Schinken. »Fleischknepp« werden heute noch in der Pfalz verspeist, wo man mit der Bezeichnung Buletten oder Klopse nicht weit kommt.

Desserts:
- **Shoo Fly Pie:** Pastete mit Sirup, Ingwer und Muskat.
- **Schnitz Pie:** dasselbe, nur mit Trockenfrüchten.

Weitere typisch deutsche Spezialitäten:
- **Lebanon** ist die Hauptstadt der Wurstwaren.
- Es existieren *Brezelfabriken* und sogar ein *Brezelmuseum*. Jeder darf sich sein persönliches Exemplar in der Fabrik von Lititz an der Route 501 formen. Damit hinterher niemand behaupten kann, man sei während seiner USA-Reise nicht kreativ gewesen ...
- **Apple butter** ist ein Apfelkompott mit Gewürzen, abgefüllt in einer Art Marmeladenglas.
- **Hershey:** der berühmteste Schokaladenfabrikant.

Einige Restaurants
- **Miller's Smorgasbord:** zehn Kilometer westlich von Lancaster an der Road 30. An der etwas zu modernen Aufmachung darf man sich nicht stoßen. Von allem, soviel man möchte. Frühstück von 7-11h, Buffet von 12-14h, und in der übrigen Zeit normaler Restaurantbetrieb.
- **Pa. Dutch Smorgasbord and Menu, Family Time:** an der Road 322, zwei Kilometer westlich von Ephrata. Frühstück von 6-11h, dann bis 21h hundert Gerichte zur Auswahl. Führt auch Ausflüge durch.
- **Good and Plenty:** an der Road 896, südlich von Smoketown. Täglich außer sonntags von 11.30-20h geöffnet. Serviert werden insbesondere lokale Leckerbissen. Hier geht's eine Spur familiärer zu.
- **The Amish Barn Restaurant:** Route 340 zwischen Bird-in-Hand und seinem sehenswerten Markt und Intercourse. Niederländische Küche.
- Entlang der Road 30 und der Road 340 bieten mehrere Amish-Restaurants ein preisgünstiges *all you can eat.*

Sehenswert

Man sollte zunächst einfach die Landschaft mit den winzigen Feldern auf sich wirken lassen, die noch mit Hilfe von Pferden bestellt werden und die den Neid der Farmer anderswo erregen. Man denke nur an die – im Verhältnis von Aufwand zum Ertrag völlig uneffektive – Bewässerungslandwirtschaft in Kalifornien oder an die öden Monokulturen des mittleren Westens, wo der Wind die fruchtbare Ackerkrume fortträgt, worauf die Farmer mit einem verstärkten Einsatz der chemischen Keule antworten. Maschinen kommen keine zum Einsatz, stattdessen eine geradezu wissenschaftlich anmutende Nutzung von Fruchtwechsel und Düngung in Verbindung mit einem unermeßlichen Aufwand an menschlicher Arbeitskraft. Die Parzellen sind winzig, aber bis an den Rand gefüllte Silos erheben sich zu Dutzenden über Feldern und Dörfern. Höfe und Scheunen vermitteln einen wohlhabenden Eindruck, sind farbenfroh und längst nicht von jener Strenge, welche die Kleidung der Bevölkerung bestimmt. Ensteht ein neuer Haushalt, so werden die Gebäude unter Mithilfe aller Nachbarn binnen weniger Tage errichtet.

Zahllose überdachte Brücken, poetisch »kissing bridges« genannt, bestimmen das Bild. Eine steht z.B. zwischen Intercourse und Paradise an der Belmont Rd, aber zur Beruhigung aller anglikanischen Moralapostel führt die Straße dann weiter nach Fertility (zu deutsch: »Fruchtbarkeit«). Äh, auch den Namen Intercourse faden wir ja seltsam ...

Ein paar empfehlenswerte Adressen

– **Bird-in-Hand Farmer's Market:** in der gleichnamigen Ortschaft. Freitags und samstags – im Sommer noch an weiteren Tagen – wird von 8.30-17.30h ein Markt abgehalten. Geschäfte mit Kunsthandwerk bleiben im Sommer die ganze Woche über geöffnet. Lokalkolorit soviel das Herz begehrt.

– **Old Country Store:** Main St., Intercourse. Geschäftszeiten täglich außer sonntags von 9-17h. In dieser Gegend findet man die allerschönsten *quilts* zu denkbar günstigen Preisen, aber immer noch alles andere als geschenkt. Im Land der langen Abende ohne Fernseher kann ein Kilt für Abwechslung sorgen ... Reiche Auswahl in diesem Laden.

GETTYSBURG (Vorwahl: 717) _____

Bei dieser reizenden, verschlafenen Stadt fand während des Sezessionskrieges 1863 eine der entscheidenden Schlachten statt, und der deutschstämmige Präsident *Eisenhower* verbrachte hier seinen Lebensabend. Vielleicht weil Gettysburg auch »teutonischen« Ursprungs ist. Lincoln hielt hier eine eindrucksvolle Rede, die alle Amerikaner in der Schule auswendig lernen, in der er die Gefallenen ehrt und an die Ziele des Krieges erinnert. Das haben Kriege häufig so an sich, daß hinterher kein Mensch mehr weiß, worum's eigentlich ging. Die Schlacht war so fürchterlich, daß *General Lee* seinem Südstaaten-Präsidenten den Rücktritt anbot, was dieser ablehnte. Über 51.000 Soldaten blieben insgesamt auf dem Schlachtfeld, und als Lee am 4.7. abzog, war der Zug der Fuhrwerke mit den Verwundeten 25 km lang. Man erreicht den Ort in ungefähr anderthalb Stunden, indem man der Route 30 ab Lancaster folgt. Fotoapparate parat halten, denn wir befinden uns hier im tiefsten

Amerika voller wildromantischer Landschaften. Kleinstädte wie für »Bonnie and Clyde«, wo man in speckigen Cafés an der Ecke der Main Street einen Kaffee zu unschlagbaren Preisen bekommt und freundlich angesprochen wird, denn als Ausländer ist man hier noch eine Rarität.

Übernachtung

Die Touristenstadt Gettysburg verfügt über zahlreiche Hotels, Motels und Campingplätze. Wir aber empfehlen:
- **Cozy Comfort Inn:** 264 Baltimore St., zwischen Lincoln Square und Verkehrsamt, T. 337-3997. *Guest-house* nach dem Bed & Breakfast-System, geführt von Joel Nimon, einem Lehrer und Amateurhistoriker. Altes Mobiliar, in allen Winkeln historische Aufzeichnungen zuhauf. Herzlicher Empfang durch den in allen Details überaus aufmerksamen Gastgeber. Nur drei romantische Zimmer zum Preis einer Motelübernachtung. Von Dezember bis Februar geschlossen.

Wenn sich der Magen meldet

- **Dutch Cupboard Restaurant:** 523 Baltimore St. Bietet alle Gerichte Pennsylvanias. Ruhig einmal »Dutch« speisen (siehe oben), falls jemand es noch nicht probiert haben sollte.
- **Bali Inn:** 65 W Middle St. Wer der amerikanischen »cuisine« überdrüssig ist, speist hier indonesische *Rijstafel*.
- **Wolfe's:** Lincoln Square. Snacks, Quiches und Kebabs bis 22h. Obendrüber versucht sich *The Apartment* mit der Haute Cuisine. Etwas teurer, aber nicht zu verachten.
- **Farnsworth House:** 401 Baltimore St. Atmosphäre und Requisiten aus vergangenen Zeiten; ein Soldat in Uniform aus dem Bürgerkrieg erklärt sogar den Verlauf der Kämpfe. Korrektes Essen – ohne Beimengung von Schrotkörnern und Pulverdampf.

Sehenswert

- **Verkehrsamt:** Auskünfte und Laden mit interessanten Kopien alter Briefe. Angestaubtes aber gleichwohl lehrreiches Museum. Die »Electric Map« stellt ein Modell des Schlachtfeldes dar. In wohligem Halbdunkel erläutert ein Kommentator den Verlauf der Schlacht. Lichter blinken auf, welche die Positionsveränderungen der einzelnen Teile der Armee signalisieren. Für Leute, die Englisch verstehen, höchst lehrreich; alle anderen legen ein kleines Nickerchen auf den Stufen ein.
- **Cyclorama:** in einem anderen Gebäude; nichts anderes als eine aufwendige Bild- und Tonschau und ein Film.
- Den Wachsfigurenmuseen sollte man das *Haus von Jenny Wade* in der Nähe des *Holiday Inn* vorziehen, der einzigen weiblichen Heldin des Krieges, die von einem Querschläger getötet wurde, während sie Brot für die Soldaten buk. Das Museum konzentriert sich trotzdem mehr auf den Aspekt des Lebens und beschreibt die allmähliche Wiederaufnahme der Aktivitäten nach dem Krieg.
- **Trinkets, Treasures and Trash:** einen Block westlich des Lincoln Square, in einem Theater aus dem Jahre 1916, das jedoch niemals als solches genutzt wurde. Von allem etwas, auch einige Ausstellungsstücke aus dem Bürgerkrieg.
- Das *Schlachtfeld:* Besichtigung mit dem Auto, Auskünfte und Karte im Verkehrsbüro. Abfahrt vor dem Cyclorama. Die Route ist ausgeschil-

dert und kann kostenlos abgefahren werden. An jeder der siebzehn Erinnerungstafeln wird ein Halt eingelegt.

Vermietung von Führungen auf Kassette, Dauer zwei Stunden; allerdings in englischer Sprache. Start beim *National Civil War Museum*, Auto Tape Tours.

Zu Fuß eine einfachere Version: Start beim Cyclorama, High Water Mark Trail. Hier erreichten die Truppen der Südarmee ihren letzten und bedeutendsten Erfolg. Länge rund 1,5 km.

Um es trotz Auto noch sportlich zu haben, steigt man bei Stopp 3 aus und schlendert ungefähr eine Stunde lang gemächlich den netten *Big Round Top Loop* entlang. Auch etwas anspruchsvollere Wanderungen sind ausgeschildert. Ratschläge gibt's im Verkehrsbüro.

Apropos, schon gewußt, wie der Ausdruck OK entstanden ist? Allen falschen, im Umlauf befindlichen, Erklärungsversuchen haben wir natürlich den richtigen hinzuzufügen. So behauptet man, das Kürzel stamme aus dem Jahre 1839 als der Journalist *Charles Gordon Green* in der »Boston Morning Post« den Begriff »all (phonetisch: oll) correct« verwandte. Andere halten es für das Kürzel des Geburtsortes von Präsident *Martin van Buren*, Old Kinderhook, das im Wahlkampf 1840 zum Schlagwort geworden sei. Wieder andere sehen als Geburtsjahr 1790, als der damalige Präsident *Andrew Jackson* die Buchstaben unter Schriftstücke gesetzt habe. Aber warum? Andere Wissenschaftler warten mit dem Jahr 1565 und einem angeblichen Hinweis in einem britischen Testament auf. Weiterhin wird behauptet, das Kürzel stamme aus der griechischen Antike. Die Leher hätten es unter Schülerarbeiten für »ola kala«, alles gut, gesetzt. Da Griechisch Mitte des 19. Jhs an besseren amerikanischen Schulen und Unis gelehrt wurde, habe vorerwähnter Journalist diesen Ausdruck durch seine Lehrer gekannt. Weitere Meinungen: General *Friedrich Wilhelm von Steuben*, der die amerikanische Armee drillte, habe die Buchstaben für »Oberkommando« verwandt, es rühre vom deutschen, bei Zeitungsredaktionen verwandten, »ohne Korrektur« oder stamme von *Otto Kaiser* einem deutschstämmigen Fabrikanten, der alle Schriftstücke mit seinem Namenskürzel gezeichnet habe. Es wird immer abenteuerlicher. Hier nun unsere Fassung:

Während des Sezessionskrieges pflegten die Unteroffiziere, wenn sie ihren Vorgesetzten Meldung erstatteten, und alles in Ordnung war, zu sagen: »Kein Toter« oder »Null Tote«. Da die Ziffer Null im Englischen meist wie der Buchstabe »O« wiedergegeben wird, klang das also: »O Killed«, was dann zu O.K. wurde.

● *In der Umgebung*

– *Gettysburg* liegt anderthalb Autostunden südöstlich von Washington. Im Westen dagegen beginnen sofort die Berge, und man gelangt auf den *Appalachian Trail*, einen Fernwanderweg durch die Berge, der von Freiwilligen unterhalten wird und der über dreitausend Kilometer von Maine über die *Blue Mountains* nach Georgia lang ist.

– Weiter unten können sich weniger sportlich ambitionierte Naturfreunde im *Shenandoah National Park*, rund um Luray und die dortige Grotte, umsehen, oder den *Great Smoky Mountain National Park* in Tennessee aufsuchen, 130 km westlich von Washington gelegen und über den *Skyline Drive*, welcher sich im weiteren Verlauf *Blue Ridge Parkway* nennt, zu erreichen.

WASHINGTON DC (Vorwahl: 202)

Keine Riesenfabriken, keine qualmenden Schlote; Washington ist tatsächlich eine überdurchschnittlich saubere Stadt, da Verwaltung und Politik mit Abstand die bedeutendsten »Industrien« darstellen. Fast 300.000 Staatsangestellte, 80.000 Lobbyisten und 40.000 Anwälte tummeln sich hier! Außerdem weist die Bundeshauptstadt die höchste Journalistendichte der Welt auf. Breite Straßen und niedrige Gebäude machen Washington zu einem angenehmen Aufenthaltsort, wenn auch neuere Statistiken zur Kriminalitätsrate beunruhigend klingen und gerade das Jugendbandenwesen derartig überhand genommen hat, daß kürzlich tatsächlich ein Zapfenstreich eingeführt wurde, bis zu dem die *kids* einer bestimmten Altersgruppe von der Bildfläche zu verschwinden haben. Nicht Miami, wie auch viele Amerikaner meinen, liegt an der Spitze der Verbrechensstatistik, sondern Washington.
Um Verwechslungen auszuschließen, sollte man das Kürzel DC, District of Columbia, stets dem Namen der Stadt anfügen.

Ankunft

Vom *National Airport* mit der gelben U-Bahn ins Zentrum (L'Enfant Plaza und Gallery Pl./China Town).
Zwei weitere Flughäfen: *Dulles International* und *Baltimore*. Stündlich Busse zur Innenstadt, Endhalte beim *Capitol Hilton*.

Erste Orientierung

Vom Kapitol aus teilen vier Straßen, N, S, E Capitol Street und der Mall, die Stadt in vier Sektoren: NW, NE, SW und SE. Die von Nord nach Süd verlaufenden Straßen tragen Nummern, beginnend bei 1, und die Straßen von Osten nach Westen werden mit Buchstaben bezeichnet. In den quer verlaufenden (west-östlich) Straßen beziehen sich die Hausnummern immer auf die der Längsstraßen, also liegt zum Beispiel Haus Nr. 1250 zwischen der 12th und der 13th Street. Kinderleicht, oder?
Das Autofahren sollte man in Washington besser vermeiden, denn die Parkplätze liegen reichlich fern der touristischen Sehenswürdigkeiten. Zu Stoßzeiten herrscht wie überall Chaos, und in einigen Einbahnstraßen wechselt die Fahrtrichtung zu allem Überfluß im Laufe des Tages. Die öffentlichen Verkehrsmittel dagegen sind problemlos zu benutzen.

Bahn

In Washington ist es lohnend, sich einmal unter die Erde zu begeben. Die U-Bahn ist europäischen Untergrundbahnen um einige Längen voraus. Magnetkarten und, je nach Ziel und Uhrzeit – Stoßzeiten von 6-9h und von 15-18.30h – wechselте Tarife. Tickets aufbewahren, da man sie zum Verlassen des U-Bahn-Bereichs benötigt. Von 5.30h bis Mitternacht (samstags ab 8h und sonntags ab 10h) in Betrieb.
Ab 9.30 h bzw. an Wochenenden und Feiertagen ab Betriebsbeginn sind Tageskarten zu rund 6$ erhältlich. An Wochenenden und Feiertagen auch solche für vier Personen zu rund 10 $, aber leider nur an ausgewähltaen Stationen: Metro Center, Pentagon, Metro Hauptquartier, MARC-Bahnhöfe, Travelers Aid in der Union Station, Giant / Safeway / Super Fresh-Supermärkte.
– **Auskünfte:** Metrobus, T. 637-7000.

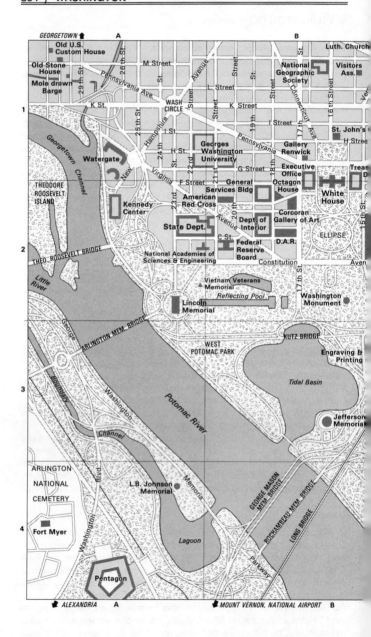

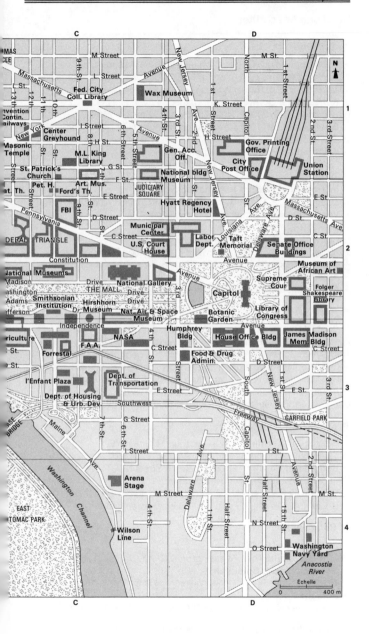

Nützliche Anschriften

● *Auskunft*

– **Washington D.C. Convention and Visitors Association:**
1212 New York Ave NW, 6. Stock T. 789-7000. Geöffnet montags bis
freitags von 9-17h. Hervorragende Dokumentation über die Stadt.
– **Konsulat der Schweiz:** 2900, Cathedral Avenue, N.W.,
Washington, D.C. 20008-3499, T. 745 7900, Fax 387 2564.
– **Goethe-Institut,** 1607 New Hampshire Ave., N.W., 4th Floor,
Washington D.C. 20009, T. 319 07 02, Fax 319 07 05
– **Washington Visitor Information Center:**
1455 NW Pennsylvania Ave (neben der Willard St.),
T. 789-7000. Geöffnet montags bis samstags 9-17h.
– **International Visitors Information Service:**
733 15th Street, 3. Stock. T. 783-6540. Montags bis freitags von 9-17h.
– **Verkehrsamt:** 14 Street und Pennsylvania Ave.
Tägl. von 9-17h geöffnet, feiertags geschlossen.
– **Kostenlose Straßenkarten:** Automobile Club,
1825 Eye St. U-Bahn: Market, zweite Etage Station Farragut.
– **U-Bahnauskunft:** T. 637-2437. Für alle, die sich verirrt haben.
– **Auskünfte:** T. 411.
– **Ausländische Zeitungen:** G Street und 17th Street NW.

● *Post & Banken*

– **Post:** N Capitol St., gegenüber vom Union Square.
Weitere Post in der Pennsylvania Ave NW, zwischen 12th und
14th Street. Schalter unter der Woche bis 16h geöffnet.
– Im National Museum of Art ist ein historisches Postamt nachgestellt
mit Sonderstempeln und einer guten Auswahl an Sondermarken.
– **American Express:** 1150 Connecticut Ave NW, 20036 Washington
DC, T. 457-1300. Gestohlene Schecks: (800) 221-7282.

● *Reisen*

– **Greyhound Terminal:** 1st Street E und L Street NE,
in der Nähe der Union Street hinter Amtrak; T. 289-5160.
– **Budget Rent-a-Car:** 12th Street und K Street NW, T. 628-2750.
Eine der preiswertesten Autovermietungen.
– **Driveaway Co.:** 1408 N Fillmore, Langton, Virginia, T. 347-4200.
– **U-Bahn:** T. 637-2437. Für alle, die sich verloren haben.

● *Botschaften*

– **Botschaft der BRD:**
4645 Reservoir Rd, N.W., Washington D.C. 20007-1998, T. 298-4000.
– **Österreichische Botschaft:**
2343 Massachusetts Ave N.W., Washington D.C. 20008. T. 483-4474.
– **Botschaft der Schweiz:**
Cathedral Ave N.W., Washington D.C. 20008-3499, T. 745-7900.

● *Deutschsprachige Ärzte & Apotheke*

– **Rund um die Uhr dienstbereite Apotheke:**
People's Drugstore, T. 628-0720.
– **Auskünfte:** 411

- **Notruf:** T. 911.
- Dr. med. Robert Hardi (Innere Medizin):
223 Wisconsin Ave., N.W. Suite 326, T. 33384002
- Dr. med. Helga E. Ehudin (Zahnmedizin):
4105 Wisconsin Ave., N.W. T. 36229325
- Dr. med. Achim Heintze (Gynäkologe):
3301 New Mexico Ave., T. 24435234

Übernachtung

● *Preiswert*

Allgemeine Adresse zu B&B:

- **District of Columbia Bed & Breakfast Ltd of Washington DC,** Box 12011, Washington, DC 20005, T. 202-328-3510.
- **Youth Hostel,** AYH: 1009 11th Street, NW und K Street (Plan C1), T. 737-2333. Vor kurzem eröffnetes, ansprechendes Gebäude, frisch hergerichtet und ganz zentral gelegen. Videoüberwachte Schließfächer. Vor verbarrikadierten Türen stand man bisher von 11-14.30h und ab 22h, aber anscheinend ist der Empfang zur Hauptreisezeit nur zwischen Mittag und 13 h geschlossen. Richtig? Wer sich in den Sommermonaten ein Plätzchen sichern möchte, muß vor 16h auf der Matte stehen und darf so etwa 20 $ zahlen, wenn er einen Herbergsausweis vorweisen kann. *Check-out* von 8-11h. Bettruhe ab Mitternacht. Nachteulen benötigen eine Erlaubnis des Herbergsvaters. Ohne Jugendherbergsausweis kommt die Übernachtung geringfügig teurer. Reservierungsmöglichkeiten sind gegeben. Schlafsack mitbringen, andernfalls kann auch Bettwäsche gemietet werden. Die Unterbringung erfolgt in blitzblanken Vier- oder Sechsbettzimmern, aber Leser berichten von Schlafsälen zu zwölf Betten. Geräumige Küche und ebensolcher Speisesaal. Nach vier Übernachtungen ist man allerdings gezwungen, sich nach etwas Neuem umzusehen. Fällt uns nicht schwer, zumal wir es uns nicht verkneifen konnten, brav an den täglich anfallenden Reinigungsarbeiten teilzunehmen. Die JH steht allen offen, ob Männlein oder Weiblein. Zu erreichen ist sie mit der blauen Linie der U-Bahn ab Station Center bis 11th und G Street. Von dort aus noch drei Blocks Fußmarsch.
- **International Guest House:** 1441 Kennedy St., T. 726-5808. Zu erreichen mit den Bussen F2 oder F4 in der 11th oder H Street. Nach einer Fahrt von rund dreißig Minuten in der Kennedy Street aussteigen. Da von Mennoniten geführt, beginnt das Frühstück – pünktlich um 7.30h – mit einem Tischgebet. Familiäre Atmosphäre. Ausländer haben Vorrang, und etwas zu Beißen kann man mittags auch bekommen. Pärchen stehen Doppelbettzimmer so um die 55 $ zur Verfügung. Bettruhe um 23h. Das Viertel zählt nicht gerade zu den sichersten.
- **YWCA:** 901 NE Rhode Island Ave, T. 862-9622 oder 667-9100. Nur für Frauen. In einem wenig einnehmenden Viertel.
- **Econo Lodge:** 1600 New York Ave. T. 832-3200. Geräumige Zimmer mit zwei ebensolchen Betten. Eigenes Bad und W.C.; Klimaanlage und Telefon. Ermäßigungen für Greyhoundreisende. Liegt etwas außerhalb, aber ein hoteleigener Minibus pendelt mehrmals täglich gratis zwischen Stadtmitte und Hotel.

Straßenszene

– **Washington International Student Center:** 2452 18th Street NW, T. 265-6555. Unweit der Ecke mit der Columbia Rd, schräg gegenüber der bekannten Klopsbraterei McDingsda o.ä. Lesertip als Notnagel. Übernachtung ab etwa 17 $. Rund um die Uhr geöffnet. Jemand berichtet, in ein fensterloses Zehnbettzimmer gesteckt worden zu sein, wobei ihn Pappwände vom Fernseh- und Aufenthaltsraum nebenan trennten. Armer Teufel! Oder auch Pech, je nach Standpunkt. Dafür lobt er aber die ausgezeichnete Lage (Adams Morgan).
– **Swiss Inn:** 1204 Massachusetts Ave NW, T. 371-1816. Doppelzimmer etwa 60 $.

● *Mittlere Preisklasse*

– **Hotel Allen Lee:** 2224 F Street NW, zwischen 22nd und 23rd Street, T. 331-1224. In der Nähe des Weißen Hauses und der Universität; U-Bahn: Foggy Bottom. Tagsüber freundliches, abends jedoch wenig belebtes Viertel. Das preiswerteste und zugleich am günstigsten gelegene Hotel in der Stadtmitte. Adrette Fassade, frisch gestrichene Flure, nur die Qualität der Zimmer schwankt ganz erheblich. Manche sind rundum annehmbar, andere jedoch lassen mächtig zu wünschen übrig – die ein oder andere Schabe ist uns schon ins Netz gegangen und Kolleginnen von ihnen fanden wir ermordet an der Wand pappen. Saubere sanitäre Anlagen, aber die Installationen sind nicht immer in allerbestem Zustand. Kurz und gut, penible Leser wird eine gewisse Nachlässigkeit stören. Also seine Kemenate erstmal in Augenschein nehmen und selbst entscheiden. Doppelzimmer mit Klimaanlage und Fernseher.
– **University Inn:** 2134 G Street NW (Plan C2), T. 342-8020; U-Bahn: Foggy Bottom. In Nachbarschaft der *George Washington University* und nicht weit vom vorigen Hotel. Freundliches und anständiges Quar-

tier, obendrein ruhig und günstig gelegen. Waschraum auf der Etage. Ziemlich teuer.
- **Windsor Park Hotel:** 2116 Kalorama Rd NW, T. 438-7700. Reservierung: 1-800-247-3064. Etwas weitab von der nächsten U-Bahn. Auf halbem Wege zwischen Dupont Circle und Woodkey Park, in einem grünen, angenehmen Wohnviertel. Ein weiterer Vorteil: das *Windsor Park Hotel* befindet sich in der Nähe des neuen Szeneviertels von Adams Morgan, 18th Street N. Ausgesprochen korrekte Zimmer.
- **Kalorama Guest-House:** 1854 Mintwood Place NW. T. 462-6007. Eine Unterkunft mit eigenem Charme. Mit der U-Bahn nur eine Minute von *Adams Morgan* und der 18th Street entfernt.

● *Etwas schicker*

Die Stadt ist in punkto guter Hotels verhältnismäßig teuer.
- **State Plaza Hotel:** 2117 E Street NW (Plan A1-2), T. (202) 861-8200. Reservierungen: 800-424-2859. U-Bahn: Foggy Bottom. Neueres Großhotel, angenehm und komfortabel. Im Zentrum eines der am günstigsten gelegenen Unterkünfte: zwischen Weißem Haus und Georgetown.
- **Carlyles Suites:** 1731 New Hampshire Ave NW, T. 234-3200. U-Bahn: Dupont Circle, dann noch drei Blocks Fußweg. Überaus reizvolle Bleibe in ansprechendem Art Déco-Stil. Kochnische in den Zimmern. Am Wochenende und im Sommer winken Ermäßigungen.
- **Vista International:** 1400 M Street NW (Plan B-C1), T. 429-1700. U-Bahn: McPherson Square. Vorteilhafte Lage drei Blocks nördlich der U-Bahn. Eines der Washingtoner Hotels, die uns am besten gefallen. Die meisten Zimmer gehen auf das tolle, vierzehn Stockwerke hohe, Atrium hinaus. Gediegener Luxus und auffällig kunstvolle Einrichtung. Sondertarife an Wochenenden; zusätzlich vom 1. Juli bis Anfang September an allen Wochentagen Ermäßigung, soweit Zimmer vorhanden sind. Telefonische Anfrage kann nicht schaden. Unseren wohlhabenderen Leser wird hier ein unvergleichliches Preis-/Leistungsverhältnis geboten!

● *Camping*

- **Greenbelt Park Campground:** drei Meilen von Washington entfernt. Über die 95 an die Metrorail Station von New Carrolton fahren und den Wagen dort abstellen, dann mit der orangenen Metro bis Smithsonian. Wer per Bus anrückt, hockt vorzugsweise in der Greenbelt Line, Route T16, wenn er/sie ankommen will. Der Zeltplatz befindet sich im Innern des Greenbelt Parks, etwa eineinhalb Meilen vom Einganz, und wird von Rangern geleitet. Angenehmer Rahmen und humane Gebühren. Sein Auto deponiert man am besten auf den großen Parkplätzen und benutzt die direkte U-Bahn-Verbindung in die Stadtmitte.

Speis und Trank

Washington beansprucht für sich, auch die gastronomische Hauptstadt der USA zu sein. Jede ethnische Gruppe ist mit ihren kulinarischen Traditionen vertreten, und es läßt sich eine Weltreise der Gaumenfreuden in jeder Preisklasse unternehmen. Ein zusätzlicher Anreiz, die nicht uninteressanten Stadtviertel etwas weiter außerhalb aufzusuchen.

IN DER STADTMITTE

● **Für löchrige Geldbeutel**

– **Sholl's Colonial Cafeteria:** 1990 K Street NW (Plan B1), T. 296-3065. U-Bahn: Farragut N oder W. Geöffnet von 7-10.30h, von 11.30-14.30h und von 16.30-20h. Sonntags dicht. Die ehrwürdige Cafeteria, die unlängst ihren sechzigsten Geburtstag feierte, zog kürzlich in ein neues Gebäude um. Sie bewirtet nicht nur ältliche Damen mit abgenutzten Plastikhandtaschen sondern auch Angestellte aus dem Viertel, Jugendliche und Studenten, also alle, die mit einem schmalen Geldbeutel auf der Suche nach einer einfachen, gesunden und wohlfeilen Küche sind, die noch dazu reichliche Portionen hervorbringt. Garantiert friedliche Atmosphäre. Leber mit Zwiebeln zu unschlagbarem Preis, selbst gebackene Kuchen, äußerst beliebte Pasteten, usf. Großzügig ausfallendes Frühstück. Und als besonderes Bonbon sorgen einige Sprüche, über die man einmal meditieren sollte, auch noch für geistige Nahrung.

– **Pavillon:** Pennsylvania Ave, Ecke 12th Street (Plan E2). Ehemalige *Post*, deren Innenraum erneuert wurde. Vielen Gästen Platz bietender, runder Raum unter einem Atrium mit Tischen zum Sitzen, Essen und Diskutieren sowie zahlreiche kleine Läden auf den beiden Stockwerken mit »Carry-out«-Fast Foods. Kostenlose Konzerte und Shows gegen 12h und zwischen 17 und 18h. Nett, belebt und preiswert.

– **Szechuan:** 615 Eye St. NW (Plan C1), T. 393-0131. U-Bahn: Gallery Place. Im asiatischen Viertel. Montags bis donnerstags von 12-23h, freitags und samstags bis Mitternacht und sonntags bis 22h geöffnet. Wir raten vorzubestellen. Eines der besten chinesischen Restaurants in Washington, besonders auf die Küche der chinesischen Provinz Szetschuan. In einem einzelstehenden Haus untergebracht. Die Räume werden vom Gemurmel der chinesischen Großfamilien erfüllt, was als gutes Zeichen zu werten ist. Wie immer, zuvorkommender Empfang und freundliche Bedienung. Aus der ellenlangen Speisekarte empfehlen wir die gedämpften Fleischbällchen, die *cho-cho*, den *house special lambin double flavors* – hmmm, köstlich – und das knusprige Rindfleich mit Apfelsine, noch verführerischer. Meisterhaft zubereitetes Schweinefleisch. Kurzum, eine Adresse für Genießer.

● **Mittlere bis gehobene Preisklasse**

– **The Dubliner:** 4 F Street NW (Plan D1), gegenüber der Hauptpost. U-Bahn: Union Station. Schon relativ schickes Restaurant mit Bar. Elegante Innengestaltung mit dunklem, geschnitzten Holz und alten Stichen mit Motiven aus Irland. Wirklich reizvoll, daher auch mittags großer Andrang. Spätnachmittags und abends Treffpunkt der Yuppies, aber man begegnet auch ganz normalen Menschen. Leckeres Chili und reichhaltige Salate, die weder Magen noch Geldbeutel allzu belasten. Mittags einige Menüs: Flunder gefüllt mit Krabbenfleisch, Entensalat usw. Sonntags von 11-15h ein Irisches Brunch.

– **Market Inn:** 200 E Street SW und 2nd Street (Plan D3), T. 554-2100. U-Bahn: Federal Center. Bei der 3rd Street aussteigen und nach links in die E Street einbiegen. Geöffnet von 11-2h nachts und sonntags von 10.30h bis Mitternacht. Etwas außerhalb zwischen der Eisenbahn und den Fleischereigroßhandlungen gelegen. Es handelt sich um ein solides Restaurant für Meeresfrüchte mit netter, gemütlicher Atmosphäre und ausgefallenem Rahmen, der es uns besonders angetan hat. Die besten Plätze befinden sich rund um das Klavier in der Bar, wo man gleich unter dem zärtlichen Blick und dem rosigen Busen von Marilyn sitzt, deren berühmter Kalender dort hängt. Streift man durch die Räumlichkeiten, so stellt man beim Betrachten von Einrichtung und Bildern bedeutende Unterschiede fest. Mittags speist man preisgünstiger und in entspannterer Atmosphäre. Das Mittagsmenü wird montags bis freitags von 11-16h serviert; über die Preise sehen wir gelassen hinweg. Mengen an ausgewachsenen Sandwiches, Salaten, Quiches, Suppen, und erst die *New England clam chowder!* Abends ist das *Market Inn* ein beliebtes Ausflugslokal. Daher Tischreservierung nachdrücklich zu empfehlen. Mekka der Freunde von Meeresfrüchten, verschieden zusammengestellte Platten wie z.b. Hummerplatte, *mariner's platter*, *New England clam bake* etc. und schließlich noch gebratene oder gratinierte Jakobsmuscheln, gegrilltes Fischsteak, Schwertfisch, Thunfisch oder Lachs, oder *Blackened Redfish*, ein cajunsches Rezept. Samstags und sonntags »New Orleans Jazz Brunch« von 10.30-14.30h.

- **Hogate's:** 9th und Maine SW (Plan C3), T. 484-6300; U-Bahn: Enfant Plaza. Geöffnet montags bis samstags von 11-15h, abends bis 23h und sonntags von 12-22h. Riesiges Restaurant mit einigermaßen schicker Aufmachung. Den monumentalen *Rhum Bun* gibt's umsonst. Ansonsten hat sich dieses Lokal sehr verändert, seit wir in unserer letzten Ausgabe seine Menüs unseren Lesern wärmstens empfahlen. Schade.

Vornehm, vornehm ...

- **American Harvest:** 1400 M Street, Thomas Circle (Plan B-C1), T. 429-1700; U-Bahn: McPherson. Mittags von dienstags bis freitags und abends von montags bis samstags geöffnet; sonntags keine Bewirtung. Wir empfehlen dringend, einen Tisch vorzubestellen. Es handelt sich um das Restaurant des *Vista International Hotel*. Allein schon das Betreten des wunderbaren Atriums dieses Hotels bereitet ein unvorstellbares Vergnügen. Die Räume des Restaurants sind im feinen Stil der Georgetown Mansions gehalten – so wie wir's lieben – mit hübschen Gemälden und amerikanischem Mobiliar. Das Besondere an der Küche ist die Tatsache, daß sie es fertigbringt, zum richtigen Zeitpunkt immer genau das zu beschaffen, was in einem der US-Staaten frisch geerntet wird. Wird im März in Kalifornien Spargelkohl geerntet, so finden ihn hier die verwöhnten Gäste zur gleichen Zeit auf ihrem Teller vor. Wenn im August die Ernte des *sweet corn*, Mais, fällig ist, erscheint auf der Speisekarte der berühmte *vineyard green corn pudding* usw. Das *American Harvest* entpuppt sich also als eine Art Schaufenster der amerikanischen Küche. Darüberhinaus lassen sich die Preise eingedenk des erstklassigen Ruf des Hauses noch als annehmbar bezeichnen.

Für Hinweise, die wir in späteren Auflagen verwerten,
bedanken wir uns mit einem Buch aus unserem Programm

IM VIERTEL DUPONT CIRCLE

● **Für gebeutelte Geldbeutel**

Nettes Szeneviertel (Plan C1) mit etlichen Homosexuellentreffs. Breite Auswahl, was Restaurants anbelangt. Mit der U-Bahn zum Dupont Circle fahren und von dort aus das Umland erkunden.

– **Kramerbooks & Afterwards:** 1517 Connecticut Ave NW, Ecke Q Street, T. 387-1462. Täglich bis 1h, freitags und samstags die ganze Nacht über geöffnet. Es handelt sich hierbei in erster Linie um eine große, wohlsortierte Buchhandlung, die auch über eine Bar verfügt, in der man Imbisse, Hamburger und Salate bekommt, sowie über einen Speisesaal mit Zwischengeschoß, wo man eine Menge verschiedener Gerichte bestellen kann, eins so gut und reichlich wie das andere. Probieren wir also *nacho* und *guacamole platter* für zwei Personen, ein wahrer Genuß, die *fettucine Roberto*, die *quesadillas*, die *cajun shrimps* usw. Eine nette Atmosphäre rundet die ganze Sache aufs Angenehmste ab.

– **Café Petitto:** 1724 Connecticut Ave NW. Zwei Blocks nördlich des Dupont Circle, T. 462-8771. Täglich über Mittag und abends bis Mitternacht geöffnet. Gemütlicher Gesamtrahmen mit alten Familienfotos an den Wänden. Überwiegend junges Publikum sorgt für lässige Atmosphäre und fröhlichen Lärm. Unkomplizierter Empfang und flotte Bedienung. Das Antipasti-Buffet mit wohlschmeckenden Vorspeisen ist ein Gedicht, ebenso wie die Pizzen, nach einem alten Rezept gebacken, das aus San Giovanni in Fiore/Calabrien stammt. Nichts wie ran an die Pizza nach genueser Art, die *salcilla alla peperonata*, das *bistecca e formaggio* – Steak mit Käse, Zwiebeln und gebratener Paprika – und das jeweilige Tagesmenü , wie z.B. *rigatoni* oder *penne con gorgonzola marsala*.

● **Mittlere Preisklasse**

– **Child Harold Upstairs:** 1610 20th Street NW, T. 483-6700. 100 m von der U-Bahn Dupont Circle. Das Restaurant schließt um 1h, die Bar um 2h nachts, und verfügt über eine Terrasse. Berühmt für seine kreative Küche. Die mit schinkengefüllten Miesmuscheln, den Avocadosalat, den Lachs nach holländischer Art, das Parmesanhühnchen uva. werden Gourmets sich nicht entgehen lassen.

IM ADAMS MORGAN-VIERTEL

In diesem nagelneuen Viertel, das man erreicht, indem man die 18th Street von der Florida Avenue aus hinaufmarschiert, ist der Bär los. In dem lebhaften Treiben lernt man auf engstem Raum die äthiopische, eritreische, mexikanische und südamerikanische Küche kennen, denn jede Woche öffnet ein neues Restaurant seine Tore. Man hat also die Qual der Wahl, von den zahlreichen Bars und originellen Läden ganz zu schweigen.

● **Für Geizhälse**

– **Mixtec:** 1792 Columbia Rd, Ecke 18th Street, T. 332-1011. Eines der mexikanischen Spitzenrestaurants in Washington und dabei gar nicht teuer. Tägl. von 10-22h geöffnet. Leider mit recht beschränktem Platzangebot und daher am Wochenende abends ruckzuck ausgebucht. Mit

Marilyn Monroe, 1959

bunten Lampen und Vögeln ausgeschmückt; hübsche, bemalte Stühle.
Breite Auswahl an *tortillas, quesadillas, tacos* und anderen *enchiladas*.
Eingeweihten empfehlen wir die *tacos al carbon* und vor allem die
menudo oder Kuttelsuppe, die nur samstags und sonntags aufgetischt
wird. In der Regel sind diejenigen Spezialitätenrestaurants die besten,
die sich bemühen, ihren eigenen Landsleuten zu gefallen. Man ergreife
die Gelegenheit also beim Schopf!
– **Red Sea:** 2463 18th und Kalorama St., T. 483-5000. Tägl. von 12h
mittags bis 2h morgens geöffnet. Freitags und samstagabends Livemusik. Herzlicher Empfang, gemütliches Dekor, junges, lockeres Publikum
und eine schmackhafte äthiopische Küche mit durchweg erträglichen
Preisen. Mal den *Yetsom Wat Kilikil* kosten, eine Mischung aus fünf verschiedenen Gemüsearten, den *Zilzil Wat*, Rindfleisch mit roten Paprika,
Knoblauch und Ingwer usw. Garantiert ein gelungener Abend!
– Auch das salvadorianische Restaurant *El Tazumal* in der 18th Street,
an der Kreuzung mit der Columbia Road, wurde uns ans Herz gelegt.

● *Etwas nobler*

– **Meskerem:** 2434 18th Street NW, T. 462-4100. Täglich bis Mitternacht geöffnet. Äthiopisches Restaurant mit dem Ruf, eines der besten
der Stadt zu sein. Elegant eingerichtet, daher tendiert die Atmosphäre
ein wenig zum Schickimicki. Trotzdem recht erträgliche Preise. Nun zu
den Spezialitäten, die jedem das Wasser im Mund zusammenlaufen
lassen dürften: *Kifto*, rohe Rindfleischscheiben mit *mimita* und Butter,
Meskerem Tibbs, gebratenes Lamm mit Zwiebeln und grünem *chili*
und, zur Einstimmung, *Sambusa*, mit Rindfleisch gefüllte Meeresfrüchte

mit Kräutern und Gewürzen. Zahlreiche vegetarische Gerichte und Salate.

NÖRDLICH VON DOWNTOWN

● *Ausgesprochen preiswert*

Als interessant erweist es sich auch, eine Runde durch diesen Teil der Florida Avenue, ein ärmliches Farbigenviertel, zu drehen. Der Kontrast zur arroganten, herausgeputzten Innenstadt und zum proper-eleganten Georgetown könnte nicht stärker sein. Wer in der Jugendherberge absteigen möchte, braucht bloß den Bus zu nehmen, der die 11. Straße hinauffährt, oder dreizehn Blocks zu Fuß zu marschieren. Danach bietet sich ein soziologisch lehrreicher Fußweg an: die Florida Avenue zurücklaufen, etwa zehn Blocks weit, bis zum Adam Morgan-Viertel. Dort angekommen, stellt man fest, daß sich die beiden Viertel, nur zwei Straßen auseinander gelegen, unterscheiden wie Tag und Nacht.
– **Florida Avenue Grill:** 1100 Florida Ave NW, Ecke 11th Street, T. 265-1586. Geöffnet von 6-21h; sonntags Ruhetag. In erster Linie ein Lokal für Frühstück und Mittagessen. Übrigens eines der letzten echten *diners*, wo seit 1944 *trucks* und Taxifahrer haltmachen. Die Einrichtung wirkt unverfälscht: lange, abgenutzte Kunststofftheke, an der sich auf Plastik- oder Aluminiumhockern die jungen Schwarzen – Arbeiter und Angestellte – des Viertels zusammendrängen. Nach der Anzahl der Fotos an den Wänden zu urteilen, werden unsere Leser nicht die ersten Berühmtheiten sein, die ihren Fuß in dieses Etablissement setzen. Küche des Südens, die wahrscheinlich die besten einfachen Gerichte der Stadt hervorbringt, noch dazu in üppigen Portionen. Leckere *cornbread muffins*, kein Alkohol.

IN GEORGETOWN

Eine wahre Fundgrube, was Restaurants angeht, so daß es schon fast unmöglich ist, konkrete Hinweise zu geben. Hier trotzdem ein paar nette Adressen:

● *Untere bis mittlere Preisklasse*

– **American Café:** 1211 NW Wisconsin Ave. Zwischen N und M Street (Plan A1), T. 944-9464. Täglich bis 3h morgens geöffnet. Ein Muß, wenn man im Trend liegen will. Plastik, Grünpflanzen, rote Neonlampen. Im *Hightech*-Stil gehalten, der jedoch nicht so unterkühlt ist, daß er einem die Lust aufs Essen verdürbe. Üppige Sandwiches, reiche Auswahl an Salaten und Desserts sowie die Tagesmenüs.
– **Third Edition:** 1218 NW Wisconsin Ave. T. 333-3700. Hier kann man sich den Bauch mit allen möglichen Sandwiches, Salaten und zahllosen anderen Dingen vollschlagen. Vernünftige Preise. Ausgesprochen hübsches Restaurant mit großer Bar und mehreren Tischen mit Blick auf die Straße.
– **Geppetto:** 2917 M Street NW, T. 333-2602. Geöffnet montags bis donnerstags von 12-23.30h. Rustikale Einrichtung mit aus Ziegelsteinen gemauertem Kamin. Junges, studentisches Publikum. Gute Stimmung, anständige Küche und berühmte Pizzen. Die Italiener Washingtons werden kaum glauben, daß der Koch nicht einer von ihnen ist. Die *Ricotta*

cheese cake muß man unbedingt versuchen. Abends geringfügig höhere Preise .

- **Charing Cross:** 3027 M Street, T. 338-2141. Altmodisches und gemütliches Dekor. Auf der Speisekarte prangen *tortellini alla crema*, Minestrone, Lasagne etc.
- **Café la Ruche:** 1039 31st Street, T. 965-2684. Geöffnet montags bis freitags von 11.30h bis Mitternacht, samstags von 10h morgens bis 1h nachts und sonntags bis 23.30h. Am Wochenende von 10-15h Brunch. Gepflegter angenehmer Innenraum mit Grünpflanzen und Blumen auf den Tischen; sogar eine Terrasse ist vorhanden. Nahrhafte Salate, Quiches, leichte Speisen für den kleinen Hunger am Mittag. Bekannt für seine prima Desserts.
- **Artie's Harbor Deli Café:** 3050 K Street. Eine willkommene Gelegenheit, den neuen Komplex des »Washington Harbor« zu besichtigen. Nicht besonders originelles Lokal im Cafeteriastil mit viel Platz, das bei Hitze mit seiner angenehm frischen Raumtemperatur lockt. Geöffnet von 7-19h, samstags und sonntags von 11-18h. Appetitliche Kleinigkeiten und Riesenportionen zartschmelzenden Eises.
- **Au Pied de Cochon:** Wisconsin Ave, Ecke NP Street. Für Anhänger der französischen Küche. Vorzüglicher *Coq au Vin* und neuer Beaujolais, alle zu moderaten Preisen.
- **Casa Maria:** 1915 Tyson's Corner Shopping Center, Mac Lean. T. 893-2443. Ein hervorragendes mexikanisches Restaurant mit durchschnittlichen Preisen. Befindet sich im großen Einkaufszentrum von Mac Lean, vier Meilen von Washington entfernt. Parken darf man hier umsonst. Von Georgetown aus über die M Street, dann Key Bridge und aGeorge Washington Memorial Parkway, zu erreichen. Ausfahrt Mac Lean (Dolly Madison Rd), dann immer geradeaus.

● *Mittlere Preisklasse*

- **Clyde's:** 3236 M Street NW, T. 333-9180. Geöffnet montags bis freitags von 7.30-23.30h, samstags und sonntags bis 1h nachts. Am Wochenende, empfehlenswerter Brunch von 9-16h. Das beschauliche Lokal für Studenten und kleine Leute hat sich gemausert und zählt inzwischen zu den Lokalen, die »in« sind und von der »Upper Middle Class« – Lehrern, Juristen etc. – vereinnahmt wurden. Zwei Räume: Atrium, fettblättrige Pflanzen; Licht für die einen, verstaubte Gemälde, karierte Tischdecken und gedämpftes Licht für die anderen Gäste. Dieselbe Auswahl für alle jedoch bei Salaten, Nudeln, Fleisch usw. Im Vorbeigehen einen Blick auf die alte, kupferne Cappuccino-Maschine werfen.

● *Etwas feiner*

- **El Caribe:** 3288 M Street, T. 338-3121. Geöffnet von 12-23h, samstags und sonntags bis 23.30h. Dieses Restaurant ist zwar überdurchschnittlich teuer, genießt dafür aber auch einen stadtbekannt vorzüglichen Ruf. Leckere *Paella* sowie *calamares rellenos*, mit Weinsauce oder mit Schinken und Meeresfrüchten gefüllt. Mehr wird nicht verraten. Besser vorher reservieren.

Für Durstige – zum Beispiel ein »Bud«?

● *In Georgetown*

Dieser Stadtteil steht üblicherweise bei Nachtschwärmern an erster Stelle. Wegen der Zehntausende von Studenten konnte Georgetown gar nicht anders, als sich eine beträchtliche Anzahl unterschiedlichster Pinten zuzulegen, wunderbar für Kneipentouren geeignet. Sie liegen größtenteils in der M Street und an der Wisconsin Avenue. Also los zu unserem »bud« (Budweiser)!

– **Crazy Horse:** 3261 M Street. Im Sommer haben wir das Lokal nach eingehenden Studien zur Musikkneipe mit den besten »Vibrations« gewählt. Das Publikum gibt sich locker und überhaupt nicht *trendy*. Die Rockband hockt gleich hinter der Bar, und wenn sie so richtig loslegt, kommt Bombenstimmung auf. Einziger Haken an der Sache: die Gesichtskontrolle am Eingang. Warum kann uns nur keiner leiden?
– **Mister Smith:** 3104 M Street und NW 31st Street, T. 333-3104. Das Dekor verleitet zu Zärtlichkeiten und Intimität. In der Ecke ein Klavier. Hübsche Glasscheiben und ein blühendes Gärtchen strahlen erholsame Ruhe aus. Trinkfeste leben jedoch verdammt teuer. Es besteht auch die Möglichkeit, eine Kleinigkeit zu essen. Freitags und samstags um 21h im zweiten Stock kostenlose Show. Dieses gastfreundliche Etablissement ist das ganze Jahr über – außer am Geburtstag des Wirts – von 14-2h morgens geöffnet.
– **Champions:** 1206 Wisconsin Ave NW, T. 965-4005. Bis 2h morgens geöffnet, freitags und samstags sogar bis 3h. Dieser riesige Schuppen ist etwas für unsere sportbesessenen Leser, da er ganz im Zeichen der Leibesertüchtigung steht. Dekor und Bilder drehen sich um nichts anderes. Ziemlich chauvinistisch, wie man sich denken kann, aber dafür findet man eine maximale Konzentration an – natürlich leicht masochistisch veranlagten – Mädels vor. Vielleicht auch sadistisch, wer weiß, jedenfalls möchten wir von manchen dieser muskelbepackten Gazellen nicht verhauen werden und haben uns deshalb aller Blödeleien enthalten. Oft muß man auch noch am Eingang Schlange stehen.
– **Garrett's:** 3003 M Street. Täglich bis 2h, am Wochenende bis 3h geöffnet. Im Erdgeschoß Menschenmassen; im ersten Stock zwei Räume, die mehr Platz bieten, wo sich aber genauso viele Besucher drängen, die noch dazu eher *trendy* ausschauen. Ausstaffiert mit Drucken und Poster rund um das Thema Eisenbahn. Für unsere Leser mit snobistischeren Vorlieben.
– **The Saloon:** 3239 M Street NW. T. 338-4900. Der Jazz, den man hier zu hören bekommt, ist nicht von schlechten Eltern. Nettes Ambiente in diesem nicht besonders großen Lokal und ziemlich preiswertes Bier. Es läßt sich hier also ein angenehmer Abend verleben, der zudem noch die Reisekasse schont.

● *Am Dupont Circle, in Adams Morgan und im Downtown*

– **D.C. Space:** 7th und E Street, T. 347-4960, für »Dinner Theatre Reservation« T. -1445. U-Bahn Gallery Place. Vom Kulturellen und Musikalischen her, *die* Adresse. In einem alten Gebäude in der Innenstadt gelegenes Lokal mit ausgezeichnetem Programm. Gleichzeitig wie ein Felsen inmitten heißer Immobilienspekulation, die das Viertel allmählich zugrunde richten könnte. Gute Stimmung in mehreren Sälen, sympathi-

sche Bar. Theaterstücke gegen 19h. Ansonsten Blues-, Rock- und Jazzkonzerte um 21h. Dienstags »early jazz« um 18.30h, freitags und samstags Konzerte gegen 23h. Von Zeit zu Zeit auch Tanz, Dichterlesungen usw.
– **9:30:** Atlantic Building, 930 F Street NW. In Midtown, Telefon für Konzerte 800-448-9009, Infos: 393-0930. U-Bahn Gallery Place oder Archives. Musikkneipe, die sich in einem Gebäude in der Stadtmitte zu halten versucht, die im Umbau begriffen ist. Ihre Tage sind gezählt. In den Räumen werden Konzertvideos gezeigt. Manchmal Auftritte von Livegruppen. Mittwochs und freitags um 16h *happy hour.*
– **Le Lautrec:** 2431 18th Street zwischen Kalorama Street und Columbia Rd, T. 265-6436. In Adams Morgan, U-Bahn Woodley Park Zoo. Nettes Café. Dienstags und donnerstags Jazz; »minimum charge« 7$.
– **Brickskeller:** 1523 22nd Street NW, T. 293-1885. Hält seit 1957 rund fünfhundert Biersorten auf Lager, davon allein über siebzig aus der BRD. Gemütliche Kneipenatmosphäre. Etwas teuer als gewohnt.
– **Millie and Als:** 2440 18th Street, T. DU 7-9752. Geöffnet von 16-2h morgens, samstags von 12-3h morgens und sonntags bis 2h morgens. In der Hauptsache dafür da, um ein Gläschen zu trinken. Lackiertes Holz, gedämpftes Licht, Jukebox aus den sechziger Jahren mit netten Oldies: Bobby Darrin – *Mack the Knife* – Fats Domino u.a. Einheimische, fröhlich lärmende Kundschaft. Pizza und reich bestückte Sandwiches gibt's auf die Hand. Manachmal aber auch nichts los und dann ohne jedes Flair.
– **Le Kilimandjaro:** 1724 California St., T. 483-3727 und 328-3838. In Adams Morgan in einer Straße, die auf die 18. führt. U-Bahn Dupont Circle und eine Viertelstunde Fußmarsch. Beste Adresse für Reggae. Fast immer gute Stimmung. Mäßige Eintrittspreise während der Woche. Auch Kleinigkeiten zum Stärken. Gute Konzerte sowie Abende unter karibischem Vorzeichen.
– **Hazels:** 1834 Columbia Rd NW, fast an der Kreuzung mit der 18. Straße. In Adams Morgan. T. 462-0415. Jazz und Blues in diesem kleinen, intimen Restaurant mit der Küche des Südens. Dienstags bis donnerstags ab 20.30h, freitags und samstags ab 21.30h. Tischvorbestellung angeraten.
– **The Insect Club:** 625 E Street NW, U-Bahn Gallery Place. Stimmungsvolle Atmoshäre in außergewöhnlich fantasievoll eingerichteter Diskothek mit Mainstream-Musik. Sendet jemand Telefonnummer und Öffnungszeiten?

Die »Lobbies«

Der Lobbyist, eine Kreatur, die bestimmend ist für das politische Leben in den USA, lungert in den Fluren des Kongresses oder des Senats herum – daher sein Name – und vertritt eine oder mehrere Interessengruppen, wie zum Beispiel die Gewerkschaft für kohlensäurehaltige Getränke, die Zigarettenhersteller, die Ölförderer ...
Aber die beiden berühmtesten und einflußreichsten Lobbies sind und bleiben einmal die der amerikanischen Juden und dann jene der Waffenhändler.
Sobald die beiden Kammern eine Frage verhandeln, die eine oder mehrere Lobbies betrifft, so setzten diese eine Kampagne in Gang, um die öffentliche Meinung für sich zu gewinnen, und fahren alle ihre Geschütze auf, um die Parlamentarier dazu zu bringen, ihre Stimme für die

»richtige« Seite abzugeben. Man erzählt, daß die entsprechende Lobby in weniger als einer Woche eine Petition mit mehreren Millionen Unterschriften zustande gebracht hat, als es darum ging, Zigarettenwerbung im Fernsehen zu verbieten. Da kann man sich eine Vorstellung davon machen, was diese Interessengruppen an Personal, aufwendigen Plakataktionen, Computern und anderen Mitteln einsetzen.

Hunderte von Leuten, deren Aufgabe darin besteht, die Abgeordneten zu bearbeiten, sind allgemein bekannt und verfolgen ihre Tätigkeit in aller Öffentlichkeit. Schließlich hat das System zumindest den Vorteil, daß Sentoren und Abgeordnete über Gerüchte und die öffentliche Meinung auf dem Laufenden gehalten werden. Auch wenn die amerikanischen Lobbyisten nicht immer über jeden Verdacht erhaben sind. So sollte man darüber nicht vergessen, daß es bei uns ja nicht viel anders zugeht; mit dem einzigen Unterschied, daß die Lobbyisten versteckt zu Werke gehen und Abgeordnete und Regierungsvertreter nicht wissen bzw. sich im Nachhinein »nicht mehr erinnern können«, wem sie den warmen Geldregen verdanken.

Die wichtigsten Viertel

● *Georgetown*

Das historische Viertel in Washington (Plan A-B1), etwas außerhalb der Stadtmitte, aber von höchstem Interesse. Neben alten, aufwendig hergerichteten Wohnhäusern sich Luxusgeschäfte, Boutiquen und vornehme Restaurants. Ob man's glaubt oder nicht: es handelt sich um ein ehemaliges Farbigenviertel, das die Weissen »zurückerobert« haben. Nicht mit der U-Bahn zu erreichen, sondern mit einem der Busse mit gerader Nummer zwischen 30 und 38 vor dem Weißen Haus. Oder man fährt bis zum Foggy Bottom und trottet ungefähr zehn Minuten lang die Pennsylvania Avenue hinauf. Das Herz von Georgetown befindet sich an der Kreuzung Wisconsin Avenue und M Street. Man findet aber auch weiterhin kleine Läden und Restaurants, die nicht aus dem preislichen Rahmen fallen. Schauen wir uns abends das lebendige, und am Wochenende sogar recht ausgeflippte, Nachtleben an. Für Stadtpoeten ein Spaziergang, wie man ihn in einer Metropole nicht für möglich hält. Wer von Süden kommend Georgetown ansteuert, werfe auf der Höhe der 30th Street einen Blick auf den »Washington Harbor«, einen ganz neuen Einkaufskomplex am Ufer des Potomac. Einfallsreiche Architektur mit Springbrunnen, Ladenpassagen, Luxusgeschäfte etc.

Folgt man der 30th Street weiter, so überquert man einen reizvollen Kanal mit einem Fußweg an der Uferböschung und einigen alten Schleusen. Ein entzückendes Viertel.

In der 3051 M Street läßt sich das *Old Stone House*, eines der ältesten Häuser Washingtons aus dem Jahre 1765, besichtigen. Geöffnet mittwochs bis sonntags von 9.30-17h. Spaziert man Richtung R Street, so passiert man bei diesem Bummel das bedeutendste Wohnviertel Georgetowns am *Oak Hill Cemetery*, dessen sanfte Hügel sich zum *Rock Creek* erstrecken. Einer der ältesten und romantischsten Friedhöfe der Stadt aus dem Jahre 1844 mit Eingang am Ende der 30th Street. Zutritt von 9-16.30h, ausgenommen an Wochenenden und Feiertagen. Zahlreiche Mausoleen und alte Gräber in bukolischer Umgebung. Nebenan liegen die *Dumbarton Oak Gardens*, herrliche Terrassengärten. Ein Haus aus dem Jahre 1801 beherbergt eine kleine Sammlung byzantinischer und präkolumbianischer Kunst. Geöffnet von 14-16.30h; montags und in den Sommermonaten geschlossen; kostenpflichtiger Eintritt. Die Gärten sind Besuchern täglich von 14-18h und von November bis März bis 17h zugänglich.

● **Dupont Circle und Adams Morgan**

Rund um den Dupont Circle und an der Connecticut Avenue konzentrieren sich zahllose Restaurants, Cafés und Kneipen (siehe unter »Speis und Trank«). In Richtung Nordwesten nimmt die Massachusetts Avenue den Namen *Ambassy Row* an, da sich hier über hundert Botschaften aneinanderreihen. Über die New Hampshire Avenue und die 18th Street erreicht man *Adams Morgan*, ein neu entstandenes Viertel rassischer Minderheiten, das sich mit ungeheurer Geschwindigkeit entwickelt. Nette Mischung aus Künstlern, Aussteigern, Bohemiens aller Arten und einer recht großen spanischsprechenden Gemeinde, die diesem farbenfrohen Viertel eine ganz besondere Atmosphäre verleiht. Buchhandlungen, Läden aller Art und Restaurants – zumeist äthiopische – breiten sich an der 18th Street, der Florida Avenue und der Columbia Road aus. Das Viertel ist so sympathisch, daß schon wieder die Yuppies und Dinks ihre Nase dort reinstecken müssen.

● **Old Downtown**

Dazu wird das gesamte Dreieck gerechnet, das sich östlich der 14th Street erstreckt und von der Pennsylvania Avenue und der New York Avenue begrenzt wird. Zur Zeit erlebt es einschneidende architektonische Veränderungen. Die 14th Street bildete lange Zeit eine Art Grenze, die das Regierungs- und Hotelviertel von dem benachbarten Armenviertel trennte, das hauptsächlich von Schwarzen bewohnt wurde. Die Besucher wunderten sich oft über den »Red Light District« in der 14th Street, kaum zwei Schritt vom Weißen Haus entfernt, dessen Ursprünge in die Zeit des Sezessionskrieges zurückreichen, als Tausende von Soldaten der Nordarmee in Washington neben dem Weißen Haus ihr Lager aufschlugen. Sie zogen natürlich Legionen von leichten Mädchen an, und um das Chaos zu verhindern, bemühte sich *General Hooker*, das Gunstgewerbe in geordnete Bahnen zu lenken, indem er an dieser Stelle Bordelle eröffnen ließ. Die Ecke wurde »Hooker's District«, später einfach nur noch »Hooker's« genannt, und schließlich nahm das Wort die Bedeutung »Prostituierte« an. Im amerikanischen Slang blieb dieser Ausdruck der Nachwelt erhalten. Wenn unsere Leser nun diese Zeilen studieren, befindet sich das ganze Viertel rund um die Pennsylvania Avenue schon mitten im Umbau. *Slums*, heruntergekommene Gebäude, Lagerhallen, baufällige Wohnungen werden abgerissen und die Renovierung der bedeutenden Bauwerke aus dem 19. Jh. wird eifrigst fortgesetzt. Die riesigen Flächen, die durch den Abriß der Gebäude entstehen, werden (leider) in Parkplätze verwandelt, und Geschäftsgebäude sowie neue Kaufhäuser schießen wie Pilze aus dem Boden. Präsident *Kennedy* war es, der diese Aktion in Gang setzte, um das Werk des ursprünglichen Washingtoner Stadtplaners, des Pariser Architekten *Pierre-Charles L'Enfant*, zu vollenden. Natürlich kam es bei dieser Geschichte unvermeidlich zu den wildesten Immobilienspekulationen. Hunderte kleiner Geschäfte schließen, andere sehen sich mit astronomischen Mieterhöhungen konfrontiert – Mehrwert verpflichtet – und das ganze Viertel erlebt einen ungeheuren Einwohnerschwund. An der Ecke von 9th und G Street findet man das einzige Bauwerk in Washington, das von dem berühmten Architekten *Mies Van der Rohe* entworfen wurde: die *Martin Luther King Library*.

● *Rund um Chinatown bis zur 2nd Street*

Der reinste städtebauliche Überfall. Alles wird der Entwicklung des *Convention Center* untergeordnet. Chinatown beginnt an der Kreuzung von H und 8th Street mit dem klassischen Triumphbogen in Pagodenform (U-Bahn: Gallery Place). Das Viertel läßt im Moment noch viel vom Reiz und der Homogenität anderer amerikanischer Chinatowns missen. Nachts ist die Gegend von der H Street ab nicht mehr allzu sicher. Bemerkenswert am Rande: neben dem Restaurant *Big Wong*, 610 H Street, erhebt sich das alte Gebäude, in dem man das Komplott zur Ermordung Lincolns schmiedete.

● *East Capitol*

East Capitol erstreckt sich vom Kapitol bis zum Lincoln Park und noch darüber hinaus. Unerschrockenen Fußgängern mit ein wenig Zeit bietet sich hier die Gelegenheit zu einem netten Spaziergang. So wie dieses Viertel mag wohl Georgetown vor dreißig oder vierzig Jahren ausgesehen haben. Eben wie ein ehemaliges Schwarzenviertel, in das die Weißen immer mehr eindringen. Zu erkennen an prächtigen Gebäuden und einzelnen Residenzen in paradiesisch verwilderten Gärten. Die Straßen wirken noch nicht so abgeleckt wie in Georgetown, und ungewöhnliche Details fallen dem aufmerksamen Beobachter ins Auge.

Die ausgedehnten Armenviertel der Schwarzen befinden sich in *Anacostia*, im Südwesten, auf der anderen Seite des Anacostia River, und östlich der 14th Street, ab Q Street in Richtung Norden.

Zum Angucken

– Äußerst praktisch: das *Tourmobile Ticket*, mit dem man innerhalb eines Tages alle Sehenswürdigkeiten, inklusive des Arlington-Friedhofs, besichtigen kann. Man steigt an jeder beliebigen Haltestelle ein oder aus und kauft die Fahrkarte beim Busfahrer. Mehrere Touren und Kombinationen sind möglich. Das Tourmobile verkehrt vom 15. Juni bis zum *Labor Day* von 9-18.30h und den Rest des Jahres bis 16.30h. Im Sommer schließt eine Zweitageskarte auch den Besuch von Mount Vernon, Washingtons Landsitz, ein. Auskünfte: T. 554-7020. Preis so 10 $.

– *Mall* nennt sich der dreieinhalb Kilometer lange Grünstreifen mit Denkmälern, der das Kapitol vom Potomac trennt und wo sich eine ganze Reihe Sehenswürdigkeiten, wie zum Beispiel das *Weiße Haus*, das *Lincoln Memorial* und vor allem die *Smithsonian Institution*, eine Ansammlung erstklassiger und dazu noch kostenloser Museen, befinden. Der Pariser Architekt *Pierre-Charles L'Enfant* entwarf den Stadtplan Washingtons. Für die damalige Zeit war die Planung ausgesprochen großzügig angelegt, aber L'Enfant betonte, daß das Projekt so ehrgeizig sein müsse, um dem unvermeidlichen Wachstum Amerikas und den Erweiterungen und Neubauten, die dieses zur Folge hätte, Rechnung zu tragen. Der anglo-amerikanischen Krieg von 1812, der die Stadt verwüstete, machte das Projekt leider zunichte. L'Enfant starb verbittert in größter Armut und wurde auf dem Armenfriedhof bestattet.

Der Bürgerkrieg und die Industrielle Revolution gaben Washington seine bedeutende Stellung zurück, und man machte sich von neuem an die Stadtplanung. Natürlich grub man den Plan von L'Enfant, der nichts von seiner Aktualiät eingebüßt hatte, wieder aus, genauso wie seine sterblichen Überreste, die dann ehrenvoll auf dem Arlington Friedhof beigesetzt wurden. Es ist ja bekanntlich nie zu spät!

– **Das Weiße Haus:** 1600 Pennsylvania Ave NW (Plan D2), T. 456-2200. Nur vormittags zur Besichtigung freigegeben. Der Architekt, der die amerikanische Regierungszentrale entwarf, hat sich hierbei weitgehend von Schloß Rastignac im französischen Périgord inspirieren lassen. Manche Leute haben aber auch überhaupt kein Schamgefühl! Vor dem Verlassen des Hauses nicht vergessen, dem Mieter noch einmal die Hand zu schütteln, der darüber sicher ausgesprochen erfreut sein wird. Im Jahre 1814 wurde das *White House* während des Krieges gegen England angezündet und verdankt seinen Namen der Tatsache, daß man die verkohlten Wände damals weiß übertünchte. Die Kurzvisite in fünf von 132 Zimmern ist freilich eher enttäuschend. Man darf nichts Großartiges erwarten: zu sehen bekommt man lediglich einen Schreibtisch mit Aschenbecher. Von dienstags bis samstags morgens um 10 und um 12h Führungen, sonntags und montags geschlossen. Karten sind meist schon um 9.30h vergriffen. Ein Kartensystem wurde eingerichtet, bei dem man sich im voraus seine Karte für eine bestimmte Besichtigungszeit besorgt und so stundenlanges Warten umgeht. Sich von Ende Mai bis zum *Labor Day* vormittags von 8-12h an die Ellipse Booth wenden.

Für Pentagonbesucher wurde eine Pendelverbindung per Bus zwischen Parkplatz und Haupteingang eingerichtet, dessen Benutzung ebenso kostenlos ist wie der Rundgang zum Zentrum des großen Weltbeschützers selbst.

Auf der Nordseite des Weißen Hauses erstreckt sich der *Lafayette Square*, so getauft nach der siegreichen Rückkehr des Marquis im Jahre 1824. In der Mitte posiert Andrew Jackson auf dem ersten Reiterstandbild der USA. Die ausländischen Helden der amerikanischen Revolution leisten ihm Gesellschaft: u.a. *Lafayette* natürlich, *Rochambeau*, der Kommandant der französischen Geschwaders, *F.W. von Steuben* (1730-1774). Letzterer ist der Kerl, der die verlotterten amerikanischen Haufen mit teutschen Sekundärtugenden wie Disziplin und Ordnungssinn auf Vordermann brachte. Und was hat uns das eingetragen? Überfallen haben sie uns vor fuffzig Jahren, jawoll!

– **Washington Monument:** National Mall und 15th Street NW (Plan C3), T. 426-6841. Von April bis *Labor Day* täglich von 8h bis Mitternacht geöffnet, danach von 9-17h. Man sollte frühzeitig eintreffen, um das Schlangestehen möglichst zu verkürzen. Unmöglich, dieses mit fast 170 m höchste Bauwerk der Welt aus reinem Mauerwerk auszulassen, 1885 zu Ehren des ersten Präsidenten der Vereinigten Staaten errichtet. Von der Spitze genießt man selbstverständlich einen beneidenswerten Blick über das Umland.

– **Lincoln Memorial:** im West Potomac und 23rd Street NW (Plan C3), T. 426-6841. Täglich außer Weihnachten rund um die Uhr geöffnet. Das Denkmal beherbergt die eindrucksvolle Statue Lincolns, sechs Meter hoch und aus zwanzig Marmorblöcken gemeißelt.

– **Vietnam Veterans Memorial:** Constitution Ave, zwischen dem Henry Bacon Drive und der 21st Street (Plan C2); U-Bahn: Foggy Bottom. Ständig geöffnet, T. 426-6841. Dieses 1982 eingeweihte Denkmal besteht aus einem überdimensionalen V aus schwarzem Granit, in das die Namen der 58.022 Opfer des Vietnamkrieges eingehauen sind. Die paar zu Tode gekommenen Vietnamesen bleiben erwähnt ...

- Im **Kapitol** (Plan A2) hat der Kongreß, also Senat und Repräsentantenhaus, seinen Sitz. Als es von den Engländern während des Krieges von 1812 angezündet wurde, rettete ein heftiges Gewitter das Gebäude vor der Zerstörung. Kostenloser Eintritt, tägl. von 9-16.30h, in der Zeit von Ostern bis zum *Labor Day* bis 22h. U-Bahn: Capitol South. T. 225-6827. Es ist einen Versuch wert, einer Sitzung des *Congress* beizuwohnen; von Juli bis August sind allerdings Ferien. Witzigerweise befindet sich der Haupteingang auf der Ostseite, weil man glaubte, die Stadt würde sich in diese Richtung weiterentwickeln, und das Kapitol kehrt dem Hauptteil der Stadt heute den Rücken zu. Die Busse der Linien 30 bis 38, die an der Pennsylvania Avenue abfahren, bringen Besucher hierher. Sehenswert sind die Rotunde mit ihren Fresken, der Saal mit den Statuen, in dem jeder Staat seine beiden berühmtesten Bürger ehrt, der alte renovierte Senat und die Krypta, der ehemalige Sitz des Obersten Gerichtshofes. Vor der Besichtigung hält der Führer einen Vortrag, den er mit den Worten beendet: »Are there any foreign people?« (»Sind Ausländer unter uns«?). Sollte man nichts verstanden haben, gleich melden und kundtun, welcher Nationalität man angehört. Dann bekommt man prompt eine Übersetzung geliefert.

- Die **Bibliothek des Kongresses:** 10 1st Street SE (Plan D2), T. 287-5458 oder 287-6400. Die umfangreichste Bibliothek der USA liegt östlich des Kapitols. Besichtigung montags bis freitags von 8.30-21.30h, samstags bis 18h. Sonn- und feiertags geschlossen. Prachtvolles Innendekor, an dem fast fünfzig Künstler beteiligt waren. Bücherwürmern sei eine Gutenbergbibel aus dem Jahre 1455 und den Entwurf der Unabhängigkeitserklärung, geschrieben von *Thomas Jefferson* mit Verbesserungen von *Benjamin Franklin*, ans Herz gelegt. Und, falls noch etwas Zeit bleibt, weitere achtzig Millionen Werke in über vierhundertfünfzig Sprachen ...

- **Union Station**, Massachusetts Ave, nördlich des Kapitols, zählt gewiß zu den ansehnlichsten Bahnhöfen der Welt, ein Meisterwerk im Stil des Hauptbahnhofes von Helsinki, entworfen von *Daniel Burnham*, dem berühmten Architekten aus Chicago. Zur Zeit wird er überholt.

- Rund um das Kapitol befinden sich noch weitere Sehenswürdigkeiten für alle, die über etwas mehr Muße verfügen: der *Oberste Gerichtshof*, 1st und Maryland Ave NE, T. 479-3000, dessen neun Richter von Oktober bis April an fünfzehn Tagen im Monat über den Akten brüten. Montags bis freitags von 9-16.30h geöffnet. Die *Folger Shakespeare Library*, 201 E Capitol St., T. 544-7077, führt montags bis freitags von 11-13h Führungen durch eine der bemerkenswertesten Manuskriptsammlungen. Die *Botanischen Gärten*, 1st Street und Maryland Avenue, T. 225-8333, ihrerseits präsentieren wunderbare Sammlungen exotischer Pflanzen: Orchideen, Kakteen etc. Tägl. von 9-17h, von Juni bis August bis 21h.

- **Arlington Friedhof:** auf der gegenüberliegenden Seite des Potomac erstreckt sich der berühmteste Friedhof der Vereinigten Staaten (Plan A3). U-Bahn: Arlington Cemetery; T. 692-0931. Auf über 240 ha Fläche ruhen 175.000 amerikanische Soldaten. Östlich des *Curtis-Lee Hauses* brennt eine ewige Flamme über dem Grab *John Fitzgerald Kennedys*. Besuchszeiten von 8-19h, im Winter bis 17h. Sehenswert auch die vorbeiflitzenden Radfahrer mit Walkman und die Jogger, die zwischen den

Gräbern herumsprinten. Das sollte sich mal jemand auf unseren Ehrenfriedhöfen erlauben! Auf amerikanischen Totenäckern wird's immer lustiger: so beauftragt der Sterbende in spe sein Bestattungsunternehmen vielleicht damit, mit einem kleinen Champagner an seinem Grabe anzustoßen, ein anderer veranlaßt, Einladungen an Freunde und Verwandte zu senden, die sich auf einem Segelboot um seine Urne scharen und einen richtigen Totenschmaus veranstalten, bevor sie seine Asche laut Anweisung ins Meer streuen. Särge sind mittlerweile von Streifenmustern über poppige Malerei bis zu Graffiti erhältlich.

Etwas vor dem Friedhof, an der Route 50, erhebt sich eine der gewaltigsten jemals gegossenen Bronzestatuen: das *Marine Corps Memorial*. Es gemahnt an alle seit 1775 gefallenen Marinesoldaten und stellt in Anlehnung an eines der berühmtesten Fotos der Welt die Soldaten dar, die 1945 die amerikanische Flagge auf der zuvor von Japan besetzen Pazifikinsel Iwo Jiwa hißten.

– **Das Pentagon:** U-Bahn: Pentagon (Plan B4), T. 695-1776. Auch per Shuttlebus ab dem Weißen Haus. Geöffnet von montags bis freitags von 9-15.30h. Der Eintritt ist frei. Einem Fünfeck (Pentagon) nachempfundenes Hauptquartier des Verteidigungsministeriums, zugleich das größte Gebäude der Welt, aber das wird auch von der Lomonossow-Universität behauptet. Seine bewohnbare Fläche beträgt das Dreifache der des Empire State Buildings und es besitzt nicht weniger als 7748 Fenster! Eine Stadt für sich, mit Fluren einer Gesamtlänge von 28 km und 22.000»Einwohnern«, von denen vier Fünftel Uniform tragen. Besucher bekommen Fotos berühmter Persönlichkeiten und Bombermodelle gezeigt und einen Haufen völlig nutzloser Zahlen an den Kopf geschmissen, welche jedoch dem Durchschnittsamerikaner ein Gefühl völliger Geborgenheit vermitteln, der sich bei ihrem Klang so wunderbar verteidigt fühlt. Neugierige Europäer sollten dem Pentagon ruhig mal einen Besuch abstatten; ob dieser für das Verständnis des »Großen Bruders« hilfreich ist, sei dahingestellt.

– **Watergate Building:** 2650 Virginia Ave NW. Seit einigen Jahren recht bekannt. Man fragt sich nur warum, denn es gibt dort rein gar nichts zu sehen. Hat bei Wortschöpfungen wie Irangate, Waterkantgate etc. Pate gestanden.

– **Old Post-Office:** Pennsylvania Ave und 12th Street, T. 289-4224. Dieses Gebäude vom Ende des 19. Jhs beherbergt heute ein Einkaufszentrum. Den Turm, von dessen Spitze aus man einen herrlichen Blick über Washington genießt, darf man kostenlos hinaufkraxeln. Geöffnet von 10-17 Uhr und, von April bis September, von 8-23.20h.

– **Bureau of Engraving and Printing:** Ecke 14th Street und C Street (Plan C3). T. 447-9790. Besichtigung montags bis freitags von 9-14h. Die 1862 gegründete Druckerei produziert stündlich siebentausend Bögen, d.h. im Jahr einige Millionen Scheine. Hier erfährt man alles über das grüne Scheinchen. Drei wichtige Etappen kennzeichnen seine Geschichte. 1792 wird der Dollar in Form eines Geldstücks geschaffen; 1861 wird mitten im Bürgerkrieg das Papiergeld eingeführt; und 1929 schließlich erhält der »Greenback« seine heutige Form, Farbe und seinen typischen Geruch. Nichts unterscheidet die 5, 10, 20, 50 und 100 Dollarnoten voneinander, außer dem Portrait, welches auf dem Medaillon abgebildet ist. Geldscheine bis zu einem Wert von 10.000 Dollar wurden in Umlauf gebracht. 1955 erschien erstmalig das obligatorische »In God we trust« auf den Geldscheinen. Dies ist die einzige nur zweifarbig bedruckte Banknote der Welt. Es wird auch gezeigt, woran man eine gefälschte Banknote erkennt, was man machen soll, wenn man so eine Blüte entdeckt, und wie schwierig es ist, die Kunst des Geldfälschens zu erlernen. Eintritt gratis.

Übrigens: das Wort Dollar leitet sich von deutsch (Joachims-)Thaler, also Taler, ab und galt als die englische Bezeichnung für die spanischen *reales,* von denen während der Unabhängigkeitskriege in den Kolonien mehr im Umlauf waren als englische Pfund.

Die Museen

Schon allein wegen ihrer vielfältigen Museen lohnt es sich, die US-Hauptstadt für einen Besuch einzuplanen. Nicht vergessen, am Eingang der *Smithonian Institution* die kostenlose Broschüre mitzunehmen, in der Erklärungen zu allen Museen – Öffnungszeiten, Haltestellen usw. – gegeben werden (T. 357-2020). Wir weisen nur darauf hin, daß die Museen um 17h ihre Pforten schließen und daß eine ganze Reihe von ihnen kostenlos sind. Im Sommer schließen einige Museen erst um 19 bzw. um 21h. Man erkundige sich.

– **Air and Space Museum:** Independence Ave, zwischen 5th und 7th Street, T. 345-1400. Mit über zehn Millionen Besuchern im Jahr wird es als das beliebteste und meistbesuchte Museum der Welt angesehen. Thema: die Entwicklung der Luftfahrt. Zu den Ausstellungsstücken zählen auch das erste Motorflugzeug, das tatsächlich geflogen ist, nämlich das sich 59 Sekunden in der Luft haltende Flugzeug der Gebrüder Wright von 1903, sowie der »Spirit of Saint Louis« – hier wohl ein Nachbau – mit dem Lindbergh 1927 den Atlantik überquerte. Symbolhaft für die Moderne ist jenes Mondgestein ausgestellt, das Apollo II Anno 1969 auf die Erde mitgebracht hat. Am eindrucksvollsten sind indes die Raumschiffabteilung (Gemini 4) sowie die Dokumente und Modelle, welche die Eroberung des Weltraumes dokumentieren. Ausgestellt werden auch mehrere Raketen – Atlas, Polaris – die Satelliten in den Weltraum trugen.

Einige der Filme, die auf eine Riesenleinwand projiziert werden, sollte man unbedingt anschauen, z.B. »To Fly« und »Living Planet«. Aber Obacht: manchmal muß man bis zu einer Stunde anstehen. Will man sichergehen, für ersteren Plätze zu ergattern, sollte man Punkt 10h zur Stelle sein. Um häufiges Schlangestehen zu vermeiden, am besten Karten für alles, was einen interessiert, auf einmal kaufen und dann die Zeiten ausklamüsern. Ansonsten verplempert man unnötig viel Zeit mit Warten. Für beide Filme wird Eintritt erhoben (Studentenermäßigung). Es wird auch ein überaus lehrreicher Film über den Space-Shuttle *Columbia* gezeigt. Im ersten Stockwerk: weitere Vorführungen im *Albert Einstein Space Airium.* Die Zuschauer nehmen auf der runden Leinwand an einer Reise zu den Sternen teil, und die besonderen Effekte vermitteln den Eindruck, sich tatsächlich auf einem Flug durch den Weltraum zu befinden. Aufgepaßt: ein Leser schreibt, ein Space Airium gebe es (nicht mehr), einen langweiligeren Film könne man sich nicht vorstellen und besondere Effekte habe es in *dem* Film nicht gegeben. Richtig?

– **National Gallery of Art:** Constitution Ave und 6th Street, T. 737-4215. Geöffnet montags bis samstags von 10-17h und sonntags von 12-21h. Sonntags finden im allgemeinen Konzerte statt. Die beiden Gebäude beherbergen 30.000 Kunstwerke, wobei nicht nur die Gemälde sondern auch die Galerien mit Kunstgewerbe und Möbeln durchaus sehenswert

Charles Lindberg

sind. Alle bedeutenden Künstler sind hier versammelt. Wunderbare Abteilung religiöser Kunst mit *Madonna, Engel und Kind* von H. Hemling, Werken von Dirk Bouts und dem bemerkenswerten Bildnis eines Bankiers sowie einer *Jungfrau mit Kind* von atemberaubender Zartheit von Jan Gossaert, genannt Mabuse. Weitere Exponate von Peter Bruegel d.Ä., Holbein, Lucas Cranach und Dürer, Meister des Altarblattes von Sankt Bartholomäus. Vertreten sind auch El Greco mit seinem berühmten Gemälde *Sankt Martin und der Bettler*, Rembrandt mit seinem *Selbstporträt*, der *Alten Dame mit Buch*, *Dame mit Feder*, der *Anklage des Joseph* etc., Hieronymus Bosch mit *Der Tod und der Arme*, und nicht zu vergessen *Die Mousmé* von Van Gogh. Daneben einige Werke von Cézanne und die weltberühmte *Gauklerfamilie* von Picasso. Bestechende Werke von Turner, wie die *Ankunft in Venedig*, *Abend der Sintflut*, *Die Dogana und Santa Maria de la Salute*, *Keelmen heavy in Coals by Moonlight* etc.

Versäumen wir nicht, einen Blick auf das *East Building*, das neue Gebäude der *National Gallery*, zu werfen, dessen Architekt *Pei* hier ein vollendetes Werk kunstvoller Architektur schuf. Wie bereits beim *Guggenheim Museum* in New York, spielt hier der Museumsbau selbst eine ebenso wichtige Rolle wie dessen Inhalt. Einmalige Lichtverhältnisse, faszinierende Ausstellungssäle. In diesem Gebäudeteil, unterirdisch mit dem alten Teil des Museums verbunden, werden nun die zeitgenössischen Werke ausgestellt, die aus Platzmangel zuvor im Keller lagerten, darunter die allerschönsten Skulpturen. Wechselnde Ausstellungen berühmter Sammlungen. In der ständigen Sammlung findet man jeweils ein oder zwei faszinierende Werke von Künstlern wie Robert Rauschenberg, Roy Lichtenstein, Jasper Johns, Andy Warhol, Max Beckmann, Klimt, Max Ernst, Miró, Matisse usf. Das *East Building* – in Sachen Kunst der Clou des Jahres!

In den vier preiswerten Museumscafeterien kann man sich zwischendurch vom Kulturschock erholen.

– **Smithonian Institution Building:** 100 Jefferson Drive SW, T. 357-2700. U-Bahn: Smithonian. Das älteste der dreizehn Museen, die zu dieser Gruppe gehören, auch liebevoll »The Castle« genannt. Hier erhält man die erschöpfendsten Auskünfte und die meisten Broschüren.

– **Museum of American History:** Constitution Ave und 14th Street, T. 357-1481. Ein kleines Wunder: alles was mit Amerika zu tun hat oder jemals zu tun hatte, egal auf welchem Niveau – hier bekommt man's vorgeführt. So trifft man auf Vehikel aller Art, von der Postkutsche aus dem Jahre 1848 über den Cadillac von 1903 bis zur riesigen Lokomotive der Southern Railways »1401 Charlotte«. Möbel, Silbergeschirr und Spielzeug zeichnen ein anschauliches Bild vom Alltagsleben während der Kolonialzeit. Ganze Zimmer wurden in ihrer ursprünglichen Bauweise rekonstruiert, wie zum Beispiel ein Blockhaus aus Delaware und die Bibliothek eines bürgerlichen Haushaltes. Man findet auch die Kleider der *First Ladies* des Weißen Hauses vor, seltene Briefmarken, Münzen und sogar einen 100.000-Dollar-Schein. Um die wenig angenehme Cafeteria schlägt man besser einen Bogen.

– **Hirshhorn Museum and Sculpture Garden:** 7th Street und Independence Ave, T. 357-3235. U-Bahn: L'Enfant Plaza. Wenn man auch Bilder von Daumier vorfindet, so handelt es sich hauptsächlich um zeitgenössische Kunst. Chagall, Cézanne und Rouault teilen sich die Wände mit Magritte, Bacon und Sutherland. Skulpturen von Maillol, Bourdelle, Picasso, Giacometti etc.

– **Arts and Industries Building:** rechts vom *Smithonian* und gleich neben dem vorigen Museum. T. 357-1481. Hier läßt sich die Entwicklung der Technik und der Maschinen anhand von teils etwas naiven, häufig jedoch anschaulichen Modellen verfolgen. Beinahe 25.000 Gegenstände werden im Stil der Weltausstellung von Philadelphia im Jahre 1876 dargeboten.

– **Freer Gallery of Arts:** linkerhand des »Castle« und seiner netten viktorianischen Parkanlage gelegen; T. 357-2104. Dieses Museum ist den fernöstlichen Künsten aus China, Japan usw. gewidmet. Sehenswert, der berühmte *Peacock Room* von Whistler.

– **National Museum of Natural History:** 10th Street und Constitution Ave NW, T. 357-2747. Alles über Anthropologie, Geologie und Archäologie. Im Besitz des Museums befinden sich sechzig Millionen Stücke, aber keine Panik: sie sind nicht alle ausgestellt. Gefallen wird jedem die Edelsteingalerie auf der zweiten Etage rechts vom Eingang, mit einigen ganz beeindruckenden »Kieselchen«.

– **National Museum of American Art:** 8th und G Street NW. U-Bahn: Gallery Place. Präsentiert an die 26.000 Werke, hauptsächlich amerikanischer Kunst der letzten drei Jahrhunderte.

– **National Museum of African Art:** 950 Independence Ave SW, T. 357-2700. Das Museum für afrikanische Kunst wurde im Sommer 1987 wiedereröffnet und bietet in seinen Abteilungen Leckerbissen afrikanischer Kunst und Kultur. Auch Wechselausstellungen.

– **National Portrait Gallery:** 8th und F Street, T. 357-2920. U-Bahn: Gallery Place. Porträts aller berühmten Amerikaner, darunter auch *Mary Cassat* von Degas; Fotoausstellung und alle Schlagzeilen der *Time.* Lohnt sich.

– **Corcoran Gallery of Art:** 17th Street und New York Ave NW, T. 638-3211. U-Bahn: Farragut West. Geöffnet dienstags bis sonntags von 10-16.30h, donnerstags bis 21h. Montags und feiertags geschlossen. Bedeutendste und traditionsreichste Privatgalerie Washingtons. Amerikanische Skulptur, Malerei und jedes Jahr erstklassige Sonderausstellungen.

– **B'nai B'rith Klutznick Museum:** 1640 Rhode Island Ave NW, T. 857-6583. U-Bahn: Dupont Circle. Geöffnet von 10-17h, samstags sowie an jüdischen und anderen Feiertagen geschlossen. Es handelt sich um das jüdische Museum der Hauptstadt mit Gegenständen des religiösen und alltäglichen Lebens aus frühester Zeit bis zur Gegenwart. Wechselnde Ausstellungen zu Malerei, Archäologie etc.

– **Federal Bureau of Investigation (FBI):** E Street, zwischen 9th und 10th Street NW, T. 324-3447. U-Bahn: Center oder Gallery Place. Geöffnet montags bis freitags von 8.45-16.15h; samstags, sonntags und feiertags geschlossen. Die Stunde Wartezeit vor den Pforten lohnt. Oh ja, dem FBI, der dem Justizministerium unterstehenden Bundespolizei, darf man auch seinen Besuch abstatten. Während der anderthalbstündigen Führung werden einem die berühmtesten Rechtsfälle – Spionage, Überfälle, Kidnapping, Verbrechen aller Art – durch Fotos von Al Capone, Baby Face Nelson und Konsorten ins Gedächtnis gerufen. Man bekommt den Film eines echten Überfalls zu sehen und kann sich die Stimme eines Entführers während eines Kidnapping zu Gemüte führen. Besuchern zeigt man die raffiniertesten Geräte, mit denen man den Schuldigen entdeckt oder ausmacht, welcher von zwei eineiigen Zwillingen das Verbrechen beging. In einem Büro befindet sich ein Verzeichnis sämtlicher gefälschter Schecks und Banknoten mit zwanzigfachen Detailvergrößerungen. Beeindruckende Sammlung von Waffen aller Art. Am Ende demonstriert ein Scharfschütze des FBI noch seine Revolverkünste und trifft – man höre und staune – jedesmal ins Schwarze.

– **Washington Post:** 1150 15th Street NW, T. 334-6000. U-Bahn: McPherson Square oder Farragut N. Hier wird die Washington Post fabriziert, eine der namhaftesten Zeitungen der Welt, seit sie durch Aufdecken der Watergateaffäre den Sturz *Nixons* einleitete. Das Blatt gilt als Symbol des von allen Mächten unabhängigen und nachforschenden Journalismus, bei uns als »Enthüllungsjournalismus« geschmäht. Führungen von 10-15h. Vorher anrufen, um sich – mit etwas Glück für den folgenden Tag – einen Platz in einer der Führungen zu sichern. Besichtigung von Druckerpressen und Büros mit Erläuterungen zu den einzelnen Rubriken, zum Layout und zur Geschichte der Zeitung seit 1877, als sie nur vier Seiten umfaßte und ganze drei Cents kostete. Heute kommt die »Washington Post« als Sonntagsausgabe bisweilen auf zweihundert Seiten.

– **National Geographic Explorer's Hall:** 17th Street und M Street, T. 857-7588. Geöffnet montags bis samstags von 9-17h, sonntags ab 10h. U-Bahn: Farragut W oder Farragut N. Für Abenteurer und Entdeckungsfanatiker Ausstellungen zu den berühmtesten Expeditionen und der größte Globus mit einem Durchmesser von 3,50 m.

– **Phillips Collection:** 1600 21st Street, T. 387-2151 und 387-0961. U-Bahn: Dupont Circle. Geöffnet dienstags bis samstags 10-17h, sonntags bis 12h. Für leidenschaftliche Bewunderer französischer Meister des 19. und 20. Jhs. Übrigens das älteste Museum Amerikas für moderne Kunst. Zu den Exponaten zählt das bekannte Gemälde »Le Repas de la Partie de Pêche« von Renoir. Von September bis Mai, sonntags um 17h sowie mittwochs und samstags um 14h, kostenlose Konzerte. Gespräche über Kunst an jedem ersten und dritten Donnerstag des Monats um 12.30h.

– **National Archives:** Constitution Ave NW, 7th und 9th Street NW. Geöffnet montags bis freitags von 10-17.30h. Der Eintritt ist frei. Hier finden sich die Originale der wichtigsten amerikanischen Dokumente, wie beispielsweise die Unabhängigkeitserklärung, die *Constitution*, die *Bill of Rights* usw.

– Wer's sich antun will, kann auch ins 1993 errichtete **Holocaust Memorial Museum**, gegenüber dem Druckereimuseum, marschieren, das auf vier Stockwerken vor allem Fotos und Filme zeigt und in dem, wie der »Spiegel« schreibt, per Versatzstücken wie »alten Schuhen, verrosteten Scheren und räudigen Zahnbürsten, eine Ästhetisierung des Grauens« betrieben wird. »Ging es einst darum, an die Ermordeten zu erinnern, und die Überlebenden zu trösten, so kommt es heute nur darauf an, mit viel Aufwand, Pomp und Hightech makabre Kultstätten mit pseudopädagogischem Anspruch zu errichten«, heißt es weiter in einem Artikel über das entsprechende »Museum of Tolerance« in Los Angeles.

Vorgeschichte ist, daß Präsident *Carter* in den Siebzigern F-15 Kampfbomber an Saudi-Arabien liefern wollte, was zu Aufruhr unter den amerikanischen Juden führte. Seine Beraterin, *Ellen Goldstein*, verfiel auf den glorreichen Gedanken, als »Bonbon« einen »US Holocaust Memorial Council« zu gründen, der für eine Gedenkstätte in Washington sorgen würde, was dann auch geschah. Vorsitzender wurde *Elie Wiesel*, u.a. bekannt durch sein Buch »Die Nacht zu begraben« (Voyage au

Bout de la Nuit, Ullstein) oder seiner Triogie »Nacht«, »Morgendämmerung« (entsetzliches Deutsch seines Verlages: seit wann »dämmert« statt des Abends der Morgen und »graut« nicht?) und »Tag«. Die eine Gedenkstätte bewirkte nun einen Trend zur »Amerikanisierung« der Judenausrottung. Ende der achtziger Jahre zählte man zwanzig örtliche Holocaust-Museen, 75 Holocaust-Forschungsstätten, 34 Holocaustarchive, zwölf Holocaustdenkmäler, fünf Holocaustbüchereien sowie drei einschlägige Zeitschriften. Der Spiegel schreibt: »Amerika erlebt einen Holocaustrausch. Zahlreiche Unis bieten hochbeliebte »Holocauststudiengänge« an, bei denen sich mehr Studenten einfinden als bei Amerikanischer Geschichte. Es scheint, als käme es darauf an, das große Morden neu in Szene zu setzen, als wolle man die Schande wettmachen, daß dieser historische Superlativ nicht auf amerikanischem Territorium und unter amerikanischer Regie stattfinden konnte. So ist auch *Steven Spielbergs* Versuch, Auschwitz als Originalkulisse für einen Spielfilm zu nutzen, als Verlangen zu verstehen, sich ein Stück Geschichte anzueignen, bei dem man lange Zeit desinteressiert abseits gestanden hatte.« Wir haben noch keine nähere Angaben, vermissen auch ein kleines Museum über die Ausrottung der Indianer – so gut über zehn Millionen dürften's gewesen sein, wenn man, wie im Vorspann geschätzt, 7 bis 15 Millionen bei der Ankunft der Weißen rechnet, denn die Ausrottung zog sich ja über mehrere Generationen hin – den Vietnamkrieg, die Sklaverei ... Was würde man über ein Mahnmal in Berlin zu Ehren der südafrikanischen Apartheitsopfer denken, ohne daß auch gleichzeitig der Naziopfer gedacht würde? Eine Ersatzhandlung zur Ablenkung vom eigenen schlechten Gewissen, oder?

Freizeit und Kultur

– **John F. Kennedy Center for the Performing Arts:** New Hampshire Ave am Rock Creek Parkway; U-Bahn: Foggy Bottom; T. 254-3600. Riesiger Theaterkomplex, vergleichbar mit dem *Lincoln Center* in New York. Kostenlose Führungen täglich von 10-13h. Hier sind das *American National Theater*, die *Washington Opera*, drei weitere Theater und das *National Symphony Orchestra* untergebracht. Einladende Cafeteria und, von der Terrasse, Panoramablick über die Stadt.

Flohmarkt

– **Flea Market:** an der Abzweigung 18th Street und Columbia Rd. Sonntags ab 14h, aber die Szenerie belebt sich schon ab 10h. Fetenstimmung und Treffpunkt von Schwarzen und Weißen.

Abreise

● *Mit dem Flugzeug*

– Der Bus zum Baltimore-Washington-Flughafen und nach Dulles fährt beim *Capitol Hilton*, 16th und K Street, ungefähr alle halbe Stunde ab. Fahrtdauer ca. eine Stunde. Das Unternehmen heißt Washington Flyer, T. 703 685 1400.
– Lesertip: die günstigste Art nach Dulles zu gelangen: U-Bahn, Orange-Strecke Richtung Westen (Endhalte Vienna), an der West-Falls-Church aussteigen. Der Shuttle, der auch hier alle halbe Stunde hält, kostet nunmehr nur noch rund 6 $ statt der 15 ab Capitol Hill Hotel.

– Zum **National Airport** bestehen neuerdings direkte U-Bahnverbindungen mit der Gelben bzw. der Blauen Linie, Haltestelle beide Male National Airport.

● *Mit dem Bus*

– **Greyhound:** 1st Street und Union Station, T. 565-2662.
– **Trailways:** T. 737-5800.

● *Mit dem Zug*

– **Amtrak:** T. 484-7540. Auf der Strecke Washington-New York mit drei Stunden Fahrt fast schneller als das Flugzeug.

In der Umgebung

● *Mount Vernon*

Ungefähr zwanzig Kilometer in Richtung Süden: George Washingtons »Mansion« am Potomac River. Prächtiger Landsitz im georgianischen Stil, 'zigmal im ganzen Land nachgeahmt, den er zum Teil eigenhändig entworfen und gebaut hat. Die Besichtigung dieses Hauses mit seinen zwanzig Zimmern ist ein fesselndes Erlebnis, vor allem was die Bibliothek, den »West Parlor«, die Küche sowie den Park und die Wirtschaftsgebäude angeht. Mount Vernon umgibt eine malerische Landschaft. Geöffnet von 9-17h; gewaltiger Andrang. Eintritt so knapp 9 $. Keine Nachlässe für Studenten. Auch mit dem Boot »Spirit of Washington« zu erreichen. Im Sommer legt das Schiff zwischen 9 und 14h vom Pier 4 ab, 6th and Water Street, zu dieser vierstündigen Fahrt. Ansonsten mit der U-Bahn zum *National Airport* fahren und von dort aus weiter mit Bus 11P gleich am U-Bahnausgang. Im Winter schwierig zu erreichen.
– Wer zufällig seinen Weg nach Westen fortsetzt, möge mal in der Nähe von *Wheeling* in West Virginia Halt machen. Dort haben die Krischnajünger einen schier unglaublichen Tempel errichtet, den man vielleicht nur in Indien erwarten würde und den die frommen Leut' daher auch zu Recht mit Taj Mahal vergleichen. Hier ist alles Gold, was glänzt, zur Ehre des Herrn ...
– **Prabhupada's Palace of Gold:** Palace Rd, RD 1, Box 320, nahe der 250 bei *Moundsville*, T. 304-843-1600, -1207 oder 1812. Fax des anscheinend angeschlossenen Reisebüros, Palace Tours, 845-9819. Geführte Besichtigungen etwa 8 $.

ANNAPOLIS (Vorwahl 301)

Anlaufstelle für alle, die eine Arbeit über die amerikanische Revolution schreiben, über Baltimore und Philadelphia nach Washington fahren und über genügend Muße verfügen. *Annapolis*, seit 1695 Hauptstadt von Maryland und mit einer bekannten Seefahrtschule, verdient einen kleinen Schlenker. Während neun Monaten war es nach dem Bürgerkrieg Hauptstadt der Vereinigten Staaten. Es liegt fünfzig Kilometer von Washington an der Mündung des Severn River, der in die Chesapeake Bay mündet.
Als attraktive, geschichtsträchtige Stadt weist es mehrere Sehenswürdigkeiten aus der amerikanischen Geschichte auf, die einen Umweg ab

Washington lohnen, sofern man etwas Zeit hat. Die Anfahrt erfolgt über die New York Ave (50), dann über die 301.

Nützliche Anlaufstellen

- **Verkehrsamt:** 6 Dock St., T. 268-8687, ganz in der Nähe von Altstadt und Market Space. Nebenbau des State House (Erdgechoß, in der Halle). Stadtführungen um 13.30 h zwischen 1. April und 31. Oktober. Abgesehen von nachstehend aufgeführten Übernachtungsmöglichkeiten, sind hier weitere Anschriften zu erfahren.
- **City of Annapolis Office of Public Information:** 160 Duke of Gloucester St., T. 263-7940.

Nächtigen

B&B Vermittler:

- **B&B of Maryland, The Traveller in Maryland:** PO Box 2277, Annapolis, MD 21404-2277, T. 410-263-4841.

- **Friends B&B:** 85 E Street, T. 263-6631. Im historischen Viertel. Ein Haus zum Wohlfühlen mit Doppelzimmern zwischen DM 120-160, Frühstück eingeschlossen. Herzliche Aufnahme, liebevolles Dekor, so Messingbetten und antikes Mobiliar. Keine Raucher.
- **Prince George Guest Inn:** 232 Prince George Stree, T. 263-6418. Elegantes Haus im viktorianischen Stil und ebenfalls in vortrefflicher Lage. Vier Zimmer mit gemeinsamem Bad, hübsche Möbel und Garten. Eine Spur teurer als vorstehende Anschrift.
- **College House B&B:** Ecke College und Hanover ganz nah der Innenstadt und auf die Seefahrtschule führend. Stattliches Backsteinhaus mit zwei Zimmern und gemeinsamem Bad (Nichtraucher) und einer »Suite«. Teurer als vorgenannte Adressen.
- **Capitol KOA Campground:** 768 Cecil Ave, Millersville, MD 21108, T. 923-2771.

Hunger?

- **Olde Town Seafood Restaurant:** 105 Main Street, T. 268-8703. Quasi auf dem Market Space. Vorzügliche Hausmacherküche in einem der seltenen nichttouristischen Lokale. Der Wirt hat so seine Angewohnheiten: Ofen aus um 19h in der Neben- und um 21h zur Hauptsaison. Um Gutes und Preisgünstiges zu erwischen, finde man sich früh ein.
- **Buddy's:** 100 Main St., T. 626-1100. Im ersten Stock. Tägl. von 11-23h. Eine Art nichtssagender, großer Cafeteria. Besondere Leckerbissen hier sind »crab and ribs« sowie Meeresfrüchte. Vernünftige Preise. Von Bedeutung für uns: »All you can eat at Row Bar« zwischen 16 und 19h. Diverses Meeresgekrabbel am Buffet zu rund 8 $ nach Belieben. Sonntags Bruch zwischen 8.30 und 13h.
- **Maria's:** 12 Market Space, T. 268-2112. Echte, gute italiensiche Küche, wie wir sie lieben. Liebenswürdiger Empfang. Speisesaal zu Hafen hin.
- **Middelton Tavern:** Market Space und Randall St., T. 263-3323. In einer alten Taverne des 18. Jhs und daher reichlich Ambiente, so auch an den Wänden Erinnerungsstücke aus vergangenen Zeiten. G.

Washington, B. Franklin und *Th. Jefferson* waren hier zu revolutionären Zeiten Stammgäste. Feine Küche, lobenswerte Fischgerichte. Natürlich um einiges teurer als vorstehende Adressen.

– **McGarvey's:** 8 Market Space, T. 263-5700. Die irische Tradition dieses Etablissements macht sich noch immer durch aufgeschlossene Herzlichkeit und freundschaftliche Atmosphäre bemerkbar. Frische Meeresfrüchte zu denselben Preisen wie im Middelton. Die Longbar verlockt zum Verweilen. Sonntags zwischen 10 und 14h Brunch.

– **Chart House:** am Hafen. Sonntagmorgens erstklassiger Brunch mit Sekt zu rund 16 $. Ausgesprochen netter Rahmen.

– Etwas zu trinken findet man im **Marmaduke's,** der wohl berühmtesten Kneipe aller Jachthäfen an der Ostküste zwischen New Port und Fort Lauderdale.

Sehenswert

Ein Rundgang im alten Stadtviertel wird zu einer Reise in die Geschichte.

Annapolis ist eine der Städte des Landes, die am meisten von ihrem Aussehen im 18. Jh. bewahren konnten. Der Plan der Stadt mit ihren zwei »circles« und verbindenden »Speichen« ist seit 1694 gleich. Zu sehen sind zahlreiche alte Bürgerhäuser; die Läden bleiben dem Stil angepaßt, so z.B. die alte Bank in der Hauptstraße. Die lohnendsten Straßen sind die Main Francis, Cornhill, East Street und alle aufs Kapitol zulaufenden. Im Sommer wird sich leider niemand einsam fühlen, während sich im Frühjahr ruhige, ja romantische Streifzüge machen lassen. Alle nachstehenden Sehenswürdigkeiten sind gut zu Fuß ab Market Space zu erkunden.

– **Maryland State House:** tägl. 9-17h. Grundsätzlich kostenlose Führungen tägl. um 11, 14 und 16h, Auskunft T. 974-3400. Ältestes heute noch benutztes Kapitol der Vereinigten Staaten und 1772 errichtet. Vom 26. November 1783 bis zum 13. August 1784 war es Sitz des amerikanischen Kongresses. Es handelt sich um einen eindrucksvollen Bau im Kolonialstil, dessen hölzerne Kuppel durch bloße Holzpflöcke verzapft ist. Ein neuer Flügel wurde 1902 angefügt. Die schwarze Linie, quer durch die Halle, kennzeichnet den alten Umriß. Das Haus ist Sitz von Kongreß und Senat von Maryland. Im alten Senat trat *General Washington* von allen seinen Aufgaben als Oberbefehlshaber zurück, und dort wurde 1784 der Vertrag von Paris ratifiziert, der dem Krieg ein Ende setzte und damit Geburtshelfer der Vereinigten Staaten war.

Zu sehen sind ein Gemälde von Charles W. Peale, die Schlacht von Yorcktown darstellend, sowie einige Möbel. Seitlich eine Portraitgalerie und ein silbernes Service mit Darstellungen der Höhepunkte in der Geschichte Marylands. Das Parlament tagt hier während neunzig Tagen ab dem zweiten Januarmittwoch. Publikumsgalerie vorhanden.

Unterhalb des Kapitols ist das ehemalige *Schatzhaus* von 1735 der älteste Bau des Landes überhaupt. Montags bis freitags von 9-16.30h.

– **William Paca House:** 186 Prince George St. Stattliches georgianisches Herrenhaus von 1765 mit wundervollem Garten. T. 263-5553. Montags geschlossen. Zugang zum Garten über die Martin Street. Eintritt.

– **Shiplap House** (1713): 18 Pinkney Street (auf Market Space mündend), T. 267-8149, tägl. geöffnet.

- **The Barracks:** 43 Pinkney St. Historische Darstellung des Lebens der Revolutionssoldaten, T. 267-8149.
- An der Maryland Ave reihen sich typische geogianische Gebäude, so in Nr. 19 das *Hammond-Harwood Haus* von 1774, geöffnet dienstags bis samstags, T. 269-1714. Die Nr. 22 gegenüber ist das *Chase-Lloyd Haus* von 1769, geöffnet dienstags bis samstags von 14-16h, T. 263-2723.
- **Govenor's Mansion:** zw. State und Church Circles, T. 974-3531. Gouverneurssitz. Besichtigung einiger Räume nach Anmeldung.
- **Benneker Douglas Museum:** 84 Franklin St. (auf den Church Circle mündend). Ehemalige Kirche des 19. Jh., jetzt Museum für Kultur und Gechichte der Afroamerikaner.
- **Carroll House:** neben der Kirche St. Mary (Spa Creek u. Duke of Gloucester), T. 263-2394. Herrenhaus des *Charles Carrol of Carrolton*, einziger Politiker, der die Unabhängigkeitserklärung unterschrieben hatte. Freier Eintritt für Haus und Garten, nicht aber für die Kellerräume.
- Besichtigen lassen sich der *Hof* der Seefahrtsschule, ferner die *Kapelle* und das *Museum*. Führungen: USNA Visitors Center, T. 267-3363
- **Maritime Museum:** 77 Main St. (Market Space). Reichlicher Touristenrummel. Geöffnet 11-16.30h.

RICHMOND UND WILLIAMSBURG (Vorwahl: 804)

Wer durch *Richmond* fährt, werfe mal einen Blick in die Philipp Morris Zigarettenwerke im Süden der Stadt an der I 95, 3601 Commerce Rd, montags bis freitags 9-16h, T. 804-274-3343 oder -3329. Führung kostenlos, zum Abschied eine Zigarettenpackung und frei frankierte Postkarten.

Weitere Sehenswürdigkeiten sind in der Umgebung die Berkeleyplantage an der 5 Ost, von Richmond kommend, T. 829-6018. Wundervolle, aber auch kostspielige Sehenswürdigkeit aus dem Jahre 1726 am James River. Zu sehen sind die verwunschenen Gartenanlagen des Wohngebäudes, einer Erinnerungsstätte für das erste Erntedankfest, sowie die Nachbildung eines Schiffes aus dem Jahre 1619. Der ehemaligen Eigentümersippe, den *Harrisons*, entstammen zwei amerikanische Präsidenten und ein Unterzeichner der Unabhängigkeitserklärung.

Williamsburg liegt mindestens eine Stunde von *Richmond*, Virginia und ist gut per Greyhound erreichbar.

Falls man mit dem Auto anrückt, parke man dieses beim Verkehrsbüro und besteige den Touristenbus ins Herz der Kleinstadt, das Fußgängern vorbehalten ist.

Williamsburg, nach Plänen des 18. Jhs restauriert und wiederaufgebaut, begrüßt jedes Jahr über eine Million Besucher in seinen Mauern. Im Stadtkern, der eigentlich ein ausgedehntes kunsthandwerkliches Museum darstellt, kleiden sich die Einwohner wie im 18. Jh.

- *Wenn man nur ein paar Stunden bleibt:* ein Block mit verschiedenen Eintrittskarten ermöglicht den Zutritt zu einigen Gebäuden.
- *Bei einem längeren Aufenthalt:* der »Patriot Pass« zu ca. 20 $ gilt ein ganzes Jahr für alles, was es zu besichtigen gilt.
Aber schon das kostenlose Herumflanieren lohnt sich, zumal auch die Verkäufer in den Souvenirläden »verkleidet« sind. Vom Verkehrsbüro

läßt sich die historische Stadt ebensogut per pedes erreichen. Den angepriesenen Bus kann man sich dann sparen, denn zusammen mit der Fahrkarte müßte man für viel Geld eine Besucherkarte erstehen, ohne die einem der Einstieg verwehrt wird. In ihrem Preis ist nämlich die Besichtigung einiger Häuser aus der Kolonialzeit inbegriffen. Nur kommt man dann nicht in den Genuß, einen Blick in das Geschäft des Perückenmachers und ins Capitol zu werfen oder den Handwerkern über die Schulter zu schauen.

Übernachtung

B&B Vermittler sind:

– **Virginia Guesthouses,**
Box 5737, Charlottesville, VA 22905, T. 804-979-7264
– **Virginia Bensonhouse,**
2036 Monument Ave., Richmond, VA 23220, T. 804-648-7560

– **7 Econo Lodge:** unbarmherzige Preise, dafür aber auch recht nobel. Den Katalog aller *Econo Lodge*-Hotels mit Preisen, Lage, Ausstattung usw. erhält man bei der *Econo Lodges of America Inc*, 20 Kages Exec. Center, P.O.Box 12188, Norfolk VA 2350Z. Kostenlose Reservierung unter T. 800-446-6900.

– *Gästezimmer* an der Straße nach Richmond, mindestens eine Meile vom Stadtmitte entfernt.

– **Motel Pocahontas:** 800 Capitol Landing Rd, T. 229-2374. Im Nordosten, etwas schwierig zu finden. Preiswerteste Unterkunft in dieser Kategorie. Keine Mahlzeiten, aber dafür bietet das Restaurant nebenan eine reiche Auswahl zum Frühstücken, wobei man unbedingt den »Brei des Südens« (grits) kosten muß.

Restaurants

Und wie steht's mit dem Essen? Hier im Süden trifft man auf eigenständige kulinarische Traditionen: zunächst natürlich den *Virginia ham*, gekochten Schinken mit Honig, der heiß mit Ananas verzehrt wird, dann dicke Pfannkuchen mit Sirup, Honig oder Konfitüre, wobei jener mit *blueberries* (Blaubeeren) besonders empfehlenswert ist. Besondere Gaumenfreuden Marylands, gleich nebenan, sind die kleinen weichen Krabben *(soft shell crabs)*, die entweder in Milchsuppe wie Venusmuscheln, *clam chowder* genannt, gegessen werden, oder in Pasteten, die unter der Bezeichnung *crab cakes* laufen.
– **Sammy and Nick's:** 7129 Pocahontas Trail. Spezialisiert auf Steaks, Pfannkuchen, Meeresfrüchte und überhaupt alles, was Kennergaumen mundet.
– Das vom Fremdenverkehr geprägte Williamsburg hat natürlich Dutzende von Restaurants aufzuweisen. Der wichtigste Leckerbissen: *southern breakfast and pancakes*, womit man selten einen Reinfall erlebt.

Sehenswert

– **Das Capitol:** Sitz des Gouverneurs, wo man erstmal in die Kunst des richtigen Verbeugens eingeführt wird, ehe der Hausherr einen empfangen wird.

– Das *Fort*, die Kerzenfabrik, der Hausbau, der Perückenmacher und zahlreiche andere Handwerker, die mit Methoden des 18. Jhs zu Werke gehen. Die erstklassige Inszenierung läßt sogar vergessen, daß es doch arg touristisch zugeht.

– *Die Plantage: Carter's Grove* muß einfach sein, wenn man eine Karte für Williamsburg erstanden hat.

● *AN DER KÜSTE VON WILLIAMSBURG NACH NEW YORK*

Williamsburg südwestlich über den Interstate 64 in Richtung Norfolk verlassen und der Autobahn zum Chesapeake Bay Bridge Tunnel folgen, der durch eine Möwe markiert wird. Für die Unterquerung des Wassers wird eine in Anbetracht der Länge der Strecke lächerlich niedrige Straßengebühr erhoben. Ein Laden mit Restaurant auf der ersten künstlichen Insel, von der aus sich die Landschaft, das heißt in diesem Falle das Wasser und die Boote, betrachten lassen. Eine technische Glanzleistung aus dem Jahre 1965.

Es folgt eine langgezogene Halbinsel mit zahlreichen Stränden und wenig Menschen. In *Chincoteague*, einem Naturpark am Meer, leben wilde Ponies. An der Route 13 in Pocomoke, an der Grenze zu Maryland, liegt *Don's Seafood Restaurant*, immer gut und sonntagmittags am allerbesten. Denn dann wird ein »all you can eat« angeboten, die Farmer rücken mit Kind und Kegel an, und für Stimmung ist gesorgt.

Man hat die Wahl, den Weg über die Autobahn von Philadelphia fortzusetzen oder die Lewes Ferry über den Delaware Bay nach New Jersey mit seinen touristischen Stränden zu benutzen, die vier- bis zehnmal täglich abfährt und siebzig Minuten benötigt. Für ein Auto oder einen *camper* mit vier Personen zahlt man 27 $.

Unterwegs wird klar, warum New Jersey, das in der Nähe der Autobahnen so industrialisiert wirkt, trotz allem »The Garden State« heißt.

Reparatur

Fremdwörter und Abkürzungen im Text

AAA – »American Automobile Association« (gesprochen »triple A«); amerikanischer Automobilclub

American Breakfast – reichhaltige und abwechslungsreiche Mahlzeit mit Brot, Eiern, Schinken, Cornflakes, Toast, Saft, Marmelade, Sirup, Würstchen, Bratkartoffeln, Pfannkuchen u.ä. (meist nicht im Übernachtungspreis enthalten)

Amtrak – »American track«; Zusammenschluß privater Eisenbahngesellschaften zu einer nationalen Gesellschaft für den Personenverkehr

Animismus – bei den Indianern verbreiteter Glaube an die Beseeltheit der Natur und an die Existenz von Geistern (anima = Seele)

Appetizer – pikante Vorspeise oder Aperitif

Art Déco – Stil der zwanziger Jahre

Barbecue – Holzkohlengrill; häufig stellvertretend benutzt für »Picknick im Freien«

Bayou – Gebiet flacher Gewässer mit schwacher Strömung oder stehend, in Louisiana und am unteren Mississippi; meist Neben- oder Altarme von Flüssen

Beat generation – gesellschaftlich-literarische Bewegung in den fünfziger Jahren. Jugendliche *beatniks* protestierten mit »Sex and Drugs und Rock'n Roll« gegen die Moralvorstellungen der bürgerlichen Bevölkerungsschichten und der Wohlstandsgesellschaft. Literarischer Protagonist dieser Zeit u.a Jack Kerouac, »Unterwegs« (On the Road).

Big Apple – Spitzname für New York

Blinis – kleine, warme Hefepfannkuchen aus Buchweizen oder Weizenmehl, i.a. mit Sauerrahm zu Kaviar, Rogen oder Lachs

Cab – umgangssprachlich für »Taxi«

Campus – Gelände einer Hochschule einschließlich aller Nebeneinrichtungen

CIA – »Central Intelligence Agency«; der für die Auslandsausspähung zuständige amerikanische Bundesnachrichtendienst, seit der Iran-Contra-Affäre und der Spionage gegen US-Bürger auch im eigenen Land unter Beschuß geraten.

Continental Breakfast – europäisches Frühstück, bei dem Brötchen zum Kaffee serviert werden

Deli – Kurzform von »Delicatessen«; Schnellgaststätte für Sandwichs, Brötchen, Salate usf.

Desperado – Mensch, der zu jeder Verzweiflungstat fähig ist; Bandit im Wilden Westen

Diner – einfaches Billigrestaurant

Dinks – s. »Yuppie

Downtown – Stadtmitte

Drive-Away – Firma, die Autos überführen läßt, wobei vom Fahrer nur Benzin und Öl zu bezahlen sind

Eklektizismus – künstlerische Ausdrucksform, die sich bereits abgeschlossener Kunstleistungen bedient (vgl. den *classic eclectic style* in Amerika, Historismus, Neoklassizismus usw.)

Erosion – durch Wind, Wasser oder Temperaturunterschiede verursachte Abtragung bzw. Auswaschung an der Erdoberfläche

Far West – die Bundesstaaten Kalifornien, Oregon und Washington

FBI – »Federal Bureau of Investigation«; dem Justizministerium unterstellte Bundespolizei

First floor – Erdgeschoß (!)

Frontier – Grenzgebiete der Besiedlung, die in den USA von Ost nach West vonstatten ging; wird im amerikanischen Englisch auch assoziiert mit »bahnbrechenden Erfindungen«. Aussprache am. »fran'tihr«, brit. »'frantje«.

Gay – Homosexueller, Schwuler

Gentrified – bezieht sich auf aufgewertete, sanierte und teure Stadtviertel

Gospel Song – afro-amerikanische Lieder religiösen Inhalts; Vorsänger und Chor liefern sich eine Art Wechselgesang (dasselbe wie *spiritual)*

Greek Revival – vornehmlich im Süden der USA verbreiteter Baustil unter altgriechischem Einfluß

Happy Hour – Ausschank alkoholischer Getränke zu reduzierten Preisen

Hispanics – Staatsbürger lateinamerikanischer (oder spanischer) Abstammung, vornehmlich aus Mexiko, Puerto Rico und Kuba

Holographie – fotografisches Verfahren, bei dem mittels Laserstrahlen räumliche Bilder erzeugt werden

Interstate – Bundesautobahn

Jacuzzi – Sprudelbecken für Unterwassermassage

Jiddisch – Umgangssprache der Juden mit deutschen (mittelhochdeutschen), semitischen und slawischen Bestandteilen

Kraut – herabsetzende Bezeichnung für Deutsche

Liberty Ships – während des Zweiten Weltkriegs in Serie gebaute amerikanische Frachtschiffe

Lodge – Ferienhotel

Manor, Mansion – Herrenhaus, Landgut

McCarthyism – von angeblicher kommunistischer Subversion motivierte »Hexenjagd« in den fünfziger Jahren, benannt nach Senator Joseph McCarthy, dessen Senatsausschuß ohne Beweise Persönlichkeiten des öffentlichen Lebens beschuldigte

Mezzanin – Zwischen- oder Halbgeschoß

Motel – »motorists hotels«; meist an den Ausfallstraßen der Städte, auf die Bedürfnisse von Autotouristen zugeschnittene Hotels mit nahegelegener Parkmöglichkeit. Verfügen meist über kein eigenes Restaurant (auch *motor inn, motor lodge* oder *motor courts)*

Nachos – mexikanisches Maisgebäck, crispähnlich

Old South – bezeichnet den amerikanischen Süden vor dem Bürgerkrieg, mit seiner Plantagenwirtschaft und aristokratischen Tradition

Outlaw – von der Gesellschaft geächteter, der sich nicht an die bestehende Rechtsordnung hält

Patio – häufig gefliester oder gekachelter Innenhof (ursprüngl. des spanischen Hauses)

Prohibition – Alkoholverbot in den Jahren 1919-1933

Pueblo – span. »Dorf«; meist in Lehmhütten ansässig gewordener Indianer im Südwesten der USA

Redneck – abwertende Bezeichnung für Landarbeiter im Süden, die als ungebildet und konservativ angesehen werden

Sezession – Loslösung, Trennung; Sezessionskrieg: Krieg zwischen den Nord- und Südstaaten 1861-1865

Spa – Bad, häufig in Verbindung mit einer Mineralquelle o.ä.

Suburb – Vorstadt, Wohnsiedlung am Stadtrand; meist Ansammlung gleichförmiger Einzelhäuser

Theokratie – Herrschaftsform, bei der die Staatsgewalt als Vertretung der Gottesherrschaft angesehen wird.

Token – Wertmarke in der New Yorker U-Bahn

Toll-free number – gebührenfreie Telefonnummer mit der Vorwahl »800«

Trail – Wanderweg oder Reitpfad in landschaftlich reizvollen Gegenden oder zu historischen Stätten

Women's lib – amerikanische Frauenbewegung der sechziger Jahre

Yankee – innerhalb der USA Spitzname für die Bevölkerung Neuenglands; während des Sezessionskrieges allgemeine Bezeichnung für Nordstaatler

Yuppies – »young urban professionals«; materialistisch ausgerichtete, beruflich erfolgreiche Jugendliche in den achtziger Jahren mit Wohnungen in eleganten Großstadtvierteln. Mittlerweile abgelöst von den »Dinks«, double income, no kids.

Länderreihe

33 Bände

- Großbritannien Gesamtband
- Griechenland Gesamtband
- Italien Gesamtband
  - Der Norden
  - Der Süden
- Spanien Gesamtband
- Paris und Umgebung
- Provence/Côte d'Azur
- Bretagne
- Kanada
  - Der Westen
  - Der Osten
- USA:
  - Der Nordosten
  - Der Südosten und
    New York
  - Westen und Rockies
- Türkei
- Portugal
- Tunesien
- Irland und Nordirland
- Thailand, Hongkong, Macao
- Guadeloupe, Martinique
  u. a. Antillen-Inseln
- Brasilien
- Frankreich/Südwesten
- Skandinavien
- Loire
- England:
  - Norden, London
    und Schottland
  - Süden, Mitte
    und Wales
- Spanien:
  - Norden und Mitte
  - Mitte, Süden und
    Balearen
- Griechenland:
  - Festland und
    Peloponnes
  - Die Inseln und Athen
- Mikronesien (Herbst '94)
- Mongolei (Herbst '94)
- Venezuela (Herbst '94)

- Main Post: Profunde Informationen, zahlreiche
  Landkarten, Stadtpläne und Fotos und trotzdem preiswert.
- Junge Zeit: Gespickt mit Insidertips. Ein Reiseführer, der
  vor touristischen Fettnäpfchen und unliebsamen
  Überraschungen bewahrt.
- SWF 3: Im Inhalt liegt die Stärke. Übersichtlich geordnet,
  auch Außergewöhnliches und Kurioses findet weit mehr
  Platz als bei herkömmlichen Reiseführern.
- Junge Welt: Straff gegliedert und ohne belletristische
  Weitschweifigkeit eine Unmenge an Fakten. Infos,
  Adressen, Anregungen und einen wahren Schatz vor Ort
  geschöpfter Erfahrungen, Beobachtungen und Tips, auch
  über Gepflogenheiten, Feste, Veranstaltungen und
  Nachtleben, über Einkaufen, Preise, Märkte und Verkehrs-
  verbindungen, über weiß der Teufel was noch.

interconnections

* Herbst 1994

- Reihe „Jobs & Praktika" — Tausende von Arbeitgeber-
  angeboten: DM
  - Jobben Weltweit   29,80
  - Das Au-Pair-Handbuch   29,80
  - Ferienjobs und Praktika — USA   44,80
  - Ferienjobs und Praktika — Großbritannien   29,80
  - Ferienjobs und Praktika — Europa u. Übersee   29,80
  - Ferienjobs und Praktika — Frankreich   29,80
  - Jobben Unterwegs   26,80
  - Bewerben in Europa   26,80
  - Stipendien und Studium Weltweit   26,80*

- Reihe „Preiswert":
  - Paris Preiswert   29,80
  - London Preiswert   29,80
  - Rom Preiswert   29,80
  - Madrid Preiswert   29,80
  - Barcelona Preiswert   29,80
  - Wien Preiswert   24,80
  - Amsterdam Preiswert   29,80
  - San Francisco Preiswert   34,80
  - Dublin Preiswert   24,80
  - Rio Preiswert   26,80
  - Übernachten Preiswert — USA   34,80

- streiflichter à DM 18,80:
  - London   — Spanien
  - Griechenland   — Ägypten

- Mitfahrzentralen in Europa   9,80

- Preiswert durch Europa — Per Interrail,
  Bus und Mitfahrzentralen   29,80

- Sprachenlernen in Europa und den USA   24,80

Gesamtprogramm
* Herbst 1994

● Länderreihe	DM		DM
– Großbritannien	26,80	– Thailand, Hongkong,	
– Griechenland	26,80	Macao	34,80
– Italien:		– Guadeloupe,	
– Der Norden	34,80	Martinique u. a.	
– Der Süden	34,80	Antillen-Inseln	34,80
– Spanien	26,80	– Brasilien	34,80
– Paris und		– Frankreich/	
Umgebung	34,80	Südwesten	29,80
– Provence –		– Skandinavien	34,80
Côte d'Azur	34,80	– Loire	29,80
– Bretagne	29,80	– England:	
– Kanada:		– Norden, London	
– Der Westen	34,80	und Schottland	29,80
– Der Osten	34,80	– Süden, Mitte	
– USA:		und Wales	29,80
– Der Nordosten	34,80	– Spanien:	
– Der Südosten		– Norden u. Mitte	34,80
und New York	34,80	– Mitte, Süden und	
– Westen und		Balearen	34,80
Rockies	36,80	– Griechenland:	
– Türkei	29,80	– Festland und	
– Portugal	29,80	Peloponnes	34,80
– Tunesien	29,80	– Die Inseln	
– Irland und		und Athen	34,80
Nordirland	29,80	– Mikronesien	34,80*
– Venezuela	34,80*	– Mongolei	34,80*

---

interconnections
Schillerstraße 44
79102 Freiburg

 (07 61) 700 650
Fax 700 688

In letzter Minute: für Liebhaber des Außergewöhnlichen ...

vergessen hatten wir fast, daß sich die Reise auch mal ganz anders be-
werkstelligen ließe, per Segler nämlich. Gut für Angsthasen – vorm Fliegen nämlich – alle mit Zeit und Zaster sowie etwas Abenteuersinn.
Es handelt sich um eine Initiative des in Frankreich wie ein bunter Hund
bekannten »Père Jaouen«, einem Jesuitenpater. Er hatte vor Jahren zur
therapeutischen Nachbehandlung Drogenabhängiger das »Foyer des
Epinettes« gegründet und die ganze Sache später auf zwei Dreimast-
segler verlegt. Kundige werden am Namen erkannt haben, daß er Bre-
tone und damit von Haus aus Seefahrer ist. Die Finanzierung erfolgte
durch Zuschüsse staatlicher Stellen. Das Militär stellte Wehrpflichtige
aus der Handelsmarine, die als Stammannschaft verantwortlich waren.
Mittelkürzungen führten zur Aufnahme zahlender Passagiere.
Im Frühjahr bzw. Frühsommer segeln die Schiffe von der Bretage, normalerweise Camaret, Richtung Karibik nach Point à Pitre auf Guadeloupe, worüber wir nebenbei wieder so einen komischen Reiseführer
verfaßt haben. Sie bleiben dort im Sommer und nehmen Tauchergrup-
pen auf, während die Passagiere ihren Weg in die USA o.a. Ziele fort-
setzen. Im Herbst erfolgt die Rückfahrt ab den USA.
Anläßlich des zweihundertjährigen »Geburtstages« von Boston mit großem Windjammertreffen haben wir diese Überfahrt selbst mitgemacht.
Hier einige Erfahrungen und Eindrücke: Die Fahrt ging von Boston
nach Halifax in Kanada, von dort nach St. Pierre et Miquelon, zwei französischen Besitzungen bei Neufundland. Zu der Zeit herrschte elender
Nebel und Nieselregen und auf den Schiffen wegen des vom Nordpol
kommenden Labradorstromes grauslige Kälte. Da der Aufenthalt in den
Häfen gerade mal so drei Tage betrug, hatte jeder Neuankömmling es
dreimal – nach Boston, Halifax und den Inseln – mit der Seekrankheit
zu tun. Die ersten drei Tage auf See nach jedem Hafen lagen wir mit
allen Klamotten und Pullovern in den Kojen, leidlich geschützt mit unserem Ölzeugs vor vom Deck tropfendem Wasser (die *Bel Espoir* besteht
aus Holz, die *Rara Avis* aus Eisen), krochen nur manchmal zum Essen
hervor, haderten mit unserem Verstand und wünschten uns ansonsten
einen milden Tod. Schlagartig begannen wir aber zu brutzeln, der
Labradorstrom war durchquert, der Nebel fort. Damit begann endlich
eine lebenslustigere Phase und ein großer Teil des Bordlebens spielte
sich unter der Sonne auf Deck ab; es bestand Gelegenheit zum Baden
usw. Weitere Anlaufstellen waren mehrere Häfen auf den Azoren und La
Coruña in Spanien.
Höhepunkt war immer das Essen – auf einem Schiff ist wenig zu tun,
ein Kreuz ist auch der Mangel an Bewegung – auch wenn sich mal ein
Kakerläkchen in der Suppe fand. Die treiben sich auf alten Holzpötten
genügend herum. Wissen muß jeder außerdem, daß man auf einem
solchen Schiff keinesfalls segeln lernt. An Kursen ist leider nichts vorgesehen. Ein-, zweimal am Tag eingerichtet, ist an den Segeln nichts zu
richten, und bei flauem Wind brummt – und stinkt – der Motor. Ein
jeder, der es wagen will, sorge also für genügend Zeitvertreib, Lektüre,
ein Musikinstrument, Spiele, Karten usw. Noch mal deutlich: es handelt
sich um keine Luxusreise. Gefragt ist Anpassungsfähigkeit. Anschrift:
Michel Jaouen, 4 rue du Colonel Dominé, F – 75013 Paris, T. 0033-1-
45 80 22 33, T. Rara Avis (Minute ca. 14 DM!) 35 42 22 36. Kosten ca.
6.500-7000 F/Strecke. Rechtzeitig anmelden, da sehr gefragt. Den
lieben Gott haben wir übrigens nie bei Michel gesehen. Gruß an ihn.